国家社会科学基金重大项目成果

庄贵阳 等 著

解码碳达峰

中国行动的理论基础与政策逻辑

Theoretical Foundations
and Policy Logic of China's Actions

社会科学文献出版社
SOCIAL SCIENCES ACADEMIC PRESS (CHINA)

前　言

　　实现碳达峰碳中和是以习近平同志为核心的党中央统筹国内国际两个大局、经过深思熟虑做出的重大战略决策。2021年中央经济工作会议强调，要正确认识和把握碳达峰碳中和；党的二十大报告把"积极稳妥推进碳达峰碳中和"作为推动绿色发展、促进人与自然和谐共生的重大举措；《中共中央关于进一步全面深化改革 推进中国式现代化的决定》对"深化生态文明体制改革"进行了系统部署，为各地区各行业健全绿色低碳发展机制、积极稳妥推进碳达峰碳中和提供了根本遵循。在以习近平同志为核心的党中央的坚强领导下，中国积极落实碳达峰碳中和政策，坚持"稳"字当头，遵循客观发展规律，量力而行，分批次开展碳达峰行动。积极参与应对气候变化全球治理，加快建设新型现代化能源体系，推动绿色低碳经济发展迈出坚实步伐。自"双碳"目标提出以来，我国"双碳"工作全面扎实推进，"1+N"政策体系基本构建完成，各部门各行业积极行动，全社会"双碳"意识不断增强，政府、企业、公众形成合力落实"双碳"目标的良好氛围。

　　实现碳达峰碳中和是一场广泛而深刻的经济社会系统性变革，无论对内对外，都具有非常重要的战略意义。对外，面向碳中和目标的国际进程已经开始，2021年11月，格拉斯哥气候大会达成《格拉斯哥气候协议》，重申《巴黎协定》目标，正式将净零二氧化碳排放（即碳中和）目标写入国际法律文件。2024年11月，《联合国气候变化框架公约》第二十九次缔约方大会（COP29）达成了涵盖气候资金目标及气候融资安排的"巴库气候团结契约"，中国做出了重要贡献。中国提出"双碳"目标是履行国际义务的需要，也是加强国际合作的需要。对内，中国已经越来越清晰地认识到，落实"双碳"目标不是别人要我们做，而是我们自己必须要做的事，是高质量发展和可持续发展的内在需求，中国从生态文明建设整体布局高度做出了"双碳"工作的战略部署。

在全球经济复苏乏力、仍存在诸多不确定性因素和衰退风险态势下，本书立足生态文明范式，对接新的政策需求，从战略性和整体性高度系统研究了碳达峰碳中和的理论基础、行动逻辑和政策设计，从道理和学理上论述了我国"双碳"工作的新走向，明确了新路径，对于在新形势下积极稳妥推进碳达峰碳中和具有重要的理论和实践价值。

本研究一是有利于推动《2030年前碳达峰行动方案》的落地。在实践应用方面，研究以先进性、可行性、协同性为导向，打破以往局部的达峰路径设计，从部门目标分解、区域目标分解和政策配套等方面，系统提出包含部门和区域目标在内的碳达峰行动方案。设计兼顾政府指导和市场手段的多种行动方案和政策保障体系，强调方案的"落地"。在服务决策方面，立足当前经济发展形势，综合考虑碳定价、产业和能源结构调整等政策，将减排与社会经济发展目标相衔接，为国家考核、地方落实减排目标等提供参考。

二是有利于体现和满足我国新的政策需求。当前，我国经济下行压力增加，加之当今世界正经历百年未有之大变局，受逆全球化、地缘政治冲突不断、极端天气事件频发的影响，经济形势越发严峻复杂，发展环境的不确定性也显著上升。在这样的背景下，探索"双碳"目标与稳经济长短期目标平衡的绿色包容性增长机制，探讨"双碳"目标与经济增长的协调性，有利于实现稳经济下的绿色低碳转型。

三是有利于构建本领域中国话语体系。在"双碳"领域，中国面临国际压力。一些西方国家越来越忌惮中国的快速发展，组成各类所谓的"联盟"或"俱乐部"，推行碳边界调整机制，并试图在高技术领域对中国进行各种孤立和打压。研究结合当前中国在"双碳"领域的实践，注重学理性的阐释，结合国内和国外推进碳达峰碳中和的先进经验，重点阐述"双碳"理论的"所以然"和"所以必然"。强调中国理论优先，构建本领域自主知识体系。

作为研究阐释党的十九届五中全会精神国家社会科学基金重大项目，项目首席专家和所在单位高度重视，组织各专题负责人制定实施方案，邀请知名专家进行开题论证。2021年9月初，课题组邀请国家气候变化专家委员会副主任委员、中国社会科学院学部委员潘家华研究员，国家气候变化专家委员会委员、国家发改委能源研究所原所长周大地研究员，第十四届全国人大常委会委员、国家气候变化专家委员会副主任、中国科学院科技战略咨询研究院碳中和战略研究中心主任王毅研究员，国家应对气候变化战略研究和国际合作中心原主任徐华清研究员，清华大学气候变化与可持续发展研究院院长李政教授指导开题。与会专家听取了项目整体框架、技术路线、研究理论、方法等汇报，对课题的研究内容与进展给予了高度评价，认为项目研究框架结构逻辑性强、内容丰富、具有实践指导意义，并提出相关建议。专家指出，碳达峰是碳中和目标导向下的达峰，碳达峰应分清轻重缓急，促进有达峰条件的产业和地区率先达峰；应正确认识碳达峰碳中和过程中可能面临的风险，警惕政策带来的寻租问题，行动方案中的政策设计要体现公开、透明、连续、一视同仁的原则；研究应坚持问题导向，增加案例研究，将研究重点转向全国一盘棋的统筹机制、"运动式"减碳、现行"双控"制度的优化方向等。

项目研究过程中多次组织学术研讨会。2021年，课题组从学术上支持了中国21世纪议程管理中心、中国可持续发展研究会、世界自然基金会联合召开的相关主题论坛。来自国内有关政府部门、科研机构100余人通过线上线下的方式参会。会议介绍了碳达峰碳中和背景下城市达峰路径，分享了达峰经验，与会人员从地方视角提出进一步优化碳达峰方案的建议。2022年6月，课题组联合国内核心期刊共同举办"'双碳'目标与高质量发展"专题学术研讨会。来自中国社会科学院、国务院发展研究中心、国家应对气候变化战略研究和国际合作中心、国家发改委能源研究所、中国科学院广州能源研究所、清华大学、中国人民大学、北京师范大学、齐鲁工业大学（山东省科学院）、北京中创碳投科技有限公司等机构的12位专家学者应邀线上出席并作主旨报告。研讨会的重要观点以"'双碳'与高质量发展"为主题发表于国内核心期刊2022年第4期。9位专家的重要观点全部被人大复印报刊资料全文转载。

课题组先后赴天津、杭州、贵阳、昆明、西宁、太原、石家庄、深圳、广元、镇江等多个不同类型的城市进行实地调研，与当地政府部门、科研单位、企业进行座谈，听取其对相关研究的意见及建议，了解地方落实"双碳"战略与行动，尤其是地方在碳达峰目标设置、实现路径、重点任务方面存在的困难、面临的挑战以及政策需求。课题组结合研究和调研情况以及多方获取的信息,经过思考研判,撰写多篇对策建议报告,通过相关渠道报送中央和国务院相关部门,有 3 篇得到中央领导批示。

在项目首席专家的统筹推动下,在各子专题负责人的配合和努力之下,课题组完成了计划的研究内容。发表学术论文 20 篇、"三报一刊"理论文章 8 篇、对策建议报告 14 篇。项目首席专家特别成立研究专班,对项目成果进行统稿、打磨和提升,最终形成报告《解码碳达峰:中国行动的理论基础与政策逻辑》,约 55 万字。研究尽可能采用来自公开渠道的基础数据,包括统计公报、年鉴、第三方机构,以及世界银行、世界资源研究所、国际能源署等国际机构发布的专业数据等。重点收集各省区市、国家部委、行业协会发布的碳达峰实施方案以及相关政策分析报告。

本研究提出了我国实现碳达峰碳中和目标的一系列重要观点。

第一,相对于发达国家碳排放"自然达峰",中国"双碳"行动的政策驱动特征更加突出,需要用历史上最短时间完成全球最大碳强度降幅,并有效避免"运动式"减碳和"碳冲锋"认知误区。

碳达峰是特定国家或地区实现碳中和的中间状态和经济社会发展全面绿色转型的重要显性目标。推动实现碳达峰与碳中和,其本质仍然在于更好顺应当代世界现代化发展潮流,正确处理好经济发展与生态环境保护之间的辩证统一关系。结合各国家或地区发展阶段与实际,从实证研究上可以揭示:欧美发达国家传统意义上的碳达峰是伴随着工业化和城市化的一个"必然的、可期的"自然过程,而中国等众多尚未完成工业化和城市化的发展中国家的碳达峰与碳中和行动则是一个需要政策驱动的经济社会发展过程,要用历史上最短的时间实现从碳达峰到碳中和。在全球积极应对气候变化与采取可持续发展行动并努力消除贫困的时代背景下,发展中国家缔约方已然不可能因循既有发达国家资本逻辑主导下"先排放、后治理"和工业化—城市化—信息化串联式发展进程中通过发展阶段演进和高排放高污染产业转移实现碳排放自然历史达峰的传统现代化发展路径。

第二,推动生态文明范式革命,将"双碳"纳入生态文明建设整体布局,科学谋划、统筹推进经济社会系统性变革。

相较于工业文明发展范式,生态文明发展范式在发展理念、制度规则、生产方式方面发生深刻变革,"双碳"与其存在目标、路径、治理体系等方面的内在一致性。如果只在减排这个单一维度下采取行动,不考虑减排的其他后果，反而可能加剧生态环境破坏和资源消耗。在生态文明发展范式下，碳达峰碳中和寻求更具绿色、可持续性、包容性的经济增长模式以提升低碳生产力，因此需要充分发挥"双碳"目标引领生态文明发展范式转型的示范作用。通过推动社会发展新变革、构建能源动力新系统、重塑国家市场新地位，从而在生态文明发展范式发展的新赛道上实现领跑。在生态文明发展范式下，经济逻辑要遵循生态逻辑。生态系统与经济系统要实现最佳耦合，碳排放从对经济发展的约束转向净零碳领域的竞争。

第三，统筹碳减排与经济发展，稳经济目标下需要坚持绿色低碳转型战略。

国际经济形势越发严峻复杂，发展环境的不确定性也显著上升，稳经济的重要性、紧迫性愈发凸显。基于此，经济社会绿色低碳转型应遵循经济发展规律和历史经验，提高与经济增长的协调性，探索"双碳"目标与稳经济长短期目标平衡的绿色包容性增长机制。国家出台的稳经济政策措施，涵盖绿色低碳转型的积极内容。经济下行不仅会导致结构性失业与绿色就业不足，而且将使绿色低碳转型财政承压明显，碳减排与经济发展之间的关系较难平衡。未来我国不仅要将绿色投资作为稳经济政策的重要抓手，而且要从供给数量与结构匹配入手破解当前的失业困境，通过加快零碳产业布局提升国际市场竞争力，力争在稳经济目标下推动绿色低碳转型。

第四，将系统观念贯穿"双碳"工作全过程，以降碳为战略重点引领多目标协同发展。

"双碳"目标的实现是一项复杂的系统性工程，涉及经济、社会、生态环境等多个方面，可谓牵一发而动全身，需要各领域、各部门系统谋划、步调协调、张弛有序、协同推进，既不能无所作为，也不能急功冒进。发挥"双碳"目标的协同效益，关键是要坚持系统全面的观念，权衡好发展与减排、短期与长期、局部与整体的关系，探索"双碳"目标与经济、社会、生态环境等多目标协同发展的路径。未来应以降碳为战略引领，促进经济高质量发展，保障社会公平公正转型，推动减污降碳协同增效，并做好传统工业知识技术储备与文化遗产的保护和传承；对高碳产业的淘汰和退出要充分平衡总供给和总需求，实行差别化管理和渐进式退出，特别是把握好节奏和步骤；应合理评估和确定高碳资产折旧期限，谨慎预期替代技术进入市场的时间；要在5~10年的中短期尺度上具体地规划碳达峰路径，在15~30年的中长期尺度上科学地谋划碳中和战略；不仅要考虑不同人群发展的公平性，还要兼顾空间差异，谋求区域发展协同；不仅要顾及家庭、社区、企业、行业，还要顾及从地方到国家乃至人类命运共同体的多尺度、多目标协同。

第五，中国传递以创新推动全球气候治理体系变革"正能量"，并以中国式现代化新道路与碳中和新成就为各国家和地区共同向绿色低碳繁荣发展转型提供新选择新机遇。

推动碳达峰与碳中和发展形态向更高水平演进，需要克服"纳什均衡"的低效率非合意稳态，打破全球气候治理规则由"少数人"主导的现状，构建有利于"不落下任何一个人"的高质量发展政策机制和制度规范。实现碳达峰碳中和战略目标，各国家和地区，或者经济体应根据本国国情与区情进行碳达峰碳中和发展机制和政策设计，保障和维护发展权益，降低绿色低碳转型的民生福祉损失。对进入新时代新发展阶段的中国而言，就是要避开高成本高风险的发展陷阱，打破基于末端治理的技术锁定和绿色工业文明的路径依赖，不走美西方发达国家和地区"先污染，后治理"或者"以他国为沟壑"转移排放的传统现代化路径，以中国式现代化新道路与新发展接续创造人类文明新形态，并为各国家和地区，特别是广大发展中国家和地区提供共建清洁美丽世界和实现共同繁荣发展的新选择与新机遇。

第六，面对逆全球化和脱钩断链风险，中国要保持全球零碳产业竞争优势，积极把握零碳产业投资机遇。

全球经济社会发展正由"高碳能源低碳化模式"向"能源零碳化模式"转变，经济社会运行的零碳化不仅有助于实现碳中和目标，还有助于经济安全、能源安全、生态安全等多目标共赢，实现超越"净零碳"的全方位可持续发展。在"双碳"战略目标引导下，中国光伏、风电、新能源汽车等产业持续保持高估值，品牌影响力和国际竞争力大幅上升。在全球经济复苏乏力、仍存在诸多不确定性因素和衰退风险态势下，中国要以主动加快构建新发展格局为战略基点，聚力传统优势产业、战略性新兴产业和未来产业协同进行产业链—供应链—价值链—创新链升维突破、固链强链构建新引擎，降维拓基、延链补链开辟新赛道，带动新发展阶段产业结构由相对高碳向相对低碳、由相对落后向相对先进、由相对刚性成本约束到多重收益和红利创造的优化升级。中国要大力加强基础研究，在保持较强学习能力的基础上，提升原创能力。中国虽然在电动车和可再生能源领域占据优势，但是面临脱钩断链风险。因此，需把学习能力转变为原创能力，推动各国家和地区共研共创共享绿色低碳科技，加强绿色低碳重大科技攻关和推广应用、加快先进适用技术研发和推广应用，积极应对新能源产业链供应链单边主义以及人为脱钩断链去风险带来的市场分割、创新资源搁浅等方面的风险与挑战。

第七，在全国一盘棋的整体布局下有序推动碳达峰碳中和，充分发挥城市引领作用。

考虑到中国同时面临碳达峰与基本实现社会主义现代化"双目标"，加之中国地域辽阔，各地区资源禀赋等存在差异，中国有必要在坚持全国一盘棋前提下，结合区域发展情况，制定符合实际、切实可行的区域协同碳达峰方案。鉴于此，综合考虑碳排放维度和经济维度，可将全国30个省份（不含港澳台及西藏）划分为5个碳达峰梯次，且各梯次省域"双目标"协同实现政策措施制定的着力点各有侧重。我国在制定碳达峰方案过程中，应充分考虑经济社会系统碳减排耐受能力，既要不断推动能源结构与效率相关的系统性变革，也要不断提升经济系统投入产出相关的全要素生产率，进而将绿色低碳发展能力建设作为中国省域差异化碳达峰路径相关政策措施制定的重要抓手，并坚持采取"碳排放强约束强激励、高质量经济增长"发展模式，不断推动经济增长与碳排放绝对脱钩。同时从把握关键管理慢变量、构建城市间的竞争-合作机制、创新区域协同政策等方面着手，加快城市引领机制从外部规制主导的他组织向内部有序的自组织转换，从而充分发挥城市在协同推进区域碳达峰过程中的重要引领作用，在碳达峰目标引领下实现经济社会高质量快速发展。

第八，碳定价是减排领域最具成本有效性的政策工具，能够提升气候变化行动力，引导绿色低碳友好型投资，缓解低收入群体面临的公平性问题。

碳定价政策的核心是纠正碳排放的负外部性，以市场手段将减排责任压实至控排单位，确保控排单位合理支付碳排放的社会成本，是一种兼具灵活性和经济效率的政策工具。通过促进低碳技术进步、增加传统化石能源使用成本,价格机制有效引导绿色低碳投融资活动,顺应碳达峰碳中和目标所带来的体量巨大的零碳项目融资需求。在执行层面,碳定价有税收和"总量控制及配额交易"两种形式,分别落实为碳税和碳交易机制。两者各具优势和劣势,相互之间也不排斥,如果政策设计得当,都可以有效发挥作用。国际上呼吁广泛建立碳定价机制,但多数实施碳定价政策的国家很难设定足够高的碳价以有效推动大幅减排,其在减缓全球变暖的努力中只起到了辅助性作用,普遍呈现覆盖面窄且力度有限、碳价水平不确定性和主观性高等特点。遵循"由点到面""试点—扩散"的逻辑,中国以火电行业为首批试点行业启动全国碳市场,这是现阶段中国唯一采取的显性碳定价政策。总量设定和覆盖范围直接决定了市场内二氧化碳控排力度,配额分配和抵消机制则影响各控排单位的排放空间。尽管差异化碳定价具有一定的合理性,但国家和区域间政策执行力度不一也导致"碳泄漏"风险。在欧盟碳边境调节机制(CBAM)法案正式生效的背景下,中国应扩大碳市场覆盖范围;针对碳市场未纳入的碳排放源,适时引入碳税作为碳市场的补充。同时,碳定价政策设计也需要关注低收入群体由于商品价格上升等可能面临的生计问题。

第九,碳达峰碳中和以降低绿色溢价为充分条件,以提升社会治理效能为必要条件。

碳达峰碳中和目标的实现既需要颠覆性技术创新,也需要系统性社会变革,形成与"零碳社会"相适应的"技术-制度"体系。作为碳达峰碳中和的基础,技术创新以广泛应用部署、产业化为最终目标,有赖于构建"零碳社会"所必需的技术与非零碳技术之间成本差异的降低,即绿色溢价。一是创新绿色低碳技术,降低清洁能源成本。二是准确度量并内部化高碳能源利用的负外部性,提高化石能源成本。仅仅将碳达峰碳中和"降维"为技术问题,忽视生产、生活方式的全面深刻转变的价值与必要性,难以实现"双碳"目标背后更为根本的可持续发展。实现碳达峰碳中和还需进一步破解体制机制约束,形成供需两端同时推进、全社会共同治理的格局。具体而言,通过促进政府、企业、公众权责利的分离以及主体间的协同与合作,推进多元化行动。政府发挥立法引领、标准推动、制度保障的作用;企业承担社会责任,落实绿色低碳政策,为消费者提供绿色产品;公众做好消费端碳减排。

第十，高载能产业向清洁能源地区集聚，相关措施制定应将极端气候常态化因素纳入考量。

西部地区具有显著的低成本用能和用人优势，随着能耗"双控"向碳排放"双控"制度转变，西部地区高比例新能源优势也将更加凸显，有利于用能敏感型和碳排放敏感型产业落地。我国应高度重视高载能产业向清洁能源富集区迁移对全国碳达峰行动的重要意义，在制定相关政策措施过程中应将极端气候常态化因素纳入考量。降低能源保供系统性风险是极端气候常态化下高载能产业西迁面临的最紧迫的问题，承载地区不仅要充分考虑地区能源承载能力，有序有度承接高载能产业转移，重视对区域生态环境的影响；也要加快出台风光水多能互补发展的顶层设计和总体规划，重视传统能源系统体系建设的保障工作，多措并举增强产业发展适应气候变化的韧性；更要始终坚持能源节约战略，推进能源价格改革，加强崇尚节约、反对浪费的教育宣传，激励企业清洁生产技术升级、降低单位能耗，促进产业绿色低碳发展。

相较于已有同类主题研究成果，本研究试图体现五个突出特征。

一是服务中国式现代化大局，本课题研究致力推动碳达峰的战略实践与贯彻新发展理念、构建新发展格局、推动高质量发展有机融合统一。从工业文明向生态文明发展范式变革的高度看待碳达峰碳中和问题，而非单纯地把碳达峰碳中和当作一个能源技术问题或能源转型问题。结合当前国内外在"双碳"领域的重要实践和先进经验，紧扣当前我国贯彻新发展理念、构建新发展格局、推动高质量发展、实现中国式现代化的生动实践，以及经济社会发展新阶段和新趋势、新需求，以一种系统性、全面性和基于范式革命的整体思路研究我国"双碳"领域的关键问题，探索在生态文明建设整体布局下创新推进"双碳"工作的路径。

二是以碳生产力和人文发展水平为概念基础阐释中国碳达峰碳中和的理论范畴，增强中国碳达峰碳中和战略行动的学理性支撑。"双碳"研究是划时代的重大课题，项目研究通过跨学科、跨领域的集中联合攻关，在理论与实践、历史与现实、国内与国际相结合中阐明了新时代党的"双碳"理论"所以然""所以必然"，从道理和学理上讲透了碳中和的概念。立足生态文明建设的"双碳"行动逻辑、区域协同碳达峰的方法和方案、"双碳"目标实施方案制定和落地的理论和方法等，对"协同推进降碳减污扩绿增长"等创新理论的深刻内涵也就有了更深入的理解。

三是以稳经济为目标导向,从重点区域以及关键领域出发系统思考推动能耗"双控"向碳排放"双控"转变的一揽子政策。项目研究注重理论指导实践,在"双碳"科学内涵和政策内涵阐释基础上,以先进性、可行性、协同性为导向,打破以往追求局部碳达峰的路径设计思路,从全国一盘棋的格局出发,系统提出包含部门和区域目标在内的碳达峰行动方案和差异化路径,综合考虑碳定价、产业和能源结构调整等政策,将减排与社会经济发展目标相衔接,为国家考核、地方落实减排目标等提供参考,为我国全面落实"双碳"目标提供了坚实的理论支撑。

四是克服当前碳排放达峰理论创新、学理支持落后于国际国内气候治理政策需求的实践弊端,满足前瞻性储备性政策创新需求。当今世界处于百年未有之大变局,项目研究与时俱进,体现了国家政策主张和国际绿色竞合态势下"双碳"政策与国际规则的协同,探索了当前稳经济目标下绿色低碳转型的行动逻辑和绿色包容性增长机制。

五是构建自主知识体系,本课题研究致力于为碳达峰碳中和战略实践提供面向中国式现代化宏伟蓝图的自主的知识体系支持。项目研究强调中国理论优先,以碳生产力和人文发展水平作为完整准确理解中国碳达峰碳中和实践的概念基础,力图构建中国自主的碳达峰碳中和知识体系。本研究坚持以中国传统、中国实践、中国问题作为学术话语建构的出发点和落脚点,深入系统地构建中国理论、传播中国思想、彰显中国价值。研究结合当前中国在"双碳"领域的实践,注重学理性阐释,结合国内和国外推进碳达峰碳中和的先进经验,为中国碳达峰碳中和战略实践提供学理支持。

研究结合我国进一步全面深化改革、推进中国式现代化的实践,分基础篇、政策篇、路径篇、措施篇、案例篇五大板块对中国 2030 年前碳达峰的核心问题进行分析论证,用中国理论阐释中国实践,用中国实践升华中国理论,体现了中国特色哲学社会科学的着力点、着重点。

第一篇为基础篇。介绍了中国碳达峰碳中和的目标愿景、特征与实现条件、碳达峰碳中和对高质量发展的意义、全球碳达峰的规律。对碳达峰碳中和进行了学理上的阐述,并提出了碳达峰碳中和行动的概念框架。碳达峰碳中和实质上是二氧化碳排放与经济发展的关系问题,受规模效应、结构效应、技术效应和要素替代效应的复合影响。其实现将遵循控制化石能源消费、高比例发展可再生能源以及发展负排放技术和自然碳汇的发展路径，以降低绿色溢价和提升社会治理效能为充分条件和必要条件。

第二篇为政策篇。包括生态文明建设与"双碳"行动逻辑、碳达峰碳中和"1+N"政策体系、碳达峰的多目标多部门政策协同、碳达峰碳中和行动的经济激励与策略选择。碳达峰碳中和不是简单的、数量层面的二氧化碳总量控制问题，而是一场广泛而深刻的经济社会系统性变革，有赖于政策驱动的、全面的经济社会绿色低碳转型。

第三篇为路径篇。介绍了预测我国提前碳达峰的方法框架，综合考虑借鉴当前流行的几类预测模型方法，对重点部门达峰路径进行了预测和情景分析，主要包括电力和其他能源供应部门达峰路径、工业部门达峰路径、建筑部门达峰路径、交通部门达峰路径。针对可能实现的路径提出了相应的技术选择方案以及行动措施。基于全国一盘棋的行动原则，将中国30个省份划分为5个碳达峰梯次，分析了区域层面的差异化达峰路径。同时，分析研究城市层面的差异化达峰路径。针对城市在减污降碳、绿色转型中重要的主体地位，研究了系统性的引领机制。

第四篇为措施篇。聚焦绿色低碳科技创新与零碳产业，分析了绿色低碳的技术创新进展，并对零碳产业发展进行展望。总结评价当前碳市场的运行效果，并提出了碳市场未来建设主要方向，强化碳市场的定价功能，助力能耗"双控"向碳排放"双控"转变。统筹好稳经济与绿色低碳转型的关系，将绿色投资作为稳经济政策的重要抓手，提升绿色金融服务水平。多措并举推动能耗"双控"向碳排放"双控"转变，建立碳排放"双控"目标约束下的行政区划间碳总量交易制度。完善国家、省份和企业三级温室气体排放核算体系，推动实现国家温室气体清单常态化编制和定期更新，加强碳核算方面的法律法规制度建设，建设碳排放因子库。做好安全降碳工作，确保产业链供应链安全。

第五篇为案例篇。选择特色省份进行案例分析，为全国各省份实现碳达峰碳中和提供可复制可借鉴的经验。其中，北京作为碳中和目标引领的高质量发展样板，山西作为"双碳"目标引领资源型地区转型升级的案例，青海作为以清洁能源推动实现碳达峰碳中和的样板，云南作为以良好生态禀赋支撑全国碳达峰行动的典范。首先明确各特色省份在全国实现碳达峰碳中和的地位，其次分析实现碳达峰碳中和的优势和挑战，进而总结推动碳达峰碳中和的关键做法，最后提炼可供复制和借鉴的重要经验。

本书由国家社科基金重大项目"中国2030年前碳排放达峰行动方案"课题组撰写。庄贵阳承担了项目研究报告的整体框架设计，组织专家评审讨论，并完成写作大纲、前言和部分报告的撰写，以及全书三次统稿与再修改工作，负责整个项目的组织协调工作。全书第一章由陈迎撰写，第二、第四、第六章由庄贵阳、王思博、陈寅岚撰写，第三、第九章由周枕戈、庄贵阳撰写，第五章由田建国、杨秀撰写，第七、第八章由毛显强撰写，第十、第十一、第十四章由姜克隽撰写，第十二、第二十三章由王思博、庄贵阳撰写，第十三章由魏鸣昕、庄贵阳撰写，第十五章由王文军、赵栩婕撰写，第十六章由张致宁撰写，第十七章由赵黛青撰写，第十八、第二十二章由田建国撰写，第十九章由窦晓铭、庄贵阳撰写，第二十章由陈楠撰写，第二十一章由张晓梅撰写。陈寅岚参与第十、第十一、第十四、第十六章的修订工作，周伟铎参与第一、第十五、第十七章的修订工作。

目 录

第一篇 基础篇

第一章　中国碳达峰碳中和行动的目标与愿景 …………………… 003
第二章　碳达峰碳中和的学理阐释 ………………………………… 019
第三章　碳达峰碳中和行动的概念框架 …………………………… 036
第四章　碳达峰碳中和对高质量发展的战略意义 ………………… 050
第五章　全球碳达峰碳中和的趋势与经验 ………………………… 065

第二篇 政策篇

第六章　生态文明建设与"双碳"行动逻辑 ……………………… 083
第七章　碳达峰碳中和"1+N"政策体系 ………………………… 100
第八章　碳达峰的多目标多部门政策协同 ………………………… 135
第九章　碳达峰碳中和行动的经济激励与策略选择 ……………… 145

第三篇 路径篇

第十章　全国碳达峰情景分析 ……………………………………… 161
第十一章　重点行业碳达峰路径 …………………………………… 176
第十二章　中国省域碳达峰梯次划分与差异化达峰路径 ………… 234

第十三章　城市引领碳达峰碳中和的理论和路径研究 ………………… 274

第四篇　措施篇

第十四章　碳技术：绿色低碳科技创新与零碳产业 …………………… 289
第十五章　碳市场：充分发挥碳市场的定价和调节作用 ……………… 311
第十六章　碳金融：绿色金融助力碳达峰碳中和 ……………………… 333
第十七章　碳考核：推动能耗"双控"向碳排放"双控"转变………… 356
第十八章　碳核算：建立统一规范的碳排放统计核算体系 …………… 378
第十九章　碳安全：多措并举践行安全降碳 …………………………… 392

第五篇　案例篇

第二十章　　北京：以碳中和为目标，引领高质量发展 ……………… 411
第二十一章　山西："双碳"目标引领资源型地区转型升级 ………… 433
第二十二章　青海：以优质能源输出为全国碳达峰贡献力量 ………… 449
第二十三章　云南：良好生态禀赋支撑全国碳达峰行动 ……………… 466

参考文献 ………………………………………………………………………… 480

第一篇
基础篇

第一章

中国碳达峰碳中和行动的目标与愿景

2020年9月22日，习近平主席在第七十五届联合国大会一般性辩论上向国际社会郑重承诺，中国二氧化碳排放力争于2030年前达到峰值，努力争取2060年前实现碳中和。三年来，"双碳"工作全面扎实推进，基本建成"1+N"政策体系，各部门各行业积极行动，全社会"双碳"意识不断增强，政府、企业、社会形成合力落实"双碳"目标的良好氛围。

一 全球气候变化与碳中和国际进程

（一）全球气候变化的科学事实

受自然和人类活动的共同影响，全球正经历着以变暖为显著特征的气候变化，全球气候变化已经且仍将继续影响人类的生存与发展。

1988年11月，世界气象组织（WMO）和联合国环境规划署（UNEP）根据联合国大会决议，联合建立了政府间气候变化专门委员会（IPCC），旨在就气候变化问题为国际组织和各国决策者提供科学咨询，共同应对气候变化。IPCC下设三个工作组和一个专题小组：第一工作组负责气候变化的自然科学基础研究，第二工作组负责气候变化的影响、适应和脆弱性研究，第三工作组负责减缓气候变化的研究；专题小组负责编制国家温室气体清单的方法和指南。IPCC定期发布科学评估报告，迄今已发布六次，为国际社会应对气候变化提供科学咨询与建议。

根据最新的IPCC第六次评估报告（AR6），毋庸置疑人类活动导致了大气层、海洋和陆地变暖，大气圈、海洋、冰冻圈和生物圈都发生广泛而快速的变化。相比1850~1900年，全球平均地表温度在1995~2014年和2011~2020年这两个时期分别升高了0.85℃和1.09℃。过去50年观测到的升温速度至少在过去2000年历史上是前所未有的。不仅气温在快速升高，1971年到2018年，海洋热含量增加了约0.42焦耳，海洋热浪在20世纪变得更加频繁。20世纪全球平均海平面的上升速度比过去3000年中的任何一个世纪都要快，1901~2018年上升了0.20米。此外，冰冻圈是对气候变化最为敏感的，自1950年以来冰川的退缩是至少过去2000年来前所未有的。

WMO更新数据表明，2018~2022年全球平均温度比1850~1900年升温1.17±0.13℃，2018~2022年海洋热容量处于历史最高水平。2023年7月，全球月平均温度相比1815~1900年的月平均温度高出约1.5℃，几乎同时南极海冰面积创新低。

全球气候变化对自然和人类社会经济系统的影响绝不仅仅是温度上升那么简单，气候变化对自然和人类系统产生的直接和潜在的影响与风险，是非常广泛而复杂的。根据IPCC第六次评估报告的结论，气候变化带来自然和人类社会经济系统的复合型气候风险，全球大约有33亿至36亿人生活在气候变化高脆弱环境中，全球气温每升高0.5℃都会造成极端高温、极端降水和部分地区极端干旱事件频率增多、强度增大。根据WMO 2023年5月17日发布的报告*WMO Global Annual to Decadal Climate Update（Target Years：2023-2027）*，2023~2027年全球近地表年平均温度至少有一年比工业化前水平高出1.5℃以上的概率接近66%，加剧了触发气候"临界点"的风险。

（二）应对气候变化的国际进程

人类社会应对气候变化的两个主要途径是适应和减缓。适应气候变化是指自然或人类系统在实际或预期的气候变化影响下做出的一种调整反应，这种调整能够使气候变化的不利影响得到减缓或能够充分利用气候变化带来的各种有利条件。减缓气候变化是指通过经济、技术、生物等各种政策、措施和手段，控制温室气体的排放或增强温室气体汇。

20世纪70年代以来，气候变化问题从科学研究逐步走向国际政治议程，1990年IPCC发布第一次评估报告，同年国际社会启动了政府间气候谈判，在科学与政治的相互支撑下至今已走过了 30 多年的艰难历程（见图 1-1）。

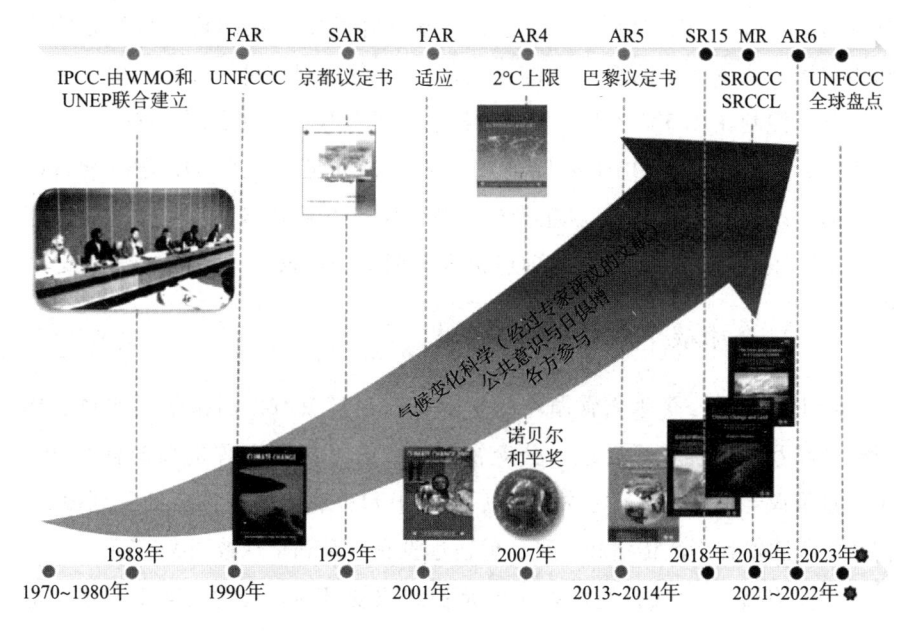

图 1-1　国际气候进程中科学与政治互动

1992 年联合国环境与发展大会上通过《联合国气候变化框架公约》（以下简称《公约》），是国际进程中第一座重要的里程碑。《公约》的目标是"将大气中温室气体的浓度稳定在防止气候系统受到危险的人为干扰的水平上"。《公约》确立国际合作应对气候变化的基本原则，主要包括"共同但有区别的责任"原则、公平原则、各自能力原则和可持续发展原则。1994 年 3 月《公约》正式生效，奠定了世界各国紧密合作应对气候变化的国际制度基础。

1997 年在日本京都召开的《公约》第 3 次缔约方大会（COP3）达成了《公约》的第一个执行协议（《京都议定书》），这是国际进程中另一座重要的里程碑。《京都议定书》首次为附件一国家（发达国家与经济转轨国家）规定了具有法律约束力的定量减排目标，引入了排放贸易（ET）、联合履约（JI）和清洁发展机制（CDM）这三个基于市场的灵活机制。但由于美国小布什政府的退出，《京都议定书》的生效一波三折，经过 8 年的谈判，最终于 2005 年 2 月 16 日生效。

2015年12月12日在《公约》第21次缔约方大会期间达成的《巴黎协定》作为《公约》2021~2030年的执行协议，是国际气候进程中又一座重要的里程碑。《巴黎协定》规定了全球应对气候变化的长期目标是将全球相对于工业革命前温度水平的平均气温升高控制在低于2℃以内，并努力将升温控制在1.5℃之内，从而大幅度降低气候变化的风险和危害。《巴黎协定》于2016年11月4日正式生效。2021年11月，在英国举行的《公约》第26次缔约方大会通过了《格拉斯哥气候协议》，完成了对《巴黎协定》实施细则的谈判，目前已进入全面实施阶段。

（三）全球碳中和目标的确立[①]

碳中和作为一个生物碳循环的学术概念很早就有，后来借助媒体、影视、产品和大型赛事活动进入公众视野，代表了绿色环保的新时尚，1997年《京都议定书》引入"三机制"后，碳中和也成为公司创新的盈利模式，在全球范围得到广泛传播和认可，但还远没有上升到全球或国家层面。

1992年签署的《公约》提出的是稳定浓度目标。公约的第2条规定应对气候变化的最终目标是"将大气中温室气体的浓度稳定在防止气候系统受到危险的人为干扰的水平上。这一水平应当在足以使生态系统能够自然地适应气候变化、确保粮食生产免受威胁并使经济发展能够可持续地进行的时间范围内实现"，但如何确定危险浓度水平，一直是国际气候谈判的一个难题。

1997年通过的《京都议定书》规定了附件一国家（发达国家和经济转轨国家）2008~2012年二氧化碳等6种温室气体的排放量在1990年基础上整体减少5.2%，并且还规定了各国具体目标。这是中短期的绝对减排或控排目标，但全球长期目标仍不明确。

2009年7月，在欧盟的力推下，G8集团峰会就2℃目标达成政治共识。但2009年哥本哈根气候谈判未达成具有法律地位的文件，2010年通过的《坎昆协议》才以法律形式规定"控制全球平均温升相比工业革命之前低于2℃；基于最佳可得的科学知识，包括全球平均温升1.5℃相关的知识，加强全球长期目标"，完成了全球减排长期目标由浓度目标向温升目

[①] 参见陈迎（2022）的研究。

标的转变。

2015年12月达成的《巴黎协定》确立了相比工业革命之前控制全球温升不超过2℃，并努力实现1.5℃的全球长期目标，并在第4.1条首次出现类似碳中和的"温室气体平衡"的概念。随后，政府间气候变化专门委员会（IPCC）应公约秘书处邀请就1.5℃目标进行评估。2018年10月IPCC发布的《全球温升1.5℃特别报告》（SR 1.5）指出，要实现1.5℃温升目标，全球二氧化碳必须在2050年左右实现净零排放；要实现2℃目标，则需要在2070年左右实现净零排放。同时还要深度减排非二氧化碳温室气体。根据IPCC报告术语表，这里的净零二氧化碳排放等同于碳中和。

2021年11月，格拉斯哥气候大会达成《格拉斯哥协议》，重申《巴黎协定》目标并力推1.5℃目标，同时引用IPCC《全球温升1.5℃特别报告》的结论，正式将净零二氧化碳排放（即碳中和）目标写入国际法律文件。

二 中国碳达峰碳中和目标的演化

（一）中国应对气候变化目标的演进[①]

长期以来，中国高度重视气候变化问题，把积极应对气候变化作为国家经济社会发展的重大战略，"十一五"以来，每个五年规划都制定应对气候变化的目标，并由国务院制定和实施节能减排综合工作方案。

"十一五"规划（2006~2010年）首次提出能耗强度目标。"十一五"规划中第一次提出了节能减排的概念，并设定了单位国内生产总值能源消耗比"十五"期末降低20%左右的约束性指标。"十一五"期间，全国单位GDP能耗下降19.1%，基本完成了"十一五"规划确定的目标任务。

"十二五"规划（2011~2015年）首次提出二氧化碳排放强度目标。"十二五"规划设定了提高低碳能源使用和降低化石能源消耗的目标：非化石能源占一次能源消费比重达到11.4%；单位国内生产总值能源消耗降低16%，单位国内生产总值二氧化碳排放降低17%；森林覆盖率提高到21.66%，森林蓄积量增加6亿立方米。"十二五"期间，中国实现碳排放

[①] 具体参见陈迎、巢清尘等编著《碳达峰、碳中和100问》，人民日报出版社，2021，第100页。

强度累计下降 20% 左右，2015 年非化石能源占一次能源消费比重达到 12%，均超额完成"十二五"规划目标，可再生能源装机容量已占全球的四分之一，新增可再生能源装机容量占全球的三分之一，为全球应对气候变化做出了积极贡献。

"十三五"规划（2016~2020 年）首次提出能耗总量和强度"双控"目标。"十三五"规划设定应对气候变化的约束性目标包括：非化石能源占一次能源消费比重达到 15%；单位国内生产总值能源消耗降低 15%，单位国内生产总值二氧化碳排放降低 18%；森林覆盖率提高到 23.04%，森林蓄积量增加 14 亿立方米。《"十三五"节能减排综合工作方案》还提出能耗"双控"目标：到 2020 年，全国万元国内生产总值能耗比 2015 年下降 15%，能源消费总量控制在 50 亿吨标准煤以内。根据国家统计局能源统计司公布数据，2020 年能源消费总量约为 49.7 亿吨标准煤，实现了"十三五"规划制定的"能源消费总量控制在 50 亿吨标准煤以内"的目标，完成了能耗总量控制任务。但能耗强度累计下降幅度在 13.79% 左右，未完成"十三五"规划制定的单位国内生产总值能耗比 2015 年下降 15% 的任务。单位国内生产总值二氧化碳排放降低约 22%，超过"十三五"规划制定的 18% 的目标。

"十四五"规划（2021~2025 年）首次提出能耗"双控"逐步向碳排放"双控"转变。"十四五"规划设定到 2025 年，单位 GDP 能耗和碳排放强度比 2020 年分别降低 13.5%、18%。"双碳"目标提出后，2021 年 9 月发布的《完善能源消费强度和总量双控制度方案》要求进一步强化和完善能耗"双控"制度，包括完善指标设置及分解落实机制，增强能源消费总量管理弹性，健全能耗"双控"管理制度等，未来能耗"双控"将逐步转向碳排放"双控"。"十四五"是绿色低碳发展转型的关键期，在确保 2030 年前碳达峰的同时要为 2060 年前实现碳中和打好基础。

综合来看，中国应对气候变化目标的演变有一定规律，一是从相对排放目标转为绝对排放目标，即由能源消耗总量和强度"双控"转向碳排放总量和强度"双控"，最终实现绝对排放的碳达峰碳中和目标。二是管控力度不断升级，管控范围从化石能源消费转向非化石能源发展、森林碳汇、行业及区域适应气候变化等多个领域。应对气候变化工作已在国家和地方层面扎实推进，并取得显著成效。

（二）中国的碳达峰碳中和目标及战略部署

2020年9月22日，习近平主席宣布"双碳"目标后，碳达峰碳中和受到全社会的高度关注。据初步统计，习近平总书记在国际国内不同场合提及"双碳"目标多达50余次，足见对"双碳"工作的高度重视。

2020年12月12日，习近平主席在气候雄心峰会上宣布中国将提高国家自主贡献力度，承诺到2030年单位国内生产总值二氧化碳排放比2005年下降65%以上，非化石能源占一次能源消费比重达到25%左右，森林蓄积量比2005年增加60亿立方米，风电、太阳能发电总装机容量达到12亿千瓦以上。

2020年12月18日，中央经济工作会议将"做好碳达峰、碳中和工作"作为2021年八大重点任务之一进行了部署。

2021年3月15日，习近平总书记在中央财经委员会第九次会议上强调实现碳达峰、碳中和是一场广泛而深刻的经济社会系统性变革，要将碳达峰、碳中和纳入生态文明建设整体布局。

2022年1月24日，习近平总书记在中共中央政治局第三十六次集体学习时强调，实现"双碳"目标是一场广泛而深刻的变革，不是轻轻松松就能实现的。我们要提高战略思维能力，把系统观念贯穿"双碳"工作全过程，注重处理好4对关系，即发展和减排的关系、整体和局部的关系、长远目标和短期目标的关系、政府和市场的关系。

党的二十大报告强调，要推动绿色发展，促进人与自然和谐共生。其中第十部分对碳达峰碳中和工作进行了新部署，要求"积极稳妥推进碳达峰碳中和"，"立足我国能源资源禀赋，坚持先立后破，有计划分步骤实施碳达峰行动"，"深入推进能源革命，加强煤炭清洁高效利用"，"加快规划建设新型能源体系"，"积极参与应对气候变化全球治理"。

2023年7月17日至18日全国生态环境保护大会在北京召开，习近平总书记强调：要积极稳妥推进碳达峰碳中和，坚持全国统筹、节约优先、双轮驱动、内外畅通、防范风险的原则，落实好碳达峰碳中和"1+N"政策体系，构建清洁低碳安全高效的能源体系，加快构建新型电力系统，提升国家油气安全保障能力。

2024年7月18日中国共产党第二十届中央委员会第三次全体会议通

过的《中共中央关于进一步全面深化改革、推进中国式现代化的决定》在生态文明体制改革方面进行部署，提出"聚焦建设美丽中国，加快经济社会发展全面绿色转型，健全生态环境治理体系，推进生态优先、节约集约、绿色低碳发展，促进人与自然和谐共生"。

（三）中国实现"双碳"目标的挑战和机遇

毋庸讳言，中国实现"双碳"目标面临很多严峻的挑战。2021年4月16日，习近平主席在同法国总统马克龙、德国总理默克尔举行中法德领导人视频峰会时用"三个最"做了精准概括，"中国作为世界上最大的发展中国家，将完成全球最高碳排放强度降幅，用全球历史上最短的时间实现从碳达峰到碳中和。这无疑将是一场硬仗"。

第一是我国所处发展阶段，发达国家从碳达峰到碳中和基本上要经历40~70年，而中国只有30年左右的时间。第二是资源禀赋，在中国能源结构的一次能源中，化石燃料占比约85%，煤炭高达56%，长期以煤炭为主的能源体系转型很难。第三是工业化和城镇化发展进程的惯性，未来经济发展要维持不断增长，能源消费量还会继续增长。第四是深度脱碳的技术储备不足，一些新技术如碳捕集与封存（CCS）技术，尚未达到大规模商业应用的阶段，直接空气捕获（DAC）技术更是需要加强技术创新和示范。实现碳中和、负排放需要依靠生物质能碳捕集与封存（BECCS）技术，这涉及土地供给的约束。第五是国际贸易分工，我国在国际供应链中作为世界加工厂，为国际市场提供大量产品而把碳排放留在国内，导致生产侧排放明显高于消费侧排放。此外，中国还面临国际压力。一些西方国家越来越忌惮中国的快速发展，组成各类联盟或俱乐部，推行碳边界调整机制，并试图在高技术领域对中国进行各种孤立和打压，其中也包括零碳关键技术和关键金属原材料方面。

尽管落实"双碳"目标挑战重重，但其中也蕴含重大的发展机遇。碳达峰碳中和是党中央经过深思熟虑做出的重大战略决策，无论是对内对外，都具有非常重要的战略意义。对外，面向碳中和目标的国际进程已经开始，中国提出"双碳"目标是履行国际义务的需要，也是加强国际合作的需要；对内，中国已经越来越清晰地认识到，落实"双碳"目标不是别人要我们做，而是我们自己必须要做的事，是高质量发展和可持续发展的内在需求。

"双碳"目标与我国"两步走"的战略安排高度契合。2030年前碳排放达峰是从2020年到2035年基本实现社会主义现代化的一个重要标志，2060年前实现碳中和目标，与《巴黎协定》提出的全球平均温升控制在工业革命前的2℃以内并努力控制在1.5℃以内的目标相一致，与中国从2035年到21世纪中叶建成富强民主文明和谐美丽的社会主义现代化强国目标相契合。

"双碳"目标也是生态文明建设的重要前提和抓手。工业革命以来，以大规模的工业生产和消费为特征的发展模式，高度依赖化石燃料和物质资源的投入，大量排放二氧化碳等温室气体，造成了资源耗竭和生态环境问题，这种发展方式已经难以为继。"双碳"目标就是要根本改变发展模式，使得经济发展与碳排放从相对脱钩转向绝对脱钩，最终摆脱对化石能源的依赖。

碳中和将对世界经济和国际政治格局带来深远影响，中国必须把握新的发展机遇。在全球碳中和目标下，新能源、新技术、新市场、新业态、新模式、新投资、新规则、新标准等都将不断涌现，创造大量新的就业机会。未来在全球碳中和的新赛道上，国际竞争和大国博弈也将愈演愈烈。那些掌握碳中和关键技术和装备制造能力、关键金属资源和加工能力，在全球清洁能源市场、碳市场和碳金融领域占优势的国家将拥有更大的话语权。2022年8月，美国通过《2022年通胀削减法案》，将总投资的一半（大约3690亿美元）用于能源安全和气候投资，其中不乏贸易保护性条款。2022年6月，美、加、澳、欧、日、韩等国组成的"矿产安全伙伴关系"（MSP），旨在加强关键矿产供应链，保障对清洁能源和其他技术至关重要的关键矿产的供应。2022年10月，欧盟主席冯德莱恩甚至声称，"要剥夺中国对稀土、锂矿等珍稀矿产的掌控和经营，并改由西方控制"。中国必须顺应全球绿色低碳发展的大趋势，积极把握难得的发展机遇，在全球生态文明建设中发挥重要参与者、建设者和引领者的作用。

事实上，中国近年来可再生能源全产业链快速发展，已经打下了很好的基础，具备了一定的引领全球绿色低碳转型的条件和实力。例如，截至2022年底，我国水电、风电、光伏发电、生物质发电装机规模稳居世界第一。其中，风电装机4.41亿千瓦，太阳能发电装机6.09亿千瓦。2023

年，全国可再生能源发电量达2.95万亿千瓦时，占全部发电量的31.8%；其中风电发电量8858亿千瓦时，占全部发电量的9.5%；光伏发电量5833亿千瓦时，占全部发电量的6.3%。2023年中国光伏产业链供应能力可以满足全球约90%的装机需求。2023年中国汽车出口量达到522.1万辆，首次超越日本，成为全球最大汽车出口国。2023年中国新能源乘用车的全球市场份额为64%。

气候变化是全球性挑战，人类只有一个地球家园，应对挑战离不开国际合作。为此，中国提出三个全球倡议，即全球发展倡议、全球安全倡议和全球文明倡议，推动国际加强绿色低碳发展合作，维护世界和平稳定，让不同文明包容共存、交流互鉴，共同构建人类命运共同体。

三　正确认识碳达峰碳中和目标及其关联性[①]

落实"双碳"目标，首先要建立正确的认识。目前社会上对碳达峰碳中和目标的概念内涵以及二者之间的关联性存在一些认识误区，必须加以澄清。

第一，2030年前碳达峰、2060年前碳中和，简称"30·60"目标，媒体报道时经常忽略两个"前"，这是误解。2030年、2060年是截止的时间点，两个"前"体现了中国积极的态度、负责任大国的担当，中国"言必信，行必果"，在坚守底线的同时，还要努力做得更好。

第二，碳达峰和碳中和不是两个目标，而是一个目标的两个阶段，是相辅相成的一个有机整体，不能人为割裂。一些地方抢上高碳项目，人为抬高峰值，是不负责任的短视行为，为后期落实碳中和目标人为制造困难，埋下风险和隐患。一些人想象先完成达峰任务，之后再断崖式减排，是不切实际的。因为投资高碳项目有锁定效应，社会经济发展也有路径依赖，随着经济向绿色发展转型，投资高碳项目的效益可能不及预期，甚至大量化石能源基础设施提前退役，都会造成大量投资搁浅。

第三，碳达峰碳中和需要统筹规划，有序衔接。"双碳"工作的战略意义在于促进我国经济高质量发展，建设人与自然和谐共生的中国式现代

---

① 参见陈迎主编《"双碳"目标与绿色低碳发展十四讲》，人民日报出版社，2023。

化。碳达峰是走向碳中和的过渡期、转型期，不能延续过去粗放不可持续的发展模式，为实现碳中和人为制造困难，而应利用这一关键转型期，把握发展新机遇，为实现碳中和打好基础。

第四，碳达峰碳中和之间的有序衔接需要政策机制保障。近两年，国家出台大量政策文件，各省区市也都制定了地方碳达峰实施方案，建立了目标明确、分工合理、措施有力、衔接有序的"1+N"政策体系。但国家层面对于碳达峰碳中和的统筹规划、有序衔接还缺乏明确的政策指引，各地在实践层面就容易产生误解和行动偏差。

第五，碳中和的对象是人为而非自然。碳中和是指一段时间内人为排放量与人为移除量之间的平衡，无论是排放还是移除，都强调是人为，而非自然，将陆地生态系统和海洋的自然系统碳吸收用于平衡人为碳排放，不仅逻辑上不对等，也有悖于消除人类活动对自然生态系统不利影响的初衷，是对碳中和概念的典型误解。

第六，碳中和目标不宜强行套用在很小的行政单元。碳中和目标可以应用在全球、区域、国家、城市、企业、活动等不同层面，除全球层面外，针对其他任何主体的碳中和目标都需要定义清晰的边界。地方、企业或大型活动自愿购买碳信用实现碳中和的做法值得鼓励，但不宜将碳中和目标强行套用在很小的行政单元，否则边界内依靠自身减排和增汇不可能实现碳中和，只能依靠大量购买边界外的碳信用进行碳抵消。目前自愿碳信用交易存在很多乱象，一些碳信用质量不高或者重复计算，对于国家层面真正的绿色低碳发展转型并无裨益。

第七，"双碳"目标覆盖的温室气体种类并不明确，碳达峰指二氧化碳排放达峰，但碳中和覆盖的气体种类并不明确。到目前为止，中国尚未以官方文件形式对此进行具体说明。从应对气候变化的大目标看，非二氧化碳温室气体对全球增温的贡献是不容忽视的，国际社会越来越重视，中国也付出了巨大的努力。如果将甲烷等非二氧化碳温室气体根据GWP折算为碳当量，纳入碳中和目标，则意味着"自我加压"，要在2060年基础上至少提前5~10年实现二氧化碳的碳中和，并加大部署CCUS的规模。如果明确碳中和仅指二氧化碳中和，并在碳中和目标之外承诺积极管控甲烷等非二氧化碳温室气体，也同样可以展现中国积极应对气候变化的大国担当。

第八，碳中和概念中的碳汇必须满足人为、增量、可以长期储存三个条件。有人认为广袤的草原和绿油油的庄稼是很大的碳汇。实际上，牧草和庄稼都不能长期储存，不是碳汇，只有人为增加农田和草原土壤的含碳量才是碳汇。中国农业部门既有排放源，也有吸收汇，综合来看是净的排放源。还有人认为森林覆盖率高的地方碳汇就多，就可以出售碳汇，实际上是混淆了固碳存量和碳汇增量。只有人为活动带来的符合方法学要求（基线、额外性、计算方法等）的增量才可能作为碳汇交易。目前国际认可的海洋蓝碳仅有红树林、海草床、盐沼三种，在科学研究不足和缺乏国际公认标准的情况下，不宜夸大蓝碳的潜力和贡献，否则容易误导沿海地区的发展。

第九，"双碳"目标的关键在降碳，以降碳为引领，协同推进降碳、减污、扩绿、增长，促进发展方式的绿色低碳转型。我国碳排放体量巨大，占全球化石能源和工业过程碳排放总量的30%，我国森林覆盖率仅24.02%，低于世界平均水平，研究机构估计每年碳汇占碳排放的12%左右。未来即使大力提升固碳增汇能力，增汇也并不丰富。通过工程手段的碳捕集、利用与封存（CCUS）技术减排增汇，仍处于技术研发和示范阶段，受到高成本和环境风险等诸多因素的制约，只能作为实现碳中和的末端兜底技术。至于海外碳抵消，中国尚未对碳抵消机制做出明确规定，虽然不排除这一机制的可能贡献，但以中国排放的巨大体量，作用也会十分有限。

四 碳达峰碳中和"1+N"政策体系

中国提出"双碳"目标后，中央和地方政府纷纷出台一系列重要的政策文件，积极构建"1+N"政策体系，坚定不移地推动"双碳"工作，中国的决心和成绩令世界瞩目。本节概述碳达峰碳中和"1+N"政策体系的总体架构、主要内容和工作成效，具体政策体系设计与进展详见第七章《碳达峰碳中和"1+N"政策体系》。

（一）"1+N"政策体系的总体架构

根据2022年11月11日我国向《公约》秘书处正式提交的《中国落实国家自主贡献目标进展报告（2022）》，所谓"1+N"政策体系，"1"

是中国实现碳达峰碳中和的指导思想和顶层设计，由2021年发布的《中共中央 国务院关于完整准确全面贯彻新发展理念做好碳达峰碳中和工作的意见》（以下简称《意见》）和《2030年前碳达峰行动方案》（以下简称《方案》）两个文件共同构成，明确了碳达峰碳中和工作的时间表、路线图、施工图。"N"包括能源、工业、交通运输、城乡建设等重点领域，钢铁、有色金属、石化、化工、建材等重点行业的实施方案，以及价格税收、金融、统计考核、科技支撑等方面的保障方案。同时，各省区市均已制定了本地区碳达峰行动方案。这一系列文件构建起目标明确、分工合理、措施有力、衔接有序的碳达峰碳中和政策体系。目前，我国的碳达峰碳中和"1+N"政策体系已基本建立，标志着我国"双碳"行动迈入了实质性落实阶段。

根据"零碳录"（CCNT）不完全统计，截至2024年6月4日，我国出台了国家级政策行动462项，地方行动1702项。"1+N"政策体系不仅为落实"双碳"目标指明了方向，绘制了蓝图，更重要的是提供了可以具体操作的政策工具，促进各项工作落到实处。

（二）《意见》和《方案》的主要内容

2021年10月24日发布的《意见》作为落实"双碳"目标的顶层设计，强调"立足新发展阶段，贯彻新发展理念，构建新发展格局"，坚持系统观念，处理好"发展和减排、整体和局部、短期和中长期"的关系，将落实"双碳"目标上升到经济社会发展全面绿色转型，抓住能源绿色低碳发展转型这个关键点，优化产业结构和空间格局，兼顾生产方式和生活方式的转变，使中国走上生态优先、绿色低碳的高质量发展之路。

《意见》明确实现碳达峰碳中和目标，要坚持"全国统筹、节约优先、双轮驱动、内外畅通、防范风险"的工作原则；提出了到2025年、2030年、2060年构建绿色低碳循环发展经济体系、提升能源利用效率、提高非化石能源消费比重、降低二氧化碳排放水平、提升生态系统碳汇能力等五方面主要目标，确保如期实现碳达峰碳中和。其中首次提到2060年非化石能源消费比重要达到80%以上。

《意见》明确了碳达峰碳中和十大工作重点，一是推进经济社会发展全面绿色转型，二是深度调整产业结构，三是加快构建清洁低碳安全高效能源体系，四是加快推进低碳交通运输体系建设，五是提升城乡建设绿色低碳发展质量，六是加强绿色低碳重大科技攻关和推广应用，七是持续巩固提升碳汇能力，八是提高对外开放绿色低碳发展水平，九是健全法律法规标准和统计监测体系，十是完善政策机制。

《意见》还强调切实加强组织实施，加强党中央对碳达峰碳中和工作的集中统一领导，强化统筹协调，压实地方责任，严格监督考核。

2021年10月26日发布的《方案》围绕贯彻落实党中央、国务院关于碳达峰碳中和的重大战略决策，按照《意见》要求，聚焦2030年前碳达峰目标，对推进碳达峰工作做出总体部署。

《方案》强调以习近平新时代中国特色社会主义思想为指导，全面贯彻党的十九大和十九届二中、三中、四中、五中全会精神，深入贯彻习近平生态文明思想，立足新发展阶段，完整、准确、全面贯彻新发展理念，构建新发展格局，坚持系统观念，处理好发展和减排、整体和局部、短期和中长期的关系，统筹稳增长和调结构，把碳达峰碳中和纳入经济社会发展全局，有力有序有效做好碳达峰工作，加快实现生产生活方式绿色变革，推动经济社会发展建立在资源高效利用和绿色低碳发展的基础之上，确保如期实现2030年前碳达峰目标。

《方案》明确坚持"总体部署、分类施策，系统推进、重点突破，双轮驱动、两手发力，稳妥有序、安全降碳"的工作原则，提出到2025年和2030年的主要目标。其中，到2025年，非化石能源消费比重达到20%左右，单位国内生产总值能源消耗比2020年下降13.5%，单位国内生产总值二氧化碳排放比2020年下降18%。到2030年，非化石能源消费比重达到25%左右，单位国内生产总值二氧化碳排放比2005年下降65%以上，顺利实现2030年前碳达峰目标。

《方案》要求将碳达峰贯穿于经济社会发展全过程和各方面，重点实施"碳达峰十大行动"：一是能源绿色低碳转型行动，二是节能降碳增效行动，三是工业领域碳达峰行动，四是城乡建设碳达峰行动，五是交通运输绿色低碳行动，六是循环经济助力降碳行动，七是绿色低碳科技创新行动，八是碳汇能力巩固提升行动，九是绿色低碳全民行动，十是各地区梯次有序碳达峰行动。

《方案》还就国际合作的关键领域做出部署，要深度参与全球气候治理，开展绿色经贸、技术与金融合作；优化贸易结构，大力发展高质量、高技术、高附加值绿色产品贸易；加强绿色标准国际合作，推动落实合格评定合作和互认机制，做好绿色贸易规则与进出口政策的衔接；加强节能环保产品和服务进出口；推进绿色"一带一路"建设。

《方案》还指出，要为确保 2030 年前碳达峰提供政策保障，建立统一规范的碳排放统计核算体系，健全法律法规标准，完善经济政策，建立健全市场化机制。强调切实加强组织实施，强化统筹协调，强化责任落实，严格监督考核。

（三）推进碳达峰碳中和工作成效显著

当前，我国围绕碳达峰碳中和目标，基本建立了"1+N"政策体系，坚决遏制高耗能、高排放、低水平项目盲目发展，推动产业升级提效、绿色转型，加快建设低碳交通运输体系，建成全球规模最大的清洁发电体系和全球规模最大的碳排放权交易市场……绿色低碳发展转型取得了积极成效。

根据国家能源局的统计数据，截至 2023 年底，全国可再生能源发电累计装机容量为 15.16 亿千瓦，历史性超过煤电，占全部电力装机的 52%。中国煤炭消费量占一次能源消费总量的比重已由 2012 年的 68.5% 降为 2023 年底的 55.3%。通过能耗"双控"制度，重点控制化石能源消费，大力提高能源利用效率和化石能源清洁高效利用水平。新增煤电机组执行更严格节能标准，发电效率、污染物排放控制达到世界领先水平。积极推进北方地区冬季清洁取暖，城市空气质量明显改善。中国用不到 10 年时间走完发达国家 30 多年成品油质量升级之路，成品油质量达到国际先进水平，有效减少了汽车尾气污染物排放。根据中国统计公报数据推算，2012 年以来的十年，中国以年均 3% 的能源消费增速支撑了年均 6.5% 的经济增长，万元 GDP 能耗较 2012 年下降 26.4%，万元 GDP 碳排放下降 34.4%。

以"双碳"目标为引领，我国产业结构持续调整，产业布局不断优化。科技创新作为调整产业结构、促进经济社会绿色低碳转型的动力和保障，人工智能、大数据、区块链、量子通信等新兴技术加快应用，成为经济发展重要支撑。节能环保产业质量效益持续提升，形成了覆盖节能、节水、环保、可再生能源等各领域的绿色技术装备制造体系。尤其是可再生能源产业发展迅速，风电、光伏发电等清洁能源设备生产规模居世界第一，多晶硅、硅片、电池和组件占全球产量的80%以上。

不仅生产领域向绿色低碳转型，生活领域也积极推行绿色低碳的生活方式。国家制定和实施了一系列法律法规，如2021年4月29日十三届全国人大常委会第28次会议通过《中华人民共和国反食品浪费法》，2022年1月，国家发改委出台了《促进绿色消费实施方案》。近年来，我国广泛开展节约型机关、绿色家庭、绿色学校、绿色社区、绿色出行、绿色商场、绿色建筑等创建行动，将绿色生活理念普及推广到衣食住行游用等方方面面。伴随低碳环保理念深入人心，绿色消费品类愈加丰富，绿色消费群体持续扩大，绿色生活方式也正成为中国人生活的新风尚和自觉行动。现在，有越来越多的人自觉采取"光盘行动"、乐于循环使用环保袋、对生活垃圾进行分类处理、换购新能源汽车作为家庭出行工具，也有越来越多的"上班族"更愿意以"步行+公共交通+自行车"的方式实现绿色低碳出行。在很多城市，提供公共交通服务的公交车、出租车等新能源迭代升级尤为明显。以北京为例，新能源与清洁能源公共汽车的占比已经超过九成。我国新能源汽车年销量从2012年的1.3万辆快速提升到2024年的1200万辆，自2015起产销量连续10年位居世界第一。放眼全国，绿色低碳的生活方式正广泛渗透到人们的日常生活中。

总之，在碳中和目标下，全球绿色低碳转型已成为最广泛的共识。这是一场人类的自我革命，不会一帆风顺，可能出现波动、反复，但短期因素的干扰不改长期趋势和大方向。例如，新冠疫情使得2020年全球能源相关碳排放比2019年大约下降5.9%，而2021年随着经济复苏，碳排放反弹6%，创历史新高。经济复苏也使得全球能源价格持续走高，局部冲突更加剧了短期内欧洲能源供应紧张的局面，一些国家被迫重启煤电或核能以应对能源危机。国际碳中和竞争时不我待，各地区各部门应以习近平生态文明思想为指导，加强"双碳"学习，提高"双碳"意识，保持战略定力，将落实"双碳"目标作为一项全局性、长期性工作坚定不移地推进。

第二章
碳达峰碳中和的学理阐释

一 碳达峰碳中和的时代背景

2020年9月22日,习近平总书记在第七十五届联合国大会一般性辩论上承诺将采取更加有力的政策和措施,二氧化碳排放力争于2030年前达到峰值,努力争取2060年前实现碳中和。为确保如期实现碳达峰碳中和,中共中央、国务院印发《关于完整准确全面贯彻新发展理念做好碳达峰碳中和工作的意见》,国务院印发《2030年前碳达峰行动方案》,此后,能源、工业、城乡建设、交通运输、农业农村等重点领域实施方案,煤炭、石油天然气、钢铁、有色金属、石化化工、建材等重点行业实施方案,科技支撑、财政支持、统计核算、人才培养等支撑保障方案,以及31个省区市碳达峰实施方案均已制定。系列文件已构建起目标明确、分工合理、措施有力、衔接有序的碳达峰碳中和"1+N"政策体系。格拉斯哥气候大会前夕,国务院新闻办公室发布《中国应对气候变化的政策与行动》白皮书;中国遵循《巴黎协定》的规定向《联合国气候变化框架公约》秘书处正式提交《中国落实国家自主贡献成效和新目标新举措》和《中国本世纪中叶长期温室气体低排放发展战略》。

碳达峰碳中和是中国主动提出的最新气候目标,需要生态文明整体布局下的经济社会系统性转型,关乎经济发展和民生福祉。全国已形成积极落实"双碳"目标的良好氛围,但依然存在很多认识误区。诸多研究从能源转型和技术进步的维度展开,虽然具有必要性和实践意义,但并没有摆脱弱可持续性的思维模式。碳达峰碳中和内涵丰富,既不是简单的对现行发展模式下的资源环境约束,也无法通过单一维度下的路径优化得以实现,需要在基于"环境-社会-经济"包容关系的可持续发展框架下考虑转型路径。基于此,本章试图从碳达峰碳中和的科学与政策内涵出发,探讨生态文明视角下的社会经济转型路径。

二 碳达峰碳中和的科学与政策内涵

2030年前碳达峰、2060年前碳中和是相互关联、辩证统一的两个阶段,既符合《巴黎协定》温升目标的要求,也与中国的经济发展需求和减排能力相适应。

(一) 碳达峰碳中和的科学内涵

碳达峰指特定时间区间内二氧化碳排放总量达到最大值,随后进入平稳下降阶段的过程,包括达峰路径、达峰时间以及峰值水平三个关键要素。碳达峰是二氧化碳排放总量由增转降的历史拐点,也存在二氧化碳排放进入平台期并在一定范围内波动的情况。因此,碳达峰的实现往往有赖于经济体进一步确认碳排放量变化情况并做出声明。截至2020年,全球已有54个国家和地区实现了碳达峰,占全球碳排放量的40%。

基于现行经济发展范式,碳达峰可分为四种类型。一是自然达峰型。德国、俄罗斯等国家和地区的碳峰值出现在《联合国气候变化框架公约》实施之前,受减排政策影响较小(李少林和杨文彤,2022)。二是经济衰退型。苏联的加盟共和国、东欧国家等由于经济增速放缓或经济衰退导致碳排放量下降,实现碳达峰。三是经济波动型。美国、日本等国家在经济转型或经济危机的冲击下,出现了不同程度的经济增速放缓并伴随着碳排放达峰,此类外力作用下的碳达峰往往存在碳排放回弹和平台期。四是政策驱动型。自碳达峰碳中和等气候目标提出后,面对比工业化国家时间更紧张、强度更大的减排要求,对尚未完成工业化的国家而言,碳达峰碳中和意味着中央政府的强介入和地方政府的主动创新,以政策驱动碳达峰碳中和目标的实现。

碳中和,也称为净零二氧化碳排放,指特定时期内全球人类活动导致的二氧化碳排放量与人为二氧化碳消除量相等。碳中和是一个净值的概念,并不等同于零排放,主体不仅限于国家和地区,也包括行业、企业、社区乃至个人，核心是经济活动的全生命周期和影响范围内的净碳排放为零。例如，由于国际贸易隐含碳、碳转移问题的存在，即使一国领土范围内净排放量削减至零，也不等同于碳中和。现阶段，共49个国家及欧盟承诺实现"净零"目标，涵盖了全球一半以上的国内温室气体排放量[①]。

基于碳循环过程的全球剩余碳预算是碳中和的科学基础。从1950年左右开始，化石能源成为人为碳排放的主要来源，加入了大气、海洋和陆地生物圈数千年之久的碳循环（Pierre et al.，2020）。基于自然碳循环趋势及自然碳汇对气候变化、二氧化碳排放的响应，科学研究得以量化与特定气候目标一致的未来剩余碳排放。1.5℃温升目标意味着到2030年，全球人为净二氧化碳排放相对2010年水平下降约45%，在2050年左右实现碳中和。2℃温升目标要求到2030年二氧化碳排放量相比2010年的水平减少约25%，并在2070年左右达到净零排放（IPCC，2018）。然而，根据缔约方更新的自主贡献目标，在以1.5℃为目标的碳预算下，2020~2030年的全球累积碳排放可能消耗剩余碳预算的89%；即便碳预算与2℃温升目标保持一致，未来十年仍可能消耗剩余碳预算的39%（UNFCCC，2021）。全球应对气候变化的雄心与行动与《巴黎协定》温升目标仍存在一定差距，需要超额完成国家自主贡献承诺并进一步提升气候雄心。

人口、经济发展水平、工业化与城镇化水平、能源结构等因素显著影响碳排放水平。KAYA恒等式通过数学分析方法，建立起经济社会中的人类活动产生的二氧化碳排放与人口规模、技术水平、能源结构、环境规制等的联系。KAYA恒等式指出，二氧化碳排放水平取决于人口规模、人均国内生产总值、单位GDP能耗以及单位能耗碳排放水平。各因素受到技术水平、环境规制等的影响，又通过作用于生产和消费活动对二氧化碳排放水平产生直接或间接的影响。

中国已明确碳排放提前达峰的"碳"指二氧化碳，而且是主要指能源活动产生的二氧化碳；而"努力争取2060年前实现碳中和"中的"碳"，则指全经济领域的温室气体。中国的碳中和是可持续发展框架下的综合性目标，兼顾经济增长、环境保护和社会公平，是实现工业化水平、城镇化水平、人民生活水平大幅提升后的二氧化碳净零排放。其以国家经历经济

---

① 联合国环境规划署：《2021年排放差距报告：热火朝天》，2021年10月。

增长过程并实现较高水平的物质积累和社会福利为前提,关系到国家竞争优势、能源安全乃至全球政治经济格局的重塑。

(二) 碳达峰碳中和的政策内涵

除了少数以自然经济为主的经济体已经实现碳中和之外,大多数国家和地区还停留在碳达峰前后的阶段。碳达峰往往在发达经济体中首先出现,为发展中国家和地区总结经济规律、主动加压制定政策驱动碳达峰碳中和提供参考。

1. 经济发展可持续化

自然达峰型经济体大多经历了"先污染后治理"的过程,碳达峰一般出现在工业化、城镇化中后期,人均GDP在两万美元以上(李媛媛等,2021)。碳达峰是经济社会发展的阶段性现象,碳排放呈现强度、人均、总量依次达峰的顺序,能源消费总量达峰往往出现在碳排放达峰之后。工业化、城镇化是异时产生二氧化碳排放的重要原因。在低中收入阶段,工业化对碳排放的促进作用逐渐增强,而城镇化与碳排放的相关性在城市化的中期阶段开始显现(FengDong et al., 2019)。大部分发达国家在达峰时的城市人口占比均超过50%。可以预测,印度等投资扩张型新兴经济体将因人口增加、城乡基础设施建设成为未来世界上温室气体排放增速最快、增幅最大的国家。

既满足当代人的需求,又不对后代人满足其需求的能力构成危害的可持续发展成为后发国家和地区规划碳达峰碳中和路径的必然选择。"先污染后治理"是弱可持续性范式下的经济社会发展模式,基于人造资本和自然资本可以相互替代的观念(诸大建,2019),忽视了化石能源等关键自然资源以及大气、生态、环境承载力的有限性。自然生态系统和经济社会系统也无力继续承担后发国家和地区延续粗放扩张型经济增长模式所带来的资源环境负荷。在基于"环境-经济-社会"包容关系的可持续发展框架下,碳达峰碳中和需要经济社会发展与碳排放逐步脱钩,内在要求是关键自然资本不可减少,自然资本、人力资本等要素资本结构合理,整合资本非零增长(诸大建,2016)。

2. 能源系统多元化、低碳化、智能化

发达经济体碳达峰主要通过降低煤炭等化石能源消费总量、提高能源利用效率、发展可再生能源三种途径，呈现能源消费和二氧化碳排放"双达峰""双下降"的趋势（胡鞍钢，2021）。德国在1990年实现碳达峰，通过立法推进可再生能源开发利用。英国在1972年实现本土碳达峰，减排主要发生在电力部门，40%来自电力"去煤"。美国2007年碳达峰主要归因于能源效率提升和能源结构优化，有赖于健全的产业体系和资源基础。

碳达峰碳中和的深层次问题是能源问题，高比例发展可再生能源是剥离经济发展、能源消费与二氧化碳排放相关关系的关键。中国长期以来能源结构偏重，能源消费尚未达峰，尽管可再生能源资源丰富，但技术关隘和体制机制共同导致可再生能源消纳问题暂未解决。工业、建筑、交通等部门以及生产生活的各个环节均通过能源电力协同建立起广泛而复杂的经济联系（庄贵阳和窦晓铭，2021），无论从能源安全、经济发展还是碳达峰碳中和目标考虑，推动能源系统多元化、低碳化、智能化都是首要选择。

3. 产业结构高度化

碳达峰时，发达经济体第三产业占比远超过第二产业占比，呈现产业结构高度化趋势。发达经济体碳达峰时的主导产业以高加工制造业和生产性服务业为主（李媛媛等，2021），产业重点向第三产业转移，生产要素由劳动向技术、知识演进，最终产品的比重逐渐上升。除波兰外，1996年以后所有实现碳达峰的发达国家第三产业占GDP的比重达65%以上，美国等一些国家的比重甚至接近80%（李媛媛等，2021）。例如，欧盟等超饱和经济体的人口规模已逾峰值，服务业在经济中占比约70%，碳排放主要来自生活品质提升和基础设施运行。

产业结构高度化在不断提高结构效益的同时，优化资源配置、降低二氧化碳等污染排放。发达经济体的碳达峰在一定程度上依赖于将高耗能、高排放产业转移到环境规制较弱的国家和地区。但在应对气候变化问题上，局部的产业转移只是"数字游戏"。在全球碳排放紧约束下，实现产业结构高度化需要站在全球价值链嵌入、分工、重构的角度，基于安全性、稳定性、韧性需求分析优化路径，促进产品高附加值化、产业组织合理化与集约化、产业高技术化以及加工深度化。

4. 技术创新应用规模化

工业化发展范式下，能源结构、产业结构调整乃至经济发展与技术创新和应用部署的关系密切。能源、工业、建筑、交通、消费等领域的技术成熟度被发达经济体视为实现碳中和的关键。由于技术进步具有正外部性，局部的技术创新和应用部署也将最终有益于人类社会的整体进步。美国等技术扩张型经济体的创新能力较强，通过先进低碳技术较好地平衡了经济规模扩张、人口增长与碳排放的关系（潘家华等，2021）。

碳达峰碳中和是围绕低碳、零碳乃至负碳技术创新与应用展开的竞争。尽管发展中国家引进、模仿、学习低碳技术的成本远小于创新成本，在一段时间内具有后发优势，然而，全球尚未出现高度工业化后实现碳中和的经济体。关键技术创新面临不确定性和成本较高，以及应用风险未知等挑战。

（三）中国提前碳达峰碳中和的战略意义

碳达峰碳中和涉及生产、消费、基础设施建设和社会福利等各方面内容，具有多重意义。除了应对气候变化这一基础目标外，碳达峰碳中和不仅引领全球气候治理，也是国内经济高质量发展的重要驱动力。

1. 提升应对气候变化行动力

大气中二氧化碳浓度过高和其他因素共同导致了以全球变暖为主要特征的气候变化问题，给自然生态系统和经济社会系统的正常运转带来负面影响。联合国领导的政府间气候变化专门委员会（IPCC）第六次评估报告第一工作组报告（简称第一工作组报告）指出，1750年以来，温室气体浓度的上升无疑是由人类活动造成的（IPCC，2021）。

全球应对气候变化行动力长期不足使得地球正面临"气候紧急状态"。全球15个已知的气候临界点，已有9个被激活（Lenton et al.，2019）。大气环境容量有限并具有全球流动性，作为生物圈圈层之一的大气圈还将与其他圈层相互作用、均衡调节，应对气候变化不应止步于碳中和。尽管占比高、增温效应强、生命期长的二氧化碳减排是应对气候变化的核心与关键，非二氧化碳温室气体的重要性同样不可忽视。

应对气候变化和减污降碳需要各个国家和地区共同提升应对气候变化行动力。中国2030年前碳达峰、2060年前碳中和等国家自主贡献强化目标，为应对气候变化注入新的活力。

2. 引领全球气候治理

为应对气候变化问题，国际社会建立了"自下而上"以合作为基础的全球气候治理体系。《巴黎协定》是继《京都议定书》之后第二份具有法律约束力的气候协议，为2020年后全球应对气候变化行动建立了"自下而上"的规则框架。然而，各国上报的国家自主贡献强化目标和其他气候减缓承诺仅在原先预测的2030年温室气体年排放量基础上减少了7.5%，与2℃目标（减排30%）和1.5℃目标（减排55%）的减排需求相去甚远（UNEP，2021）。很多发展中国家仍处于工业化和城镇化的进程中，全球碳排放总量呈上升趋势。

应对气候变化问题迫切需要在多边主义框架下开展国际合作，中国碳达峰碳中和承诺将大幅提升应对气候变化行动力，引领全球气候治理。从碳达峰到碳中和，中国比发达国家经历更短的时间、更大的降幅，从这一相对意义来说中国比发达国家走得更快。中国不仅与欧盟、美国展开气候合作，作为正处于城市化、工业化进程的发展中国家，也通过"南南合作"为发展中国家提供资金、技术、经验支持。作为承诺实现净零排放的国家和地区之一，中国碳达峰碳中和是引领全球气候治理，推进构建公平合理、合作共赢的全球气候治理体系的关键。

3. 推动经济高质量发展

碳达峰碳中和与经济发展并不矛盾，是构建新发展格局、推动经济高质量发展的必然要求，是寻求更具包容性、经济韧性的可持续增长方式的必经之路。与粗放的、规模速度型经济增长模式相比较，二氧化碳排放轨迹在经济高质量发展路径之下也必然更为优化，有利于碳达峰碳中和目标的实现。

碳达峰碳中和与经济高质量发展互为表里，实现逻辑具有一致性。2030年前碳达峰、2060年前碳中和意味着能源、产业、社会发展方式的全方位绿色低碳转型，是推动经济增长由规模速度型向质量效益型转变的关键。除了强调能源结构、产业结构升级，碳达峰碳中和也引导适度、低碳、健康的消费方式和生活方式。在自然开发、保护与末端治理方面，推崇基于自然的解决方案，发展循环经济，复原生态红利。这同时也是推动经济转向创新、高效、节能、环保、高附加值的增长方式，促进经济高质量发展的关键。碳达峰碳中和目标愿景的提出将中国的绿色发展之路提升到新的高度，成为中国未来数十年内社会经济发展的主基调之一。

三 碳达峰碳中和的理论基础

碳达峰碳中和的主要矛盾在于协调二氧化碳排放与经济发展的关系，实质上是经济发展范式的选择问题，是可持续发展理论的具体实践。随着稀缺的对象由人造资本转变为自然资本，同时也经过弱可持续性和强可持续性关于自然资本总量、可替代性的争论，可持续发展理论动态发展出更具有可操作性的、基于"环境-社会-经济"包容关系的可持续发展框架，要求关键自然资本不可减少、要素资本结构合理以及整合资本非零增长。在基于"环境-社会-经济"包容关系的可持续发展框架下，环境库兹涅茨假说和脱钩理论分别从总量、弹性角度关注经济发展与资源环境之间的关系，相对脱钩与绝对脱钩的临界点正好对应于环境库兹涅茨曲线的拐点（夏勇和钟茂处，2016），两者的有机结合为从规模效应、结构效应、技术效应和要素替代效应分析碳达峰碳中和提供理论基础。

（一）规模效应

以经济发展为先、规模效应占主导的阶段呈现经济发展水平较低、二氧化碳排放水平较高的特点。环境库兹涅茨假说认为经济增长初期一般会导致资源环境负荷加重。如图2-1所示，当经济社会进入工业化、城镇化阶段（$A'B'$区间），国家和地区的经济建设以化石燃料为主要能源，基于自然资源禀赋发展资源密集型、劳动密集型比较优势产业，同时人口规模和城镇化基础设施建设规模不断扩大。规模效应占据主导地位，导致经济发展与资源消耗、碳排放呈增长联结状态。产出规模的提升也提高了资源的边际投入量，经济增长意味着更多的资源消耗与二氧化碳排放，边际排放曲线显著上升且大于零，碳排放总量加速增长。

随着经济发展和人均收入水平提升，环境意识和对高质量环境的需求催生出相对严格的环境规制。环境规制直接约束生产碳排放，将生产外部性纳入价格体系以抑制生产外部性，并提供碳治理等公共物品。环境规制增强了结构效应和技术效应，经济发展进入挖潜增效阶段（$B'P'$区间），表现为人口增长放缓、环境规制增强、能源结构调整、产业优化升级，但规模效应仍占据主导地位。边际排放曲线呈下降趋势但依旧大于零，该时

图 2-1 碳达峰碳中和阶段演进

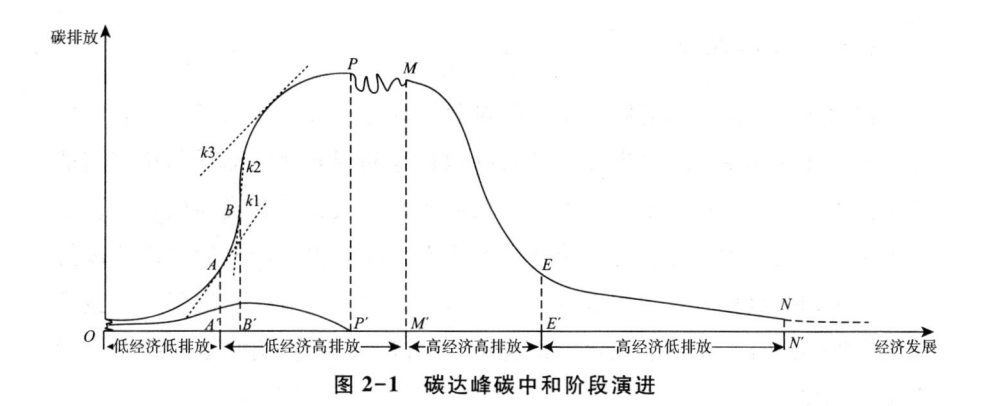

期为碳排放总量缓速增长阶段，二氧化碳排放与经济发展相对脱钩。

(二) 结构效应

结构效应主要指随着经济发展，产业结构和能源结构发生变化，成为推动脱钩的主要推动力。产业结构呈现高级化趋势，由劳动密集型、资源密集型产业向技术密集型、知识密集型产业转变。能源系统呈现多元化、低碳化、智能化趋势，消费结构由以化石能源为主转向以可再生能源为主。需求侧的单位产出能耗降低和供给侧的单位能耗碳排放下降，共同促进了单位产出的碳排放水平下降。从点 B' 开始，经济发展的增长率超过二氧化碳排放的增长率，边际排放曲线呈下降趋势，表现为经济增长与二氧化碳排放相对脱钩，即经济增长的"去碳排放化"过程开始。

政策驱动型碳达峰的峰值点和平台期将在低经济高排放阶段的后期出现。当人口、化石能源消费达到峰值，边际排放曲线与横坐标轴相交，边际排放为零时，实现碳达峰（点 P'），二氧化碳排放与经济发展绝对脱钩。平台期（$P'M'$ 区间）内碳排放总量呈现下降、增长或不变的波动趋势，脱钩状态较为复杂。根据碳排放总量曲线，中国已度过碳排放加速增长阶段，将在低经济发展水平上实现碳达峰。

结构效应持续作用至工业化、城镇化中后期，赶超规模效应并占据主导地位。呈现高经济高排放特征的集约扩张阶段一般出现在经济转型初见成效时，并且呈现经济发展的同时碳排放总量下降的绝对脱钩状态。人口、化石能源消费过了峰值呈下降趋势，二氧化碳主要由消费引致，根据经济发展规律，自然达峰型的碳达峰将出现在该阶段。

(三) 技术效应

技术效应是推动相对脱钩走向绝对脱钩的另一股重要力量，主要发挥以下三方面的作用。一是提高生产效率和资源利用效率，降低单位产出的要素投入。二是发挥技术替代作用，以低碳、零碳技术替代高碳技术，以技术要素替代资本、劳动力等传统生产要素，降低单位产出的二氧化碳排放。三是创新负排放技术等末端治理技术。在"超工业化"路径下，技术效应是推动经济发展与二氧化碳排放由零和博弈走向协调共赢的关键（洪大用，2012）。

技术效应持续作用到碳中和，前期的应用部署应避免技术锁定。第一，在现有技术体系的基础上加强管理足以实现碳达峰。技术重点在于节能提效，通过优化生产流程、提高生产效率降低能源消费总量。第二，在碳达峰后的高经济高碳排放阶段，脱碳技术的重心在于建设以可再生能源为主体的能源电力系统，并发展与之相适应的低碳产业体系。由于绿色低碳技术创新的渐进性，技术主导的"超工业化"路径需要防范技术"锁定"风险：经济社会被"锁定"在低碳路径中，未能及时进入碳中和所必需的零碳路径。

(四) 要素替代效应

在经济社会的资源环境负荷达到大气、生态、环境承载能力的拐点之前，结构效应、技术效应以及要素替代效应共同推动经济社会向可持续发展方向持续优化。在结构效应和技术效应共同作用下完成能源脱碳后，社会进入高经济层次，能源结构、产业结构转型基本完成，经济发展进入呈现高经济低碳排放特征的绿色发展阶段，二氧化碳减排进入高成本区间。除了少数以农业为经济主体的国家和地区之外（处于区间 OA'），碳中和往往出现在该阶段。一定体量的、分散的排放源使得二氧化碳总量曲线呈现"长尾"特征。该阶段的技术重心在于发展自然碳汇以及负排放技术，从末端抵消人类活动产生的二氧化碳。

自然资本具有绝对稀缺性和不可替代性，发展自然碳汇将贯穿碳达峰碳中和的全过程。在可持续发展框架下，自然资本被纳入生产函数。结构效应和技术效应本质上是通过在生产中以技术、人造资本乃至非关键自然资本替代关键自然资本的方式，实现关键自然资本的留存。这是与规模效应占主导地位的经济发展初期截然不同的、逆向的过程。同时，自然资本的产品形态和附加值也发生变化。自然资本不再被简单地视为具有"公共物品"属性的原材料、投入品，而是以开发"生态产品"等方式直接实现其作为最终产品的价值，提供生命支持、休闲娱乐等生态服务功能，以及在高经济低排放的高减排成本区间（$E'N'$）发挥吸收汇的重要作用。

四 碳达峰碳中和的核心与政策导向

碳达峰碳中和是整体性、系统性、全局性的工作，将推动中国经济增长由规模速度型向质量效益型转变。

（一）碳达峰碳中和的核心

以减少能源消费总量为核心的"节能"、强调提高能源利用效率的"增效"以及以高比例发展可再生能源为主要途径的"替能"是改善能源消费规模效应、强度效应和结构效应，实现碳达峰碳中和目标的核心路径。此外，负排放技术和自然碳汇也是促进碳中和所不可或缺的重要力量。

1. 控制化石能源消费

能源结构以煤炭等化石能源为主，能源生产和利用方式粗放是中国二氧化碳排放水平居高不下，并在未来一段时间内保持上升趋势的根本原因。在以煤炭等化石能源为主体的能源电力系统中，控制能源消费规模即是控制二氧化碳排放总量。

在以煤炭为主的能源结构下，二氧化碳排放与能源消费仍具有一定的关联性。作为要素市场的需求方，产业类型在很大程度上决定了能源消费以及二氧化碳排放水平，两者相互影响、同步进行。因此，控制化石能源消费需重点关注工业、建筑、交通、能源等重点部门。工业部门的能源消费占全国总终端能耗的65%，是最主要的能源消费和二氧化碳排放部门。需通过提升电气化水平及创新产品、技术和工艺路线，提高系统能源利用效率等方式降低直接碳排放和钢铁、水泥、化工等生产过程的间接碳排放。建筑部门能耗约占总终端能耗的20%，且有增加趋势，需合理规划和控制建筑总规模，强化建筑节能标准，改进建筑供暖方式。交通部门占中国终端碳排放的15%，随着城镇化进程的推进，须统筹交通基础设施空间布局，优化交通运输结构，推进绿色交通装备标准化和清洁化，引导社会公众的出行理念和生活方式。

2. 高比例发展可再生能源

高比例发展可再生能源、优化能源结构是实现"双碳"目标的根本对策。为了实现这一目标，必须构建以可再生能源为主体的能源电力系统（项目综合报告编写组，2020），加速能源格局由煤电风光多种能源并举的多元化发展阶段转向以可再生能源为主的阶段。最终，电力系统形成"三分天下、互为补充"的格局，即可再生能源成为主体电源，并提供一定的电力支撑；大型可控电源，作为电力系统安全稳定的基石，并提供基础的调节服务；无所不在的短时电池储能与必要的长时储能互补，增强全时间尺度的系统调节能力。一是转变传统化石能源角色和利用方式，将火电由发电主力军转变为承担基荷、调峰和储能需求的调节、补充能源。二是发展可再生能源电力，提升可再生能源的利用水平。三是通过技术和体制机制创新，促进可再生能源从西部地区向全国跨省跨区输送，实现更大范围、更大规模的"时空转移"。

3. 发展负排放技术和自然碳汇

从碳达峰走向碳中和，需要关注相互关联、具有潜力的三个方面，分别是能源脱碳、自然碳汇以及负排放技术。当通过能源转型减70%的碳排放后，主要集中在工业领域的、无法实现脱碳的生产模式将依靠自然碳汇、负排放技术等来实现碳中和。从这个意义上讲，负排放技术和自然碳汇是碳中和的必要非充分条件。

碳中和关注的碳汇，特指通过植树造林、森林管理等人为活动增加的吸收汇，强调人的参与，侧重其社会属性。自然碳汇不仅发挥着固碳的作用，还能够提供生物质，具有生态、经济、社会等多重效益。但地球陆地生态系统的碳储存能力是有限的，永远不会有足够的树木来抵消碳排放；从长远来看，农业、林业的绿色植物是气候中性碳，即它们既是碳汇，也是碳源。

负排放技术主要有土地利用和管理、直接空气捕获、生物质能碳捕集与封存和碳矿化四类（沈维萍和陈迎，2020），只有在实现快速、深度减排的前提下才会有效（IPCC，2021），并且存在技术尚不成熟、成本高昂、规划部署不明确等推广难题。从这个意义上讲，负排放技术和自然碳汇是碳中和的必要非充分条件。几乎所有在21世纪中叶实现净零排放的路径都不同程度依赖负排放技术的大规模应用，不同排放情景下，负排放规模在100Gt~1000GtCO$_2$（IPCC，2018）。

（二）碳达峰碳中和的实现条件

实现碳达峰碳中和，既要颠覆性技术革命，也要系统性社会变革（潘家华，2021）。将碳达峰碳中和简化为技术问题，忽视生产和生活方式的全面深刻转变，难以实现碳中和目标背后更为根本的可持续发展（张永生，2021）。降低绿色溢价是碳达峰碳中和的充分条件，提升社会治理效能则是碳达峰碳中和的必要条件。

1. 降低绿色溢价是碳达峰碳中和的充分条件

技术创新是碳达峰碳中和的"必需品"，以广泛应用部署为最终目的。绿色溢价以应用绿色低碳技术与非零碳技术的成本之差作为度量标准（如图2-2所示）。降低清洁能源成本、提高化石能源成本才能降低绿色溢价，提升绿色低碳技术的市场竞争力。只有不断降低绿色溢价甚至使其降为负值，经济主体才有动力主动选择绿色低碳技术，促进其推广应用。一是创新绿色低碳技术，降低清洁能源成本。二是准确度量并内部化高碳能源利用的负外部性，提高化石能源成本。碳定价政策能够将社会生产生活的外部性内部化在价格机制中，推高碳密集型资源的价格，降低市场对此类资源的需求。

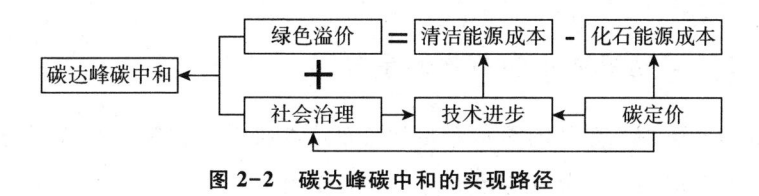

图2-2 碳达峰碳中和的实现路径

2. 提升社会治理效能是碳达峰碳中和的必要条件

实现碳达峰碳中和还需要进一步破除体制机制约束，形成供需两端共同推进、全社会共同治理的格局。将碳中和"降维"成技术问题，仍遵循绿色工业文明的思路，难以真正实现碳中和目标背后的可持续发展。更为根本的是在生态文明建设整体布局下，大力推动生产和生活方式的全面深刻转变（张永生，2020）。单一的、来自政府的自上而下的体制机制，或来自企业和公众自下而上的非体制性力量，均不利于社会生产生活方式的系统性、整体性转变。碳达峰碳中和需要社会中各种组织的共同治理，促进不同组织权责利的分离、协同与合作，推进共同意识的多元化行动。如图 2-3 所示，政府发挥立法引领、标准推动、制度保障的作用，引导企业、公众转向绿色生产生活方式。作为现代市场经济中最活跃的市场主体，企业履行社会责任，落实低碳政策，为消费者提供绿色产品。如果忽略消费端减排潜力，仅依靠生产端碳减排推动能源结构和产业结构转型不仅面临高额成本，还有可能抵消减排成果。终端消费是生产的动力，公众的低碳偏好和消费行为将倒逼企业绿色生产。只有提升减碳政策的公众接受度与参与度才能使社会治理形成闭环，也只有提升社会治理效能，才能为深度脱碳创造社会支持条件。

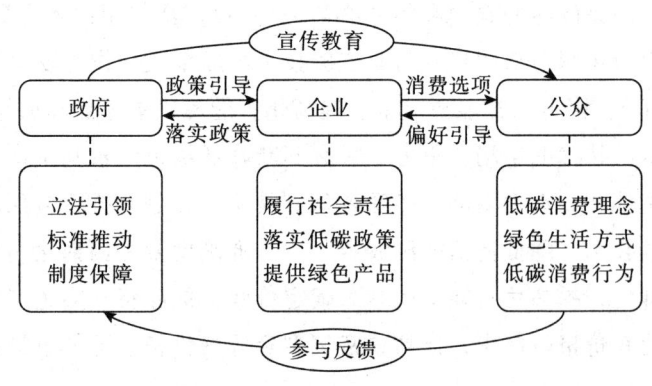

图 2-3 社会治理的合作机制

（三）碳达峰碳中和的政策导向

碳达峰碳中和路径的落实需要公共政策的推动和保障，有待明确政策设计原则与取向，充分发挥政府与市场的作用。

1. 收紧目标约束

碳达峰是碳中和的基础和前提，碳中和是碳达峰的紧约束。表面上，碳达峰碳中和是逐步扩大的温室气体纳入范围的过程，表现为从二氧化碳排放增速为零过渡至温室气体增量为零。实质上，两者内在逻辑一致，要求碳达峰以碳中和为导向提前规划布局，中国将在"十四五"时期至"十五五"时期经历战略转型。基于经济发展的内在规律，碳达峰的"峰"并不必然是单峰，更可能表现为一段峰值水平呈小幅波动状态的平台期。不能因为在碳排放水平下降的过程中出现反弹与波动而"运动式"减碳。除了反对以经济停滞为代价的"一刀切"政策，还要警惕以长期技术"锁定"为代价的短期减排活动。

2. 提前达峰、削峰发展

政策驱动型碳达峰推动峰值点左移，在较低人均收入水平上以低峰位实现达峰。一方面，"二氧化碳排放力争于2030年前达到峰值"强调发挥主观能动性，主动创造条件"提前达峰"，而不仅仅是时间上的边际变动，意味着届时中国的经济发展水平略低于自然达峰型国家和地区。另一方面，提前达峰不是快速攀高峰、争空间，而是要削峰发展、压低峰值。选择放任二氧化碳排放高速增长以尽快达到高峰值的"冲锋"模式，与伴随经济社会转型控制碳排放增量而较晚达到低峰值的"削峰"模式，在达峰后将面临截然不同的"经济-社会-环境"系统。中国面临比工业化国家时间更紧张、幅度更大的减排要求，越早以"削峰"模式实现二氧化碳达峰，越能为实现碳中和目标争取更多的时间和空间。

3. 明确方向性问题

政策驱动碳达峰碳中和必须首先明确方向性问题，解决好"立什么""破什么"的问题，既要避免"攀高峰""搭便车"的观望态度、侥幸心理，也要防止阻碍经济发展、只做减法不做加法的"无米之炊"。把握改革、发展和稳定的关系，坚持"立"在"破"前，没有"立"住之前，不要急于"破"，只有"立"得住，才能"破"得好。避免虚喊口号，逆经济规律制定不切实际的目标；不能空等"搭便车"，持观望态度、侥幸心理。

4. 制定差异化行动方案

在以能源脱碳为核心的经济社会系统性转型过程中，全国各地区都将凭借区域相对优势参与能源转型，同时以"减量化、资源化、无害化"为目标，对产业发展、产业链构建和生产力布局进行重新设计。在经济下行、社会分化的趋势下，应特别关注煤炭资源富集地区公正转型问题。从区域公平的角度分析，碳达峰碳中和对煤炭等高耗能、高排放产业的冲击集中于少数地区。政策设计的有效性原则既要坚持"帕累托改进"原则，也要坚持"卡尔多改进"补偿原则，对利益受损主体给予适度关照。

5. 促进多层面、多主体社会治理

碳达峰碳中和不是中央政府或者一省一地积极倡导即可完成的目标，需要政府、企业、消费者多层面、多主体共同行动。在保障中央政府强介入，自上而下层层分解目标、指标之外，最重要的是调动地方政府积极性。地方需要在明确权、责、利的基础上主动创造条件，因地制宜地设计地方碳达峰碳中和行动方案。在分权体系下，中央既要通过政策设计帮助地方划清权、责、利的边界，通过统一的、科学的政策设计避免"开小灶"；也要在赋权地方的同时，健全监督机制，在下放环境行政权和监测权的同时，保证中央政府的环境监察权；还要后置考核目标，倒逼地方政府创新减碳的方式方法。

五　结束语

在大约 30 年内从碳达峰转向碳中和挑战巨大。中国在全国一盘棋的系统化思维下，既要培育壮大新动能促进产业结构快速平稳转型，防范转型过程中出现的阵痛；也要协调适配的一揽子政策建立激励约束机制，充分发挥政府和市场的作用；还要供需两端同时发力，从消费侧倒逼生产端绿色低碳转型。

第一，科学认识碳达峰碳中和的底层逻辑。一是要坚持科学精神、科学态度，充分认识碳达峰碳中和的科学基础。二是要理顺可再生能源、负排放技术与自然碳汇三者在"双碳"行动中的作用和逻辑。忽视能力、成本和技术不确定性而仅依靠负排放技术与自然碳汇实现碳中和，既是没有抓对重点，也是推卸责任。三是要"抓大放小"，明确碳达峰碳中和在不同阶段的战略重心和技术路线。要以节能增效、强化管理推动碳达峰，摘取"低悬的果实"；尽早布局以可再生能源为主体的能源电力系统；并依靠自然碳汇、负排放技术等吸收汇实现碳中和。

第二，以系统思维统筹落实战略部署。抓住"十四五"窗口期采取强有力措施转变发展方式，统筹处理好发展与减排、发展与安全、短期与长期、减污与降碳的关系。一是把"双碳"目标纳入生态文明建设整体布局，融入经济建设、政治建设、文化建设、社会建设各方面和全过程，秉持新发展理念，统筹发展与安全、减排、稳定的关系，凝聚全社会智慧和力量。二是各部门各行业各地区"自下而上"制定各自的碳达峰碳中和行动方案，国家层面"自上而下"统筹协同区域发展和产业布局，统筹处理好局部与全局利益关系，突破区域壁垒。三是统筹部署，推动不同资源禀赋地区深度合作。依据经济基础和资源禀赋进行差异化安排，发挥府际合作、东西部省市对口协作的丰富经验，保障有条件的地区率先达峰。

第三，以碳定价政策推进技术创新应用。碳定价政策是解决气候变化负外部性、纠正市场失灵的一种手段，被认为是应对气候变化最主要的市场化政策工具。推行碳定价政策，既需要防范市场主体抵制碳定价政策的行为，也需要关注低收入群体由于商品价格上升等可能面临的生计问题。中国在继续建设全国碳市场的前提下，考虑适时引入碳税作为碳市场的补充。此外，大力发展绿色金融，破解绿色项目"融资难、融资贵、融资慢"等"卡脖子"难题。分步推动建立强制披露制度，提高市场透明度，帮助市场主体识别绿色项目，引导金融机构增加绿色资产配置。

第四，以社会治理推动消费端碳减排。碳达峰碳中和不仅是生产者的责任，也是全社会成员的共同责任。一是更新消费端碳减排能力的公众认识，进行差异化宣传教育，将低碳理念转变为居民的自觉行动。二是发挥低碳消费中非正式制度因素的作用。探索对消费偏好和消费倾向有引导和督促作用的制度机制和利益机制。三是发挥非政府组织和社区专业性强、灵活度大、渗透度和贴合度高等优势。四是规划、建设有利于形成低碳消费的基础设施，共同推动消费偏好绿色化、消费规模适度化、消费结构非无纸化、消费资源可循环化、消费方式共享化（刘敏，2018）。

第三章

碳达峰碳中和行动的概念框架

一 实现什么样的碳达峰与碳中和

气候变化关乎人民福祉和人类未来,"保护生态环境,应对气候变化,维护能源资源安全"是全球面临的共同挑战。积极有效应对气候变化是中国与各国家和地区之间深入开展全球生态文明建设领域交流合作的一项重要内容,也是中国在新发展阶段坚持发展新时代中国特色社会主义、接续创造"中国式现代化新道路"和"人类文明新形态"的题中之义。工业革命以来,西方发达国家以煤炭、石油等碳基化石燃料为主要动力来源的延续数百年的传统工业化、城镇化发展模式给人与自然关系以及人类社会可持续发展事业带来了有史以来最大的矛盾和严峻的挑战,这是21世纪世界各国家和地区需要团结合作面对的全球性重大关键挑战之一。在全球生态文明建设和构建人类命运共同体的行动框架下,推动包括二氧化碳在内的与人类化石能源活动相关的温室气体排放达峰(即碳达峰),进而有条不紊、循序渐进实现碳中和,已成为管控全球平均温升目标的重要途径和减缓与适应全球气候变化的一项关键策略,并为全球经济发展方式转型提供了重要行动机遇。

党的二十大报告提出了新时代新征程"团结带领全国各族人民全面建成社会主义现代化强国、实现第二个百年奋斗目标,以中国式现代化全面推进中华民族伟大复兴"的中心任务,强调要站在人与自然和谐共生的高度谋划发展,积极稳妥推进碳达峰碳中和[1]。整体上,当前既有文献关于

---

[1] 习近平:《高举中国特色社会主义伟大旗帜 为全面建设社会主义现代化国家而团结奋斗——在中国共产党第二十次全国代表大会上的报告》,《人民日报》2022年10月26日。

应对气候变化、推动碳达峰、实现碳中和的研究主要包括以下两个方面。一是以应对气候变化物理目标为终端约束条件和研究的逻辑起点，探索经济社会及各领域（部门）的发展转型问题，包括刻画和研究碳达峰碳中和约束下的经济社会发展路径和政策实践；二是以积极应对气候变化、推动碳达峰与实现碳中和为发展转型的内生激励和学术研究的重点问题，从整体和不同领域（行业/部门）阐释绿色低碳发展新动能，包括碳达峰碳中和目标引领下的经济社会转型路径及其政策保障措施。

整体而言，两种范式下的研究都致力于探索经济发展和气候变化之间的相互作用关系，其中大多数研究还包含了对什么是碳达峰碳中和的学理解答，以及如何实现碳达峰碳中和的政策建议。问题的关键还在于要实现什么样的碳达峰碳中和，即如何完整、准确、全面贯彻新发展理念，以构建新发展格局为战略基点，结合全球发展倡议、全球文明倡议，从气候变化科学与经济社会发展政策交互影响的长远历史角度刻画碳达峰与碳中和战略机理。因此，本章有必要从人类社会发展转型进程中的气候变化科学认知与经济发展政策对接方面，关注全球气候治理中的碳达峰与碳中和问题，对新发展格局驱动实现碳达峰碳中和战略目标的统计学意义和人文发展内涵与外延进行界定，进而从经济增长和气候变化之间关系的视角对碳达峰与碳中和的战略机理与政策过程进行系统的解析，并结合碳达峰与碳中和的物理和经济社会特征阐释新发展格局驱动实现碳达峰碳中和战略目标的政策规划导向要素和实践创新路径。

二 碳达峰与碳中和内涵的多向度界定

生态文明建设是党和国家现代化建设事业中一项重要战略任务，在以习近平同志为核心的党中央的坚强和全面领导下，中国政府和中国人民坚持不懈、奋发有为，接续打造面向全球可持续未来的绿色低碳发展新动能和人类文明新形态，为中国人民、中华民族和人类社会赢得了共同繁荣发展和更加幸福的美好未来，并形成和创立了习近平生态文明思想，为坚持和发展新时代中国特色社会主义开辟了更为宏阔的理论创新和实践变革空间，中国特色社会主义生态文明建设也大踏步进入了新时代新发展阶段。2020年9月22日，习近平主席在第七十五届联合国大会一般性辩论上发表的重要讲话中指出,"应对气候变化《巴黎协定》代表了全球绿色低碳转型的大方向,是保护地球家园需要采取的最低限度行动,各国必须迈出决定性步伐",并郑重宣布"中国将提高国家自主贡献力度,采取更加有力的政策和措施,二氧化碳排放力争于2030年前达到峰值,努力争取2060年前实现碳中和"。2021年3月15日,习近平总书记在中央财经委员会第九次会议上发表的重要讲话中强调,"实现碳达峰、碳中和是一场广泛而深刻的经济社会系统性变革,要把碳达峰、碳中和纳入生态文明建设整体布局,拿出抓铁有痕的劲头,如期实现2030年前碳达峰、2060年前碳中和的目标"。这是中国在新时代新发展阶段推动经济社会发展全面绿色转型、实现人民高品质生活的自觉行动和政策宣示,也是世界上最大的发展中国家面向生态环境保护和气候变化等全球性严峻挑战、在人类急需一场发展方式自我革命之际的责任担当和庄严承诺。

2021年12月召开的中央经济工作会议明确提出,要正确认识和把握关乎党和国家事业发展全局性、战略性、前瞻性的五个方面重大理论和实践问题,其中一个重要方面就是"正确认识和把握碳达峰碳中和"。如期实现碳达峰碳中和战略目标,具有显著的主体属性、时空属性、生产要素属性和以"共同、综合、合作、可持续"为导向的低碳排放安全发展属性,这不仅在理论上丰富了现代自然科学和哲学社会科学知识体系,也对现代自然科学和哲学社会科学的密切对接及知识体系变革提出了新时代要求。当前,国际国内学术文献和研究报告对于碳达峰与碳中和的概念界定主要聚焦于五个维度。(1)对碳达峰与碳中和状态的物理量意义描述,也包括在行星阈值、地球(气候区)系统稳定和人类活动的临界要素(tipping elements)等宏观、域观和微观相结合的不同时空尺度上对地球物理-化学过程及其系统级联作用下各圈层碳循环流量(通量)动态平衡(失衡)状态的评估测度。例如,把碳达峰视为温室气体排放(多数是指二氧化碳排放)由增转降过渡时期内排放峰值的平台期状态,具有"多峰突起、波动下降"动态发展的典型特征;把碳中和视为温室气体人为排放源与人为吸收汇之间的平衡过程(陈迎、巢清尘等,2021;巢清尘,2021;陈迎,2022)或达到了二氧化碳等温室气体净零排放的稳定水平(潘家华,2021;邓旭等,2021)。(2)对碳达峰与碳中和状态的经济社会意义描述。例如,结合各国家或地区发展阶段与实际,从实证研究上揭示欧美等发达国家传统意义上的碳达峰是伴随着工业化、城市化的一个"必然的、可期的"自然过程,而中国等尚未完成工业化和城市化的广大发展中国家的碳达峰与碳中和则是一个需要政策驱动的经济社会发展过程(庄贵阳、魏明昕,2021a;庄贵阳、魏明昕,2021b);认为提高碳生产率是推动发展中国家碳排放尽早达峰、促进经济社会发展和碳减排双赢的根本途径(何建坤等,2014)。(3)对碳达峰与碳中和状态的国际权益与国际经济竞争-合作新格局塑造意义描述。例如,把碳中和视为"人类世"世界图景中一种必要且可行的"地质塑造行为"和地理因素、外交政策等作用下的一类重大技术变革与经济变革(张锐和相均泳,2021),可对地缘政治产生影响(Dalby,2013)。(4)对碳达峰与碳中和状态蕴含着的包容性绿色低碳发展能力以及其引致的关联发展领域,特别是基础产业、关键部门和支柱领域的安全意义描述。例如,净零碳排放同生态环境保护、能源资源安全等不具有100%的内在一致性,需要统筹考虑碳排放、资源、环境和生物多样性以实现协同增效。(5)对碳达峰与碳中和状态的文明创造意义描述和气候资本主义的经济批判。例如,认为碳中和目标的提出是对传统工业文明发展模式的扬弃与超越的标志事件,推动碳排放尽早达峰、积极应对以气候变化为代表的全球生态危机,需要人类社会形态由工业文明向生态文明转型(何建坤,2018),需要超越欧美等发达国家和地区传统意义上的工业文明发展范式,跳出绿色工业文明思维(张永生,2021),克服美西方碳减排政治的机会主义和"生态帝国主义"逻辑(郇庆治,2016),积极应对气候帝国主义的多重挑战(张云飞,2022),消除全球经济转型中的气候资本主义弊端(Newell,2019)。由此可见,碳达峰与碳中和是一个具有生态安全、技术进步、结构性改革、经济效率、社会公平、文明激励与制度变革等多维复合结构特征的现代化发展新兴问题。其中,在国民经济与社会现代化发展过程的重大显性特征事实方面,碳达峰是指特定国家或地区在实现现代化的特定时期内"二氧化碳排放量达到历史最高值,经历平台期后持续下降"的经济社会发展过程,是实现碳中和的中间状态和阶段性经济社会发展的显性目标;碳中和是指特定国家或地区在特定时期通过人为增汇,主要包括陆海生态系统吸收,以及碳捕集与利用(CCU)技术、碳捕集与封存(CCS)技术、碳捕集利用与封存(CCUS)技术等"技术-管理-工程"形式固碳增汇,抵消自身直接或间接产生的碳排放量，实现净零碳排放的经济社会发展过程，在物理量的规定性上主要表现为以下两种形式。

$$碳中和 = 碳排放 - 碳汇 \approx 0 \tag{1}$$

$$碳中和 = 人为碳排放 -（海陆碳汇+CCUS）\approx 0 \tag{2}$$

在《京都议定书》履约期涵盖的六种温室气体中，二氧化碳是具有最大增温效应的代表性气态成分。其中，对于式（1），碳排放主要是指能源消费总量中化石能源消费产生的二氧化碳剩余排放，碳汇主要是指林业碳汇、碳捕集与封存等生态系统治理和建设工程产生的固碳增汇量（杜祥琬，2021）；对于式（2），人为碳排放主要包括化石燃料使用产生的排放与土地利用方式变化产生的排放，CCUS 技术一般指通过物理、化学和生物学的方法进行二氧化碳的捕集、封存和工业化利用，海陆碳汇主要包括海洋吸收量、生态系统固碳量和其他地表过程固碳量（方精云，2021；丁仲礼，2022），即努力实现人类活动产生的碳排放与人因工程和自然过程固碳增汇之间的长期动态平衡。

从实现碳达峰与碳中和质的规定性上看，碳达峰与碳中和是全球生态安全和环境治理的一个重要领域，保持生态文明建设战略定力、应对全球气候变化的努力蕴含着人类对可持续的发展路径和治理模式的不懈追求和对建设人与自然和谐共生现代化的积极探索，推动碳达峰、实现碳中和的本质仍然在于更好顺应当前世界现代化发展潮流，正确处理好经济发展与生态环境保护之间的辩证统一关系，聚焦新时代新发展格局构建、新动能培育和国际经济合作与竞争新比较优势塑造，在新的历史方位上谋划推动经济社会发展质量、效率和动力三大变革，接续创造现代化新道路和人类文明新形态，以绿色低碳循环的高质量可持续发展路径促进人的全面发展和全体人民共同富裕。以新发展理念引领做好碳达峰与碳中和工作、开启人类高质量发展新征程，对人类思考解决传统意义上工业文明发展模式带来的矛盾，以及对能源、资源、气候、生态安全等多重危机的交织叠加与挑战进行战略响应，提出了新的理论创新和实践创造要求。

综上所述，在新时代新发展阶段坚定不移贯彻新发展理念、推动碳达峰与实现碳中和并非对传统工业文明主导下经济社会发展模式的修修补补，也不是绿色工业文明思维下单单"就碳论碳"的技术改进和边际效率上的片面增量调整，而是一个既需要开辟崭新可持续发展之路和在人类文明创造意义上完成对传统（绿色）工业文明发展范式的超越的过程，也是一个需要积极主动作为、下大力气推动人类文明发展形态向更高阶段迈进，促进包括生产、分配、流通、消费循环在内的社会化大生产模式的全面绿色低碳转型，从而得以自主安全有效地在节约能源和资源、提质增效、减污降碳、扩绿增汇与加快构建新发展格局、建设现代化经济体系、解放和发展社会生产力之间系统渐进地形成稳定态自由秩序的新型现代化发展过程。在解读中国生态文明建设实践、构建中国特色低碳发展理论方面，碳达峰碳中和目标的提出，不仅是在新时代新发展阶段对低碳发展理论和低碳发展战略实践范畴的深化与拓展，也是生态文明建设这一主体性、时代性、原创性理论与社会主义现代化建设基本方略在全球应对气候变化领域的新话语表述和新概念提炼，彰显了"共同构建地球生命共同体，共同建设清洁美丽的世界"的当代中国主张和21世纪生动实践。

三 经济发展、气候变化与碳达峰碳中和战略机理

对气候变化的科学认知与政策演进是一个不断深化的过程（庄贵阳，2004），不断丰富和塑造着从全球到国家和区域的气候治理架构。从人与自然之间关系的视角看，稳定的全球气候系统是一个保障全球生态安全和人类生产生活的生命支持系统（路甬祥等，2007），对各国家和地区而言是一种具有可开放获取且逐渐稀缺特征的发展资源与权益。在经济学理论研究方面，全球气候变化被认为与自然资源的开采利用和工业文明发展范式下人类的生产方式与消费模式密切相关，是人类正在经历的最大外部性问题（Stern，2006）和政府与市场缺位引致的结果（Carbon Pricing Leadership Coalition，2017），对经济增长有着非线性损失影响并促进社会偏好的改变（张平，2022）；加强气候变化问题应对，保障气候系统稳定，重点"在低碳"、目的"在发展"（潘家华，2004），并且需要把大自然以生态系统服务多样性的形式纳入应对措施（Dasgupta，2021）。在认知和实践层面把握碳达峰与碳中和的经济机理、理论逻辑和实践逻辑，寻求基于自主减排贡献、强化应对气候变化行动的碳达峰与碳中和经济学综合解决方案，仍然需要寻求"全球水平与长时间尺度"的可持续发展（潘家华，2004），以贯彻新发展理念、加快构建新发展格局、推动经济社会向高质

量发展转型为主题主线，从气候变化科学知识生成与气候治理政策和现代化建设实践之间的交互作用过程方面来观察和把握（见图3-1）。

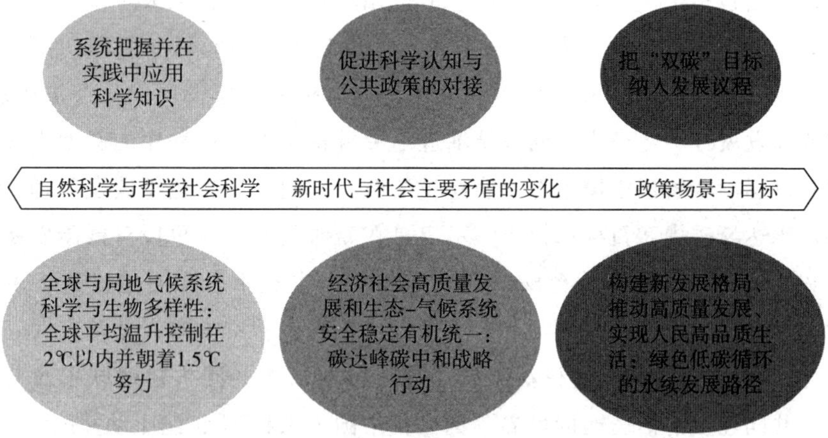

图 3-1　认识碳达峰碳中和战略：基于应对气候变化情景的科学与发展政策对接过程

（图中内容：
上排：系统把握并在实践中应用科学知识；促进科学认知与公共政策的对接；把"双碳"目标纳入发展议程
中间：自然科学与哲学社会科学　新时代与社会主要矛盾的变化　政策场景与目标
下排：全球与局地气候系统科学与生物多样性：全球平均温升控制在2℃以内并朝着1.5℃努力；经济社会高质量发展和生态-气候系统安全稳定有机统一：碳达峰碳中和战略行动；构建新发展格局，推动高质量发展，实现人民高品质生活：绿色低碳循环的永续发展路径）

（一）碳达峰碳中和战略决策的多维经济社会认知

在人类经济社会活动与地球环境、气候系统相互作用下，自然的影响和人类活动的影响被认为是引致气候系统长时期变化的主要原因（叶笃正，1986；叶笃正等，2009；王绍武等，2011），中华文明的发展同样伴随着气候的波动和变迁（竺可桢，1972）。科学有效应对气候变化、推动如期实现碳达峰碳中和目标，各国家和地区需要从促进自然科学和哲学社会科学学科知识融合发展方面正确认识和把握这一重大问题的行动逻辑。气候系统及其资源和变化在超大时空尺度上对社会经济发展和人类文明演进具有广泛存在的基础性影响，全球不同层面与时间尺度的气候变化科学评估为人们认识气候系统的历时特征及其未来特定时期内的变化模式提供了严格且均衡的科学依据。《联合国气候变化框架公约》（本章下文简称《公约》）及《巴黎协定》把气候变化及其影响确认为"人类共同关心的问题"，认为自然因素之外由人类直接或间接活动改变大气组成而引致的地球表面和大气升温，可能对自然生态系统和人类产生不利影响，并做出了历史上和目前的全球温室气体排放"最大部分源自发达国家"和发展中国家人均温室气体排放"仍然相对较低"、必须及时采取行动应对全球气候变化问题的形势研判；明确了各缔约方公平、共同但有区别的责任，可持续发展等应对气候变化行动的基本原则，以及使大气中温室气体浓度稳定在防止气候系统受到人为干扰的水平之上的应对气候行动目标，包括留有足够的时间以确保生态系统对气候变化的自然地适应、粮食生产免于气候变化风险和保障经济社会发展的可持续（INC，1992；《第二次气候变化国家评估报告》编写委员会，2011；IPCC，2014）。政府间气候变化专门委员会2021年对气候物理科学知识的全面更新评估则明确指出，人类活动导致大气温室气体浓度增加，自1970年以来的全球地表温度上升也正在加速（IPCC，2021）。其中，气候变化的不利影响主要是指气候变化引致的自然环境或生态区域系统的变化，对自然的或人类管理的生态系统的结构与功能，或对经济社会发展系统以及对人类的健康与福祉产生普遍的重大影响。从全球生存环境与地球系统整体之间的关系看（符淙斌和叶笃正，1995），既需要关注包括气候变化在内的全球变化给各区域自然环境或生态系统带来的影响，也需要关注具有全球意义的关键地区、敏感地带以及典型生态系统给气候系统带来的影响。

《巴黎协定》代表了"全球绿色低碳转型的大方向"。在加强《公约》履行的"德班行动平台特设工作组"框架下，2015年12月达成的《巴黎协定》，作为《公约》进程关键节点上具有国际法律约束力的标志性文件，从减缓、适应、资金、技术和能力建设等关键维度为2020年后的全球气候治理和地球家园保护提供了"最低限度"的超长期行动方向，并为各缔约方转向温室气体低排放战略和气候适应型发展提供了积极而强有力的政策信号，对全球经济发展模式的绿色低碳转型与系统性、变革性重塑产生了深远的影响。特别是其第二条从物理量上明确规定了应对气候变化威胁的温升防控行动目标，即各缔约方在21世纪内要把全球平均气温升幅控制在"工业化前水平以上2°C（3.6°F）之内"，并朝着将全球平均气温升幅限制在"工业化前水平以上1.5°C之内"努力。同时，围绕这一温升防控的超长期目标，《巴黎协定》第四条要求，各缔约方需致力于"尽快达到温室气体排放的全球峰值，同时认识到达峰对发展中国家缔约方来说需要更长的时间"，并申明在达峰之后需要"利用现有的最佳科学迅速减排，以联系可持续发展和消除贫困，在公平的基础上，在本世纪下半叶实现温室气体源的人为排放与汇的清除之间的平衡"。对发达国家而言，其经济政策内涵就在于带头履行温室气体减排责任，努力实现碳达峰碳中和导向的"全经济范围绝对减排目标"，并为发展中国家缔约方提供资金和气候友好型技术等方面的支持；对发展中国家而言，其经济政策内涵就在于紧密联系推动"可持续发展和消除贫困"的努力，寻求形成既最适合本国国情又各尽所能从而"逐渐转向全经济范围减排或限排目标"的碳达峰碳中和发展路径。更为重要的是，在全球积极应对气候变化与推进可持续发展并努力消除贫困的时代背景下，发展中国家缔约方已然不可能因循既有发达国家资本逻辑主导下"先排放、后治理"和工业化—城市化—信息化串联式发展进程中通过发展阶段演进和高排放高污染产业转移实现碳排放自然历史达峰的传统现代化发展路径。

（二）推动实现碳达峰碳中和战略决策的政策语境

作为全球最大的发展中国家，中国要建设成一个什么样的现代化国家，以及怎么样在推动实现碳达峰碳中和目标过程中建设现代化国家，关系自身稳定繁荣和发展安全，关乎广大发展中国家追求跨越式发展的信心，关涉世界经济新格局、增长动力重塑与绿色低碳转型战略稳定，全球瞩目。推动"十四五"时期和2035年远景目标期乃至更长时期内的高质量发展，"必须完整、准确、全面贯彻新发展理念，坚持社会主义市场经济改革方向，坚持高水平对外开放，加快构建以国内大循环为主体、国内国际双循环相互促进的新发展格局"。面向新时代建设人与自然和谐共生的现代化实践，人类文明演进的制度创新激励、百年未有之大变局叠加疫情冲击下国内外经济形势和发展环境变化，以及当代中国以推动高质量发展为主题加快构建新发展格局的内在需求和锚定共同富裕目标以不断实现人民群众对美好生活的向往与发展权益等，全方位、深层次、一体化地构成了理解和把握碳达峰碳中和战略决策的现代化发展政策语境。

（1）从历史和现实结合上看，制定和推动实现碳达峰碳中和战略决策是遵循人类历史前进大逻辑、从唯物史观视野科学把握和顺应人类文明形态兴替演进历史运动的真实关系的一般表述和推动人类社会发展方式根本性变革的自觉主动作为。中华民族和中华文明历来具有追求"天人合一""道法自然"的优秀传统文化精神、丰富生态智慧和质朴自然观念，中国政府和中国人民一贯高度重视在生态文明与现代化建设实践中弘扬与发展

"尊重自然、顺应自然、保护自然"的理念。党的十八大以来，中国特色社会主义现代化建设进入新的发展历史方位，以习近平同志为核心的党中央引领中华民族迎来了从站起来、富起来到强起来的伟大飞跃，领导全党全国各族人民砥砺奋进、不懈奋斗并取得了生态文明建设和绿色低碳发展奇迹，以及国民经济与社会稳定发展奇迹之间相得益彰、协同共进的辉煌成就。中国已成为全球气候和环境治理的有力参与者、重要贡献者、积极引领者，推动和实现碳达峰与碳中和已成为开创新时代生态文明建设新境界、接续创造人类文明新形态的重要战略支点。以习近平新时代中国特色社会主义思想为指导，特别是在习近平生态文明思想的正确指引下，全党全社会通过坚定不移贯彻新发展理念，不断克服和超越西方发达国家的现代化实践弊端和传统的工业文明发展范式所固有的内在矛盾，以绿色低碳循环的可持续发展路径不断推动我国从发展方式、质量和效益到经济结构、增长动力都产生了深刻变革，接续开辟了中国式现代化新道路并拓展了碳生产力激励下人类文明新形态的实践内涵，巩固提升了新常态下我国经济转向高质量发展新阶段的强大韧性、长期向好的基本面、不断迅敏生长的创新力和筑底企稳向上的回旋空间，也从更深层次和更高水平上全方位重塑了我国的现代化发展格局与发展优势，带动我国生态保护和环境建设事业从理念意识、组织机制、治理体系到治理能力、治理成效都发生了历史性、转折性、全局性变化，新时代人与自然和谐共生的现代化实践特征更加生动鲜明。

其中，我国 2021 年的单位国内生产总值能耗较之于 2012 年累计下降约 26.2%，单位国内生产总值的二氧化碳排放较之于 2012 年累计下降约 34%，包括水力发电、风力发电、光伏发电等在内的绿色电力装机容量稳居世界第一[1]，以年均约 3.0% 的能源消费增速支撑了年均约 6.6% 的国民经济增长[2]，此间对世界经济发展的年度贡献率平均在 30% 以上；2020 年的单位国内生产总值二氧化碳排放较 2005 年累计下降约 48.4%，超额完成

---

[1] 《国家发展改革委新闻发布会 介绍生态文明建设有关工作情况》，国家发改委网站，https://www.ndrc.gov.cn/xwdt/wszb/stwmjsyggzqk/，2022 年 9 月 21 日。
[2] 《能源转型持续推进 节能降耗成效显著——党的十八大以来经济社会发展成就系列报告之十四》，国家统计局网站，https://www.stats.gov.cn/sj/sjjd/202302/t20230202_1896692.html，2022 年 10 月 8 日。

了国家应对气候变化规划提出的"实现单位国内生产总值二氧化碳排放比2005年下降40%~45%"等一系列控排目标[①]，基本扭转了二氧化碳排放快速增长局面，实现了经济社会发展与碳排放初步脱钩，为应对气候变化国家自主贡献文件提出的到2030年左右自主行动系列目标的达成打下了坚实的基础。这些来之不易的重大显著成就的取得，不仅为推动如期实现全面建成小康社会之后的现代化经济体系建设、更好促进新时代人的全面发展和满足人民日益增长的美好生活需要，提供了更加坚实的新型物质基础和更加健全有效的制度框架体系，还为国民经济和社会高质量发展、生态系统质量和稳定性的持续提升开辟了更为广阔的实践空间、提供了新的动力源，助力我国加快迈向"更高质量、更有效率、更加公平、更可持续、更为安全"的发展之路。

（2）从国内和国际的结合上看，制定和推动实现碳达峰碳中和战略决策是适应当代中国国情和时代发展特点、遵循社会主义建设规律和我国新时代新阶段经济社会发展规律，因应国际形势重大变化而在危机和变局中"育新机""开新局"的主动战略抉择。绿色低碳循环发展已然成为"当今时代科技革命和产业变革的方向"和"最有前途的发展领域"。着力于解决好人与自然和谐共生、拓展发展新空间这一重大时代课题，需要以绿色低碳循环的可持续发展路径推动实现碳达峰碳中和战略目标。在全球范围内，2008年国际金融危机引致的全球经济"新平庸"态势仍在持续，世界百年未有之大变局叠加世纪疫情加速演变，对国际绿色低碳经济合作和竞争格局大调整和包括应对气候变化等在内的全球治理体系大变革产生了深远影响。一方面，美西方等发达国家和地区力求通过实施"绿色新政"重振其实体经济，应对国际金融危机引致的经济长期低迷和大衰退，并力图凭借技术和市场优势维持其世界霸权、国际绿色低碳竞争力和谋取全球发展主导权（中国21世纪议程管理中心可持续发展战略研究组，2013）；另一方面，伴随着全面建成小康社会和第一个百年奋斗目标的如期实现，当代中国正在经历着历史上最为广泛而深刻的经济社会发展全面绿色转型与系统性变革，进行着人类历史上最为宏大而独特的人与自然和谐共生的

[①]《全文实录｜国新办举行〈中国应对气候变化的政策与行动〉白皮书新闻发布会》，中华人民共和国生态环境部网站，https://www.mee.gov.cn/ywdt/zbft/202110/t20211027_958087.shtml，2021年10月27日。

现代化建设实践创新和文明新形态创造。在世界经济发展与竞争格局呈现"东升西降"、新兴市场国家和发展中国家群体性崛起的演进态势下,坚持建设绿色低碳、清洁美丽世界,推动实现碳达峰碳中和,亟须创新应对气候变化理念,克服和超越部分发达国家和地区建立在新自由主义环境政策基础上的气候资本主义和基于"单边主义、地缘博弈、绿色壁垒"垄断发展权力、损害广大发展中国家和地区人民发展权益的生态帝国主义,以"构建人类命运共同体"的新全球视野、时代担当和中国智慧,凝聚积极应对气候变化、共行人与自然和谐共生之大道的共识和力量。这也是后疫情时期各国家和地区共谋全球生态文明建设,合作推进世界和平稳定与共同繁荣发展的应有之义。

构建新发展格局是以习近平同志为核心的党中央统筹我国发展和安全全局进行的战略擘画。党的十八大以来的 10 年,我国内外发展形势、环境和条件发生系列深刻复杂变化,以习近平同志为核心的党中央综合分析当代中国和当今世界发展变化大势、立足国家发展全局和全球变化大格局,对党的发展理论和社会主义现代化建设进行了新的理论阐释和战略实践部署,坚持用新发展理念统领国民经济和社会发展全局,把积极应对气候变化等全球性生态挑战作为转变发展方式和推动高质量发展的重大机遇,努力促进形成人与自然和谐共生的现代化建设新格局。特别是在党的十九大以来极不寻常、极不容易、极不平凡的五年里,以习近平同志为核心的党中央高效有力应对国际经贸环境恶化、疫情冲击等各类接踵而至的超预期变化,从新的发展实践、时代特征和发展战略角度出发,做出了要在中长期内加快构建"以国内大循环为主体、国内国际双循环相互促进"的新发展格局的战略论断和历史抉择。这是党中央对新时代中国特色社会主义总体布局的认识深化,是重塑我国国际合作和竞争新优势的战略,也是我国进入高质量发展新阶段、贯彻新发展理念并以全球视野、历史眼光谋划应对当今世界新一轮科技革命和产业变革机遇与挑战的必然要求,在经济社会发展的全局高度上与推进碳达峰碳中和的重大战略决策、大力探索符合中国国情的绿色低碳发展道路产生历史性交汇,共同作用于"实现更大发展"、全面建设社会主义现代化国家的新征程。用具体的和历史的、联系的和发展的观点看,作为新发展阶段贯彻新发展理念、全面建设社会主义现代化国家进程中推动经济体系现代化的必然路径选择,加快构建新发格局与推动实现碳达峰碳中和战略目标既互为发展手段，又互为发展目标，同时还在发展的质量、效率、结构、速度、规模、动力和安全维度上互为度量的标准和尺度，二者统一于坚持和发展中国特色社会主义、实现中华民族伟大复兴中国梦的伟大实践，蕴含着人民群众对建立在日益增长的优美生态环境需要、物的极大丰富和人的全面发展基础之上的美好生活的期盼，适应和契合于促进经济社会发展全面绿色转型、全面建设社会主义现代化国家的新时代历史任务。

（三）碳达峰碳中和战略的多元目标

在不同历史阶段，根据国际国内发展形势、发展环境和我国发展条件，与时俱进地提出相应的战略目标和引领党和人民各项事业发展，是我们党执政兴国的重要经验。进入新发展阶段，科学合理制定明确的目标及其细分目标任务和适配的政策体系是实现碳达峰碳中和战略的关键。坚持"问题—目标—行动"导向的有机统一，从批准加入《公约》及《巴黎协定》，到向《公约》秘书处正式提交《中国落实国家自主贡献成效和新目标新举措》和《中国本世纪中叶长期温室气体低排放发展战略》，再到国家与各地出台国民经济和社会发展中长期发展规划，中国应对气候变化工作和政策体系已由以节能减排为主进入到以降碳为重点战略方向、推动减污降碳协同增效、促进经济社会发展全面绿色转型的新历史时期，在宏观和微观的结合上形成了与新时代新发展阶段"贯彻新发展理念、构建新发展格局、推动高质量发展"的主题主线和基本要求相适应的碳达峰碳中和多元目标和"1+N"政策体系。

这些战略目标——既有定性描述，也有定量表述，构成了创新应对气候变化政策行动与经济社会高质量发展综合解决方案的重要组成部分，体现了坚持和发展新时代中国特色社会主义的实践需要和中国式现代化"坚持人与自然和谐共生"的本质要求，彰显了党的主张、国家战略意图和人民美好生活意愿与期盼的有机统一，顺应了创造人类文明新形态的新时代发展潮流，凝聚和提升了国民经济与社会各个方向各条战线绿色低碳转型发展的既有努力和潜在能力，主要体现在三个层面。一是在基于问题导向的发展蓝图和战略定力上，以习近平同志为核心的党中央统筹考虑中华民族伟大复兴战略全局和世界百年未有之大变局，科学谋划，从中华民族永续发展和构建人类命运共同体的战略高度做出了"二氧化碳排放力争于2030年前达到峰值,努力争取2060年前实现碳中和"的重大战略决策和庄严承诺,这为接续创造人类文明新形态和推动中国式现代化事业发展赢得了历史主动和新的发展战略优势。二是在基于目标导向的发展理念和战略定位上,确保如期实现碳达峰碳中和战略目标,必须通过完整、准确、全面贯彻新发展理念,把碳达峰碳中和纳入经济社会发展全局和生态文明建设整体布局,使得碳达峰碳中和的时间进度和目标任务与党的二十大提出的全面建成社会主义现代化强国"两步走"总的战略安排,以及与构建新发展格局、推动高质量发展的战略方向和工作着力点保持高度一致。这为以中国式现代化全面推进中华民族伟大复兴提供坚实的生产力基础和丰富的物质保障。三是在基于发展成效的发展实践和战略行动执行上,碳达峰碳中和目标的实现具有鲜明的整体性、阶段性、连贯性和战略内在一致性,中国在全面建成小康社会、实现第一个百年奋斗目标的同时已超额完成第一阶段国家自主减排贡献目标,将以绿色低碳的经济社会发展基础和物质条件有力保障和推进"十四五"时期和2035年远景目标期乃至未来更长时期内人与自然和谐共生的中国式现代化建设事业与人类文明进步事业。

第四章
碳达峰碳中和对高质量发展的战略意义

实现碳达峰碳中和是推动高质量发展的内在要求。我国已由高速增长阶段转向高质量发展阶段，生态文明建设正处于压力叠加、负重前行的关键期，推进"双碳"工作是破解资源环境约束突出问题、实现可持续发展的迫切需要，是顺应技术进步趋势、推动经济结构转型升级的迫切需要，是满足人民群众对优美生态环境的向往、促进人与自然和谐共生的迫切需要，是主动担当大国责任、推动构建人类命运共同体的迫切需要。当今世界处于百年未有之大变局，受逆全球化趋势增强、地缘政治冲突不断和极端气候的超预期影响，我国经济下行压力增加，经济形势越发严峻复杂，发展环境的不确定性也显著上升。在这样的背景下，中央经济工作会议定调经济工作"要坚持稳字当头、稳中求进"，国务院印发《扎实稳住经济的一揽子政策措施》。实现高质量发展，就要坚定不移贯彻新发展理念，遵循经济发展规律和历史经验，探索"双碳"与稳经济长短期目标平衡的绿色包容性增长机制。

一 稳经济目标下绿色低碳高质量发展的内涵

在我国提出"双碳"目标，加快经济社会发展全面绿色转型的新阶段，正确认识稳经济目标是合理制定相关政策措施的前提，也是制定绿色低碳转型相关政策的重要切入点。

（一）稳经济目标下绿色低碳高质量发展的逻辑起点

稳经济的核心是稳增长和稳就业。2021年末召开的中央经济工作会议首次提出，我国经济发展面临需求收缩、供给冲击、预期转弱三重压力，2022年的政府工作报告再次强调"三重压力"将持续存在并增强，因此，为实现5.5%左右的GDP增速预期目标，并将城镇调查失业率全年控制在5.5%以内，强有力的政策措施必不可少。作为稳经济的关键和稳就业的动力，稳增长意味着拉动有效内需，破解内需恢复不充分、供需结构不平衡的问题，促进经济内生性增长。因此稳经济不是单纯数量意义上的经济增速回升，而是要创造长期经济增长新动能。对于稳就业而言，不仅需要通过经济增长带动就业需求提升，也对解决中长期就业市场上可能存在的劳动力错配问题提出更迫切的要求。

稳增长是稳就业的上位目标，充分就业以经济增长为前提。奥肯定律认为，GDP每增加1%，就业率大约上升0.5%，经济增长与就业率间存在显著的正向关联。在一定程度上，可以将经济增长与充分就业问题等同，两大目标互为因果，是形式不同、本质相同的"发展过程"，能够协同实现。而就发展经济学而言，刘易斯（Lewis, W. A.）、托达罗（Todaro, M. P.）等人提出的经典理论模型，均将就业问题分析建立在经济发展问题分析的基础上（谭崇台，2004）。经济增长未必会实现充分就业，但它是提高就业水平阈值的主要途径，也是充分发挥就业政策措施效应的前提。需要辅以加强教育培训、增加实习过渡岗位、提高岗位补贴等就业激励措施，才能够显著减少非自愿失业比率，提升就业整体水平。反之，就业政策措施效能将无法充分释放。

（二）稳经济目标下绿色低碳高质量发展的内涵特征

1. 激发市场主体绿色发展动能

地区经济发展、就业环境改善均与市场主体直接相关。面对经济下行压力，保持一定的经济增速是壮大市场主体规模，培育经济新动能以及扩大经济体就业供给的关键路径。新冠疫情等超预期事件对经济社会发展产生的负面影响具有非对称性，表现在接触型服务业、低收入人群、民营企业、小微企业等市场主体更易受到影响（姜长云，2022），不仅加深周期性失业波动偏离稳态的程度，而且加剧绿色低碳转型技能偏向性带来的结构性失业，及随之产生的摩擦性失业问题，总量矛盾和结构性矛盾同时显现。企业作为现代市场经济中最活跃的主体，占据技术创新的主体地位，既是科技与经济紧密结合的主要力量，也是吸纳就业的顶梁柱和主力军。支持中小微企业发展，不仅需要采取精准补贴措施，还需要加强营商环境建设，降低中小微企业运营风险，综合采用直接给予救助的"输血"方式与营造良好市场环境的"造血"方式，实现保市场主体的目标。绿色低碳转型是一场广泛而深刻的变革，有为政府和有效市场更好结合方能有效提振企业的信心。绿色领域投资回报率低、周期长，中小企业的存续以盈利为基础，绿色低碳转型动力不足。政府要从系统层面进行规划部署，为市场主体"画好"运行边界（王芳和朱绍岳，2022）。除了鼓励企业通过承担社会责任和开展技术创新之外，还要用好绿色金融、碳交易等各类工具激发各类市场主体绿色低碳转型的内生动力和创新活力。

2. 促进绿色经济增长与绿色就业形成良性闭环

一般而言，经济增长与就业总量间存在显著正相关关系。稳增长是稳就业的动力和前提，经济增长的作用在于提高就业率，避免失业率的上升。后疫情时代的绿色复苏过程伴随着产业转型和升级。无论是理论推演还是国际经验，均表明绿色低碳导向的产业结构升级将释放更多、更高质量的绿色就业机会，提升就业率。但相对于传统产业，绿色低碳领域的就业岗位对劳动力技能要求不同或有所提升，处于转型或退出阶段的产业释放出的劳动力的学历、技能、工作经验与之匹配度低，易导致结构性失业。这意味着，在绿色低碳转型过程中，就业堵点不局限于劳动力需求侧，更在于劳动力供给侧，劳动力质量和劳动力自由流动是提升劳动力资源配置效率与稳增长稳就业的关键。需要通过加强职业技能培训、拓宽青年就业渠道等措施，促进就业供需匹配，不断提升就业整体水平。除此之外，充分就业有利于防止需求不足与预期转弱之间形成相互加强的通缩螺旋，防范滞胀风险，保障经济增长，增加居民家庭收入，为培育绿色消费市场奠定基础，从而拉动绿色经济增长。

二 稳经济要求下的绿色低碳高质量发展机制

在经济下行压力增大与就业形势不容乐观的背景下，稳经济成为保障民生的首要政策目标。加之为应对气候变化、环境污染等越发严峻的生态问题，稳经济政策设计需要保持生态文明战略定力。从理论层面分析，在外部条件一致的条件限定下，经济增长与绿色低碳转型间存在一定程度此消彼长的关系，如何将绿色低碳转型嵌入稳经济相关措施之中，实现生态系统与社会经济系统协调发展，成为社会发展关注的热点。

（一）统筹兼顾经济发展的长期和短期目标

长期以来，在工业文明发展范式的影响下，我国经济社会对重污染高耗能发展路径形成较强的依赖。传统经济发展模式以产能规模扩张为主要手段，尽管能满足短期经济增长需求，但与长期绿色低碳转型目标相悖，难以在短中长期目标间找到均衡点。考虑到当下极端天气事件频发，以及远期"全体人民共同富裕的现代化"的指引，推进稳经济工作也需要兼顾环境保护、社会公平等多重可持续发展目标。将绿色低碳转型要求纳入稳经济政策目标，既是政府宏观调控引导的结果，也是随着经济社会发展，环境制度法规不断完善、绿色消费需求激增等引致绿色经济相对于传统经济边际收益不断上升的自发过程。投资作为应对经济危机最为有效的手段，是兼顾、链接经济发展长短期目标的关键。当前政府投资聚焦"两重一新"，即新型基础设施、新型城镇化以及交通、水利等重大工程的情况下，需甄别、筛选绿色投资的对象和体量，同时辅之以更高的生态环境标准，以符合稳经济目标下的绿色低碳转型要求。考虑现阶段市场信心不足、消费低迷等实际情况，消纳绿色投资引致的产能增长需要辅以绿色消费、绿色出口补贴、税收优惠等措施，充分赋予"三驾马车"绿色低碳可持续发展内涵，兼顾短期增长目标与长期生态环境福祉，增强经济社会可持续发展能力。

（二）以绿色投资兼顾短期经济复苏与长期环境效益

消费、投资、出口是拉动短期经济增长的"三驾马车"。然而，面对复杂多变的国内外形势，市场主体的发展信心受挫，外贸与消费对经济增长的拉动作用在短时间内难以大幅度提振。相比之下，将投资作为稳增长的重要抓手，更好发挥投资对于稳增长的关键性作用，是兼具必要性和可行性的务实之选。投资的乘数效应大，对经济增长的带动作用明显且受疫情影响相对较小，特别是有效投资可以优化经济结构，带动消费市场拓展与出口增长。连续性、稳定性投资还发挥着稳定预期、增强市场主体的发展信心的作用。投资向绿色领域倾斜能够加快传统投资更新迭代，从根本上推动经济发展模式、生产生活方式向绿色低碳深度变革，且连续、稳定的投资政策环境有助于稳定绿色经济预期。2008年，在应对国际金融危机背景下，时任联合国秘书长潘基文倡导"绿色新政"（Green New Deal），呼吁各国政府重点投资能够创造更多就业岗位的绿色产业，从而兼顾生态系统保护要求与经济社会发展民生需求。后疫情时代，各国除了要共同应对疫情造成的问题，还面临着可持续发展及气候变化的巨大挑战，走绿色复苏之路成为共识。更有效配置投资于基础设施、建筑物低碳节能改造、智能交通、技术创新、可再生能源产能等领域，将创造出极大规模的"生产性投资"。这不仅能刺激经济复苏，也将依托绿色低碳转型塑造产业核心竞争力，带动国际贸易和制造业转向绿色低碳竞争（董一凡，2020）。据清华大学的研究，实现"碳中和"需要累计新增投资约138万亿元，超过每年GDP的2.5%（项目综合报告编写组，2020）。

三 稳经济一揽子政策对高质量发展的潜在影响

面对经济发展新的下行压力，党中央、国务院科学决策，在2022年5月推出了6方面33项稳经济一揽子政策措施，又在8月颁布19项接续政策，力争推动经济企稳回升并回归正常轨道。这是国务院对巩固经济、稳定就业、恢复发展做出的重大部署。自5月底以来，稳经济一揽子政策落实落地，效果正在不断显现，经济延续了恢复发展的态势，并持续向绿色低碳高质量发展迈步。

（一）稳经济政策对绿色低碳高质量发展的积极影响

国务院《扎实稳住经济的一揽子政策措施》在着力稳定宏观经济大盘、稳市场主体保就业的同时，融合绿色低碳转型长期目标，强化了中长期绿色低碳转型发展韧性。主要体现在财政金融、投资消费、能源安全三个方面。

（1）在财政金融政策中，着重向绿色领域倾斜，要求进一步加大生态保护和环境治理等行业企业的增值税留抵退税政策力度；拓宽专项债券支持领域，不仅包括已经包含的交通基础设施、保障性安居工程等9大领域，也要纳入新型基础设施、新能源等项目；鼓励支持金融机构创新绿色金融产品服务，构建便于绿色环保产业发展融资的金融债券绿色通道，为培育发展绿色环保产业构建良好的融资环境。

（2）在稳投资促消费政策中，鼓励和吸引社会资本参与国家重大工程项目建设运营，提升相关领域市场活力，将高质量发展要求纳入国家重大基础设施发展规划，并启动相关试点工作，不断推动基础设施高质量发展；重视发挥基础设施建设对绿色产业与消费的助推作用，创新优化新能源汽车充电桩（站）投资建设经营模式，加快提升充电设施在商超、住宅等场所的覆盖率，为新能源汽车产业发展提供有力支撑。同时，倡导家电企业履行废旧家电回收责任，多措并举提升绿色消费水平。

（3）在保能源安全政策中，确保传统能源安全清洁高效利用，有序发挥煤炭优质产能对保障能源安全的关键作用；能源重点领域的投资力度得到增强，抓紧推动实施一批绿色能源项目，如大型风电光伏基地建设、水电项目及抽水蓄能电站建设，预计"十四五"期间投资规模相较于"十三五"期间将上涨20%；明确地方储备责任，使得相关专项再贷款和合格银行贷款能够对促进煤炭清洁高效利用形成有力支撑（韩永文，2022）。

综上，现阶段"双稳"政策将对绿色低碳转型产生一定的推动作用，为经济绿色增长带来强大动能。一是政策带动新能源汽车及上下游产业迅速发展。这有助于加快建立健全绿色低碳循环发展经济体系，带动上下游消费和产业发展。二是新型电力基础设施建设力度加大。风能、太阳能使用规模持续扩大，成本继续下降，加快清洁能源成为主力电源的进程。不仅抽水蓄能的物理储能，铅酸、镍氢等化学储能以及超导储能等前沿科技出现新的发展，电网也将加快升级。三是能源基础设施数字化智能化加快升级。智能电网、智能交通、电采暖等电气化运营迎来广阔发展空间，碳捕集技术研发、示范和产业化应用提速。

（二）稳经济政策可能带来的碳锁定风险

当前稳经济政策在兼顾绿色低碳转型长期目标方面进行了卓有成效的探索，但在调控引领经济社会发展方面，仍存在潜在的碳锁定风险。稳经济政策在促增长、稳就业的同时，可能会造成产能过剩与"两高"项目的反弹，刺激化石能源消费量增长，加重环境污染严峻形势，削减政策绿色引领效果，相关问题体现在以下三个方面。

消费复苏政策对高排放重污染的商品存在一定依赖性，例如相关政策强调不得新增汽车限购措施，全面取消二手车限迁政策，并放宽购车人员资格限制，将汽车作为拉动消费的重要载体。不可否认，加快汽车产业发展，既能够直接带动上下游与其相关工业、服务业的发展，也能够通过扩大居民活动半径，间接带动餐饮、旅游、商贸、物流等产业发展，从而对经济增长产生乘数效应，全面激发经济社会发展活力。然而，相关政策并未对新能源汽车普及给予恰当的关注，传统能源汽车消费乃至相关产业链蓬勃发展可能带来碳排放总量反弹。

稳投资相关政策要求扎实开展基础设施高质量发展试点，核准开工一批基础设施项目。当前，我国仍将政府规模投资作为增加有效内需、提振经济的主要手段。不可否认，政府主导规模投资能够有效促进经济复苏。我国在2008年实施"四万亿"投资计划，较好地缓和了金融危机的意外冲击，对经济产生了积极的影响。但结合历史经验，经济刺激措施如果缺乏绿色低碳转型考虑，会对"双碳"目标的实现造成阻碍。一般而言，传统固定资产投资对"两高"项目拉动经济增长的依赖较强，可能造成产能过剩，必须通过内需消费与外贸出口消化。否则，过剩产能便无法最终转化为消费，并形成实质性财富，导致相关投资不可持续。

在保能源安全政策中，要求建立健全煤炭产量激励约束政策机制，加快保供煤矿手续办理，支持符合条件的露天和井工煤矿项目释放产能。一些地方仍对高耗能高排放项目认识不足，盲目投资。由此可见，此项政策能够在短期发挥稳增长稳就业的作用，但释放了利好煤炭行业的信号，增大能源绿色低碳转型压力，易形成碳锁定效应，对"双碳"目标实现造成阻碍。

四　绿色低碳高质量发展的现实困难与挑战

当前我国经济发展的内部矛盾较为突出，外部国际环境复杂严峻且不确定性增大，加之极端气候常态化、疫情阻碍经济要素流动配置等新问题逐渐显现，当前的稳经济政策不同于一般性的刺激政策。党中央冷静应对多重内生压力与外生冲击，高效统筹疫情防控和经济社会发展，保持经济运行保持在合理区间。然而稳经济要求下的绿色低碳转型既要照顾短期宏观经济稳定目标，又要满足中长期绿色低碳可持续发展要求，仍面临以下挑战。

（一）严峻的内外部环境掣肘绿色转型

百年变局叠加世纪疫情，我国经济发展面临需求收缩、供给冲击、预期转弱三重压力，加之国际政治环境复杂严峻，对外贸易市场不确定性增强。提振经济增长、平稳就业市场、稳定物价波动等均面临前所未有的挑战（韩永文，2022）。首先，疫情反复阻碍经济平稳增长。疫情防控持续时间和难度的不确定性，对经济要素的空间流动形成较强制约，严重阻碍经济平稳增长。其次，居民消费复苏阻力较大。市场预期转弱、预防性储蓄增加、居民家庭收入下降等均对消费复苏造成阻碍。最后，全球经济陷入滞胀状态。发达国家经济发展将大范围、大概率陷入滞胀状态，导致海外市场收缩，国际市场前景也并不乐观。全球经济整体形势严峻，虽然我国稳增长工作成效开始显现，但国内经济下行压力仍然较大。绿色低碳转型需要一定的经济基础，在经济社会发展态势良好的阶段，容易形成更多有利因素，加快绿色低碳转型进程。然而在经济增长乏力的当下，统筹发展和安全的难度增加，需要占用较多有限资源与政策空间。推动绿色低碳转型的施政力度与策略空间受到限制，绿色低碳转型进程将受到较大阻碍。

（二）绿色转型财政承压明显

我国经济回升向好态势在延续，但基础尚不稳固，有效需求不足是经济发展面临的主要问题。在应对短期周期性波动带来的经济下行压力增大和失业率上升等挑战的过程中，应兼顾长期经济发展结构转型目标，不能急于求成，"毕其功于一役"。在当前经济增长乏力的背景下，政府公共投资成为提振经济的重点。财政部出台落实"双碳"目标的财政支持计划，将投资聚焦"双碳"领域。政府出台财政刺激计划防止企业收入急剧下滑，以及对中小企业实施常态化减税降费或延迟缴税，财政收支保障能力明显下降。加之财政民生保障支出持续加码，导致财政超负荷承压，中西部地区政府债务压力更为突出，削弱了对绿色低碳转型的支持能力。此外，由于企业经营普遍面临困境，将更多资源用于应对生存危机，即使中央和地方提供财政和金融专项资金扶持企业绿色转型，企业也难以配套相应的人力、物力，相关扶持资金对推动绿色转型的效果有限。

（三）结构性失业与绿色就业不足

尽管2022年上半年就业形势陆续好转，但经济下行压力仍然较大，我国就业市场呈现需求不足和结构矛盾：一方面，就业岗位数量下降；另一方面，岗位供给与就业技能、预期不匹配，引致就业结构性失衡。2022年前三个季度城镇调查失业率达到5.6%，9月16~24岁青年人失业率为17.9%。绿色低碳转型虽然会带动就业需求增长，但其创造的绿色就业岗位相对于传统就业岗位，对劳动者能力提出了更多要求，被淘汰的传统产业的劳动力难以在短时间提升相应技能，绿色就业市场结构性供给不足问题较为突出。此外，绿色低碳转型使得高度依赖能源密集型产业的工人不得不面对就业岗位的调整、竞争和淘汰，绿色转型过程中的公正问题需要受到关注。

（四）低碳减排与发展经济间的关系较难平衡

中国社会正处于绿色低碳转型发展的重要节点，发展与减排间的矛盾较为突出，社会各界对减排与发展间关系的认识仍然存在较大分歧，相关问题尚未得到妥善处理。首先，对绿色低碳转型的重要性认识不足，不能全景式地看待产业链、供应链的安全问题，造成用短期的困难来否定长期目标，过度牺牲长期利益来解决短期问题的风险（柴麒敏，2022）。自2021年全球出现"能源荒"以来，特别是俄乌冲突爆发后，欧洲部分国家重启煤电，全球化石能源使用量的暂时性反弹现象可能动摇绿色低碳转型定力。比如部分地区强调短期的困难，将能源安全简单地视为煤炭安全，盲目上马"两高"项目，与长期碳中和愿景背道而驰。其次，部分地区忽略当前能源系统转型现实情况，片面夸大新能源的潜力，否定化石能源的作用或采取"运动式"减碳及"拉闸限电"等过激措施，以致基本民生需求难以获得保障，增加转型过程的代价或阻力。再次，当前宏观经济形势下，部分地区为在短期内提振经济、保障经济社会平稳发展，可能出现回归高碳排放发展路径的倾向。有关"西方国家集体放弃碳中和目标"等扭曲事实的新闻频繁出现，虽然不能排除是部分媒体为赚流量而故意为之，但也映射出社会上部分人仍对高碳重污染发展路径存在心理依赖。这些现象均表明，在实践中，忽视恰当权衡长期绿色低碳转型目标与短期稳增长目标的重要性，容易走顾此失彼的极端道路。最后，由于短期要求与长期目标的优先性不同，部分政策措施可能超预期地改变企业和居民的经济行为，存在潜在的碳锁定风险。

五 绿色低碳发展转型的国际经验

面临新冠疫情、气候变化、地区冲突等多重挑战，世界各国不仅需要采取积极措施，促进经济增长，提升就业水平，以提供基本民生保障；也需要兼顾生态环境保护，增强生态系统对经济发展的支撑能力，制定目标长远的可持续发展规划，助推经济发展绿色低碳转型。为此，各国开展积极的实践探索，相关经验体现在绿色复苏、零碳产业、公正转型三个方面。

（一）以绿色发展促进经济绿色复苏

"绿色复苏"经历了两个历史发展阶段（冯璐璐和王嘉雯，2022）。第一个阶段出现在2008年国际金融危机之后，联合国环境署提出"全球绿色新政及绿色经济计划"，时任联合国秘书长潘基文提出绿色新政的概念。第二个阶段出现在2020年新冠疫情暴发之后，人类发展面临生命健康的威胁，强调重塑人与自然的关系。无论是应对生态问题、金融危机、新冠疫情，还是俄乌冲突后的经济萧条，贯穿于这两个阶段的全球挑战是气候变化和可持续发展。

绿色复苏倡导在经济刺激计划中支持和加强绿色投资，将节能减排和可持续发展作为推动区域经济增长新引擎。例如，2020年，法国政府预计投资300亿欧元，用于推动生态转型和实现经济去碳化。[①] 2024年，欧盟宣布向140个关键运输项目注入近22亿欧元，构建起绿色综合交通网络，

[①] 《法国计划投资300亿欧元用于推动生态转型》，国际在线，https://baijiahao.baidu.com/s? id=1673276529297940319&wfr=spider&for=pc，2020年7月26日。

助力交通运输业实现脱碳目标。[①]

以消费配合投资发展绿色经济，向低能耗、低排放的经济发展模式转型。通过完善相关法律法规、提升绿色产品供给能力、创新财政激励措施等方式，为培育居民绿色生活习惯和消费方式营造良好外部环境。日本围绕产前、产中、产后各环节构建绿色消费法律体系，使得政府、消费者、生产者在助推绿色消费过程中权责分明。英国、美国、瑞典等国家制定实施碳标签制度，倒逼生产者开展低碳技术研发推广（单晨，2022）。欧盟各成员国相继推出各种优惠政策，激励低碳出行消费行为。

绿色复苏不是简单地使经济发展回到原有的轨道和水平，而是"包容性绿色复苏"，落脚点在于提高绿色就业水平。美国奥巴马政府的"绿色复兴计划"希望通过绿色基础设施投资建立低碳经济体系，并借助新能源投资的溢出效应创造更多的就业。据测算，在新能源领域每投资10亿美元，能够为美国创造约2万~3万个就业岗位，同时每年可减少60万吨温室气体排放（Pollin et al.，2008）。

（二）加速布局零碳产业

在新冠疫情、俄乌冲突外生冲击下，国际碳中和整体趋势并未转变，全球零碳产业布局仍在加速。各国展开较为激烈的低碳技术竞争，加快可再生能源产业布局，重视储能技术研发推广。

一是出台战略规划，保持政策框架的一致性。日本将《绿色增长战略》升级为《2050碳中和绿色增长战略》，调整原有重点发展产业，形成了海上风电、太阳能、地热、新一代热能等全新的14个碳中和战略产业体系，通过标准化改革、税收减免等多种手段为绿色低碳转型提供支持（日本经济产业省，2016）。德国较早将新能源战略重心定位于氢能，以海上风电为"绿氢"制备提供电能，打造"绿色氢能"完整产业链，并将"氢经济"作为新的增长引擎以克服疫情造成的经济困难。推动"绿氢"产业发展是欧盟实现2050年碳中和目标的重大战略选择，规划2030年将电解绿氢产能扩大到40吉瓦。到本世纪中叶，欧洲氢能产业可创造约540万个就业岗

[①] 《欧洲各国积极推进"绿色复苏"》，上观，https://export.shobserver.com/baijiahao/html/285784.html，2024年9月2日。

位，年营业额可达约 8000 亿欧元。①

二是为降低创新成本提供财政金融支持。美国发布"变革性清洁能源解决方案"，发起"能源地球发射"计划，颁布《2022 年通胀削减法案》，通过税收抵免加大光伏发电、风力发电产业投资力度。同时，积极推进本土研发，降低关键清洁能源成本，并迅速推动商业化应用。此外，对社区太阳能给予特别支持，大幅度降低国内用能成本。英国将能源高效利用作为推动绿色制造业发展的重要途径，并设立碳基金和减排基金，不仅为制造业低碳发展转型过程中所需的技术改造、设备更新提供必要的支持，也对市场前景良好的低碳技术进行商业投资（Ashcroft，2021）。

（三）积极探索公正转型的政策机制

稳经济目标下的绿色低碳转型以公平和包容的方式发展绿色经济，创造有意义的工作机会。到 21 世纪中叶全球将新增约 2 亿个工作岗位，减少约 1.85 亿个工作岗位。其中，涉及化石燃料开采与生产、化石燃料相关电力行业的岗位需求将分别减少 900 万个和 400 万个（McKinsey & Company，2022）。如果不以公正公平的方式做好过渡，转型将给处于不利地位的工人、家庭及社区带来收入和生计损失。《巴黎协定》中明确提及，希望在促进气候目标实现的同时，也能够实现劳动力的公正转型（Just Transition），促进体面的工作和高质量就业。

社会治理是公正转型的先决条件，利益相关方的异质性和实质参与至关重要。德国为在 2038 年前实现完全退出燃煤发电的目标，给予退煤地区 400 亿欧元补贴，并为电厂员工提供再培训再就业项目并制定安置机制（张莹等，2021；翟桂英等，2021）。政府成立了包含多类别利益主体的"产业成长、结构变革与就业委员会"，该委员会负责制定退煤行动方案。委员会由来自政府、产业、工会、采矿区、研究机构、环境组织、周边受影响地区社区等 28~31 位代表组成。

设立专项基金补充国家和地区层面的财政资源。欧盟筹备推出公正转型机制，创建公正转型基金和社会气候基金（Andrea Kyriazi and Joan Miro，

---

① 《欧盟计划到 2030 年将电解绿氢产能扩大到 40 吉瓦》，国家节能中心公共服务网，https://www.chinanecc.cn/website/News! view.shtml? id=238798，2020 年 9 月 8 日。

2022)。前者是"可持续欧洲投资计划"的一部分，侧重于绿色就业，将吸引 1000 亿欧元的公私部门投资，用于帮助传统能源产业工人学习并获得能够匹配未来就业岗位的工作技能，激励企业提供更多就业机会以及投资清洁能源、改善性住房等间接降低能耗、增加工作岗位的领域。后者侧重为个人提供收入支持。预计 2025~2032 年筹集 1444 亿欧元，为成员国公民在高效供暖和制冷系统、更清洁交通等方面提供资金，帮助弱势公民应对能源转型增加的成本（庄贵阳和朱仙丽，2021）。

六 面向未来绿色低碳高质量发展的对策建议

我国经济发展面临严峻复杂的国内国际环境和多重超预期因素冲击。党中央冷静应对，及时提升宏观经济政策调控力度，合理统筹经济发展和疫情防控，助力国民经济企稳回升。然而，也要认识到当前我国经济运行中仍面临一些突出矛盾和挑战。未来要坚持稳中求进工作总基调，全面贯彻新发展理念，着力推动高质量发展，落实"疫情要防住、经济要稳住、发展要安全"的要求，统筹好稳经济与绿色低碳转型的关系，不能照搬以往单一维度应对经济危机的经验，而应将绿色低碳转型充分纳入"双稳"目标。

（一）将绿色投资作为稳经济政策的重要抓手

面对经济社会发展面临的需求收缩、供给冲击、预期转弱"三重压力"，以及新冠疫情、俄乌战争等外生冲击，我国应充分借鉴已有应对经济危机的经验，在增投资、促消费、稳外贸，对市场主体纾困帮扶过程中，将绿色低碳转型目标纳入民生保障对策之中。相对于消费、出口而言，投资不仅能够在短期内提振经济，也是将绿色低碳转型纳入稳经济政策措施的切入点。促进投资增长是拉动经济快速复苏的有效路径，不仅能够带动投资前后端相关产业发展，也能够增加工资性收入，刺激消费需求，激活内循环。投资也具有显著的乘数效应，会引发生产、消费领域的连锁反应，进一步促进经济增长。同时，不断提高对绿色低碳领域投入支持力度，为绿色产业发展营造良好稳定的宏观政策环境。考虑到绿色领域投资回报率较低、回报周期偏长的特点，只有充分发挥政府在此类投资中的主导作用,才能在稳经济过程中,兼顾长期生态保护要求与短期经济刺激需求。我国应将投资领域向《2030年前碳达峰行动方案》中的重点行业倾斜,加快对新能源产业、电气化与智慧电网、氢能、储能技术、CCUS负碳技术等碳中和重点领域项目的投资与建设,也应利用水利工程、交通基础设施、城市地下综合管廊等民生项目投资的巨大需求潜力,在充分论证的基础上,适度提前开展投资建设,通过新能源项目建设、老旧工程改造、交通多式联运规划等方式将低碳发展目标纳入项目规划,从而发挥绿色产业投资乘数效应,促进绿色就业、生产水平提升,不断培育绿色消费市场,引领稳经济要求下的绿色低碳转型。

(二) 从供给数量与结构匹配着手破解当前失业困境

现阶段我国失业问题与以往相比更为复杂,不仅是经济系统周期性波动所致,也受到疫情的长期影响,传统的逆周期相机抉择调节措施提振经济的效果会被削弱。加之当前我国所处的经济社会发展节点更为特殊,不能简单照搬以往经验,从单一的经济刺激维度寻求解决方案,而需要从总量、结构等方面多措并举加以应对。第一,应充分认识当前失业问题面临的多重制约因素。既有经济增长疲软所致的岗位供给不足,也有环境制度规则趋紧下产业空间迁移或结构调整所致的结构性失业,以及劳动力流动受阻所致的摩擦性失业。因此,需要积极创造过渡性工作岗位,吸纳失业人口,破解当前失业困境。引导应届毕业生通过过渡性工作岗位,积累经验,找准方向,进而实现就业匹配。第二,政府相关部门需要通过货币政策与财政政策,促进投资、刺激消费,提振经济,提升就业市场整体需求。同时,充分借助绿色低碳转型机遇,加大绿色领域投资力度,推动产业升级迭代,创造更多绿色就业岗位。第三,将非正规就业与职业培训相结合,提升再就业群体职业技能,提升就业整体水平。尤其是理性看待化石能源等传统棕色高碳产业的退出,重点关注内蒙古、山西、陕西等富煤省份就业人员的公正转型,最大限度地来降低转型所带来的风险。

(三) 加快零碳产业布局提升国际市场竞争力

西方发达国家工业化发展起步较早,并且掌握众多领域的核心技术,在工业文明赛道上遥遥领先于其他国家。然而,工业文明发展范式的不可持续弊端逐渐凸显。全球发展正由"高碳能源低碳化航道"全面转向"能源零碳化航道",零碳赛道不仅会实现碳减排甚至碳中和,还将实现生态安全、经济安全、能源安全等多目标的共赢,进而实现超越"净零碳"的全方位可持续发展。在工业文明范式难以持续的背景下,各国正积极转变赛道,加快布局零碳产业。21世纪初期以来,中国对绿色低碳研发领域投入不断增加,2020年相关投入增长至80亿美元,跻身成为全球第二大能源技术研发支出国。中国在可再生能源技术领域获得的国际专利数量占比已超75%。其中,太阳能光伏、电动汽车、电池三个方面的国际专利数量占比超过50%。当前全球新能源企业500强中中国企业占据半壁江山,宁德时代、协鑫集团分别位居第一、第二,与隆基绿能、中国能建一起跻身该榜单前十。我国在绿色发展赛道起步扎实、开局良好,在可再生能源设施建设、储能技术研发等方面,已经处于领先地位。未来不仅要充分发挥零碳产业发展的起点优势,加快相关技术研发推广与产业建设,保持领先地位;也要充分提前考虑零碳产业链供应链的安全问题,保障锂、镍、钴、稀土、铜等矿产的可持续供给,不断延伸完善产业链,重视科技创新,提高产业链高技术含量环节比重。积极布局光伏、风能以及配套智能电力控制系统,争取占据全球动力控制制高点,并将获取新的能量和转换利用装置作为获取未来国际竞争比较优势的核心追求目标。

第五章

全球碳达峰碳中和的趋势与经验

一 全球碳达峰碳中和的现状

(一) 全球已达峰国家

根据世界银行数据，2019年，全球碳排放总量排前10位的分别是中国、美国、印度、俄罗斯、日本、伊朗、德国、韩国、沙特阿拉伯、印度尼西亚，总计243.88亿吨，占全球碳排放总量的68.7%，其中中国占比30.2%，是全球第一大碳排放国家。

据世界资源研究所（WRI）研究统计，目前全球有54个国家的碳排放实现达峰，大部分已达峰国家是发达国家，达峰国家的排放量占全球碳排放总量的40%。在2020年全球碳排放国家排名中，美国、俄罗斯、日本、巴西、德国、加拿大、英国和法国已经实现碳达峰。

根据庄贵阳等（2022）对碳达峰类型的划分，1990年前18个达峰国家多数为东欧国家及苏联的加盟共和国，以经济衰退型为主。1990~2010年31个达峰国家基本为欧盟国家，属于自然达峰类型。中国等后发国家超前提出碳达峰碳中和等气候目标，属于政策驱动型。从全球来看，欧盟是应对全球气候变化、减少温室气体排放行动的有力倡导者。因严格的气候政策和发达的经济，欧盟国家具有先进丰富的碳减排经验，早在20世纪90年代，作为整体的欧盟已经实现了全域碳排放达峰。中国、墨西哥等发展中国家承诺在2030年以前实现达峰。

加上已实现碳达峰的国家，根据各国碳排放达峰的承诺，至2030年全球将有近60个国家实现碳排放达峰（见表5-1和表5-2），占全球碳排放量的60%。

表 5-1　全球碳达峰国家统计

实现碳达峰时间	数量（个）	具体国家
1990 年前	18	阿塞拜疆、白俄罗斯、保加利亚、克罗地亚、捷克、爱沙尼亚、格鲁吉亚、匈牙利、哈萨克斯坦、拉脱维亚、摩尔多瓦、挪威、罗马尼亚、俄罗斯、塞尔维亚、斯洛伐克、塔吉克斯坦、乌克兰
1990~2000 年	15	法国、立陶宛、卢森堡、黑山共和国、英国、波兰、瑞典、芬兰、比利时、丹麦、荷兰、哥斯达黎加、摩纳哥、瑞士、德国
2000~2010 年	16	爱尔兰、密克罗尼西亚、奥地利、巴西、葡萄牙、澳大利亚、加拿大、希腊、意大利、西班牙、美国、圣马力诺、塞浦路斯、冰岛、列支敦士登、斯洛文尼亚
2010~2020 年	3	日本、马耳他、新西兰
预计 2030 年前	5	中国、马绍尔群岛、墨西哥、新加坡、韩国

数据来源：根据 WRI、BP、WB 数据整理。

表 5-2　全球主要国家（地区）达峰时间

达峰时间	达峰国家（地区）和达峰年份
1980 年前	欧盟（1979 年）
2000 年前	俄罗斯（1990 年）、德国（1990 年）、法国（1991 年）、英国（1991 年）
2010 年前	澳大利亚（2006 年）、加拿大（2007 年）、美国（2007 年）
2020 年前	日本（2013 年）、巴西（2012 年）
2030 年前	中国（2030 年前）、韩国（2030 年前）

数据来源：根据 WRI、BP、WB 数据整理。

（二）全球碳中和现状

据联合国政府间气候变化专门委员会（IPCC）测算，若实现《巴黎协定》2℃温升目标，全球必须在 2050 年达到二氧化碳净零排放（又称"碳中和"）。2015 年，《巴黎协定》提出了本世纪后半叶实现净零排放的目标，在此背景下，一系列国家提出了国家碳中和战略和愿景。2017 年，29 个国家签署《碳中和联盟声明》，其目标为在 21 世纪中叶实现零碳排放。2019 年，66 个国家在联合国峰会上组成气候雄心联盟，承诺净零排放。2019 年 6 月 27 日，英国新修订的《气候变化法案》生效，英国成为全球第一个以立法形式确定净零排放目标的发达国家。在这一法案的影响下，美国、德国、法国、日本、意大利、加拿大等多个发达国家陆续做出承诺，将在 2050 年实现零碳排放。2020 年 5 月，全世界 449 个城市参加了全球碳中和竞赛。中国也于 2020 年 9 月 22 日正式向联合国大会宣布，在 2030 年前达到排放峰值、2060 年前实现碳中和。

根据"全球零碳追踪计划"（Net Zero Tracker）统计，截至 2022 年 5 月，已有 114 个国家提出碳中和或净零排放的战略目标，这些国家占有全球 90% 的经济总量、85% 的人口、88% 的碳排放量；此外，有 75 个国家提出其他不同程度的碳减排战略目标。如表 5-3 所示，目前，不丹、苏里南等国家已实现碳中和目标，欧盟、英国、加拿大、日本、新西兰、南非等大部分国家（地区）提出在 2050 年实现碳中和。在目前提出碳中和目标的国家中，法国、瑞典、新西兰、匈牙利、英国、丹麦等国家已将碳中和写入法律，还有部分国家和地区正处在碳中和立法过程和政策宣示过程中。

表 5-3　全球各国（地区）碳中和目标现状（部分）

目标状态	国家（地区）
已实现（自我宣布）	贝宁、不丹、圭亚那、柬埔寨、苏里南
以法律形式确定碳中和目标	2030 年：马达加斯加、危地马拉 2035 年：芬兰 2045 年：德国、葡萄牙、瑞典 2050 年：加拿大、丹麦、西班牙、斐济、法国、匈牙利、爱尔兰、日本、卢森堡、挪威、新西兰、荷兰、欧盟、英国、韩国 2060 年：俄罗斯
以政策文件形式宣布碳中和目标	2030 年：安哥拉、孟加拉国、巴巴多斯、刚果民主共和国、捷克共和国、吉布提、多米尼加共和国、几内亚、圣卢西亚、马尔代夫、马里、阿曼、阿尔巴尼亚、阿塞拜疆、白俄罗斯、喀麦隆、古巴、阿尔及利亚、埃及、加纳、伊拉克、约旦、肯尼亚、摩洛哥、摩尔多瓦、北马其顿共和国、朝鲜、巴拉圭、卡塔尔、圣马力诺、塞尔维亚、斯威士兰、突尼斯、乌兹别克斯坦、委内瑞拉、玻利维亚共和国、南苏丹 2035 年：百慕大 2040 年：安提瓜和巴布达、冰岛、巴勒斯坦 2050 年：亚美尼亚、奥地利、比利时、伯利兹、智利、哥斯达黎加、厄瓜多尔、希腊、克罗地亚、意大利、圣基茨和尼维斯、老挝、利比里亚、立陶宛、拉脱维亚、摩纳哥、马绍尔群岛、马耳他、斯洛文尼亚、乌拉圭、澳大利亚、赤道几内亚、吉尔吉斯斯坦、巴拿马、罗马尼亚、新加坡、南非 2060 年：中国

数据来源：根据 Net Zero Tracker 网站数据整理。

二 全球主要已达峰国家的规律特点和经验

所谓碳达峰是指在相对确定的时间区间内温室气体排放总量达到最大值，然后能够在较短时间内处于下降过程。从实践来看，碳达峰既是温室气体增长的拐点，也会存在平台期、波动期等现象。对于非自然达峰国家来说，碳达峰的实现往往有赖于经济体的政策约束（庄贵阳等，2022）。世界上的主要经济体都已经实现了碳达峰，面向碳中和，各国都根据自身发展条件确定了目标。从碳达峰到碳中和，欧盟将用71年，美国43年，日本37年，中国的目标是30年。这意味着，中国作为世界上最大的发展中国家，减排压力和减排强度都是历史上罕见的。通过梳理已达峰国家尤其是发达国家的达峰实践和面向碳中和的关键做法，可以有效助力我国"双碳"目标的落地和实现，同时也能为我国经济社会转型提供借鉴。根据现有研究，碳达峰受经济增长、城镇化水平、产业结构、能源结构、碳泄漏等因素的影响。本章从以上主要影响因素来分析碳达峰的规律特点和经验。

（一）经济增长与碳达峰

碳达峰与经济增长速度趋缓同步。一是大部分发达国家实现碳达峰目标的人均GDP（PPP）在两万美元以上，但碳达峰后经济增长速度会放缓。目前已达峰的国家主要可以分为两类。一类主要为苏联的加盟共和国和东欧国家，人均GDP（PPP）为5000~10000美元，其中有一些国家是因为经济衰退和经济转型而碳达峰。另一类为美国、日本、法国等发达国家，人均GDP（PPP）为2万~4万美元，大部分国家达峰时间为1997年后，因为严格的气候政策和经济结构转型升级措施等实现了碳达峰，伴随经济增长速度的下降，这部分国家在碳达峰以后，往往能实现经济发展与能源、排放增长的脱钩。

（二）城镇化进程与碳达峰

城镇化进程是影响碳达峰的重要因素，城镇化进程主要表现为城市人口规模的扩张以及由乡村到城镇的生活生产方式的转变。通过分析实现碳达峰的主要国家的历史数据，发现伴随城镇化进程，城镇化率与碳排放总量普遍经历"负脱钩—弱脱钩—强脱钩"三个阶段，表现为城镇化率同碳排放总量水平呈现倒"U"形趋势，其大致可分为三个阶段（史育龙和郭巍，2022）。第一阶段，属于粗放型城镇化发展阶段。在此阶段，城镇化率快速增长，由于过于依赖资源投入，发展不可持续，一个经济体的碳排放会随城镇化发展快速增长，二者为负脱钩关系。第二阶段，属于集约型发展阶段。这一阶段的城镇化增长速度开始放慢，并大体稳定。由于资源投入产出效率的提升，碳排放量的增长率开始小于城镇化增长率，碳排放强度开始迅速下降，碳排放水平处于碳达峰平台期，存在一定程度的波动，碳排放总量稳中趋降。伴随着城镇化率的继续提高，二者呈现弱脱钩关系。第三阶段，属于城镇化高质量发展阶段。这一阶段城镇化率将保持稳定且可能出现逆城镇化等现象。随着可持续发展方式的深入，产业结构的转型升级，绿色发展技术的成熟与广泛使用，绿色消费理念的加深，碳排放强度进一步下降，碳排放总量也在产业和技术推动下快速下降。此时，两者呈现强脱钩关系。

碳达峰时的城镇化率主要受人口规模、经济规模、产业结构、能源结构、技术水平等因素的影响。一般来说，不管是自然达峰还是受政策驱动实现碳达峰，大部分发达国家在达峰时的城市人口占比均超过50%，基本在52.2%~97.0%。通过分析不同经济规模国家的达峰规律，可以发现大型经济体比如G7国家碳达峰时的城镇化率区间为73.21%~91.23%，平均为78.75%，中小型经济规模国家一般在50%左右即实现碳达峰。这说明碳达峰受经济规模的影响较大。

从中国城镇化率同碳排放的关系来看（如图5-1），中国正处于第二阶段，城镇化率的增长速度在缓慢下降，碳排放强度将保持下降，城镇化率与碳排放量保持弱脱钩，碳排放总量水平将处于平台期，且碳排放量稳中有降但城镇化率继续提高。

（三）产业结构与碳达峰

一般来说，实现碳达峰的发达国家的产业结构都以第三产业为主，第三产业占GDP的比重达65%以上，如美国在碳达峰时第三产业占比约为65.78%。这些国家均是处于后工业化阶段的国家，即第三产业占比远超过

图 5-1 中国城镇化率同碳排放的关系

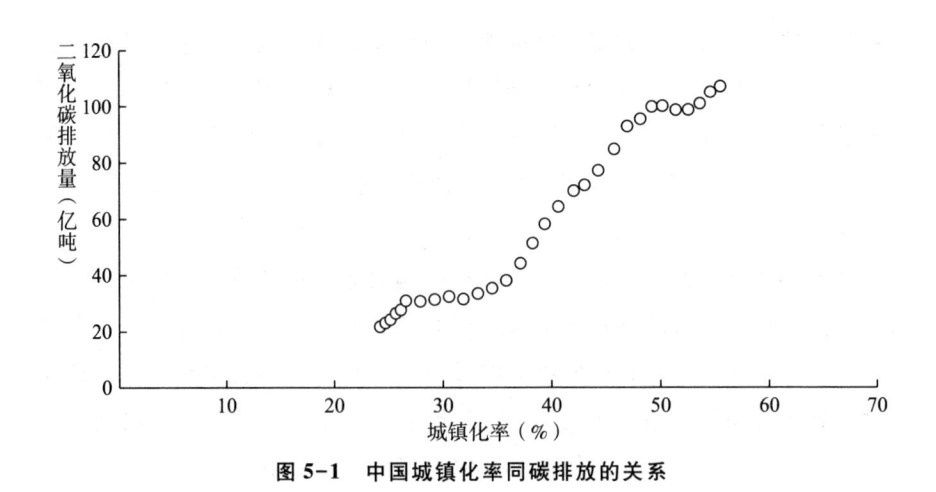

第二产业占比,主导产业以高技术产业和生产性服务业为主,实现产业结构高端化,碳达峰时碳排放强度也相对较低。从全球主要国家发展过程来看,产业结构与碳达峰存在以下规律。

从具体产业来看,主要规律是高碳行业先达峰,带动非高碳行业依次达峰。对于大部分完成工业化的国家,第二产业基本都曾是高耗能产业,这些国家的高耗能产业的达峰一般要比整个国家的碳达峰要早 5~10 年。第二产业的碳达峰规律是高耗能产业的占比下降,第二产业的劳动生产率和全要素生产率提升,生产性服务业得到极大发展,带动整个国家碳达峰。1975 年,德国钢铁、水泥等高耗能行业实现碳达峰,1979 年能源活动实现碳达峰,1980 年实现碳达峰后,此时第二产业的占比从 1980 年的 41% 降至 2000 年的 27.7%(杨儒浦等,2021)。绝大多数国家碳达峰都伴随着产业结构向高端发展,且部分高能耗重化工业向境外转移。以日本为例,20 世纪 70 年代之后,伴随着全球能源危机的出现,日本开始产业转型,通过淘汰高耗能产业,着力发展电子信息产业等低耗能高附加值产业,推动经济的绿色低碳转型。通过将高耗能产业转移出去,碳排放总量进入平台期。总的来说,主要国家和地区碳达峰时第三产业占比较高。

(四)能源消费与碳达峰

德国于 1990 年实现碳达峰,当年的煤炭和石油消费量相当,随后煤炭消费量逐年减少,2019 年的煤炭消费量已降至 1990 年的一半。英国于

1991年实现碳达峰，煤炭、石油消费量同时达到峰值，随后开始稳步回落。2019年，英国的煤炭消费量大为减少，这主要得益于英国政府承诺不再新建没有配备碳捕集与封存技术的燃煤电厂。美国于2007年实现碳达峰后，大幅减少煤炭、石油消费量，大力增加天然气消费量。目前，石油是美国第一大消费能源，其次是天然气，煤炭消费量约为天然气的1/3。日本在2013年实现了碳达峰，这一重大成就也标志着其能源消费结构的深刻转变。自碳达峰以来，日本的化石能源消费整体呈下降趋势。2012年，煤炭和天然气的消费量达到了石油消费量的一半，这个比例在近年来也在不断变化。尽管石油仍然是日本的主要能源，但在碳达峰之后，其年消费量已经开始下滑。同时，煤炭和天然气的消费量也在逐渐减少。巴西在全球范围内实现碳达峰的时间较晚，但在其能源消费结构中，煤炭占据了重要地位。尽管在2012年实现了碳达峰，但巴西的煤炭消费量并未出现明显变化。相比之下，石油和天然气的消费量有所下降，显示出巴西在保持能源消费结构稳定的同时，也在寻求不同燃料碳排放的平衡。

总体来说，能源消费和碳达峰的主要规律如下。（1）化石能源的消费依旧比较高，原油和天然气等化石能源依旧在能源消费结构占主导地位。除芬兰和冰岛外，2000年以后所有实现碳达峰的发达国家化石能源消耗占比均达65%以上。从能源消耗来看，由于法国、瑞典、芬兰、瑞士等国家大多发展了生物质能等可再生能源，其化石能源消耗占比在60%以下，其余国家化石能源消耗占比都高达60%以上。不同国家的能源结构存在显著差异，一定程度上导致了达峰时间的差异。（2）在主要达峰国家中，尤其是发达经济体中，煤炭消费量在碳达峰以后迅速减少。去煤在实现碳达峰中具有较大作用。（3）从能源消费总量的变化趋势来看，多数已达峰国家的化石能源消费和能源消费总量在碳达峰以后同步减少。

（五）国际贸易与碳达峰

雁阵模式引导各国碳排放次第达峰。雁阵模式是各国发挥各自比较优势，开展国际贸易，参与国际分工的一种现象。雁阵模式可以引导不同国家在不同的发展阶段逐步实现碳排放峰值，从而为全球低碳转型做出贡献。全球工业化的传播扩散路径与碳排放达峰的路径密切相关。全球工业化首先从英国开始，然后逐渐蔓延到法国、德国、俄国、美国、日本等国家。随着这些国家的工业化进程不断推进，它们的碳排放量也逐渐增加，并在某个时点达到峰值。之后，工业化浪潮继续涌向东南亚、韩国、中国、印度等国家和地区，这些国家和地区也逐渐实现工业化，伴随着碳排放量的增长，它们的碳排放达峰时间点会相对较晚（郭士伊等，2021）。

垂直化生产导致碳泄漏。随着全球化进程加深，垂直化生产成为国际贸易的重要方式，发达国家将缺乏比较优势的产业或者工序转移到发展中国家，这部分产业或者生产工序往往对能源需求较大，伴随着产业转移，大量的碳排放以隐含的方式发生在转入国。这导致主要发达国家碳达峰后贸易隐含碳占排放比重高。一些先进发达国家如美国、日本等在内的碳达峰国家，通过产业升级以及技术创新实现生产结构的低碳化，并进一步推动出口产品的低碳化，在此过程中大量进行高碳产品的进口，从而存在一定程度的碳泄漏。可以说，一些碳达峰主要贸易国家依靠产业转移降低了国内碳排放。

三 碳达峰和碳中和的判定条件

（一）碳达峰的判定条件

目前对于碳达峰进程的评估方法尚在讨论之中，碳达峰的定义是指某个地区的碳排放量在最近一期排放清单中（在5年以内建立的）已经达到最高水平，并且这个峰值是相对于该地区的历史排放量和未来预测排放量而言的。如果一个地区的碳排放量出现了下降，但是这个下降是极端天气或经济等因素导致的，那么碳排放量的变化可能不代表长期的趋势（张立等，2020）。基于此，测度碳达峰进程包括两方面：一是观测研究期内是否出现碳排放峰值；二是出现峰值后碳排放是否稳定下降。对此，不少研究构建基于条件判断函数和Mann-Kendall趋势检验分析的方法判断碳达峰进程（蒋含颖等，2021；王鹏等，2021）。

Mann-Kendall趋势检验是一种非常有用的非参数检验方法，被广泛应用于各种时间序列数据的趋势分析。这种检验方法的主要优点在于它不依赖于样本数据遵循特定的分布，而且它对少数异常值的干扰也不敏感。这使得Mann-Kendall趋势检验在处理实际数据时非常实用和强大。

使用MK法的主要目的是检验碳排放峰值年后是否出现稳定的碳排放

下降趋势。MK 检验中的统计量 $S = \sum_{i=1}^{n-1}\sum_{j=i+1}^{n} sgn(x_j - x_i)$，其中，$x_j$ 为最大值年份后排放时间序列 X 的第 j 个数据值；n 为最大值年份后的数据量（年数）。在显著性水平 $\alpha = 0.05$ 下，当 $n \geqslant 5$ 时，若相应的 n 与 S 所对应的概率 p 小于显著性水平 α，则拒绝零假设，认为趋势显著，即最大值年份后的碳排放有显著下降趋势；若概率 p 大于等于显著性水平 α，即最大值年份后的碳排放没有显著变化趋势，则认为处于平台期。

基于此，构建评判标准，如表 5-4 所示。

表 5-4 达峰评判标准

城市类型	对应评估结果	说明
达峰难度大	碳排放呈总体上升趋势	碳排放未达到峰值
未达峰	无显著峰值点，或峰值点距今不足 5 年	碳排放未达到峰值，或达峰时间过短
平台期	有显著峰值点，且峰值点距今已 5 年，但在显著性水平 $\alpha = 0.05$ 下，MK 检验结果不显著	碳排放达到峰值，但碳排放未出现稳定下降趋势
已达峰	有显著峰值点，且峰值点距今已 5 年，同时在显著性水平 $\alpha = 0.05$ 下，MK 检验结果显著	碳排放达到峰值，且碳排放稳定下降

（二）碳中和的判定条件

2021 年 8 月，IPCC 发布的第六次评估报告第一工作组报告对碳中和的定义、实现方式、范围和抵消方式进行了补充说明，为各国制定相应的碳减排政策提供了科学依据。首先，报告给出的碳中和定义是："碳中和是指一定时期内特定实施主体（国家、组织、地区、商品或活动等）人为二氧化碳排放量与人为二氧化碳移除量之间达到平衡。"这个定义明确了碳中和的目的是通过排放量和移除量之间的平衡来实现特定实施主体的二氧化碳排放控制。其次，报告指出在实现碳中和时，经常需要考虑间接排放（范围 3）进行全生命周期评价。范围 3 是指在整个产品或服务的生命周期中产生的排放，包括上游供应链、消费者使用过程和废弃物处理等环节。这意味着实现碳中和需要考虑整个价值链的碳排放，而不仅仅是特定主体直接控制的二氧化碳的排放和移除（范围 1 和范围 2）。再次，报告还指出碳中和与净零二氧化碳排放基本重叠，但在国家、地区等其他层面，碳中和比净零排放包含范围更广。净零排放是指将特定主体或地区的总排放量减少到零或接近零的水平，而碳中和则强调通过排放量和移除量之间的平衡来实现控制。这意味着净零排放的实现可能需要更加严格的减排措施和控制，而碳中和可以通过抵消等方式来实现。最后，报告还提到在一些情况下需要使用边界之外的额度进行碳抵消。碳抵消是指通过投资或购买碳排放配额、绿色证书等手段，将特定主体或地区的碳排放量抵消掉，以达到碳中和的目标。这可以帮助特定主体或地区在无法完全实现减排的情况下实现碳中和目标，但需要注意保证抵消额度的真实性和可靠性。

表 5-5 给出了 IPCC 系列报告对碳中和及相关概念的表述，认识碳中和目标应把握 4 个方面的要素（陈迎，2022）。碳中和是指人为二氧化碳排放量与人为二氧化碳移除量之间达到平衡。明确覆盖气体种类是二氧化碳还是所有温室气体。实现碳中和目标需要明确核算边界，并可以通过碳减排和碳移除等途径来实现，包括生态系统碳汇等具有长期储存和增量特性的碳移除手段。此外，使用边界外从其他主体获得的碳信用进行碳抵消也是实现碳中和目标的一种途径。因此，生态系统碳汇是碳移除的重要途径之一，只有具备人为、长期储存和增量三方面的特性才能用于碳中和。

表 5-5　IPCC 系列报告对碳中和及相关概念的表述

概念	边界	气体种类	边界外的排放和移除	碳抵消	其他人类活动的气候影响	IPCC 报告来源和发布时间	共性
碳中和	全球	CO_2	无	无	无	SR1.5, 2018	一段时间内人为排放量与人为移除量之间的平衡
	全球和其他	CO_2	有	有	无	AR6WGI, 2021	
净零二氧化碳排放	全球	CO_2	无	无	无	SR1.5, 2018 SROOC, 2019	
	全球和其他	CO_2	无	无	无	AR6WGI, 2021	
气候中和	全球	GHG	无	无	有	SR1.5, 2018	
温室气体中和	全球和其他	GHG	有	有	有	AR6WGI, 2021	
净零排放	全球	GHG	无	无	无	SRCCL, 2019	
净零温室气体排放	全球和其他	GHG	无	无	无	AR6WGI, 2021	

四　全球主要国家碳达峰碳中和的政策特点

（一）突出立法在应对气候变化中的作用

从全球实践来看，运用法律手段开展应对气候变化行动是世界各国的普遍做法。近年来，多国通过设立或修订气候法律，将碳中和目标明确为硬约束。目前全球共有超过 2100 项与气候变化相关的法律和行政命令（李晓琼等，2022）。相较 1997 年的 60 项左右，20 多年来增加了 30 多倍。各国通过立法，制定和分解碳中和目标，逐步构建起应对气候变化的监管体系、制度体系以及奖惩机制等。

从全球实践来看，基于原有气候战略开展的行动力度有限，政策性减排目标因缺乏强制约束力而难以完成，欧洲倾向于以立法的方式应对气候变化。如表 5-6 所示，瑞典、荷兰、英国等 11 个国家和地区已将该目标法律化，芬兰在 2022 年通过立法，将在 2035 年实现碳中和的目标纳入国家法律。瑞典在 2017 年率先通过了《气候法案》，德国紧随其后，制定了《联邦气候保护法》，欧盟也颁布了具有深远影响的《欧洲气候法》，而加拿大则出台了《净零排放问责法》等。这些法律不仅规定了碳中和的具体目标，而且强化了配套的保障制度，使其成为刚性和系统性制度。此外，德国选择了一个具有策略性的方式，即首先制定详细的气候行动计划，然后通过立法形式来增强其法律约束力。德国应对气候变化的法律体系表现出高度的系统性，德国已经制定了一系列的战略和法律，以促进能源转型、低碳发展和应对气候变化。值得特别注意的是，瑞典走在了全球的前列，推出了全球首部净零排放法案。瑞典议会在 2017 年通过了一揽子气候政策框架，这个框架包括《气候法案》、国家气候目标和气候政策委员会，这标志着瑞典政府已经承诺将在 2045 年前实现净零排放。瑞典的《气候法案》通过设定明确的目标，为未来政府提供了合理的约束。这样的法律框架不仅提供了应对气候变化的行动指南，也为国际社会树立了榜样，显示出人类面对全球性挑战的决心和智慧。

从欧盟实践来看，欧盟加快了欧洲气候立法的统一步调。2021 年 6 月欧盟通过了欧洲首部气候法，整合了欧洲碎片化的气候法规政策，意味着欧盟国家作为一个整体，将主要通过减少排放、绿色投资和自然环境保护，实现温室气体净零排放。《欧洲气候法》完成了欧盟从分散立法向分散立法与专门立法并存的转变，将成为其绿色转型战略必不可少的法律依据。主要内容包括：一是设定 2030 年目标，以实现 2050 年碳中和目标；二是建立一套监测系统和行动措施；三是确保实现碳中和的转型不可逆。立法过程有清晰的立法程序及职责分工。

2021 年 7 月 14 日欧盟委员会正式提出了碳边境税提案，并在 2022 年 6 月 22 投票通过了建立世界首个碳边界调整机制法规的提案，并对原有提案做出进一步调整。议会决定碳边境税将从 2023 年 1 月 1 日开始实行，并将 2023 年至 2026 年底作为过渡期，于 2027 年起正式开始征收碳边境税。2022 年 12 月 18 日，欧盟正式批准了全球首个碳边境调节机制（CBAM），计划在 2023 年 10 月正式运行。这一方面将对我国钢铁、铝、有机化学品及塑料等产品出口形成冲击，但另一方面也将推动全球清洁能源产业需求增长。CBAM 的落地可能会加速其他发达国家效仿欧盟出台各自碳边境税，相关风险值得长期关注。同时，提案还表明碳边境税将要求欧盟范围内的电力、钢铁、铝、肥料、水泥、氢/氨、塑料、有机化学等行业中的进口商，为进口商品中所含的直接与间接碳排放购买"碳边境证"（CBAM Certificates）。此外，碳边境税将逐步替代其覆盖行业在碳市场所获得的免费配额及财政补贴。

表 5-6　部分国家和地区碳中和立法特点

国家/地区	法律名称	立法时间	碳中和时间	立法要点
瑞典	气候法案	2017 年	2045 年	全球第一个以国内法形式确立净零碳排放目标的国家；瑞典议会通过了包括《气候法案》在内的一揽子气候政策框架，承诺在 2045 年前实现净零排放
荷兰	气候法	2019 年	2050 年	明确总目标和阶段性目标，制定了国内一系列气候协议，包括各行业的阶段性减排目标
英国	2050 年目标修正案	2019 年	2050 年	明确总目标和阶段性目标
德国	联邦气候保护法	2019 年	2045 年	明确总目标和阶段性目标
法国	能源和气候法	2019 年	2050 年	明确总目标和阶段性目标
丹麦	新气候法	2019 年	2050 年	顶层设计，明确总目标和阶段性目标

续表

国家/地区	法律名称	立法时间	碳中和时间	立法要点
欧盟	欧洲气候法	2021年	2050年	欧盟首部气候法，明确总目标和阶段性目标
新西兰	气候变化应对（零碳）修订法案	2019年	2050年	在原有气候变化应对法案上修改，保持立法一致
加拿大	净零排放问责法	2020年	2050年	顶层设计，明确总目标和阶段性目标
匈牙利	气候保护法	2020年	2050年	顶层设计，明确总目标和阶段性目标，重点针对电力的生产和消费制定目标
芬兰	气候变化修订法案	2022年	2035年	顶层设计，明确总目标和阶段性目标，设置了土地利用和碳汇的目标

（二）制定完整的绿色低碳转型战略规划

一是低碳转型规划目标的完整性。由于各经济体的社会经济基础和政治基础不同，它们对待碳中和的态度和战略取向也各不相同。因此，主要经济体的碳达峰时间存在一定差异。达峰时间越晚，实现碳中和的时间窗口就越短。为了与碳中和战略相匹配，各经济体差异化地设定了关键部门减排目标。例如，引领型经济体通常会完成立法并制定严格的领域减排目标，而其他经济体则往往更加关注新兴行业的增长目标，并弱化领域减排目标。同时，主要经济体都建立了碳排放统计核算体系，以跟踪评估总目标和分领域目标的完成情况，并根据形势不断调整和优化相关目标。

二是出台全面、系统的绿色低碳转型战略与规划。以低碳为主要线索，促进整个经济社会的转型。欧盟、世界银行提出了针对疫情后的经济复苏可持续措施清单，建议各国政府将国家自主贡献预案（NDC）、基于自然的解决方案、低碳绿色的技术以及金融与税收政策等整合到经济刺激方案中。欧盟在2019年底发布了一项名为"绿色新政"的政策，承诺到2050年前实现碳中和。欧盟致力于建设一个公平繁荣的社会，并建立富有竞争力的现代经济。为此，欧盟制定了关于能源、工业、建筑、交通、食品、生态、环保七个方面的政策和路线图，以确保在2050年实现温室气体净零排放，并实现经济增长与资源消耗的脱钩。欧盟希望通过这些政策措施，引导整个欧洲走向绿色、低碳和可持续的未来。

美国在2020年6月发布的《气候危机行动计划》报告中，将应对气候变化作为国家的首要任务,并提出了一系列目标。其中包括实现 2050 年温室气体排放比 2010 年减少 88% 和 CO_2 净零排放的目标。为了实现这些目标,该计划从经济、就业、基础设施建设、公共健康、投资等各个领域详细阐述了未来拟采取的措施。总的来说,《气候危机行动计划》为美国实现 2050 年温室气体排放减少 88% 和 CO_2 净零排放的目标提供了一个全面的蓝图。

(三) 形成重点突出的关键领域减排路径

各经济体均已采取了重点突出的减排措施,主要集中在能源、工业、建筑、交通等领域,这些措施对于减少温室气体排放具有积极作用。然而,由于技术尚未成熟以及各经济体的利益诉求存在差异,一些减排措施的实施效果并未达到预期目标。例如,逐步淘汰煤炭、油气和核能等能源的进程中,仍然存在着技术难度大、成本高昂等问题。即使是最为激进的经济体欧盟,也不得不通过妥协认定绿色能源来支持减排目标。总体来看,现有的措施尚不足以支撑关键部门实现碳中和,全面实现碳中和仍有待技术的突破。同时,各国在技术水平、经济结构、减排能力等方面存在差异,这也是导致一些"非引领型"国家不愿意设定严格的关键领域减排目标的重要原因之一。未来,要实现全球碳中和目标,各国需要在技术研发、政策制定、经济转型等方面取得更多的进展和突破,同时也需要加强国际合作,共同应对气候变化挑战。

推动以绿色低碳为特征的能源体系转型。自 2000 年以来,全球能源系统逐渐向清洁低碳转型,其中可再生能源和新能源已占据主导地位。全球再电气化的趋势仍将持续较长时间,而煤电的退出已成为全球性大趋势。2013 年 6 月,美国总统奥巴马签署了"总统气候行动计划",引导机构支持气候韧性投资,并宣布美国政府将停止对于境外和国内的新建燃煤电厂的公共融资。同年,多个北欧国家也宣布停止对于新建燃煤电厂的公共融资。2017 年,30 个国家和 22 个次国家司法管辖区发起了"退出煤炭发电联盟",旨在减少煤电的使用,转而使用可再生能源。全球已有接近 180 个国家制定了推动可再生能源发展的目标或政策,可再生能源已成为全球能源供应增长的主体。国际能源署发布报告称,到 2050 年可再生能源将占能源供应总量的三分之二以上。因此,可再生能源已成为全球能源转型的发展方向，并将继续成为未来能源供应的主体。

　　发展循环经济，提高资源利用效率。欧盟将循环经济作为绿色新政的支柱之一，将其视为经济社会发展与污染排放脱钩的基本路径和走上可持续发展道路和实现全球可持续发展目标的关键。在2015年《循环经济行动计划》基础上，于2020年3月发布新循环经济行动计划，将循环经济理念贯穿产品设计、生产、消费、维修、回收处理、二次资源利用的全生命周期，将循环经济覆盖面由领军国家拓展到欧盟内主要经济体，加快改变线性经济发展方式，减少资源消耗和"碳足迹"，增加可循环材料使用率，拟借此引领全球循环经济发展。我国2013年就出台了首部循环经济发展战略规划，未来应继续将其作为破解可持续发展面临的资源环境约束的重要抓手，借鉴欧盟的思路和经验，在生产生活领域全面推广循环经济模式，发展绿色循环的产业体系和生态园区，建设无废城市，健全社区垃圾回收利用模式、健全生产者责任延伸制度，建立起能够让所有的参与者受益的商业模式，通过减量化、再利用和资源化，提高生产生活各个环节的资源产出率，从源头上减少废弃物、污染物和碳排放。

（四）推动以绿色低碳为特征的技术创新

　　科技创新是发达国家应对气候变化、打造绿色竞争力的关键战略。发达国家通过支持研究和创新工作，发展新技术、提供可持续的解决方案和进行颠覆性创新，以实现"绿色新政"的目标。欧盟通过941亿美元的研发项目"地平线欧洲"，支持有关研究和创新工作，其中至少有35%的资金将用于资助新的气候解决方案。同时，美国拜登政府也拟重点发展零碳电力、交通和建筑等领域，推动前沿技术的创新。

　　对于中国来说，需要大力发展成本低、经济效益高、减排效果明显、安全可控且具有推广前景的技术路线。具体而言，需要大力发展规模化的储能、智能电网、分布式可再生能源、绿氢等深度脱碳技术，研发BECCS技术并加快推广应用。此外，还需要加强研发电动汽车以及氢燃料汽车，推广高效的用能设备，并研发实现全生命周期资源循环利用的链接技术和产品。

　　全球各经济体均已认识到碳中和科技创新的必要性，以及其带来的巨大产业发展机遇。他们纷纷加强研发投资，以提升在可再生能源发电、高可靠电网技术、绿氢、可持续交通和 CCUS 技术等领域的竞争力。此外，各经济体也积极从政策层面出发，有效整合并利用公共和私营部门的资源，推动低碳、零碳和负碳技术的创新及商业化进程。然而，美国和欧洲在强调科技创新本地化的同时，可能增加了相关技术的制造成本，这可能对全球市场竞争力产生潜在影响。

第二篇
政策篇

第六章
生态文明建设与"双碳"行动逻辑

2030年前碳达峰、2060年前碳中和是党中央统筹国内国际两个大局做出的重大战略决策，事关中华民族永续发展和人类命运共同体构建。碳达峰碳中和不是简单的、数量层面的二氧化碳总量控制问题，而是一场广泛而深刻的经济社会系统性变革，有赖于政策驱动的、全面的经济社会绿色低碳转型。中共中央、国务院先后印发《关于完整准确全面贯彻新发展理念做好碳达峰碳中和工作的意见》《2030年前碳达峰行动方案》等政策文件，着力构建碳达峰碳中和的"1+N"政策体系。习近平总书记在主持中共中央政治局第三十六次集体会议学习时强调，要把"双碳"工作纳入生态文明建设整体布局和经济社会发展全局，坚持降碳、减污、扩绿、增长协同推进。在"新阶段、新理念、新格局"之下，面对工业化城镇化进程尚未完成、新冠疫情等"黑天鹅"事件冲击以及化石能源退出和主体能源变更等多重压力，我国处于经济社会发展模式转型重塑的关键节点。作为生态文明建设的重要抓手，碳达峰碳中和目标愿景与全面建成社会主义现代化强国总的战略安排等多个目标协同，将在习近平生态文明思想的指引下平衡人均GDP提升与二氧化碳总量控制目标，兼顾短期宏观经济稳定与中长期可持续发展需求，推动生产、生活方式的绿色低碳转型。

一 生态文明建设背景下的"双碳"

在我国生态文明建设关键期提出"双碳"目标，既着眼于全球气候治理，也顺应高质量发展、在世界经济政治格局重塑的过程中掌握优先权的内在需要。立足新发展阶段、贯彻新发展理念、构建新发展格局，正确认识和把握碳达峰碳中和的政策内涵是科学谋划、务实推进"双碳"战略的基础和前提。

（一）以经济发展模式转型提升碳生产力

碳达峰碳中和寻求更具绿色、可持续性、包容性的经济增长模式，实质是经济发展模式转型问题。表面上，碳达峰碳中和约束二氧化碳排放轨迹，对特定时点的二氧化碳排放水平提出要求。但实质上，"双碳"天然地内含经济质量维度，探讨的是经济发展与二氧化碳减排的关系问题。碳中和更是以国家经历经济发展过程并实现较高水平的物质积累和社会福利为前提（庄贵阳等，2022）。在传统经济增长模式下，人与自然、经济与社会的和谐难以兼顾（郇庆治，2022），无法平衡、兼顾经济发展过程中经济、环境、社会多重目标。基于对工业文明的反思，习近平生态文明思想强调经济发展与生态环境保护辩证统一、相辅相成，使经济发展规律与自然界客观规律、人类社会文明发展规律相符（黄承梁等，2022）。在生态文明建设整体布局中，"双碳"目标以应对气候变化为切入点，通过能源、产业、社会发展方式绿色低碳化带动经济增长由规模速度型向质量效益型转变，促使经济增长与二氧化碳排放从相对脱钩走向绝对脱钩（庄贵阳和窦晓铭，2021）。一方面，"双碳"不是限制生产力，而是提升碳生产力，在同样的碳排放水平下实现更多的产出，抑或在同样的产出水平下排放更少的二氧化碳。另一方面，通过提升人均GDP和转型成本社会化，"双碳"追求发展成果由经济增长的参与者和贡献者共享。在需求收缩、供给冲击、预期减弱的"三重压力"下，"双碳"目标导向的经济发展模式转型具有合理性和必要性。

通过生产生活方式长期系统性、根本性、整体性变革，碳达峰碳中和推动经济高质量发展。生态文明建设并非在传统的发展模式下解决资源环境问题，也不止步于追求经济、社会、生态价值实现的"初级"理解，而是实现三者动态交互的价值增值（谷树忠等，2020）。短期内"一刀切"限电停产仅仅在统计意义上降低了能源消费和二氧化碳排放，但对转型进程、经济发展和民生福祉均无正面影响，无益于"双碳"目标的实现。基于对经济发展规律、自然生态规律及相互关系更为充分的认识，碳达峰碳中和以能源系统多元化、低碳化、智能化，产业结构高度化，以及技术创新应用规模化推动经济转向创新、高效、节能、环保、高附加值的增长方式，加大绿色低碳产品供给。在消费侧推崇适度、绿色、低碳、健康的消费方式和生活方式，通过节约资源、循环经济等方式对生产产生反作用。在自然资源开发、保护与末端治理方面，推崇基于自然的解决方案，发展循环经济，复原生态红利（庄贵阳等，2022）。简言之，建立绿色、低碳、循环的生产方式和生活方式，推动经济社会绿色低碳转型是以生态文明建设统领"双碳"行动的底层逻辑，外在表现为经济高质量发展。与粗放式的经济增长模式相比较，在经济高质量发展路径之下，也必然能实现碳达峰碳中和目标（庄贵阳和窦晓铭，2021）。

（二）化石能源有序退出

能源电力系统连接起生产生活的各个方面，推动能源消费与二氧化碳排放脱钩成为"双碳"的深层次课题。只有能源生产、消费模式发生深刻的、跃迁式的变化，才有可能化解发展和减排之间的矛盾。根据修正后的 KAYA 恒等式，二氧化碳排放量同时取决于 GDP、单位 GDP 能源消费强度以及单位能源碳排放强度（庄贵阳和窦晓铭，2021）。在以煤炭等化石能源为主体的能源电力系统中，二氧化碳排放与能源消费仍具有一定的关联性，一定阶段内控制能源消费规模即是控制二氧化碳排放总量。以减少能源消费总量为核心的"节能"，强调提高能源利用效率的"增效"，以及以高比例发展可再生能源为主要途径的"替能"共同构成碳达峰碳中和的关键和基础（庄贵阳等，2022）。尽管短期内节能增效能够实现碳达峰，摘取"低悬的果实"，但长期而言实现主体能源和主体电源由化石能源向新能源、可再生能源变更才是碳中和的关键。

长期来看，化石能源有序退出是稳妥有序建设清洁、低碳、安全、高效的能源系统，解绑能源消费与二氧化碳排放的必要环节。之所以如此，一是由于"双碳"目标的考核对象为二氧化碳排放总量，而非能源消费总量，后者与"双碳"本质上并无必然的联系。二是由于能源是重要生产要素，限制能源消费将直接限制经济产出，与"双碳"目标和生态文明理念相悖。立足于煤炭、石油、天然气等化石能源可耗竭的事实和"富煤、贫油、少气"的基本国情，化石能源有序退出是解决能源对外依存度高、生产安全得不到保障、资源开发与生态保护压力大等问题，践行节约优先、保护优先、提高资源利用效率等生态文明理念，正确处理人与自然之间的关系、实现人与自然和谐共生的重要举措（蒋洪强和程曦，2020）。

传统能源有序退出建立在新能源、可再生能源安全可靠的替代基础上。考虑到大规模低成本储能尚未突破，非化石能源供电仍呈现间歇性、波动性、随机性特征，化石能源在短期内仍以分步减量替代、资产有序退出、转变角色和利用方式等路径发挥调峰和兜底保障作用，为能源绿色低碳转型提供有力支撑。从能源安全和经济性的角度出发，发展天然气和核能作为"过渡"能源为新能源争取扩容的时间、保障能源转型平稳着陆也是更为务实的考虑。归根究底，碳达峰碳中和有赖于构建以可再生能源为主体的能源电力系统，提升可再生能源利用水平。同时，可再生能源及其带动的能源互联网、电动汽车、光伏和风电设备出口等产业的快速发展，为经济社会绿色可持续发展提供内生动力。这一过程弱化能源消费与二氧化碳排放、经济增长的内在强关联，符合追求人与自然的动态平衡、促使人类发展需求与自然客观供给相适应的习近平生态文明思想。

（三）技术创新与社会治理双提升

"双碳"目标的实现既要颠覆性技术革命，也要系统性社会变革。广义的生态文明扩展至人与自然的关系的集合，人类社会可持续发展不局限于经济维度，还要求人与自然和谐相处，人与社会具有友好稳定的关系。将"双碳"工作纳入生态文明建设整体布局具有客观必然性和现实可行性，创新驱动在其中发挥关键作用。然而，若将创新模式简单地理解为技术创新，忽视商业模式、消费模式等生产和生活方式"软创新"则难以实现"双碳"目标及其背后更为根本的生态文明发展范式转型。降低绿色溢价是碳达峰碳中和的充分条件，提升社会治理效能则是碳达峰碳中和的必要条件（庄贵阳等，2022）。

技术创新是碳达峰碳中和的长期核心动力。碳达峰碳中和内在地推动经济模式由资源依赖型转向技术依赖型，并且长期来看技术进步将驱动世界范围内新一轮的产业竞争。技术创新主要针对产品、设备、生产流程，以提升碳生产效率为目的，伴随着减少能源等要素投入和减轻环境污染。与环境污染物处置、减缓气候变化相关的产品、设备、技术也同样重要，包括碳中和"最后一公里"的碳移除技术等。前者被视为长期策略，而购买、引进相关产品与设备等被视为短期策略。技术创新并非止步于在实验室中研究理论、迭代进步，而是以广泛应用部署为最终目的。只有实现成熟应用、批量生产乃至产业化，技术创新才能形成企业核心竞争力、产能和效益，真正实现创新驱动。其中，经济成本是绿色低碳技术能否顺利完成从科学研究、实验开发到推广应用"三级跳"的决定性因素之一。面对绿色低碳技术价格高、经济社会绿色低碳转型过程中传统生产设施设备替代的双重成本，技术创新也是降低成本、提升经济主体选择动力的主要途径。

碳达峰碳中和还需供需两端共同推进，形成社会合作治理的格局。将"双碳"降维成技术问题，仍是延续绿色工业文明的思路。无论是技术创新还是经济发展模式转型，均需进一步破解体制机制约束，为深度脱碳创造社会支持条件。自上而下的政府体制性力量，或来自企业和公众自下而上的非体制性力量，均无法单独实现经济社会生产生活方式的系统性、整体性、根本性转变。碳达峰碳中和从社会管理、组织管理和个体管理三个角度加强利益相关者之间在各个层面上的互动与制衡（诸大建，2019；熊伟和诸大建，2017），建立承前启后的传导机制和闭环系统，促进不同组织权责利的分离、协同与合作，引导和推进目标一致、激励相容的多元化自主行动。在中国情境中，政府不仅提供公共服务，通过立法引领、标准推动、制度保障为经济转型创造环境，还对生产因素有较强的干预能力，深度参与生产、分配等经济发展的重要环节，发挥引导企业、公众转向绿色生产生活方式的作用。作为现代市场经济中最活跃的市场主体，企业履行企业社会责任，落实绿色低碳政策，为消费者提供绿色产品（庄贵阳等，2022）。终端消费是市场需求与绿色低碳技术创新对接的关键，公众的低碳偏好和消费行为将倒逼企业绿色生产。除了贡献消费端减排，公众还发挥有效监督政府公共服务的作用。"双碳"涉及经济、社会、环境方面的不同利益，只有形成上下互动、广泛参与的社会治理良性闭环，提升社会治理效能，才能促进目标、路径和治理体系的统一。

二 "双碳"纳入生态文明建设整体布局

"双碳"不仅是生态文明建设的重要组成部分，也是一场广泛而深刻的经济社会系统性变革（胡久凯和王艺明，2022）。在全国一盘棋原则下，将"双碳"纳入生态文明建设整体布局是系统观、全局观的重要表现，具有目标协同、路径协同、治理体系协同的性质。

（一）"双碳"与生态文明建设目标协同

"双碳"目标的实现是一项全局性、战略性的系统工程，涉及发展理念、制度体系、技术支撑、社会协同等多层面多维度要素。长达四十年的科学转型过程跨度，必将掀起一场经济社会系统性变革。要处理好"双碳"与其他各项工作的关系，坚持整体系统观。必须以习近平生态文明思想为指引，将"双碳"纳入生态文明建设整体布局，重在落实"双碳"目标。统筹有序考虑能源安全、经济增长、社会民生、成本投入等诸多因素（庄贵阳，2021）。

实现"双碳"目标必须跳出单一的减碳思维，只有将"双碳"纳入生态文明建设整体布局，才能真正实现"双碳"目标，解决"双碳"目标背后更为根本的可持续发展问题。新能源和新技术突破是实现"双碳"目标的前提，但不能将"双碳"简化成单一的能源替代问题或新技术问题。技术进步是提升低碳发展潜力的关键路径，除了技术层面，实现"双碳"目标还需要由社会治理的提升去推动。在既定的技术水平下，实现"双碳"目标，需要促进生产生活方式的全面变革、增强社会治理能力，从而引领生态文明发展范式转型。

只减少碳排放可能会加剧不可持续危机。如果只在减碳这个单一维度下采取行动，不考虑减排的其他后果，反而可能加剧生态环境破坏和资源消耗。可持续发展危机包括碳排放、环境系统、自然资源系统、生物多样性系统四个方面。在这些系统相互依赖的情况下，解决不可持续危机，需要同时解决这四个问题（张永生，2021）。实现"双碳"目标必须跳出单一的减碳思维，将"双碳"纳入生态文明建设整体布局，让降碳目标和其他可持续目标之间形成相互促进的关系，才能更好解决气候变化问题和实现可持续发展（张永生，2021）。

"双碳"工作并不是一个单纯的应对气候变化的问题，将"双碳"目标纳入生态文明建设整体布局，是我国在新发展阶段推动经济社会发展全面绿色转型的重大战略选择与关键任务。"双碳"目标和全面发展转型是互为因果的交互关系。要用"双碳"目标引领转型,也只有靠转型才能实现"双碳"目标。"双碳"目标能有效加速能源结构转型,引导产业结构调整,破解资源能源约束问题,推动经济社会发展全面转型。"双碳"是引领创新、倒逼改革、促进转型的重要途径。也只有通过这场广泛而深刻的经济社会系统性变革才能实现"双碳"目标,推动我国生态文明建设实现质的飞跃。

(二)"双碳"与生态文明建设路径协同

"双碳"目标是生态文明建设的系统延续和战略深化,为我国提供了一个中长期愿景、综合性目标和系统实施平台(王首然和祝福恩,2022),是加快生态文明建设的系统性抓手。实现"双碳"愿景将使我国的能源、环境与社会经济发生结构性和增长范式变化,涉及生产、消费、流通和贸易等各个领域的发展方式变革与转型路径创新。"十四五"时期,我国生态文明建设进入了以降碳为重点战略方向、推动减污降碳协同增效、促进经济社会发展全面绿色转型、实现生态环境质量改善由量变到质变的关键时期(高世楫和俞敏,2021)。要将"双碳"工作与其他领域工作统一结合,才能实现可持续发展、生态文明建设目标。

就治理路径的协同而言,"双碳"目标覆盖多项生态文明建设的重点领域,如能源、工业、交通、建筑、环境、居民生活等多个方面,相关政策不仅涉及调整能源结构、降低碳排放强度等优化升级能源动力系统的措施,也涉及改善生产要素质量、优化资源配置效率、提升全要素生产率等提升经济系统产出能力的措施,还涉及森林、草原、湿地资源保护等提升碳汇能力的措施。可见,"双碳"相关政策推动生态系统、社会经济系统、能源动力系统的深度变革,其与污染减排、生态修复等环境保护政策间存在显著的协同效应。

中国工程院提出通过产业结构优化升级、能源体系清洁低碳、电力系统以新能源为主体、工业电气化和深度脱碳、交通工具低碳转型、绿色建筑、碳移除托底技术等七大路径实现"双碳"目标。以上七条路径与绿色发展、循环发展、低碳发展等生态文明建设的重要途径同根同源。"双碳"将从根本上加快推动能源结构、产业结构等多重结构的调整;加快实施生态保护和修复工作也将提升生态系统的固碳能力(姜华等,2021),助力生态文明建设。生态文明建设中，为治理环境污染、实现生态环境持续改善而采取的一系列措施，也对"双碳"目标的实现起到了重要作用。在"双碳"情景下，生态文明建设会进展得更快、更彻底，生态环境质量会得到更大幅度的改善。

（三）"双碳"与生态文明建设治理体系协同

"双碳"与生态文明建设的治理体系协同，充分体现了构建现代生态文明治理体系的全局性、整体性、统筹性。生态文明治理体系和治理能力是生态文明建设和实施"双碳"工作的重要突破口（蒋洪强和程曦，2020）。

生态文明治理体系由一系列密切相关、协调统一的体制机制及法律法规组成，用来管理生态文明建设中各类国家治理参与主体。生态文明治理体系由治理主体、机制及手段构成。生态文明治理体系需要健全的配套制度来支撑，与"双碳"治理体系协同配合，共同构建了由生态文明法律政策、生态环境管理机制、生态环境治理体制、生态环境治理与保护修复技术等方面组建的完善系统。推进生态文明治理体系和治理能力现代化，要适应当前形势下"双碳"工作的变化与发展，推动治理主体间平等协商，要形成有机的统一整体，构建共享共治的治理体系。只有"双碳"与生态文明建设治理体系协同，才能形成政策合力，解决多主体社会治理、多部门统筹协调的内生性矛盾。

"双碳"对推动生态文明建设发挥良好的引领示范作用。"双碳"与生态文明建设会引致经济社会领域的整体性变化与系统性转型，利益格局将渐趋复杂，多方主体将牵涉其中。只有"双碳"与生态文明建设治理体系协同，才能打通部门障碍，构建多政策关系逻辑闭环的结合体，使各界形成政策合力，解决发展范式下的内生性矛盾。具体而言，通过"双控"制度调整，发挥各部门、各主体的优势及能动性，形成承前启后的政策传导机制，进而解决发展与减排的矛盾，以及在长期与短期、多主体社会治理、多部门统筹协调方面存在的问题。

"双碳"与生态文明建设都需要在政府主导、以企业为主体、社会公共参与的格局下，推进构建多主体共建的现代环境治理体系，只有协同推进才有可能避免各类主体在治理过程中呈现不均衡的合作与互动关系。"双碳"与生态文明建设只有在整体推进中实现治理体系协同统一，才能解决多主体内生性问题及各类分歧争端，构建集思广益、通力合作的良好态势，达成生态文明建设及碳达峰碳中和的多方共识，形成全社会协同治理的合力。

三 "双碳"目标引领生态文明发展范式转型

"双碳"与生态文明建设存在目标、路径、体系协同的内在联系，是生态文明建设的重要抓手与实践路径，不仅需要将其纳入生态文明建设整体布局进行统筹考量，也需要充分发挥其引领生态文明发展范式转型的积极作用。

（一）生态文明与工业文明发展范式的比较

第一，发展理念转变。工业文明发展范式下，遵循经济利润最大化发展理念，仅考虑社会系统单循环能量积累。碳排放总量不断攀升的现象并未得到应有重视。生态系统能量循环稳态受到的冲击不断增强，气候环境遭受破坏，社会系统与生态系统间能量交换流动受阻，引致经济社会发展不可持续风险。生态文明发展范式下，遵循人类命运共同体的长远福祉帕累托改进逻辑，发展视野由社会单系统循环拓展为生态与社会双系统循环。在两大系统能量可持续循环交换的要求下，统筹权衡碳减排与经济增长间的动态变化关系。同时，充分认识气候环境对经济社会可持续发展的必要支撑作用，将"双碳"目标作为经济发展的刚性约束，不以生态环境破坏为代价换取经济增长，遏制工业文明范式下碳排放快速攀升的整体趋势，实现生态系统与经济社会系统的耦合式可持续发展。

第二，制度规则革新。工业文明发展范式下，单维度经济制度成为放之四海皆准的原则，忽视碳排放的生态环境成本，缺少相应约束制度。通过碳排放权货币化、金融化，为气候环境破坏行为贴上价格标签，构建生态效益可被经济效益无限替代的弱可持续制度环境，难以对社会可持续发展形成强有力的制度支撑。生态文明发展范式下，关注碳排放破坏气候环境引致的生态成本，重视碳减排约束制度构建，将气候环境改善确立为经济发展的上位原则，促使碳排放的生态成本被纳入生产决策之中，增强经济社会发展向绿色低碳转型内生动力，构建环境效益可被有限替代的强可持续制度规则，助力建设人与自然和谐共生的现代化。

第三，生产方式变化。工业文明发展范式摆脱农业文明依靠光合作用等生物化学反应的低效率、不稳定的能量获取方式，生产动力来自高能量密度的煤炭、石油、天然气的燃烧，能源获取不再"靠天吃饭"，而是人为可控。化石能源燃烧配合相应机器作业，虽然实现能源高效获取与利用，推动经济社会飞速发展，但化石能源的无节制应用，也带来大量污染排放，对生态环境造成前所未有的破坏，产生了威胁人类生存发展的系统性风险。生态文明发展范式下，通过构建恰当碳排放行为约束激励机制，促进能源生产端清洁化与用能端电气化，推动化石能源有序退出，促使社会经济系统动能转换，使得经济发展彻底摆脱高污染排放，实现绿色低碳发展。

（二）"双碳"引领生态文明发展范式转型的新赛道

第一，推动社会发展新变革。"双碳"是一场广泛而深刻的社会和经济变革，通过碳排放目标约束制度，打造低碳经济竞争优势，引领生产方式、生活方式、商业模式等加速演变，迎来经济发展新机遇。就生产方式而言，"双碳"目标强约束与碳市场强激励，促使清洁能源成为区域发展的核心优势，同时碳减排能力成为提升企业竞争能力与投资价值的重要途径，协同推进生产方式绿色低碳化转变。就生活方式而言，通过构建碳普惠制、开展低碳宣传教育等途径，引导全社会形成低碳消费意识，提升对生态环境保护重要性的认知，促进公众绿色生活方式基本养成。就商业模式而言，"双碳"目标下，清洁能源投资迎来广阔的发展空间，碳排放权交易市场不断完善，减污降碳协同增效，使得环境持续改善，催生绿色食品溢价现象及生态有偿体验等一批创新商业模式，生态大健康产业得以迅速发展，生态产品价值实现机制日趋完善。

第二，构建能源动力新系统。"双碳"目标本质上是能源动力系统迭代升级，涉及能源来源、获取、利用等方面的改变。就能源来源而言，呈现由高能量密度的化石能源为主向清洁能源为主转变。清洁能源大致可以分为两类，一类是风、光、水等自然可再生能源，另一类是核聚变、光粒子等原子级物理能源。就能源获取而言，第一类能源主要通过高效的电能转化装置获取，但值得注意的是若此类能源成为主要能源，则必须以成熟可行储能技术作为前提，反之在当前极端气候条件下，能源安全保障会面临较大风险。第二类能源利用裂变的链式反应装置堆替代火电站的锅炉，通过核聚变将核能转变成热能来加热水产生蒸汽，从而实现电能转化的目的。这类能源虽然既克服了可再生能源"靠天吃饭"的弊端，也克服了化石能源污染排放的缺点，但核能安全性问题却是其推广的主要瓶颈。就能源利用而言，考虑可行性的前提下，可以不断提升用能端电气化水平，引领能源消费方式深度转变，提升清洁能源消纳空间。以化石能源退出为核心，以生产侧的清洁化和低碳化零碳化转化为主体，以消费侧的生产生活方式转变为牵引，稳步有序推进绿色低碳发展转型。

第三，塑造国际市场新地位。我国应牢牢把握"双碳"带来的机遇，应充分发挥社会主义公有制的制度优势，坚持生态优先，绝不能再走西方先污染后治理的老路。通过绿色低碳发展，摆脱工业文明发展范式的路径依赖，积极应对即将实施的碳关税、碳边境调节税可能带来的国际贸易新挑战。既要防止西方发达国家利用国际清洁发展机制和自愿减排项目推卸减排责任，也要警惕其利用生态环境货币化与金融化手段"合理化"污染转移。我国绝不能沦为资本主义国家廉价资源供给者和高污染产业承接地，防止产业被"高碳锁定"及其对国际贸易竞争力提升的阻碍，避免落入中等收入陷阱。同时积极布局光伏、风能以及配套智能电力控制系统，争取占据全球动力控制制高点，并将获取新的能量和转换利用装置作为获取未来国际竞争比较优势的核心追求目标。工业文明范式发展乏力背景下，"双碳"引领生态文明发展范式转型，通过提升低碳发展竞争能力，实现对西方发达国家的追赶甚至超越。

（三）"双碳"引领生态文明发展范式转型的新逻辑

第一，由经济优先到生态优先。改革开放以来，我国经济社会发展取得了举世瞩目的成就，但长期普遍奉行经济优先发展思路，使得生态环境保护处于弱势地位，生态系统与经济社会系统可持续发展面临严峻挑战。"双碳"目标制定以及碳排放"双控"逐步落实，推动碳排放约束制度由"弱激励、弱约束"向"强激励、强约束"转变，标志着碳排放强制性约束制度逐步构建完善。从而将气候环境保护要求置于经济发展之上，确立生态优先发展模式，提升环境保护法律法规效力，打破长期以来工业文明发展范式下经济优先规则，提升生态保护的优先级，为保障经济逻辑遵循生态逻辑营造有利的制度环境。同时，积极构建碳排放交易、碳普惠等诱致性制度，充分借助市场机制推动生产和生活方式的全面深刻转变，形成"生态优先"的社会广泛认同。引导经济逻辑遵循生态逻辑，构建人与自然和谐共生的现代化。

第二，碳排放强约束到净零碳竞争。工业文明发展范式下，西方资本主义国家在化石能源基础上，构建一套涉及生产、消费、分配、流通等方面的以自身利益为核心的发展规则，以便通过污染转移与排放权交易等方式掌握发展主动权，致使发展中国家既要承担大量减排成本，还要承担发达国家消费造成的"隐含碳排放"，受到较大程度的发展制约。"双碳"目标通过能源系统更迭升级，摆脱长期以来形成的碳排放强相关的工业文明发展路径，打破西方资本主义国家长期构建的发展规则，从根本上化解化石能源主导下的生态环境保护与经济发展内在矛盾。中国拥有全球最大和最具发展潜力的风电、光伏以及新能源汽车市场，可以通过加大投资和政策支持力度，在净零碳竞争中培育中国新能源产业竞争优势。

第三，从经济系统单循环到与生态系统耦合。随着工业文明发展进程的不断推进，生态系统承载空间不断受到挤压，人类生产生活再难以单独依靠自在自然维系，需要劳动参与，生态系统与经济社会系统不再是两个相互独立的系统。单循环发展思路下，生态系统与社会经济系统间缺少能源循环统筹谋划，会导致两大系统间能量失衡，以致生态系统崩溃以及经济社会系统可持续发展难以为继。"双碳"目标将生态系统与经济社会系统间的能量流动纳入系统化考量，引导社会各界基于碳视角推动生态－经济系统耦合发展，通过构建恰当碳排放行为的约束激励机制，统筹气候环境保护与经济发展；探索生态产品价值实现机制、生态补偿机制、生态经济统计核算制度，不断拓宽人与自然和谐共生的发展路径，丰富和发展生态文明下的先进生产制度体系，推动经营方式由单一社会商品经营向生态产品与社会商品经营转变。

四 落实"双碳"目标的行动逻辑

《中共中央 国务院关于完整准确全面贯彻新发展理念做好碳达峰碳中

和工作的意见》《2030年前碳达峰行动方案》等重要文件推动碳达峰碳中和"1+N"政策体系的构建与完善，指明落实"双碳"目标的行动逻辑。

（一）时间维度行动逻辑

落实"双碳"目标需要科学认识整体达峰与局部达峰、经济发展与碳减排间的科学关系。同时，也要清晰认识碳中和目标的总领性、碳达峰目标的阶段性，从而在时间维度把握行动逻辑。

第一，"双碳"目标是整体性目标，而非各区域的同步目标。"双碳"目标仅针对全国整体设置时间节点，并未对各区域设置明确时间节点。全国碳达峰的时间越晚，峰值越高，实现碳中和的难度就越大。各地实现碳达峰并逐渐进入深度脱碳阶段，会为全国整体碳减排预留足够弹性空间，为产业结构偏重、能源结构偏煤的地区与全国同步达峰创造条件。正确认识整体性与区域目标的区别与联系，是落实碳达峰目标时间维度行动逻辑的前提。

第二，各地区"双碳"目标的实现需要分批次，而非"一刀切""齐步走"。中国区域间发展水平差异较大，各地区无法同步实现"双碳"目标，国家层面已经确定坚持全国一盘棋的原则，统筹地区梯次有序实现"双碳"目标。为此，各地区应因地制宜、分类施策，制定既符合自身实际又满足总体要求的梯次有序的"双目标"协同实现方案，既要紧跟总体目标要求，也要找准符合自身客观条件的节奏，力争在平稳推进碳达峰目标过程中实现区域公正转型。

第三，"双碳"目标实现是系统性社会变革，而非碳减排单维度的改变。"双碳"行动不仅关系全球生态安全，更关系到我国未来能源安全与可持续发展，是一场关乎生态安全、经济安全、能源安全的广泛而深刻的系统性变革。主要通过产业结构升级、能源结构优化、全要素生产率提升等路径，促使经济发展与碳排放脱钩。同时通过生态建设，提升碳汇能力，不断提升生态系统对经济社会系统承载能力。因此，需要将社会主义现代化强国目标与碳达峰碳中和目标紧密结合，科学权衡生态建设、经济发展与碳减排三者的关系，推动两大目标协同实现，促进我国经济社会可持续发展。

(二) 空间维度行动逻辑

"双碳"目标必然伴随产业空间布局的动态变化，各地区应充分把握"双碳"目标的空间维度行动逻辑，以便制定符合各地区发展特征的具体措施，因地制宜地推动"双碳"目标落实。

第一，经济发展水平较高的东部地区，应加快高效节能技术及碳捕集、利用与封存技术的研发推广，拓展绿色产能设备应用场景，增强清洁能源自给能力，重视深绿产业建设，持续优化产业结构。应充分发挥生产要素集聚优势，着力资源配置管理制度创新，促进生产要素投入不断提质增效，力争率先实现"双碳"目标。

第二，清洁能源富集的中西部地区，应充分发挥生态资源禀赋优势，着力推动清洁能源产业发展，优化电网结构，持续促进清洁能源消纳。培育以良好生态本底为基础的大健康产业，积极引进推广高效节能技术与储能技术，提升生产用能效率。通过学习借鉴发展水平较高地区的资源配置管理先进制度，提升全要素生产率，加快实现生产投入要素由数量规模向质量改善转变，力争提前实现"双碳"目标。

第三，经济发展落后的东北和西部地区，应着力解决生产要素投入不足问题，优先考虑基于规模效率促进全要素生产率提升。同时应积极发挥传统能源产业优势，加快能源产业技术升级，适度推广清洁能源产业从而加快对传统能源产业的替代，淘汰落后产能，加快产业迭代升级，提高区域产业竞争能力，推动能源结构与产业结构协同优化，力争按时实现"双碳"目标。

第四，西北化石能源富集地区，应着力发展清洁新能源产业、绿色低碳产业，逐步取缔化石能源产业、高载能产业，通过统筹规划，减少产业迭代升级成本。同时，应着力于现有物质资本动力系统更替与劳动力转业培训，逐步推动产业动力系统由传统化石能源驱动向清洁新能源驱动转变，关注化石能源富集地区公正转型，力争与全国同步实现"双碳"目标。

(三) 试点示范行动逻辑

中国要实现的"双碳"目标是系统性社会经济发展变革，影响之大、范围之广，史无前例。可借鉴经验较少，试点示范能够最大限度降低政策制定实施的试错成本，平稳推动"双碳"目标顺利实现。落实"双碳"目标的试点示范行动逻辑主要包括以下三个方面。

第一，"双碳"目标试点示范前区域选择逻辑。《2030年前碳达峰行动方案》明确提出"加大中央对地方推进碳达峰的支持力度，选择100个具有典型代表性的城市和园区开展碳达峰试点建设"。试点示范前选择的区域类型需要覆盖全面，可根据经济发展、碳排放、能源等情况划分为四类：经济发展水平较高的东部地区、清洁能源富集的中西部地区、经济发展落后的东北和西部地区、西北化石能源富集区。力争为全国各类型地区绿色低碳发展提供可复制、可推广的经验，以点带面，引领"双碳"目标提前实现。

第二，"双碳"目标试点示范过程中的评价反馈机制。"双碳"目标试点示范过程中需要将理论与实践有机结合，遵循理论来源于实践并指导实践，实践再反馈理论的循环改进过程。"双碳"目标试点示范评价反馈机制是推动理论与实践之间"螺旋式上升"的关键，目标可量化、可跟踪、可评价是构建"双碳"目标试点示范评价反馈机制的关键。在"双碳"目标试点示范过程中，既要通过理论指导实践，也要通过反馈评价实践过程，实现对理论的修正与纠偏，再通过新的理论指导实践，最后形成"双碳"实践与理论间的良性互促循环。

第三，"双碳"目标试点示范后的经验推广体系。政策试点是中国国家治理策略体系的重要组成部分，是中国政府遵循"由点到面"逻辑以试验手段制定政策的一种常规性工作方法（庄贵阳，2020）。新时代的全面深化改革，凸显了顶层设计的重要性。顶层设计与试点示范相结合是推动中国改革进程的政策法宝。当前，中国各地经济发展、产业结构、技术水平和自然资源禀赋存在显著差异，鼓励和支持一批多类型条件良好地方先行先试，率先实现"双碳"目标，为推动国家"双碳"目标实现承担更多责任，释放试点示范区府际学习效应，可对同类型地区"双碳"目标实现起到示范带动引领作用，从而减少试错成本，推动国家层面"双碳"目标的顺利实现。

（四）制度保障行动逻辑

落实"双碳"目标，伴随着工业文明发展范式向生态文明发展范式转变，需要通过建立统计核算制度、健全法律法规、完善市场机制等方面，增强落实"双碳"目标的制度保障能力。

第一，建立碳排放统计核算制度。重视碳排放核算方法研究，推动碳排放核算范围由生产领域向消费领域转变，建立更为公平合理的碳排放核算方法体系。利用大数据、互联网、卫星遥感等技术，提升碳排放实时监测统计能力与核算能力。鼓励社会各领域、各行业依据自身特点开展碳排放核算方法学研究，培育多元化统计核算主体，分摊碳排放统计核算成本，提升碳排放的社会综合管理能力，完善碳排放计量体系（国务院，2021）。

第二，健全碳排放目标考核评价制度。能耗"双控"转向碳排放"双控"有利于将经济发展和应对气候变化有机统一起来，有利于精准控碳和促进可再生能源发展，有利于促进低碳产业发展壮大。碳排放总量和强度"双控"克服了在能源"双控"激励制度下，从"量"上将化石能源与清洁能源等同所导致的区域清洁能源投入弱激励，纠正了产业清洁化升级与能源消费结构清洁化转变中存在的扭曲激励，有助于释放区域绿色发展潜力。

第三，完善碳排放权市场化制度。循序渐进建立完善全国碳市场，初步建成政策法规体系、数据管理体系、配额分配与清缴管理制度、交易制度，逐步扩大碳市场覆盖范围，为碳排放权充分流动构建良好的制度环境，实现碳排放高效配置，避免碳排放权错配引致拉闸限电等消极影响。加强市场机制间的衔接与协调，建立全国统一的碳排放权、用能权、电力交易大市场，并纳入公共资源交易平台。

五　总结

无论是能源生产和能源消费规模，还是碳排放总量，中国均居世界首位。中国实现"双碳"目标的路径、方法、措施举世瞩目。"双碳"战略通过加快产能端清洁化、用能端电气化，推动化石能源有序退出，并依靠技术进步提升低碳发展潜力，不断提升社会治理能力，最终实现经济社会高质量发展。"双碳"目标是生态文明建设的主要抓手，应坚持统筹谋划，将"双碳"工作纳入生态文明建设整体布局。鉴于生态文明与工业文明在发展理念、制度规则、生产特征等方面的不同，需要充分发挥"双碳"目标引领生态文明发展范式转型的示范作用。通过推动社会发展新变革、构建能源动力新系统、塑造国家市场新地位，从而在生态文明发展范式的新赛道实现领跑。在生态文明发展范式下，经济逻辑要遵循生态逻辑。明确全国一盘棋并分批次实现"双碳"目标的总体思路，因地制宜制定区域绿色低碳发展战略，探索完善试点示范评价推广机制，充分发挥试点示范府际学习效应，建立健全碳排放统计考核制度，完善碳排放权市场化制度，为碳排放权充分流动构建良好的制度环境。以此，从时间维度、空间维度、试点示范、制度保障等方面科学把握落实"双碳"目标行动逻辑，以"双碳"作为引领，推动人与自然和谐共生的中国式现代化进程。

第七章

碳达峰碳中和"1+N"政策体系

一 "1+N"政策体系框架

自 2020 年 9 月 22 日中国提出二氧化碳力争于 2030 年前达到峰值，努力争取 2060 年前实现碳中和的"双碳"目标后，中国政府先后颁布《中共中央 国务院关于完整准确全面贯彻新发展理念做好碳达峰碳中和工作的意见》（本章以下简称《碳达峰碳中和工作意见》）和《2030 年前碳达峰行动方案》（本章以下简称《碳达峰行动方案》），这两份文件共同构成了中国碳达峰碳中和的顶层设计。此后，以国家碳达峰碳中和战略为总纲领，出台了工业、能源、城乡建设、交通运输等分领域分行业碳达峰实施方案和地方政府碳达峰计划。一系列文件构建了碳达峰碳中和政策体系，目标明确，分工合理，措施有力，衔接有序。

（一）国家顶层设计

《碳达峰碳中和工作意见》是"1+N"政策体系中的"1"，具有纲领性的作用。而《碳达峰行动方案》提出了具体的十大行动方案（见表 7-1），是"N"中为首的政策文件，有关部门和单位根据《碳达峰行动方案》部署制定能源、工业、城乡建设、交通运输、农业农村等领域以及具体行业的碳达峰实施方案，各地区也积极按照方案要求制定本地区碳达峰行动方案。

两份顶层设计文件对于 2025 年、2030 年、2060 年的主要目标进行了量化，涵盖单位 GDP 能耗、单位 GDP 碳排放、非化石能源消费占比、森林覆盖率、建筑能效、交通绿色基础设施等诸多方面，当前各项目标正在

表 7-1 顶层设计文件所确定的碳达峰碳中和方向

政策文件	重点内容	政策文件	"十大行动"内容
《碳达峰碳中和工作意见》	经济社会发展全面绿色转型； 产业结构深度调整； 清洁低碳安全高效能源体系构建； 低碳交通运输体系建设； 城乡建设绿色低碳发展质量提升； 绿色低碳科技发展； 碳汇能力提升； 对外开放绿色低碳发展水平提高； 法律法规标准和统计监测体系健全； 投资、绿色金融、财税、价格等政策体系完善	《碳达峰行动方案》	能源绿色低碳转型行动； 节能降碳增效行动； 工业领域碳达峰行动； 城乡建设碳达峰行动； 交通运输绿色低碳行动； 循环经济助力降碳行动； 绿色低碳科技创新行动； 碳汇能力巩固提升行动； 绿色低碳全民行动； 各地区梯次有序碳达峰行动

稳步推进（见表 7-2）。

（二）主要领域及地方政策

在"双碳"顶层设计框架明确之后，各有关部门制定了分领域分行业实施方案和支撑保障政策，各省（区、市）制定了本地区碳达峰实施方案，本节分类型进行相关政策梳理。

1. 能源转型政策

能源领域是我国"双碳"工作的主战场，各部门紧紧围绕构建清洁低碳安全高效现代能源体系制定政策、细化措施。主要的政策文件见表 7-3。实施路径包括：①加快煤炭减量和清洁利用步伐；②能耗"双控"政策向碳排放"双控"政策转变；③提高可再生能源利用比例；④市场化助力能源结构转型。

表7-2 碳达峰碳中和顶层设计文件中的部分目标与现状对比

文件	指标		现状（2021年）	2025年	2030年	2060年
《碳达峰碳中和工作意见》	整体目标		2021年有力有序推进各项重点工作，取得显著成效	为实现碳达峰碳中和奠定坚实基础	二氧化碳排放量达到峰值并实现稳中有降	碳中和目标顺利实现
	绿色发展		将绿色低碳发展作为国民经济发展规划的重要组成部分	绿色低碳循环发展的经济体系初步形成	经济社会发展全面绿色转型取得显著成效	建立绿色低碳经济体系和清洁高效的能源体系
	能源利用效率		2021年我国重点耗能工业企业单位电石综合能耗较2020年下降5.3%，单位合成氨综合能耗与上年持平，吨钢综合能耗下降0.4%，单位电解铝综合能耗下降2.1%，每千瓦时火力发电标准煤耗下降0.5%	重点领域能源利用效率大幅度提升	重点领域能源利用效率达到国际先进水平	达到国际先进水平
	单位GDP能耗		比2020年下降2.7%	与2020年相比降低13.5%	大幅度下降	—
	单位GDP二氧化碳排放		比2020年下降3.8%	与2020年相比降低18%	较2005年低65%以上	—
	非化石能源消费占比		16.6%	20%	25%	80%
	风电、太阳能发电总装容量		风光发电装容量达6.35亿千瓦	—	12亿千瓦以上	—
	森林覆盖率		24.02%	24.1%	25%	—
	森林蓄积量		194.93亿立方米	180亿立方米	190亿立方米	—
《碳达峰行动方案》	能源绿色低碳转型	煤炭消费替代和转型升级	2021年非化石能源发电装机容量首超煤电，煤炭消费占比下降至56%，比上年下降0.9个百分点	煤炭消费增长得到严格控制	煤炭消费逐步减少	—

续表

文件	指标		现状（2021年）	2025年	2030年	2060年
《碳达峰行动方案》	能源绿色低碳转型	因地制宜开发水电	2021年水电新增装机近2000万千瓦，全国水电总装机容量达3.91亿千瓦	新增水电装机容量4000万千瓦左右	新增水电装机容量4000万千瓦左右	—
		加快建设新型电力系统	2021年全国已建抽水蓄能装机容量3639万千瓦，同比增长15.6%	新型储能装机容量超过0.3亿千瓦	省级电网具备5%以上的尖峰负荷响应能力；抽水蓄能电站装机容量达到1.2亿千瓦左右	—
	工业领域	石化化工行业碳达峰	2021年国内原油一次加工能力达9.41亿吨	国内原油一次加工能力控制在10亿吨以内，主要产品产能利用率提高到80%以上	—	—
	城乡建设	加快提升建筑能效水平	2021年，节能建筑占城镇民用建筑面积比重超过63.7%，累计建设超低、近零能耗建筑面积超过1390万平方米，累计建成绿色建筑85亿平方米	城镇新增建筑全面执行绿色建筑标准	—	—
		加快优化建筑用能结构	2021年底，城镇太阳能光热建筑应用面积50.7亿平方米，太阳能光伏发电建筑应用装机1816万千瓦，城镇建筑中，可再生能源的替代比例达到6%	城镇建筑可再生能源替代率达到8%，新建公共机构建筑和厂房屋顶达到50%的光伏覆盖率	—	—
	交通运输	运输工具装备低碳转型	2021年全国港口岸电设施覆盖泊位约7500个，集装箱、客滚、邮轮、3000吨级以上客运、5万吨级以上干散货五类专业泊位岸电设施覆盖率达75%，国家铁路电气化率达74.9%	—	当年约40%的新增交通工具采用新能源和清洁能源驱动；国家铁路转量综合能单位换算周耗比2020年下降约10%；同时，致力于在2030年前达到陆路交通运输的石油消费峰值	—

续表

文件	指标		现状（2021年）	2025年	2030年	2060年
《碳达峰行动方案》	交通运输	构建绿色高效交通运输体系	2021年底，全国已有109个城市开展绿色出行创建行动；51个城市开通运营城市轨道交通线路269条，运营里程8708公里，2021年完成客运量237.1亿人次，较2020年增长约35%；北京、上海、广州、深圳等城市，轨道交通在公共交通中的分担率达到50%以上	—	城市（城区常住人口100万以上）绿色出行比例高于70%	—
		加快绿色交通基础设施建设	2021年，铁路和水路货物周转量同比分别增长8.9%和9.2%；多式联运发展水平不断提升，截至2021年底，共开展三批70个多式联运示范工程，累计开通450多条多式联运线路；组织开展两批共46个"绿色货运配送示范城市"，三批共87个城市的国家公交都市建设示范工程	—	努力推动民用运输机场内车辆装备的电动化，以实现全面的电动化目标	—
	循环经济助力降碳	推进产业园区循环化发展	2021年7月《"十四五"循环经济发展规划》正式出炉，提出"十四五"期间，我国将大力发展循环经济，其中园区循环化发展工程是五大重点工程之一	—	对省级以上的重点产业园区进行循环化改造	—
		加强大宗固废综合利用	2021年我国大宗固废产生量约66.5亿吨，综合利用量37.8亿吨，综合利用率为57%	年利用量达到40亿吨左右	年利用量达到45亿吨左右	—
		健全资源循环利用体系	2021年，我国废钢铁、废有色金属、废纸、废塑料等9类主要再生资源回收利用量达到3.85亿吨	废钢铁、废铜、废铝、废锌、废纸、废塑料循环利用量达到4.5亿吨	9种主要再生资源循环利用量达到5.1亿吨	—

续表

文件	指标	现状（2021年）	2025年	2030年	2060年
《碳达峰行动方案》	循环经济助力降碳	大力推进生活垃圾减量化资源化	2021年全国297个地级以上城市生活垃圾无害化处理量达到51.4万吨/日，基本实现无害化处理	生活垃圾资源化利用比例提升至60%左右	所有城市实现生活垃圾分类，生活垃圾资源化利用比例达到65%	—

表 7-3 能源转型政策文件

时间	文件	重点政策
2021.2	《关于推进电力源网荷储一体化和多能互补发展的指导意见》	完善能耗"双控"和非化石能源目标制度 可再生能源电力消纳保障机制 全国碳排放权交易市场、用能权交易市场 绿色电力交易市场 煤电机组改造：加快供电煤耗在300克标准煤/千瓦时以上的煤电机组节能改造，"十四五"期间改造规模不低于3.5亿千瓦 加快氢能产业发展 加快三北地区风光基地规划建设，预计2030年总装机容量约4.55亿千瓦
2021.5	《煤炭工业"十四五"高质量发展指导意见》	
2021.10	《"十四五"可再生能源发展规划》	
2021.10	《全国煤电机组改造升级实施方案》	
2021.12	《加快农村能源转型发展助力乡村振兴的实施意见》	
2021.12	《"十四五"能源领域科技创新规划》	
2022.1	《关于加快建设全国统一电力市场体系的指导意见》	
2022.1	《"十四五"节能减排综合工作方案》	
2022.1	《关于完善能源绿色低碳转型体制机制和政策措施的意见》	
2022.1	《促进绿色消费实施方案》	
2022.1	《"十四五"现代能源体系规划》	
2022.2	《以沙漠、戈壁、荒漠地区为重点的大型风电光伏基地规划布局方案》	
2022.3	《氢能产业发展中长期规划（2021—2035年）》	
2022.4	《煤炭清洁高效利用重点领域标杆水平和基准水平（2022年版）》	
2022.5	《关于促进新时代新能源高质量发展的实施方案》	
2024.8	《加快构建碳排放双控制度体系工作方案》	

（1）加快煤炭减量和清洁利用步伐

煤炭在近期依然是我国的主体能源，能源结构优化的主要思路是对煤炭消费实行严格控制。《碳达峰行动方案》即指出：2021~2025年要严格合理控制煤炭消费增长，2026~2030年要逐步减少煤炭消费。文件提出的主要措施包括：淘汰落后煤电产能，对现役煤电机组实施节能和灵活性改造，要求新建煤电机组能耗标准达到国际先进水平，推进供热改造；限制和减少重点用煤行业的煤炭消费量；划定散煤禁烧区域，推进散煤清洁能源替代等。《煤炭工业"十四五"高质量发展指导意见》也提出要在"十四五"时期将国内煤炭产量和全国煤炭消费量分别控制在41亿吨和42亿吨左右；将全国煤矿数量控制在4000处以内，其中大型煤矿产量占85%以上，大型煤炭基地产量占97%以上。煤炭清洁高效利用方法主要是指在煤炭利用的各个环节，充分利用先进技术，使煤炭质量与不同用煤技术、设备实现精准适配，从而大幅度提高利用或转化效率（高媛和宁佳钧，2023）。如《煤炭清洁高效利用重点领域标杆水平和基准水平（2022年版）》确定了煤炭洗选、燃煤发电、燃煤锅炉供热、煤制合成氢等领域的标杆煤耗水平和基准煤耗水平，以促进煤炭利用水平提升。

（2）能耗"双控"政策向碳排放"双控"政策转变

我国过去实行的能耗"双控"政策，限制化石能源使用的同时，也限制了可再生能源的发展，不符合我国能源绿色低碳转型的战略需求。中央对此及时进行了调整。2021年12月召开的中央经济工作会议首次提出，新增可再生能源和原料用能不纳入能源消费总量控制（以下简称"能耗豁免"）。2022年1月发布的《"十四五"节能减排综合工作方案》明确原料用能不纳入全国及地方能耗"双控"考核。各省（区、市）"十四五"节能减排综合工作实施方案中也分别明确新增可再生能源电力消费量不纳入能源消费总量考核等内容。此外还有《关于印发促进工业经济平稳增长的若干政策的通知》和《促进绿色消费实施方案》等文件，也都再次强调"十四五"时期认真落实"能耗豁免"政策。2024年8月2日，国务院印发了《加快构建碳排放双控制度体系工作方案》，对建立能耗双控向碳排放双控全面转型机制做出了部署，提出将碳排放指标纳入规划、合理分解碳排放双控指标、建立地方碳排放目标评价考核制度、探索重点行业领域碳排放预警管控机制、完善企业节能降碳管理制度、开展固定资产投资项目碳排放评价、加快建立产品碳足迹管理体系等一系列具体措施。国家和地方正逐步由能耗"双控"转向碳排放"双控"。

（3）提高可再生能源利用比例

在可再生能源发展方面，《"十四五"可再生能源发展规划》要求，到2025年，可再生能源在一次能源消费增量中的占比、可再生能源发电量增量在全社会用电量增量中的占比均要超过50%；风电和太阳能发电量要实现翻倍；可再生能源发电量要达到3.3万亿千瓦时左右。此外，该文件还强调以工业园区、经济开发区、公共建筑等为重点，推进光伏发电多场景融合开发，光伏建筑围绕新建厂房、公共建筑等进行一体化开发；通过实施"千家万户沐光行动"，推进屋顶分布式光伏开发。《以沙漠、戈壁、荒漠地区为重点的大型风电光伏基地规划布局方案》提出以利用沙漠、戈壁、荒漠等未利用土地建设风光基地的方式，破解新能源发展的用地困境，到2030年，三北地区规划建设总装机容量约4.55亿千瓦的风光基地。《加快农村能源转型发展助力乡村振兴的实施意见》则针对农村能源转型发展问题，提出到2025年，建成一批农村能源绿色低碳试点，风电、太阳能、生物质能、地热能等占农村能源的比重持续提升；新能源产业成为农村经济的重要补充和农民增收的重要渠道。

在提高可再生能源消纳方面，我国通过实施配额制，消纳责任被压实到各省、自治区、直辖市。如2021年5月国家发改委、国家能源局印发的《关于2021年可再生能源电力消纳责任权重及有关事项的通知》，规定从2021年起，每年初滚动发布各省权重，同时发布当年和次年消纳责任权重，当年权重为约束性指标，各省按此进行考核评估，次年权重为预期性指标，各省按此开展项目储备等。此外，电力市场化改革也是重要的可再生能源消纳举措，国家2021年开启了绿色电力交易市场，力图利用市场手段促进可再生能源消纳。

在促进新型储能发展方面，《"十四五"新型储能发展实施方案》从技术创新、示范引领带动、规模化发展、市场化推进、管理体系建设、参与国际竞争等方面做出了部署。2021～2025年，重点是要推动新型储能商业化，使之具备大规模商业化应用条件。2026～2030年，推动新型储能市场建设，培育和延伸新型储能上下游产业。在新能源装机占比高、系统调峰运行压力大的地区，积极引导新能源电站以市场化方式配置新型储能。

（4）市场化助力能源结构转型

市场化是促进能源结构转型的重要手段。全国碳排放权交易市场于2021年7月16日正式开市交易，首批共纳入了发电行业的2162家重点排放单位，覆盖了超过40亿吨的二氧化碳排放量，从可交易的二氧化碳排放规模看是全球规模最大的碳市场。电力是能源系统的关键，电力市场化改革对于能源结构转型同样至关重要。2021年11月中央全面深化改革委员会第二十二次会议指出，要健全多层次统一电力市场体系。2022年发布的《关于加快建设全国统一电力市场体系的指导意见》部署建设全国统一电力市场的任务，标志着电力市场化改革新篇章开启。推动电力市场化改革措施包括：重点增强具有独立配售电市场主体的能力，完善市场衔接机制，扩大市场规模；明确将重点放在保障增量配电网、微电网和分布式电源的市场主体地位,以促进可再生能源的消纳;加速推动以储能和调峰能力为基础的新增电力装机发展机制的形成;制定一套市场化机制,以实现电力等能源价格的市场化,并达到完善的目标;加强电力价格改革,优化输电和配电价格体系,彻底解除竞争性环节电价限制等。

2. 节能降碳政策

节能是推进碳达峰碳中和、促进高质量发展的重要手段,各级政府从制度体系、督促指导、基础能力建设等方面提出了一系列的政策措施,见表7-4和表7-5。

表7-4 节能降碳政策文件

时间	政策文件	目标
2021.10	《关于严格能效约束推动重点领域节能降碳的若干意见》	到2025年,超过30%产能比例的重点行业(如钢铁、电解铝、水泥、平板玻璃、炼油、乙烯、合成氨、电石等)和数据中心达到标杆水平,行业能效水平和碳排放强度明显下降 到2030年,进一步提高重点行业的能效基准水平和标杆水平,大幅提升达标的企业比例,整个行业的能效水平和碳排放强度达到国际先进水平
2021.11	《高耗能行业重点领域能效标杆水平和基准水平(2021年版)》	加强绿色低碳工艺技术装备推广应用,对需开展技术改造的项目,各地要明确改造升级和淘汰时限(一般不超过3年)以及年度改造淘汰计划;对于不能按期改造完毕的项目进行淘汰等
2021.11	《"十四五"工业绿色发展规划》	对"十四五"全国节能工作进行总体部署,明确全国和各领域、各地区节能目标任务,压实各地区和有关部门主体责任:到2025年,全面提升绿色制造水平,以实现单位工业增加值碳排放减少18%,规模以上工业单位增加值能耗减少13.5%,大宗工业固废综合利用率达57%,主要再生资源回收利用总量达到4.8亿吨,单位工业增加值用水量减少16%,重点行业主要污染物排放强度降低10%,绿色环保产业产值达到11万亿元,基本建成重点行业和重点区域绿色制造体系
2021.12	《关于做好"十四五"园区循环化改造工作有关事项的通知》	到2025年底,具备改造条件的省级以上园区,实施循环化改造,显著提升绿色低碳循环发展水平;推动节能降碳,开展清洁能源替代改造,提高清洁能源消费占比;推进资源高效、综合利用;园区重点企业全面推行清洁生产,促进原材料和废弃物源头减量

续表

时间	政策文件	目标
2021.12	《"十四五"原材料工业发展规划》	到2025年，绿色化水平大幅提升。吨钢综合能耗降低2%，水泥产品单位熟料能耗降低3.7%，电解铝碳排放下降5%，重点行业污染物排放强度及总量均实现下降，工业废渣等固体废物综合利用率进一步提高……积极实施节能低碳行动，制定石化化工、钢铁、有色金属、建材等重点行业碳达峰实施方案，加快推进企业节能低碳改造升级，鼓励有条件的行业、企业率先达峰
2021.12	《"十四五"节能减排综合工作方案》	到2025年，全国单位GDP能耗水平及能源消费总量得到合理控制，COD、氨氮、NOx、VOCs排放总量分别较2020年下降8%、8%、10%以上、10%以上。节能减排政策机制进一步完善，重点行业能源利用效率和主要污染物排放控制水平基本达到世界领先水平
2022.2	《高耗能行业重点领域节能降碳改造升级实施指南（2022年版）》	明确了17个高耗能行业2025年节能降碳的目标，主要包括能效标杆水平以上产能比例和能效基准水平以下产能比例两个约束目标

表7-5 节能降碳政策措施

政策措施		内容
遏制高耗能、高排放、低水平（"两高一低"）项目盲目发展	制度体系	发改部门和相关部门严格能效约束，进一步完善电解铝行业阶梯电价、燃煤发电上网电价等绿色价格机制，指导金融机构完善"两高"项目融资政策
	督促指导	发改部门定期调度地方"两高一低"项目情况，对重点领域、重点单位、重点项目加强监督，对能耗强度降低不及预期的地区及时进行指导 发改部门对"两高一低"项目实行清单管理、分类处置、动态监控，并联合工业和信息化部、生态环境部等部门开展专项检查，并将有关工作结果纳入省级政府节能目标责任评价考核 生态环境部将遏制"两高"项目盲目发展作为督察重点
节能降碳基础能力建设	节能制度	发改部门发挥好节能审查制度的源头把关作用，修订《固定资产投资项目节能审查办法》和《重点用能单位节能管理办法》；加强节能事中事后监管能力建设，发布年度监察计划，指导地方完善节能监察体系
	节能标准和能效标识	市场监管部门、发改部门推进节能标准制修订工作，加强主要耗能产品、工序能耗限额管理，2021年推动发布强制性能耗限额标准、强制性能效标准和推荐性节能标准4项、4项和25项

续表

政策措施		内容
节能降碳基础能力建设	能源消费数据基础	发改部门将与统计部门、能源部门合作，加快建立原料用能和可再生能源消费数据的统计核算基础，同时规范企业、行业协会和地方的数据报送要求 督促重点用能单位严格执行能源利用状况报告制度，进一步推进重点用能单位能耗在线监测系统的建设和数据应用

资料来源：《节能降碳增效行动取得积极进展——"碳达峰十大行动"进展（二）》，国家发改委网站，https://www.ndrc.gov.cn/fggz/hjyzy/tdftzh/202211/t20221130_1343068_ext.html，2022年11月30日。

3. 工业降碳政策

工业降碳的规划和政策体系不断完善，工业和信息化部制定发布了起到统筹作用的《"十四五"工业绿色发展规划》，同时还制定了工业领域碳达峰实施方案，重点关注有色金属、建材等重点行业（见表7-6）。这些方案不仅关注工业绿色低碳转型，还突出了各行业特色，搭建起了多层次的政策框架体系。这些方案有力推动了工业领域的低碳发展。各类文件中的工业降碳政策主要是淘汰落后产能、产能等量或减量置换、提升能效标准、推广高效节能技术等。

表7-6 工业降碳政策

时间	政策文件	主要内容
2021.4	新版《钢铁行业产能置换实施办法》	为保护长江经济带的环境，禁止在合规园区以外新建或扩建钢铁冶炼项目；大气污染防治重点区域置换比例不低于1.5∶1，其他地区置换比例不低于1.25∶1
2021.9	《碳达峰碳中和工作意见》	制定能源、钢铁、有色金属、石化化工、建材、交通、建筑等行业和领域的碳达峰实施计划；以减少能源消耗和减少碳排放为主导，对产业结构调整指导目录进行修订；对于"开展钢铁、煤炭去产能"进行回顾，以巩固去产能成果 对于高耗能高排放项目，要严格执行产能等量或减量置换的原则，新建、扩建钢铁、水泥、平板玻璃、电解铝等项目必须受到严格限制，确保实现减排目标；同时，出台煤电、石化、煤化工等产能控制政策，以合理控制相关行业的产能规模；为进一步推进能源转型，还将提高高耗能高排放项目的能耗准入标准，以促使这些项目在能源利用方面达到更高的效率

续表

时间	政策文件	主要内容
2021.10	《关于严格能效约束推动重点领域节能降碳的若干意见》	到2025年，超过30%产能比例的重点行业（如钢铁、电解铝、水泥、平板玻璃、炼油、乙烯、合成氨、电石等）和数据中心达到标杆水平，行业能效水平和碳排放强度明显下降 到2030年，将进一步提高重点行业的能效基准水平和标杆水平，大幅提升达标的企业比例，整个行业的能效水平和碳排放强度达到国际先进水平
2021.11	《"十四五"工业绿色发展规划》	产业结构转型，推动向高端化发展；能源消费转型，推动向低碳化转变；资源利用转型，促进循环化转型；生产过程转型，推动生产过程清洁化转型；产品供给转型，引导企业生产的产品向绿色化转变；生产方式转型，加快推进数字化技术在生产过程中的应用；构建绿色低碳技术体系；完善绿色制造支撑体系
2022.1	《关于促进钢铁工业高质量发展的指导意见》	对超过80%的钢铁产能实施超低排放改造，使得吨钢综合能耗降低超过2%，单位产值的水资源消耗下降超过10%，确保2030年前实现碳达峰……严禁新增钢铁产能，坚决遏制钢铁冶炼项目盲目建设，严格执行产能置换、项目备案、环评、排污许可、能评等法律法规、政策规定，不允许以机械加工、铸造、铁合金等名义新增钢铁产能
2022.2	《水泥行业节能降碳改造升级实施指南》	提出了水泥行业的工作方向，设定目标为到2025年水泥行业实现能效标杆水平以上的熟料产能比例达到30%
2022.3	《关于"十四五"推动石化化工行业高质量发展的指导意见》	明确了石化化工行业碳达峰的阶段性目标，对创新发展、产业结构、产业布局、数字化转型、绿色安全六个方面都设定了具体量化目标
2022.7	《工业领域碳达峰实施方案》	六大任务：深度调整产业结构；深入推进节能降碳；积极推行绿色制造；大力发展循环经济；加快工业绿色低碳技术变革；主动推进工业领域数字化转型
2022.11	《建材行业碳达峰实施方案》	五项任务：强化总量控制、推动原料替代、转换用能结构、加快技术创新、推进绿色制造
2022.11	《有色金属行业碳达峰实施方案》	重点任务：优化冶炼产能规模；调整优化产业结构；强化技术节能降碳；推进清洁能源替代；建设绿色制造体系

4. 交通减碳政策

交通减碳政策（见表7-7）可以简要概括为四个方面：①提升交通运输领域能源利用效率，提高燃油车、燃油船的能效标准，按照碳达峰碳中和要求调整营运车辆能耗限值；②优化交通运输结构，持续推进大宗货物和中长途货物运输"公转铁""公转水"；③推广节能低碳交通运输装备，积极发展新能源和清洁能源运输工具，推动新能源车辆应用，推进船舶靠港使用岸电；④积极引导公众低碳出行，进一步完善公共交通基础设施，开展各城市的绿色出行创建行动，积极推广绿色出行文化，引导公众优先选择可持续出行方式，如步行、骑行、乘坐公共交通工具或共享交通工具，整体提升各城市的绿色出行水平。

表 7-7 交通减碳政策

类型	时间	政策文件	主要内容
提升交通运输领域能源利用效率	2021.7	《乘用车燃料消耗量限值》（GB19578—2021）	规定了燃用汽油或柴油燃料、最大设计总质量不超过 3500kg 的 M1 类车辆的燃料消耗量限值要求
引导公众低碳出行	2021.10	《绿色交通"十四五"发展规划》	多措并举引导公众优先选择地铁、公交等公共交通方式，或采取步行和自行车等绿色出行方式；在"十四五"期间计划创建 100 个左右绿色出行城市；到 2025 年，争取城市绿色出行比例达到 70% 的创建城市占比超过 60%
优化交通运输结构	2021.12	《推进多式联运发展优化调整运输结构工作方案（2021—2025 年）》	到 2025 年，大力推进多式联运，实现以铁路和水路为主的大宗货物及集装箱中长距离运输发展格局。全国铁路货运量比 2020 年增长 10%，水路货运量比 2020 年增长 12%，集装箱铁水联运量年均增长 15% 以上；京津冀及周边地区、长三角地区、粤港澳大湾区等沿海主要港口，通过疏港铁路、水路、封闭式皮带廊道、新能源汽车等方式运输大宗货物的比例力争达到 80%；晋陕蒙煤炭主产区大型工矿企业中长距离运输的煤炭和焦炭中，铁路运输比例力争达到 90%；加快货运枢纽布局建设，健全港区、园区等集疏运体系
推广节能低碳交通运输装备	2021.12	《"十四五"现代综合交通运输体系发展规划》	到 2025 年，综合交通运输基本实现一体化融合发展，重点在智能化、绿色化方面取得突破，城市新能源公交车辆占比达到 72%，较 2020 年增长 5.8 个百分点；重点推进交通枢纽站、停车设施、公路服务区等区域充电设施设备建设，鼓励在交通枢纽场站以及公路、铁路等沿线合理布局光伏发电及储能设施等

5. 城乡建筑减碳政策

城乡建筑是碳排放的主要领域，其减碳思路是：针对新建建筑执行绿色建筑标准，提高星级绿色建筑占比，鼓励建设零碳建筑和近零能耗建筑；针对既有建筑实施建筑节能改造，提升用能设备的能效；优化城乡建筑的用能结构，推动建筑用能的全面电气化，并因地制宜地应用地热能、生物质能、太阳能等节能减碳技术，详见表7-8。

表7-8　城乡建筑减碳政策

时间	政策文件	主要内容
2022.2	《关于完善能源绿色低碳转型体制机制和政策措施的意见》	完善建筑可再生能源应用标准，鼓励光伏建筑一体化应用，对利用太阳能、地热能和生物质能等建设可再生能源建筑供能系统等给予支持
2022.3	《"十四五"建筑节能与绿色建筑发展规划》	到2025年，城镇新建建筑均按照绿色建筑设计和施工，建筑能源利用效率持续提高，全国新增建筑太阳能光伏装机容量超过5000万千瓦，地热能建筑应用面积超过10000万平方米，城镇建筑可再生能源替代率达到8%，建筑能耗中电力消费比例超过55%等
2022.6	《城乡建设领域碳达峰实施方案》	从优化城市结构和布局、开展绿色低碳社区建设、全面提高绿色低碳建筑水平、建设绿色低碳住宅、提高基础设施运行效率、优化城市建设用能结构、推进绿色低碳建造等方面对建设绿色低碳城市做出部署

6. 地方梯次碳达峰政策

各地区按照党中央、国务院的决策部署，结合本地资源禀赋和社会经济状况，正在有序推进碳达峰碳中和各项工作。目前，31个省（区、市）均已成立省级碳达峰碳中和工作领导小组，并已编制完成了本地区碳达峰实施方案（见表7-9）。在推进工作中，各地积极谋划，注重推进能源结构优化和产业结构调整，特别是在重点领域推动绿色低碳发展水平持续提升，碳达峰碳中和工作取得良好开局。

表7-9　部分省（区、市）碳达峰实施方案

省级单位	方案主要目标
北京市	到2025年，可再生能源的使用比例将达到14.4%以上，同时，单位地区生产总值的能源消耗将比2020年下降14%，并且单位地区生产总值的二氧化碳排放将下降，以确保国家下达的目标得以实现 在"十五五"期间，北京单位地区生产总值能耗和二氧化碳排放持续下降，一些重点行业的能源利用效率达到国际先进水平，绿色技术创新中心具有国际影响力和区域辐射力，经济社会发展已经全面转型为绿色发展并取得显著成效，碳达峰和碳中和的法规政策标准体系已经基本完善 到2030年，可再生能源的使用量将占到总能源消费的四分之一左右，同时努力保证单位地区生产总值的二氧化碳排放达到国家设定的目标，以确保按计划在2030年前实现碳排放的峰值

续表

省级单位	方案主要目标
江西省	到 2025 年，非化石能源消费比重达到 18.3%，单位生产总值能源消耗和单位生产总值二氧化碳排放确保完成国家下达指标，为实现碳达峰奠定坚实基础 到 2030 年，非化石能源消费比重达到国家确定的江西省目标值，顺利实现 2030 年前碳达峰目标
海南省	到 2025 年，初步建立一个可持续发展的经济和能源体系，实现绿色低碳循环发展，并确保能源的清洁低碳、安全高效。同时，合理控制碳排放强度，为实现碳达峰目标奠定坚实基础。非化石能源的使用比例将增加至 22% 以上，同时可再生能源的使用比例将达到 10% 以上，以确保国家设定的目标得以实现，国内生产总值的能源消耗和二氧化碳排放量将减少，地区生产总值的能源消耗和二氧化碳排放量将继续减少 2030 年之前，加快建设现代化的经济体系，并着重发展绿色低碳的发展模式，使得重要领域基本形成这种模式。同时，持续深化清洁能源的建设，并不断完善绿色低碳循环发展的政策体系。争取将非化石能源在能源消费中的比重提高至大约 54%，并将单位国内生产总值的二氧化碳排放量较 2005 年下降超过 65%，以实现 2030 年前达到碳峰值的目标
吉林省	到 2025 年，非化石能源的占比将达到 17.7%，同时，努力实现单位地区生产总值的能源消耗和单位地区生产总值的二氧化碳排放与国家下达的目标相符，从而为 2030 年前碳达峰奠定坚实的基础 到 2030 年之前，非化石能源的使用比例将达到大约 20%，并且单位地区生产总值的二氧化碳排放量将比 2005 年减少 65% 以上，以确保在 2030 年之前实现碳达峰的目标
江苏省	到 2025 年，绿色低碳循环发展经济体系初步形成，重点行业能源利用效率达到国际先进水平，二氧化碳排放增量得到有效控制，美丽江苏建设初显成效。单位地区生产总值能耗、单位地区生产总值二氧化碳排放、非化石能源消费比重完成国家下达目标任务，森林覆盖率持续提升，为实现碳达峰中和奠定坚实基础 到 2030 年，经济社会绿色低碳转型发展取得显著成效，清洁低碳安全高效能源体系初步建立，减污降碳协同管理体系更加完善，美丽江苏建设继续深入，争创成为美丽中国建设示范省。单位地区生产总值能耗、单位地区生产总值二氧化碳排放持续下降，非化石能源消费比重、森林覆盖率持续提升，二氧化碳排放量达到峰值并实现稳中有降，为实现碳中和提供强有力支撑
湖南省	到 2025 年，全省将初步建立起一个以绿色、低碳、循环为特征的经济体系，产业结构、能源结构和运输结构将得到明显改善，重点行业的能源利用效率将大幅提高 2030 年来临时，全省经济社会发展实现了全面绿色转型，取得了显著的成效，低碳技术创新和低碳产业发展也取得了积极的进展，特别是在重点耗能行业的能源利用效率方面，已达到了国际先进水平。实现国家设定目标的任务，需要单位地区生产总值的能耗和二氧化碳排放率下降，同时非化石能源的消费比重要达到大约 25%，风电和太阳能发电的总装机容量要超过 4000 万千瓦，森林的蓄积量要达到 8.45 亿立方米，还要使二氧化碳的排放量达到峰值并实现稳定下降

续表

省级单位	方案主要目标
河南省	到2025年，全省能源消费增量的50%以上由非化石能源满足，能源安全保障能力大幅提升，能源生产消费结构持续优化，能源体制机制更加完善，清洁低碳、安全高效的现代能源体系建设取得明显进展，为全省碳达峰和高质量发展奠定坚实基础 煤炭消费占比降至60%以下，非化石能源消费占比提高到16%以上，风电、光伏发电装机成为电力装机增量的主体，可再生能源电力消纳责任权重、非水电可再生能源电力消纳责任权重完成目标任务
宁夏回族自治区	到2025年，新能源发电装机容量达到5000万千瓦以上，非水可再生能源电力消纳比重提高到28%以上，非化石能源消费比重达到15%左右，单位地区生产总值能源消耗和二氧化碳排放下降确保完成国家下达目标，为实现碳排放达峰奠定坚实基础 到2030年，非化石能源消费比重达到20%左右，新能源发电总装机容量达到7450万千瓦以上，非水可再生能源电力消纳比重提高到35.2%以上
浙江省	到2025年，绿色低碳循环发展的经济体系基本形成，重点地区和行业能源利用效率大幅提升，部分领域和行业率先达峰，双碳数智平台建成应用。单位GDP能耗、单位GDP二氧化碳排放降低率均完成国家下达目标；非化石能源消费比重达到24%左右；森林覆盖率达到61.5%，森林蓄积量达到4.45亿立方米，全省碳达峰基础逐步夯实 到2030年，经济社会发展全面绿色转型取得显著成效，重点耗能行业能源利用效率达到国际先进水平，二氧化碳排放总量控制制度基本建立。单位GDP能耗大幅下降；单位GDP二氧化碳排放比2005年下降65%以上；非化石能源消费比重达到30%左右，风电、太阳能发电总装机容量达到5400万千瓦以上；森林覆盖率稳定在61.5%左右，森林蓄积量达到5.15亿立方米左右，零碳、负碳技术创新及产业发展取得积极进展，二氧化碳排放达到峰值后稳中有降 到2060年，绿色低碳循环经济体系、清洁低碳安全高效能源体系和碳中和长效机制全面建立，整体能源利用效率达到国际先进水平，零碳、负碳技术广泛应用，非化石能源消费比重达到80%以上，甲烷等非二氧化碳温室气体排放得到有效管控，碳中和目标顺利实现，开创人与自然和谐共生的现代化浙江新境界
上海市	到2025年，努力降低单位生产总值的能源消耗量，使其比2020年减少14%；同时，争取将非化石能源在能源消费总量中所占的比重提高到20%；而单位生产总值的二氧化碳排放量，将确保达到国家下达的指标 争取在2030年之前，将非化石能源在能源消费总量中的比例提高至25%，碳排放强度较2005年下降70%
天津市	到2025年，单位地区生产总值能源消耗和二氧化碳排放确保完成下达指标；非化石能源消费比重力争达到11.7%以上，为实现碳达峰奠定坚实基础 到2030年，单位地区生产总值能源消耗大幅下降，单位地区生产总值二氧化碳排放比2005年下降65%以上；非化石能源消费比重力争达到16%以上，如期实现2030年前碳达峰目标

资料来源：作者整理。

（三）财税保障政策

财税政策作为政府的调控措施，在促进绿色低碳转型方面具有重要作用，主要通过财政支出与税收调控方式，确保碳达峰碳中和目标的实现（见表7-10）。

一是政府通过直接提供财政资金的方式来支持碳达峰碳中和工作。例如，中央财政在2021年投入了大约0.35万亿元用于推动绿色低碳发展，加大对清洁能源的推广和应用、关注重点行业的低碳转型、加强科技创新和能力建设以及巩固提升碳汇能力等项目的重点支持。

二是税收政策能够起到激励的作用。一方面，可以实施税收政策来支持环境保护和促进绿色发展。为了鼓励低碳出行，政府将对符合条件的新能源汽车车辆购置税、车船税予以豁免。全面推行矿产资源税的价值计征改革。激励企业遵循可持续发展原则，合理开采和利用矿产资源，确保矿产资源开采活动在经济效益和环保效益之间达到良好平衡。另一方面，改进关税结构，降低对柴油发动机过滤装置等环境产品的关税，以鼓励更多的环保技术和设备的使用。同时，对资源型产品和钢铁初级产品等实施零关税或低关税政策，为绿色低碳产业的发展提供更多的原材料支持。

三是加快建立多元化的资金投入机制。国家绿色发展基金的目标是通过引导社会资本支持长江经济带的绿色发展，运用金融手段加速培育绿色发展领域的市场主体，以更好地为实体经济的绿色转型提供服务。促进政府与社会资本在生态环保领域的合作，充分发挥财政资金的引导作用。通过建立多样化的资金投入机制，促进绿色发展领域的资金流动，吸引更多社会资本参与绿色项目，为绿色经济的发展提供强有力的支持。

四是实行政府绿色采购政策。政府可以通过实施节能环保产品政策来推动消费者购买节能环保产品，只有通过国家相关认证的产品才能享受政府的强制采购和优先采购政策支持。在建筑、快递包装和商品包装等领域，逐步普及应用绿色采购要求标准。这些标准将明确要求采购单位在选购产品时考虑环保因素，倾向选择符合绿色采购标准的产品。通过推广政府绿色采购，加快推动节能环保产品的应用，实现资源的有效利用和环境的保护，还可以激励企业生产更多的节能环保产品，促进绿色技术的创新与应用，为环保产业的发展提供了市场需求和推动力。

表 7-10　财税保障政策

时间	政策名称	内容
2022.5	《支持绿色发展税费优惠政策指引》	为助力经济社会发展全面绿色转型，实施可持续发展战略，国家从支持环境保护、促进节能环保、鼓励资源综合利用、推动低碳产业发展四个方面，实施了 56 项支持绿色发展的税费优惠政策
2022.5	《财政支持做好碳达峰碳中和工作的意见》	提出坚持降碳、减污、扩绿、增长协同推进，积极构建有利于促进资源高效利用和绿色低碳发展的财税政策体系，推动有为政府和有效市场更好结合

二　主要行动及进展

（一）能源转型

我国能源低碳转型行动取得了积极进展，表现在以下几个方面：化石能源清洁利用水平提高、非化石能源清洁高效开发利用成效显著、终端用能清洁替代加快实施。

1. 化石能源清洁利用水平提高

我国煤炭消费总量控制成效显著。2021 年，煤炭占能源消费总量的比重由 2015 年的 63.8% 降低到 56.0%。[①] 2021 年，中国发电装机容量增加到 23.8 亿千瓦，其中煤电装机容量为 11.1 亿千瓦，占发电装机容量的比重下降到 46.7%。[②]

煤电"三改联动"（煤电节能降耗改造、供热改造和灵活性改造）大力推进。截至 2021 年底，我国煤电行业在节能降碳领域取得了显著成就，完成了 1.1 亿千瓦的节能降碳改造，对 0.638 亿千瓦的电力装机容量进行了灵活性改造、对 0.683 亿千瓦的供热装机容量进行了改造，火电平均供电煤耗已成功下降至每千瓦时 302.5 克标准煤，较 2012 年减少了 6.9%。就目前来看，已经进行了近 9 亿千瓦的能源节约和减少碳排放的改造措施，还对超过 1 亿千瓦的电力装机容量进行了提升灵活性的改善。另外，对于

[①] 《中国矿产资源报告（2022）》。
[②] 《2021—2022 年度全国电力供需形势分析预测报告》，https://m.in-en.com/finance/html/energy-2250455.shtml。

10.3亿千瓦的煤电机组,已经进行了超低排放改造,这一改造占据了煤电总装机容量的93%。[①] 这一系列改造措施使得我国建成了世界最大的清洁煤电体系。

我国的现代煤化工行业正在朝着高端化、多元化和低碳化的方向迅速发展。2023年,我国在煤制油、煤制气、煤制乙二醇领域发展迅速,煤制油的生产能力达到了1138万吨/年,煤制气的生产能力达到67.1亿立方米/年,煤制乙二醇的生产能力达到了1118万吨/年。[②]

石油和天然气的供应保障能力不断加强。2021年全国天然气的消费量较上年增长了12.5%,并且在一次能源消费总量中所占的比重也提高到了8.9%(见图7-1)。为了更有效地开发和利用煤层气,我们制定了煤矿瓦斯防治工作的重点,并确定了每年的煤层气抽采利用目标,煤层气(煤矿瓦斯)的利用效率不断提高。

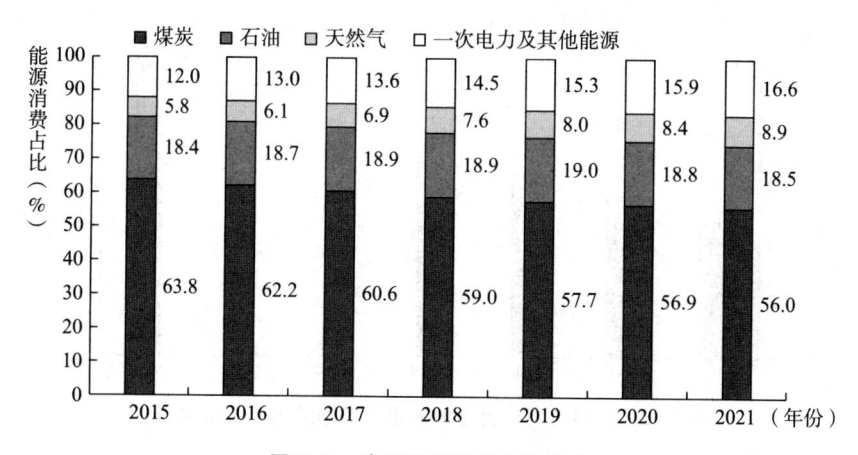

图7-1 我国能源消费结构变化

数据来源:国家统计局;《中国天然气发展报告(2022)》,http://www.nea.gov.cn/1310654101_16611369890181n.pdf。

能源的加工和转换效率整体得到了提高。与2012年相比,2021年规模以上工业企业的能源加工转换效率提升了1.8个百分点。火力发电的增长率提高了2.3个百分点,供热的增长率提高了4.8个百分点,原煤洗选

[①] 中华人民共和国生态环境部:《中国应对气候变化的政策与行动2022年度报告》,https://www.mee.gov.cn/ywgz/ydqhbh/syqhbh/202210/W020221027551216559294.pdf。

[②] 《一"高"一"低",我国煤化工产业发展提速》,《中国能源报》2024年3月18日。

的增长率提高了3.2个百分点，炼焦的增长率提高了1.5个百分点。[①]

2. 非化石能源清洁高效开发利用成效显著

2021年全年非化石能源新增装机占全国新增装机的比例为78.0%，达到了1.37亿千瓦。全国新增装机的76.1%来自新增的可再生能源装机，其总量达到1.34亿千瓦。到2021年底，中国非化石能源的装机容量已达到11.2亿千瓦，超过了煤电的装机容量，这是历史上首次发生，并且占总装机容量的47%，较上年提高了2.3个百分点。[②] 可再生能源电力装机容量累计达到10.63亿千瓦，占总发电装机容量的44.8%（见图7-2）。全国非化石能源的发电量已经达到了2.89万亿千瓦时，相较上年增长了12%，并且占据全部发电量的34.5%。可再生能源发电量达2.48万亿千瓦时，占全部发电量的29.7%（见图7-3）。[③]

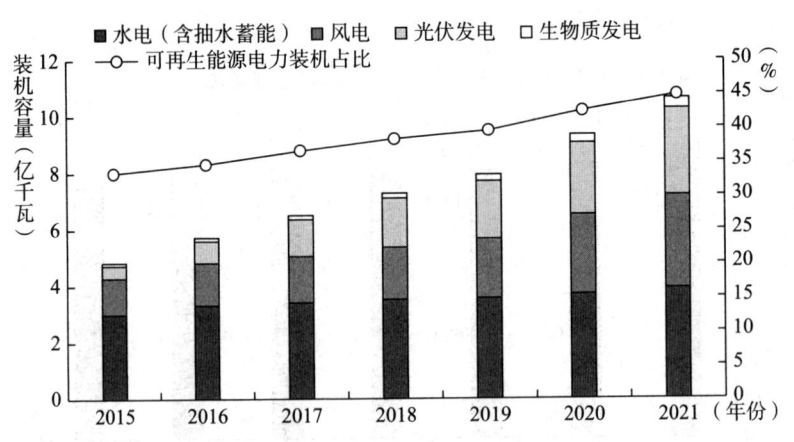

图7-2 我国各类可再生能源电力装机容量及占比情况

数据来源：国家能源局。

2021年，全国风电和光伏发电装机均突破3亿千瓦，风电和光伏发电占总发电量的比重分别达到7.9%和3.9%，风光发电量占总发电量比重首次超过10%。风电领域，中东部和南方地区新增装机占比超过60%，尤其

---

① 国家发改委环资司：《能源转型持续推进 节能降耗成效显著》，https://www.ndrc.gov.cn/fggz/hjyzy/jnhnx/202210/t20221011_1338503.html，2022年10月11日。
② 《中国可再生能源发展报告（2021）》，https://www.nmgxny.com/myloads/soft/220629/1-220629104F8.pdf。
③ 《中国可再生能源发展报告（2021）》，https://www.nmgxny.com/myloads/soft/220629/1-220629104F8.pdf。

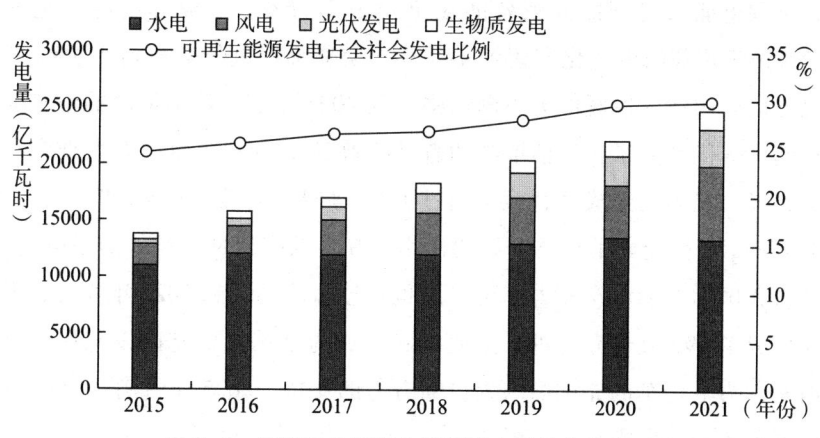

图 7-3 我国各类可再生能源发电量及占比情况

数据来源：国家能源局。

是海上风电新增装机达到1690万千瓦，同比大幅增加4.5倍，累计并网达到2639万千瓦。光伏发电新增装机再创历史新高，分布式光伏新增装机同比增长89%，达到2928万千瓦，首次超过光伏电站新增装机，累计分布式光伏装机突破1亿千瓦，累计光伏装机达到3.06亿千瓦。[1]

可再生能源跨省区输电通道规划建设持续推进。截至2021年底，已经有超过2.9亿千瓦的电力通过"西电东送"实现了跨省区输电。[2] 同时，建成投运了33项跨省区特高压通道，为可再生能源的输送提供了强大支持。另外，我国也在积极推动绿色电力交易试点。从2021年9月开始，这一试点正式启动，旨在促进更多的绿色电力交易和消费，激励可再生能源的开发和利用。我国还致力于推动新型储能技术的规模化发展，截至2021年底，已累计装机超过400万千瓦的新型储能设备。2022年3月，国家发改委、国家能源局联合印发《氢能产业发展中长期规划（2021—2035年）》，明确氢能是国家能源体系的重要组成部分。

3. 终端用能清洁替代加快实施

工业、交通、建筑、农业农村等重点领域电气化水平持续提升。2020

---

[1] 《国家能源局举行新闻发布会 发布2021年可再生能源并网运行情况等并答问》，中国政府网，https://www.gov.cn/xinwen/2022-01/29/content_5671076.htm，2022年1月29日。
[2] 《杨昆：新时代我国电力发展成就及展望》，http://www.chinapower.com.cn/zk/zjgd/20221021/171500.html，2022年10月21日。

年，全国电能占终端能源消费的比重约为 26.5%，工业部门电气化率达 26.2%，建筑部门电气化率达到 44.1%，交通部门电气化率达 3.7%。[①] 我国北方地区的清洁取暖能力不断增强，到 2021 年底，清洁取暖的覆盖面积已达到 156 亿平方米，清洁取暖的普及率高达 73.6%。通过大力推广清洁取暖方式，我国已经成功替代了超过 1.5 亿吨散煤，这对于改善空气质量、降低 $PM_{2.5}$ 浓度起到了至关重要的作用，其贡献率超过了整体的三分之一。此外，我国的电动汽车充电基础设施也在逐步改善，到 2022 年 6 月，全国已经建成了 392 万台充电桩，这使得我国成为全球充电基础设施最为庞大的国家，为电动车的充电需求提供强有力的支持，2025 年将满足超过 2000 万辆电动车的充电需求。

（二）工业减碳

我国在工业节能方面取得了显著的成效。我国在减少单位 GDP 能耗方面取得了令人瞩目的进展，根据统计数据，我国单位国内生产总值的能源消耗在 2021 年相较于 2012 年减少了 26.4%，平均每年减少 3.3%。这相当于节省了 140 亿吨标准煤的能源。其中，规模以上工业单位的增加值能耗已经累计下降了 36.2%，年均下降率为 4.9%，相较于单位 GDP 能耗累计下降率和年均降幅分别高出了 9.8 个百分点和 1.6 个百分点。[②] 主要的工业减碳举措包括以下四个方面。

1. 产业转型

首先是持续巩固去产能成果。开展钢铁行业化解产能过剩情况检查，实地督导检查了 29 个省份的 435 家企业，2021 年粗钢产量同比减少了 3200 万吨，有效控制了过剩产能。在水泥行业方面，政府发布了 56 个项目产能置换方案，通过压减产能，成功削减了超过 1000 万吨的产能。[③] 我国在高技术制造业、装备制造业方面也取得了进展，目前高技术制造业增

[①] 《2025 年电能占终端能源消费比重将超 30%》，中华人民共和国财政部网站，http://ha.mof.gov.cn/zt/ysjg/ysgllt/202302/t20230228_3869848.htm，2023 年 2 月 28 日。

[②] 《能源转型持续推进 节能降耗成效显著——党的十八大以来经济社会发展成就系列报告之十四》，中国政府网，https://www.gov.cn/xinwen/2022-10/08/content_5716734.htm，2022 年 10 月 8 日。

[③] 《国家发展改革委发布"碳达峰十大行动"进展报告》，新浪财经，https://finance.sina.cn/esg/2023-02-01/detail-imyeeent0033926.d.html，2023 年 2 月 1 日。

加值占规模以上工业增加值比重达到了15.1%，装备制造业的增加值占比也达到了33.7%，与2012年相比，二者分别提高了3.3%和1.9%。

其次是提升产业竞争力。有关部门编制发布了一系列支持重点行业高质量发展的政策文件，如《关于"十四五"推动石化化工行业高质量发展的指导意见》《石化化工行业鼓励推广应用的技术和产品目录》等，为相关行业提供政策支持，激发产业活力，优化产业结构，提高产品品质和技术水平，推动行业采用先进而适用的技术工艺。工信等部门注重新一代信息技术、高端装备、新材料等领域的发展，通过对25个先进制造业集群的发展给予支持，推动了行业发展质量和水平的提升。

再次，坚决限制那些高能耗、高排放、低水平的项目，避免盲目发展。有关部门加强对"十四五"期间工业能源消耗量和强度变化趋势的研究判断和评估。建立科学的评价体系，确定并推广那些在能源利用效率方面表现出色的企业和项目，以树立整个行业的榜样，从而达到制定高耗能行业重点领域能效标杆水平和基准水平的目标。对于高耗能高排放产品的出口，应该采取稳定有序的调控措施，根据国际市场需求、环保要求和产业转型的需要，合理制定出口政策，以确保出口产品符合环境和能效标准。

2. 节能降耗

单位产品的能耗明显减少是首要目标。根据2021年统计的数据，重点耗能工业企业的39项单位产品生产综合能耗数据显示，几乎90%的项目比2012年有所减少。其中，吨钢的能源消耗减少了9.8%，火力发电使用的煤炭减少了5.8%，而烧碱、机制纸及纸板、平板玻璃、电石以及合成氨的生产过程中的单位能耗分别减少了17.2%、16.8%、13.8%、13.3%、7.1%。

二是提升节能技术的普及程度。有关部门正在筛选并发布500多项工业和通信业的先进节能技术、装备和产品，同时积极组织线上和线下的"节能服务进企业"活动。向企业推广这些先进节能技术，帮助企业实现能源的高效利用；通过实施变压器和电机能效提升计划，重点促进用能设备（涵盖设备制造、安装、调试和使用等全产业链的各个环节）的节能。

三是扎实推进工业节能提效。工业和信息化部、国家发改委、财政部等六部门联合发布《工业能效提升行动计划》，对"十四五"时期的工业节能重点任务进行了安排。深入推进国家工业专项节能监察，组织对3535家重点企业开展节能监察，督促企业依法依规用能，确保能源的有效利用。同时，还对6800家企业、园区开展节能诊断服务，帮助企业发现并改善能源浪费问题。2021年，规模以上工业单位增加值能耗下降了5.6%，2022年上半年的下降幅度为4.2%，按照单位万元工业增加值计算的用水量，在"十二五"和"十三五"时期已经分别下降了35%和近40%，2021年进一步下降7.1%。

四是打造能效标杆企业。从石化化工、钢铁等14个重要行业中遴选出43家能源效率领先企业，建立一批国家级绿色数据中心，推动全行业能源效率水平提升。目前，我国水泥熟料、平板玻璃和电解铝等工业单位产品的综合能耗已达到世界领先水平，对工业可持续发展起到显著推动作用。

3. 技术标准

首要任务是促进绿色低碳技术的突破。在推进工业领域的低碳工艺革新方面，石化化工、钢铁等行业正在积极探索绿色低碳技术装备的创新和应用改造，以促进可持续发展。政府要积极引导企业实施"双高"战略。其次，我们需要构建一个系统完备的规范架构。再次，要加强对相关产业的科技投入。为促进工业领域建立碳达峰和碳中和的标准体系，政府部门拟定了一系列指南，并制定了未来3~5年的重点标准研制清单，其中包括110个修订碳达峰和碳中和行业标准的项目计划，重点关注各行业的发展。在这个过程当中，我们也会对重点企业进行调研，了解他们在生产制造过程中的实际情况。我们将致力于构建一个公共服务平台，利用财政资金支持重点原材料和装备制造业，以实现碳达峰碳中和，并促进工业数字化碳管理公共服务平台的发展。我们将积极探索建立一个以关键产品碳足迹为基础的数据库，以提升我们在低碳技术服务方面的实力。

4. 循环经济

推动工业废弃物的全面利用进程。在我国经济发展过程中，要加大环境保护力度。为了应对工业废弃物对环境造成的严重污染问题，有关部门公布了一份《限期淘汰产生严重污染环境的工业固体废物的落后生产工艺设备名录》，并积极推广促进工业资源综合利用的先进技术设备，提高企业的环保意识，实现可持续发展。强化资源节约利用与再利用的重要性。制定《工业水效提升行动计划》，践行《实施工业废水循环利用方案》，推进工业水资源的节约和集约利用。为了使废纸加工行业规范化，相关机构发布了一份行业规范条件，并公布了符合废钢铁、废塑料等综合利用行业规范条件的 309 家企业名单。除此之外，相关部门还在努力推进动力电池回收利用体系的建设。

（三）交通运输降碳

党的十八大以来，我国深入践行绿色理念，推进交通领域节能降碳，全面推进交通运输节能减排和环境保护工作，加快推动绿色低碳转型，主要行动包括运输结构优化、设备能效提升、公众绿色低碳出行等。

1. 运输结构优化

全国大宗货物运输"公转水""公转铁"成效显著。铁路货物运输比重不断提高。2021 年，铁路货物总发送量达到了 47.74 亿吨，比上年增长 4.9%，铁路承担的大宗货物运输量显著提高。水路货运量快速增长。2021 年，我国完成水路货运量 82 亿吨，稳居世界首位，超额完成《推进运输结构调整三年行动计划（2018—2020 年）》提出的目标。多式联运稳步发展。2021 年，我国港口货物吞吐量达到 155.45 亿吨，比 2020 年增长了 6.8%，同时，集装箱铁水联运的完成量达到了 754 万 TEU，增长 9.8%。[1]

铁水联运、公铁联运、空铁联运、江海联运等运输组织模式创新发展，自 2017 年以来，沿海港口大宗货物公路集疏运量减少了超过 4 亿吨，环渤海、长三角地区等 17 个主要港口煤炭集港全部改为铁路运输和水运。[2]

2. 设备能效提升

中国正在积极推进铁路电气化改造，以实现铁路运输能耗的降低。在这期间，我国的铁路部门通过对电能进行有效利用来节约电力能源。根据数据统计，2021 年度国家铁路单位的运输工作量综合能耗为 4.07 吨标准煤，较上年减少了 0.16 吨标准煤，降幅达到了 3.9%。这说明我国在推进铁路电气化进程中取得了显著成效。主营综合能耗为 4.02 吨标准煤/百万换算吨公里，单位运输工作量较上年减少了 0.15 吨标准煤/百万换算吨公

---

[1] 《2021 年交通运输行业发展统计公报》，https://www.gov.cn/xinwen/2022-05/25/content_5692174.htm。

[2] 《2022 年 10 月份例行新闻发布会》，中华人民共和国交通运输部网站，https://xxgk.mot.gov.cn/jigou/zcyjs/202210/t20221031_3702833.html，2022 年 10 月 31 日。

里，降幅达到3.5%。① 2021年，我国铁路电气化率达73.3%，这意味着近三分之二的铁路线路已经实现了电气化，有效降低了对传统燃油能源的依赖，减少了碳排放和环境污染。与此同时，国家铁路单位运输工作量综合能耗比上年下降3.9%。这说明铁路运输工作量增加的同时能源使用的效率也有所提高。

全国新能源装备设施快速发展。"十三五"期间，全国累计淘汰黄标车、老旧车2460多万辆。2010年以来，全国新能源汽车销量快速增长，占全球新能源汽车销量的55%，新能源汽车产销量、保有量均占世界一半（王璐，2022）。截至2022年9月，我国已经成为全球新能源汽车保有量最多的国家，达到了1149万辆。这个数字显示了我国在新能源汽车领域的领先地位和持续增长的势头。

城市公交、城市物流配送、邮政快递等领域新能源汽车比例不断提高。截至2021年，全国新能源城市公交车比例已超过66%；46个绿色货运配送示范工程创建城市成为全国新能源物流车推广的主阵地，城市物流配送新能源车累计新增8.6万余辆，保有量超20万辆，占全国新能源物流车总量的60%以上；邮政快递业新能源和清洁能源车辆，保有量突破6万辆。②

新能源和清洁能源运输工具不断增加。2021年，全国拥有300余艘使用LNG动力的船舶，此外，全国各个港口正在推广岸电设施，岸电设施覆盖了约7500个泊位，集装箱、客滚、邮轮、3千吨级以上客运、5万吨级以上干散货五类专业化泊位岸电设施覆盖率达75%。③

3. 公众绿色低碳出行

不同地方政府纷纷采取行动，积极推动城市公共交通优先发展策略，不断推进国家公交都市建设，并积极开展绿色出行创建行动，以提升绿色出行水平。各地方正在加快推进绿色交通基础设施的建设，目前已累计建成261.7万台各种类型的充电基础设施，同时还建成了200多座加氢站。

---

① 《2021年铁道统计公报》，https://www.nra.gov.cn/xwzx/zlzx/hytj/202205/P020220902306837015869.pdf。
② 《加快建设新时代绿色低碳交通运输体系》，中国交通新闻网，https://www.zgjtb.com/2022-06/14/content_318262.html，2022年6月14日。
③ 《加快建设新时代绿色低碳交通运输体系》，中国交通新闻网，https://www.zgjtb.com/2022-06/14/content_ 318262.html，2022年6月14日。

目前，全国已有 109 个城市开展了绿色出行创建行动，逐步构建以轨道交通为骨干、地面公交为主体，社区公交、定制公交、慢行交通等多样化并行的绿色出行体系。截至 2021 年底，共有 51 个城市开通运营城市轨道交通线路 269 条，运营里程 8708 公里，2021 年完成客运量 237.1 亿人次，较 2020 年增长约 35%。[1] 北京、上海等城市的城市轨道交通已经成为公共交通的重要组成部分，其贡献超过 50%。特别是，深圳城市交通绿色出行分担率达 77.42%，高峰期间公共交通占机动化出行比例达 62.6%。[2]

（四）城乡建筑

我国高度重视城乡建筑领域节能降碳工作，加快提升建筑能效水平、调整用能结构、提升建筑节能标准，为推动我国城乡建筑绿色发展、推进碳达峰碳中和奠定坚实基础。

1. 加快提升建筑能效水平

我国绿色节能建筑实现跨越式增长。截至 2020 年底，全国城镇新建建筑设计与竣工验收阶段已全部执行建筑节能设计标准；在新建建筑领域，装配式建筑也取得了显著进展。在城镇当年新建建筑面积中，有 20.5% 是装配式建筑；同时，我国也大力推动超低能耗和近零能耗建筑的建设。到 2020 年，全国累计完成超低、近零能耗建筑面积 1000 万平方米；2020 年，全国城镇当年累计建成绿色建筑面积超过 66 亿平方米，新建建筑中有 77% 符合绿色建筑标准，节能建筑占城镇民用建筑面积的比例超过 63%，累计建成的节能建筑面积超过 238 亿平方米。[3] 根据《城乡建设领域碳达峰实施方案》的要求，到 2025 年，我国城镇新建建筑全面执行绿色建筑标准，确保城镇新建建筑在设计、施工和使用阶段都符合环保和节能的要求。

"十三五"期间，我国在严寒寒冷地区城镇新建居住建筑节能方面取

---

[1] 《2021 年全国城市轨道交通完成客运量 237.1 亿人次》，人民网百家号，https://baijiahao.baidu.com/s?id=1721828618528854255&wfr=spider&for=pc，2022 年 1 月 13 日。

[2] 《深圳城市交通绿色出行分担率达 77.42%，高峰期间公共交通占机动化出行比例达 62.6%》，澎湃网，https://m.thepaper.cn/baijiahao_18598746，2022 年 6 月 16 日。

[3] 《住房城乡建设部：建筑能效稳步提升 绿色建筑跨越式发展》，国家发改委网站，https://www.ndrc.gov.cn/xwdt/ztzl/2021qgjnxcz/bmjncx/202108/t20210827_1294904.html，2021 年 8 月 27 日。

得了显著成就，均达到了75%的节能要求，大大减少了能源消耗和温室气体排放。同时，我国累计建设完成了近0.1亿平方米的超低、近零能耗建筑，使这些建筑在能源使用方面更加高效。此外，我国还完成了5.14亿平方米的既有居住建筑节能改造、1.85亿平方米的公共建筑节能改造。通过实施系列措施，我国的城镇建筑可再生能源替代率达到6%。[①] 截至2020年底，北方地区清洁取暖率达到约65%。京津冀及周边地区、汾渭平原清洁取暖率达到80%以上。[②]

2. 调整用能结构

截至2021年底，我国在建筑领域广泛应用了太阳能光热技术，应用面积达到50.66亿平方米，太阳能光伏装机容量达到1.82万兆瓦，浅层地热能应用建筑面积约4.67亿平方米。这些措施使得我国城镇建筑中可再生能源替代率达到6%，有效减少了建筑行业的碳排放。[③] 通过建筑行业用能结构调整，建筑变得更加绿色。

3. 提升建筑节能标准

我国颁布和实施了一系列建筑节能、绿色建筑和绿色建材的标准和规范，例如《建筑节能和可再生能源利用通用规范》《绿色建筑评价标准》《近零能耗建筑技术标准》等。这些标准规范要求建筑行业在设计、施工和使用过程中，采用节能和可再生能源利用技术，提高建筑的能源效率，减少对环境的影响。在国际项目中，中国企业可以凭借绿色建筑和可持续发展的优势，积极参与竞争。

（五）碳交易市场

碳排放权交易市场是推动实现中国碳达峰碳中和的重要政策工具，通过市场机制实现碳减排的资源最优分配，推动生产和生活的绿色低碳转型，助力中国如期实现"二氧化碳排放在2030年前达到峰值，在2060年

---

① 《到2025年完成既有建筑节能改造面积3.5亿平方米以上》，人民网，http://finance.people.com.cn/n1/2022/0322/c1004-32380356.html，2022年3月22日。

② 《国家能源局：北方地区清洁取暖率达到约65%》，中国电力网，http://www.chinapower.com.cn/jnhb/zhxw/20201231/41330.html，2020年12月31日。

③ 《中共中央宣传部举行新时代住房和城乡建设事业高质量发展举措和成效新闻发布会》，中华人民共和国住房和城乡建设部网站，https://www.mohurd.gov.cn/xinwen/jsyw/202209/20220915_768000.html，2022年9月15日。

前实现碳中和"的目标。

1. 启动全国碳市场

全国碳市场于2021年7月16日正式启动，首批共有2162家发电行业重点排放单位纳入，是全球覆盖排放量规模最大的碳市场。全国碳市场第一个履约周期共有114个交易日，碳排放配额累计完成1.79亿吨成交量，累计实现76.61亿元成交额，配额履约率为99.5%，成交价格在40~60元/吨，成交均价为42.85元/吨，市场运行健康有序。[①]

地方试点碳市场是全国碳市场的重要补充。从2011年开始，北京、天津等七个省（市）在碳市场试点方面取得了巨大的成就。这一试点覆盖了电力、钢铁、水泥等20多个行业的近3000家重点排放单位。截至2024年7月15日，全国碳市场碳配额累计成交量达4.65亿吨，累计成交额近270亿元。[②]

2. 持续推进全国碳市场制度体系建设

全国碳市场正式运行第一年，累计共有超过50%的重点排放单位参与交易，市场配额履约率达99.5%以上。目前，全国碳市场制度体系已经初步形成。在配额分配方面，印发了第一个履约周期配额分配方案；在碳交易方面，2024年新出的《碳排放权交易管理暂行条例》，以专项行政法规形式对碳排放权交易制度进行确立和完善，确保了碳排放权交易活动有法可依；在数据管理方面，建立碳排放数据报告、核查、核算制度，并颁布了一系列管理规定，制定了一系列技术规范。在系统构建方面，已经完成了碳排放权注册登记系统、交易系统和温室气体排放报送系统的建设。政府相关部门一直在加强执法和全国碳市场数据质量管理工作，这些措施为全国碳市场的良好运作提供了坚实的基础（方海，2022）。

3. 重点排放单位地区分布差异较大

根据《2019—2020年全国碳排放权交易配额总量设定与分配实施方案》的规定，被纳入全国碳市场的主要排放单位为在2013~2019年任意一年的排放量达到2.6万吨二氧化碳当量的发电企业。全国碳市场将发电行

[①]《碳排放配额累计成交量1.79亿吨》，中国政府网，https://www.gov.cn/xinwen/2022-01/04/content_5666282.htm，2022年1月4日。

[②]《全国碳市场累计成交额近270亿元》，中国政府网，https://www.gov.cn/yaowen/liebiao/202407/content_6963787.htm，2024年7月21日。

业作为首个纳入的行业，共计2225家。这些企业的碳排放量超过45亿吨，地区分布情况如图7-4所示。山东省是重点排放单位数量最多的省份，共有338家。海南省的重点排放单位数量是最少的，只有7家。江苏和山东的重点排放单位数量超过了200家，而北京、甘肃等地的重点排放单位数量则不到20家，重点排放单位的地区分布差异非常显著。

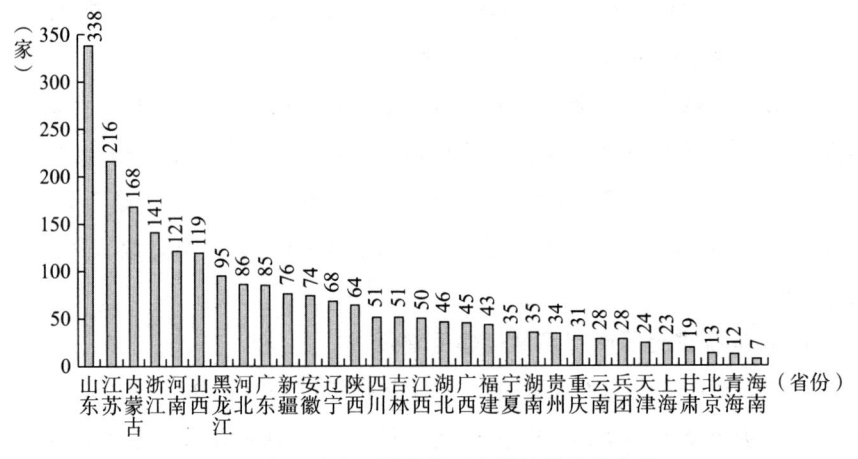

图7-4 全国碳市场覆盖的重点排放单位分布情况

数据来源：《中国碳市场回顾与展望（2022）》。

三 "1+N"政策体系的效果与评述

（一）政策效果

1. 有助于倒逼经济结构转型，推进高质量发展

"1+N"政策体系中既包括了对高投入、低效率、高污染行业的限制发展策略，又着重提出了对低投入、高效率、低污染行业的促进发展举措，体现了中国推动经济转型、实现高质量发展的思路。

一方面，政策严格限制高碳、高耗能行业新增产能，如钢铁、水泥、化工、非金属矿物加工等行业将受到抑制，同时加速高碳型资本贬值以及高碳型技术淘汰，如钢铁、水泥行业继续压减产能；另一方面，政策大力鼓励清洁能源产业、节能环保产业、数字信息产业、生物产业、高端制造产业、现代服务业、现代农业等新型低碳产业的发展，如发挥财税政策的引导作用，提高对这些领域的资金支持力度和税收优惠力度。此外，政策还积极运用市场化方式鼓励资本加大投资力度，如建立了全国碳交易市场、绿电交易市场，未来将实施新一轮电力改革、构建全国统一电力市场等等。

系统化的碳达峰碳中和政策体系，有助于倒逼经济结构转型，推进高质量发展。根据各个机构的估算，中国在未来30多年将大力推动可再生资源的利用、能效的提升、新能源汽车和家居电气化等终端消费，同时持续推广风能、光伏、核电、储能、氢能、特高压传输、智能电网、碳捕集与封存等零碳或负碳技术，为实现低碳到零碳的转型路径所需的总投资将在数十万亿到数百万亿元之间。战略性新兴产业、高新技术产业以及绿色环保产业将成为推动经济增长的新动力，形成绿色经济的增长引擎，并通过提供新产品和新服务来促进上下游产业链的转型升级。

采用碳交易市场和征收碳税等措施对碳进行定价，将对包括主要制造业在内的行业盈利模式带来革新。2020年特斯拉通过销售碳排放额度赚取了14亿美元，这表明碳交易市场正在变得越来越活跃，也意味着碳交易可能成为新型企业增加收入的一种新方式（郭占强等，2022）。中国企业如果不积极减少排放量、加快制造业向低碳转型的速度，可能会面临贸易出口方面的壁垒。2023年4月18日，欧洲议会通过了"碳边界调整机制"法案，并随后得到欧洲理事会的批准，该法案于2023年10月1日起进入过渡期，并将于2026年1月1日起正式进入实施阶段。其他一些国家和地区也在考虑建立类似的机制。这将对我国高碳企业的出口市场范围、贸易量和企业效益产生重大的影响。

2. 有助于有序推进低碳进程，避免"运动式"减碳

"1+N"政策体系高度重视处理好碳达峰碳中和进程中"短期-长期""局部和整体""降碳-安全"的关系。我国目前尚处于工业化城镇化深化阶段，工业增加值仍占GDP三分之一左右，人均GDP大大低于欧美国家碳达峰时的水平，尚未实现经济增长与能耗及碳排放的"脱钩"。多年来大规模经济建设形成的高碳资产量大面广，如化工园区、煤矿、油气井及油气管线、火电厂、钢铁厂、水泥厂等，在现阶段仍然是发展国民经济和保障人民生活的基础。如果以命令控制型手段为主推动碳减排，采取"运动式"减碳的方式在短期内快速降低传统高碳行业产能，而相应的经济结构尚未调整到位，技术条件尚未明显改善，将导致企业生产经营成本上升过多、产业竞争力削弱过快，至少在短期内会对国民经济和人民生活产生明显冲击。高碳资本过快贬值、过早退出也会给国有资产带来浪费。

特别是，未来一段时期我国以电力为主的能源消费总量仍将持续增长，"双碳"目标下，风电、太阳能等可再生能源发电装机将逐渐占据电力总装机绝大部分。然而，可再生能源电力具有间歇性、不稳定性特征，容易受到昼夜、季节和气象条件变化的干扰。目前，提高可再生能源电力稳定性的可行途径是发展可再生能源电力加储能技术，包括"风光+抽水储能"技术、"光伏+储能+热电联产"技术（高媛和宁佳钧，2023）、超导储能技术（刘明明，2022）、"超级电容+蓄电池"或者储氢等储能技术，构成混合储能系统。但目前这些储能技术的规模远不足以保证全网用电需求。

事实上，在我国目前的电力系统中传统火力发电技术仍起主导作用，若"一刀切"地去煤电产能，导致煤电行业的投资过低、退出过快，而可再生能源及核电等在短时期内又无法及时有效填补传统能源退出留下的空白，容易引起区域性、间歇性的能源短缺。因此在能源电力领域必须全局规划，循序渐进，推进煤电机组灵活性改造，用以协助解决大规模可再生能源发电上网的供电稳定性问题；结合各种能源的自身特点，根据资源禀赋统筹规划，提高电网对清洁能源的空间调配能力，实现风电、光伏发电、核电等零碳发电与可灵活调峰的煤电的多能互补，稳定安全供电。

《碳达峰行动方案》《关于促进新时代新能源高质量发展的实施方案》等现行政策文件已经准确把握"传统能源逐步退出要建立在新能源安全可靠的替代基础上"这一原则，根据形势发展及时调整，立足于我国富煤贫油少气、短期内煤炭仍是主体能源的国情，要求先立后破、通盘谋划，统筹发展和安全，大力推进煤炭清洁高效利用，发展现代煤化工业，优化煤炭产能布局。此外，国家正在逐渐改进能源消耗"双控"政策，要求增强能源消耗总量管理的灵活性，不将新增的可再生能源和原料能耗纳入能源消耗总量的控制之中。

3. 有助于依托既有低碳技术，促进新技术突破

碳达峰碳中和不仅是一场能源革命，也是一场技术革命。"双碳"目标的最终实现还有赖于技术的突破。目前碳达峰碳中和的技术主要分为三类：减碳技术、零碳技术、负碳技术。

减碳技术主要涉及燃料替代、工艺替代与优化、生产效率提升、资源和能源回收利用等技术，主要应用于钢铁、电力、水泥、化工、交通、建筑等行业。在零碳技术和负碳技术尚未实现突破、推行成本依然较高的情况下，相对成熟的减碳技术仍然是目前实现碳减排的重要途径。中国工业部门近期应坚持以成熟的能效提升技术为主，中长期应以低碳技术创新为核心，同时积极推动传统高碳产业在与战略性新兴产业、高端制造业以及现代服务业相互融合的过程中实现低碳化改造。例如，在钢铁、水泥和火电等高能耗和高排放行业开展智慧化减碳，利用数字化技术记录并追踪产业链中各个环节的碳排放，实行数字化管控，规范过程管理，降低碳排放量。

零碳技术主要指零碳排放的清洁能源技术。一方面加大研发投入，提高零碳技术的生产效率，降低经济成本。另一方面，传统工业行业积极开展零碳技术研发、改造，如钢铁行业研发绿氢炼钢工艺，水泥行业利用绿氢替代传统化石燃料，化工行业大力发展氢化工等等。

负碳技术是指从尾气或大气中捕获、封存、利用、处理二氧化碳的技术。负碳技术又可分为两类，一是增加生态碳汇类技术，利用生物过程增加碳移除，并在森林、土壤或湿地中储存；二是二氧化碳的物理和化学捕集、封存、利用、转化等技术。在零碳技术实现全面突破，得到高可靠、低成本的普遍应用之前，化石燃料必然无法从人类社会完全退出，因此负碳技术在实现碳中和过程中必不可少。

通过加大研发投入力度促使碳减排、碳中和技术在未来 10~20 年取得重大突破，是实现碳中和中长期目标所必需的。由于技术突破的方向和时间存在不确定性，因而需要多技术储备、多路径尝试、多方面筹划，同时加快对低碳、零碳、负碳三类技术的研发。另外还需要配套完善的科技创新服务平台，打造绿色低碳技术评估、交易体系，促进绿色低碳技术尽早尽快取得创新突破并尽快得到市场化应用。国家专门出台了《科技支撑碳达峰碳中和实施方案（2022—2030 年）》，围绕能源绿色低碳转型科技支撑行动、低碳与零碳工业流程再造技术突破行动、城乡建设与交通低碳零碳技术攻关行动、负碳及非二氧化碳温室气体减排技术能力提升行动、前沿颠覆性低碳技术创新行动、低碳零碳技术示范行动、碳达峰碳中和管理决策支撑行动等10个方面，提出了保障举措，从而引导相关行业、领域、地方和企业的碳达峰碳中和科技创新工作。

（二）政策评价

总体而言，我国的"双碳"顶层设计基本完成，出台了《碳达峰碳中和工作意见》和《碳达峰行动方案》，分别作为"1+N"政策体系中的引领性政策文件，明确了实现碳达峰碳中和目标的总时间表、总路线图。"N"个专项方案也在抓紧制定中，工业、交通运输、能源等重点领域和石化化工、钢铁、建材等重点行业碳达峰实施方案，以及科技支撑、财政支持、绿色金融、绿色消费、减污降碳、统计核算、固碳增汇、干部培训等配套政策措施在陆续出台中，各地区各行业也结合各自实际细化碳达峰行动方案、落实具体举措。

从政策类型来看，我国的碳达峰碳中和政策类型比较丰富，既涵盖了行政指令性政策（如目标责任考核制度），也有经济激励类政策（如价格政策、交易政策、财税补贴政策）、直接规制类政策（如法律、法规和标准）、低碳研发科技政策等。

但现有的政策体系也存在一些不足。首先是法律手段相对欠缺。法律法规是实现碳达峰碳中和目标的重要手段，但是当前我国促进碳达峰碳中和主要依靠国家政策和部分地方性法规，在实现"双碳"目标方面，目前国家层面的专门立法、直接立法还比较少。在控制温室气体方面，我国目前仅能依据《中华人民共和国大气污染防治法》第二条第2款"大气污染物和温室气体实施协同控制"进行间接治理。当前亟须出台碳达峰碳中和领域相关立法，并完善碳达峰碳中和法律法规体系。

其次，市场化手段还需要完善。我国对碳减排的市场机制越来越重视，出台的发挥市场功能的政策越来越多，启动碳交易市场、绿色电力交易市场和国家绿色技术交易中心，完善抽水蓄能价格形成机制与加强金融支持风光电发展等一系列政策措施收到了良好的效果。但现有市场手段的力度仍有待增强；绿色电力交易非强制要求开展，且其未形成与碳交易市场的有效衔接，导致企业参与积极性低等。推进碳达峰碳中和进程需要巨量资金投入，市场化手段的作用尚需要进一步加强。

第八章
碳达峰的多目标多部门政策协同

一 碳达峰碳中和与能源安全转型的协同

(一) 能源转型与碳减排的市场机制的协同性分析

1. "电-碳"市场衔接有待加强

全国绿色电力交易试点于2021年9月正式启动,但当前企业参与绿电交易的动力不足。2022年1~7月我国绿电累计交易量不到100亿千瓦时,仅占市场交易电量的0.3%。除了绿电交易处于自愿阶段、不具有强制性以外,绿电市场与碳市场相互孤立,尚未形成互认机制,这也是造成绿电需求未被激发的重要原因。在碳市场中,按照现行温室气体排放核算方法,行业碳排放包括化石燃料燃烧排放、工业生产过程排放、购入使用的电力热力排放以及固碳产品隐含排放。其中:用户购入电力按照省级电网统一碳排放因子核算碳排放量,未考虑用户购入电量中绿电比例差异,采用统一折算因子无法真实反映用户碳排放水平。绿电购买企业虽然支付了环境溢价,但在碳市场中进行碳排放核算时,绿电仍被看作普通电力计算间接排放,削弱了绿电的环境价值(郭胜伟等,2022)。

因此,需要尽快厘清绿电市场与碳市场之间的关系,做好不同减排机制之间的衔接。对购买绿电的企业,在碳市场排放量核算中应将其绿色电力相关碳排放量予以扣减,从而增强企业购买绿色电力的积极性(林伯强,2022)。

2. 碳市场的总量约束能力仍然不足

全国碳市场于2021年7月正式成立。现行碳市场机制下,管理部门采用基准值法核算重点排放单位所拥有的机组的碳配额量,即以实际产出(供电量)乘以碳排放基准值,核定重点排放单位的碳配额。这种由当年的"基准值"乘以火电发电量"事后"确定碳配额数量的机制,并非总量控制前提下的交易机制,并不能产生碳排放总量约束作用,只能起到"强度控制"作用。

虽然有专家认为,从长期看,可以逐年提高基准值,从而收紧全国的总配额约束(曹静和白重恩,2021),但如果全国碳市场仅限于覆盖火电机组,那么即使基准值收紧的速度和幅度适中,能够逐渐压缩低效火电企业市场份额(压缩产能、产量或退出市场),高效火电企业生产规模仍会因不受约束而能够"合法"扩张其产能、产量和市场份额。从比较静态角度看,假设电力需求和电力总供给规模不变,高效产能替代低效产能的确可以降低总的碳排放量;但考虑到未来用电需求仍将稳步增长(Zhang and Chen,2022),从长期动态视角看,高效火电的产能、产量和碳排放量完全可能因不受限制而出现碳排放总量不降反增,规模效应主导下的火电行业碳排放持续增长。

另外,火电的碳排放强度(生产效率)的提升存在边际递减的瓶颈,如果将基准值定得过严,比如超出了行业内90%的机组的技术水平,则可能导致相当比例的相对低效企业短时间内休克式退出,虽然可以大幅减少碳排放,却可能对供电安全造成威胁。因此,现行碳市场很难在不对电力系统产生剧烈冲击的前提下,仅依靠大幅收紧碳排放基准值实现安全的碳达峰碳中和。

总之,逐渐收严的"基准值"可以鼓励火电行业提高碳效率,在有限程度上助力实现碳达峰,但无助于碳排放总量控制和直接改善电力结构,难以为实现碳中和做出实质性贡献。可以预见,如果不做出根本性的改变,则我国实现碳达峰之后进入平台期,以及向着碳中和发展时,目前碳市场机制下基于"基准值"的碳配额总量决定和分配机制很可能进退维谷。

3. 用能权交易与碳交易的双重履约问题亟待解决

用能权交易是在区域用能总量控制的前提下,企业对依法取得的用能指标进行交易的行为。用能权交易在我国实践中表现为以"吨标准煤"为单位的指标交易,其形式包括由政府出售给企业、政府从企业回购、企业间交易等(周杰俣和刘子畅,2022)。该制度由国家发改委在2016年发布的《用能权有偿使用和交易制度试点方案》中提出，自2017年在浙江、福建、河南、四川开展试点。2020年以来，用能权交易市场发展提速，福建、四川、湖北、河南、合肥、济南等省市相继出台本省市用能权交易市场管理办法。

对于协同利用用能权交易市场与碳排放权交易市场助力"双碳"的思路尚不清晰。用能权交易控制能源消费总量，属于前端治理；碳交易控制排放总量，属于后端治理；碳排放量和能源消耗量之间可以相互换算，本质上属于同一指标，两种市场存在重叠。如果设置不合理，很可能会增加企业负担，降低企业积极性（邹乐乐等，2022）。从当前国家及各省份的用能权发展规划、支持政策来看，用能权市场与碳市场的协同已获得各级政府的重视，例如河南在《河南省用能权有偿使用和交易试点实施方案》中明确，为避免双重履约，河南省用能权交易未将统调燃煤电厂纳入交易范围。这表明河南省对碳排放权与用能权同时管制同一市场主体会造成双重履约的担心（周杰俣和刘子畅，2022）。未来，全国用能权市场建设仍需进一步厘清与碳交易市场的关系，保障实现提高市场运行效率、减轻企业负担、促进节能减排等目标。

（二）绿色低碳转型与安全保供的协同性分析

1. "双碳"目标与保障能源安全稳定的协同

"双碳"目标对风电、光伏发电等可再生能源电力发展提出了更高的要求。有研究预计，为了实现碳达峰碳中和目标，2030年、2050年、2060年，我国电力总装机预计达到38亿千瓦、75亿千瓦和80亿千瓦，其中清洁能源装机为25.7亿千瓦、68.7亿千瓦、76.8亿千瓦，2060年超过96%的装机和发电量均由清洁能源承担（全球能源互联网发展合作组织，2021）。然而需要注意的是，虽然清洁能源电力能够减少温室气体的排放，但清洁能源电力，如太阳能发电和风电，具有间歇性、不稳定性等特征，容易受到时间和天气干扰。同等装机规模的光伏发电在中午时刻发电量最多，晚上无电力输出；风电受风力大小等影响，出力负荷也具有波动性。大规模风电、光伏电力上网不利于电网稳定，一旦出现长时间的无风或阴雨等不利天气，电力供应会中断，甚至出现电网崩溃现象。例如，美国得克萨斯州在天然气、煤炭和核能发电之外，风电和太阳能发电也占有相当比例，

2020 年风力发电占比 22.9%，太阳能发电占比 2.2%。得克萨斯州在 2021 年 2 月受到极端严寒天气影响，连续多天的冻雨和降雪导致风力涡轮机等设施被冻，风力发电量下降 60%，光伏面板因被冰雪覆盖，发电量也下降了 68%（范旭强等，2021）。

目前，提高清洁能源电力稳定性的主要可行途径是发展可再生能源电力加储能技术，包括光伏-储能-热电联产技术（张雨曼等，2020）、超导储能技术（郭文勇等，2019）、超级电容加蓄电池或储氢技术（江润洲等，2015）、风光+抽水储能或惯性储能技术等，构建混合储能系统。

事实上，由于传统的火力发电技术已经相当成熟，在电力系统中起基荷作用，若"一刀切"地去煤电产能，将导致煤电行业的投资过低、退出过快，如果可再生能源在短时期内无法及时有效填补传统能源退出留下的空白，会引起区域性、间歇性的能源短缺。因此在降低化石能源比例、提高可再生能源占比时，应该全局规划，循序渐进；通过对煤电机组进行灵活性改造，协助解决大规模的风电和光伏发电等可再生能源上网带来的供电稳定性问题；应该结合每种能源自身的特点，根据地区资源禀赋统筹规划，在满足社会能源需求的前提下，以成本最优进行能源供给，如利用核电、风电作为基荷电力，同时提高电网调控能力，实现风电、光伏发电、核电等零碳电力与可灵活调峰的煤电的多能互补，稳定安全供电。

电网调控的重要性还表现在其对清洁能源资源的空间调配。清洁能源地域分配不均，与中国的东部和南部地区相比，西部和北部地区的人口相对较少，然而资源禀赋却更高。例如，内蒙古地区 70 米高度风力资源潜力占全国总量的 56.9%，太阳能资源潜力占比为 34.1%，2019 年人口仅为 2540 万人；而在 2019 年人口数量为 9640 万人的河南省，风能和太阳能资源潜力占比分别为 0.15% 和 0.29%。因此，通过电网+储能建设实现清洁能源电力的削峰填谷，解决清洁能源空间、时间分配问题，提高清洁能源利用率，提高可再生能源供给的稳定性，对于实现"双碳"目标具有十分重要的作用（张振宇等，2019）。

2. "双碳"目标与安全生产的协同

可再生能源具有不稳定性，需要储能技术的配合，因此可再生能源的发展将带动储能行业的发展。储能具有削峰填谷、调峰调频、提升电能质量、稳定新能源输出、促进新能源消纳等作用。然而储能技术的成熟度尚待提高，存在的安全隐患对可再生能源的发展存在一定制约作用。2021年北京国轩福威斯光储充技术有限公司储能电站发生爆炸事故。2017年至2020年，韩国发生29起电化学储能电站火灾。有研究通过对中国、韩国、美国的典型电化学储能电站安全事故进行分析发现，发生储能安全事故的主要原因是锂电池易燃，伴随有热失控发生，但引发事故的往往不是电池，更多的是由电气事故引发。随着光伏发电技术应用场景越来越多，安全风险也有一定程度的上升。发展低碳能源，仍需要提高安全意识，健全规章管理制度，加强安全管理，消除安全隐患。

二 碳达峰碳中和与社会公平和区域平衡发展的协同

（一）实现"双碳"目标与社会公平的协同

在实现"双碳"目标，推动社会经济低碳转型的过程中还应该兼顾社会公平。经济结构的调整必然引起部分行业、地区传统高碳产业从业人员失业、人群收入差距拉大等问题。山西、内蒙古等产煤大省的经济与煤炭行业紧密联系，如山西省煤炭开采和洗选业营收占全省工业营收总量的33.58%，煤炭开采和洗选业税收占全省工业企业税收贡献的65.87%（王刚，2022）；内蒙古2021年煤炭产量约占全国总产量的25%（余畅和曾贤刚，2022）。短期来看，推进"双碳"进程必然加大传统高碳行业劳动力转岗就业的压力，据袁佳等（2022）估算，中国到2060年实现碳中和将直接造成2000多万人失业，其中非金属矿采选业占近30%，可能造成潜在社会问题。长期来看，落实"双碳"目标将在服务业、可再生能源等接力行业中创造更多的就业机会，抵消高碳行业退出导致的劳动力下岗带来的消极影响。国际可再生能源署的研究报告表明（IREA，2020），2019年中国可再生能源行业从业人数达436万人，且具有持续上升趋势。但需要注意的是，可再生能源等新兴产业与传统高碳行业对劳动力素质和技术的要求差异较大，在进行劳动力转岗分流时，需要通过良好的职业技术培训帮助失业劳动力顺利完成转型。

为实现社会公平转型，需要从个人、企业、区域、国家等不同层面，建立全方位的支持保障政策体系：为下岗员工提供基本医疗和社会保险托底，对提前离退休人员提供遣散资金，为有重新就业需求的员工提供培训机会和创业援助，帮助他们度过失业过渡期；对于陷入困境的企业，以市场机制为主，政府援助为辅，为企业制定债务减免和重置计划，帮助解决企业困难；对于雇用失业员工的企业给予优惠信贷；对于受影响较大的传统老工业基地，扶持其培育新的替代产业，对新兴产业投资提供一定的财税或贷款优惠，减免企业和个人所得税，投入专项资金开展工业区生态修复和改造等等（荆文娜，2018）。

（二）实现"双碳"目标与区域平衡发展的协同

我国幅员辽阔，不同地区在产业结构、发展水平、技术进步、资源禀赋、碳排放量基数等方面存在很大的差异。推进"双碳"目标会对不同地区、不同行业产生不同程度的影响，甚至加大区域间发展不平衡程度。

对于经济发达、第二产业占比低、能源结构多元、人才资源丰富的省份，例如北京、上海、天津、江苏、广东等地，"双碳"目标相对容易实现，这些地区更有能力适应"双碳"目标要求，推动产业升级和技术进步，也更有能力满足全社会对绿色低碳产品和服务的巨大需求，为新兴产业提供低碳产品和服务。

另一类资源大省（自治区），如山西、内蒙古、陕西等，拥有丰富的化石能源资源，以化石能源原材料为基础的工业产业长期以来是其经济支柱，拥有大量的上下游企业和相关从业人员，且技术创新能力相对薄弱，进行低碳技术、零碳技术改造较为困难，经济结构转型难度大。如果执行与其他地区相同的"双碳"目标，则会对这些地区经济社会产生更大的冲击。

因此，实现全国碳达峰碳中和目标，并不意味着要在各省、自治区、直辖市，乃至所有市、县同时同步达成。国家需要从全国一盘棋的战略高度对达成"双碳"目标的空间序列做出适当安排，明确战略方向，指导地方在制定碳达峰碳中和规划时，因地制宜结合当地经济发展水平、资源禀赋及其在全国战略格局中所处的地位，实事求是地制定科学的、符合当地实际和满足全国"双碳"目标要求的减碳规划。

三 碳达峰碳中和与生态环境治理的协同

(一) 碳排放与大气污染物的协同控制

"协同控制"是指以具有协同效应的措施和方式同时减排局地大气污染物和温室气体(毛显强、曾桉等,2012)。大气污染物与温室气体的协同减排基于二者大多来自化石燃料燃烧的同根同源性。许多研究结果表明,节约能源等降碳措施通过减少化石能源消耗,能够产生协同减排局地大气污染物的效果;而为了减排大气污染物而采取的改善能源结构的措施,也可减少温室气体的排放。这些关于协同效应评估的研究已经在电力(毛显强、邢有凯等,2012)、钢铁(毛显强、曾桉等,2012)、交通(高玉冰等,2014)等重点行业和乌鲁木齐(Zeng et al.,2017)、唐山(邢有凯等,2020)、海南(耿静等,2016)等省市广泛开展。

目前,实现温室气体与大气污染物协同控制的途径主要有结构减排、规模减排、技术减排以及管理减排(毛显强等,2011)。结构减排是指调整现有的能源结构,减少化石能源的使用,提高清洁能源占比。规模减排以淘汰高碳产业产能、产量,降低钢铁、水泥等高碳消费等措施为重点实现协同减排。不同产业以及不同技术的市场规模与市场份额的调整,也意味着结构减排与规模减排互为表里。技术减排措施中的前端和中间控制措施以及原燃料替代等措施的协同效应比较明显。管理减排是指通过加强监管,优化能源系统组织,调控减排设备运行状态,改善能源利用效率和设施设备运行效率实现碳减排(周涛和姚亮,2013)。

然而,并非所有的碳减排措施都有利于减少大气污染物,也并非所有的大气污染物控制措施都有利于碳减排:如碳捕集与封存(CCS)技术因为增加电力的使用,会增加大气污染物的间接排放;脱硫脱硝等末端污染治理技术由于相关原料/药剂的使用以及电力消耗的增加,会增加直接和间接碳排放(毛显强等,2021)。因此我们仍需要注意减污与降碳目标之间的协同,寻求温室气体和局地大气污染物协同减排、降费增效的优化路径。通过在重点行业、企业开展示范试点,结合各行业工艺特点、企业基础条件以及已有的污染治理设施,开展减排技术/措施的协同控制效果评估，进行协同控制优化分析，进而集成协同控制技术方案加以推广。

（二）碳排放与污水、固废的协同控制

实施水污染治理不仅需要投入大量的资金、人力、物力，也存在着"碳排放"的隐形代价。污水处理过程中的碳排放包括直接排放和间接排放（王洪臣，2017）。直接排放包括污水输送、处理过程中产生并逸出的温室气体排放，同时也包括残余物质降解过程中产生的温室气体排放。间接排放是指污水处理过程中的电耗、能耗等引致的碳排放。

固体废弃物的处理处置也会产生一定的碳排放（唐影，2015）。卫生填埋不仅占用大量土地，同时在填埋过程中垃圾发酵可产生大量的甲烷等温室气体。堆肥是利用微生物的分解作用处理垃圾，若处理不当也会产生温室气体泄漏。垃圾焚烧发电可回收利用热能发电，并且可以避免填埋产生的甲烷逸散、土地占用问题，但也需要加入辅料从而间接产生温室气体排放，还可能产生二噁英、汞等污染物。

可见，碳排放与污水、固废的协同治理也是碳达峰碳中和进程中需要关注的方面。在污水和固废处理过程中，可以通过提高工艺及管理水平减少直接碳排放，提高零碳电力使用减少间接碳排放，同时控制其他污染物的产生。如在污水处理厂开展甲烷回收、污泥消化处理，在高浓度有机工业废水处理中采用厌氧发酵工艺，回收利用沼气能源；选择低碳水处理技术减少外加碳源（郑思伟等，2019）；还可以利用厂房屋顶安装太阳能光伏设施，提高清洁能源使用率。在实施生活垃圾焚烧发电时，可通过垃圾分类提高焚烧效率，采取入炉前预处理、控制燃烧温度和气体的停留时间、炉外低温合成控制和末端排放控制等措施控制二噁英的产生和排放（周芳磊，2019）。

（三）实现"双碳"目标与生态治理的协同

自然生态系统深度参与全球碳循环过程。大气中的二氧化碳被陆地和海洋植物光合作用吸收后进入生物圈、岩石圈、土壤圈和水圈，部分被吸收的碳在生物地球化学作用下最终被固定，另一部分通过土壤呼吸和微生物分解重新返回大气。自然生态系统吸收二氧化碳的固碳作用对中和碳排放贡献巨大。因此，在推进碳达峰碳中和进程中，增汇和减排具有同等重要的作用。森林碳汇是自然生态碳汇的重要组成部分。目前中国的森林覆盖率仍然低于全球平均水平,森林资源仍然相对不足,且各个地区分布不均,生态系统较为脆弱。加强森林生态建设与碳减排的目标一致,将继续作为我国实现"双碳"目标的重要一环。在2020年12月气候雄心峰会上,国家主席习近平提出,到2030年,中国森林蓄积量将比2005年增加60亿立方米。除了通过植树造林、退耕还林等措施提高森林碳汇外,增强生态碳汇还包括培育和提高草原、湿地、海洋等生态系统对碳的吸收能力。生态碳汇强调各生态系统的整体性及对全球碳平衡的影响(张守攻,2021),做好山水林田湖草沙冰一体化保护与修复、土地整治、矿山复垦与生态重建、蓝色海洋保护修复等工作,可以助力"双碳"目标的实现。

(四)防范减碳措施的潜在生态环境风险

发展可再生能源替代化石能源是实现"双碳"目标的必要措施。然而,太阳能与风能的能量密度小,需要较大的集能面积。大规模建设太阳能和风能发电场会改变局地地表属性,还有可能通过陆气相互作用过程,改变局地气候(梁红等,2021)。例如风电站在运行过程中可能会破坏动物栖息地,导致鸟类碰撞,以及产生噪声、视觉等消极生态环境影响(蒋俊霞等,2019)。在建设水电站过程中,大量的基础设施建设会导致景观破坏,拦截引流会导致水量分布的空间变化和部分河段生态系统退化(庞明月等,2015)。抽水储能电站在建设过程中也会影响当地的生态环境(Kong et al.,2017)。

大规模的碳捕集与封存(CCS)技术应用还存在一些潜在的生态环境影响或风险。CCS分为二氧化碳捕集、运输和封存三个阶段。除捕集过程需要消耗额外的能源,产生额外的氮氧化物、二氧化硫等大气污染物外,捕获的二氧化碳在运输过程中可能发生泄漏,二氧化碳封存地下可能会对水文地质及生态系统产生影响,包括二氧化碳注入过程可能导致地下水受到污染,使储藏在地层中的盐水酸化(刘兰翠等,2010);如果二氧化碳在土壤中的泄漏量和浓度超过一定数值,会影响作物生长和产量(韩耀杰等,2019)等。

核电具有温室气体排放量少、能量高、稳定可靠等特点。然而从整个燃料链看,工业生产过程中仍会有温室气体和局地污染物的排放(吴宜灿等,2018)。在核电厂运行过程中的人工放射性核素释放(姜子英等,2008)、核废水和核废料处理等问题都需要慎重对待。

为了"双碳"目标的顺利实现,减碳措施和项目仍需从降低生态环境影响和防范化解风险角度,依法依规做好充分的环境影响评价,提出包括科学规划、合理选址、应对风险等在内的要求和对策,力促相关行业通过研发提高减碳技术的先进性、安全性、可靠性,防范任何不利影响的产生,为"双碳"大业保驾护航。

第九章
碳达峰碳中和行动的经济激励与策略选择

一 实现碳达峰与碳中和，开创更加美好的未来

党的二十大擘画了全面建设社会主义现代化国家、以中国式现代化全面推进中华民族伟大复兴的宏伟蓝图，习近平总书记在党的二十大报告中提出："中国人民愿同世界人民携手开创人类更加美好的未来"，并指出："发展是党执政兴国的第一要务。没有坚实的物质技术基础，就不可能全面建成社会主义现代化强国。必须完整、准确、全面贯彻新发展理念，坚持社会主义市场经济改革方向，坚持高水平对外开放，加快构建以国内大循环为主体、国内国际双循环相互促进的新发展格局。"习近平总书记在主持中共中央政治局第三十六次集体学习时强调，实现碳达峰碳中和，是贯彻新发展理念、构建新发展格局、推动高质量发展的内在要求，是党中央统筹国内国际两个大局做出的重大战略决策。应对气候变化为人类社会发展与进步提供了新的战略要素（杜祥琬，2013）。统筹应对气候变化、污染防治、能源资源安全等全球治理挑战并深入推进全球生态文明建设，是实现世界可持续发展的必要条件，也是开辟全球绿色低碳发展崭新路径的内在要求。从生态文明建设整体布局和经济社会发展全局的战略视角看，实现碳达峰与碳中和是具有时代性、主体性并能够体现中国立场和中国贡献的标识性概念，也是中国与各国家和地区共同创造"人类更加美好的未来"、推动生态文明建设国际化主流化的关键务实举措。

对于国际国内既有关于全球气候治理的文献，在总体的研究技术路线上，诺德豪斯、斯特恩等研究者和机构（Nordhaus，1977，1992，2018；

Stern，2006）主要是基于温室气体控排情景和零碳路径，从宏观上把全球气候变化的物理因素和影响纳入经济增长模型及其政策分析，却往往忽略了发达国家与广大发展中国家之间的减排历史责任、发展水平与温室气体低排放发展能力差异，特别是发展中国家的正当发展权益；潘家华（2002）、丁仲礼等（2009）、潘家华和陈迎（2009）、庄贵阳等（2011）、基础四国专家组（2012）、杜祥琬（2013）、何建坤等（2014）等发展中国家学者和研究团体主要是把温室气体控排行动蕴含的文明形态、发展阶段和发展空间以及脱贫、公平获取可持续发展的能力、发展权益等因素纳入经济社会发展与应对气候变化的宏观经济制度分析和解决方案设计，进而在此基础上探索温室气体控排（包括碳达峰与碳中和）最优路径和低排放发展战略，并从微观上丰富了应对气候变化的碳生产力与人文发展内涵，也更有利于从合作应对和共同繁荣发展的立场强化广大发展中国家应对气候变化的自主行动空间和绿色低碳转型发展力度。因此，本章基于唯物史观的文明创造激励（栗战书，2012）、发展范式变革与文明演进（何建坤，2018；杜祥琬，2021），从人类社会发展与生态文明进步的中长期和长远期战略角度刻画碳达峰碳中和战略目标实现的经济变革机理与高质量发展内涵，并锚定更高发展水平和更高阶段文明形态分析了碳达峰与碳中和的基本形态及（非）均衡稳态演进路径、完善和贯彻落实"1+N"政策体系行动部署的政策策略选择。

二 碳达峰碳中和战略目标引致的经济变革和激励

2021年4月30日，习近平总书记在中共中央政治局第二十九次集体学习时强调，生态环境保护和经济发展是辩证统一、相辅相成的，建设生态文明、推动绿色低碳循环发展，不仅可以满足人民日益增长的优美生态环境需要，而且可以推动实现更高质量、更有效率、更加公平、更可持续、更为安全的发展，走出一条生产发展、生活富裕、生态良好的文明发展道路。推动实现碳达峰碳中和战略目标，绝不是就碳论碳的事，而是多重目标、多重约束的经济社会系统性变革（何立峰，2021）。把碳达峰碳中和纳入生态文明建设整体布局和经济社会发展全局，其本质在于坚持发展优先和以人民为中心，通过坚定不移完整、准确、全面、深入贯彻新发展理念，不断提高进入新发展阶段、加快构建新发展格局的实践能力和制度效能。这也包括从扩大有效需求和推动生产函数变革两端发力，用好大国经济纵深广阔优势（刘鹤，2020，2022），拓新资源重新配置的空间（蔡昉，2021），以气候治理新模式和绿色低碳循环的可持续路径引导新发展范式革命和同新文明形态的演进激励相容的实践创新与创造，持续推动经济发展质量、发展效率、发展动力三大变革，形成有利于资源节约、环境友好、气候安全的高质量发展内生动力机制，全方位地开展新时代新发展阶段生态文明建设，不断形成人与自然和谐共生的现代化建设新格局。

（一）碳达峰碳中和行动与发展质量变革

习近平总书记在十四届全国人大一次会议上发表的重要讲话中强调："在强国建设、民族复兴的新征程，我们要坚定不移推动高质量发展。"实现人民幸福、民族复兴、国家富强、人类进步是发展的根本目的和归宿，也是新时代中国特色社会主义现代化建设的鲜明特征。以推动高质量发展为主题，积极稳妥推动实现碳达峰碳中和目标激励带来的发展质量变革，是适应我国社会主要矛盾历史性新变化，遵循自然规律和经济社会螺旋式上升的一般发展规律以实现科学发展和可持续发展的内在要求，也是在新时代新发展阶段坚持以新发展理念为指引加快构建新发展格局，扎实有效推进中国式现代化，不断促进物的全面丰富以及更好推动人的全面发展和社会全面进步的迫切需求。这不仅有利于为全面建设社会主义现代化国家、接续创造和丰富人类文明新形态提出更广泛和更包容的发展目标，提供低碳排放发展战略情景下的质量和效益保证，也有利于"协同推进降碳、减污、扩绿、增长"在质量维度上不断内化为驱动国民经济发展和现代化经济体系建设的内生性发展能力因素，为中国式现代化建设提供更为主动自觉的行动共识与精神力量、更为完备管用的重要制度保证，以及更为坚实可持续的新型物质基础。

围绕新时代社会主要矛盾的新变化和现代化建设实践新要求新任务，以主动加快构建新发展格局为战略基点，推动实现碳达峰碳中和目标带来的发展质量变革，需要遵循中国特色社会主义进入新时代的发展大逻辑，始终"坚持质量第一、效益优先，大力增强质量意识，视质量为生命，以高质量为追求"，在实践上充分体现中国式现代化建设合规律性、合目的性和社会主义现代化大生产的价值取向的高度有机统一，更加自觉地在"十四五"时期乃至全面建设社会主义现代化国家全过程以绿色低碳循环的可持续发展路径推动经济发展实现"质的有效提升和量的合理增长"。这样才能在更高的历史起点上更好地服务于新时代中国特色社会主义"五位一体"总体布局、本世纪中叶全面建成社会主义现代化强国的"两个阶段"发展战略安排和新时代中国特色社会主义生态文明建设整体布局；并在更高发展水平上通过创新驱动、高质量有效供给创造更多能够不断满足人民日益增长的美好生活需要和优美生态环境需要的物质财富和精神财富，使得中国式现代化创造的人类现代文明新形态及其发展成果能够更多更公平惠及全体人民。

（二）碳达峰碳中和行动与发展效率变革

无论是从加强供给-需求在更高发展水平上的动态适配与区位均衡方面看，还是从逐步调整和促进建立与碳生产力的不断发展相适应的新型的更高的生产关系视角看，实现碳达峰碳中和目标带来的发展效率变革，是"十四五"时期乃至更长时期内加快构建新发展格局、推动发展范式转型升级的必要条件。以推动供给侧结构性改革为主线，积极稳妥推动实现碳达峰碳中和目标带来的发展效率变革，是以人类命运共同体的全球视野和世界历史眼光加快生态文明建设、接续创造人类文明新形态的必然选择，也是适应我国经济社会发展阶段历史性演进，在新时代新发展阶段坚持以新发展理念为指引加快构建新发展格局、不断推动经济发展范式革命和经济发展结构优化与转型升级的迫切需要。这不仅有利于为推动清洁美丽世界建设、维护全球气候系统安全和稳定、改善生态系统质量提供低碳排放发展战略情景下的效率保障，还有利于把绿色低碳循环发展的战略机遇与能力不断转化为新发展阶段战略任务和战略环境下改善民生福祉的持续力、提升综合国力的发展力以及参与国际发展与合作的生存力和竞争力，从而使得新型现代化能够承载更大的人口规模并提高人民福祉，满足更多国家与地区，特别是满足广大发展中以及最不发达国家和地区人民对美好生活的向往。

围绕新时代我国发展阶段的历史性新变化和现代化建设实践新要求新任务，以主动加快构建新发展格局为战略基点，推动实现碳达峰碳中和目标带来的发展效率变革，既需要坚持"巩固、增强、提升、畅通"的指导方针，还需要发挥"市场经济的长处"，更需要发挥"社会主义制度的优越性"。这样才能更好超越绿色工业文明发展范式下经济社会绿色低碳转型发展目标与内外部发展条件之间的简单约束逻辑，通过促进人类文明新形态的激励体系变革和系统创新，不断加强生产、交换与流通、消费系统之间的有机连接和循环畅通；通过以"绿水青山就是金山银山"式效率变革为统领，培育和形成与新型的更高的生产关系激励相容及其结构再优化的超范式溢价等市场化基础条件，统筹发挥和用好国际国内"两个市场""两种资源"的联动发展效应，不断促进和提高劳动力、资本、技术、土地、能源、资源，以及数据和包括自然风光在内的生态环境等新型生产要素资源的整合创新、运用及（再）配置能力与效率，为规模收益、网络效应、范围经济、集聚集群优势、共建共享机制等市场力量与组织作用的发挥创造更为广阔的可塑的新经济空间；通过加强和深化新发展优势下的国际和区域间绿色低碳产能合作，不断减少实现碳达峰碳中和目标全过程中经济社会发展方式和生活方式转型带来的摩擦成本以及沉没成本，及时有效适应碳生产力变革带来的生产要素相对稀缺性的改变，精准调控和定向优化引导生产要素资源的组合运用与（再）配置，特别是要引导和优化战略性、基础性生产要素资源和消费资料的应用方向和（再）配置领域，坚定不移走"生产发展、生活富裕、生态良好"的中国式现代化发展道路；并通过效率的集成创造、保护和发展新型生产力、效率补偿方式创新而非边际型效率与收益改进和边际型生产力改善，更好推动人类文明新形态激励结构的重塑。

（三）碳达峰碳中和行动与发展动力变革

建立健全绿色低碳循环发展经济体系、促进经济社会发展全面绿色转型是解决我国生态环境问题的基础之策。新发展格局驱动下实现碳达峰碳中和目标带来的发展动力变革，是从促进经济发展与积极应对气候变化实践有机统一的视角对"正确处理经济发展同生态环境保护的关系""牢固树立保护生态环境就是保护生产力、改善生态环境就是发展生产力的理念"的深刻价值响应，是更好地发展低碳生产力，更加自觉地以绿色低碳循环路径推动可持续发展，并在更深层次和更高水平上实现人与自然和谐共生的现代化的生动实践。其与效率变革一起为新时代新发展阶段的质量变革和新文明形态创造提供发展新动能和新激励。在西方传统工业文明发展模式下的现代化规模和体量接近饱和，且部分领域超过人类经济社会承载力阈值的情况下，以全面建设社会主义现代化国家为中心任务，积极稳妥推动实现碳达峰碳中和目标带来的发展动力变革，是开辟发展新领域新赛道、构建和塑造面向未来的经济发展新动能和比较优势的关键举措，也是践行大国维护和平发展的责任，以中国新发展为世界各国家和地区带来共同繁荣与包容性发展新机遇的必然结果。这不仅有利于实现造福人民、惠及世界的发展，为不断释放和提升中国式现代化的生产力优势及其创造的文明新形态能够承载的人类福祉和人口规模提供低碳排放发展战略情景下的动力支持，也有利于通过转变发展范式、调整经济结构、提高发展质量、增加发展效益等有效化解系统性风险、应对外部冲击以及（多项）超预期因素（叠加）的冲击，保持经济运行在合理区间，更好实现以相对充分的就业和新型生产力不断提高为支撑的平稳持续健康发展。

更高水平的供需动态平衡和国内国际循环相互促进的新发展格局将极大地带来社会主义市场经济体制机制的进一步完善、国内外资源要素吸引力和配置力的进一步优化、全要素生产率的平稳增长、潜在增长率的波动提升，为"十四五"时期乃至更长时期内巩固中国式现代化的经济基础、拓展中国式现代化的发展空间和动力源提供重要支撑。围绕秉持"绿水青山就是金山银山"理念的发展范式革命，以主动加快构建新发展格局为战略基点，推动实现碳达峰碳中和目标带来的发展动力变革，需要顺应当今世界以绿色低碳为普遍特征的新一轮科学技术革命大趋势和产业发展变革大潮流，在锚定我国超大规模市场发展优势与内需潜力的基础上，把扩大内需战略和深化供给侧结构性改革有机结合起来，通过创新推动面向接续创造人类文明新形态、面向接续创造中国式现代化新未来的发展范式革命，有效破解国民经济各领域各方面影响和制约绿色低碳循环发展的系列结构性、周期性、体制性问题，加快建立健全有利于绿色低碳循环发展的现代化产业体系，让良好生态环境成为经济社会发展全面绿色转型的有力支撑，以此做到"经济合理增长"和"结构优化升级"的统一，努力实现"创新成为第一动力、协调成为内生特点、绿色成为普遍形态、开放成为必由之路、共享成为根本目的"的高质量发展。

三 碳达峰与碳中和（非）均衡形态演进及影响因素

围绕新时代党的中心任务更好推动碳达峰与碳中和工作，需要清晰刻画碳达峰与碳中和的基本形态及其稳态演进路径。习近平总书记在对党和人民事业发展的历史方位和阶段进行思考和战略研判时深刻指出："新发展阶段是我国社会主义发展进程中的一个重要阶段""全面建设社会主义现代化国家、基本实现社会主义现代化，既是社会主义初级阶段我国发展的要求，也是我国社会主义从初级阶段向更高阶段迈进的要求"。这为准确把握碳达峰碳中和演进态势提供了根本遵循，同时也深刻展现了当今中国全面建成社会主义现代化强国"两步走"总的战略安排与如期实现"2030年前碳达峰、2060年前碳中和"的发展目标产生历史性交汇的宏大特征事实。"行动导向"的碳达峰碳中和战略实践已经并将继续以中国新发展和新成就为各国家和地区的繁荣发展，特别是为广大发展中国家和地区的跨越式发展带来新机遇、提供新动能。

（一）"双碳"行动任务和蕴含的（非）均衡稳定态势

中央经济工作会议强调，"实现碳达峰碳中和是推动高质量发展的内在要求，要坚定不移推进，但不可能毕其功于一役"。《中共中央 国务院关于完整准确全面贯彻新发展理念 做好碳达峰碳中和工作的意见》提出了推进经济社会发展全面绿色转型、深度调整产业结构、加快构建清洁低碳安全高效能源体系等主要任务。面向新发展阶段的战略机遇和战略任务实践要求，把"十四五"规划和2035年远景目标以及"两步走"总的战略安排有机结合起来，对接"1+N"政策体系顶层设计进行宏观展望和目标分解，中国实现碳达峰碳中和战略目标的时间表可以分为2030年前、2060年前两个关键时间节点和"十四五"全面建设社会主义现代化国家开局起步关键期的碳达峰窗口期、"十五五"全面建设社会主义现代化国家第二个五年内奋力实现2030年前碳达峰目标的碳达峰平台期、基本实现社会主义现代化之际稳中有降的加速减碳期（2030~2035年），以及全面建设成为富强民主文明和谐美丽的社会主义现代化强国之时经济社会各方面大幅深度脱碳期（2036~2050年）、中国特色社会主义迈进"比较发达的""更高阶段"时的经济社会各领域全面碳中和期（2060年前）五个任务期。

结合中国现代化建设内容与维度的丰富和拓展，以及主要国家和地区发展阶段的演进情况可见，经济发展与碳达峰碳中和目标的实现之间存在着显著的阶段性非均衡稳定态势、路径惯性依赖和非连续性稳态跃迁与阶梯式递进等特征。由高速增长阶段进入高质量发展新阶段，是新时代以来中国经济社会发展的基本特征之一。在质和量的维度上，作为经济社会高质量发展的应有内涵，不断在更高要求和水平上促进包括农业品、工业品、服务产品和生态产品等在内的经济活动和供给领域使用价值的经济实现，为碳达峰碳中和战略目标的实现提供了最为基本的微观动力基础。这一方面促进了特定国家和地区低碳生产力的保护和发展，使得各生产要素资源在社会主义现代化大生产中得到合理回报和经济补偿及代际补偿；另一方面，这也是新发展阶段人民幸福生活的重要内容，通过适应和满足城乡居民日益增长的美好生活需要，主要是保障城乡居民对农业品、工业品、服务产品和生态产品等产品和服务绿色低碳供给的有效需求，极大地促进和带动特定国家和地区人文发展水平的逐步改善和提高。在高质量发展的文明创造激励导向下，这两方面的有机联系、相互作用在新的历史条件下蕴含于一个"动态、积极有为、始终洋溢着蓬勃生机活力"的社会主义现代化过程，共同驱动了阶梯式的和可持续的高质量发展形态跃迁（庄贵阳和周枕戈，2018）。这主要包括从单一领域（部门）的非均衡稳定增长到多元领域（部门）协同共进、融合发展的逐步过渡，并最终实现以人民为中心的高质量发展完成形态，从而为经济社会迈进"比较发达的""更高阶段"筑造坚实的生态文明之基。

（二）"双碳"行动的非效率形成机制与经济表现

以主动加快构建新发展格局为战略基点，推动实现碳达峰碳中和目标带来的经济发展质量、发展效率、发展动力三大变革，还需要从低碳生产力的保护与发展、城乡居民人文发展水平的提高两个方面辨识与厘清碳达峰碳中和的非效率形成机制与经济表现；纠正和克服由认识上的非完整、非准确、非全面导致的绿色低碳发展实践中不合理的政策措施和对发展的扭曲以及其他非合意的结果。其中也包括生产方式和消费模式绿色低碳转型中片面追求碳排放物理量达峰与中和导致的生产力损失与要素资源错配。引入人均累积碳排放测度指标,碳达峰碳中和的非效率在质量"标尺"的度量下产生的路径依赖主要有以下四种(非)均衡稳定态势(见表9-1)。

表9-1 人均累积碳排放与碳达峰碳中和质量

排放水平	经济发展和人文发展质量	
	低质量发展	高质量发展
相对低人均累积碳排放	Ⅱ.弱碳中和(高成本的"运动式"减碳,收入-分工等的发展陷阱,结构锁定)	Ⅰ.强碳中和(低碳生产力得到解放和发展,实现了更高文明发展形态跃迁)
相对高人均累积碳排放	Ⅲ.弱碳中和(攀高峰的传统工业文明,排放依旧、末端治理,技术锁定)	Ⅳ.弱碳中和(不可持续的绿色工业文明,西化分化陷阱,制度锁定)

资料来源:作者整理所得。

其中,发展形态Ⅰ是不同国家和地区实现碳达峰碳中和战略目标的理想状态和高质量发展的完成形态,具有强碳中和的均衡稳定发展态势。对于发展中国家和地区而言,需要通过聚力于经济结构调整与优化升级、协同推进技术创新与制度创新等举措降低碳排放曲线峰值、平缓碳排放曲线峰度,以相对低的人均累积碳排放适应和满足本地区居民美好生活需要,实现经济高质量发展和应对气候变化的有机统一。

发展形态Ⅱ是不同国家和地区实现碳达峰碳中和战略目标的非理想状态和高质量发展的中间(过渡)形态,具有弱碳中和的非均衡稳定发展态势。对各国家和地区,特别是广大现代化后发国家和地区而言,容易受到发展要素资源丰裕度和市场(贸易)条件的紧约束及依附型发展带来的发展路径和阶段锁定,陷入以"收入""分工"等为事实表征的各种发展陷阱,其本质是经济(产业)结构锁定。另外,在这一发展形态下,"拉闸限电"、"运动式"减碳作为一种外生型调控手段,或由能源供给能力不能满足居民可及和可负担得起的便利生产、美好生活需要而产生的消费抑制,虽然能够用作物理量意义上特定一段时期内(一般是年度)减排任务达标的有效政策工具,却也是推动经济高质量发展、建设现代化能源体系和价格核心激励下能源消费市场转型升级的非合意结果。

发展形态Ⅲ也是不同国家和地区实现碳达峰碳中和战略目标的非理想状态和高质量发展的中间(过渡)形态,具有弱碳中和的非均衡稳定发展态势。与发展形态Ⅱ不同的是，在这一发展形态下的特定国家和地区因循传统工业文明的发展模式，其配置与运用要素资源的方式和基于"大量生产-大量消费-大量废弃"的经济生产方式固化易于引致"排放依旧、末端治理"的路径依赖和阶段锁定，其本质是技术（工艺）锁定。另外，在这一发展形态下，相对高的人均（累积）碳排放与仅仅追求物质财富增长状态下的"攀高峰""搭便车"，不仅挤占发展空间，还极易产生对现代化大生产的巨型资产沉淀，以及要素资源特别是财政金融资源的挤出效应。

发展形态Ⅳ是不同国家和地区，特别是发达国家和地区，实现碳达峰碳中和战略目标的非理想状态和高质量发展的片面完成形态，具有弱碳中和的非均衡稳定发展态势。与发展形态Ⅱ和发展形态Ⅲ不同的是，在这一发展形态下的特定国家和地区，特别是部分依靠先发优势和殖民-霸权-掠夺完成现代化的发达国家和地区，资本逻辑主导下其配置和运用要素资源的方式及对产业链和供应链、价值链和创新链的破坏性垄断和维护霸权的经济发展方式往往易于引致修修补补、就碳论碳的路径依赖和阶段锁定，其对高质量发展的片面追求往往忽略了减排历史责任、发展水平与低碳排放发展能力的差异，其本质是绿色工业文明下高筑的既得利益藩篱和制度锁定。在这一发展形态下，相对高的人均（累积）碳排放就极其容易引致国家和地区之间产生具有相互作用性质的减碳影响，这也构成了"谁来减排""谁为减排付费"，以及"谁为最终剩余的减排负责"问题下的发展权益博弈和不同减碳行动侧支付模式的现实基础。

在新发展阶段，加快构建和完善新发展格局，创造性推动实现碳达峰碳中和战略目标，就要以全球视野和接续创造人类文明新形态的历史眼光扭转和打破不同情形下的非均衡稳定倾向，通过激发非连续性稳态跃迁的政策牵引力和市场内生动能，不断汇聚高质量发展的动力与合力，实现"阶梯式递进、不断发展进步、日益接近质的飞跃的量的积累和发展变化"的高质量现代化发展。在这种意义上，绿色低碳溢价就是对绿色低碳改革创新发展和创造文明新形态的奖赏与激励，可以视之为围绕"实现碳达峰碳中和战略目标"这一稳定预期形成的一种由发展范式变革，或者从初始（过渡）形态转向高质量发展完成形态带来的持久动力支持和直接合意结果。

四 碳达峰碳中和的文明创造激励及策略选择

推动实现碳达峰碳中和战略目标，是一项多重目标引领、多重激励创造和多重成本约束的长远期动态战略规划实践和经济社会发展的系统性变革。"中国一直本着负责任的态度积极应对气候变化，将应对气候变化作为实现发展方式转变的重大机遇，积极探索符合中国国情的低碳发展道路"。推动碳达峰与碳中和发展形态向更高水平演进，需要克服"纳什均衡"的低效率非合意稳态，打破全球气候治理规则由"少数人"主导的状况，构建有利于"不落下任何一个人"的后发国家和地区高质量发展政策机制和制度规范。引入人均累积碳排放测度指标情景下的四种（非）均衡稳定态势表明，实现碳达峰碳中和战略目标有着复杂的系统性特征和高度的不确定性，向低碳排放发展战略转型不可能只有一种模式、一条道路，各国家和地区应根据本国国情与区情进行碳达峰碳中和的发展机制设计和政策制定，保障和维护发展权益，降低转型的民生福祉损失。对进入新时代新发展阶段的中国而言，就是要避免落入高成本高风险的发展陷阱，打破基于末端治理的技术锁定和绿色工业文明的路径依赖，不走美西方发达国家和地区"先污染，后治理"或者"以他国为沟壑"转移排放的传统现代化路径，以中国式现代化新道路与新发展接续创造人类文明新形态，并为各国家和地区提供共建清洁美丽世界和实现共同繁荣发展的新选择与新机遇。

（一）统筹考虑政策目标稳定性与内外政策交互性

要用好统筹考虑政策目标稳定性与内外政策交互性的工作推进策略，更好发挥"1+N"政策体系维护变革创新发展的"稳定器"作用。全球气候治理是一个基于现有（最佳）科学知识的有效、渐进应对过程。积极稳妥有序推动如期实现碳达峰碳中和战略目标，需要聚焦促进经济社会高质量发展、人的全面发展、全体人民共同富裕的逐步实现和应对气候变化工作的有机统一，统筹把握高质量发展新阶段气候治理需求带来的文明形态创造激励以及低碳排放的生产资源要素属性，处理好"发展和减排、整体和局部、短期和中长期"三对关系，建立统分结合的多层政策体系。这包括从多领域、多维度的综合视角准确把握碳达峰碳中和的发展形态及其均衡演进路径，因时因地因（人口）结构而制宜，精准定向施策，创新应对气候变化的时空路径。

统筹碳达峰碳中和政策目标稳定性和国际国内绿色低碳发展宏观财税、金融、科创等政策及其工具的交互性、外溢性，需要锚定在更高发展质量和文明演进形态上实现"绿水青山就是金山银山"变革式的跨范式效率改进和供需动态平衡的战略调控目标，完善接续创造人类文明新形态的激励体系与结构，在"把坚持党的全面领导的政治优势、坚持中国特色社会主义制度的制度优势同坚持新发展理念的理论优势统一起来"的基础上，着力构建高水平社会主义市场经济体制，加强全球层面碳达峰碳中和行动领域宏观政策的战略沟通协调配合及溢出风险防控，提高粮食、能源等商品（和服务）基本需求的保障水平，提升中国式现代化蕴含的发展潜能和巨大机遇的实现能力。

（二）精准把握政策时度效和政策体系完善与升级

要用好精准把握政策时度效和政策体系完善与升级的工作推进策略，更好发挥"1+N"政策体系促进变革创新发展的"蓄水池"作用。在政策实施策略上，要加强政策的适应性管理。从碳达峰碳中和政策的时、度、效三个方面，适应经济发展战略环境和战略任务的变化，有序有效推动政策的优化，加强包括气候变化在内的全球变化科学与发展政策之间的对接与平衡，从理论和实践两方面克服片面孤立静态追求碳排放物理量达峰与中和的研究论点和政策主张，防范忽略发展阶段与发展能力的碳达峰碳中和"西化分化陷阱"，以"立治有体，施治有序"的中国特色社会主义现代化治理体系和能力应对不同发展阶段竞争和不同制度竞争中蕴含的低碳排放发展战略系统性风险和随机偶发的超预期风险。结合国民经济与社会绿色低碳发展场景的构建和应用，完备和储备对其具有互补政策性质的政策工具箱，适时事、应形势，创新政策选择和协作机制。

在中国经济中高速增长和全球经济复苏乏力、仍存诸多不确定性因素和衰退风险态势下，要以主动加快构建新发展格局为战略基点，通过加强绿色低碳发展战略性投资、碳（细分）市场的创建和完善，以及绿色低碳发展国际标准和制度规范的竞争与合作等积极寻求诸多要素资源的（再）

配置蓝海，协力建设开放型世界经济体系，聚力传统优势产业、战略性新兴产业和未来产业协同进行产业链-供应链-价值链-创新链升维突破、固链强链构建新引擎和降维拓基、延链补链开辟新赛道，克服"纳什均衡"的低质效非合意稳态带来的生产力损失与要素资源错配，带动新发展阶段产业结构由相对高碳向相对低碳、由相对落后向相对先进、由相对刚性成本约束到多重收益和红利创造的优化升级。这不仅有利于为后疫情时期稳经济、促就业、惠民生、防风险而恢复并保持合理经济增速提供动力支持和回旋空间，也有利于提高长远期国民经济潜在增长率和全要素增长率。

（三）统合协调政策的创造性执行以及破坏性创造

要用好统合协调政策的创造性执行以及破坏性创造的工作推进策略，更好发挥"1+N"政策体系的变革创新发展源头作用。一方面，在政策创造性执行上，要结合碳达峰碳中和试点（示范）方案的政策设计，在"1+N"政策体系框架下思考和发挥基于问题导向和影响因素识别的财税政策、金融政策、产业政策、结构政策、科教政策、改革开放政策、区域政策、社会政策等的优化组合和集成协同效应。

另一方面，推动碳达峰碳中和，实现绿色低碳循环和包容性的可持续发展。在对国民经济与社会各领域和部门（行业）进行相对高碳和相对低碳的简单二分时，要防止政策实施带来的创造性破坏这一非合意变革结果。通过关注政策对国民经济和社会发展体系的创造性破坏的负向效应，通过加强"1+N"政策体系框架下互补性建设性政策解决方案设计和有效供给，带动相对高碳部门包括基础设施和关键资产、设备装备等在内的可转型资本[①]安全退出或（再）配置升级，实现重点地区、重大领域、关键部门（行业）碳的减排增汇和生产力与综合供给能力提升之间的有机统一，从而在整体上减轻或避免绿色低碳循环转型发展中非效率机制作用下的关键资产沉没和重大生产力损失。

同时，还要发挥好衔接《生态文明建设考核目标体系》《绿色发展指

---

① 本章假设工业文明发展范式下的沉没资本（Cs）由两部分组成，通过资产折旧计提之后无法通过结构（或功能）的转型升级与更新进行再使用的资本资产（Cr）和能够通过结构（或功能）的转型升级与更新进行再使用的资本资产（Cu），即 $Cs = Cr + Cu$。其中，把 Cu 界定为"可转型资本"。

标体系》的标准体系、统计体系、绩效考核等细分政策对"1+N"政策体系行动部署与贯彻落实的引领作用；通过以评促建、以督促改，做好政策宣介和上门服务，聚力质量建设、效益配置、公平（再）分配、可持续规模、安全维护等政策引导性要素，有效完善和贯彻落实碳达峰碳中和"1+N"政策体系，重塑和锻造全球视野、中国方案下的低碳排放发展战略政策空间。

| 第三篇 |

路径篇

第十章
全国碳达峰情景分析

通过研究国内外主流的达峰预测方法，本章结合当前中国经济发展形势、能源转型趋势、碳排放特征等因素，设置了相关情景，预测了我国未来达峰的时间点和达峰总量等关键结果，并提供了不同时间段的达峰路径。

一 碳达峰的研究方法

（一）碳达峰预测方法

近期国内一些机构已经着重研究未来我国在应对全球气候变化和治理大气污染背景下的能源转型，分析得出我国终端能源消费量在2020年左右开始进入缓慢增长阶段，并有可能在2040年前达到峰值。这种情况下，就需要目前的能源政策和规划进行相应的重大调整来适应这种能源发展状况。

国内国际进行未来能源需求预测（目前一般称为能源情景研究）已经有很长时间。到目前为止，研究方法已经比较完善，模型定量分析工具已经越来越大型化和多因素化，可以从不同角度分析影响未来能源发展的因素，得出未来能源发展的趋势。

从研究方法论来看，由于能源情景研究的时间区间，以及能源活动社会经济关联的复杂性，目前能源情景研究成为一个涉及多学科的研究领域。为了能够很好说明排放情景中各种因素的数据一致性，模型成为一个主要的定量分析方法。在排放构想研究的初期，分析用的模型相对比较简单。随着研究的不断深入，在排放源、影响排放的因素、模型方法论方面不断取得进展，目前对排放情景的研究已经比较深入，模型分析可以覆盖所有的排放源，在时间跨度上可以是 100 年甚至更长时间。目前主要包括以下模型方法：

- 一般均衡模型/部分均衡模型，如 IPAC-Emission、Mini-CAM、MERGE、LDNE 模型等。
- 动态经济学模型，如 Timer、WorldScan、MARIA 模型等。
- 技术经济模型，如 MESSAGE、AIM、MARKAL 模型等。
- 计量模型：LEAP 模型。

第一类以经济学模型为主，这一类模型以经济分析方法中的均衡理论，表现相关参数与能源生产和消费的关系，可以说是从整个经济体系的发展视角看待能源系统，因而被称作自顶向下型模型。第二类模型以能源生产和消费的各种社会经济活动中使用的能源相关的技术过程为基础，对其进行详细描述。这类以未来的能源生产、消费为主进行预测的模型，从基础的技术层次仿真能源生产和使用，因而又叫自底向上型模型。自底向上型模型有不少优点，主要的优点是以人们活动、技术变化的详细信息为基础进行预测，整个过程容易理解，所以预测结果很具体，易于解释，在对政策制定者说明政策的具体发展方向及效果时可以有较好的数据支持。

自底向上型模型目前主要有两类。一类是以能源供应、转换为主分析各种技术，特别是高效率技术的引入及其效果的模型，MARKAL 模型和 EFOM 模型等是这个领域的代表。另一类是以能源需求、消费为主要分析对象，对各部门用能活动中的技术变化所引起的能源需求和消费方面的变化进行详细分析，这类模型通常也被叫作"终端能源消费模型"，这种模型以法国的 MEDEE 模型、斯德哥尔摩环境研究所开发的 LEAP 模型最为有名。目前，自底向上型模型更多地将能源供应和能源需求结合到一起进行开发。AIM 模型（由日本国立环境研究所开发）就是在这一方面进行了开拓性工作，并已经在亚太地区被多个国家使用。

（二）碳达峰情景设置

各个模型组在分析未来的能源情景的时候，一般首先定义不同的情景。这里我们选择了几个模型组的结果,选择的依据主要是这些模型组有比较完整全面的研究报告,详细说明了模型方法和研究结果。同时这些模型组也比较多地参与多个模型论坛,模型研究的学术公开性较好。

近期针对我国未来能源需求的情景研究比较有影响力的是中国宏观经济研究院能源研究所的全球升温控制在2℃以内目标下中国能源与排放情景研究,以及重塑能源项目的研究。清华大学的能源排放情景研究也是近期进行得较为详细的研究成果。全球2℃温升目标下的中国情景研究以及重塑能源项目的研究,都提出了终端能源消费可以在2040年左右达到峰值的研究结论,清华大学的研究则认为2050年之前能源需求持续增长,但2030年之后增长缓慢。

在我们的研究中,认为我国目前经济进入转型阶段,由高耗能工业为主的重工业主导转向以服务业发展和先进制造业为引领的经济驱动发展模式,因而带来了能源发展的转型,未来我国能源需求增长缓慢,未来35年新增能源需求量有可能低于15亿吨标准煤(相比而言,"十一五"期间增长了8.5亿吨标准煤),并很有可能终端能源需求在2040年左右达到峰值。做到这一点,还需要大量的经济和能源政策,对未来的能源增长进行制约。

这种能源需求的缓慢增长,对国家实现全球气候变化温升目标、大气污染治理目标及增强能源安全等非常有利,长期可以很好地支持我国生态文明建设以及美丽中国的实现。

控制能源消费总量和化石能源的消费,主要的途径包括调整经济结构,特别是工业生产结构,控制高耗能产品产量的增长;大力推广节能技术和节能措施,使得能源需求在得到满足的情况下得到进一步控制;大力促进可再生能源的发展;同时发展和利用天然气,广泛替代煤炭,实现控制化石能源消费增长的效果。

在这个情景中,能源系统将发生明显变化。图10-1显示,2020年我国能源需求进入缓慢增长阶段。煤炭的消费总体上已经进入平台期,近期由于经济发展和能源安全的要求会有一些波动,但一般预计煤炭消费会在2025年之前达到峰值。未来的电力系统、煤炭、天然气面临很大的变革。从多种情景研究来看,未来电力的增长将主要依赖以光伏发电和风电为主的可再生能源电力、先进核电以及天然气发电,煤电将逐渐以调峰为主。

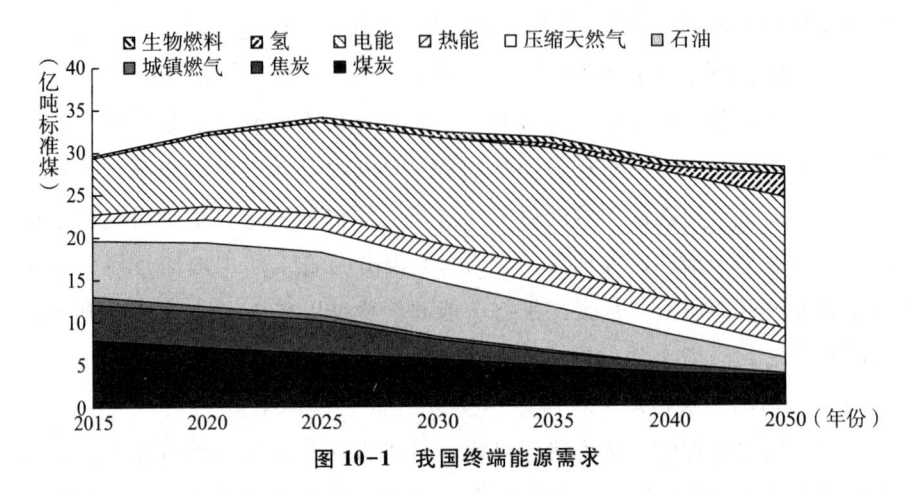

根据情景研究，到 2025 年天然气消费有可能达 4000 亿立方米以上。

图 10-1 我国终端能源需求

（三）政策对达峰预测的影响

根据目前的排放情景和转型路径的研究，实现减排和转型，都和政策措施相关联。情景分析中的政策一般也依据模型方法不同而不同。使用经济分析模型如 CGE 模型的报告一般建议采用财政政策，如碳税、财政补贴等，使用技术分析模型的报告所提的政策措施则比较广泛，包括税收政策、行业政策等，如碳税、补贴、节能标准、排放标准、规划目标、技术和产业准入等。

还有一些研究和评估认为气候谈判中的承诺也是政策之一。近期的研究更多分析国家自主贡献目标，以及 2050 年的低排放战略。这些是 UNFCCC 要求各国提交的。但是减排目标一般可以来自情景分析的结果，特别是针对《巴黎协定》温升目标下的减排路径的分析。

在实现《巴黎协定》温升目标的减排路径中，碳税是较多报告建议使用的政策。由于 CGE 模型主要依赖碳税来促进经济发展模式出现变化进而实现减排，因而 CGE 模型报告的碳税比较高。而技术分析模型中碳税和补贴的作用类似，都是对技术的运行成本产生影响。由于技术分析模型中对技术选择的改变产生影响的还包括补贴、准入、规划等因素，因此碳税在其中发挥的作用就相对较小，因而技术分析模型报告的碳税就会较低。另外一个重要因素是技术分析模型更多考虑了未来低碳或者零碳技术成本的下降，因而碳定价的作用可能会逐渐变弱。

根据对近期研究的分析，实现2℃温升目标下的碳税2030年在50~300元/吨CO_2，2050年在50~2300元/吨CO_2。

技术分析模型给出的政策较为广泛。根据对几个技术分析模型组的减排情景和转型路径的分析，主要的政策总结如下。

控制能源消费增长，设置能源消费的总量控制目标，同时加快以光伏发电、风电为主的可再生能源电力发展，推进核电作为基础电力的发展格局，全面推进我国的能源转型。

倡导低碳生活和低碳消费，鼓励公众低碳出行，采用碳标识，鼓励低碳消费。

二 我国碳排放特征和影响因素

（一）我国碳排放来源和特征

我国二氧化碳排放的85%来自能源活动。未来二氧化碳排放趋势取决于能源需求以及能源转型的速度。

实现碳达峰，能源转型将扮演重要角色。能源产业是我国的基础产业，能源系统的任何变化，都会对社会经济产生重大影响。我国社会经济发展处于转型阶段，能源系统也进入了缓慢增长和清洁化的转型阶段，而且这种转型会很快速，引发的社会波动可能很大。尽早识别这样的转型，制定相应的对策，会有力促进我国经济的良好转型。由于能源设施的折旧期长，未来能源需求增长如何、什么时候达到峰值，是我们在制定当前的能源政策和规划，以及中长期能源规划时非常重要的问题。

我国的能源系统已经开始出现转型迹象。而且这种转型来得很快，和世界其他国家的能源转型相比，我们的能源系统很有可能在一二十年内出现比较重大的转型。我们需要做好充分准备来面对这样的转型，促进新兴产业的发展，避免社会的损失。这种转型的出现，主要因素包括经济的转型已经在发生，清洁技术发展超过预期，大气污染防治攻坚战已经打响，低碳发展开始全面深入。中国进入了经济结构调整的关键阶段。我们的分析表明，原有高耗能产业快速发展支撑经济的模式已经无法持续，近几年就会出现明显的变化。无论从国内需求还是从出口增长的需求来看，高耗能工业都已经没有更大的空间去增加产量。经济结构调整，要么主动实现，要么被动实现。主动实现，可以使经济结构调整顺畅，避免经济的波动和其他问题。被动实现，就是等市场调节，就会出现大规模产能过剩，价格波动，社会负担加重，不利于经济的健康发展。经济结构的调整，会对能源系统产生重大影响。高耗能工业消耗了我国过去十年新增能源的近70%。如果高耗能工业未来的增长空间有限，很容易理解其对能源系统的影响。我国的能源工业和相关产业，必须在现在就开始做好充分准备面对这个转型，对长期能源增长趋势做出准确的判断。

从国家控制政策来讲，近十年我国能源消费，特别是化石燃料消费快速增长，使得我国能源安全问题突出，石油天然气进口占比明显增加，甚至煤炭出现了净进口的现象。同时化石燃料燃烧带来的大气污染和其他环境问题，对我国的可持续发展战略提出了巨大的挑战。我国已经有很好的基础发展可再生能源，可以通过能源转型改变这种情况。为了实现"双碳"目标，近期要优化能源结构，通过将能耗"双控"转为碳排放"双控"，控制化石能源消费，促进我国环境的改善。

（二）实现能源转型的相关因素[①]

（1）调整经济结构。我国长期以来依赖工业特别是高耗能工业的发展，使得整个经济体系形成了高碳经济结构。1990年到2010年的20年间，我国的能源消费增长的70%左右是由高耗能工业的增长拉动的。因而经济结构调整是未来我国调整能源结构和控制二氧化碳排放增长的重要手段。对于如何进行经济结构调整，我们进行了大量研究来分析未来高耗能工业的可能发展趋势，对于主要的高耗能产品进行了以实物量为基础的投入产出分析，并结合我国的社会经济发展阶段和工业化水平，以及在全球市场的份额，研究高耗能产品的下游需求。目前我国的基础设施建成规模和在建规模已经基本超出需求，同时考虑到我国生产的产品数量已经占世界相当大的比例，目前每年新增的基础设施规模已经能够使我国在较短时期达到发达国家的水平。根据这些分析，可以得出的结论包括：在"十三

---

① 本部分主要使用2014年及之前的数据进行分析。

五"期间，或者"十四五"期间，大部分高耗能产品产量达到峰值，开始下降，钢铁、水泥等已经出现这样的趋势；一些基础化工产品，由于与大众日常消费相关，还会有一定的空间保持增长，但是未来增长速度变缓。如果这样，就意味着过去能源消费增长中70%的驱动因素消失了。因而，从整个经济结构来看，特别是工业的产业结构，已经有很大的可能性进行调整。

（2）持续推进节能。自"十一五"期间大规模推广节能措施以来，我国取得了非常明显的进步。技术节能指标大大提高，不少产品的能源单耗已经接近发达国家甚至优于发达国家。经过十几年的发展，近期的节能推进速度变慢。然而，根据我们的研究，在未来的减碳进程中，节能仍将扮演重要角色，"十四五""十五五"期间持续性的强有力的节能政策仍然非常重要。我国需要在超低能耗建筑、节电技术等方面持续加大投入。

（3）更加高效能源的利用。天然气和电力，相对于煤炭来说能源利用效率更高。天然气锅炉、天然气发电、天然气直接加热，均比煤炭要高效。如天然气锅炉一般可以达到90%以上的热效率，而燃煤锅炉一般为70%~90%；天然气发电的效率目前在58%左右，而燃煤发电效率目前在44%左右，天然气炊事炉灶可以达到50%以上的效率。更多使用天然气替代煤炭会有比较明显的节能效果。同时，新的电力利用技术，如纯电动汽车，靠热泵来采暖制冷，也可以大大提升能源效率，这种技术在目前已经基本成熟，纯电动汽车有望在2025年左右占据小汽车市场的大部分。这些能源品种的替换，明显有利于我国化石能源消费的控制。

（4）可再生能源发展和核电发展。近两年可再生能源技术的快速进步，为我国提前实现碳达峰提供了强有力的支持。根据每年建设的风力发电、光伏发电项目的投资计算，2011年，风机装机成本下降到了3200~3500元/千瓦，光伏发电装机成本下降到了16000元/千瓦。2013年光伏发电装机成本进一步下降到了7000~8000元/千瓦，2015年到了6000元/千瓦。这使得沿海地区一些风力发电已经可以和燃煤发电相竞争。在终端用户侧，光伏发电也已经具有成本竞争性。我国政府设定的2020年可再生能源发展的目标不断被调高，如从2006年计划2020年风电装机3000万千瓦，到2008年8000万千瓦、2010年1.5亿千瓦、2014年2亿千瓦。根据目前风力发电的发展格局，尽管目前风电入网遇到了一些困难，但根据工程院相关研究的结论，这些困难随着电网建设和纳入风电的规划进一步完善，会较快得到解决。因此到2020年，甚至有可能发展到2.5亿到3亿千瓦的装机。对于光伏发电来说也是如此。近期2015年光伏发电的装机目标已经提高到了4300万千瓦，2020年有可能超过1亿千瓦，达到1.5亿千瓦。核电是我国未来清洁能源发展的一个重要选择。核电是最为清洁和安全的发电方式之一，也可以大大强化未来高比例清洁电力发展格局下电力的安全供应。我国可以尽快启动核电的大规模发展，每年达到1500万千瓦的新增装机规模，2050年达到4.5亿到5.5亿千瓦装机。

（5）其他环境政策的影响。最近关于大气污染治理的国家政策，对控制能源消费的增长和促进清洁能源发展作用非常大。针对$PM_{2.5}$浓度控制目标，最为主要的政策是减煤措施和控制煤炭消费总量。

相关模型纳入了促进经济转型和能源转型以及控制二氧化碳排放的政策进行分析。特别是经济政策，如碳定价政策。根据经济学理论，碳定价主要包括两种方式，既碳税和碳交易。在模型分析中，不少情景研究评估了碳税和碳交易的减排作用。如果我国要实现未来能源活动的二氧化碳排放控制，争取在2025年左右达到能源活动二氧化碳排放峰值，碳定价政策就非常重要。根据相关研究，碳税政策在我国会更高效并较易实施。

2014年6月，习近平总书记提出了能源革命的理念，明确了能源消费革命、能源供给革命、能源技术革命和能源体制革命，为未来我国能源发展指明了方向，也使得严控能源消费总量更加明确，我国能源转型的推进有了坚实的理念性基础。2020年提出的2030年前碳达峰、2060年前碳中和的目标，已经在各个行业大力推动实施。

我国"双碳"战略目标已经清晰。根据中央的精神，我国要深化生态文明体制改革，全面推进美丽中国建设，同时推动空气质量持续改善，积极参与应对气候变化全球治理。这样的进程也可以提升我国在经济、技术领域的全球竞争力。我国实现"双碳"目标的政策路径包括以下几个方面。

（1）强有力地开展能源革命，力争实现化石能源消费的零增长，持续推进风电、光伏发电、核电等清洁能源电力的发展，全面推进我国能源转型。

（2）加大节能力度，在已有的节能成效之上，更新升级节能标准，鼓励低碳消费，开发节能技术。

（3）控制新建燃煤电站，鼓励先进低碳零碳燃煤技术如煤炭气化联合循环发电技术（IGCC）的应用。推进燃煤电站灵活性改造，推动既有燃煤电站成为调峰电站，在保障能源安全的前提下，通过大力发展可再生能源，减少煤炭消费，有序实现煤炭工业的转型。

（4）全面发展低能耗、低排放建筑，推进超低能耗建筑的发展。采用国际最先进建筑标准，使低能耗、低排放建筑成为新建建筑的主要部分。在一些适宜地区，2025年开始全面推进超低能耗建筑。

（5）根据不同城市规模，发展轨道交通、公共交通、慢行交通，构建绿色交通体系。全面推进电动汽车发展，大幅度普及适合电动汽车发展的基础设施。到2030年全部城市建成低碳交通体系。

（6）在2025年之前尽早采取财税政策，如全面的碳定价政策，促进节能和清洁能源发展。我国需要转向以财税为主的政策体系，推动能源转型。

（7）大力促进可再生能源发展，提供各种政策支持，包括补贴、配额等，以使可再生能源能够在未来几年实现较高装机目标。

（8）大力推进核电发展，每年达到1500万千瓦的新增装机规模，2050年达到5亿千瓦以上装机。

（9）制定我国能源发展的路线图，推动能源转型的逐步落实，设计平稳转型规划，避免能源转型对经济和就业带来的负面影响。

（10）对化石能源的投资要更加谨慎。在全球已经走向低碳能源消费的格局下，煤炭、石油的需求在2050年之前会大幅度减少，导致其价格长期处于低位，目前对煤炭和石油的投资风险极大，如对煤化工、国外油田的投资等，国家需要明确的政策进行控制。

（11）在未来能源消费增长缓慢、清洁能源快速发展的格局下，能源基地的安排需要重新考虑，特别是某些能源依赖型地区，如新疆等，需要重新考虑其经济发展格局，避免过度依赖化石能源。

三 全国碳达峰的模型分析

（一）社会经济发展情景设置

发展是时代的主题。目前我国应对气候变化的政策，仍然主要以双赢多赢为基础，既要积极应对气候变化，又要有效支撑经济中高速增长。能源结构调整的主要动力近期还是以治理大气污染和提高能源消费质量和消费水平为主。同时，也要为今后进一步低碳转轨储备技术，开拓低碳能源发展的技术和市场，同时避免高碳技术锁定。提前实碳排放峰值，一是要有利于经济转型，有利于创新发展，推动经济维持中高速增长；二是要有利于实现污染治理等更为紧迫的生态文明建设目标。

提前实现碳排放峰值的系统分析，其重要的边界条件是经济可以更高质量地发展，全面建设社会主义现代化国家的目标可以更好地实现，工业化要如期基本完成，城市化进程继续推进，人民的居住条件不断改善，交通出行更加畅通方便，人民的合理能源消费能够得到充分满足。同时，中远期的经济发展、能源供应等都可以得到有力的支持和保障。

为了满足以上边界条件，我们在进行的系统分析中，未来经济、能源和减排的情景分析和模型计算，采用了相对较高的经济发展预期速度，充分考虑和采用了社会各界对我国经济结构转型的主流预期。对重要部门和领域的发展预判，更是开展了与相关专业机构和专家的讨论，汲取了他们的重要研究成果。我们还对能源消费涉及的重要领域开展了专题研究。应该说，提前实现碳排放峰值的经济发展情景完全符合中国经济发展的主流预期，能源情景更加体现能源革命的战略要求，更符合五大发展理念，更好地契合全面协调可持续发展的标准。

我们采用的经济发展增速，在"十三五"期间为年均6.7%，2020~2025年为6.3%，2025~2030年为5.3%，2030~2050年为3.9%，GDP到2050年达到360万亿元（2015年价），人均为25万元，折合4万美元左右（2015年汇率）。充分体现经济结构优化调整的趋势，2020年和以后各时段，我国的三次产业结构将调整为2020年的8.4∶37∶54.6，2030年的7.3∶31∶61.7，2050年的6.5∶28∶65.5。这种结构调整将对能源消费和碳排放产生明显的减碳效果。

在第二产业内部，特别是能源消费最多的工业部门内部，结构性调整也将十分明显。特别是高能耗行业将整体进入产量饱和期、峰值平台期和产量下降期。尽管这些行业的增加值随着产品的不断高级化而仍有增长，但代表性产品的产量将达峰并下降。而非高能耗的高新技术、高端加工、人工智能等能耗强度较低的工业行业将加快发展，成为工业增加值不断增长的主要动力。在各种高新技术、高端加工行业的用能结构中，电力消费的比重较大。在模型分析中,由于难以用代表性产品的数量代表这些产业,所以采用了一定的电力和能源消费弹性分析方法。因为这些产业今后增长速度快,随着时间推移其增加值也成几倍甚至几十倍地增长,所以在模型中预测这些工业部门的电力和能源消费也将以很高的倍数增加。我们甚至不能明确解释这么多的能源和电力消耗将附加到哪些具体的产品和生产过程中,但从现在的发展趋势看,人工智能、信息应用等领域的产品都不是高能耗产品,而且也不会是像汽车这样的体积巨大且载能强度高的产品。因此,模型中给这些工业预留的能源和电力消费量很可能会超过实际的需求。这是提前达峰和减排分析中留有充分余地之处。

第三产业今后发展速度明显高于第二产业,内部的结构调整也将持续进行。鉴于发达国家三产比例都远远高于二产的规律,模型中为我国三产比例的提高留出的空间比较充足。但在现实中应防止出现产业空心化、虚拟化。由于对高速增长的三产内容难以准确预测,系统模型采取了能源消费随增加值增长而相应增长的计算方法,其中考虑了一定的节能因素。因此,模型中在三产的能源消费上也留出了十分充足的增长空间。这是另一个给提前达峰留有余地之处。

(二) 工业、能源等情景设置

高耗能工业占 GDP 的比重从 2014 年的 16% 下降到 2030 年的 9%、2050 年的 6%。高耗能工业产品产量 2020 年前大部分达峰并开始下降,部分石化化工产品产量还会继续增长,但增速较慢。2050 年高耗能产品产量大部分下降到目前的 50% 左右。目前高耗能产品产量消耗了全部能源的 50% 以上、工业部门的 70% 以上,这种格局基本决定了我国未来能源需求的慢速增长。

对于其他工业部门以及交通、服务业、农业的能源需求,情景中已经给予了较大的空间。由于节能技术的快速发展,这些部门的能源需求增长也不明显,即使考虑了我国城市化率不断提升(我们的城市化率是国内模型组中最高的之一)、机动车快速发展(机动车拥有量也是国内模型组中较高的)、建筑内用能设备效率明显提升等条件,我国未来交通用能和建筑用能也将保持较低的增长率。

低能源需求增长率可以有力地帮助我国实现大气污染治理目标和温室

气体减排目标。在我们的情景分析中，2030年我国大气质量达到年均35ppm的国家标准，2050年实现世界卫生组织（WHO）的10~15ppm推荐标准。2050年我国能够达到发达国家目前的大气质量。

能源革命和绿色低碳转型可以实现低能源消费和碳排放下降目标。未来能源供应不断走向清洁化。电力系统中可再生能源电力（包括大水电）和核电占据了80%以上的发电份额。我国的投资能力完全可以满足能源结构调整的投资需求。高比例非化石能源所需的能源总投资在未来的投资总额中所占的比重还会下降。技术进步和新技术的市场普及可以支撑高比例非化石能源电网的可靠运行。

绿色低碳能源情景可以促进我国可持续发展目标的实现。2015年联合国提出了新的到2030年的可持续发展目标，我国在2016年11月公布了实现可持续发展目标的行动方案。17个可持续发展目标中共有169个指标，其中近100个指标和未来能源转型相关。绿色低碳能源转型可以更好地促进这些指标的实现。

绿色低碳能源情景中需要先进能源的大量供应、用能技术的发展和普及应用，这可以有力支持我国的技术研发和创新。我国早在2006年就提出了建设创新型国家的重大战略任务，2009年中国科学院公布的2050年我国科技发展路线图中，一半左右和能源相关。

开放发展是我国五大发展理念之一。共建"一带一路"也需要绿色低碳发展引路。实现绿色低碳能源发展，是我国"走出去"战略实施的重要条件，有利于打造中国绿色低碳发展形象，带动我国对外投资的绿色低碳化，促进周边国家和地区的绿色低碳发展。

要长期保持我国对核能和可再生能源投入的力度，防止政策摇摆。核电是我国最清洁和最安全的发电方式之一，低碳发展情景中采用了中国工程院的相关研究方案，到2030年达到1.5亿千瓦以上的装机，2050年达到4亿千瓦以上。关键要更好地进行科学普及，加强与公众的正面沟通，提升公众对核电的接受度。核电技术本身可以支撑大规模发展。

煤炭消费总量持续下降，天然气加快发展高效替代煤炭，非化石能源持续提升比例，是我国控制温室气体排放的必经阶段。而煤炭消费总量的持续下降，是我国可以提前实现碳排放达峰的最直接原因。

我国已经开始实施的大气污染防治行动计划，开启了能源转型的进程，成为当前推动能源转型最有效的驱动力。

北京在 2013 年初明确将 $PM_{2.5}$ 作为大气污染物的控制目标以后，已经出台了多项政策，能源结构调整的步伐大大加快。几年之内减少煤炭消费千万吨以上，最近实现发电无煤化，并大力解决郊区民用散煤替代问题。2023 年北京的天然气消费量已经达到 199 亿立方米。京津冀协同治理大气污染，把减少煤炭消费列入基本措施之一。这些能源转型措施对全国都有带动作用。全国大多数省和重点城市，都制定了限制和减少煤炭消费的计划。

中国城市化的进程必然推动能源结构的清洁化调整。国际上所有发达国家的城市无论大小，煤炭的民用和分散工业应用都基本淘汰，已经实现了城市能源的清洁化，这成为治理大气污染和其他环境问题的基础。我国城市大型化趋势明显，工业城市集中连片，对能源结构优化提出了更高要求。"十三五"期间的城市能源结构优化步伐正在加快。同时，高能耗产业的发展整体进入饱和下降阶段。双重因素推动煤炭消费总量持续下降。

由于我国目前大气质量与清洁空气标准相差甚远，治理大气污染任重道远，能源结构优化将持续一二十年。持续减少煤炭消费将是一个长期趋势。

天然气是化石能源向非化石能源过渡的重要替代能源。天然气的供应在开发国内资源和进口的双重保障下，可以大规模迅速提高。根据"十三五"规划提出的 2020 年天然气供应达到 3600 亿立方米的目标，我们估计治理大气污染的压力很有可能进一步加快天然气的消费增长，将有效降低能源系统碳排放强度。

（三）全国碳达峰情景分析结果

2012 年之后，中国的排放情景也有很大进展。全球排放情景中一般也都包括中国，因此在全球情景数据库中有不少关于中国情景的数据。国内的研究机构以及一些国际研究机构也对中国的能源和排放情景进行了不少研究。

近期的研究进展主要包括针对 1.5℃ 目标下的减排路径研究。情景中也包括了工艺过程排放、土地利用排放等。针对非 CO_2 气体排放的研究也开始增多。

图 10-2 和图 10-3 给出了国内模型组的一次能源需求情景和 CO_2 排放情景。

图 10-2 中国一次能源需求量

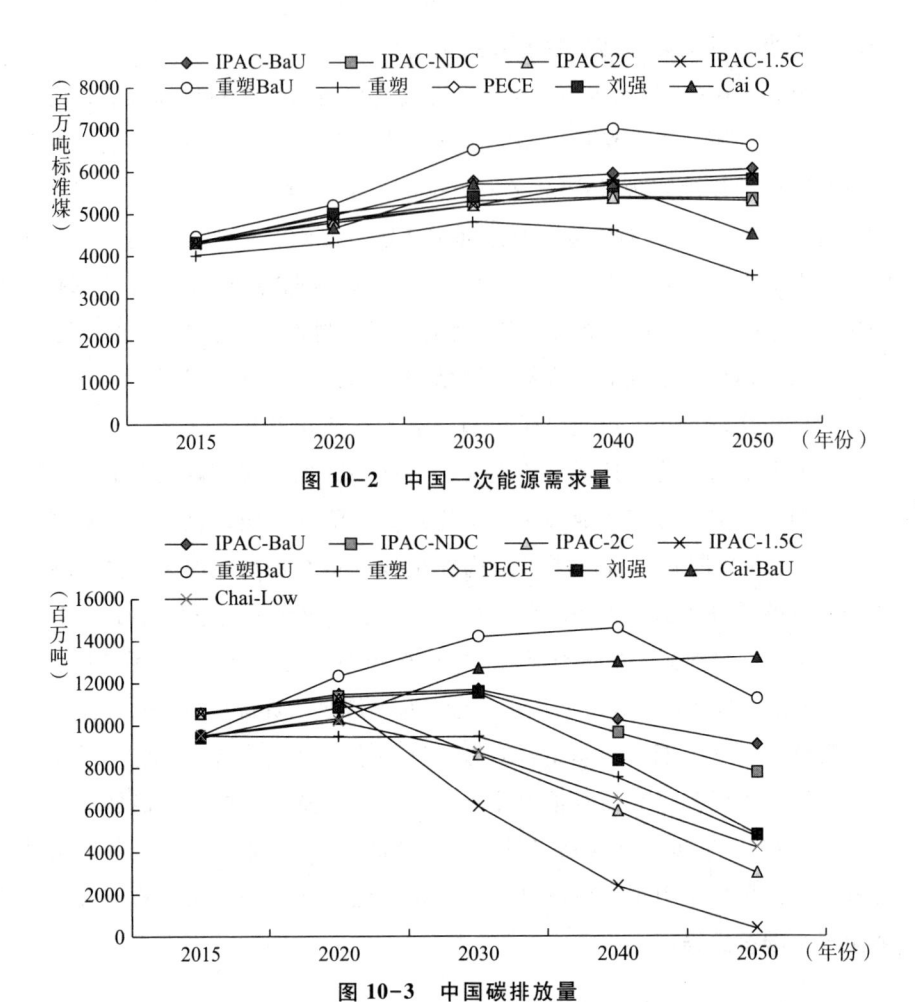

图 10-3 中国碳排放量

目前国内情景研究能够和全球 2℃ 温升目标下中国碳预算相匹配的还不多。能够实现较大概率（66% 以上）2℃ 温升目标下的情景研究非常有限。有一些情景可以实现 2℃ 温升目标，但是可能性只能达到 50% 以上。针对 1.5℃ 温升目标下的中国情景研究仅有 IPAC 模型组和清华大学模型组。

这些情景有一些共同点，即一次能源中可再生能源比例大幅度提高，到 2050 年达 43%~81%。核电发电量都在增加，但是增加幅度差别很大。2050 年核电装机容量为 140 吉瓦到 510 吉瓦。其中 IPAC 模型组的 1.5℃ 情景中核电装机容量到 2050 年达到 510 吉瓦，核电发电量占 2050 年发电量的 42%。在高比例可再生能源情景中，2050 年可再生能源占到一次能源需求的70%以上,能源消费基本可再生能源化。与 IPAC 模型组结果不同的是其核电装机容量到 2050 年只有 1.5 亿千瓦左右。

  由于我国与能源相关的碳排放是碳排放的主要组成部分,其他领域的碳排放比较稳定,而且随着工业结构的变化和全球控制 HFC_s 的共同努力,非能源碳排放可以做到不增加。能源领域排放实现峰值之时,即中国实现碳排放峰值之时。

第十一章

重点行业碳达峰路径

一 电力和其他能源供应

(一) 相关情景研究

电力行业在能源系统转型中扮演着重要角色，全球温升目标的实现重点依赖电力碳强度的快速下降和终端能源消费电气化率的提升（舒印彪等，2024）。电力行业是最大的碳排放部门，约占中国碳排放总量的40%以上。在大部分的参考情景和2℃情景中，电力行业的碳排放会在2020~2030年达峰，2030年之后快速下降。参考情景下电力行业的CO_2排放量由2030年的37亿吨下降到2050年的19亿吨［见图11-1（a）］；2℃情景下CO_2排放量由2030年的43亿吨下降到2050年的6.7亿吨。1.5℃情景下，电力行业的碳排放目前已经达峰，由2020年的46亿吨持续下降到2050年的-2亿吨。到2100年，电力行业的CO_2排放量为-19亿吨（1.5℃情景）、-2.6亿吨（2℃情景）。1.5℃情景要求电力行业在2050年实现碳中和，2℃情景要求在2070年之前实现碳中和，这个目标的实现需要电力行业重视碳排放交易机制和大力发展CCS技术。

未来全国发电总量持续增加，参考情景和2℃情景下的发电量中位数相近，到2050年达到39EJ，比2020年增加了58%［见图11-1（b）］。1.5℃情景下的发电量增长迅猛，2050年发电量达64.3EJ，比2020年增加了140%。可再生能源电力在全国电力生产中的份额不断提升，如图11-1（c）所示，到2050年三种目标约束下的可再生能源发电量（除生物质发电）达到了15.3EJ（参考情景）、13.9EJ（2℃情景）、33.4EJ（1.5℃情景），大约占当年总发电量的40%（参考情景）、36%（2℃情景）、52%

（1.5℃情景）。尽管生物质发电［见图11-1（d）］和天然气发电［见图11-1（e）］增长速度较快，但是发电量在电力行业中的占比仍然较小。绝大多数的目标情景均显示化石燃料在电力行业中的作用正在下降（张小丽等，2018）。未来燃煤发电量将持续减少［见图11-1（f）］，由2020年的15EJ下降到2050年的13.7EJ（参考情景）、8.4EJ（2℃情景）、2.6EJ（1.5℃情景），分别占2050年总发电量的35%、22%、4%。

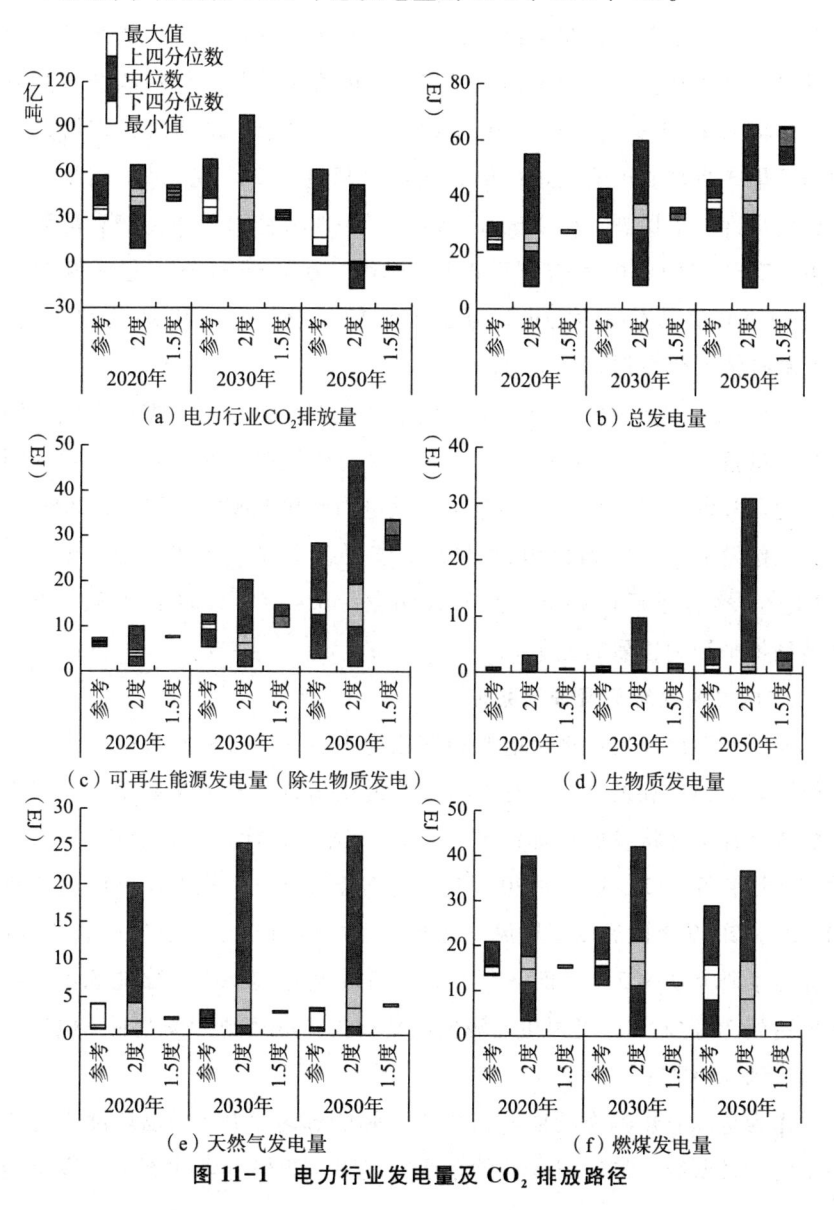

图 11-1　电力行业发电量及 CO_2 排放路径

（二）电力发展情景

1. 温升目标对电力需求的影响

相较于常规能源消费情景，温升目标下的2℃和1.5℃情景中电力消费量会明显提升。多种情景研究结果表明，2℃和1.5℃情景对低碳能源供应量有很高的需求。2℃情景中，2050年全球平均可再生能源占一次能源供应总量的比重可以达到65%以上，其中一些情景浙江可再生能源发电的比例可以超过85%。同时很多情景研究表明电力消费量在终端能源消费量中的占比将从2015年的20%上升到40%以上。对于中国而言，该情景下电力消费量在终端能源消费量中的比例可以超过45%。在1.5℃情景下，这一比例将进一步提高。在常规政策情景下，即保持当前的经济和能源发展政策，2050年中国电力需求可以达到10.7万亿至11.6万亿千瓦时；而2℃和1.5℃情景下电力需求将分别达到12万亿千瓦时和15万亿千瓦时。深度减排情景明显提升了电力需求。

实现《巴黎协定》温升目标下的情景表明，提升电力需求在供应侧需要更大量投入，由此可能带来能源安全供应的风险，而提高能源效率则有助于优化投资。2℃和1.5℃情景下低碳电力装机规模需求较大，2050年风电、光伏发电、水电和核电的装机规模可以分别达到9.3亿、10.4亿、5.2亿、4.3亿千瓦和14.86亿、22.46亿、6.4亿、5.54亿千瓦。未来电力转型带来较为剧烈的变革。

2. 电力系统转型情景及路径

能源转型以发展可再生能源和核能为主。采取各种政策明显提高可再生能源装机容量和发电占比是当前各种模型情景分析的主要结论。实现我国的各种社会经济发展目标以及"美丽中国"目标，在各种情景分析中，政策情景和低于2℃情景下2050年非化石能源发电装机占比可以达到90%和92%，2020年以后以新增风电和光伏发电的可再生能源发电装机为主。全球情景研究认为2℃情景下中国2050年可再生能源在一次能源供应中的占比达到70左右%，可再生能源发电装机占比应达到95%左右，电气化率可以达到55%左右。

作为全球有影响力的能源机构，国际能源署（IEA）也持续进行能源展望的情景研究。最近IEA的情景研究表明，2035年非化石能源发电装机占比达到74%，发电量占比达到72%，而火电装机的15%需要采用碳捕集与封存（CCS）技术，风能和太阳能发电占全部发电量的35%。

相比于2℃温升目标，1.5℃情景下的电力系统转型非常有挑战性。核电需要大规模发展，需要启动内陆核电计划。同时，火电机组的CCS技术采用比例也需大幅提高。一些情景研究认为，实现1.5℃情景下的减排，最关键的措施是使电力系统到2050年实现负排放，并在终端部门实现高比例电气化。[①] 其中的主要措施包括大幅度增加可再生能源和核能发电，大幅度实现与生物质发电相匹配的CCS系统（BECCS）。此种情景下，2050年可再生能源和核能发电量总量须占发电总量的87.2%，其中核电占28.1%，可再生能源发电占59.1%。

针对电力系统转型情景及路径，很多研究认为温升目标约束下未来不同发展情景中可再生能源发电渗透率较高（见表11-1），这对电力系统提供高可靠度的电力而言很有挑战性。情景研究对水电发展规模及其扮演的角色基本已经有了共识，其发展规模已经比较明确。核电未来的发电装机容量在不同的情景研究中有很大不同，主要集中在是否要在内陆发展核电方面。情景研究认为气电发展优势明显，但成本高依然是阻碍其发展的主要原因。近期也有一些研究认为未来天然气需求可能更低。

表11-1 不同机构不同情景下的发电装机容量与可再生能源发电装机占比

研究机构	发电装机容量（GW）			可再生能源发电装机占比（%）		
	2020年	2035年	2050年	2020年	2035年	2050年
国家可再生能源中心a	1925	3117	4651	42.3	73.5	86.4
国家可再生能源中心b	2215	4242	5967	50.5	84.1	92.8
IRENA						94.0
IEAa		3294			55.6	
IEAb		3772			68.3	
中国宏观经济研究院能源研究所	2083		5800	42.3		82.4

注：a、b分别对应2℃和1.5℃情景。

3. 煤电技术潜力、发展路径及影响

中国已建成全球最大的燃煤发电系统，未来清洁煤电技术仍有一定进

---

① 国家发改委能源研究所研究员姜克隽团队：《1.5度温控下的能源情景分析及可行性》。

步空间。经过 2014 年以来煤电机组超低排放改造，超低排放水平的煤电机组已经达到 8.1 亿千瓦；目前超（超）临界燃煤机组超过 500 台，其中 1000MW 超超临界机组超过 100 台，发电效率处于世界先进水平；我国目前进行商业运行的 CFB（循环流化床）锅炉总容量超过 100GW，基于流态重构的低能耗 CFB 锅炉技术在市场上更具有竞争力（张文华等，2021）。随着中国燃煤发电超洁净技术的推进，燃煤发电带来的二氧化硫、氮氧化物、烟尘年排放量大幅下降，由于机组大型化、高参数化，发电标准煤耗也明显下降。煤电的 630℃ 二次再热、超超临界 CFB 锅炉、煤电灵活性改造、全污染物一体化脱除、煤电与可再生能源耦合发电等技术持续处于进一步研发进程中，700℃ 材料应用、碳捕集与封存和资源化利用（CCS/CCUS）等技术的不断创新，为未来更高参数、更高效率、更加环保的燃煤发电技术的研发应用打下基础（杨勇平等，2024）。但是，随着我国日渐庞大的可再生能源发电体系的建立，煤电的角色也将出现变化。

情景研究发现，无论是 2℃ 还是 1.5℃ 情景，燃煤发电装机规模需要尽早达峰，而且 2025 以后 CCS 技术和煤电-生物质发电解耦技术的应用均须加快步伐。随着新能源发电占比的提高，为更多吸纳新能源发电，煤电开始推广灵活性改造，以匹配可再生能源发电的特性。到 2021 年开展灵活性改造试点 2.2 亿千瓦。同时特高压输电明显提升我国电网的输送能力，2018 年累计输送电量 11458 亿千瓦时，未来依靠特高压和智能电网可以把西部北部清洁零碳的电力送到东部消费中心地区，可以有效控制东部煤电装机的发展。

4. 高比例可再生能源的并网挑战及应对策略

未来随着能源结构的转型，电力系统基本特征发生了明显变化，风电和太阳能发电将成为主力电源，作为基荷发电的燃煤电厂，其规模则会明显下降，火电机组未来将成为以调峰为主的运行模式，结合水电、燃煤发电，以及其他储能方式实现对可再生能源发电的补充。

高比例可再生能源情景下，传统机组不再独立满足负荷需求，在电力电量平衡中，可再生能源将充当常规能源的角色，电力系统电力电量平衡以及容量充裕度的概念与方法将由目前确定性的思路向概率性的思路转化。同时，由于在源端和荷端存在较大的不确定性，电力系统的"边界条件"将更加多样化，电网结构形态需要具有更大的"可行域"以保证整个系统的安全性，需要充分引入并评估源端和荷端的不确定性。在配电网中，当局部地区可再生能源的瞬时出力大于负荷时，配电网将发生潮流反转，向主网倒送功率，可能产生严重的过电压问题；在输电网中，正常情况下联络线传输功率保持相对恒定，而为了跨区消纳可再生能源，需要联络线功率波动或双向流动，形成跨区电网互济。此外，电力电子装备的不断增加，导致系统惯性降低，其稳定机理发生变化，致使电力系统的暂态特性难以用现有的经典理论解释与分析。

5. 低碳电力转型中电网的角色

坚强可靠的电网是促进低碳电力转型的客观需要，加快推动中长期电网规划对低碳转型意义重大。低碳电力转型规划的四个关键步骤：（1）长期发电计划（通常跨越 20~40 年）；（2）跨区输电规划（通常跨越 5~10 年）；（3）调度模拟（通常跨越数周至数年）；（4）电网技术研究（通常长达五年）。电网规划要充分考虑地区之间的资源互补、需求增长的状况，且往往要先于电源建设。以特高压输电技术、柔性直流输电技术和电网智能化技术为支撑的跨区电网互联，可以促进可再生能源的大规模开发利用，充分实现资源优化配置，支撑以电为中心的能源转型。为实现远距离可再生能源的接入和送出，欧洲许多国家已纷纷提出了构建适应大规模可再生能源并网的跨地区电网的规划。

二 交通

（一）交通发展展望

交通运输是重要的能源消费部门，在多数发达国家中占能源消费总量的 30% 左右，甚至高达 40% 左右。交通用能也是近年来我国能源消费增长较快的领域。交通运输的发展和能源消费的变化对我国实现碳排放达峰有着不可忽视的影响。

未来我国交通发展需求的主要驱动因素是经济增长及其结构变化、收入增长等。经济增长是货物周转量增长的主要驱动因子，收入增长则是旅客周转量增长的主要驱动因子。

1. 货运量长期以来增长较快，近年增速下降

货物周转量和经济增长之间多数情况下有正相关关系。在美国、日本、欧盟等国家和地区，经济增长已经进入低速阶段（1%~3%），近期其货物周转量和经济增速的弹性仍然保持在 1 左右。

1990~2010 年，我国货运总量年均增长 6%，2000 年后增速不断提高，在 2011 年达到 13.7% 的峰值。2000~2012 年，我国货物周转量年均增长 12.31%，近年增速出现较大波动，2015 年出现少见的负增长，2016 年增速也只有 4%，之后处于平台状态。这说明经济结构调整因素对货运的影响正在加大。水运在货物周转量中一直占据大头，曾经达到 60% 以上，近年来逐步下降到略低于 50%。铁路运输的货物周转量曾经占总量的 25% 以上，后逐渐下降到 15% 左右。水运和铁路运输在货物周转量中所占比例远远高于其在货运总量中的比例。公路运输货物周转量则从不到 20% 逐步上升到 30% 左右。近两三年来，货运总量和周转量的增长速度明显降低。主要原因是能源和原材料运输在铁路运输和水运中的比例较高，而近年来煤炭、铁矿石等能源和原材料运量饱和，特别是煤炭运量明显下降。

但是以前各种运输行业和相关研究一直对货运量的增长十分乐观。特别是公路运输量的增加近些年来一直维持较高水平，迄今相关研究中没有足够的资料说明原因。

2. 旅客周转量增速较高，近期波动较大

影响旅客周转量的因素很多，收入增长导致的出行需求增长和出行方式变化可能是主要因素（见图 11-2）。特别是公路运输能力提高、家庭汽车的不断普及对今后客运影响较大。城市化交通模式的选择和变化也对客运有重要影响。

国际和国内对未来机动车的发展已经进行过许多研究（见图 11-3）。大多采用趋势分析法，即根据过去中国机动车发展趋势用简单的模型推算未来机动车拥有量。多数研究对我国机动车发展速度的预测比较保守，2030 年在 1.2 亿~2.5 亿辆。然而，近年来我国汽车销售数量不断上升，汽车用户已经从城市逐渐拓展至农村，并发展迅速。从大众消费已经形成的趋势看，把汽车拥有量限制在部分人群已经很难做到。因此我们在进行能源需求和碳排放峰值分析时，仍然为汽车的进一步发展留出了很大的空间。汽车拥有量将不断上升，在 2050 年达到 6 亿辆，平均每个家庭都可以有一辆汽车。

但是随着汽车的不断普及，家用汽车的出行里程将不断上升。随着技术进步和环境标准以及油耗标准的不断提高，汽车百公里油耗也不断下降。新能源汽车的发展速度也超过预期。汽车能源的电动化，已经是可以明确期望的发展方向。乐观估计，在 2025 年到 2030 年，汽车销售主流将向电动汽车翻转，不但可以进一步降低汽车单位里程能耗，而且可以支撑非化石能源的高比例发展。不过，汽车能源电动化在我国提前实现碳排放达峰中的贡献仍然有限。

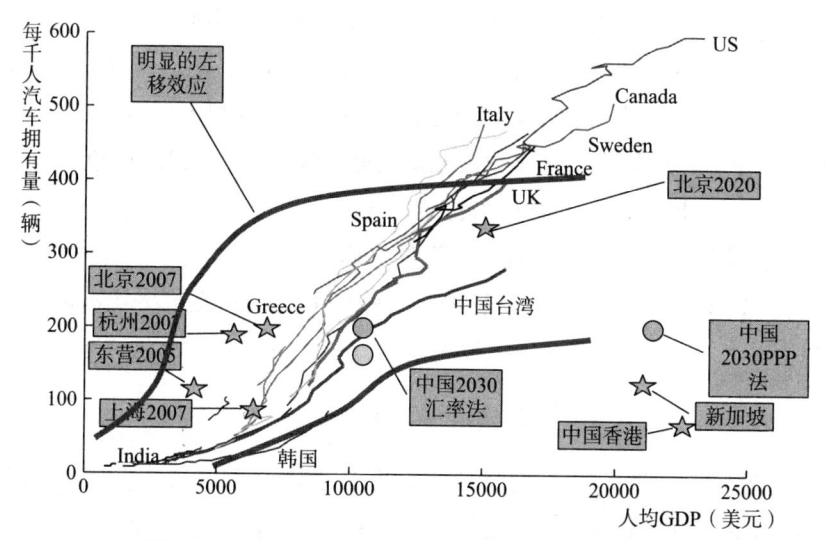

图 11-2 人均 GDP 与每千人汽车拥有量之间的关系

注：人均 GDP 按 1997 年 PPP 法计算。

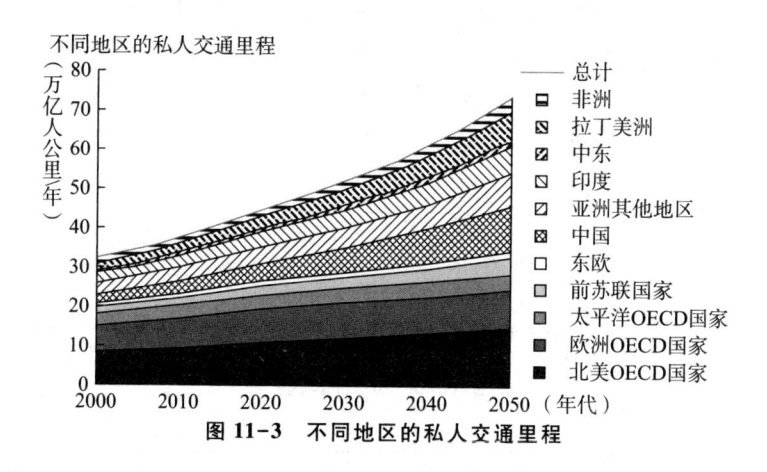

图 11-3 不同地区的私人交通里程

当前我国多数城市已经出现不同程度的汽车交通拥堵，有的已十分严重，成为世界级"堵城"。汽车普及化是否符合人民的实际出行需要，已经成为众多研究的热点议题。国际上"去私人汽车化",发展交通工具共享经济、完善慢行基础设施、回归自行车和步行等已经成为新的时尚。如果汽车拥有量和实际使用率都比现在预测的低,我国未来实现碳排放快速下降的空间将明显扩大。

交通模式选择对交通能源消费有重要影响。每个城市人口多寡将决定城市交通基础设施的需求规模。大城市需要轨道交通,中小城市则不需要,也就决定了不同规模城市控制道路机动车的对策不同。

城市发展相关研究和规划认为未来城市有大型化趋势,例如中国2050年将有超过150个人口在200万以上的大型城市,承担人口超过5.4亿人。200万以上人口的城市均适合建设轨道交通。500万以上人口城市应以轨道交通为主,承担城市出行的相当比重。100万以上人口城市应该以公共交通为主。小城市则可以较快地发展个体交通。

表11-2和表11-3分别系统展示了机动车发展情景以及交通周转量发展情景。表11-4反映了交通运输工具能效和运输模式的变化情况。

表11-2 机动车拥有量

单位:万辆

机动车	2005年	2010年	2020年	2030年	2040年	2050年
汽车总量	3160	6836	27267	39088	52797	61271
乘用车	2132	4869	24225	35407	48528	56916
货车	1027	1967	3042	3681	4270	4355
小汽车	1919	4589	23940	35068	48146	56505
家庭小汽车	1100	3589	22165	33026	45906	54169
其他小汽车	819	1000	1775	2042	2240	2336
大小型客车	214	250	285	338	382	411
小巴	131	132	110	130	148	163
大型客车	83	118	175	208	233	247
摩托车	6582	9947	10541	9601	9121	8665

表11-3 交通周转量

单位:亿人公里,吨公里

指标	2005年	2010年	2020年	2030年	2040年	2050年
旅客周转量	3445	8716	11847	15779	20844	22863

续表

指标	2005年	2010年	2020年	2030年	2040年	2050年
公路	2628	7559	9312	11439	13883	14696
铁路	606	790	1159	1512	1955	2527
航空	204	360	1369	2821	4999	5633
水运	7	7	7	7	7	7
货物周转量	9394	16980	24343	29339	33040	33865
公路	2251	5800	8541	9836	10697	10275
铁路	2073	2764	3156	3524	3876	4070
航空	8	13	30	53	79	106
水运	4954	8189	11945	14646	16304	16328
管道	109	214	670	1280	2085	3086

表 11-4　交通领域影响能源需求的主要因素

因素	2015年	2020年	2030年
小汽车燃油经济性（升/百公里）	6.8	5	4.1
电动小汽车占比（%）	0	3	28
货车能源效率提升（与2015年相比，%）		5	20
飞机能源效率提升（与2015年相比，%）		4	16
个人小汽车年均行驶距离（公里）	9300	9100	8200
高铁周转量占比（%）	16	20	55
公共交通占机动车出行比例（全国城市平均，%）	25	28	36
慢行交通提高率（与2015年相比）		4	15

2025年前碳排放达峰分析中采用的我国交通能源消费发展情景见图 11-4。2030 年前交通能源消费仍然会较快增加，主要驱动因素是小汽车数量的快速增加、航空发展快速、经济体量不断变大带来的货运增长等。但是 2020 年之后油品需求量增长速度将变缓，主要是由于小汽车能源效率提升，2020 年小汽车燃油经济性为 5 升/百公里，货车能源效率提升 5%；同时公共交通所占比例提升到 25% 以上，铁路客运比例上升，非机动车出行比例提升等。随着汽车能源结构的变化，特别是电动汽车的发展，2030 年之前交通领域油品消费量将达到峰值。

图 11-4　交通能源需求量情景

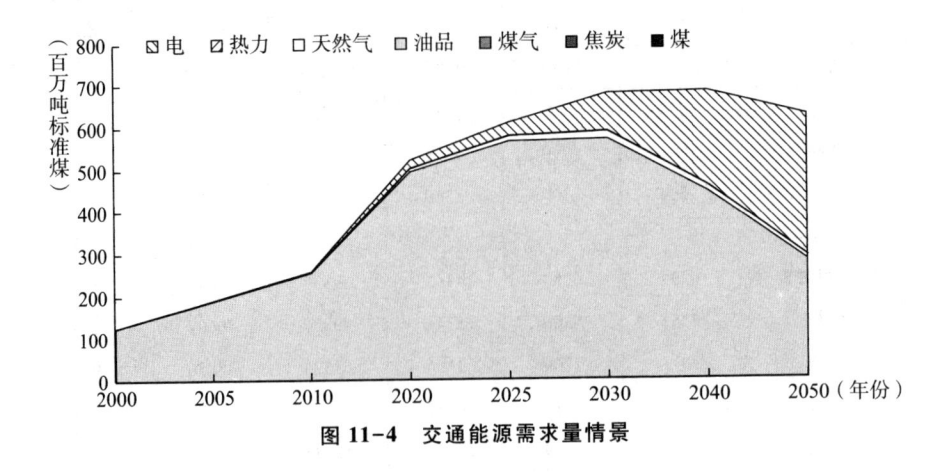

交通运输发展趋势的变化仍然取决于未来实践的选择，对 2025 年前实现碳排放峰值的影响还难以"从紧"预期。但交通运输发展对长期的能源消费，特别是石油类消费影响巨大。考虑到这方面的发展趋势仍然有许多不确定性，我们目前选择的预期方案还是十分宽松的。首先是运输量的预期十分宽松，多以趋势性或弹性外推为主，适度考虑可能的减量因素。应该说我们并不十分清楚未来的交通需求增长的原因，可能是货运量、客运量都有 3~4 倍的增长空间，也有可能高估了人们的物质消费量。特别是近两三年来客运人数下降，周转量增速也明显降低，是否反映了城乡之间的人口流动随着城市化的发展有所下降？货运量的增速近年也有明显下降趋势，是否反映了经济结构和增长内容的变化趋势？煤炭和高能耗产品碳达峰峰值下降对运输的影响是否估计充分？这些都给今后实际发展中进一步降低交通运输领域的碳排放留下了更多空间。从提前碳排放达峰的角度看，交通运输领域的排放余度留得很充分。

（二）相关情景研究

交通部门是能耗最少的终端部门，其能源消费量和直接碳排放量占 2015 年终端能源消费和全国能源相关的碳排放总量的 15% 和 7.3%~9%。在三种气候目标约束下，交通部门碳排放达峰的时间依次在 2050 年（参考情景）、2030 年（2℃情景）、2020 年（1.5℃情景）。交通部门的碳排放到 2030 年比 2020 年分别增加 35.8%（参考情景）、31.2%（2℃情景）、-3.1%（1.5℃情景），见图 11-5（a）。

未来交通周转量持续增加，到2050年旅客周转量和货物周转量分别达到24.9万亿人公里和54万亿吨公里。参考情景下交通能源消费将持续上升，到2030年交通能源消费将比2020年增加35.6%，见图11-5（b）。1.5℃和2℃情景下交通能源消费预计在2030年达到16.1EJ（1.5℃情景）~17.5EJ（2℃情景）的峰值，此后不断下降，但是变化缓慢。目前90%的中国交通能源消费是由石油产品组成，这是交通部门深度脱碳面临的主要挑战。预计参考情景和2℃情景下的交通石油消费会在2050年之前达峰〔见图11-5（c）〕，峰值为21EJ左右。而在1.5℃情景下交通石油消费已经在2020年达峰，到2050年石油在交通能源消费总量中的占比已经下降到22.6%，到2080年左右完全淘汰。这表明1.5℃情景的实现需要石油的快速下降，对应的变化是燃料向清洁能源转移。如图11-5（d）至图11-5（f）所示，未来交通天然气、电力、生物质消费均快速增加，到2050年三种目标约束下天然气消费量分别是2020年的2.3倍（参考情景）、8.9倍（2℃情景）、12.9倍（1.5℃情景），电力消费量分别是2020年的4.6倍（参考情景）、4.3倍（2℃情景）、8.8倍（1.5℃情景），生物质消费量分别是2020年的3.3倍（参考情景）、数十到几百倍（2℃情景、1.5℃情景）。

虽然交通部门难以脱碳，但是仍存在较大的节能减排潜力。交通部门的减排措施可以归纳为三个方面：（1）优化交通运输模式，（2）提高燃油经济性，（3）推广清洁能源汽车。从运输结构来看，公路运输分别占2015年客运和货运交通能耗的80%和90%，其次是水运、航空、铁路、管道。未来交通运输模式的转变在很大程度上取决于基础设施建设和物流系统。提高燃油经济性标准和推动燃料转变，对提高能源效率和减少碳排放至关重要，这需要适度推进交通部门的税收和补贴等政策性工具。

中国交通部门未来CO_2排放呈现近中期快速增长，远期缓慢增长的趋势。到2050年，大多数预估的基线CO_2排放量将增至18.0亿~24.0亿吨，大多数预测和情景研究均呈现显著增长的趋势，如图11-6所示。在不实行积极、持续的减排政策情况下，交通运输业的排放增速会高于其他的能源终端使用行业，到2050年可导致2~3倍的CO_2排放。在2℃温升情景下，交通CO_2排放量将于2025年至2030年达峰。在1.5℃温升情景下，交通CO_2排放量将于2025年前实现达峰，并于2050年前实现近零排放。

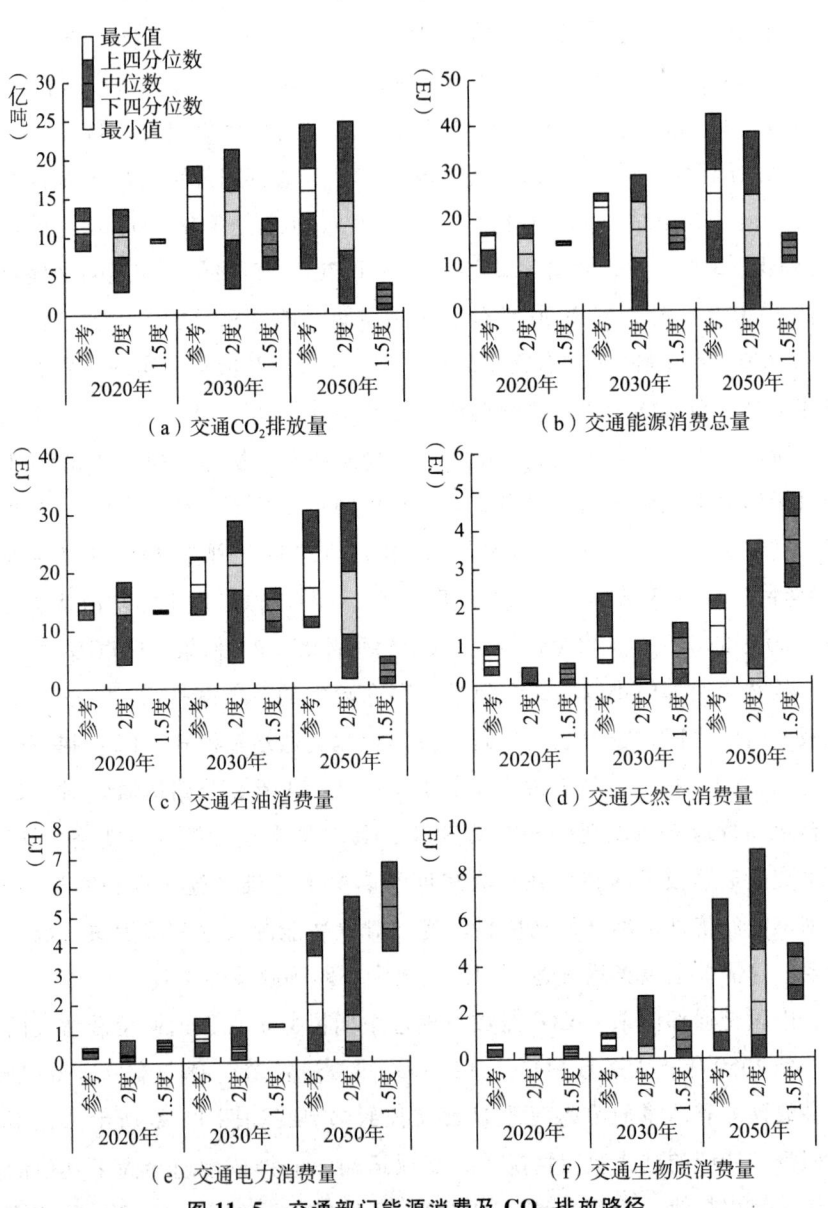

图 11-5 交通部门能源消费及 CO_2 排放路径

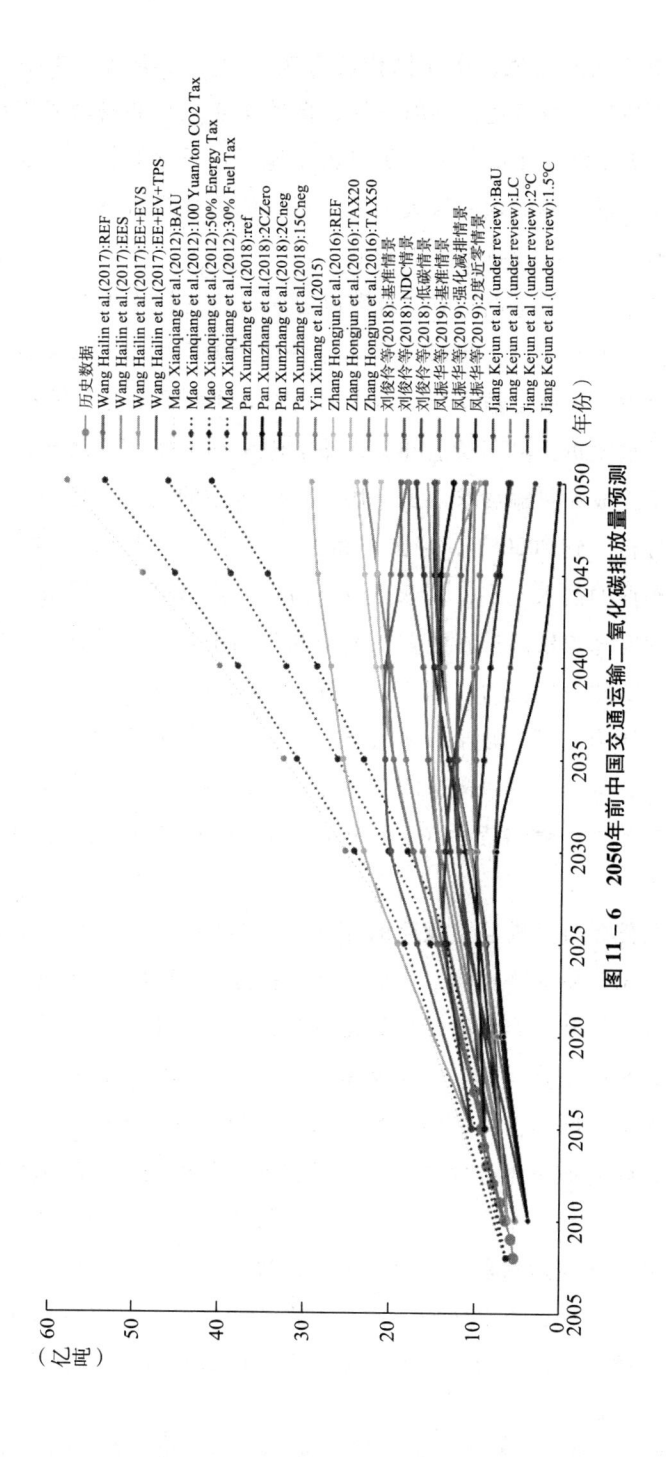

图 11-6 2050 年前中国交通运输二氧化碳排放量预测

随着工业化的完成，产业结构的升级，交通运输结构将不断优化调整，低碳交通运输方式比重不断增加，低碳交通运输装备技术得到创新和推广应用，太阳能、水能、电能等可再生能源比重逐渐提升，运输结构不断得到优化，低碳发展理念深入人心，低碳能力建设不断加强，都会对交通部门的温室气体排放带来很大影响。

未来几十年中国道路运输[①]的货运需求将呈现缓慢增长态势，在需求结构中的比重不断上升。2020年，由于铁路运输能力增长带来铁路实际运输的需求释放，道路运输在各种运输方式中的比重将略有下降。但2020年后，道路运输比重仍将不断上升。铁路运输中的大宗物资运输需求增长放缓，同时干线成品运输需求增长加快，铁路运输的货物结构出现结构性调整。综合分析，到2020年，中国铁路货运在各种运输方式中的需求比重，将略低于当前的需求比重，基于目前铁路货运需求高于实际货运规模的基本情况，同时随着铁路设施能力在未来几年的增长，尤其是高速铁路修建释放的大量货物运输能力，到2020年铁路实际承担的货运比重将比当前略有提升。2020年以后，随着工业化的逐步完成，原材料等大宗物资运输需求趋于稳定，甚至出现缓慢下降，铁路货运结构将发生较大变化，在以重量计算的口径下，铁路货运在各种运输方式中将呈现比重逐步降低的需求态势。

结合自然条件，随着工业化的完成，中国货运结构不断调整，同时受航道整治、出口贸易等影响，水运需求比重将在2020年后有所下降。随着产业的升级发展和高附加值产品的比重提升，结合航空货运的替代性较弱的特征，未来航空货运需求将长期呈现增长态势，需求比重逐步提高。结合对未来客运空间结构调整的判断，以及人们出行需求的质量结构总体趋势的判断，随着城镇化进程加快和人民收入水平提高，客运出行需求将增长迅速。其中，在铁路客运中，高铁运输将快速推进，铁路客运的分担比重不断提升，航空运输在中长距离上的优势进一步体现，同时考虑国民出境旅游的拉动作用，航空运输的比重也将不断上升，道路运输在中距离上受到高速铁路的挤压，短距离上私家车出行将分流部分运输需求，未来道

---

① 道路运输是指在公共道路（包括城市、城间、城乡间、乡间能行驶汽车的所有道路）上使用汽车或其他运输工具，从事旅客或货物运输及相关业务活动的总称。

路客运的需求增长将放缓，顺风车等共享汽车出行比重可能会有所上升。自动驾驶技术经过不断发展，也会占一定的出行比例。

交通部门主要减排路径，包括提升燃油经济性标准、促进低碳燃料的使用、优化交通运输结构和引导交通需求合理化。

为实现中国交通部门低碳化发展，交通部门需要采取下述三种措施。其一，加快传统车队的技术性转型进程，进一步采用更加严格的燃油经济性标准，力争在2050年做到乘用车百公里燃油经济性较2013年降低45%，传统客货车燃油经济性降低35%，技术性转型在2013~2050年带来累积减排量约为日常情景下2050年排放量的27%。其二，加快节能低碳技术产品的推广进程，推进电力、生物质燃料等在汽车和船舶领域的应用，2050年，汽柴油消耗的占比将从2013年的84%下降至26%，电力和生物质燃料占比将分别达到24%和38%，能耗结构的调整将带来55%的累积二氧化碳减排量。其三，推动运输结构调整，提倡公共汽车、城市轨道交通等公共出行方式，重点挖掘公共交通的运输潜力，由此引发的出行比例调整将进一步带来17%的累积二氧化碳减排量。

技术转型是中国交通部门低碳化的主要路径，随着交通运输技术的发展和进步，新旧技术的更新换代是实现中国交通部门节能减排的关键因素。新技术包括新型飞机发动机设计制造、新的汽车动力技术、尾气回收装置等。加强管理体系的转型也是保障交通部门低碳化发展的重要举措。加强配套的交通运输法律体系建设和制度建设，促进交通运输体系的进一步优化，从而提升交通运输系统的整体运输效率。发展绿色消费文化，鼓励民众自觉采用低碳出行方式，从而实现运输结构的转型。加大力度宣传低碳环保的出行方式，使消费者在购车时更多地选择新能源汽车，日常出行时更多选择公共交通出行方式，才能从根本上实现交通运输低碳化。通过综合结构优化、技术升级和管理提升等方面的综合作用，中国交通部门的未来减碳潜力巨大，2050年绝对减排潜力将超过8亿吨。

交通部门最终实现深度减排的路径是电力化（包括动力电池和燃料电池）、利用生物燃料。2050年的时候可以不再使用化石燃料。

（三）技术进展

道路运输的车辆能效提升技术、航空节能减排技术和高铁技术都是未来交通部门重要的减碳措施。

道路运输中，能效提升技术对道路运输的节能减排有极大促进作用。中国车辆能效提升措施主要包含对汽车制造商所产汽车进行严格能效限制和加大新型高效汽车的市场补贴力度。尽管中国对能效提升技术的支持力度很大，但是相关技术较国际先进水平仍有差距，节能减排技术仍有一定发展潜力。混合动力技术、先进内燃机技术和轻量化材料技术已经被《节能与新能源汽车产业发展规划（2012—2020年）》列为核心技术。

对不同车辆类型、技术路线和节能技术组合的减排成本和减排潜力进行分析可以发现，汽车节能技术减排成本随着汽车行驶距离增加而明显减少，火花点火、柴油驱动和混合动力技术路线的减排成本较其他路线更低且具备一定减排潜力。中国私人乘用车能效提升技术的减排成本在1324.6~5694.3元/吨。汽车生产侧的节能减排措施普遍缺乏投资价值，亟须政府政策推进。火花点火、柴油驱动和混合动力技术适合应用于出租车或其他行驶里程数较高的车型上，车身技术应用在私人乘用车上的潜力更大。长期来看，纯电动和插电式混合动力将成为主导技术路线，具体减排成本如表11-5所示。其中低端紧凑型车和紧凑型车引擎替换技术包括直列四缸发动机、双凸轮轴、4气门和6速自动变速器。中型车和大型车采用的技术包括六缸V型发动机、双凸轮轴和4速自动变速器。假设汽车寿命为12年、年行驶里程为15000公里，当电池成本低于1500~2000元/千瓦时，纯电动汽车减排成本为负，即可以实现温室气体减排的同时降低全生命周期使用成本。中国汽车技术研究中心（CATARC）和国际清洁交通委员会（ICCT）进行了不同经济性成本的测算，得到了相似的结论。

另外，值得注意的是，英国相似研究表明，若结合电力部门的低碳化，发展电动汽车是最为经济有效的减排措施，减排成本在每吨40英镑至80英镑。2030年，英国车队的43%将有望变为电动汽车。电力部门的低碳化措施包括去火电，以及发展核电、生物质发电、潮汐能发电以及碳捕集与封存技术。如果将交通部门使用电力所产生的排放纳入其碳排放总量，那么通过每吨二氧化碳40英镑的成本措施，可以实现交通部门碳排放减少80%的目标。

表 11-5　单一技术路线层面能效提升技术的减排成本及量化分析

技术路线			行驶里程	燃油经济性	节能技术投资成本	全生命周期减排潜力	减排成本
用途	车型	燃料技术路线	（百公里）	（升/百公里）	（元）	（吨）	（元/吨）
私人乘用车	低端紧凑型车	火花点火	162.9	5.5	18572.1	5.5	2301.1
私人乘用车	紧凑型车	纯电动	162.9	7.5	205719.6	26.8	6719.1
商用车	中型车	火花点火	211.8	9.0	20237.4	13.4	451.3
商用车	中型车	纯电动	211.8	9.0	243188.8	41.8	4868.0
商用车	大型车	柴油驱动	211.8	12.0	39869	22.2	734.3
商用车	大型车	插电式混合动力	211.8	12.0	185856.6	45.6	3024.2
出租车	紧凑型车	混合动力	1000	7.5	15573.2	29.8	-963.4
出租车	紧凑型车	纯电动	1000	7.5	205719.6	102.8	724.0

航空运输节能减排措施包括引擎和机身技术、运行优化及机队管理等。

目前关于中国情景的研究较少，英国航空部门节能减排措施的相关研究表明，机身技术、引擎技术、新型燃料技术和飞机设计优化基本可以在2020年前后实现应用。机身减排技术主要包括翼尖小翼、沟纹薄膜、尾椎替换、轻量化、翼身融合和机身抛光，应用机身减排技术的运行阶段节能比例为2%~30%。飞机引擎的节能减排措施主要包括引擎替换和引擎升级，节能收益与引擎使用年限有关，使用年限每增加一年，每年引擎替换带来的节能收益便增加0.5%。机身设计优化将有助于减少30%的运行能耗。

假设燃料价格为0.31英镑/升，有八种减排技术的应用可以实现成本为负，这主要是因为这些技术有效降低了运行能耗强度和增加了单次航班收益从而降低了整体技术应用成本，如果单独考虑这八种技术，航空运输排放可减少14%。负成本技术主要是飞机运行过程的优化技术。但是如果考虑不同减排技术在应用过程中的相互影响，这些技术的应用效益和减排收益会有所下降。这些技术在英国国内航空的减排潜力和减排成本见表11-6。

表 11-6 不同减排技术在英国国内航空的减排潜力和减排成本

减排技术	技术减排潜力（吨）	投资成本（英镑）	减排成本（英镑/吨）	在总排放中占比（%）
客机容量优化	46740	-8277680	-177	2.0
减少辅助动力装置 APU 使用	14881	-1714597	-115	0.7
起飞降落过程优化	79776	-8037779	-101	3.5
涡轮螺旋桨发动机	68428	-6694757	-98	3.0
引擎保养及清洗	11554	-741404	-64	0.5
储备燃料减少	6000	-341090	-57	0.3
缩小飞机油箱	79351	-2737677	-35	3.5
飞机轻量化	11817	-22730	-2	0.5
持续下降法	10683	205450	19	0.5
翼尖小翼	9876	243835	25	0.4
移除辅助动力装置	8235	240259	29	0.4
速度和飞行高度优化	708	27157	38	0.03
机身抛光	3790	256382	68	0.2
老飞机退役	95111	11214219	118	4.1
引擎升级	5413	908946	168	0.2

注：假设英国国内航线碳排放为每年 229.9 万吨。

电动飞机被认为是一个具有很大市场潜力的领域。目前，电池驱动支线飞机处于测试运行阶段，有希望在 2025 年之前进入商业运行。而氢动力飞机和燃料电池飞机已经在研发阶段。考虑到商业飞行周期以及飞机的寿命，到 2050 年机队只能有部分飞机使用氢驱动。根据美国能源部研发规划，2040 年氢动力飞机投入商业运行，而我国目前还没有相关研发计划。

高铁是中国未来铁路的重要发展方向。电力机车牵引方式使得高速铁路减排效益明显。研究表明，以京沪高速铁路为例，与内燃机车相比，京沪高速铁路全线每年可有效减少碳排放 74.3 万吨。以武广高铁为例，综合考虑直接效应和间接效应，高速铁路开通后比普通铁路每年减少碳排放 234.2 万吨，每公里高铁比普通铁路减少碳排放 2200 吨，高铁相对普铁的减排潜力主要体现在货运替代上，客运替代的减排效益不明显（张汉斌，2011）。高速铁路单位周转量的全生命周期碳排放较之于道路运输和航空运输分别减少 10%~60% 和 46%~73%。中国高速铁路建设成本为每公里 1.2 亿~1.4 亿元，从减排成本角度考虑，高速铁路成本较高，但高速铁路在铁路运输提速等方面扮演着重要角色，未来仍将是中国铁路运输的主要发展方向。

铁路部门难以减排的地方是一些不适合电力化的线路，对此，燃料电池驱动是主要的技术选择。针对无法电力化的线路，欧洲已经开始投入使用燃料电池机车。

从以上分析可以看出，各项减排措施的潜力和成本差异极大。

（四）碳达峰展望

我国新能源汽车发展迅速，从 2020 年销售 115 万辆到 2021 年 350 万辆，到 2022 年 688.7 万辆，市场占有率已经提升至 25.6%，提前三年实现了 2021 年制定的新能源汽车发展规划中 2025 年 25% 的目标。2022 年我国新能源汽车持续爆发式增长，产销同比分别增长 96.9% 和 93.4%，连续 8 年保持全球第一。市场规模全球领先，全球销量占比超过 60%。其中，纯电动汽车销量 536.5 万辆，同比增长 81.6%；插电式混动汽车销量 151.8 万辆，同比增长 1.5 倍。目前预计到 2025 年有可能实现燃油车保有量的下降。

由于疫情影响以及新能源汽车的增加，2022 年全国成品油消费量达 3.45 亿吨，同比增长 0.9%，其中，汽油同比下降 4.6%，柴油同比增长 11.8%，航空煤油同比下降 32.4%。

航空用油还会继续保持一定增长，其他交通用油在 2025 年左右都会达到峰值，因而，交通领域有可能在 2030 年前实现用油峰值，达到 CO_2 直接排放的峰值。

三 建筑

（一）建筑发展展望

建筑用能是未来十分重要的能源消费和碳排放领域。大多数发达国家建筑用能占总能源消费的 30%~40%。我国目前仍然处于建筑用能总量增长期。建筑用能包括城乡居民住房用能、多数服务业用房用能以及重要交通设施公共建筑用能。分析建筑发展对碳排放的影响是分析提前达峰的重要内容。

人口和收入决定生活水平和消费水平，是重要的建筑发展驱动因素。人口增长和变化的设定与各权威规划和研究机构的结果基本一致。中国人口增长的控制因素长期存在，农村人口增速有所减缓。二孩政策适当放宽了对人口增长的限制，但中国的人口增量仍然维持在一个较低水平，人口总量仍然在原有计生委人口发展情景范围之内。2030年到2040年间中国人口达到高峰，为14.7亿人左右，2050年下降到13.9亿人。预测的人口、城市化和城乡家庭情况见表11-7。

表11-7 人口、城市化和城乡家庭情况预测

指标	2005年	2010年	2020年	2030年	2040年	2050年
人口（百万人）	1307	1360	1412	1425	1420	1390
城市化率（%）	43	48	64	72	75	79
城市人口（百万人）	562	653	902	1020	1065	1095
每户人口（人）	2.96	2.88	2.8	2.5	2.3	2.2
户数（百万户）	189.9	226.7	322.1	408.0	463.0	497.7
农村人口（百万人）	745	707	510	405	355	295
每户人口（人）	4.08	3.8	3.5	3.2	2.8	2.5
户数（百万户）	182.7	186.1	145.7	126.6	126.8	118.0

IPAC-人口模型分析了人口的年龄分布，并将其作为劳动力供应和消费模式研究的条件之一。收入增高后，中国妇女分年龄段的生育率有所下降，2030年的生育率将接近日本目前的生育率。

排放情景分析采用了比较高的城市化率，但也充分考虑了农业生产所需要的劳动力数量以及相应的农村人口。我国的土地资源和生产条件与美国相比，山地较多，因此与美国等发达国家相比大规模机械化农业生产条件较差，相对需要较多的农业生产劳动力。这样在模型中匹配的农村人口会达到15%左右，考虑一定的冗余度，最终我国的城市化率达到80%左右。

建筑物总面积影响能源消费和碳排放。改革开放以来，特别是21世纪以来，中国的建筑物总面积增长迅速，人均居住面积快速上升，已经接近

多数发达国家人均水平。

2007年，欧洲发达国家的人均居住面积多在30~40平方米（见表11-8），在碳排放达峰和减排分析中我们设定中国在2020年的人均居住面积约为30平方米，2030年达到34平方米左右，基本达到发达国家平均水平。中国人口多，不能照搬西方发达国家独立大面积住房发展模式，但现在国内大户型房屋建设较多。从实际人均收入的增速看，2020~2030年人均居住面积达到欧洲发达国家一般水平应该是一个十分积极的发展目标。模型中建筑面积相关参数见表11-9。

表11-8 发达国家居住面积（2007年）

国家	户均房间数（间）	户均使用面积（平方米）	户均居住人口（人）	人均居住面积（平方米）
奥地利	3.3	89.1	2.5	35.6
丹麦	3.8	108.5	2.1	51.7
芬兰	3.7	76	2.3	33.0
法国	3.8	88	2.6	33.8
爱尔兰	5	99	3.1	31.9
卢森堡	5.1	118.4	2.7	43.9
德国	4.3	86.7	2.2	39.4
荷兰	4	98	2.4	40.8
匈牙利	4.1	83	2.9	28.6
瑞典	3.4	89.8	2.1	42.8
英国	3.6	76	2.4	31.7

表11-9 模型建筑面积情景设计

指标	2005	2020	2030	2050
城镇住房建筑面积（亿平方米）	146.7	202.9	335.7	439.5
农村住房建筑面积（亿平方米）	217.7	232.3	202.5	183.9
住房建筑面积（亿平方米）	364.4	435.1	538.1	623.4
其他建筑面积的比例（%）	25	26	28	30
建筑总面积（亿平方米）	485	588.0	747.4	890.6
人均居住面积年均增长速度（%）		3.9	2.4	1.8

人均居住面积和建筑物总面积是建筑物能源消费的重要基础。建筑用能最大的是采暖和空调。居民日常生活其他消费水平和消费习惯也对建筑用能有一定影响。提前达峰和减排分析中，预期人民生活水平显著提高，采暖、空调服务范围和质量均有明显扩大和提升，家用电器多样化，普及率进一步提高。

城市居民生活用能参数见表 11-10。

表 11-10　城市居民生活用能参数

指标	单位	2020	2030	2050
居民户数	百万户	288	336	380
采暖比例	%	42	44	48
采暖强度指数		1.35	1.5	1.6
采暖时间指数		1.33	1.36	1.4
50%及以上采暖节能建筑比例	%	20	45	65
百户空调拥有量	台	130	180	260
空调强度指数		1.3	1.4	1.6
空调利用时间指数		1.6	1.8	2.2
冰箱拥有率	台/百户	100	120	130
冰箱平均容量	升	250	310	390
冰箱效率	千瓦时/天	0.8	0.8	0.7
洗衣机拥有率	%	100	100	100
每周洗衣机使用次数	次	5.4	8	8
电视机拥有率	%	180	220	290
电视机平均功率	瓦	320	300	280
每台电视机每天观看时间	小时	3.5	3.2	2.9
LED 照明节能灯普及率	%	100	100	100
每户照明灯数（40 瓦荧光灯标准照度）	个	14	21	27
热水器拥有率	%	100	100	100
太阳能热水器拥有率	%	18	25	33
百户电炊具拥有率	%	130	140	260
电炊具每天利用时间	分钟	12	30	50

续表

指标	单位	2020	2030	2050
其他家电功率	瓦	1500	1800	1900
其他家电每天利用时间	分钟	50	80	100

注：强度指数和采暖指数以2000年为基准年计算得到，下同。

农村居民居住模式以独体建筑为主，随着农村居民收入上升，达到同样用能服务水平将比城市居民的能源消费高。2030年以后，农村居民收入水平达到小康，家用电器基本完全普及，用能服务强度与城市相差不大。农村居民生活用能参数见表11-11。

表11-11 农村居民生活用能参数

指标	单位	2020	2030	2050
居民户数	百万户	152	131	101
采暖比例	%	42	44	45
采暖强度指数		2.1	2.6	2.8
采暖时间指数		1.5	1.7	1.8
50%及以上采暖节能建筑比例	%	15	35	65
百户空调拥有量	台	45	70	190
空调强度指数		2	2.6	2.9
空调利用时间指数		1.7	2	2.1
冰箱拥有率	台/百户	70	95	99
冰箱平均容量	升	220	290	380
冰箱效率	千瓦时/天	0.86	0.76	0.7
洗衣机拥有量	台/百户	78	94	100
每周洗衣机使用次数	次	4	6	12
电视机拥有量	台/百户	130	180	230
电视机平均功率	瓦	270	270	260
电视机每天观看时间	小时	3.5	3.2	2.6
LED照明节能灯普及率	%	70	100	100
每户照明灯数（40瓦荧光灯标准照度）	个	10	18	22

续表

指标	单位	2020	2030	2050
热水器拥有率	%	70	100	100
太阳能热水器拥有率	%	48	80	90
百户电炊具拥有率	%	55	70	100
电炊具每天利用时间	分钟	8	28	56
其他家电功率	瓦	1000	1300	1900
其他家电每天利用时间	分钟	30	60	80

建筑用能的另一重要部门是服务业，包括商业、教育、政府、医疗、金融等领域。用能情况分为大型公共建筑（一般单位面积能耗较高）和其他公共建筑（能耗相对较低）。这些建筑的用能情况见表 11-12 和表 11-13。

表 11-12 服务业建筑用能类型

年份	建筑面积（亿平方米）	大型公共建筑面积（亿平方米）	大型公共建筑平均电器容量（瓦/平方米）	家电节能率（%）	其他公共建筑面积（亿平方米）	其他公共建筑平均电器容量（瓦/平方米）	办公电器节能率（%）	采暖节能率（%）
2005	41	5.6	36.9		35.4	11.4		
2010	69	9.8	45.4	3	59.2	12.1	3	5
2020	146	22	58.7	9	124	13.3	8	30
2030	245	39	72.1	19	206	14.9	17	65
2040	310	52	84.5	28	258	16.5	26	80
2050	340	63	95.1	41	277	18.0	40	95

表 11-13 服务业建筑用能技术参数

指标	单位	2020	2030	2050
服务业建筑面积	亿平方米	146	245	340
采暖比例	%	34	38	41
采暖强度指数		1.4	1.6	1.7
采暖时间指数		1.2	1.3	1.4
50%及以上采暖节能建筑比例	%	30	65	80

续表

指标	单位	年份		
		2020	2030	2050
复印机拥有率	%	12	14	18
计算机拥有率	%	55	65	70
计算机使用时间指数		1.3	1.6	1.7
电梯拥有率	%	16	18	20

建筑部门未来消耗的能源主要为电力、热力等二次能源和天然气。随着建筑总面积增量逐渐饱和，加上相关能源利用的技术进步，建筑部门可能在2040年达到能源消费峰值，之后开始下降，2030年之后的增长速度已经很慢（见图11-7至图11-10）。

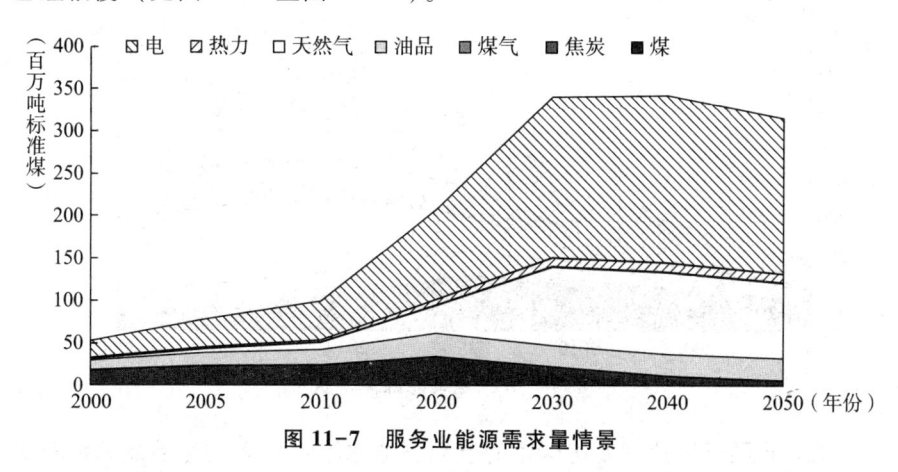

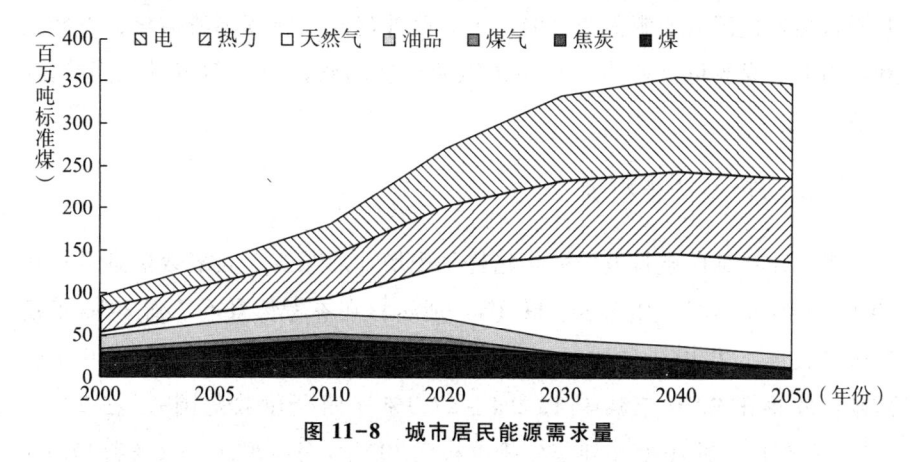

图11-7 服务业能源需求量情景

图11-8 城市居民能源需求量

图 11-9　农村居民能源需求量

图 11-10　建筑能源需求量

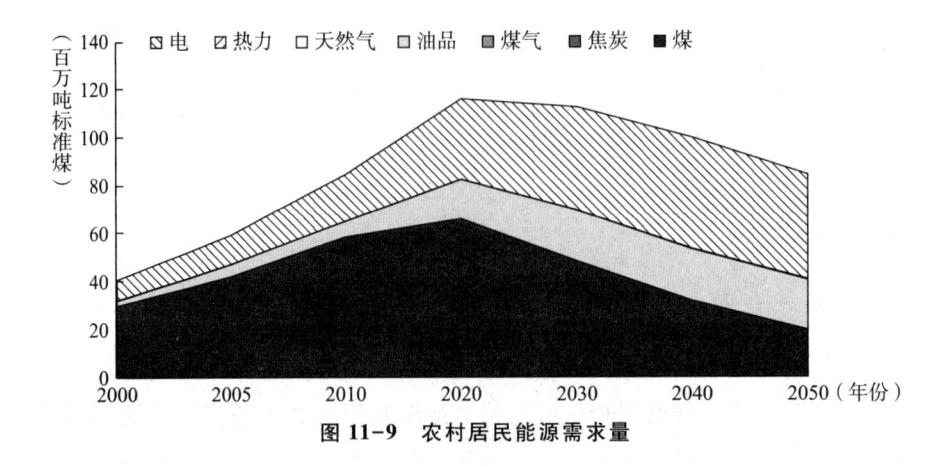

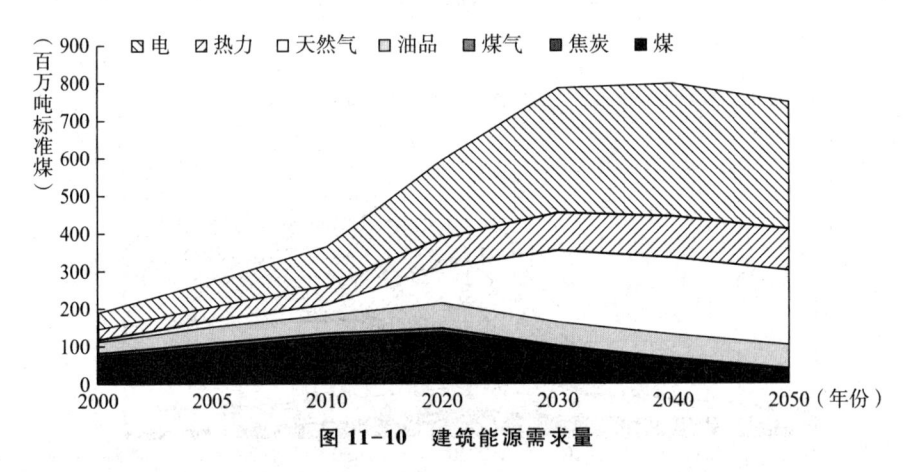

未来我国可以达到发达国家的能源服务水平，但人均生活能源消费量只需目前发达国家能源消费量的一半。此外建筑用能逐渐清洁化，天然气和电力取代煤炭可以使建筑物一次能源消费的碳排放在2020年之前达到峰值。

（二）相关情景研究

未来建筑部门碳排放的变化趋势是先增加后减少，大多数情景显示在2030~2040年达峰。如图11-11（a）所示，在参考情景下，到2030年建筑碳排放将比2020年增加9.5%~44.6%（四分位数范围），到2050年建筑碳排放将比2030年减少13.2%~27.3%（四分位数范围）。在2℃和1.5℃情景下，到2030年建筑碳排放将比2020年分别增加43.6%和17.2%

（中位数），到2050年将比2030年分别减少21.1%和37.9%。

如图11-11（b）所示，到2030年建筑能源消费将比2020年增加47.6%（参考情景）、15.7%（2℃情景）、29.7%（1.5℃情景），在2030年之后建筑能源消费变动较小。随着大部分传统生物质的使用向电力和低碳燃料转移，建筑部门的能源结构发生巨大变化。如图11-11（c）所示，未来建筑煤炭消费大幅下降，到2050年三种目标约束下的煤炭消费比2020年减少90%以上，到2100年煤炭消费接近淘汰。如图11-11（d）所示，未来建筑部门的石油消费变动幅度较小。在2℃情景和1.5℃情景下，生物质燃料消费大幅减少，到2050年比2030年分别下降58.4%和86.7%[见图11-11（e）]。由于天然气存在成本高和供应短缺的风险，加之目前城市居民建筑中天然气的使用比例已经相当高，因此未来天然气的增长速度将受到限制，未来天然气的增长主要来源于农村和商业建筑中的天然气使用。预计建筑天然气消费在2050年之前达峰[见图11-11（f）]，到2030年天然气消费比2020年增长49.9%（参考情景）、98%（2℃情景），到2050年比2030年减少3.1%（参考情景）、12.2%（2℃情景）。三种目标约束下，天然气占建筑能源消费总量的比重由2015年的10%增长到2050年的20%左右。电力是建筑部门的主要能源消费品种，当与电力系统的快速脱碳相结合时，可以进一步减少该部门的间接二氧化碳排放，因此未来建筑部门的电气化率会持续提高。如图11-11（g）所示，到2050年电力消费比2030年分别增加73.2%（参考情景）、39.1%（2℃情景）、83.4%（1.5℃情景）。电力占建筑能源消费总量的比重将由2015年的25%增长到2050年44%（参考情景）、60%（2℃、1.5℃情景）。

从能源活动来看，居民能耗以烹饪和供暖为主，其次是电器、热水、制冷、照明；商业建筑以照明耗能最多，其次是设备运行、供暖、制冷、热水。多种方式可以实现交通部门的深度减排，空间制冷供热系统改造和建筑围护结构改善是其中的重点，这两项措施可带来近一半的建筑节能量。推广高效率设备、燃料向电力和清洁能源转换、消费者行为选择及利用时间调整均能显著影响建筑能源消费。

(a) 建筑CO₂排放量

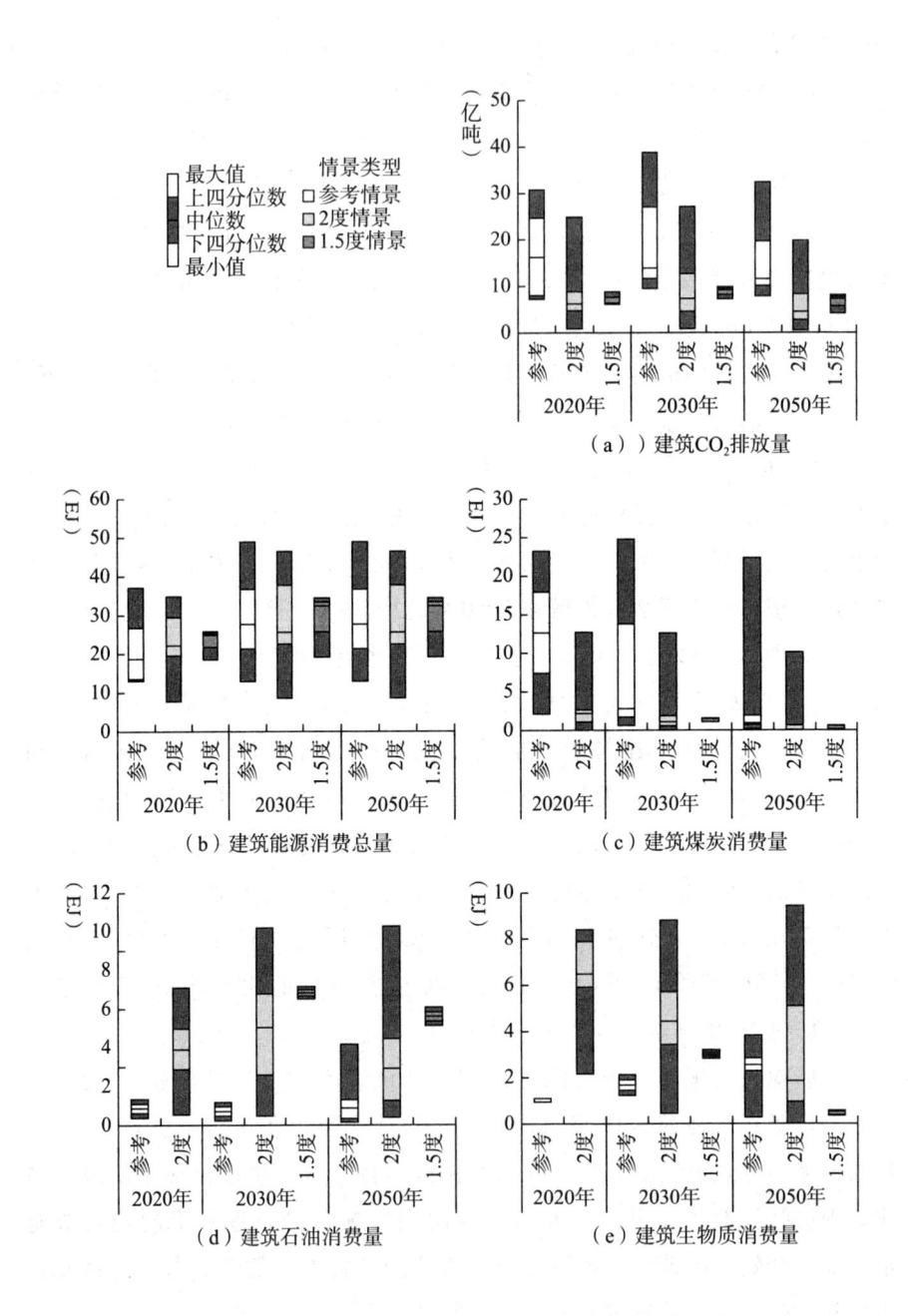

(b) 建筑能源消费总量

(c) 建筑煤炭消费量

(d) 建筑石油消费量

(e) 建筑生物质消费量

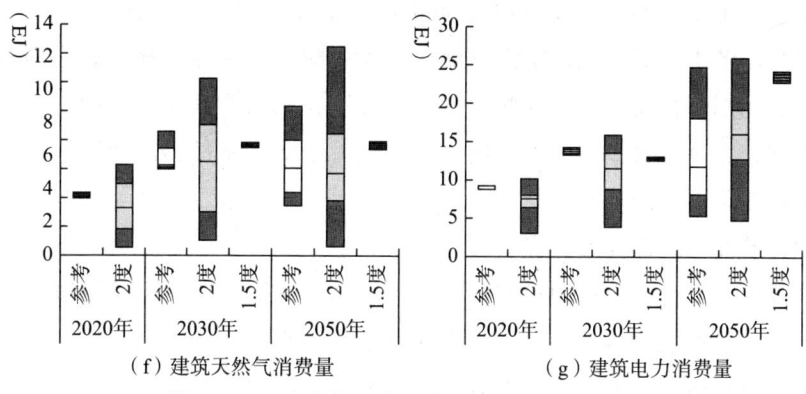

（f）建筑天然气消费量　　　　（g）建筑电力消费量

图 11-11　建筑部门能源消费及 CO_2 排放路径

（三）技术进展

1. 北方集中供暖：发展低品位工业余热技术

我国电力行业和其他制造业的工艺过程会产生大量余热，其中一些低品位余热不能再被工艺过程回收利用，但可以用于建筑采暖。在各种供热方式中，燃煤锅炉直接供热的煤耗为 40kgce/GJ，常规热电联产供热煤耗为 25kgce/GJ，而充分回收乏汽余热（属于低品位余热）的热电联产供热煤耗可降至 15~20kgce/GJ，其他各类低品位工业余热供热的煤耗仅为 5~25kgce/GJ。所以，大规模发展低品位工业余热供热，是降低北方城镇采暖能耗和碳排放的重要途径。2015 年，我国出台了《余热暖民工程实施方案》，要求充分回收利用低品位余热资源，减少煤炭消耗，改善空气质量。2017 年，十部门联合印发的《北方地区冬季清洁取暖规划（2017—2021年）》也将热电联产和工业余热作为重要清洁取暖措施。未来我国北方城镇采暖，应建立热电联产和低品位工业余热承担供热基荷、燃气锅炉负责调峰、以各种热泵采暖及其他高效分散供热方式为辅的供热模式，并通过统一规划，明确余热回收技术要求，完善热源与热网结算机制等，促进低品位工业余热供暖的规模化发展。

2. 夏热冬冷地区采暖：发展分散式采暖技术

夏热冬冷地区包括山东、河南、陕西部分不属于集中供热的地区和上海、安徽、江苏、浙江、江西、湖南、湖北、四川、重庆，以及福建部分需要采暖的地方。这些地区的气候特点是夏季闷热潮湿、冬季阴冷，最冷月平均气温 0~10℃，平均相对湿度 80%，日最低气温低于 5℃ 的天数达 2 个多月。冬季日照率低，室内湿度大，需要时常开窗通风换气，室内外温度几乎相同。长期以来，这些地区"冬冷"问题没有解决，即使有一些采暖措施，大多也效率低下，舒适性差。随着生活水平的提高，这些地区居民要求冬季取暖的呼声日渐高涨，冬季取暖能耗需求将呈增长趋势，成为中国建筑能耗的潜在增长点。

夏热冬冷地区建筑围护结构多为轻型结构和中型结构，保温隔热性能较差，蓄热性能也较差，而且住户在冬季普遍有开窗的习惯，间歇供暖方式更适合该地区。从节能角度看，辐射采暖优于对流采暖，局部分散采暖优于整体采暖，间歇采暖优于连续采暖。

夏热冬冷地区城镇住宅采暖能耗从 2001 年到 2015 年，从不到 200 万吨标准煤增长为 1652 万吨标准煤，增量大、增长快；2015 年该地区平均采暖一次能耗强度约为 1.84kgce/m^2，户均约为 184kgce/（户·年），仅为北方地区采暖能耗强度的 1/10 左右，并远低于国外相同气候区的住宅冬季采暖能耗，住宅采暖能耗占该地区住宅总能耗的 18%。目前，该地区绝大部分家庭都有采暖设备，以分体式热泵空调和局部的电热采暖设备为主，60%~70% 的家庭采用二者结合的方式进行冬季采暖，近年来户式燃气壁挂炉和小区集中供热也开始在该地区应用，但占整体的比例低于 10%。生活方式和采暖习惯不同可能会造成将近 10 倍的能耗差异，使用分散式电热泵采暖的平均耗电量为 3~5kWh$_e$/（m^2·a），折合到一次能耗为 1~1.6kgce/（m^2·a），采用燃气壁挂炉对整户进行连续采暖的能耗强度为 6~12kgce/（m^2·a），一旦采用小区集中的供热系统，采暖能耗强度平均为 15~20kgce/（m^2·a）。

关于长江流域居住建筑采用地源、水源热泵采暖空调的适宜性问题，仍然存在争议。该地区居住建筑采用地源、水源热泵系统进行采暖，无论末端是采用地板采暖还是风机盘管采暖均能在需要的时候达到采暖室内设计温度 18℃，满足居民采暖需求，但是二者能耗差别大，地板采暖容易形成"全时间、全空间"的采暖模式，采暖能耗高，而风机盘管采暖末端可以分房间开启关闭采暖设备，形成"部分时间、部分空间"的采暖模式，采暖能耗低。地源、水源热泵系统与传统分体空调（空气源热泵）比较，若从冷热源角度看，在设计工况下，热泵的效率高于传统分体空调（空气源热泵）的效率，但是由于系统长期处于低负荷运行状态，再加上集中系统的输配水系统电耗，最终地源、水源热泵系统的平均效率与传统分体空调相当，最终的采暖能耗也与传统分体空调相当。

总之，随着人民群众收入和生活水平不断提高，夏热冬冷地区的冬季采暖需求增加，一些地方也开始了积极探索。较多的观点认为解决该地区采暖问题应坚持市场驱动的原则，不宜采用类似北方地区的大规模集中采暖方式，需要"采暖"并非等同于需要"集中采暖"，可采用空气源热泵、燃气壁挂炉等各种分散采暖方式。同时考虑到该地区建筑围护结构保温隔热性能较差的现状，应做好建筑节能工作，逐步改善建筑围护结构保温性、气密性等，以降低冬季建筑采暖的热需求。

3. 太阳能生活热水：以实际常规能源消耗量为依据

太阳能热水系统是目前应用最为广泛的建筑可再生能源技术之一。据不完全统计，2005年以来，有14个省、3个自治区、3个直辖市、50余个城市相继发布了太阳能热水推广应用政策。特别是2006年颁布《可再生能源建筑应用专项资金管理暂行办法》之后，在利好政策的推动下，太阳能从农村走向城市，由零售市场转向工程市场，向着集中式太阳能系统、阳台壁挂分户式太阳能系统发展。然而长期以来，太阳能热水系统收费高、用户满意度低、用水体验舒适性差等问题没有解决。随着生活水平的提高，居民生活热水需求进一步提升，生活热水能耗需求将呈增长趋势，成为未来中国建筑能耗可预期的增长点之一。

中国城镇住宅的生活热水能耗与美国、日本、意大利等发达国家相比还非常低，有上升趋势。住宅生活热水系统的能耗占整个建筑能耗的比例达到22%，属于住宅中的能耗"大户"。太阳能热水系统在实际工程应用中发挥的作用十分有限，普遍存在太阳能热水舒适性与价格不匹配、运行维护负担重等现象，致使开发商不敢轻易采用太阳能热水系统。为了响应节能政策，部分开发商或住户选择低价太阳能产品，导致安装却不投入使用或使用体验差等问题，这其中既有技术问题，也有市场机制问题。

一些太阳能热水系统未能取得良好的节能效果或经济效益，在于其设计参数的选择存在问题：设计日均用水量取值偏大、水箱内设计温度较用热水温度偏高、设计小时耗热量与用热水逐时规律存在差异等。从实际使用需求来看，不同气候区不同季节居民热水负荷需求量低于各类设计标准或规范中的下限值。减少住宅公寓楼太阳能热水系统运行能耗，需要重视用热水时段，从而优化系统容量及运行策略。

太阳能热水系统评价是影响实际应用以及技术进一步提升的重要因素。现有太阳能热水系统的评价指标，对于各部件热性能、经济性等有比较明确的参数要求，却难以全面准确评价整个系统的热性能，以及系统产生的能源节约量。有研究提出了基于热量平衡、以减少常规能源消耗为首要目标的系统评价指标选择：常规能源有效替代率、太阳能有效利用率、系统热损比，能够全面并唯一描述系统热性能。

为准确进行太阳能热水系统测评，不仅仅需要关注集热系统集热量，还应该从"跟踪太阳能"转变为"跟踪常规能源"。同时，检测思路应从追踪太阳能、主要关注集热侧转变为追踪常规能源、主要关注用热侧，同时从短期检测为主转变为长期监测（全年模拟）为主。并将重点由仅检测集热系统的热量转变为检测"整个系统"的热量状况，关注长期监测数据（全年模拟），以更真实地反映系统运行中的"热"性能和能耗水平。

总体来说，太阳能热水系统应用中上述问题的出现，并不仅仅是太阳能热水系统的集热效率不高、集热量不够或者经济性不佳等技术原因，在系统设计、评价、运维管理方面还存在着很大的提升空间。较多的观点认为解决太阳能热水系统实际应用问题应坚持市场导向，以实际运行能耗与成本进行评价，让太阳能热水应用回归到如何更好地设计系统、更好地满足用户需求、更好地实现可再生能源有效利用上来，避免劣币驱逐良币，促进太阳能热水系统良性发展。

4. 近零能耗建筑

欧盟于 2010 年 7 月 9 日发布了《建筑能效指令》（修订版）（*Energy Performance of Building Directive recast*），要求各成员国确保 2018 年 12 月 31 日起，所有政府持有或使用的新建建筑达到"近零能耗建筑"要求；2020 年 12 月 31 日起，所有新建建筑达到"近零能耗建筑"要求。考虑到与欧盟成员国在经济和气候方面的差别，各个国家以本国情况为基础，提出"近零能耗建筑"的量化目标。对于"近零能耗建筑"，各国也存在不同的认识。如瑞士的"近零能耗房"（Minergie），要求按此标准建造的建筑其总体能耗不高于常规建筑的 75%（即节能 25%），化石燃料消耗低于常规建筑的 50%（可理解为节省一次能源 50%）；意大利的"气候房"（climate house，CasaClima），指建筑全年供暖通风空调系统的能耗在 30 kWh/（m²·a）以下；德国被动房研究所（Passive House Institute）提出的"被动房"，通过大幅度提升围护结构热工性能和气密性，利用高效新风热回收技术，将建筑供暖需求降低到 15 kWh/（m²·a）以下，从而可以基本上使建筑不需要外界的供暖就可以维持建筑体内的温度舒适性，通过被动式手段达到近零能耗。

总之，近零能耗建筑是以能耗为控制目标，通过被动式建筑设计降低建筑冷热需求，提高建筑用能系统效率、降低能耗。近零能耗建筑以超低能耗建筑为基础，是零能耗建筑的过渡状态。近零能耗建筑在满足能耗控制目标的同时，其室内环境参数应满足较高的热舒适水平，健康、舒适的室内环境是近零能耗建筑的基本前提。

迈向零能耗建筑的过程中，根据能耗目标实现的难易程度可将建筑分为三种形式，即超低能耗建筑、近零能耗建筑及零能耗建筑，它们属于同一技术体系（见图 11-12）。

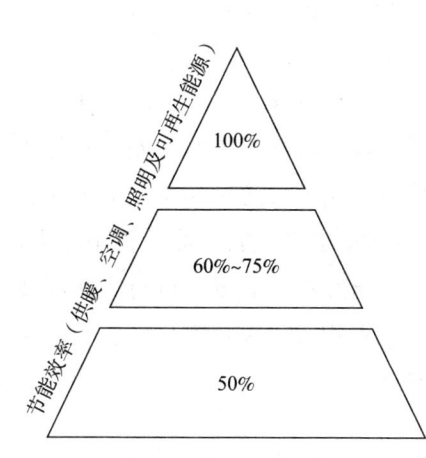

零能耗建筑
适应气候特征和自然条件，通过被动式技术手段，最大幅度降低建筑供暖供冷需求，最大幅度提高能源设备与系统效率，充分利用建筑物本体及周边或外购的可再生能源，使可再生能源全年供能大于等于建筑物全年全部用能的建筑

近零能耗建筑
适应气候特征和自然条件，通过被动式技术手段，最大幅度降低建筑供暖供冷需求，最大幅度提高能源设备与系统效率，利用可再生能源，优化能源系统运行，以最少的能源消耗提供舒适室内环境的建筑

超低能耗建筑
适应气候特征和自然条件，通过主动或被动式技术手段，大幅降低建筑供暖供冷需求，提高能源设备与系统效率，以更少的能源消耗提供舒适室内环境的建筑

节能效率（供暖、空调、照明及可再生能源）：100%、60%~75%、50%

图 11-12　零能耗建筑、近零能耗建筑、超低能耗建筑定义

5. 直流建筑与柔性供电

直流是电荷的单向流动，电池是直流电源的很好例子。电流沿恒定的方向流动，这使它有别于交流电。缩写 AC 和 DC 经常被用来表示交流电和直流电。直流电可以通过整流器从交流电源中获得，整流器包含电子元件，这些元件允许电流只向一个方向流动。直流电可以用逆变器转换为交流电。

由于交流电比直流电有明显的优势，交流电在近百年来占据了主导地位。直流电被广泛应用于铝的生产和其他电化学过程，在地铁、船舶等领域应用也较广泛。近年来，直流电通常出现在许多特低压应用和一些低压应用中，特别是在这些应用由电池或太阳能供电的场景。

通过优化现场太阳能光伏系统和能源存储的性能，增加直流电力系统的使用可以提高家庭和建筑的能源弹性和可靠性（见图11-13）。

（四）碳达峰目标和路径

在能源资源有限和碳排放控制的约束下，中国建筑能耗总量（不含生物质能）应该控制在 11 亿吨标准煤以内。通过对各项技术的分析，认为在技术和政策充分落实的情景下，北方城镇采暖能耗、公共建筑能耗、城镇住宅能耗[①]以及农村住宅能耗分别可以控制在 1.5 亿吨标准煤、2.4 亿吨标准煤、2.9 亿吨标准煤、1.5 亿吨标准煤的水平，总量为 8.3 亿吨标准煤，可以实现总量控制的要求。

住房和城乡建设部在 2017 年发布的《建筑节能与绿色建筑发展"十三五"规划》中，提出了"十三五"期间建筑节能整体目标，包括："到 2020 年，城镇新建建筑能效水平比 2015 年提升 20%，部分地区及建筑门窗等关键部位建筑节能标准达到或接近国际现阶段先进水平。城镇新建建筑中绿色建筑面积比重超过 50%，绿色建材应用比重超过 40%。完成既有居住建筑节能改造面积 5 亿平方米以上，公共建筑节能改造 1 亿平方米，全国城镇既有居住建筑中节能建筑所占比例超过 60%。城镇可再生能源替代民用建筑常规能源消耗比重超过 6%。经济发达地区及重点发展区域农村建筑节能取得突破，采用节能措施比例超过 10%"。

1. 北方城镇采暖

从北方城镇采暖的节能政策措施来看，主要包括严格要求新建建筑执行节能标准、推进既有居住建筑供热计量和节能改造、推动供热体制改革和开展供热系统节能改造。通过行政管理和财政补贴等途径，从宏观政策和规划层面推动北方城镇采暖，并拟定了包括推动供热计量、城市供热管网和建筑节能改造等工作的量化目标。

---

① 公共建筑能耗和城镇住宅能耗均不包含北方城镇采暖能耗。

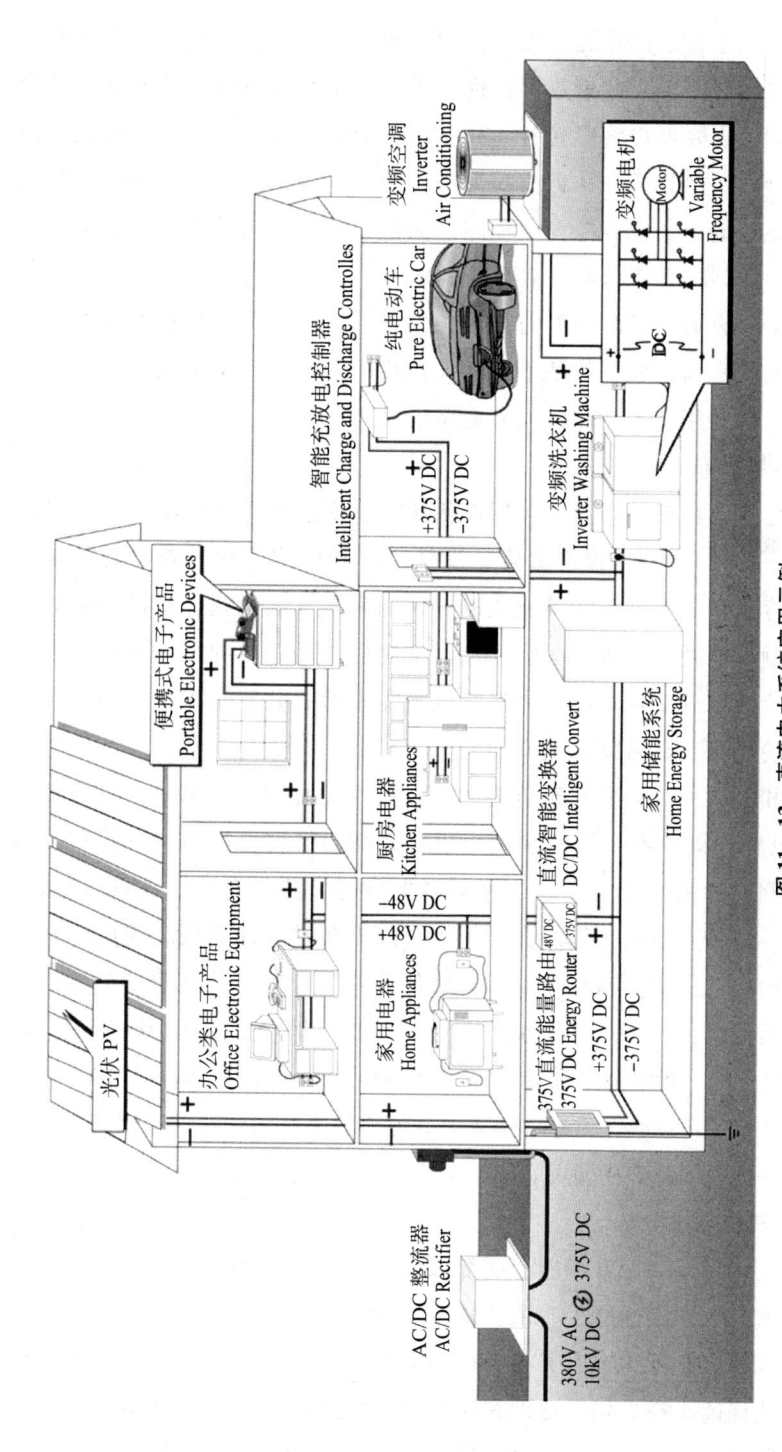

第十一章　重点行业碳达峰路径 • 211

图 11-13　直流电力系统应用示例

资料来源：Symanski DP. DC distributionin buildings including homes, commercial buildings, data centers and telecom central offices. In: IEC SG4 low voltage DC workshop; 2011.p.1-32.

从以下三个环节优化北方城镇采暖用能：提高热源效率，大力发展工业余热、热电联产等高效率热源；推动供热改革，在进行供热机制和体制改革的基础上，降低由输配在时间和空间上的不平衡造成的热量损失，将各种因素导致的热量损失从目前的15%到30%，降低到10%以下；改善围护结构保温性能，保证节能设计标准的执行率，北方城镇建筑需热范围为28kWh/m²（郑州）~80kWh/m²（哈尔滨）。

从支持北方城镇采暖节能的技术条件来看，已有一大批针对北方城镇采暖节能的技术与措施，如基于吸收式换热的热电联产集中供热系统和低品位工业余热利用技术，能够大大提高热源侧效率。

2. 公共建筑

办公建筑能耗影响因素，包括设备性能、使用方式和使用条件（张硕鹏、李锐，2013）。室内设定温度、设备密度和照明功率、外窗类型是影响夏热冬冷地区高层办公建筑能耗的显著因素。气候变暖，直接的影响是增加空调制冷能耗、减少采暖能耗，对于建筑能耗总量的影响取决于采暖和空调制冷需求的变化。有较大连续供冷需求的公共建筑中，大型直流变频离心制冷机可以显著降低空调能耗。

根据相关研究，公共建筑节能的主要技术途径包括：第一，严格控制"机械通风配合集中系统"的建设规模，鼓励建筑进行被动式设计和采用便于独立调节的系统；第二，按照不同类型的公共建筑，通过政府监管、政策激励、宣传引导和市场服务等途径，降低各功能建筑能耗强度，并以当前优秀的实践案例为目标，推动以降低能耗为导向的公共建筑节能；第三，重视运行与使用方式的节能作用，在建筑设计、技术选择以及建筑运行使用阶段，充分推动运行和使用方式节能，同时，研究与绿色使用方式相匹配的节能技术；第四，通过节能技术措施和节能使用方式，降低照明、空调、设备和热水等各个终端用能项的能耗量，自下而上实现能耗控制目标。

3. 城镇住宅

气候变化带来的温升可能会明显减少采暖能耗，同时增加空调制冷能耗。单个家庭人口逐渐减少、消费水平不断提高，会使建筑运行阶段的能耗（如空调及其他家电能耗）总体上保持持续上升态势，其占总能耗的比例也将持续提高。在人均住房面积达到一定数值之前，如35平方米，城镇住宅建设期能耗还会进一步提高。同时，户均面积不同也使得照明、空调制冷和采暖的需求有所差异。此外，使用习惯的不同也会导致用能差异。例如，有些使用者有开窗通风的习惯；夏热冬冷地区冬季采暖以分散独立的设备、间歇使用为主；夏季空调以分体机、间歇使用为主；生活热水以独立热水器、淋浴使用为主。

总体来看，城镇住宅的节能，一方面是尽可能地控制城镇住宅建筑面积，减少空置率；另一方面，通过引导生活方式调整和技术应用，控制能耗强度合理增长。

4. 农村住宅

由于城乡住宅建筑形式、用能类型和居民生活方式的巨大差异，城镇和农村住宅建筑用能应区别分析，农村节能建设应该走一条与城市不同的发展道路。针对南北方用能需求、自然环境和资源条件的特点，在南北方农村分别确立相应的技术措施。在北方农村，通过对房屋进行改造，提升保温性能和气密性，从而减少采暖需热量；发展新型火炕或土暖气技术，充分利用炊事余热，提高采暖能效；同时推广太阳能生活热水系统，发展适宜的太阳能采暖技术，充分利用太阳能；研究推进秸秆薪柴颗粒压缩技术的应用，实现高密度储存和高效燃烧，并探索合适的市场运作模式以降低成本，使得生物质能得到推广应用。在南方农村，在传统农居的基础上进一步改善，加强遮阳和通风，通过被动式方法打造舒适的室内环境；积极发展沼气池，用来满足生活热水需求；解决燃烧污染、污水等问题，营造优美的室外环境。

针对现有农村采暖技术进行改进或创新，能够在改善采暖效果的同时，降低采暖能源消耗。此外，国家应该大力支持解决农村住宅中迫切需要解决的环境卫生问题和室内舒适问题。近年来出现的新型百叶集热蓄热墙和新型孔板型太阳能空气集热墙，可以通过吸收和释放热量调节冬季和夏季的室内温度，改善室内热环境。

归纳农村住宅节能技术途径，应通过宣传引导尽可能保持当前农村居民生活方式，并发展与之相适应的、充分利用自然资源条件的技术。具体包括：以被动式节能为主，改善采暖设施并充分利用可再生能源，降低北方地区住宅采暖能耗强度；充分利用生物质能解决40%的炊事需求；积极推广太阳能生活热水，解决约40%的用能需求；推广节能灯具，使得照明能耗强度在3kWh/（m^2·年）左右；根据农民实际需求引导农村家电市场，避免高能耗家电进入农村家庭；积极发展隔热、遮阳和自然通风的技术措施，营造良好的农村住宅环境。考虑未来我国农村住宅中各类终端用能项的用能需求，并分析各项技术因素和使用行为因素的发展趋势，未来农村住宅有较大的节能空间。

四 工业

（一）工业发展展望

到2030年，工业仍是中国经济中的重要部门，工业也还是能源消费的主要产业。现在高耗能工业占据工业能源消费的70%左右，高耗能行业今后的发展趋势，对能源消费和相应的碳排放影响重大。在许多能源消费预测和分析中，高能耗部门自己的分析预测多被决策部门采用，但在我国现阶段经济结构和发展内容出现重大调整、未来发展方式要有巨大变化的情况下，部分预测的准确性较差。导致"十二五"后期以来，高能耗产品的市场变化远远超出预期，成为产能过剩的重灾区，也使能源消费增速大幅度下降，加大了能源行业产能过剩的严重程度。

我们采用多种研究方法分析高能耗产业未来的发展趋势，包括采用IPAC-CGE模型对部门未来经济发展进行分析，从总体经济发展角度解析部门发展，分析高耗能行业的产品产量；也采用细化用能途径的分析方法，通过对代表性产品直接或间接下游用户相关活动发展的分析，自下而上地对重点高能耗产品未来的市场需求进行分析。例如，通过详细梳理钢铁的下游用途及用钢品种数量，找出主要用途，再逐项分析各下游行业未来的发展空间，从而确定未来钢铁的需求量。在这个过程中充分参考了行业分析结果，重新复核预测依据和设定条件，与行业专家开展讨论，争取最大的共识。

利用IPAC-CGE模型再次计算未来各工业部门的增加值，并相应计算各部门代表性产品的消费需求。例如，钢铁作为黑色冶金部门的代表性产品，水泥作为建材部门的代表性产品等，通过类似投入产出模型的计算，使各部门经济活动发展总量之间，以及相关的重要代表性产品之间，达到必要的平衡。

表11-14给出了经济活动和结构发生重大变化以及相应市场空间变化后主要高耗能产品产量的未来发展情景。

表 11-14 主要高耗能产品产量的未来发展情景

产品	单位	2005 年	2020 年	2030 年	2040 年	2050 年
粗钢	亿吨	3.55	10.6	8.1	6	4.9
水泥	亿吨	10.6	23	19	15	9
玻璃	亿重量箱	3.99	9.5	8.5	6.7	5.8
铜	万吨	260	1003	1000	800	700
电解铝	万吨	851	3500	3500	3200	2600
铅锌	万吨	510	1230	700	650	550
纯碱	万吨	1467	2812	2650	2350	2200
烧碱	万吨	1264	3643	3300	2500	2400
纸和纸板	万吨	6205	12700	11000	10500	10000
化肥	万吨	5220	5496	5100	4900	4500
乙烯	万吨	756	2160	2300	2300	2300
合成氨	万吨	4630	5040	5300	7900	12000
电石	万吨	850	2758	2200	1800	1100

我国粗钢产量 2014 年已经达到 8 亿吨，水泥产量达到 24 亿吨。仍有人认为产量下降还难以在"十三五"期间发生。IPAC 模型组从 2011 年开始不断分析我国的高耗能产品产量和用途问题，多次的分析结果趋于一致，认为尽管一时有些产品产量快速上升，但以上情景预测仍然反映了终端用户的实际变化趋势。

"十一五"以来高耗能产品高速扩张，实际上是我国基础设施和房地产建设规模前一阶段过快扩张的结果。建设规模过大，虽然加快了一些基础设施或房地产发展的速度，但是这些基础设施和房屋建筑总量是受实际需求约束的。建设规模越大，离累积总量需要值越近，这样大的建设规模就越难维持较长时间，以致许多重要基础设施建设的规模很有可能在"十二五"末已经达峰，相应地，不少高耗能工业产品产量在 2015 年左右也已达峰，并开始缓慢下降。这样的产能过度冲高，市场需求趋缓，大量产能的经济寿命被迫缩短，提前成为过剩产能遭到淘汰，对高耗能工业本身的发展来说也很不合理。

高耗能产品制造业是我国最大的能源消费用户，也是前一阶段经济扩张期能源消费增量的主要推手。2000 年到 2014 年，我国能源和电力增长的 70% 由六大高耗能工业拉动（见图 11-14）。一旦高耗能工业的发展进

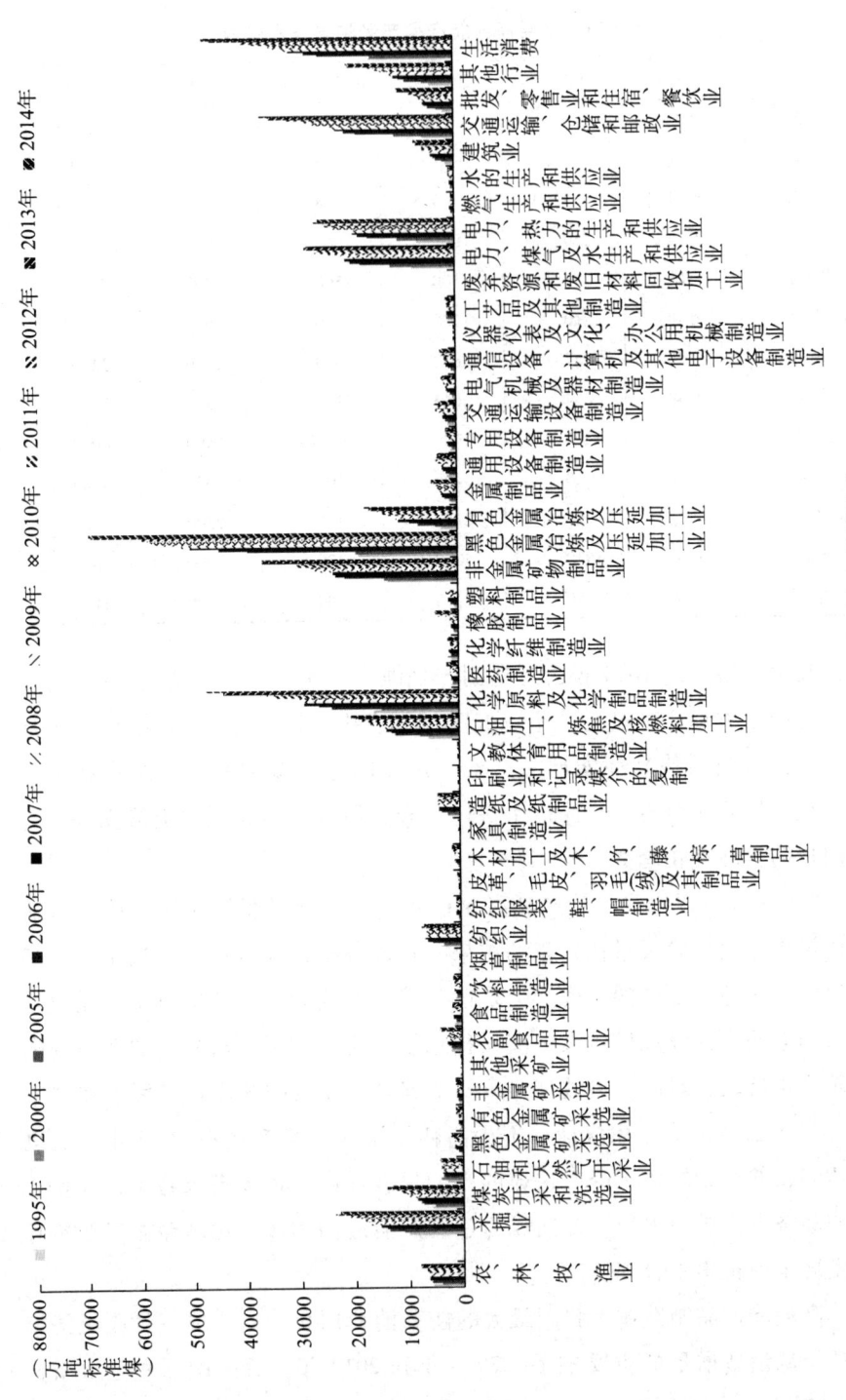

图 11-14 1995~2014年我国分部门能源消费

入饱和期、下降期，我国能源需求增长速度就会大幅度降低。这种趋势将持续下去。

从图 11-14 可以明显看出，过去 20 年增长最快、占能源消费总量比例最高的生产部门集中在冶金、化工、建材（非金属矿物制品业），以及为其服务的采掘业和能源供应部门。其他诸多生产部门的能源消费量和增长量都相对十分有限了。生活用能和交通用能增长也较快，交通用能为工业生产服务的比例很大，生活用能总量和以上生产部门之和比较起来仍然比例很低。

2020 年之前我国大部分高耗能产品产量将达到峰值，甚至开始下降。由于高耗能工业产量在未来出现下降，新兴工业的能耗水平明显很低。因此，即使给其他工业部门充足的发展空间，工业的终端能源消费量也由于高耗能工业的能耗下降而开始达到平台期或者开始下降。模型计算结果表明，工业总的终端能源消费量在 2025 年之前达到峰值，之后进入平台期（见图 11-15）。加上能源结构调整的影响，工业部门总的 CO_2 排放量在 2025 年之前就会达到峰值。

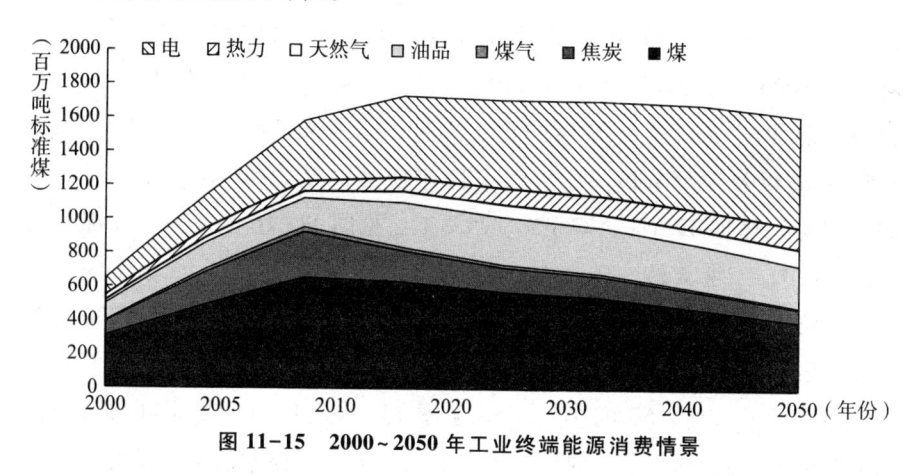

图 11-15　2000~2050 年工业终端能源消费情景

（二）相关情景研究

工业部门是终端部门中最大的能源消费和温室气体排放部门，其能源消费量和直接碳排放量占 2015 年终端能源消费和全国能源相关的碳排放总量的 50% 和 39.4%。终端部门的碳减排量主要来自工业。在三种目标约束下，未来工业部门碳排放的变化趋势是持续减少［见图 11-16（a）］。相比于2℃情景和参考情景，1.5℃情景需要更加大幅的工业碳减排，2050年工业CO_2排放量比2020年分别下降39.2%（参考情景）、56.4%（2℃情景）、92.1%（1.5℃情景）。到2100年，工业CO_2排放量分别为2.7亿吨（2℃情景）、-0.25亿吨（1.5℃情景），这归功于工业能效的持续提升和CCS技术的广泛应用。在工业的子行业中，CCS技术的累计碳捕获量从大到小依次是钢铁、化工和水泥。

在绝大部分的参考情景和2℃情景中，工业部门的能源消费将保持缓慢增长态势，预计在2025~2040年达峰，此后缓慢下降［见图11-16（b）］。到2050年，工业的能源消费量比2020年减少9.4%（参考情景）和7.3%（2℃情景）。在1.5℃情景下，工业的能源消费量目前已经达峰，将由2020年的54.9EJ不断下降到2050年的48.2EJ。工业部门碳强度的降低主要依赖化石燃料的快速淘汰和电气化的发展。如图11-16（c）所示，未来工业煤炭消费大幅下降，2050年煤炭消费比2020年减少42.7%（参考情景）、59%（2℃情景）、61.6%（1.5℃情景）。工业石油的淘汰速度落后于煤炭，如图11-16（d）所示，在参考情景下消费量先增后减，预计2030年达峰，在2℃和1.5℃情景下则持续下降。到2050年，工业石油消费比2020年减少27.6%（参考情景）、19.2%（2℃情景）、34.7%（1.5℃情景）。天然气是清洁的化石燃料，工业天然气消费在参考情景、1.5℃情景以及大部分的2℃情景中快速增加，到2050年天然气消费比2020年分别增加59.1%、77.3%、25.3%［见图11-16（e）］。在部分的2℃情景中，工业天然气消费在2030~2050年达峰，这是考虑了常规天然气产量将很快达峰，再加上非常规天然气开采进展缓慢以及天然气进口安全等因素。工业电力消费快速增长，三种情景下2050年电力消费比2020年分别增加12.3%、60%、63.5%［见图11-16（f）］。工业电力消费占比不断增加，到2050年三种目标约束下电力占工业能源消费总量的24.8%（参考情景）、37.4%（2℃情景）、49.8%（1.5℃情景）。

工业部门的减排措施可以归纳为六个方面：①减少能源需求；②提高能源效率；③改善产业结构；④改善能源结构；⑤部署CCS技术；⑥实施碳定价。为了提高能源效率，需要在技术进步和政策制定方面付出努力，优先针对那些能耗较高的工艺过程进行研发创新，如钢铁中的高炉炼铁工艺、水泥中的熟料煅烧、铝行业的氧化铝和电解铝过程、乙烯中的蒸汽裂

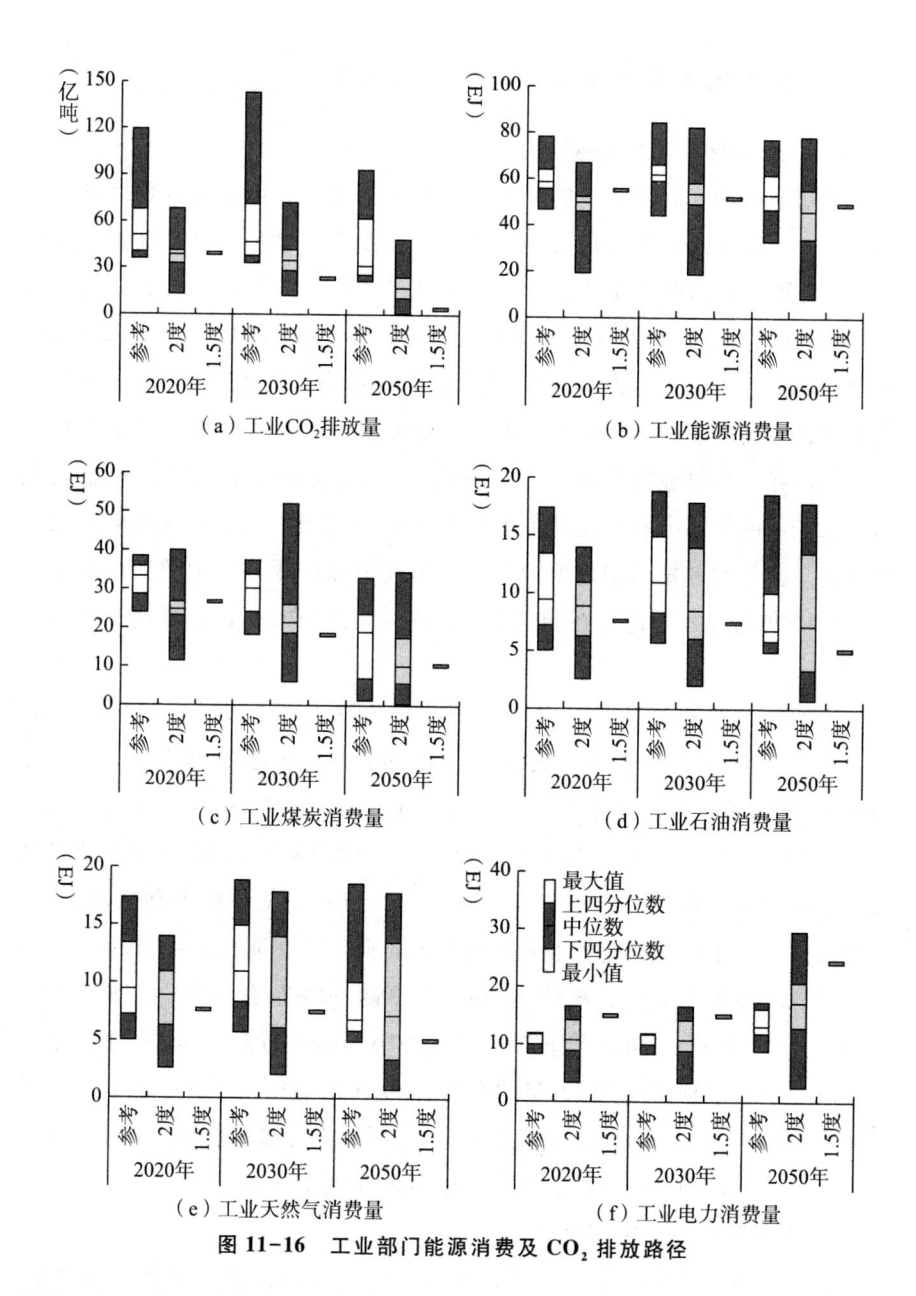

图 11-16 工业部门能源消费及 CO_2 排放路径

解制乙烯工艺方式等。推动高耗能产业的绿色低碳转型,可达到降低能耗强度的目的。通过提高电气化率、逐步淘汰煤炭消费,进行工业部门的深度脱碳。CCS 技术是一种具有成本优势的降低工业部门温室气体排放的重要手段。可采取合理的碳排放定价方法和环保税,以激励企业进行减排。

(三) 中国工业转型与减排主要驱动力

1. 中国工业转型主要驱动力

伴随中国步入高质量发展阶段，工业与全球产业体系融合程度进一步加深，工业转型既是中国可持续发展的内在要求，也是建设全球制造强国的客观需要。从国际情况看，全球工业产出规模不断增长，资源能源利用效率成为衡量国家制造业竞争力的重要因素。按照 2010 年不变价计算，1991~2014 年，制造业占全球 GDP 的比重由 14.8% 提高到 16.0%。从国内情况看，中国工业产出规模和技术水平不断提升，但总体上尚未摆脱高投入、高消耗、高排放的发展方式，资源环境问题成为工业发展的重大制约。从工业内部情况看，伴随中国步入工业化后期，工业加快由劳动密集型向资金密集型和技术密集型转变。中国在全球产业分工中的地位不断上升，2015 年高技术制造业在制造业中的占比接近 50%，已经略高于美国的比重。

为加快工业转型升级，中国积极完善相关战略、制度和政策体系，并把促进工业高效、低碳发展作为关键内容。《国家应对气候变化规划（2014—2020 年）》《"十三五"节能减排综合工作方案》《工业绿色发展规划（2016—2020 年）》等政策文件中，中国明确了到 2020 年工业领域低碳发展、节能降耗、能源结构优化等发展目标、主要任务和保障措施，并分解落实到主要高耗能行业和重点用能企业。具体而言，到 2020 年中国单位工业增加值二氧化碳排放比 2005 年下降 50% 左右，单位工业增加值（规模以上）能耗比 2015 年下降 18%，2020 年钢铁行业、水泥行业二氧化碳排放总量基本稳定在 2015 年的水平，2020 年钢铁、水泥、电解铝、乙烯、合成氨等产品综合能耗相比 2015 年有所下降，绿色低碳能源占工业能源消费量比重由 2015 年的 12% 提高到 2020 年的 15%。

2. 中国工业减排主要驱动力

影响工业二氧化碳排放的因素众多，包括人口数量、经济发展水平、工业化程度、产业和能源结构、能源需求、技术水平、资源禀赋、贸易状况等。作为发展中国家，中国工业行业先进与落后产能大量并存，在推广应用先进成熟节能低碳技术、探索前沿技术创新等方面具有较大潜力。McKinsey（2018）研究表明，钢铁行业应用直接还原技术（DRI）炼钢的吨钢二氧化碳排放只有高炉转炉炼钢的 1/3 左右，正在研发中的整合电解法炼钢和可再生电力工艺还可进一步实现近零碳排放。

随着中国与发达国家技术差距不断缩小，中国在工业领域需求减量、用能结构调整、信息化与工业化融合、智能化升级等方面也具有较大减排潜力。例如，通过转变传统生产消费模式，积极发展循环经济，能够从源头上减少工业产品需求。研究表明，提高废旧塑料回收利用水平，到 2050 年可以减少 1/3 的乙烯生产需求。通过提高工业电气化水平，利用低碳能源替代化石能源，能够直接减少工业领域碳排放。研究表明，到 2040 年利用热泵技术可以有效地满足全球工业领域 6% 的热力需求。

3. 高耗能行业的工艺革新与技术进步

近年来，中国加大了工业领域的科技创新，工业节能减碳技术发展迅速，我国电解铝综合交流电耗、大型钢铁企业综合技术装备水平等制造业生产工艺达到或接近国际先进水平。重点耗能行业也在节能减碳先进技术的开发和应用上取得了显著突破，主体技术装备大型化、自动化、高效化不断深入，推动了产品单位能耗和碳排放强度的持续下降。统计显示，"十二五"期间，我国工业能源消费总量进入平台期，高耗能行业能源消费量整体增速持续下降（由"十一五"的 6.8% 下降到"十二五"的 1.2%），各行业能源利用效率均有不同程度提高。2018 年，我国重点耗能工业企业单位烧碱综合能耗下降 0.5%，单位合成氨综合能耗下降 0.7%，吨钢综合能耗下降 3.3%，单位铜冶炼综合能耗下降 4.7%，每千瓦时火力发电标准煤耗下降 0.7%。全国万元国内生产总值二氧化碳排放下降 4.0%。

在对我国工业节能减碳工作取得的阶段性显著成效进行科学回顾和经验总结的同时，也应对当前我国工业节能减碳工作存在的不足和下阶段工作面临的主要瓶颈有清晰、明确的认识。第一，当前我国企业研发投入不足，鼓励科技创新和成果产业化的配套政策不健全，导致我国节能减碳技术创新的进程相对缓慢，很多节能减碳技术没有真正实现市场化应用，自主科技创新对建材流程制造业的发展贡献有限。中国重点统计的钢铁企业研发投入只占主营业务收入的 1.1%，建材工业甚至不足 1%，远低于发达国家 3% 的平均水平。第二，重点行业能耗强度仍然比较高，主要高耗能工业产品的单位能耗水平与国际先进水平相比，仍有 10%~30% 的差距，且产品技术水平参差不齐，先进与落后并存，部分行业落后技术仍占主导地位。第三，随着重点高耗能行业新增产能增速的减缓和落后产能的不断淘汰，通过主体技术装备大型化和高效化实现节能减碳的空间收窄，产业整体技术装备水平的进步将主要依靠节能减碳先进技术来实现。

（1）钢铁行业

2018年中国钢铁行业粗钢产量创历史新高，总能耗约5.85亿吨标准煤，重点钢铁企业的吨钢综合能耗为553kgce。中国钢铁行业约占全球钢铁行业碳排放的51%，占中国总碳排放量的15%左右，在国内所有工业行业中居第二位。到2020年，干熄焦技术和高炉煤气干法除尘技术在重点大中型钢铁企业的普及率均已达到95%以上，转炉煤气干法除尘在重点大中型钢铁企业的普及率已达到80%；部分关键共性节能技术已达到世界领先水平。但是从整体来看，目前我国钢铁行业吨钢综合能耗与国际先进水平相比仍有10%左右的差距，其中约有1/3的钢铁企业技术装备和生产指标达到或接近国际水平，约有1/4的钢铁企业技术装备和生产指标相对落后。

2015~2050年，钢铁行业通过工艺革新与技术进步预计可减少能源消耗36.7%~42.4%，主要途径包括以下几个方面。

第一，推广短流程电炉炼钢工艺，降低铁钢比。预计该工艺革新措施到2050年可削减钢铁行业总能耗约25.3%（以2015年为基准年），是2030年后中国钢铁行业节能的最重要手段。2020年我国铁钢比为0.8668，扣除中国数据后的世界平均铁钢比为0.5734。铁钢比每升高0.1，吨钢综合能耗约增加50kgce。仅铁钢比高一项因素，就使我国吨钢综合能耗比国际先进水平高约110~250kgce。2015~2030年，中国废钢资源预计将从1.52亿吨增长至2.50亿~2.65亿吨，推动电炉炼钢工艺发展，成为降低钢铁行业能耗强度的重要推手。

第二，推广重点节能技术，提高钢铁厂生产工艺和技术水平。预计2050年通过推广重点节能技术可削减钢铁行业总能耗约14.5%（以2015年为基准年）。为实现1.5℃和2℃控制目标，需要大力推广重点节能技术，特别是更新升级中小型钢铁厂的生产工艺。据中国钢铁工业协会测算，"十三五"期间，18项重点节能技术的推广估计可实现节能943万吨。2020年后，钢铁行业的节能减碳重点研发及示范技术包括热渣制渣棉技术、冶金渣余热回收利用、烧结矿竖罐式余热回收、薄带连铸免酸洗热镀锌合金技术等。

第三，加强二次能源回收利用，重点突破低品质余热余压的二次利用技术。预计 2050 年通过推广重点余热余压利用技术可削减钢铁行业总能耗约 3.4%（以 2015 年为基准年）。

基于相关研究测算的节能供需曲线（Conservation Supply Curve，CSC），2015~2050 年中国钢铁行业重点节能技术的潜力空间及所需成本如图 11-17 和表 11-15 所示。

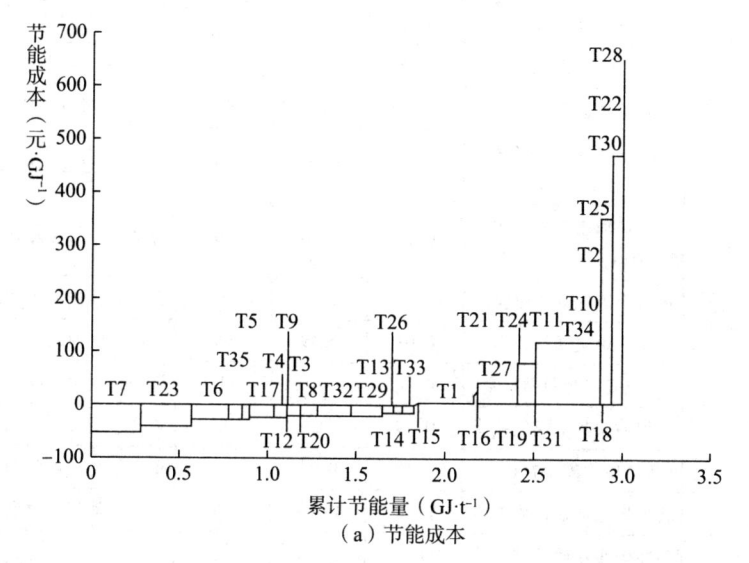

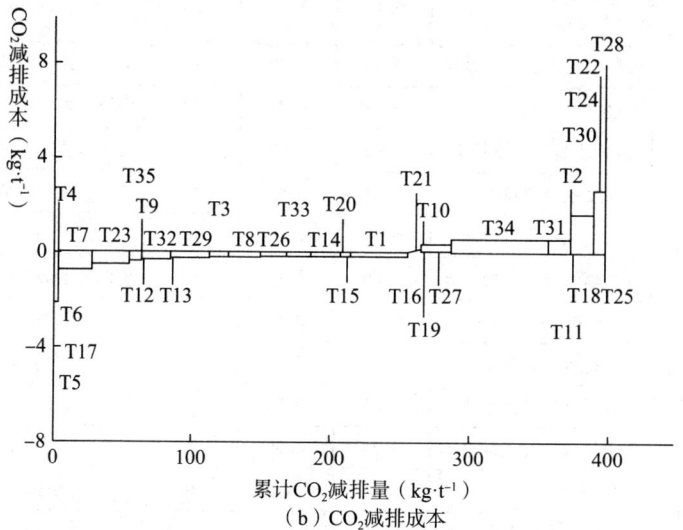

图 11-17　2015~2050 年中国钢铁行业节能成本和 CO_2 减排成本

表 11-15 2015~2050 年中国钢铁行业重点节能技术的潜力空间

序号	工序	节能技术	单位节能量 ($GJ \cdot t^{-1}$)	单位CO_2减排量 ($kg \cdot t^{-1}$)	当前市场普及率(%)	技术类型
T1	焦化	干法熄焦（CDQ）	0.37	42.54	85	资源、能源回收利用技术
T2		煤调湿（CMC）	0.06	1.47	9	资源、能源回收利用技术
T3	烧结	烧结余热回收利用技术	0.35	14.77	20	资源、能源回收利用技术
T4		厚料层烧结技术	0.08	1.18	80	工艺过程节能技术
T5		降低烧结漏风率技术	0.18	0.20	70	工艺过程节能技术
T6		低温烧结工艺技术	0.35	3.15	60	工艺过程节能技术
T7	高炉炼铁	高炉高效喷煤技术（130 kg/t）	0.70	24.16	40	工艺过程节能技术
T8		高炉炉顶煤气干式余压发电（TRT）	0.70	24.16	40	资源、能源回收利用技术
T9		热风炉烟气双预热技术	0.25	1.30	5	资源、能源回收利用技术
T10		高炉煤气回收技术	0.01	5.49	94	资源、能源回收利用技术
T11		高炉渣综合利用技术	0.18	0.19	1	资源、能源回收利用技术
T12		高炉喷吹焦炉煤气技术	0.39	0	0	资源、能源回收利用技术
T13		高炉喷吹废塑料技术	0.10	0.32	3	资源、能源回收利用技术
T14	转炉炼钢	转炉煤气显热回收技术	0.12	19.28	40	资源、能源回收利用技术
T15		转炉干法除尘技术（湿改干）	0.14	5.77	20	工艺过程节能技术
T16		转炉烟气高效利用技术	0.09	2.89	15	资源、能源回收利用技术
T17		转炉煤气干法电除尘	0.14	0.78	20	资源、能源回收利用技术
T18		转炉渣显热回收技术	0.06	0.69	5	资源、能源回收利用技术
T19	电炉炼钢	废钢预热技术	0.02	0.47	10	资源、能源回收利用技术
T20		电炉优化供电技术	0.01	2.31	15	工艺过程节能技术
T21		电炉烟气余热回收技术	0.06	0.77	10	资源、能源回收利用技术
T22		泡沫渣利用技术	0.01	0.46	30	资源、能源回收利用技术
T23	精炼和连铸	高效连铸技术	0.39	27.49	75	工艺过程节能技术
T24		钢包高效预热技术	0.02	0.08	15	工艺过程节能技术
T25	热轧	带钢集成连铸连轧技术	0.28	6.99	20	工艺过程节能技术
T26		加热炉蓄热式燃烧技术	0.15	18.60	40	资源、能源回收利用技术
T27		热轧厂过程控制技术	0.28	20.49	80	工艺过程节能技术
T28		冷却水余热回收技术	0.04	0.59	20	资源、能源回收利用技术

续表

序号	工序	节能技术	单位节能量（GJ·t^{-1}）	单位 CO_2 减排量（kg·t^{-1}）	当前市场普及率（%）	技术类型
T29	热轧	连铸坯热装热送技术	0.23	26.78	80	资源、能源回收利用技术
T30	热轧	在线热处理技术	0.11	16.83	55	资源、能源回收利用技术
T31	综合性技术	自动监控和识别系统	0.20	13.22	55	综合性节能技术
T32	综合性技术	预防性维护技术	0.45	19.68	40	综合性节能技术
T33	综合性技术	能源监测和管理系统	0.12	18.22	50	综合性节能技术
T34	综合性技术	热电联产技术	0.38	70.19	90	综合性节能技术
T35	综合性技术	燃气-蒸汽联合循环发电（CCPP）	0.51	8.19	15	综合性节能技术

钢铁行业实现深度减排和零排放的主要技术选择包括工艺电力化、CCS 技术，以及氢还原工艺。在实现《巴黎协定》目标下的情景研究中，这些技术的应用可以使钢铁行业减排 80%以上，甚至实现零排放（IPCC，2018）。

（2）水泥行业

2020 年我国水泥熟料综合能耗降至 105kgce/t，已经取得比较大的成效，熟料生产能源效率已经在全球比较领先。但是目前还有不少企业使用的技术并不领先，企业能耗水平参差不齐。对于 5000t/d 水泥生产线，不同企业生产线的可比熟料综合煤耗差距很大，煤耗测试数据最高值为 108.31kgce/t，最低值达到 89.80kgce/t。

2015~2050 年，水泥行业通过工艺革新与技术进步预计可削减 CO_2 排放强度约 30.3%，综合排放强度于 2050 年可达到 342kg CO_2/t 水泥（基准情景下 2050 年中国水泥生产的综合排放强度为 491kg CO_2/t 水泥）。

我国水泥行业需要探索研发的节能减排关键技术包括新型水泥生产静态熟料煅烧技术、水泥窑低温 SCR 脱硝关键技术、水泥窑烟道气中 CO_2 捕集利用和储存技术等；需要示范的节能减排关键技术包括新型干法水泥窑协同处置城市生活垃圾、污泥技术；需要重点推广的节能减排关键技术包括水泥窑炉富氧燃烧节能减排技术、新型干法水泥窑低 NO_X 分级燃烧技术与装备、新型干法水泥生产线窑尾烟气智能实时监测系统技术等。

基于相关研究测算的节能供需曲线（Conservation Supply Curve，CSC），

2015~2050年中国水泥行业重点节能技术的潜力空间及所需成本如图11-18和表11-16所示。

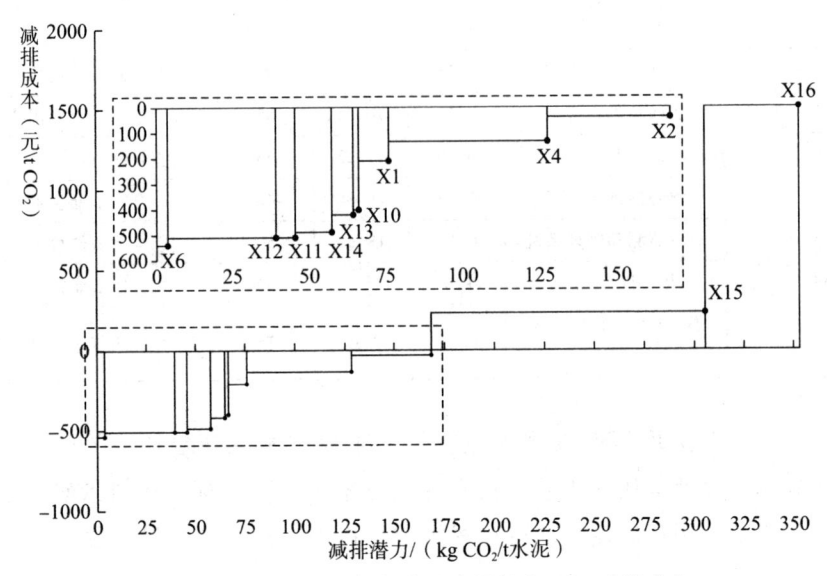

图11-18 2015~2050年中国水泥行业CO_2减排成本

表11-16 2015~2050年中国水泥行业重点节能技术的潜力空间

类别	技术名称	编号	主要技术内容
燃料	大推力多通道燃烧节能技术	X1	采用热回流和浓缩燃烧技术，减少常温一次空气吸热量，达到节能和环保的目的
	高固气比水泥悬浮预热分解技术	X2	采用高固气比预热技术，大幅提高气固换热效率，提升余热利用水平
	水泥企业用能管理优化技术之一：新型干法水泥窑生产运行节能监控优化系统技术	X3	通过分析水泥窑炉废气成分监控能耗指导操作，实现节能减排
	水泥熟料烧成系统优化技术	X4	优化配置旋风筒、分解炉、换热管道系统，改善了燃烧及换热状况，改进了撒料装置和锁风阀，提高了换热效率，采用高效冷却机，提高了熟料冷却效率；利用旋喷结合、二次喷腾的分解炉技术，提高了分解炉容积利用率，使炉内燃烧更充分，物料分解更完全
	四通道喷煤燃烧节能技术	X5	大速差、大推力燃烧技术，四通道、周向均匀分布的小孔结构，周向均匀分布的旋流风和高速轴流风技术

续表

类别	技术名称	编号	主要技术内容
电力	高效节能选粉技术	X6	采用第三代笼型转子高效选粉分级技术，对分选物料进行充分分散和多次分级分选，达到高精度、高效率分选
	高效优化粉磨节能技术	X7	采用高效冲击、挤压、碾压粉碎原理，配合适当的分级设备，使入磨物料粒度控制在3mm以下，并优化球磨机内部构造和研磨体级配方案，从而有效降低系统粉磨电耗
	辊压机粉磨系统	X8	采用高压挤压料层粉碎原理，配以适当的打散分级装置，明显降低能耗
	立式磨装备及技术	X9	采用料床粉磨原理，有效提高粉磨效率，减少粉磨现象，降低能耗
	曲叶型系列离心风机技术	X10	采取等减速流型设计的曲叶片，从而其附面层损失、流动损失、出口混合损失和出口截面突扩损失均比普通叶片小，经初步验证可以达到提高2%~4%的效果
	水泥企业用能管理优化技术之二：水泥企业可视化能源管理系统	X11	对水泥企业生产全过程的煤电水气等能源数据、生产自动控制系统参数及产能参数进行实时采集，并进行加工计算。通过数据分析，对企业车间、工艺、工序、生产班组（个人）及重点耗能设备/系统的能源利用效率进行考核评价，为企业提供能源精细化管理的工具
	水泥窑纯低温余热发电技术稳流行进式水泥熟料冷却技术	X12	利用水泥窑低于350℃废气余热生产0.8Mpa~2.5MPa低压蒸汽，推动汽轮机做功发电
	稳流行进式水泥熟料冷却技术	X13	步进式冷却方式，通过自动调节冷却风量，对高温颗粒物料进行冷却的技术，主要用于对热熟料进行冷却和输送
	新型水泥预粉磨节能技术	X14	对物料进行高效碾磨，再通过后续的自流振动筛进行分级，使得进球磨机粒径控制在2mm以下，对球磨机内部衬板、隔仓及分仓长度进行优化改进，有效降低粉磨电耗
工艺	电石渣制水泥规模化应用技术	X15	通过开发电石渣预烘干装备、烘干与粉磨能力相匹配的立式磨以及适合于高掺电石渣生料的窑尾预分解系统的"干磨干烧"新型干法工艺，解决电石渣废弃物的利用难题，减少石灰石用量，降低碳排放
	新型干法水泥窑无害化协同处置污泥技术	X16	利用水泥窑废热烟气干化后的污泥入窑焚烧，作为替代燃料，节约部分燃煤，实现二氧化碳减排

水泥行业实现深度碳减排的主要技术选择包括使用生物能源、CCS 技术以及利用替代材料。

（3）石化行业

石化行业全年综合能源消费量 4.73 亿吨标准煤，约占全国工业能耗总量的 18%，废气排放达 3.1 万亿立方米，约占工业总排放的 4.8%，排名全行业第四位，石化行业也是中国能源消耗和污染物排放大户。重点产品单位能耗多数继续下降，电石、纯碱、烧碱、合成氨等重点产品单位综合能耗分别同比下降 2.18%、0.6%、0.51% 和 0.69%。全行业单位工业增加值取水量和用水量持续下降，水资源重复利用率显著提升。但是中国石化行业技术装备工艺水平参差不齐，很多能效"领跑者"的水平已经居于国际先进水平乃至领先水平，大型合成氨、甲醇、乙烯等产品的生产大多采用国外先进工艺技术，但由于新建生产装置的运行稳定性较差、生产负荷较低，上述子行业的能效水平整体仍落后于国际先进水平。

研究表明，中国石化行业未来节能减排的首要途径是技术进步和工艺革新，贡献率为 40%~60%。保守估计，原油加工、乙烯、合成氨、甲醇等 15 个重点耗能产品的工艺革新与技术进步可以实现每年 3000 万吨标准煤的节能量。2015~2020 年，节能减排效果最为突出的工艺技术包括：高效节能换热技术（全行业共性节能减排技术）、离子膜工艺技术、膜极距离子膜电解技术（氯碱行业），炼油装置生产过程优化及公用工程能量系统优化技术（炼油行业），裂解炉及压缩机等关键设备优化改造技术（乙烯行业），新型变换气制碱技术（纯碱行业），全低温变换工艺、低压低能耗氨合成技术、合成氨—尿素蒸汽自给技术（合成氨和氮肥行业），余热发电技术（炭黑行业）。

未来应重点发展的节能减排关键技术包括蓄热式电石生产新工艺、萃取结晶法生产硫酸钾产业化技术、芳纶原材料的清洁工艺生产技术、烷基酚清洁生产、副产资源化关键技术、硫酸工业新型钒催化剂技术、低碳橡胶材料连续液相反应制备技术、二氧化碳的捕集利用封存、智能内模自适应控制技术、能量控制技术产品生产过程智能化支持技术、新型免喷涂高光塑料及其成型工艺、含氟废气回收利用技术、VOCs 减排与治理技术、离子液体的气体净化技术、铬铁碱溶氧化新工艺制铬酸盐清洁生产新工艺、生物质能清洁高效利用和过程强化关键技术等。

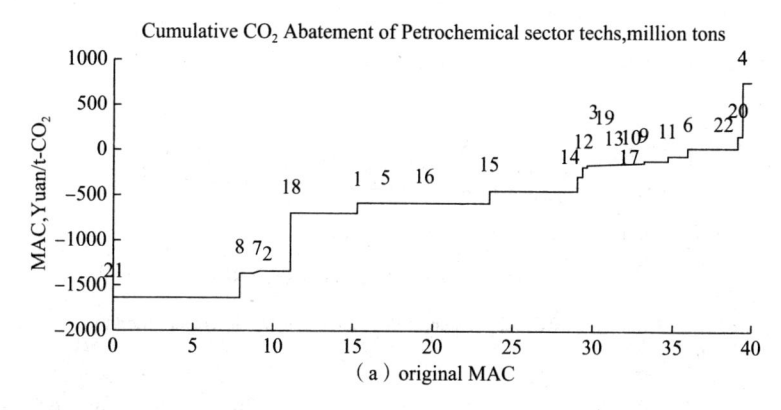

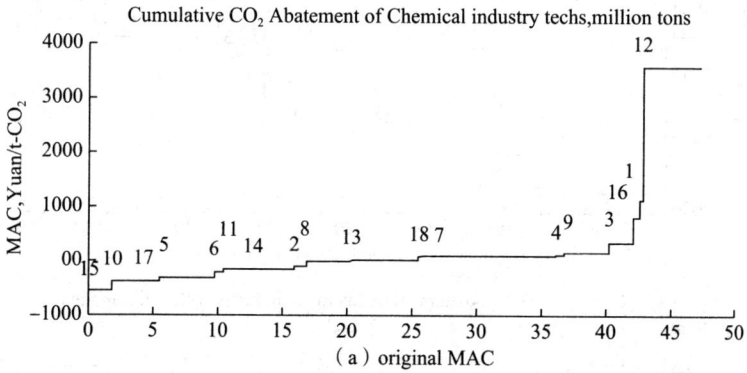

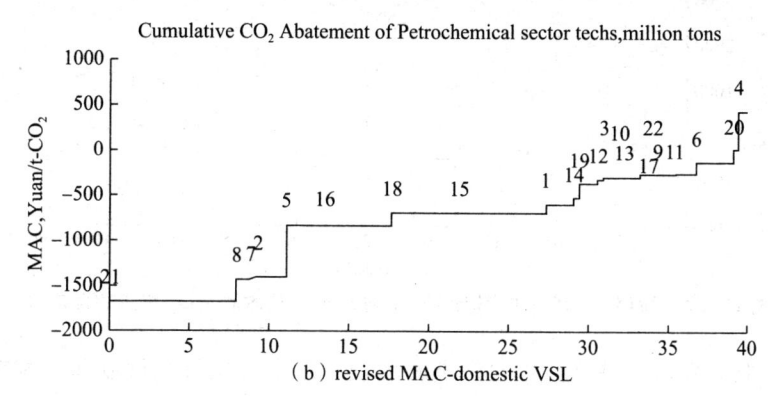

基于相关研究测算的节能供需曲线，2015~2050 年中国石化行业重点节能技术约可削减 CO_2 排放 8700 万吨，所需边际成本如图 11-19 所示。

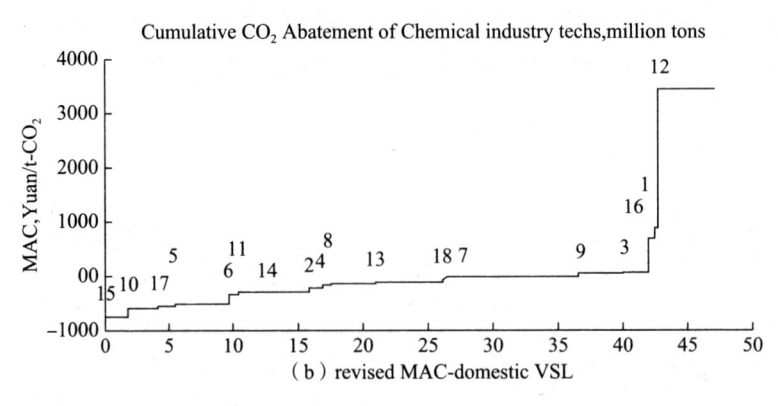

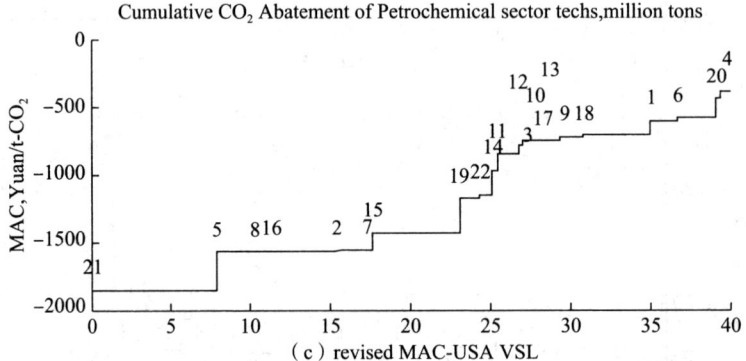

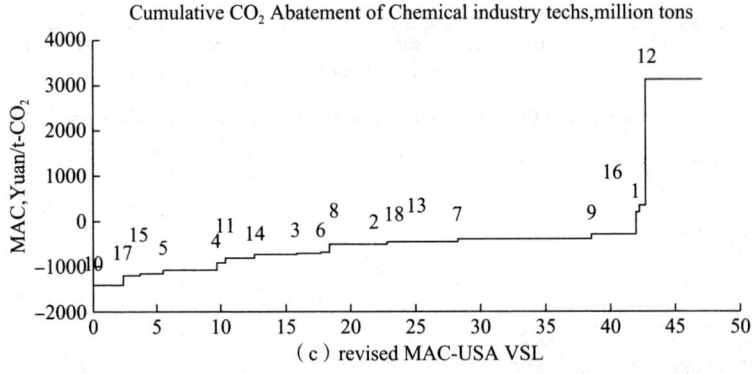

图 11-19　2015~2050 年中国石化行业重点节能技术和 CO_2 减排边际成本

石化行业的一些新技术也在不断涌现。未来实现石化行业深度减排直至零排放，以氢为原料的工艺可以完全替代目前的以石油和天然气为原料的生产工艺。氢来自可再生能源电解水制氢，生产工艺用能主要是电力。这样可以实现一些石化产品生产过程的零碳排放，甚至零污染物排放。近期适合用氢作为原料和能源的石化产品包括合成氨、苯、甲醇、乙烯等。

根据研究，2030 年前有可能利用可再生能源电解水制氢，使石化产品的成本低于利用石油作为原料进行生产的成本。这将带来一些根本性的变革，产业布局将出现重大变化，区域工业减排也将受到很大影响。

（4）有色金属行业

尽管有色金属工业在淘汰落后产能方面已取得积极进展，但从整体上看，能源消耗高、环境污染严重的落后产能在中国有色金属工业中仍占相当比例，尤其是铅锌冶炼行业，中小企业多，淘汰落后产能任务仍十分艰巨。2015 年我国铅冶炼综合能耗 400 千克标准煤/吨，与国外先进水平 300 千克标准煤/吨相比，仍然存在较大差距。我国电解铝工业整体技术装备水平已达到国家先进水平，单位产品能耗比国外平均能耗要低 1000 kWh 以上。目前我国电解铝新建及改造电解铝项目全部采用 400kA 及以上大型预焙槽，主要槽型结构向大型化发展，400kA~500kA 槽型的生产线已成为电解铝行业的主流槽型生产线。产业集中度不断提高，2016 年底产量前 11 位的铝业集团及大企业占总产量的 74%。400kA 及以上槽型产能占 50%，远远高于世界平均水平。我国有色金属行业需要探索研发的节能减排关键技术包括粉煤灰（酸法）提取的氧化铝应用电解铝、赤泥资源化利用与处置技术、创新串联法节能技术、高效绿色铝电解技术、湿法（原子经济法）再生铅技术、烟气脱汞技术、污酸渣无害化处理及资源化技术、酸熔渣处理及资源化技术、湿法冶金膜精炼工艺技术等。

实现有色金属深度减排的创新型技术则包括在既有利用化石燃料的工艺中利用氢作为还原剂；已经用电的工艺，如电解铝等，依赖未来电力零排放或者负排放。

（5）玻璃、建筑卫生陶瓷、墙体材料等其他建材行业

与世界同行业水平横向相比，中国建材行业的生产能耗、污染物排放水平仍有一定的差距。我国的平板玻璃生产行业能效优于标杆能效水平的产能占比仅为 5%，如果采用节能技术，到 2020 还可以有 25% 的节能潜力。建筑陶瓷领域，综合热耗是国际先进水平的 2 倍。我国建材行业需要探索研发的节能减排关键技术包括浮法玻璃熔窑负压澄清技术、建筑卫生陶瓷窑炉综合节能减排关键技术、陶瓷砖新型干法短流程工艺关键技术、高强低导耐腐蚀环保型耐火材料制备技术、保温型再生墙体材料生产和应用关键技术、建材工业窑炉汞减排技术研究及装备开发、非金属矿物新型

水处理剂的研制关键技术、新型功能化特种玻璃新材料制备关键技术、新型低碳水泥基新材料技术等。

该行业的深度减排和零排放关键在于用能的电力化，以及富氧燃烧技术、CCS 技术等。目前陶瓷生产电力化已经具有成本效益。

4. 技术进展

工业部门的技术选择主要包括电气化、氢基生产技术和碳捕集技术（主要应用于难以减排的工业部门）。

目前工业用能方式主要包括电机用电、用热（蒸汽和热水）、各种窑炉用能（主要是煤炭和天然气等化石燃料），以及工艺用原料（如石化生产等）。提升电气化主要是指用热部分以电锅炉替代现有的燃煤锅炉和天然气锅炉，以及一部分窑炉直接更改为电窑炉，如瓷砖可以直接用电加热。我国自 2013 年启动大气污染防治行动计划以来，已经要求 20 蒸吨以下锅炉更改为电锅炉，这方面的技术已经成熟。但是电锅炉带来了用热成本的上升。

对于难以电气化的一些行业，如大量使用化石能源特别是煤炭的行业，如炼钢、水泥、有色金属冶炼、石化产品生产等，则需要一些完全创新的技术。氢基产业是目前研究较多的解决方案。氢的重要作用是在工业难以减排部门中实现工艺的转变，从而达到深度减排。未来氢将主要来自零碳能源，如风能以及核能，进而实现绿氢的供应。在中国实现 1.5℃ 温升目标的路径中，作为原料或者还原剂使用，工业可以达到 2800 万吨氢的需求量，实现钢铁、合成氨、苯、甲醇、乙烯行业的近零排放。

2022 年氢基产业发展迅速，可以看作氢基产业发展的元年。和工业生产配套的绿氢项目建成以及开始建设的产能超过了 20 万吨，根据各省市规划，到 2030 年绿氢产能超过 500 万吨，如果用于石化产品的生产，已经可以生产超过 400 万吨的石化产品，并且成本低于石油化工产品和煤化工产品。

碳捕集技术目前也得到较快发展。碳捕集与封存全过程包含碳捕集、运输及 CO_2 强化采油或地质封存三个部分。以 IGCC 碳捕集结合强化采油为例，对全过程 CO_2 减排成本进行分析，得出 CO_2 减排成本主要受井口油价及 CO_2 利用率影响，当井口油价变化范围为 10~35 美元/桶时，对应的 CO_2 减排成本变化范围为 15~67 美元/吨 CO_2（张建府，2011）。当井口油价超过 14.642 美元/桶时，CO_2 减排成本为负值，即考虑增产原油的收入时，捕集 CO_2 的 IGCC 系统的发电成本不低于捕集 CO_2 的 IGCC 电站的发电成本。

我国 CCUS 的试验示范处于起步阶段，示范项目总体规模偏小，成本仍然较高。我国已建成的 CCUS 示范项目中只有 3 个项目的年捕集量超过 10 万吨 CO_2，其余项目基本为 1 万吨 CO_2/年或以下。当前大部分 CCUS 项目的增量成本较高，如燃煤电厂项目在投资和运维成本方面需分别增加 25%~90% 及 5%~12%，而煤化工项目则需增加 1%~1.3% 及 7.5%~8%。如华能集团上海石洞口捕集示范项目的发电成本就从大约每千瓦时 0.26 元提高到每千瓦时 0.5 元。

由于未来需要 CO_2 结合绿氢进入有机化工产品的生产，因而工业的 CO_2 捕集将主要采用 CCUS 的方式。首先利用低成本的 CO_2 捕集，如在煤化工以及一些有色技术冶炼行业捕集高浓度 CO_2，成本可以在 100 元/吨 CO_2 左右，加上绿氢，生产出的产品已经可以有市场竞争力。

（四）碳达峰展望

根据以上分析，以及近期一些工业行业针对碳达峰的研究，工业行业有可能在 2025 年左右实现 CO_2 排放达峰。但是由于疫情后经济恢复的影响，工业碳达峰时间也有可能延后，但是总的排放量将低于原有预期。

第十二章
中国省域碳达峰梯次划分与差异化达峰路径

2035年基本实现社会主义现代化（以下简称2035年远景目标）和碳达峰碳中和"3060目标愿景"是全面建设社会主义现代化国家新征程的重要战略内容。两大目标能否协同实现关系到未来中国经济社会可持续发展的成效，相关问题的研究也越发受到各界关注。中国地域辽阔，各地区资源环境禀赋、产业布局、发展阶段等存在差异，碳达峰不宜采取"齐步走"的策略。中国有必要在坚持全国一盘棋的前提下，结合区域发展情况，制定符合实际、切实可行的个性化行动方案。为此，本章根据碳排放与经济社会发展特征对省域进行分类，并通过剖析各类区域"双目标"实现动力机制，提出兼顾区域公正的"双目标"协同实现的政策主张。

一 碳达峰目标的提出

2020年中央经济工作会议将"做好碳达峰、碳中和工作"列为推动经济社会发展的重点任务。政府相关部门相继印发《关于完整准确全面贯彻新发展理念做好碳达峰碳中和工作的意见》《2030年前碳达峰行动方案》等重要文件，推动碳达峰碳中和"1+N"政策体系的构建与完善。

中国的碳达峰目标需要重点考虑两个方面的内容。一方面，经济发展、生态禀赋不均衡是我国的基本国情。因此，要求各地区同步碳达峰的政策设计，既不具备科学性，也不具备现实性。如果国家采取"一刀切"的同步碳达峰行动方案，控碳降碳耐受能力弱的地区将因过度超前的政策干预而进入低速增长或衰退阶段，经济社会系统将面临较大的崩溃风险。

控碳降碳耐受能力强的地区也可能因此延迟达峰，无法为降碳难度大的地区预留空间。另一方面，碳达峰行动不仅关系全球生态安全，更关系中国未来能源安全与可持续发展，其最终目的是通过提升全要素生产率、升级产业结构、优化能源结构等方式，促使经济发展与碳排放脱钩，构建并完善现代化经济体系（庄贵阳等，2022）。因此，中国政府必须兼顾碳减排要求与经济发展诉求，坚持全国统筹部署原则，在省域梯次划分基础上，着手制定差异化碳达峰路径。

随着碳达峰目标被正式提出，以主动目标管理为导向的碳达峰研究逐渐兴起。有学者率先针对中国整体层面的达峰时间、峰值、驱动因素等问题进行研究（邵帅等，2017）。2020年底，随着碳达峰碳中和目标的确立，学界开始就区域差异化达峰理论进行探讨，认为碳达峰作为一场广泛而深刻的系统性变革，中央政府应考虑各地区间生态经济发展水平的较大差异，并基于区域发展特征制定落实碳达峰行动方案，从而加快全国整体碳达峰的进程（庄贵阳和魏鸣昕，2021b）。在理论研究基础上，更多学者选择 MK 趋势检验、蒙特卡洛排序、聚类分析等方法判断各省份达峰梯次。学者又在碳达峰梯次排序基础上，尝试采用国家能源技术经济模型、LEAP、蒙特卡洛模拟等方法，较为准确地预测中国碳达峰时间与峰值，并描绘出切实可行的区域差异化达峰路径（洪竞科等，2021）。

综上所述，碳达峰相关研究正处于起步阶段，存在以下不足。第一，鲜有学者基于碳排放与经济发展双重视角对区域达峰梯次排序、相关理论模型构建等问题进行研究。第二，学者在开展区域差异化碳达峰路径预测研究过程中，通常忽略碳排放、能源消费、经济增长间的内在联动关系，未将碳达峰与现代化"双目标"有机结合。第三，碳达峰驱动机制研究方面多采用迪氏指数分解，此分析方法无法同时解析出能源消费总量与能源消费结构等驱动因素，碳达峰动力机制无法被完全呈现。第四，学者在开展省域尺度的相关研究过程中，未考虑电力热力区域间调配产生的间接碳排放，进而按照范围1[①]核算生产侧碳排放数据。上述不足有损省域差异化碳达峰路径的公正性与可持续性。基于此，我们充分考虑省域生产侧与

[①] 范围1是温室气体核算领域常用概念，具体是指在不考虑区域间热力、电力等能源调入调出的条件下，区域边界内主体使用化石能源的直接排放。

消费侧碳排放核算数据间存在的差异，进而对省域碳达峰状态进行碳排放与经济发展双维度多指标的综合研判，并通过改进 Kaya 恒等式与拓展 CD 生产函数，以能源消费总量为传导变量，构建"碳排放—能源消费—经济增长"系统联动模型，从而将碳达峰与现代化"双目标"有机结合，利用蒙特卡洛模拟技术描绘出更为全面完整、切实可行的碳达峰路线图，力求研究成果能够为相关施政方针的制定和调整提供参考。

二 中国省域差异化碳达峰路径理论模型构建

中国省域"双目标"协同实现逻辑分析架构见图 12-1。碳排放总量、经济产出总量、能源消费总量是中国省域"双目标"协同实现的三大核心要素。其中，碳排放总量需要持续性降低，以便 2030 年前实现碳达峰目标，保障生态安全。经济产出总量需要持续性提升，以便 2035 年基本实现社会主义现代化，保障经济安全。能源消费总量作为联系碳排放子系统与经济发展子系统的传导变量，既是碳排放主要来源，也是经济生产重要投入要素，其过快攀升会给中国能源安全带来风险。因此，能源消费总量需要放缓增长，以保障能源安全。当低碳调节能力不变时，三大要素间呈现相互促增关系。

经济发展子系统低碳调节能力，会随着全要素生产率提升，以及物质资本、人力资本等投入要素由数量型增长向质量型增长转变，而得到增强。即经济增长主要驱动力由固定资产存量与能源消费总量等传统资源依赖型动能向人力资本存量与科技进步等可持续发展新动能转变，能源投入产出效率会随之提升，促进经济发展子系统提质增效，推动低碳经济发展。同时，碳排放子系统低碳调节能力，会随着能源结构调整、产业结构优化、能源效率提升，而得到增强。即能源消费碳排放强度降低，加之碳排放强激励、强约束目标管理机制日趋完善，推动经济发展方式向绿色低碳转型。可见，低碳调节能力由碳排放子系统与经济发展子系统相关调节因素共同构成，其能够有效降低碳排放强度，促使高效节能机制日趋完善，缓解能源消费总量过快攀升趋势，辅以合理的经济增长目标规划，构成碳达峰与现代化"双目标"协同实现关键路径。

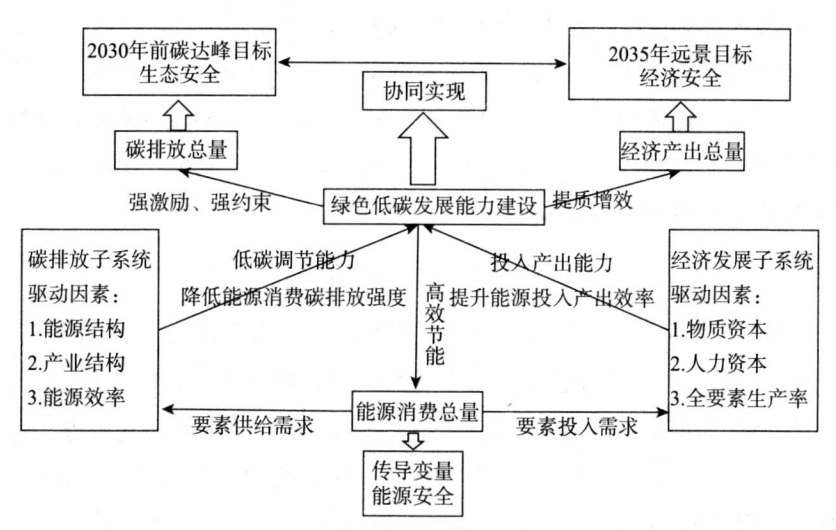

图 12-1 中国省域"双目标"协同实现逻辑分析架构

综上，能源消费作为联系碳排放与经济增长的重要纽带，是探讨此类问题的重要切入点。因此，需要以能源消费总量为传导变量，构建"碳排放—能源消费—经济增长"系统分析数理模型，制定切实可行的中国省域"双目标"协同实现行动方案：

$$\begin{cases} c_{it} = h_{it}(ener_{it}, X_{it}^c) \\ y_{it} = f_{it}(ener_{it}, X_{it}^y) \end{cases} \quad (i=1,2,\cdots,30; t=1997,1998,\cdots,2035) \quad (1)(2)$$

模型（1）、模型（2）分别是以能源消费为纽带的碳排放与经济发展两大子系统的数理模型，它们共同构成系统分析数理模型。其中，i 表示省份，t 表示年份。被解释变量 c_{it}、y_{it} 分别表示碳排放总量与生产总值。核心解释变量 $ener_{it}$ 表示能源消费总量，X_{it}^c、X_{it}^y 分别为碳排放子系统与经济发展子系统数理模型中的控制变量元素集合。

碳达峰过程一般需要经历"部分地区达峰→整体相对动态达峰→全部地区绝对达峰"三个阶段。当全国在第 d 年的碳排放总量 $C_d \geqslant C_t$ 时（对于任意年份 t 均成立），表示全国碳排放总量在 d 年整体相对动态达峰，即已经实现碳达峰目标。中国需要在 2030 年前实现碳达峰目标，故碳达峰年份 $d \leqslant 2030$。全国碳排放总量一般需要经历较长时期的整体相对动态达峰，才能实现由部分地区达峰向全部地区绝对达峰的转变。当任意省份 i 碳排放总量在第 u 年均满足 $C_{iu} \geqslant C_{it}$（对于任意年份 t 均成立），表示全部地区

在 u 年实现绝对达峰，绝对达峰年份 u 可能稍迟于整体相对动态达峰年份 d。

以能源消费总量为传导变量，联立数理模型（1）与数理模型（2），实现碳排放、能源消费、经济发展间内在关系的有效联结，揭示碳达峰过程与地区经济发展的内在关联。通过加总模型（2），可获得碳排放内在关联的国内生产总值的数理模型（3）：

$$Y_t = y_{1t} + y_{2t} + \cdots + y_{30t} \tag{3}$$

2035 年远景目标中明确提出"人均 GDP 达到中等发达国家水平"，即 2035 年国内人均 GDP 至少超过 2 万美元。假设地区人口总数为 P，经过汇率与价格指数调整的国内生产总值 Y_t'，与地区人口总数 P 相除，可获得以美元为单位的国内人均生产总值 Y_t'/P_t，即碳排放内在关联的全国人均 GDP 数理模型（4）：

$$Y_t'/P_t = (y_{1t} + y_{2t} + \cdots + y_{30t})/(p_{1t} + p_{2t} + \cdots + p_{30t}) \tag{4}$$

由于中国要在 2035 年基本实现社会主义现代化，人均 GDP 需要满足数理模型（5）：

$$Y_t'/P_t \geq 20000 \, (t \geq b, b \leq 2035) \tag{5}$$

学者研究发现，地区碳排放总量不仅与上述已经阐明的经济产出总量、能源消费总量等直接驱动因素有关。同时，产业结构、能源消费强度、能源消费结构能够通过降低碳排放强度，从而降低既有经济产出的碳排放总量。鉴于未来中国人口增长速度将长期处于较低水平，加之人口规模不易在政策层面调控，碳排放驱动因素模型选取的变量有别于 Kaya 恒等式等传统碳排放驱动因素模型，前者不再纳入人口规模变量。借鉴经典内生经济增长理论，经济增长驱动因素模型需要相继纳入物质资本、人力资本、技术进步等变量（Romer P，1990）。因此，控制变量元素集合 X_{it}^c 需要纳入地区生产总值（gdp）、第二产业产值（$twgdp$）、化石能源消费总量（$hsener$）；控制变量元素集合 X_{it}^y 需要纳入物质资本存量（inv）、人力资本存量（edu）、技术水平或全要素生产率（tec）；借助改进的 Kaya 恒等式与拓展的三要素经济增长模型（Kaya Yoichi，1989；蒲志仲等，2015），数理模型（1）与（2）可以进一步整理为数理模型（6）与（7）：

$$c_{it} = c_{it}/hsener_{it} * hsener_{it}/ener_{it} * ener_{it}/twgdp_{it} * twgdp_{it}/gdp_{it} * gdp_{it} \tag{6}$$

第十二章 中国省域碳达峰梯次划分与差异化达峰路径 · 239

$$y_{it} = tec_{it} inv_{it}^{\alpha} edu_{it}^{\beta} ener_{it}^{\gamma} \tag{7}$$

α、β、γ 分别为物质资本存量、人力资本存量、能源消费总量的产出弹性,并且 $\alpha+\beta+\gamma=1$。模型（7）的研究样本来自相同碳达峰梯次省份加总的时间序列数据。序列相关检验的结果显示,样本数据间普遍存在序列相关问题。因此,我们在假定各梯次内省域产出弹性相似的基础上,采用广义差分法对各梯次省域组的相应产出弹性分别进行估计,以此合理简化研究工作,并且增强研究结论的稳健性与可信性。

基于数理模型（6）相关推导与 GDIM 基本原理,优化改进后碳排放驱动因素分解数理模型如模型（8）所示：

$$\begin{cases} c_{it} = \dfrac{c_{it}}{hsener_{it}} * \dfrac{hsener_{it}}{ener_{it}} * \dfrac{ener_{it}}{twgdp_{it}} * \dfrac{twgdp_{it}}{gdp_{it}} * gdp_{it} \\[2pt] c_{it} = \dfrac{c_{it}}{gdp_{it}} * gdp_{it} \\[2pt] \dfrac{c_{it}}{gdp_{it}} * gdp_{it} = \dfrac{c_{it}}{hsener_{it}} * hsener_{it} = \dfrac{c_{it}}{ener_{it}} * ener_{it} = \dfrac{c_{it}}{twgdp_{it}} * twgdp_{it} \\[2pt] gdpstruc_{it} = \dfrac{twgdp_{it}}{gdp_{it}},\ etwgdp_{it} = \dfrac{ener_{it}}{twgdp_{it}},\ enerstruc_{it} = \dfrac{hsener_{it}}{ener_{it}} \end{cases} \tag{8}$$

将驱动因素 X 对碳排放变化的贡献设定为函数 $C(X)$,根据数理模型（8）构造雅克比矩阵 Φ_X 与梯度向量 ∇C：

$$\Phi_X = \begin{bmatrix} cgdp & gdp & -chsener & -hsener & 0 & 0 & 0 & 0 & 0 & 0 \\ cgdp & gdp & 0 & 0 & -cener & -ener & 0 & 0 & 0 & 0 \\ cgdp & gdp & 0 & 0 & 0 & 0 & -ctwgdp & -twgdp & 0 & 0 \\ gdpstruc & 0 & 0 & 0 & 0 & 1 & 0 & -gdp & 0 & 0 \\ 0 & 0 & 0 & 0 & 1 & 0 & -etwgdp & 0 & -twgdp & 0 \\ 0 & 0 & 1 & 0 & -enerstruc & 0 & 0 & 0 & 0 & ener \end{bmatrix} \tag{9}$$

$$\nabla C = (cgdp \quad gdp \quad 0 \quad 0 \quad 0 \quad 0 \quad 0 \quad 0 \quad 0 \quad 0) \tag{10}$$

碳排放变化驱动机制分解结果如数理模型（11）所示：

$$\Delta C = [X \mid \Phi] = \int_L \nabla C^{\mathrm{T}} (I - \Phi_X \Phi_X^+) \mathrm{d}X \tag{11}$$

其中,L 为积分时间跨度,I 为单位矩阵,Φ_X^+ 为 Φ_X 的广义逆矩阵。由此，可将碳排放驱动因素分解为 ΔC_{gdp}、ΔC_{cgdp}、ΔC_{hsener}、$\Delta C_{chsener}$、ΔC_{ener}、ΔC_{cener}、ΔC_{twgdp}、ΔC_{ctwgdp}、$\Delta C_{gdpstruc}$、ΔC_{etwgdp}、$\Delta C_{enerstru}$ 11种效应，从而能够较为全面展现碳达峰动力机制。

数理模型（7）两边取对数，获得回归分析模型（12）：

$$\ln(y_{it}/edu_{it}) = \ln(tec_{it}) + \alpha\ln(inv_{it}/edu_{it}) + \gamma\ln(inv_{it}/edu_{it}) + \varepsilon_{it} \quad (12)$$

其中，ε_{it} 为误差扰动项。我们根据数理模型（12）的回归分析结果，估算获得各要素产出弹性系数，再根据欧拉定理获得全要素生产率变化，如数理模型（13）所示：

$$\dot{tec} = \dot{y} - (\alpha \dot{inv} + \beta \dot{edu} + \gamma \dot{ener}) \quad (13)$$

通过对数理模型（6）与（7）进行对数运算，可获得蒙特卡洛模拟关系式：

$$\dot{c}_{it} = (chs\dot{ener}_{it} + 1) * (ener\dot{struc}_{it} + 1) * (etw\dot{gdp}_{it} + 1) \\ * (gdp\dot{struc}_{it} + 1) * (\dot{gdp}_{it} + 1) - 1 \quad (14)$$

$$\dot{ener}_{it} = (etw\dot{gdp}_{it} + 1) * (gdp\dot{struc}_{it} + 1) * (\dot{gdp}_{it} + 1) - 1 \quad (15)$$

$$\dot{y}_{it} = \dot{tec}_{it} + \alpha \dot{inv}_{it} + \beta \dot{edu}_{it} + \gamma \dot{ener}_{it} \quad (16)$$

其中，$\dot{ener}_{it}$、$chs\dot{ener}_{it}$、$ener\dot{struc}_{it}$、$etw\dot{gdp}_{it}$、$gdp\dot{struc}_{it}$、$\dot{gdp}_{it}$ 分别表示能源消费总量、化石能源消费碳排放强度、能源消费结构、能源投入产出效率、产业结构、地区生产总值的变化率，$\dot{y}_{it}$、$\dot{inv}_{it}$、$\dot{edu}_{it}$、$\dot{ener}_{it}$、$\dot{tec}_{it}$ 分别表示地区经济总产出、物质资本存量、人力资本存量、能源消费总量、全要素生产率的变化率。预测过程中，数理模型（14）需要以数理模型（15）为中介与数理模型（16）联立。可见，在预测过程中，能源消费总量 ener 在两大系统间发挥联动关系。

研究数据来源说明如下。第一，兼顾数据完整性与数据最大可得性，研究样本主要包括1997~2019年中国省域相关数据。第二，碳排放数据采用中国碳核算数据库（CEADs）根据范围1核算的生产侧碳排放数据，与世界资源研究所（WRI）依据"谁消费、谁负责"的原则，考虑热力电力区域调配核算的消费侧碳排放数据。两套碳排放数据对比分析的结果有助于揭示碳排放数据核算范围对省域差异化碳达峰路径设计公正性造成的影响。第三，地区生产总值、能源消费总量等经济社会相关统计数据来源于《中国统计年鉴》《中国能源统计年鉴》和 CEIC、EPSDATA 等权威数据库。第四，物质资本存量核算参照张军的永续盘存法（张军等，2004）。人力资本存量核算参照彭国华综合考虑地区劳动力数量、平均受教育程度以及教育回报率的核算方法（彭国华，2005）。第五，地区生产总值、第二产业产值、物质资本存量等涉及价格的样本数据以 1997 年价格作为基期价格进行调整。

三 中国省域碳达峰梯次多指标综合研判

碳达峰目标一提出便获得各界积极响应。然而未立先破的"运动式"减碳情绪，导致部分地区盲目上马"两高"项目，或采取拉闸限电、空喊口号等政策扭曲行动。中央对此进行紧急纠正，并在国家统一的政策框架下，引导各地区梯次有序开展碳达峰行动。随着差异化碳达峰议题研究升温，各省份碳达峰梯次判别成为学界研究的热点与难点。另外，我国省域间能源交易较为频繁，热力电力区域调配引致的间接排放，导致多数省份生产侧与消费侧碳排放数据存在较大差异。鉴于此，以下研究均采用生产侧与消费侧两套碳排放数据进行对比分析，以便在服务研究主题的同时，兼论两套碳排放数据间差异的政策含义。

中国省域碳达峰状态的双维度多指标综合研判结果如表 12-1 所示。首先，碳排放维度的综合研判主要采用 Mann-Kendall 趋势分析法与 Tapio 碳脱钩指数法。生产侧碳排放数据分析结果显示，北京、天津、重庆、上海 4 个直辖市已经基本实现碳达峰目标，江苏、福建、浙江、广东等共 21 个省份处于碳达峰平台期，内蒙古、陕西、新疆、宁夏、青海 5 个西部能源富集区未实现碳达峰。消费侧碳排放数据分析结果与生产侧碳排放数据分析结果略有不同，一方面，部分省域历史碳排放峰值年份存在差异，其中上海、黑龙江、湖南、广东差异较大；另一方面，上海需要被调整至平台期，而黑龙江、山东需要被调整至未实现碳达峰状态，其余省域碳排放维度判断结果不变。其次，经济发展维度划分研判工作主要依据人均 GDP 水平。基于"中等收入陷阱"相关理论，结合中国区域经济发展特征，本

表 12-1　中国省域碳达峰状态双维度多指标综合研判

省份	MK 趋势分析法 峰值年份	MK 趋势分析法 趋势显著	碳排放维度 Tapio 碳脱钩指数法 1997~2000 年	2001~2005 年	2006~2010 年	2011~2015 年	2016~2019 年	综合研判 结果	经济发展维度 经济发展水平评价
北京	2010 (+2)	显著	弱脱	弱脱	弱脱	强脱	强脱（弱脱）	达峰	较高水平
天津	2012 (+1)	显著	弱脱	弱脱	弱脱	弱脱	弱脱（强脱）	达峰	较高水平
河北	2019 (-1)	—	弱脱	扩连	弱脱	弱脱	弱脱	平台期	较低水平
山西	2019	—	强脱	扩负	扩连	弱脱	弱脱	平台期	中等水平
内蒙古	2019	—	弱脱（强脱）	扩负（扩负）	弱脱	弱脱	扩负	未达峰	较高水平
辽宁	2019	—	强脱	弱脱	弱脱	弱脱	弱脱	平台期	中等水平
吉林	2011 (+1)	显著	强脱	扩负（扩负）	扩连	弱脱	强脱	平（末）	较低水平
黑龙江	2012 (+5)	显著	弱脱	弱脱（强脱）	扩连	扩连（弱脱）	弱脱（扩连）	平（末）	较低水平
上海	2013 (+4)	显著（一）	弱脱	扩连（弱脱）	弱脱	强脱（弱脱）	强脱（弱脱）	达（平）	较高水平
江苏	2019	—	弱脱	扩连	弱脱	弱脱	弱脱	平台期	较高水平
浙江	2018	—	弱脱	扩连	弱脱	弱脱	弱脱	平台期	较高水平
安徽	2019 (-1)	—	扩负（扩连）	扩负	弱脱	弱脱	弱脱	平台期	中等水平
福建	2019	—	弱脱	扩连	弱脱	弱脱	弱脱	平台期	较高水平
江西	2019	—	强脱	扩连	弱脱	弱脱	弱脱	平台期	中等水平
山东	2019	—	弱脱（强脱）	扩负（弱脱）	弱脱	弱脱	弱脱（扩连）	平（末）	中等水平
河南	2011	显著	弱脱（强脱）	扩负	弱脱	强脱	强脱	平台期	中等水平
湖北	2011	显著	弱脱	弱脱	弱脱	强脱	弱脱	平台期	较高水平

第十二章 中国省域碳达峰梯次划分与差异化达峰路径 • 243

续表

省份	MK趋势分析法 峰值年份	MK趋势分析法 趋势显著	Tapio碳脱钩指数法 1997~2000年	Tapio碳脱钩指数法 2001~2005年	Tapio碳脱钩指数法 2006~2010年	Tapio碳脱钩指数法 2011~2015年	Tapio碳脱钩指数法 2016~2019年	综合研判结果	经济发展水平评价
湖南	2017（-5）	显著	强脱	扩负（扩连）	弱脱	弱脱	弱脱	平台期	中等水平
广东	2019（-3）	—	弱脱	弱脱（扩连）	弱脱	弱脱	弱脱	平台期	较高水平
广西	2019	—	弱脱	扩连	扩连	弱脱	弱脱	平台期	较低水平
海南	2019（-1）	显著	弱脱	扩负	扩负（弱脱）	扩连（弱脱）	弱脱	平台期	中等水平
重庆	2012（-1）	—	扩负	强脱（弱脱）	弱脱	弱脱	强脱	达峰	较高水平
四川	2013（-1）	显著	强脱	扩负	扩连（扩负）	弱脱	强脱	平台期	中等水平
贵州	2019（-2）	—	弱脱（扩连）	扩连（扩负）	弱脱	弱脱	弱脱	平台期	较低水平
云南	2012（-1）	显著	强脱	弱脱	扩连	弱脱（强脱）	弱脱	平台期	中等水平
陕西	2019	—	强脱	扩连	扩负（扩负）	扩连	弱脱	未达峰	中等水平
甘肃	2014（-1）	显著	弱脱	弱脱	扩负	弱脱（强脱）	弱脱（强脱）	平台期	较低水平
青海	2016	—	扩连（弱脱）	扩负	扩连	扩连（弱脱）	扩负（强脱）	未达峰	中等水平
宁夏	2019	—	弱脱	扩负	弱脱	扩连	扩负（扩连）	未达峰	中等水平
新疆	2019	—	强脱（弱脱）	弱脱	弱脱	扩连	扩连	未达峰	中等水平

注：当基于消费侧与生产侧碳排放数据的计算结果不一致时，括号内表示基于消费侧碳排放数据的计算结果。在利用Tapio碳脱钩指数法计算的过程中，按照我国历次五年规划纲要的起止时间将考察时间段划分为5个子阶段。

章将人均 GDP 按 7000 美元以下、7000~10000 美元、10000 美元及以上分别划分为较低收入水平、中等收入水平、较高收入水平三组。北京、天津、重庆、上海、江苏等 11 个省域属于较高收入水平组。安徽、湖南、辽宁、江西等 13 个省域属于中等收入水平组。河北、贵州、广西、吉林等 6 个省域属于较低收入水平组。

基于上述研判，按照碳排放与经济发展双维度，30 个省份可被进一步分类。基于生产侧碳排放数据的分析结果显示，基本实现碳达峰目标与较高收入水平组包括北京、天津、重庆、上海；碳达峰平台期与较高收入水平组包括江苏、福建、浙江、广东、湖北、山东，共 6 个省份；未实现碳达峰与较高收入水平组仅有内蒙古；碳达峰平台期与中等收入水平组包括安徽、湖南、辽宁、江西、海南、山西、四川、河南、云南，共 9 个省份；未实现碳达峰与中等收入水平组包括陕西、新疆、宁夏、青海；碳达峰平台期与较低收入水平组包括河北、贵州、广西、吉林、黑龙江、甘肃，共 6 个省份。基于消费侧碳排放数据的分析结果相较于生产侧碳排放数据略有不同，上海被调整至碳达峰平台期与较高收入水平组，山东被调整至未实现碳达峰与较高收入水平组，黑龙江被调整至未实现碳达峰与较低收入水平组。

借鉴中国省域碳排放与经济发展双维度评价分组结果，我们通过评估各省域组实现碳达峰目标的难易程度，推测各组碳达峰目标实现的时间，从而对中国省域碳达峰梯次进行综合研判。生产侧碳排放数据分析结果显示，基本实现碳达峰目标与较高收入水平组、碳达峰平台期与较高收入水平组、碳达峰平台期与中等收入水平组、碳达峰平台期与较低收入水平组、未实现碳达峰与中等收入水平组被确定为第一到第五达峰梯次，内蒙古被并入与其具有相似能源富集特征的第五达峰梯次。其中，第一达峰梯次已经基本实现碳达峰，第二、第三达峰梯次能够提前实现碳达峰，第四达峰梯次能够准时实现碳达峰，第五达峰梯次可能推迟实现碳达峰。基于消费侧碳排放数据的分析结果相较于生产侧碳排放数据的分析结果略有不同，除上海需要被调整至第二达峰梯次，其余省域达峰梯次均无调整。虽然山东、黑龙江的碳排放与经济发展双维度评价分组结果存在差异，然而山东属于东部沿海经济发展水平较高的省份，其经济社会发展特征与江苏、福建、浙江等省份相似，故仍被保留在第二碳达峰梯次。黑龙江较低收入水平的关键特征并未改变,故被保留在第五碳达峰梯次。

四 中国省域分组的碳排放与经济发展驱动因素特征分析

碳排放与经济总量变化及驱动因素特征分析是各省份制定切实可行的"双目标"协同实现个性化行动方案的重要切入点。若研究方案设计为对30个省份碳达峰路径进行逐一模拟,不仅工作量大且烦琐,还会弱化结论稳健性。因此,基于中国省域碳达峰梯次综合研判结果对研究样本进行分组归类,以合理简化研究工作,并增强研究结论的稳健性与可信性。

实证研究方面,第一,基于改进的 Kaya-GDIM 模型,利用 R 语言实现对 1997~2019 年各类型省域组碳排放总量变化驱动因素的分解。第二,基于拓展的三要素经济增长核算模型,利用 Eviews 分析软件实现对 1997~2019 年各类型省域组经济增长驱动因素的分解。21 世纪进入第二个十年,中国逐渐进入工业化后期,中国人口红利出现拐点,所有类型省域组经济增长速度在 2008 年全球金融危机后均呈现整体下降趋势,加之生态环境恶化总体趋势未得到根本扭转,党中央将生态文明建设提到前所未有的战略高度,生态优先地位得到确立,新发展理念得到贯彻落实,中国经济社会发展进入绿色低碳和高质量转型的新阶段。考虑到 2010 年前后中国经济发展特征的显著差异,为提高区域经济增长驱动因素分解的准确性,将总样本分为 1997~2009 年和 2010~2019 年两个阶段分别进行实证分析。通过综合采用杜宾-瓦特森、Q 统计量、拉格朗日乘子等序列相关检验方法,发现样本数据普遍存在序列相关。因此,根据各样本数据自相关系数与偏自相关系数拖截尾特征,再依据赤池信息准则(AIC)和施瓦兹准则(SC)最小原则,研判确定模型具体形式,从而选择相应广义差分模型对产出弹性进行估计。以下各类型省域组模型拟合优度均超过 0.9,且误差服从正态分布。消除序列相关后,除少部分参数产出弹性在 5% 水平上显著外,其余要素产出弹性均在 1% 水平上显著。

考虑到第一、第二梯次碳排放省域组处于较高经济发展水平,且已经初步建立绿色低碳循环产业体系,虽然仍有部分省份尚处于碳达峰平台期,但其低碳调节能力较强,预计会率先实现碳达峰与基本现代化"双目标",在全国发挥引领示范作用,两组在碳排放与经济发展驱动因素特征方面具有极大的相似性，故在这一节分析中进行合并处理。

(一) 第一、第二梯次碳排放省域组的驱动因素特征分析

第一、第二梯次碳排放省域组年碳排放与经济发展驱动因素分解百分比堆积图，见图12-2。年碳排放总量变化（▲C）递增趋缓，4个绝对量因素中，地区生产总值（gdp）对碳排放促增效用增强的态势趋缓，能源消费总量（ener）、第二产业产值（twgdp）、化石能源消费总量（hsener）等对碳排放促增效用有所减弱，能源消费总量（ener）呈现出一定的促降效用。该类型省域的社会经济发展水平在国内较高，具备区位与生态优势，绿色主导产业体系建设初见成效，正处于全面绿色转型关键过渡期。同时，多种降碳调控机制逐渐形成，主要体现在以下三个方面。①产业结构低碳化。产业结构（gdpstruc）优化、地区生产总值碳排放强度（cgdp）降低，对碳排放的促降调控机制逐渐增强。②能源消费结构清洁化。能源消费结构（enerstruc）绿色转型、能源消费碳排放强度（cener）降低，对碳排放形成有效的促降调控机制。③生态技术高效节能化。高效节能技术推动能源消费高效化、清洁化，促使第二产业产值碳排放强度与能源投入产出效率（ctwgdp 与 etwgdp）以及化石能源消费碳排放强度（chsener）降低，对碳排放的促降调控机制逐渐形成。

两阶段产出弹性对比分析结果显示，前后两阶段三要素经济增长核算模型均选择1阶自回归 AR（1）形式。随着义务教育政策普及，该省域组劳动力素质大幅度提升，加之工资待遇差距导致发达地区人才"虹吸"效应显著，人力资本存量产出弹性由 0.171 提升至 0.203。同时，此类区域高效节能技术研发推广优势突出，能源消费总量产出弹性由 0.219 提升至 0.282，致使物质资本存量产出弹性由 0.610 下降至 0.515。

经济发展驱动因素特征分析结果显示，物质资本存量、能源消费总量变化对经济增长的贡献率分别在 2008 年和 2013 年前呈现上升趋势，之后呈现下降趋势。人力资本存量变化对经济增长的贡献率在 2003 年后显著上升。全要素生产率变化对经济增长的贡献率保持较高水平，但在 2011~2016 年贡献较低，这主要是因为能源消费品种增加、高效节能技术进步，更多的全要素生产率贡献体现在要素质量改善之中，加之匹配高质量发展的资源配置效率制度与组织管理方式尚处于探索起步阶段，作为独立变量

的全要素生产率变化对经济增长的贡献率处于较低水平。

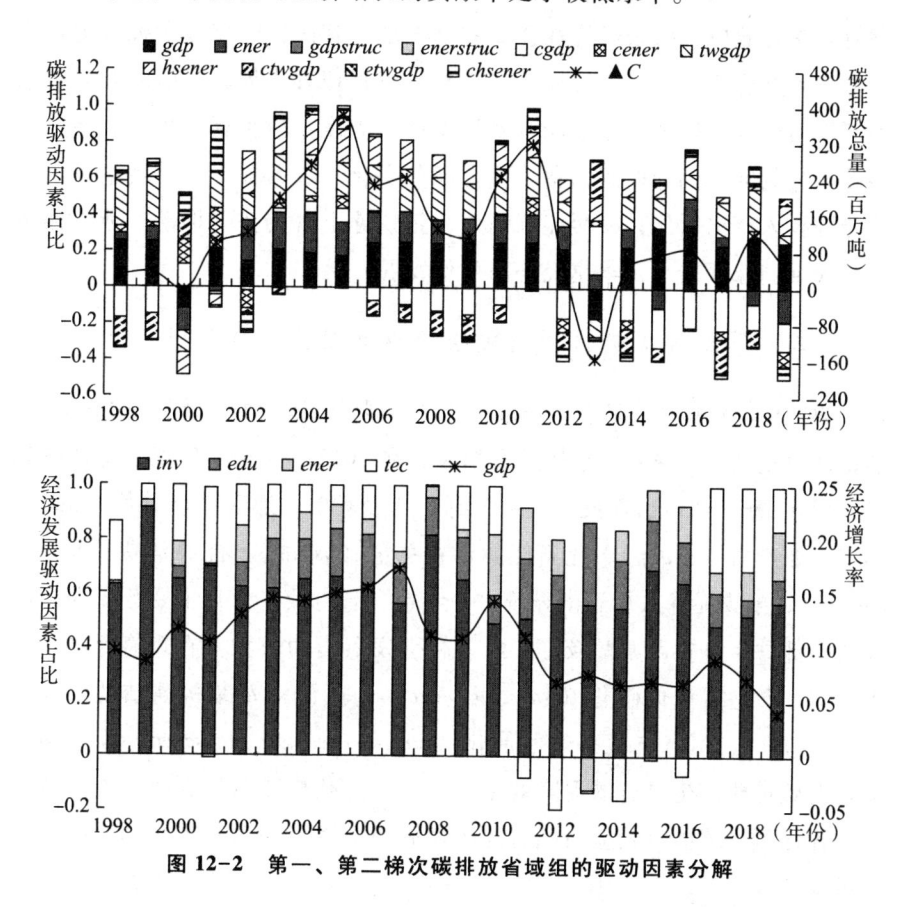

图 12-2 第一、第二梯次碳排放省域组的驱动因素分解

上述实证研究结果显示，第一、第二梯次碳排放省域组主要包括经济发展水平较高的省份，它们经济体量庞大且发展速度较快，绿色低碳循环产业体系日渐完善，具有率先协同实现"双目标"的主客观条件，应在全国相关实践探索过程中发挥引领示范作用。该类型省域低碳调节能力较强，经济增长率目标设定随着低碳调节能力同步提升。未来该类型省份应重点从以下两个方面增强低碳调节能力。首先，应充分借助资本优势，加大对分布式发电与储能技术的研发推广力度，重点在住宅建筑、公共基础设施等方面拓展应用场景，力争打破传统能源生产与消费空间失衡格局，改善能源消费结构，增强清洁能源自给能力。加快高效节能技术的研发推广，提高能源投入产出效率，并加快低成本 CCUS 技术的研发推广，提高含碳废弃物循环利用水平，为其他省域提升清洁能源消费占比与增强能源

自给能力，提供可借鉴的成熟行动方案。打造碳达峰试点城市或园区，发挥府际学习效应，引领经济社会高质量发展。其次，应充分发挥人力资本优势与制度优势，着力资源配置制度与组织管理方式创新，引领要素投入不断提质增效。增强高效节能技术研发推广力度，减少要素投入冗余，完善碳普惠制度，倡导低碳消费，培育绿色文化，全面提高生产生活领域单位能源投入产出效能，减缓能源消费总量快速上升趋势。推动产业主体结构由浅绿向深绿转型，丰富经济高质量发展内涵。

（二）第三梯次碳排放省域组的驱动因素特征分析

第三梯次碳排放省域组碳排放与经济发展驱动因素的分解见图 12-3。年碳排放总量变化（▲C）整体递增趋缓，在 2012~2016 年呈现一定递减趋势，但在 2016 年后出现反弹。4 个绝对量因素中，地区生产总值（gdp）、第二产业产值（twgdp）、化石能源消费总量（hsener）、能源消费总量（ener）对碳排放促降效用逐渐显现。该组包含省份最多，其主要分布在中部及西南部，生态资源禀赋较好，经济社会发展潜力较大。在现有经济发展形势下，产业结构低碳化（gdpstruc、cgdp）、能源消费结构清洁化（enerstruc、cener）、生态技术高效节能化（ctwgdp、etwgdp、chsener）等方面因素均对碳排放产生显著的促降效用，然而，必须构建更为有效的碳排放促降调控体系，才能有效应对随着经济发展势头逐渐强劲而带来的碳排放反弹风险。

两阶段产出弹性对比分析结果显示，前后两阶段三要素经济增长核算模型分别选择自回归移动平均模型（ARMA（1，2））和自回归（AR（2））形式。物质资本存量产出弹性由 0.460 下降至 0.433，能源消费总量产出弹性由 0.299 提升至 0.330，人力资本存量产出弹性由 0.241 下降至 0.237，这表明第三梯次碳排放省域组人力资本在数量层面实现充分供给，并正在由数量型增长向质量型增长过渡。高素质劳动力增长有限，导致人力资本存量产出弹性呈现下降趋势。

经济发展驱动因素特征分析结果显示，物质资本存量贡献在 2008 年前后分别整体呈现上升与下降趋势，但在 2015 年后出现短暂反弹上升。人力资本存量贡献在 2009 年后增长趋势开始显著，但在 2016 年前后几年出现短期大幅度降低。能源消费总量贡献在 2015 年后开始呈现下降趋势，但在

2019年有所回升。相较于第一、第二梯次碳排放省域组，人力资本存量贡献上升与能源消费贡献下降"两个节点"明显较迟，全要素生产率负贡献更为明显，这可能是由该类型省域资源优化配置体制机制和政策措施创新效率较低所致。整体而言，第三梯次碳排放省域组经济增长驱动结构较为单一，过于依赖固定资产投资与能源消费等传统资源依赖型动能，经济增长驱动结构亟待优化。

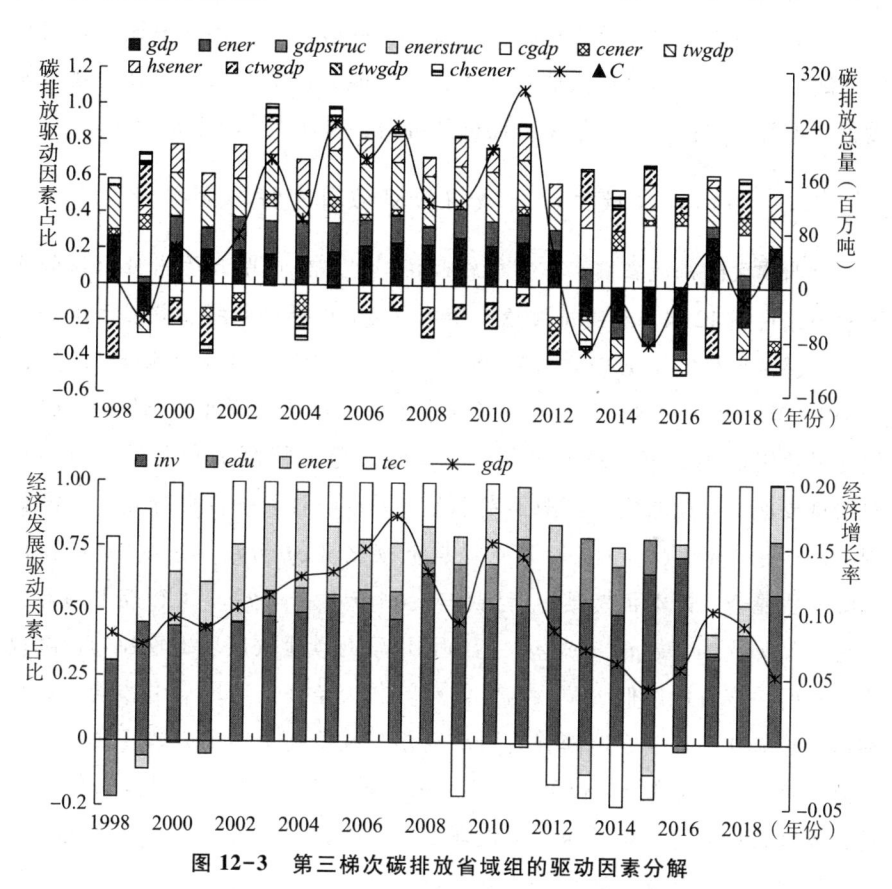

图12-3　第三梯次碳排放省域组的驱动因素分解

上述实证研究结果显示，第三梯次碳排放省域组主要包括经济发展处于中等水平的中部及西南部地区，绿色低碳循环产业体系初步建立，具有提前协同实现"双目标"的客观基础。该类型省域低碳调节能力提升速度与经济社会发展速度存在一定差距，两者速度需要先经历短暂收敛过程，再实现同步增长。未来应重点从以下两个方面提升低碳调节能力。首先，该类型省域属于能源输出或基本自给型省份，应充分发挥生态资源禀赋优势，推动产业生态化与生态产业化，大力培育生态依托型产业并推动清洁能源产业发展。优化电能生产、储存、输出等工程管理，促进清洁能源消纳，降低清洁能源弃电率，积极引进或研发推广高效节能技术与低成本CCUS技术，全方位提升用能效率。同时，通过推动电网能源清洁化，为全国能源消费结构低碳化贡献力量。其次，该类型省份应通过学习借鉴先进资源配置制度与组织管理方式，提升全要素生产率。加快实现物质资本与人力资本由重规模向重质量转变，着力解决劳动力结构性短缺、高层次人才缺口等问题。通过淘汰低效产能，减少能源消费冗余，升级高效节能设备，提升能源投入产出效率，促进经济增长驱动因素日益多元化。

（三）第四梯次碳排放省域组的驱动因素特征分析

第四梯次碳排放省域组年碳排放变化与经济发展驱动因素分解百分比堆积图，见图12-4。年碳排放总量变化（▲C）递增趋缓，并显现出一定程度的递减趋势，年碳排放总量变化（▲C）在2013~2015年显著降低，在2016年后出现反弹。4个绝对量因素中，地区生产总值（gdp）对碳排放促增效用增强，第二产业产值（twgdp）、化石能源消费总量（hsener）对碳排放促增效用减弱，能源消费总量（ener）对碳排放促降效用逐渐显现。7个相对量影响因素中，产业结构低碳化（gdpstruc、cgdp）对碳排放促降效用显著，能源消费结构清洁化（enerstruc、cener）、生态技术高效节能化（ctwgdp、etwgdp、chesner）等方面因素对碳排放显现出较强的促降效用。然而，该省域组低碳调节能力仍然较弱，经济低速增长引致碳排放短期增长趋势并不显著，但随着共同富裕相关政策提出，中央政府会不断将政策支持重心向这些地区倾斜，预期未来此类省份经济发展势头较为强劲，控制碳排放总量增长压力会逐渐增大。因此，此类省份必须构建更为有效的碳排放促降调控体系，才能有效应对经济发展势头逐渐强劲可能带来的碳排放过快攀升的反弹风险。

两阶段产出弹性对比分析结果显示，前后两阶段三要素经济增长核算模型分别选择自回归（AR(1)）和移动平均模型（MA(2)）形式。物质资本存量产出弹性由0.388下降至0.362，能源消费总量产出弹性由0.319提升至0.331，人力资本存量产出弹性由0.293提升至0.307，这表明该省域组经济社会发展水平相对落后，劳动力流失相对严重，劳动力数量型增长仍存在较大空间。随着此类地区人才引进政策与人才培养机制不断完善，劳动力数量将实现较大幅度增长，人力资本存量产出弹性将呈现上升趋势。

经济发展驱动因素特征分析结果显示，人力资本存量贡献在 2009 年后逐渐呈现显著增长趋势，能源消费总量贡献在 2016 年后呈现下降趋势。人力资本存量贡献上升与能源消费贡献下降"两个节点"亦明显晚于创新引领组，且相较于第三梯次碳排放省域组，全要素生产率低水平贡献的特征更为明显。这可能是由资源优化配置体制机制和政策措施创新效率过低所致。整体而言，第四梯次碳排放省域组经济增长驱动结构较为单一，过于依赖固定资产投资与能源消费等传统资源依赖型动能，经济增长缺少多元化激励。

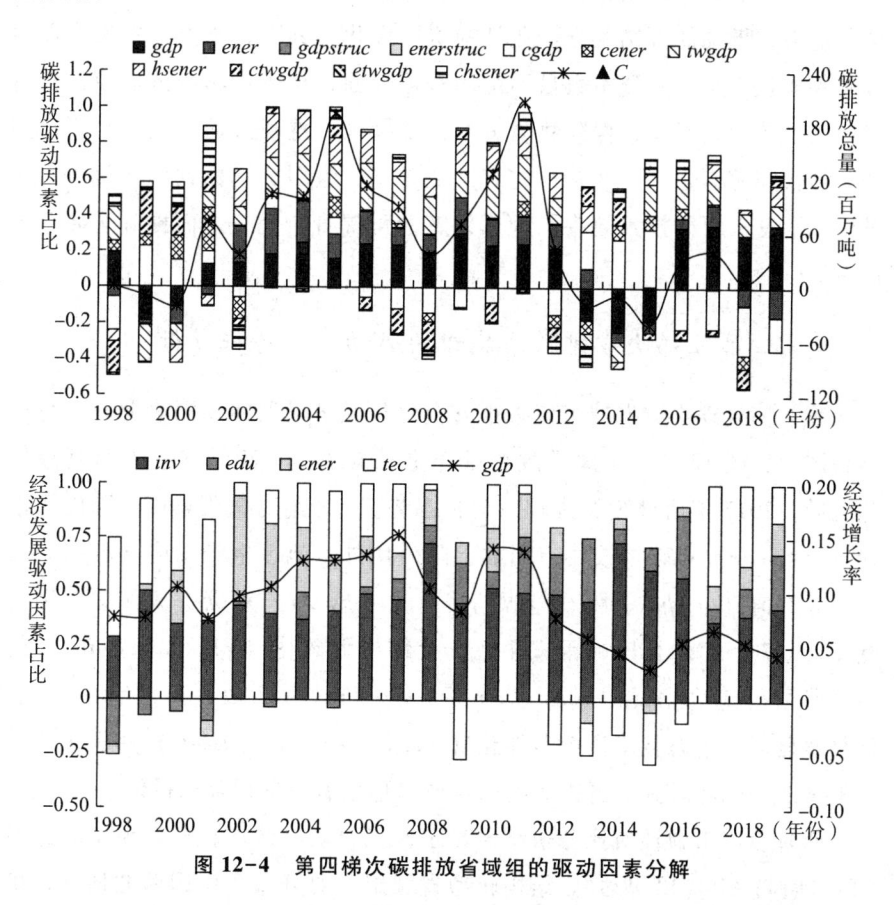

图 12-4　第四梯次碳排放省域组的驱动因素分解

上述实证研究结果显示，第四梯次碳排放省域组主要包括经济发展处于较低水平的省份，呈现低经济增长、低能源消费、低碳排放区域发展特征，"双目标"协同实现面临经济发展与低碳减排双重挑战，2035年远景目标实现时间可能稍有延后。该类型省域低碳调节能力较弱，在共同富裕政策引领下，经济社会发展水平需要加速赶超，缩小与较发达地区的差距。因此，中央政府应充分考虑该类型省域发展诉求与实际降碳控碳耐受能力，尤其在碳达峰时间与峰值任务等目标制定方面，相比前两组应相对宽松，为经济赶超与低碳调节能力提升预留一定的准备空间。经济社会发展速度以较高水平起步的省份应在相当长时间内逐渐收敛经济增速与低碳调节能力提升速度之间的差距。未来该类型省份应重点从以下两个方面提升低碳调节能力。首先，适度推动清洁能源产业对传统能源产业的替代，淘汰落后产能、用能设备，加快产业迭代、用能设备升级，提高区域产业竞争能力，推动能源结构与产业结构协同优化。其次，该类型省份应着力改善物质资本与人力资本数量不足的窘迫局面，扩大市场经济规模，营造良好宽松的投资环境，保障物质资本充足投入。重视劳动力流失与不足问题，加快完善人才引进政策，完善产业布局，吸引劳动力回流。优先考虑基于要素投入的纯技术效率与规模效率的可提升空间，进而提升全要素生产率。

（四）第五梯次碳排放省域组的驱动因素特征分析

第五梯次碳排放省域组年碳排放变化与经济发展驱动因素分解百分比堆积图，见图12-5。年碳排放总量变化（▲C）在2013年左右呈现递增趋缓后，2017年后继续保持较高增长态势。4个绝对量因素中，除能源消费总量（ener）对碳排放具有明显促降效用外，地区生产总值（gdp）、第二产业产值（twgdp）、化石能源消费总量（hsener）对碳排放促增效用仍然显著。7个相对量影响因素中，产业结构低碳化（gdpstruc、cgdp）、能源消费结构清洁化（enerstruc、cener）对碳排放促增效用虽然有所降低，但仍然显著，生态技术高效节能化（ctwgdp、etwgdp、chsener）对碳排放总量促增效用仍然较强。各因素对碳排放未形成有效的促降调控体系。

两阶段产出弹性对比分析结果显示，三要素经济增长核算模型均选择1阶自回归AR（1）形式。结构转型省域组主要分布于中国西北地区，矿产资源丰富，经济社会发展对化石能源产业与重化工业的依赖性较强，此类产业属于资本密集型与劳动密集型产业，物质资本存量与人力资本存量产出弹性提升明显，分别由 0.555、0.175 提升至 0.608、0.277。化石能源产业与重化工业又属于粗放型产业，高效节能技术研发内生动力不足，能源消费总量产出弹性由 0.270 降低至 0.115。

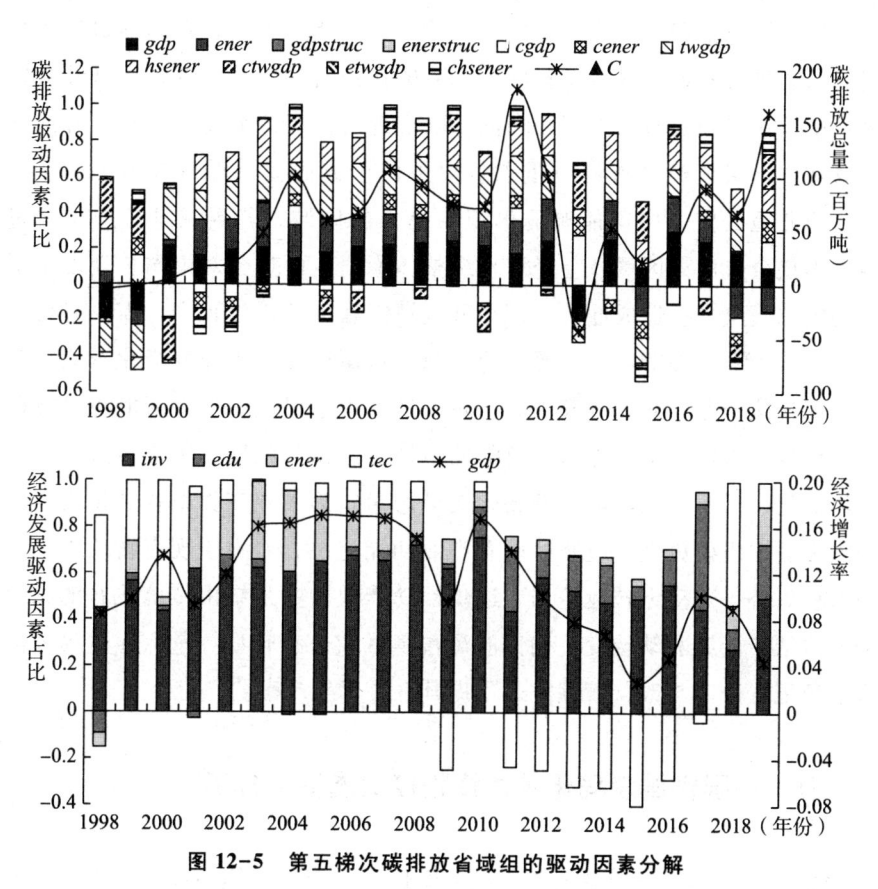

图 12-5　第五梯次碳排放省域组的驱动因素分解

经济发展驱动因素特征分析结果显示，物质资本存量贡献在 2011 年后逐渐下降；人力资本存量贡献在 2010 年前较为微弱，2010 年后逐渐提升；能源消费总量贡献长期处于较高水平，在 2018 年后呈现一定下降趋势。可见，物质资本存量贡献下降、人力资本存量贡献上升、能源消费总量贡献下降"三个节点"明显晚于前三组。能源富集的西北地区经济社会发展对化石能源产业与重化工业较为依赖，资本密集型与劳动密集型产业发展模式对投入要素质量改善具有较强挤出效应，同时也对资源优化配置体制机制和政策措施创新产生较强的抑制作用，该省域组全要素生产率低水平贡献的特征最为明显。

上述实证研究结果显示，第五梯次碳排放省域组主要包括经济发展处于中上等水平的西北能源富集地区。长期以来，该类地区重化工业聚集，"两高"产业规模较大，经济社会发展对化石能源消费存在较强的路径依赖，矿产资源依赖型产业占比较高，低碳调节能力最弱，碳达峰目标实现时点可能稍有推迟。该类型省域为保障碳达峰目标能够实现，经济社会发展速度会在相当长时间内逐渐降低，以实现与低碳调节能力水平上升速度的收敛。未来该类型省份应重点从以下两个方面提升低碳调节能力。首先，西北地区作为中国能源输出规模最大的区域，若碳减排工作操之过急，不仅会造成该区域社会经济系统整体崩溃，而且会对中国长期以来形成的能源安全平衡造成冲击。该类型省域组在碳达峰过程中，需要坚持能源转型定力，发展清洁新能源产业、绿色低碳产业，逐步取缔化石能源产业、高耗能产业，通过合理规划，减少产业更迭成本。加大新能源科技研发推广投入力度，不仅能够有效降低本地区碳排放强度，更能通过促进电网清洁化，为全国能源消费低碳化贡献力量。第二，该类型省域物质资本与人力资本规模庞大，应坚持已有产业功能定位，着力于现有物质资本动力系统更替与劳动力转业培训，逐步推动产业动力系统由传统化石能源驱动向清洁新能源驱动转变，确保能源富集区域公正转型。重点通过提升能源资源配置效率与改善管理方式，提升全要素生产率。

五 中国省域差异化碳达峰路径动态情景分析

基于"碳排放—能源消费—经济增长"系统联动模型以及对中国各省域碳达峰梯次的综合研判结果，运用蒙特卡洛模拟技术对碳排放总量、经济产出总量、能源消费总量未来变化趋势进行动态情景模拟分析，可以获得各省域差异化碳达峰路径。

（一）情景设计与模拟思路

模型（14）~（16）的演变关系，可被用于预判各碳达峰梯次省域组碳排放、经济增长、能源消费的演化趋势，进而识别碳达峰的可行路径。我们基于各相关影响因素的历史整体发展趋势、党的十八大后的发展趋势以及潜在路径优化空间，分别设置基线、绿色发展、强化绿色发展三种情景。

1. 基线情景

假定政府不采取任何措施，制度、技术、经济环境等方面演变的平均趋势保持不变，延续过去20年经济社会发展惯性，从而推得对应的发展情景。已有研究表明，经济社会发展相关影响因素的未来变化趋势对历史变化特征存在显著的路径依赖，中国的经济周期变化特征对未来相关因素变化趋势的影响程度会随着周期临近而增强（郑石明，2016）。鉴于此，"九五"（1997~2000年）、"十五"（2001~2005年）、"十一五"（2006~2010年）、"十二五"（2011~2015年）、"十三五"（2016~2019年）这五个时期相关因素年均变化率的最大值与最小值被分别作为对应因素潜在变化率的最大值与最小值。剩余的三个时期中，距离当前最近时期的年均变化率，被作为对应因素潜在变化率的中间值。模型模拟过程中，能源消费总量变化在两系统间的联动作用的构建，有助于完善子系统间整体的有机联系。经济发展子系统中能源消费总量潜在变化率是根据演变关系模型（11），结合碳排放子系统中地区生产总值（gdp）、产业结构（$gdpstruc$）、能源投入产出效率（$etwgdp$）潜在变化率设定，估算获得①。

2. 绿色发展情景

假定制度、技术、经济环境等方面演变的平均趋势保持不变，延续党的十八大后近五年经济社会发展惯性，从而外推得对应的可能情景。2012年党的十八大召开后，生态优先地位得以确立，绿色发展成为社会发展的主基调。政府在应对气候变化、推动绿色低碳发展等方面，采取一些积极有效措施，摒弃忽略生态环境保护而无节制追求经济社会快速发展的思想观念，使得生态环境保护对经济发展的约束作用得以增强。经济发展目标的设定逐渐符合生态系统承载能力与修复能力，其与绿色低碳发展能力建

---

① 篇幅所限，基线情景下各因素的潜在年均变化率参数不在文中展示，读者可向作者索取。鉴于2020年、2021年碳排放核算所需数据可得性有限，2020年碳排放相关参数中，仅经济产出总量及产业结构变化率可直接采用统计数据计算获得，其他三个因素则需要根据各梯次省域组相关指标近5年的平均变化趋势估算获得。2021年碳排放相关参数被并入"十四五"阶段进行整体估算。

设水平间的差距日趋收敛。中国生态文明建设进入崭新阶段，绿色低碳经济发展形势前后呈现显著差别。据此，该情境下各因素潜在变化率中间值，应被设定为党的十八大后近五年对应因素的平均变化率。政策实施存在不确定性，各因素变化需要设定浮动空间。林伯强、邵帅等将中国整体层面经济增长、投资规模变化的浮动空间均设定为1%，鉴于各梯次省域组经济增长、投资规模的平稳性会弱于整体变化的平稳性，各梯次省域组经济增长、投资规模变化率浮动空间需要提升至2个百分点，即中间值上下浮动2个百分点，获得经济增长、物质资本存量潜在变化率最大值和最小值。同时，借鉴上述文献将碳排放强度变化率的浮动空间设定为0.2个百分点，以此获得碳排放强度潜在变化率最大值和最小值。林伯强和王锋（2009）将能耗强度指标的浮动空间设定为0.3~0.5个百分点，本章能耗强度浮动空间取其平均值，即中间值上下浮动0.4个百分点，获得能源消费强度潜在变化率最大值和最小值。朱民等（2020）在不同情景下预测我国工业部门结构的降幅为2~4.2个百分点，可见，产业结构浮动空间约为1个百分点，即中间值上下浮动1个百分点，获得产业结构潜在变化率最大值和最小值。由于长期以来，中国能源消费结构调整难度较大，各梯次省域组年均变化率均不超过1个百分点，相应浮动空间也必然较低。因此，能源消费结构潜在变化率浮动空间被设定为0.1个百分点，即中间值上下浮动0.1个百分点，获得能源消费结构潜在变化率最大值和最小值。朱沛华和陈林（2020）验证中国制造业全要素生产率的估算误差为0.0082，即中间值上下浮动0.4个百分点，获得全要素生产率潜在变化率最大值和最小值。孙金山等（2021）估算2018~2035年我国劳动力资本年增长率为1.38%~2.37%，本章劳动力资本潜在变化率浮动空间被设定为0.5个百分点，即中间值上下浮动0.5个百分点，获得劳动力资本总量潜在变化率最大值和最小值。最后，经济发展子系统中能源消费总量潜在变化率设定方法同基线情景相似，需要依靠碳排放子系统估算获得[1]。

3. 强化绿色发展情景

近年，我国碳排放总量仍呈现上升趋势，这说明绿色发展情景未能彻

---

[1] 篇幅所限，绿色发展情景下各因素的潜在年均变化率参数不在文中展示，读者可向作者索取。

底扭转基线情景中碳排放持续攀升的趋势。究其原因，绿色发展情景下，碳排放强度、能源投入产出效率等关乎绿色低碳发展能力建设的指标改善程度有限。为此，强化绿色发展情景应着力提升绿色低碳发展能力建设。碳排放强度、能源消费结构、能源消费强度等相关指标的改善具有复杂性与长期性特征。加强绿色发展情景，需要按照"碳排放弱约束弱激励、低速经济增长"向"碳排放强约束强激励、高质量经济增长"转变的总体思路，结合绿色发展情景中相关因素潜在变化率浮动空间分析，确定相应因素潜在变化率浮动区间，以及各阶段间的递减与递增标准[1]。碳排放子系统中，经济产出总量潜在变化率，需要基于各省份"十四五"经济增长目标与绿色低碳发展能力建设相关因素实际水平进行设定，从而促使经济产出总量变化率与绿色低碳发展能力建设水平变化率间呈现收敛趋势。例如，第一、第二梯次省域组绿色低碳发展能力建设水平较高，经济增长率随着绿色低碳发展能力建设水平提升而同步提升。而第三至第五梯次省域组绿色低碳发展能力建设水平较低，只有经济增长速度放缓、绿色低碳发展能力建设水平提升，促使两者变化率收敛，实现同步增长，才能满足可持续发展需求。模拟结果显示，经济发展子系统的预测模拟结果均在碳排放子系统中经济产出总量潜在变化率设定范围内，从而印证该因素潜在变化率设定的合理性。最终，强化绿色发展情景下，各因素的潜在年均变化率设定如表12-2所示[2]。

基于上述三种情景中各因素潜在变化率设定，按照取值区间三角形概率分布合理假定（Andrea Ramírez, et al., 2008），我们分别对相应因素潜在年均变化率进行随机取值，从而突破传统特定取值范式，增强结果模拟仿真能力，并在随机取值的基础上，利用 Matlab 软件，结合演变关系模型（14）~（16），采用蒙特卡洛模拟技术分别对三种情景的碳排放总量、经济产出总量、能源消费总量的未来变化趋势进行 1 万次模拟，最终获得所有可能结果及概率分布。

---

[1] 鉴于碳排放子系统中绿色低碳发展能力建设相关因素属于递减改善，受到改进空间制约，"十六五"（2031~2035年）较"十五五"（2026~2030年）阶段，各梯次相关因素潜在变化率按照浮动空间减半递减。
[2] 限于篇幅，文章仅展示加强绿色发展情景生产侧第一与第三梯次省域组各因素的潜在变化率，其余梯次省域组的参数可向作者索取。

表 12-2 强化绿色发展情景下生产侧第一、第三梯次省域各因素的潜在年均变化率

系统从属	第一梯次	2021~2025 年 最小值	2021~2025 年 中间值	2021~2025 年 最大值	2026~2030 年 最小值	2026~2030 年 中间值	2026~2030 年 最大值	2031~2035 年 最小值	2031~2035 年 中间值	2031~2035 年 最大值
经济发展子系统	地区生产总值（gdp）	0.035	0.055	0.075	0.055	0.075	0.095	0.055	0.075	0.095
	化石能源消费碳排放强度（chsener）	-0.019	-0.017	-0.015	-0.021	-0.019	-0.017	-0.022	-0.020	-0.018
	产业结构（gdpstruc）	-0.044	-0.034	-0.024	-0.054	-0.044	-0.034	-0.059	-0.049	-0.039
	能源投入产出效率（etwgdp）	-0.018	-0.014	-0.010	-0.022	-0.018	-0.014	-0.024	-0.020	-0.016
	能源消费总量（enerstruc）	-0.006	-0.005	-0.004	-0.007	-0.006	-0.005	-0.008	-0.0065	-0.006
碳排放子系统	全要素生产率（tec）	0.015	0.019	0.023	0.019	0.023	0.027	0.023	0.027	0.031
	物质资本存量（inv）	0.056	0.076	0.096	0.066	0.086	0.106	0.076	0.096	0.116
	人力资本存量（edu）	0.037	0.047	0.057	0.042	0.052	0.062	0.047	0.057	0.067
	能源消费总量（ener）	-0.029	0.005	0.039	-0.024	0.009	0.043	-0.031	0.002	0.036

系统从属	第三梯次	2021~2025 年 最小值	2021~2025 年 中间值	2021~2025 年 最大值	2026~2030 年 最小值	2026~2030 年 中间值	2026~2030 年 最大值	2031~2035 年 最小值	2031~2035 年 中间值	2031~2035 年 最大值
经济发展子系统	地区生产总值（gdp）	0.060	0.080	0.100	0.050	0.070	0.090	0.060	0.080	0.100
	化石能源消费碳排放强度（chsener）	-0.007	-0.005	-0.003	-0.009	-0.007	-0.005	-0.010	-0.008	-0.006
	产业结构（gdpstruc）	-0.038	-0.028	-0.018	-0.048	-0.038	-0.028	-0.053	-0.043	-0.033
	能源投入产出效率（etwgdp）	-0.024	-0.020	-0.016	-0.028	-0.024	-0.020	-0.030	-0.026	-0.022
	能源消费结构（enerstruc）	-0.008	-0.007	-0.006	-0.009	-0.008	-0.007	-0.010	-0.0085	-0.008

续表

系统从属	第三梯次	2021~2025年			2026~2030年			2031~2035年		
		最小值	中间值	最大值	最小值	中间值	最大值	最小值	中间值	最大值
碳排放子系统	全要素生产率（tec）	0.028	0.032	0.036	0.032	0.036	0.040	0.036	0.040	0.044
	物质资本存量（inv）	0.061	0.081	0.101	0.071	0.091	0.111	0.081	0.101	0.121
	人力资本存量（edu）	0.008	0.018	0.028	0.013	0.023	0.033	0.018	0.028	0.038
	能源消费总量（$ener$）	-0.005	0.029	0.063	-0.028	0.005	0.038	-0.026	0.007	0.040

注：表格所展示的蒙特卡洛模拟所需参数是根据上述情景设计与模拟思路设定的。

（二）中国省域差异化碳达峰路径动态模拟结果

上述三种不同情景下各梯次省域组碳排放、经济增长、能源消费演化趋势如图12-6至图12-12所示①。纵坐标为概率，横坐标为各概率对应的排放量。模拟演变结果显示，基线情景下，各梯次省域组概率最大碳排放均呈现快速上升的演化趋势，如图12-6所示。绿色发展情景下，除第一梯次省域组概率最大碳排放呈现下降的演化趋势外，其余梯次省域组概率

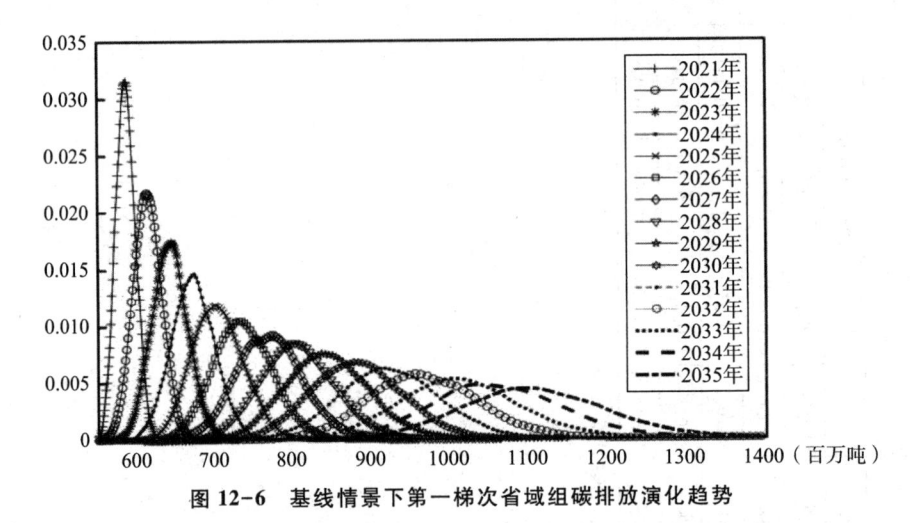

图12-6 基线情景下第一梯次省域组碳排放演化趋势

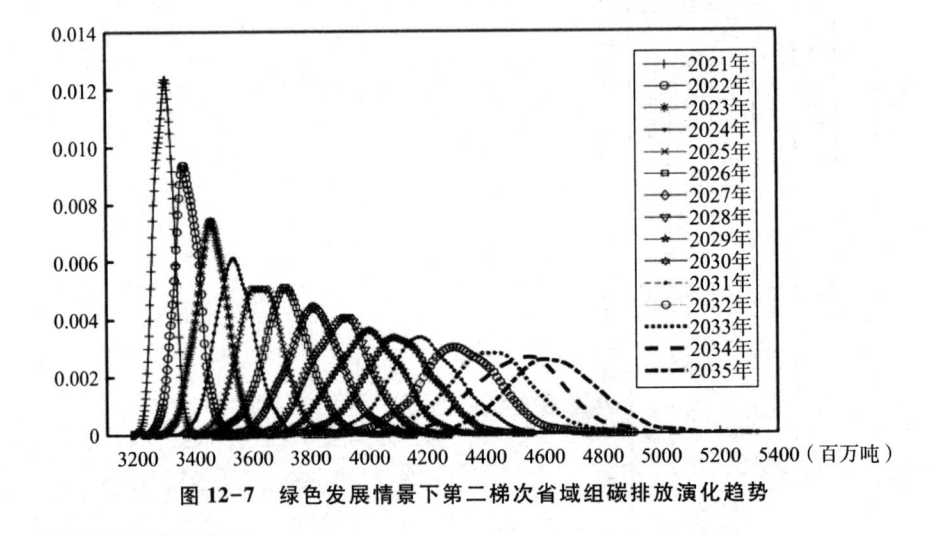

图12-7 绿色发展情景下第二梯次省域组碳排放演化趋势

---

① 相关演化趋势图共72幅，限于篇幅无法逐一展示，读者可向作者索取。

最大碳排放的演化趋势与图 12-7 所示的演化趋势相似,均呈现上升趋势。故在两类情景下,中国碳排放总量极有可能始终呈现上升趋势,无法实现 2030 年前碳达峰目标。

因此,研究重点是强化绿色发展情景下碳排放、经济增长、能源消费的演化路径。限于篇幅,本章仅针对强化绿色发展情景下,生产侧第一梯次与第三梯次省域组碳排放演化趋势进行阐释。其中,第一梯次省域组碳排放的演化趋势如图 12-8 所示。在强化绿色发展情景中,第一梯次省域组碳排放总量极有可能在 2021~2035 年呈现持续下降趋势,且下降速度明显快于前两个情景。2021 年碳排放范围为 5.32 亿~5.68 亿吨,概率最大碳排放为 5.50 亿吨。至 2035 年,碳排放范围为 3.71 亿~4.73 亿吨,概率最大碳排放为 4.11 亿吨,碳排放未来年均下降率为 0.8%~1.4%。

强化绿色发展情景下生产侧第三梯次省域组碳排放演化趋势如图 12-9 所示。同样,在强化绿色发展情景下,第三梯次省域组碳排放总量极有可能在 2025 年左右达到峰值,随后呈现显著下降趋势。

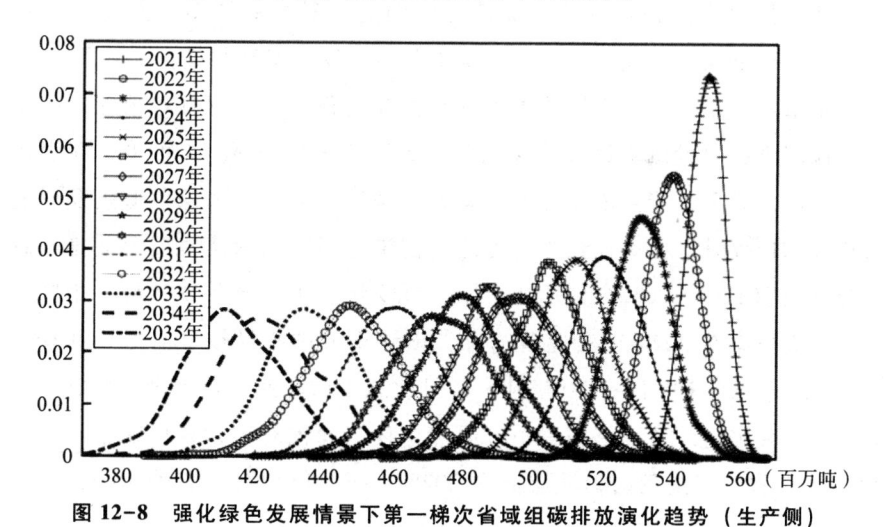

图 12-8 强化绿色发展情景下第一梯次省域组碳排放演化趋势(生产侧)

事实上,在此类情景下,第一至第五梯次省域组碳排放总量极有可能分别在 2012 年、2021 年、2025 年、2029 年、2031 年前后呈现下降趋势,经济产出总量、能源消费总量演化趋势均大概率持续上升,其中概率最大能源消费总量上升速度明显低于前两类情景,而概率最大经济产出总量上升速度介于基线情景与绿色发展情景之间。这表明,绿色低碳发展能力建

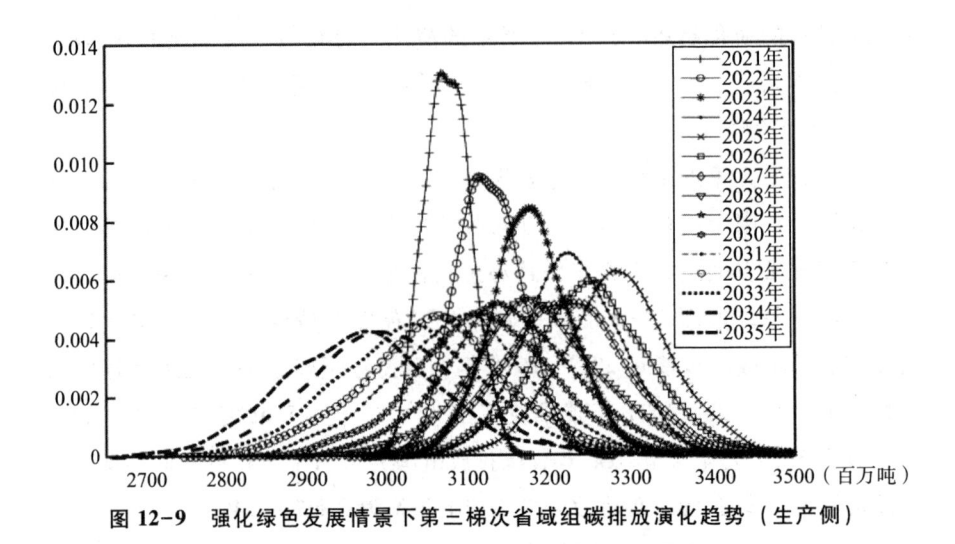

图 12-9　强化绿色发展情景下第三梯次省域组碳排放演化趋势（生产侧）

设政策的制定落实，应考虑各梯次省域经济社会发展特点，并将降低能源消费强度、碳排放强度等作为重点任务，进而才能够有效降低碳达峰目标对经济增长速度的锁定效应，促使经济向高质量发展转型，推动"双目标"得以协同实现，使得生态环境保护与经济发展实现共赢。

本章根据蒙特卡洛模拟技术识别相关演化路径的概率分布情况，绘制生产侧碳排放总量概率最大演化路径，如图 12-10 所示[①]。可见，在强化绿色发展情景下，能源消费强度、碳排放强度得以降低，绿色低碳发展能力得以加快提升。此类情景极有可能促使第一至第五梯次省域组碳排放总量分别在 2012 年、2022 年、2025 年、2029 年、2031 年依次达峰。中国整体层面大概率在 2028 年实现碳达峰，预计年碳排放量较目前增长 0.08～0.1 倍，峰值为 108 亿～120 亿吨，碳排放总量增长速度得到全面控制。总体而言，在强化绿色发展情景下，虽然个体层面绝对碳达峰可能会延迟至 2031 年左右，但是我国整体层面在 2028 年便实现相对动态碳达峰，即能够在 2030 年前实现碳达峰目标。

---

① 篇幅所限，此处仅展示强化绿色发展情景下生产侧碳排放总量、经济产出总量、能源消费总量的概率最大演化路径。同时，这里使用人均经济产出总量数据进行分析。

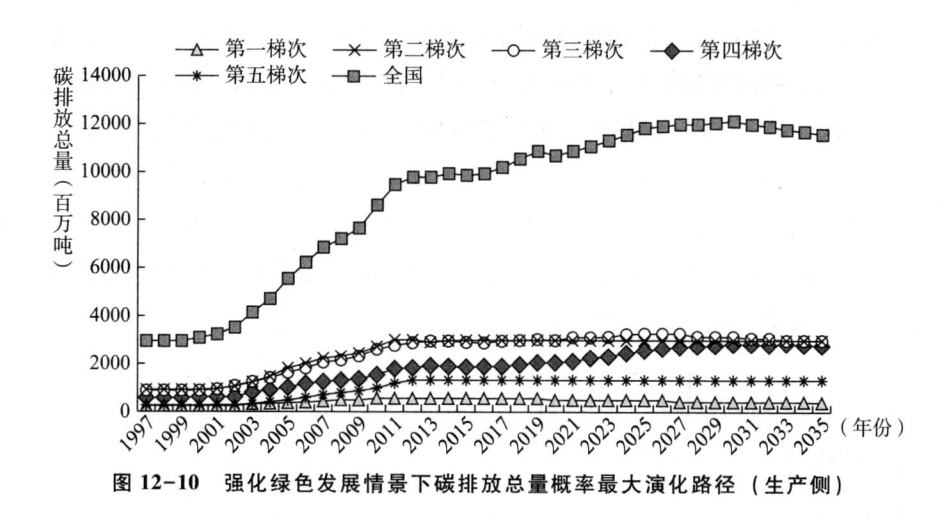

第十二章 中国省域碳达峰梯次划分与差异化达峰路径 • 263

图 12-10 强化绿色发展情景下碳排放总量概率最大演化路径（生产侧）

强化绿色发展情景下，能源消费总量概率最大演化路径如图 12-11 所示。观察可知，探索更为有效的政策措施，促使绿色低碳发展能力加快提升，能够提高能源投入产出效率。各梯次省域组概率最大能源消费总量增长趋势较前两类情景降至最低，呈现超低速增长，至 2035 年预计概率最大能源消费总量较目前增长近 0.2 倍，达到 60 亿吨标准煤，我国能源安全、经济安全、生态安全得到有效保障。

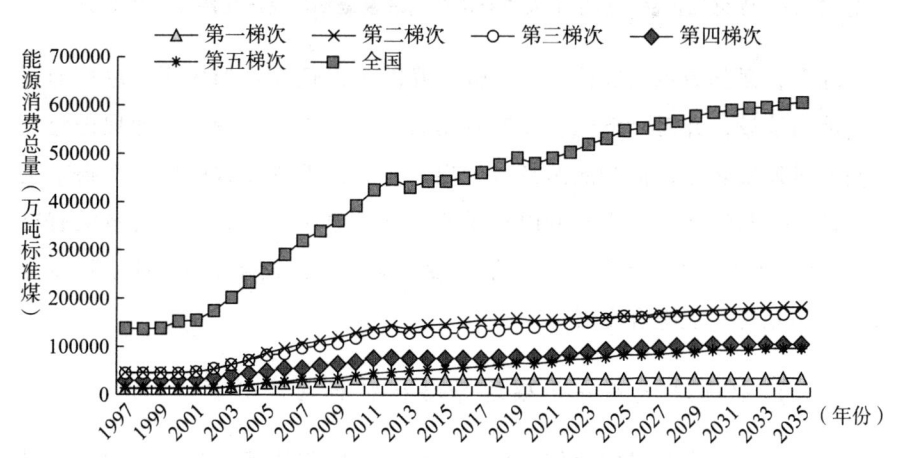

图 12-11 强化绿色发展情景下能源消费总量概率最大演化路径（生产侧）[①]

强化绿色发展情景下，人均经济产出总量概率最大演化路径如图 12-

[①] 图 12-11 中，2021~2035 年的数据来源于相应年份蒙特卡洛模拟概率分布最大值点。

12 所示。至 2035 年，除第四梯次省域组概率最大人均 GDP 接近 1.9 万美元外，其余梯次省域组概率最大人均 GDP 均超过 2 万美元，全国概率最大人均 GDP 约达到 3.3 万美元，除少部分落后地区外，大部分省域经济社会发展达到中等发达国家水平。绿色低碳发展能力的提升，能够加快提升能源投入产出效率，降低碳排放强度，增强经济社会可持续发展能力，进而从根本上弱化碳排放对经济增长速度的锁定效应，有效降低碳排放总量反弹风险，推动经济社会高质量发展。

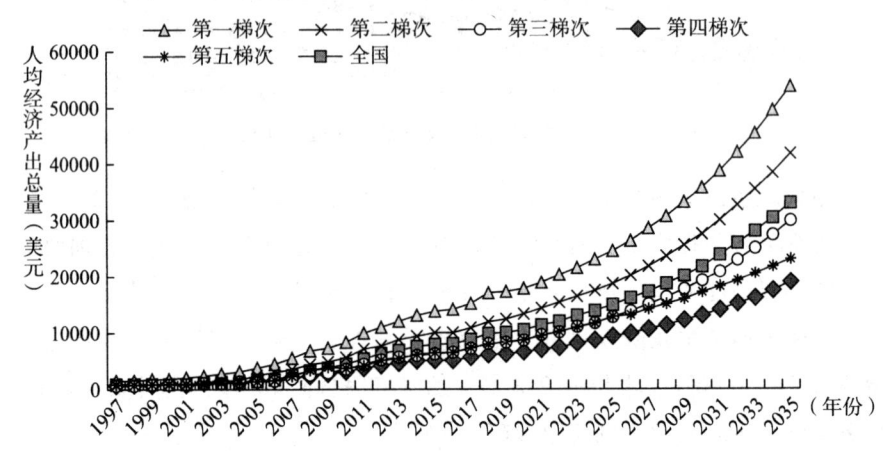

图 12-12　强化绿色发展情景下人均经济产出总量概率最大演化路径（生产侧）[①]

综上，强化绿色发展情景下，碳达峰的重点任务是加快区域绿色低碳发展能力建设，并对经济社会发展原动力的内核进行改造，以此促进经济向高质量发展转型，提升能源投入产出效率，降低碳排放强度，从根本上解决碳减排与经济发展之间的内在矛盾。该情景下，年碳排放总量极有可能在 2030 年前达峰，经济社会发展速度也能够保持较高水平，生态系统与社会经济系统实现融合发展。

（三）中国省域差异化碳达峰路径特征对比分析

通过以上三个情景的比较分析可以发现，以基线情景为代表的"碳排放弱约束弱激励、高速经济增长"发展模式，会对生态系统施加过重负担，促使年碳排放总量迅速上升，导致生态环境恶化、气候环境被严重破

[①] 图 12-12 中，2021~2035 年的数据来源于相应年份蒙特卡洛模拟概率分布最大值点。

坏，使得生态系统与社会经济系统面临较大崩溃风险，无法推动碳达峰与2035年远景目标的协同实现。以绿色发展情景为代表的"碳排放弱约束弱激励、低速经济增长"发展模式，相较于前一情景，能够在一定程度上减缓年碳排放总量快速上升的趋势。然而，过度依赖节约战略，虽然能够加快碳减排速度，但会导致经济长期处于低速增长状态，使得社会发展付出巨大的经济成本，也埋下碳排放反弹的隐患。该情景下，绿色低碳发展能力建设速度过慢，碳排放与经济增长之间的内在冲突无法从根本上得到解决，不是实现碳达峰的可行路径。以强化绿色发展情景为代表的"碳排放强约束强激励、高质量经济增长"发展模式，相较于前两类情景，能够显著降低碳排放增长速度，逐步推动经济社会向高质量发展转型，促使碳达峰与2035年远景目标协同实现。原因在于，此类情景明确将绿色低碳发展能力建设作为实现碳达峰目标政策的着力点，通过优化经济社会发展驱动力结构，提升能源投入产出效率，弱化经济增长对固定资产、能源消费等传统资源型动能的依赖。同时，通过优化能源消费结构、调整产业结构、降低碳排放强度等措施，显著降低碳排放与能源消费相关程度，最终弱化碳达峰目标对经济增长的锁定效应，随着绿色低碳发展能力增强，与其相适应的经济增长速度阈值逐步提升，最终使碳达峰与2035年远景目标得以协同实现。

综上所述，只有在强化绿色发展情景下，才能够实现碳达峰目标。基于此类情景模拟结果，整理中国省域差异化碳达峰路径特征，如表12-3所示。就碳维度而言，经梯次间对比发现，碳达峰时间、碳排放空间均会随着碳达峰梯次增加而增加，除内蒙古、新疆、陕西可能会推迟1~2年达峰外，其余省份极有可能提前或者按时实现2030年碳达峰目标。两侧数据省域演化模拟对比分析显示，除上海达峰时间差异较大外，其余省份达峰时间一致或相近。然而，多数省份碳排放峰值以及碳排放空间相差较大，这种差异波动幅度随着各省份两侧碳排放数据增大而增大；就能源维度与经济维度而言，大部分省份能源消费总量实现低速增长，至2035年，除黑龙江、广西、贵州、甘肃、新疆人均GDP未能达到2万美元外，其余省份人均GDP均超过2万美元。两侧数据省域演化模拟对比分析显示，能源消费总量、人均GDP演化趋势高度相似。对第一、第二达峰梯次省域组的分析发现，两侧碳排放数据差异引致省域碳达峰梯次划分结果变动。相比于

表 12-3 中国省域差异化碳达峰路径特征

梯次	省份	碳维度特征					能源维度特征		经济维度特征
		碳达峰时间（年）		碳达峰峰值（百万吨）		碳排放空间（百万吨，2021年为基期）		能源消费总量（万吨标准煤，2035年）		人均GDP（美元，2035年）
		生产侧	消费侧	生产侧	消费侧	生产侧	消费侧	生产侧	消费侧	生产侧	消费侧
第一梯次	北京	2010	2012	105	157	0	0	7749	7510	72083	72798
	天津	2012	2013	160	224	0	0	8677	8409	44379	44819
	重庆	2012	2011	171	177	0	0	9359	9070	34053	34391
	上海*	2013	—	160	—	0	—	12315	—	67984	—
	总计	2012	2013	625	521	0	0	38100	24990	53679	48922
	上海*	—	2022	—	246	—	36	—	13777	—	71070
第二梯次	江苏	2022	2022	804	772	36	47	37524	38314	55188	55364
	浙江	2022	2022	388	440	24	27	25834	26378	45498	45643
	福建	2022	2022	278	256	12	16	15826	16159	48056	48209
	山东	2023	2023	937	1014	42	63	47750	48756	32766	32870
	湖北	2023	2023	354	294	15	17	19977	20398	34441	34551
	广东	2022	2022	585	609	26	37	39389	40218	39960	40088
	总计	2023	2023	3341	3611	155	244	186300	204000	41928	43501
第三梯次	山西	2026	2026	605	452	38	21	25224	25224	25524	25524
	辽宁	2025	2025	570	563	36	27	28719	28719	29786	29786
	安徽	2025	2025	436	332	28	15	16772	16772	31973	31973

续表

| 梯次 | 省份 | 碳维度特征 ||||| 能源维度特征 || 经济维度特征 ||
| | | 碳达峰时间（年） || 碳达峰峰值（百万吨） || 碳排放空间（百万吨，2021年为基期） || 能源消费总量（万吨标准煤，2035年） || 人均GDP（美元，2035年） ||
		生产侧	消费侧	生产侧	消费侧	生产侧	消费侧	生产侧	消费侧	生产侧	消费侧
第三梯次	江西	2025	2025	259	231	17	11	11687	11687	28689	28689
	河南	2025	2025	492	488	31	23	26966	26966	27918	27918
	湖南	2025	2024	332	330	21	15	19349	19349	31730	31730
	海南	2024	2024	46	42	3	2	2738	2738	27587	27587
	四川	2024	2024	357	325	42	104	25142	25142	29297	29297
	云南	2025	2024	221	170	35	62	14702	14702	26206	26206
	总计	2025	2025	3279	2785	251	280	171300	171300	29993	29993
第四梯次	河北	2029	2029	1257	968	309	166	43822	43822	20170	20170
	吉林	2029	2029	280	245	69	42	9603	9603	21338	21338
	黑龙江	2029	2029	382	366	94	62	15638	15638	17962	17962
	广西	2030	2030	339	253	83	43	15175	15175	18356	18356
	贵州	2030	2030	359	252	88	42	14035	14035	19213	19213
	甘肃	2030	2030	226	167	56	28	10527	10527	14991	14991
	总计	2029	2029	2844	2254	699	383	108800	108800	18943	18943
第五梯次	内蒙古	2032	2031	1152	967	331	276	37178	37178	26833	26833
	陕西	2031	2030	429	380	123	109	19770	19770	24588	24588

续表

| 梯次 | 省份 | 碳维度特征 ||||| 能源维度特征 || 经济维度特征 ||
| | | 碳达峰时间（年） || 碳达峰峰值（百万吨） || 碳排放空间（百万吨，2021年为基期） || 能源消费总量（万吨标准煤，2035年） || 人均GDP（美元，2035年） ||
		生产侧	消费侧	生产侧	消费侧	生产侧	消费侧	生产侧	消费侧	生产侧	消费侧
第五梯次	青海	2030	2030	75	66	21	19	6212	6212	18828	18828
	宁夏	2030	2030	308	244	88	69	11218	11218	20197	20197
	新疆	2031	2031	661	641	190	183	27122	27122	19787	19787
	总计	2031	2031	2626	2300	753	656	101500	101500	23260	23260
全国		2028	2028	12060	10823	1858	1562	606000	610590	33188	33311

注：*表示基于生产侧与消费侧碳排放数据，梯次分组结果不同的省份。

生产侧，基于消费侧碳排放数据制定的碳达峰实施方案中，第一梯次省域组能源消费总量与人均 GDP 呈现下降趋势，而第二梯次省域组能源消费总量与人均 GDP 呈现上升趋势，两梯次省域组能源消费总量与人均 GDP 演化路径显著收敛。基于消费侧碳排放数据制定的碳达峰实施方案，能够通过合理优化区域间碳排放权益配置，促使区域间经济发展水平加速收敛，有助于碳达峰过程中区域的公正转型[1]。从全国整体情况来看，基于消费侧碳排放数据制定中国省域差异化碳达峰实施方案，能够在碳排放总量峰值降低的前提下，允许更多的能源消费，从而提升人均总产值。同时，能够弱化碳达峰目标对能源消费与人均 GDP 增长的锁定效应，提高能源消费总量阈值，助力经济增长速度进一步提升，促进实现共同富裕。由此可见，相似政策措施制定思路下，相比于生产侧碳排放数据，基于消费侧碳排放数据进行碳达峰实施方案设计，有助于在碳达峰目标下，保障区域间能源消费、经济增长、碳排放的公正与效率，助力各区域公正转型，更有利于缩小区域贫富差距，增强经济社会发展内生动力，实现碳达峰峰值降低，弱化能源消费与碳排放内在强关联，解绑碳减排对经济增长的束缚。

六 研究结论与政策含义

本章考虑省域生产侧与消费侧碳排放数据差异，基于两套碳排放数据，并结合相关经济统计数据进行对比研究。首先，利用 MK 趋势分析、Tapio 碳脱钩指数等方法，对省域碳达峰状态进行双维度多指标综合研判，按照碳达峰难易程度与时间次序，判别各省域碳达峰梯次。其次，采用改进的 Kaya 恒等式与拓展的三要素经济增长模型，构建"碳排放—能源消费—经济增长"系统分析实证模型，并借助蒙特卡洛模拟对各梯次省域组碳排放、能源消费、经济发展演化趋势进行动态情景预测，进而获得省域差异化碳达峰路径。据此，获得的研究结论及政策含义如下。

（一）研究结论

本章运用碳排放驱动因素分解方法与经济增长理论，构建中国省域差

---

[1] 篇幅所限，本章并未对省域碳达峰梯次进行更加详细的划分。若更加详细地划分碳达峰梯次，各梯次能源消费总量、人均 GDP 演化趋势均会呈现收敛趋势。

异化碳达峰路径逻辑分析架构，采用省际宏观经济数据，对中国省域碳达峰梯次划分与差异化排放路径进行理论分析及实证检验，得到以下结论。

第一，就梯次判别而言，根据碳排放与经济发展双维度多指标综合研判，各地区实现碳达峰目标的难易程度不同，时间有先后，基于此，中国大陆30个省份可被划分为5个碳达峰梯次。相较于生产侧碳排放数据，基于消费侧碳排放数据的梯次划分结果，除上海需要由第一梯次调整至第二达峰梯次外，其余省份梯次分组结果相同。

第二，就驱动动力分解结果而言，碳排放主要诱因是重化工产业发展与化石能源消费，而国内生产总值与能源消费对碳排放促增效用会随着能源投入产出效率、碳排放强度、能源消费结构、产业结构为代表低碳调节能力增强而减弱，甚至显现出负驱动效用。经济增长主要驱动力由固定资产存量与能源消费总量等传统资源依赖型动能向人力资本存量与科技进步等可持续发展新动能转变。第一、第二梯次省域组应着力于高效节能技术的研发推广以及全要素生产率的提升。第三梯次碳排放省域组应着力推动生产要素由重规模向重质量转变，并培育以良好生态本底为依托的生态产业。第四梯次碳排放省域组应着力改善物质资本与人力资本数量不足的窘迫局面并提升产业市场竞争能力。第五梯次碳排放省域组需要坚持能源转型定力并确保公正转型。

第三，就碳达峰路径演化模拟而言，长期以来，我国采取"碳排放弱约束弱激励、高速经济增长"发展模式，是造成碳排放总量持续快速攀升的关键。虽然近年采取的"碳排放弱约束弱激励、低速经济增长"发展模式能够在一定程度上缓解碳排放持续快速攀升的趋势，但仍无法满足碳达峰目标的内在要求，相关施政方针的制定与调整具有较大改善空间。未来必须采用"碳排放强约束强激励、高质量经济增长"发展模式，提升适配绿色低碳发展能力水平的经济增速阈值，推动经济向高质量发展转变，促使经济增长与碳排放脱钩，才能推进碳达峰与2035年远景目标的协同实现。在强化绿色发展情景下，除内蒙古、新疆、陕西可能会较全国晚1~2年达峰，其余省份极有可能提前或者按时实现2030年碳达峰目标，全国极有可能在2028年实现碳达峰目标。至2035年，除黑龙江、广西、贵州、甘肃、新疆人均GDP大概率未能达到2万美元外，其余省份人均GDP均超过2万美元，全国人均GDP极有可能超过3万美元，基本实现社会主义现代化。

第四，就两侧数据对比分析而言，相似政策措施制定思路下，相比于生产侧碳排放数据，基于消费侧碳排放数据进行的碳达峰实施方案设计，有利于区域的公正转型，缩小贫富差距，从而提高各地区参与碳达峰的积极性与主观能动性，降低碳排放总量峰值，弱化能源消费与碳排放内在强关联，解绑碳减排对经济增长的束缚，加快碳减排速度的同时，实现更快速更高质量的发展。

（二）政策含义

基于上述研究结论，未来中国政府应以科学的系统观念推进碳达峰工作，并将完善碳排放统计核算体系与提升绿色低碳发展能力作为相关工作的重心，从而统筹各地区梯次有序地协同实现碳达峰与2035年远景目标。

第一，碳达峰过程中的经济社会发展表现应该受到关注。碳排放不仅能够直接对生态系统气候调节支持功能施加负担，而且能够通过能源消费传导，对经济社会发展产生重要间接影响，碳达峰是一场关乎生态安全、经济安全、能源安全的广泛而深刻的系统性变革。因此，碳达峰过程中不能仅考虑碳排放单一维度，还需要关注碳达峰过程中对经济社会发展可能产生的影响，碳达峰方案制定也应充分考虑经济社会系统对碳减排的耐受能力。同时，我国也要紧抓机遇，加快经济社会向高质量发展转型，提高经济社会系统对碳减排的耐受能力，绝不能允许碳减排目标超过这一阈值，从而避免经济社会系统出现崩溃风险。

第二，绿色低碳发展能力建设是中国省域差异化碳达峰路径相关政策措施制定的重要抓手。绿色低碳发展能力提升来自两个方面：一是以经济发展子系统中物质资本存量、人力资本存量、能源消费总量、全要素生产率等为代表的经济增长驱动力结构的改善；二是以碳排放子系统中产业结构、能源消费结构、能源投入产出效率等为代表的碳减排驱动力结构的改善。自从将能耗强度控制目标纳入"十一五"规划以来，我国坚持不断优化碳排放目标管理科学办法，前后经历由能耗"双控"向碳排放总量和强度"双控"转变，构建较为有效的碳排放调控机制。党的十八大召开以前，我国设定并完成能耗"双控"目标，极大提升了能源投入产出效率，单位碳排放对经济增长的助推能力显著增强，从而实现了经济增长与碳排放的相对脱钩。党的十八大召开以后，我国采取供给侧结构性改革等措施，有效促进经济由高速增长向高质量增长转变，碳排放增速显著下降，部分地区经济增长开始显现出与碳排放的绝对脱钩。未来我国只有坚持"碳排放强约束强激励、高质量经济增长"发展模式，着力资源配置效率制度与组织管理方式创新，引领物质资本、人力资本、能源资源等投入要素不断提质增效，推动经济高质量发展；坚持能耗"双控"向碳排放"双控"转变的政策导向，重点推动用能设备高效清洁化升级，助力能源产业清洁低碳转型，持续优化产业结构，加快绿色低碳发展能力建设，不断推动经济增长与碳排放绝对脱钩，才能在碳达峰目标引领下实现经济社会高质量快速发展。

第三，各类型省域"双目标"协同实现政策措施制定的着力点各有侧重。第一、第二梯次碳排放省域组应充分发挥要素资源优势，以创新为定位，加快高效节能、分布式发电与储能、CCUS等技术的研发推广，着力资源配置效率制度与组织管理方式创新，力争率先协同实现"双目标"；第三梯次碳排放省域组应充分发挥生态资源禀赋优势，大力培育以良好生态本底为依托的新兴产业，着力推动清洁能源产业发展，加快实现物质资本与人力资本由重数量向重质量的转变，力争提前协同实现"双目标"；第四梯次碳排放省域组应争取共同富裕目标下的政策红利，加快产业迭代升级，提高区域产业竞争能力，推动能源结构与产业结构协同优化，力争按时实现碳达峰，尽早实现基本现代化；第五梯次碳排放省域组应以保障全国能源安全为目标，坚持能源转型定力，着力于现有资本动力系统清洁化升级与劳动力转业培训，确保能源富集区域公正转型，力争提前实现基本现代化，尽快实现碳达峰。

第四，加快消费侧碳排放统计核算体系构建有助于推动碳达峰过程中区域的公正转型。基于生产侧碳排放数据的政策设计，会高估内蒙古、陕西、新疆等能源输出型地区实际能源消费碳排放，而低估北京、上海、天津等能源输入型地区实际能源消费碳排放，促使碳达峰相关政策向能源输入型地区倾斜，造成省际碳排放责任划分不公平的现象，损害区域参与碳达峰的积极性与主观能动性；基于消费侧碳排放数据的政策设计，遵循"谁消费、谁负责"的原则，将碳排放定位于实际消费区域，减弱外部性对碳达峰公平与效率的影响，从而能够制定切实合理的碳达峰实施方案，有助于更加有效地解除碳排放对能源消费与经济增长的锁定效应，并且能够使得经济社会在碳排放更快速降低的前提下，实现更快速更高质量发展。同时，此类政策设计也能够促进区域间经济社会发展水平差距收敛，助力实现共同富裕。

| 第十三章 |

城市引领碳达峰碳中和的理论和路径研究

城市是推动低碳经济转型与经济社会高质量发展的重要空间和行动单元，长期以来中国政府高度重视发挥城市在落实气候行动目标中的积极性和创造性，国家发改委于2010年起先后启动三批低碳城市试点工作并取得良好效果。"双碳"目标下，城市发展迎来低碳硬约束，试点政策环境与目标也随之改变，城市确定达峰路径，现有无效竞争、合作弱化、区域协同性不强的情况也需要改变。

一 碳达峰与低碳城市

碳达峰碳中和目标内涵丰富，意义重大。针对中国碳排放达峰的总体趋势，大量研究通过定量模型进行情景分析，模拟出的达峰时间总体集中于2030年之前，对实现碳达峰目标形成有力支撑（姜克隽等，2016；Fergus Green and Nicholas Stern，2016）。然而，实现"双碳"目标并非一蹴而就，而是要经历能源、产业转型的"阵痛"（潘家华，2020），其路径与构建新发展格局的逻辑一致，需要经济、社会、环境、能源、就业、安全等多维度系统性规划的支持（庄贵阳和窦晓铭，2021）。学术界围绕合理实施区域目标分解（李金铠等，2020；林伯强和徐斌，2020）、制定重点部门差异化达峰行动方案（柴麒敏等，2017）、推动能源转型（杜祥琬和冯丽妃，2020）、完善碳税和碳交易等碳定价机制（人民银行国际司课题组，2021；胡玉凤和丁友强，2020）等方面展开研究，对于完善中国碳达峰政策体系进行了有益探讨。

学术界长期以来高度关注低碳城市的引领作用，从多角度开展研究。（1）推动城市低碳转型意义重大。城市是人类社会生产生活的主要聚集地，也是能源消费和碳排放的主要发生地，全球范围内城市的能源消费量占比超过65%，与能源相关的碳排放量占比超过70%（IPCC，2014），预计2030年的全球城市土地将增长至2020年的3倍，如管理不善极易引发生态环境问题（United Nations，2018）。衔接"双碳"目标，低碳城市建设的引领示范作用十分重要（齐晔等，2020）。（2）中国低碳试点政策整体效果良好，但各城市间低碳发展差距明显。针对中国实施的低碳城市试点政策，不少学者通过构建低碳城市建设评价指标体系，对试点城市的建设成效进行实证研究，比较一致的结论是低碳试点政策对降低碳排放强度、促进技术创新都有积极意义（丁丁等，2015；陈楠和庄贵阳，2018；张华，2020；周迪等，2019；熊广勤等，2020）。但是，各地的低碳发展进程分化明显。庄贵阳（2020）分析指出，三批低碳试点城市表现出争先模式、自主模式、模仿模式和守成模式的异质性；禹湘等（2020）通过分析62个试点城市的脱钩情况，指出东、中、西部城市呈现显著的梯度差距；郭芳等（2021）对中国城市的碳达峰趋势进行聚类分析，指出城市间碳达峰趋势差异较大，并将286个样本城市划分为低碳潜力型、低碳示范型、人口流失型、资源依赖型和传统工业转型期城市。

综上，城市引领的重要价值及现实基础已得到相对充分的探讨，但仍存在不足之处。（1）大量研究评估了现有低碳试点政策的成效与分异，但未对"双碳"目标下低碳城市政策环境的变化进行分析，未充分说明如何对新形势下城市引领机制进行优化，以及如何做好衔接。（2）城市作为生产生活的重要集聚体，与周边区域的要素流通、物质交换必不可少。现有研究多从个体优化路径出发，缺少对城市间协同机制的论述。从全国一盘棋的高度对城市引领机理进行系统性思考十分必要。

二 城市引领的理论基础：发展方向与推动力

协同论由德国的理论物理学家赫尔曼·哈肯于1971年创立，属于系统科学的分支理论，其研究对象为包括自然科学和人类社会在内的各种子系统。协同论认为，任何复杂的大系统都是由若干要素相互依存、相互作用、相互制约形成的有机整体，且各要素间存在着相互影响、合作的关系；各子系统与外界环境进行着不断的物质流、能量流或信息流的相互作用，在一定条件下可以通过子系统的适应与协调，使得整体达到时间、空间和功能的均衡（赫尔曼·哈肯，2005）。因为人类社会中的多数系统都满足开放、演变的特征，所以协同论已经被广泛应用到社会治理、区域发展、城市规划和产业转型等多个领域。

（一）构建城市引领机制的方向：由他组织到自组织

任何事物都同时受到来自内部自行驱动和外部力量推动的双重作用，协同论将依靠外部规制而运转的组织定义为他组织，将依靠内部机制自行运转的组织定义为自组织。相对于他组织的外部驱动特征，自组织是在内在机制推动下，自行由简单向复杂、由粗糙向精细，不断降低内部协作成本，提高有序度的过程。低碳城市试点政策自实施以来，虽取得了降碳减污、政策创新的成效，但仍存在不少城市内生动力不足、依赖政府政策规制、城市间协作度不高等问题，整体处于他组织阶段。低碳城市之间、试点城市与其他城市之间相互影响，并共同受到政策目标、资源禀赋等外生条件的激励或约束，构成了一个经济社会领域的复杂系统。

自组织有以下特征。（1）信息共享、短程通信。自组织系统中的每一个单元都掌握整体的行为准则，其在进行决策时，不仅了解自身状况，也了解与其邻近的单元的状态。这要求在"双碳"目标框架下，各城市贯彻统一的建设思路，实现案例可推广、经验可沟通、沟通低成本，防止无序竞争。（2）单元自律，微观决策。自组织中的每一个单元都拥有独立的决策能力，其做出的决策只关乎自身的效用最大化问题，系统整体自然保持有序的发展方向。这意味着中央政府需要构建行之有效的激励约束机制，各城市执行差异化的发展战略。（3）整体协调，迭代优化。自组织中每一个单元都处于符合其比较优势的位置上，同时系统永远在反复迭代中不断优化，拥有自动纠偏功能。这需要中央政府以全国一盘棋的思路进行城市群内部、城市群之间的资源要素再配置，强化核查、反馈的政策机制，有效评估低碳城市发展成效。

（二） 自组织化的三种推动力

（1）伺服原理。协同论将系统中充分活跃，但阻尼大、衰减快的变量界定为快变量；将缓慢变化，但阻尼小、衰减慢的变量界定为慢变量。伺服原理强调了慢变量的决定性作用。协同论指出在整体系统变化靠近或到达临界点时，子系统之间的关联关系起主导或决定作用，最终体现为短时间内对自组织形成起作用的快变量服从在系统演化过程中始终起作用的慢变量，系统动力和结构变化往往由少数几个变量决定的特征（赫尔曼·哈肯，1989）。

"双碳"目标下，外生的政策驱动、资金投入可以快速发生，也可能快速退出，并且存在与城市转型目标不适配的情况，属于快变量，能够在短期内加速低碳转型进程；而城市自身的低碳发展行为属于慢变量，缓慢演变但贯彻始终，内生于城市的发展实际，在全阶段发挥作用并最终决定系统质变的方向。而产业结构内生于城市发展的资源禀赋，在短期内难以改变，决定城市的减碳进程，需要分类识别重点排放部门，制定差异化的达峰路径。

（2）竞争-合作机制。协同论认为，合作是秩序形成过程中的主流现象，无效竞争会造成资源浪费，但竞争是走向合作的必然阶段。由竞争到合作的一般规律是：初始阶段，系统中的各参与者自我创新、收集信息；直到一种合作共振的频率主导全系统的个体行为，胜出者由于协同有力而胜出，各参与者也意识到合作意味着更高的效率与更少的浪费。所以哈肯总结了一个普遍的自然界协同规律：长久而言，合作胜出；协同形成结构、竞争促进发展。

低碳城市建设中，要鼓励良性竞争，防止互相攀比和守成模仿；创新合作机制，促使良好经验有效扩散。从试点经验看，政策支持较弱时，基础较差、学习能力不足的城市缺乏内生转型动力；政策力度加大时城市又有"大干快上"的倾向。这实际上是府际竞争引发的趋利避害行为，无效竞争无益于整体福利提升。

（3）协同功能倍增原理。协同功能倍增表现为个别要素对整体效果的贡献和系统耦合产生的倍增效应（潘开灵等，2007）。前者指系统中要素凭借其能力与地位的特殊性，对整体系统的演进起到至关重要的作用；后者指通过各要素的同向合作、相互配合，发挥比较优势和功能互补作用，降低内耗、提质增效。

区域间协同是发挥城市引领作用的重要支撑。重点城市进行低碳或零碳转型，面临着疏解人口、迁移高能耗高排放产业、改善以煤电为主的能源结构等问题，需要进行区域协调合作；而其他城市可能存在产业升级缓慢、人才吸引力弱、清洁能源消纳不足等问题，区域协调发展又是扩大内需的战略基点。中国有良好的城市协同发展基础，政府在共建"一带一路"、京津冀协同发展和长江经济带战略基础上，陆续发布《粤港澳大湾区发展规划纲要》《长江三角洲区域一体化发展规划纲要》《成渝地区双城经济圈建设规划纲要》。"十四五"规划指出，要优化提升京津冀、长三角、珠三角、成渝和长江中游等城市群，因此应在重点区域协同发展的基础上加强体制机制创新，进一步优化资源要素配置。

三 "双碳"目标下城市引领内涵分析

城市引领作用在不同的政策环境下有不同的内涵。低碳城市试点政策自2010年实施以来，已推广至3批共87个省市，涵盖了东中西部及消费主导、工业主导等不同类型城市。低碳城市试点工作衔接碳达峰目标，具有一定先发优势，根据中国人民大学重阳金融研究院和中国人民大学生态金融研究中心（2021）评估，低碳试点城市政策成效明显，且越早实施低碳战略的城市减排效果越好。3批共87个低碳试点省、市（其中有6个省份与81个城市）基本均已提出碳达峰目标，目标时间设定均在2030年之前，其中54个城市提出要在2025年之前实现碳达峰。低碳城市试点建设可看作城市引领的准备阶段，对政策环境及内涵演化应做进一步分析，对其形成的有益经验值得进一步总结与推广。

（一）探索差异化的达峰路径

低碳城市试点呈现出显著的弱激励弱约束特征（庄贵阳，2020）。试点城市在国家授权下进行自主探索，中央政府主管部门并未向地方政府进行财政资源和政策的倾斜，也未提供充足的强制的约束条件，所以试点城市无法以市场创新丰富财政资源，缺乏短期收益；地方政府官员也缺少考核压力,缺乏政绩激励。弱激励弱约束的政策环境投射到央地关系、府际竞争上,形成了显著的自主创新者引领模式,不少城市通过政策创新形成了具有本地特色的低碳发展模式,而学习能力、创新能力较弱的城市或是单纯效仿,或是止步不前。

"双碳"目标下的低碳城市发展呈现强约束强支持的特征。强约束指碳达峰政策框架逐步明晰、主体责任性增强。一方面中央层面将"扎实做好碳达峰、碳中和各项工作"列为2021年重点工作,相关部门已经明确要求各地制定出台切合本地区的碳达峰行动规划;另一方面生态环境部表示将碳达峰有关工作纳入中央环保督察,从上而下的任务分解机制意味着地方政府必须接受减碳硬约束。强支持指政策力度不断加大,低碳城市迎来绿色转型战略窗口期。"双碳"目标正带动产业、技术、商业模式及全社会环保理念的全面变革,工业、建筑和交通等重点领域也纵向推动行业达峰方案,形成绿色发展政策合力(庄贵阳和魏鸣昕,2021a、2021b)。

由弱激励弱约束到强约束强支持,低碳城市建设重点不仅是激发城市内生动力,还应防止城市"大干快上",进行"运动式"减碳;防止城市"一哄而上",不加区分地进行项目建设;引导地方政府在减碳目标的长期性和政绩要求的短期性之间做出合理抉择,防止政策冲突与重复建设。由此,必须对城市的产业结构进行甄别分类,制定差异化的时间表与路线图,以目标的合理性强化政策的可持续性。

(二)建立城市间竞争-合作机制

低碳城市试点的目的是试出问题、解决问题、积累经验,本质上是中央政府自上而下"政策求解"的过程。从实际成效来看,不少地方政府通过政策创新,在发挥政府主导力、企业主体力、市场配置力和社会协同力等方面都积累了有益经验,需要进一步归纳、总结和推广。

一是发挥政府主导力,多措并举引领低碳发展。(1)先进发展理念引领。北京以协同推进大气污染治理和碳排放控制为引领,以治霾为核心目标,通过产业疏解整治、建设碳排放权交易市场、提供节能产品补贴、压减燃煤改善能源结构等行动,推动碳排放强度持续降低,空气质量得到极大改善。深圳以碳排放达峰、空气质量达标、经济高质量增长为引领,不断推动产业结构转型优化和行业内部高级化,战略性新兴产业增加值年均增速达到17%，能耗强度和碳排放强度远低于全国平均水平。（2）顶层规划统领。武汉于2017年就发布了2017~2022年的碳达峰行动计划，成为第一个发布此类计划的中国超大城市，其计划编制的整体思路、分解方法、评估考核机制都为其他城市提供了有益借鉴，有助于引导公众预期，对其他城市产生激励作用。（3）加强立法保障。南昌是我国率先开展低碳立法的城市。2016年，南昌正式实施《南昌市低碳发展促进条例》，条例内容包含实施能源计划、执行建筑节能标准、推广新能源汽车、鼓励发展低碳农业等内容，使得低碳行动具备了法律参考。

二是发挥企业主体力，推动企业绿色转型。（1）建设模范园区。苏州加强工业园区绿色低碳精细管理。资金投入上，园区设立多项专项引导资金，鼓励区内单位开展节能环保工作，并设立节能服务贷，扶持环保节能企业发展。人才培养上，成立众创空间，推进绿色低碳产业及人才的培育。园区获评中国首批生态工业示范园区、中国首批生态文明建设试点园区、中国首批国家低碳工业园区试点、中国首批国家级碳达峰试点园区等。（2）引导企业优化生产方式。郴州加强绿色矿山建设，鼓励工矿企业先行先试，提升技术，推行源头治理，发展多级循环产业模式，建立了循环经济服务机制，强化对企业资源利用、资源节约、环境保护的支持。

三是发挥市场配置力，探索市场化机制新内容。（1）探索碳交易市场机制。广东是我国碳市场试点地区第一个实施碳配额有偿分配制度的地区。早期配额竞价底价采取政府定价方式，难以及时反映市场供需状况，出现了一级和二级市场碳价倒挂、市场信号扭曲等问题。在执行政府保留价与市场碳价联动政策后，广东碳市场运行平稳，较好地处理了政府和市场的关系，形成了以二级交易市场为主的碳市场，也证明了在综合减排潜力、减排责任等要素方面对不同行业设定差异化的免费配额上限，更具公平性。（2）市场化实现生态价值。西宁开创性地提出水库水量补偿制度和阶梯补偿价格。通过生态补偿，南川河水量得到保障，河道生态环境和水质得到改善，全年大部分月份的水质优于目标水质。高原特色生态农产品如西宁夏菜、高原青稞、牦牛藏羊等，也能以市场主导的方式实现一部分价值。

四是发挥社会协同力，调动各主体降碳减排积极性。（1）创新各方协商机制。成都搭建了政府、企业、民主党派、热心市民等多主体参与的专题协商平台，根据收集的议题，采取定期或不定期召开会议的形式，形成

"3+7+N"共建共商共管沟通机制（即市交委、公安交管和城管3个部门，市所辖7个区县，N个企业），及时解决共享交通发展中的共性问题。（2）引领居民绿色消费时尚。太原不断创新优化城市公共自行车项目，坚持"政府主导、公益为先"原则，为广大市民提供科学人性的服务，及时引入大数据、空间地理信息集成等先进技术，形成了被广泛借鉴的公共自行车"太原模式"。

试点建设的经验形式多样、覆盖面广、开拓性强，充分说明了形成政策合力有必要也有可能。"双碳"目标下，低碳城市建设要解决好发展经验"推而不广"的问题，发挥好先进带后进、试点带整体的扩散作用，形成经济可持续、低碳导向、政策可推广和利益相关方支持的新型政策体系。

（三）发挥区域协同的支撑性作用

经济新常态下，中国区域发展不平衡的矛盾依然存在并逐渐呈现复杂化倾向，东、中、西、东北之间在发展阶段、产业结构、能源消费方面差异巨大，城市间快速工业化与增长停滞并存，在一些城市趋近碳排放强脱钩的同时，另有城市仍在扩张挂钩和扩张负脱钩状态间交替（韩梦瑶等，2021）。

城市进行区域协同合作的基础是资源要素的错配，目前仍有帕累托改进的空间。（1）要素与空间存在错配。例如，京津冀、长三角等人口稠密区中心城市人口过于集中，交通运输、供电供热部门排放高，但周边小城市及郊区人口流出、城市萎缩现象严重，可提供居民消费与企业集聚的良好空间。（2）产业链整合度不高。随着产业迁移的不断推进，金融、科技与人才中心与制造业中心分工明确，如长江中游城市群中，长株潭城市群和环鄱阳湖城市群均以有色化工产业为主，有限的科教金融资源集中在武汉，然而区域内协同度较低，整体仍以低附加值高污染产业为主导。（3）清洁能源供需逆向分布。中国可再生能源供给主要集中在西南地区（水电占比高）、西北地区（太阳能发电占比高）和东北地区（风电占比高），然而由于产业分布稀疏，不少城市能源消纳严重不足。与此同时，东部地区能源消费集中城市难以改变煤电占比高的现状。

四 "双碳"目标下城市引领机制分析

"双碳"目标下,推动低碳城市建设由他组织向自组织迈进,立足于低碳试点城市政策环境的改变,发挥好试点城市自主创新的经验,需要建立起以差异化达峰路径为基础,以城市间的竞争-合作机制为保障,以区域协同政策为支撑的政策体系。

(一) 城市差异化达峰路径

产业结构是城市经济发展状况的重要表征,中国碳排放主要来自第二产业,产业结构的调整是城市低碳转型的重要动力,差异化的产业结构也决定了差异化的碳排放特征与重点整治部门。本节选取《中国城市统计年鉴》的城市三大产业增加值占当年GDP的比重数据,综合占比绝对值与变化趋势,归纳出消费主导型、工业主导型、综合发展型和生态优先型四种模式;对于碳排放特征的分析,数据来源于中国城市温室气体工作组。

一是消费主导型城市。代表城市包括北京、上海、广州和成都,其较早确立第三产业占主导的经济发展模式,第三产业增加值占比超过65%,第一产业占比极小;同时第三产业中,信息技术、金融、文娱业等均衡发展。此类城市大多碳强度与人均碳排放双低,碳排放总量高。

消费主导型城市经济发展起步早、产业优化时间长,伴随着工业的迁移、新兴产业的发展,碳排放总量较早达到峰值,已确立下降趋势或处于平台期。对于此类城市而言,由于产业结构稳定、碳强度低、政府规制力度强,碳达峰难度不大,难点在于碳排放总量高,应尽早布局碳中和。消费主导型城市应以净零碳为导向,聚焦城市建筑、交通领域的碳排放控制。建筑领域,要制定发布高级别的能源节约标准,对存量建筑进行绿色评测,对高耗能老旧建筑进行改造;做好城市建设规划,避免建设超高耗能的超高层塔楼,延长建筑使用寿命;加快绿色建筑、零碳建筑的应用,发挥好绿色建筑气候适应性的特点,降低使用过程中的能耗。交通领域,短期内可以改善交通运输结构,推广货运多式联运,倡导市内公共交通优先,不断提升运输效能;中长期来看,中国是新能源汽车消费的第一大国,应继续鼓励居民新能源汽车消费,大力发展电动化公共交通,研发远距离运输可使用的零排放燃料。

二是工业主导型城市。由其发展状况的不同,工业主导型城市可进一步细化分类。(1)资源型城市,如榆林、克拉玛依、乌海、大庆、晋城、金昌(资源开采加工业主导)和唐山、攀枝花、鹰潭(金属冶炼产业主导)。资源型城市工业发展依赖单一门类,第二产业增加值占比长期稳定在50%以上,突出特征是碳强度高。(2)装备制造业主导型城市,如东莞、宁波、宁德和长春。此类城市依托传统优势产业,发展电子设备、汽车、高端设备制造业,其碳强度在工业城市中较低,但人均排放与总量较高。(3)动能转换型城市,如哈尔滨、沈阳和乌鲁木齐。此类城市以工业为传统优势产业,但"十三五"期间产业结构变动明显,第三产业增加值占比已超过60%。在区域内,此类城市碳强度与人均碳排放较低,但碳排放总量在全国范围内依然较高。

工业主导型城市的形成大多与资源分布、国家战略规划有关,其低碳发展进程内部也有分化,但总体来说碳排放总量未现显著拐点,碳强度依然较高,碳达峰压力大。应结合"十四五"规划提出的"深入实施制造强国战略"和"保持制造业比重基本稳定"目标,分类施策推进减污降碳任务。资源型城市面临资源枯竭、高碳锁定和增长乏力等问题,低碳转型不仅难度大,而且易引发就业、民生等一系列社会问题。资源型城市应结合国家对于煤炭、钢铁等行业高质量发展的规划统筹产业发展,按需定产,严控新增产能,坚决淘汰落后产能,改善产能过剩局面;同时积极运用低碳技术改造和提升传统产业,提高资源利用效率,协同推进大气污染治理与二氧化碳减排。装备制造业主导型城市应发挥好工业基础雄厚的优势,不断延长产业链,从简单加工到复杂制造,将低成本出口导向型制造业提升为创新驱动的高端制造业,着力发展新材料、新能源汽车、生物医药、新一代信息技术等高附加值、低能耗的新型工业。动能转换型城市在区域内或省内作用重要,行政资源丰富,产业结构调整势头好,应继续鼓励其进行动能转换,打造区域内或省内的贸易物流中心、科技研发中心和商业服务中心。

三是综合发展型城市。代表性城市包括武汉、重庆、苏州和南昌,其第二产业、第三产业增加值占比长期稳定在40%~50%,产业门类齐全,碳排放特征与消费主导型城市较为相似。

综合发展型城市第二产业和第三产业相对均衡，仍处城市化的扩张阶段，其碳强度总体略高于消费主导型城市，排放总量在全国居于前列，实现碳中和目标压力较大。应聚焦于工业、能源、建筑、交通四大部门，加速水泥、钢铁、石化等高耗能产业向外迁移，强化知识、技术、信息、数据等生产要素的支撑作用；做好城市规划与新区布局设计，避免城市功能区的过度集中；与清洁能源供给区建立对口合作，改善煤电占绝对主导的情况。

四是生态优先型城市。由特色产业的不同可分为：（1）特色产业型城市，如三亚和张家界，其经济发展中第一、第三产业并重，第三产业增加值占比超过70%，旅游业占绝对优势；（2）农林业主导型城市，如佳木斯、伊春、临沧和西双版纳，其第一产业占比超过20%，以经营绿色食品、现代医药等为主。生态优先型城市整体表现出碳强度、人均碳排放与碳排放总量三低的特征。

生态优先型城市的第一产业增加值占比远高于全国平均水平，当地依靠生态资源发展旅游业、农林业、畜牧业，碳强度、人均碳排放和碳排放总量三低，可考虑建立碳中和先行示范区。生态优先型城市的减碳政策应聚焦于农业部门，侧重发挥水源涵养、生物多样性保护、森林碳汇等重要的生态功能。一方面要更加注重农业生产减排，积极转变农业生产方式，合理配置农业土地资源，发展生物农业、节水农业、设施农业等以高效低碳为特征的现代农业；另一方面要做好生态涵养区的保护工作，适度发展生态旅游业，加快清洁能源开发，为其他地区提供支持。

（二）城市间竞争-合作机制分析

一是更新细化考核评估机制。低碳城市发展涉及生态环境保护、城市建设和投融资等多个方面，需要地方政府进行充分的资源调动和部门协调，其工作主动性与行政层级至关重要。2016年，国家层面的《生态文明建设目标评价考核办法》等一系列文件出台，为把生态文明建设纳入干部政绩考核提供了总体思路。然而在实践过程中，出现了央地考核体系多套并存、重复考评；考核评价结果运用不充分；未体现主体功能区理念等问题（谢海燕和程磊磊，2020）。当前，碳达峰工作将纳入中央环保督察，应在原有考核办法的基础上更新细化，尤其是与各城市提出的达峰目标做好衔接，并纳入高质量发展考评体系，进行统一评价与考核；同时以完善自然资产离任（任中）审计、自然环境损害责任终身追究等制度为保障。

二是更好发挥对口协作在低碳发展领域的作用。中国在府际合作、东西部省市对口协作方面积累了很多经验，新发展阶段"双碳"目标要纳入合作内容之中：明确精准帮扶责任制，根据城市提出的碳达峰目标和现状建立"一对一"的对口帮扶机制；开展技术对口帮扶，发达城市、科研院所对接工业主导型城市，加强科研人才交流，合作共建低碳示范工业园区；开展生态产业对口帮扶，消费主导型城市可以在运输、加工、销售等多个方面帮助生态优先型城市发展农产品生产，延长产业链，提升附加值，将低碳发展与乡村振兴有机结合。

三是完善城市低碳发展的信息披露与经验交流机制。信息披露是进行评比竞争的前提，当前中国气候和环境信息披露尚处于探索阶段，企业和行业间的信息披露可比性不高。对此，政府部门应做出表率，主管部门应制定披露规则及模板，地方政府应通过官方渠道公开碳达峰目标，定期披露环境信息及相关进展。中央主管部门应当定期召开经验分享专题会，也可采取达峰先进城市组织宣讲团、轮流召开主题论坛的方式，加强城市间的沟通交流。

（三）区域协同政策分析

一是强化顶层规划统领，明确区域碳达峰目标，制定区域协同达峰规划。京津冀、长三角、珠三角地区在进行大气污染区域协同治理方面积累了良好经验，可在此基础上与"双碳"目标进行衔接：结合区域内各省份制定的碳达峰行动方案，研究确定区域达峰目标，并发布区域行动方案与碳中和中长期规划；各省份联合国家部门成立碳达峰协作小组，确立常态化的联席会议制度；推动城市碳排放清单与各项排放标准的统一，搭建区域信息共享平台。

二是优化区域人口分布，疏解核心城市压力，培育多中心发展模式。降低交通运输、供电供暖等部门的碳排放，关键在于降低人口规模。一方面，各省市要避免产业同构化问题，通过错位竞争和差异发展，引导人口和就业优化集聚；另一方面，要继续推动基础设施与公共服务的共建共享，培育交通便利的城市连绵区。

三是构建完善的区域产业协作网络，打造绿色产业集群。就产业结构相似度来看，大部分区域还存在产业同构化现象，传统制造业、能源材料业等产值高、利税高的产业难以转型或退出，极易造成产能过剩和重复建设。针对传统制造业，应明确区域内管理销售中心、物流调度中心、科技研发中心和生产中心的定位，以区域产业协作延长产业链，提升规模效应。针对暂时难以退出的能源材料行业，应推动产业集聚、统一管理，建设现代化工业园区。

四是完善清洁电力长距离调入机制，加快城市能源转型。实施清洁电力长距离调入是盘活西部地区空间资源，有效缓解供需不匹配的重要举措。西部地区应更加重视清洁能源供应基地建设，探索建设以煤电联营为基础的"风光火储一体化"大型综合能源基地；中东部地区应当坚决推进煤炭煤电行业的有序退出，以终端消费需求倒逼能源系统的电气化。同时，将东部高耗能低耗水产业转移到西北，增强当地的电力消纳水平。此外，从技术研发上，要突破供电、调峰、储能、电网建设等技术条件的制约；从体制机制上，要破除电力协调的体制机制障碍，加快建设全国统一电市场，促进跨区跨省的电力直接交易。

五 结论

城市在降碳减污、绿色转型中有重要的主体地位，针对"双碳"目标下的新形势，系统性分析其引领机制十分必要。结合协同论的理论分析，城市引领机制需要完成从外部规制主导的他组织向内部有序的自组织转换的过程，其中主要有三大动力。一是把握关键管理慢变量，探索消费主导型、工业主导型、综合发展型、生态优先型城市的差异化达峰路径，使其内在逻辑与强约束强支持的政策环境保持一致；二是构建城市间的竞争-合作机制，更新细化考核评估要求，创新对口帮扶机制，做好信息披露工作，其目的是推动试点工作良好经验扩散，发挥先进带后进、试点带整体的作用；三是创新区域协同政策，以顶层设计、人口疏解、产业协作、能源合作等解决资源错配问题，达到协同功能倍增效果。

第四篇
措施篇

| 第十四章 |

碳技术：绿色低碳科技创新与零碳产业

一 实现碳中和面临的技术和经济竞争

各国 CO_2 减排和碳中和目标的提出，已经使得世界的产业开始出现明显的转型，新的产业阶段已经开始出现（IEA，2023）。以太阳能光伏和风能为代表的可再生能源产业，以及电动汽车和电池产业已经开始迅速增长，并逐渐形成一个庞大的规模。根据广泛的研究，这些行业以及其他相关的清洁能源行业的规模和重要性将进一步提升。全球各国正在加紧致力于扩大清洁能源技术的使用。推进净零转型、加强能源安全以及在新的全球能源经济中竞争的目标相互重叠。

碳中和目标是一个标志，推动着各国新一代技术的研发，未来一段时间全球将进入一个清洁能源技术制造的时代，涵盖能源、工业、交通、建筑等多个领域。在新一代技术研发方面，欧美国家已经具有领先优势。我们必须尽快在新一代技术研发方面明确方向，否则我国会在新的经济发展阶段再次落后。留给我们的时间已经不多，欧盟和美国等将 2030 年的目标设置得更加严格，目的就是争取在 2030 年之前促使其技术超越并明显领先其他国家。

我国有可能在 2030 年左右 GDP 超越美国成为全球最大经济体。无法想象我国作为最大的经济体很多技术却落后于其他国家。因而在碳中和路径上，我国首先要认清碳中和下的经济转型和产业转型模式，明晰在这些转型中的技术路线，加大新技术的研发投入力度。这些转型中的技术，有很多也会是完全创新的技术，需要基础性科学研究，这更多依赖大学、研究所以及一些创新型企业的研发。

技术的变革会带来经济的转型。未来的经济和产业发展中低价的零碳电力将起到重要作用。氢基产业将改变我国的产业布局，未来在考虑运输成本的情况下，为实现零碳产品的生产，我国的有色、石化、化工、钢铁等基础产业生产将转移到西部、北部和东北地区，其下游产业也会相应地转移。这将完全改变我国的产业布局，甚至人口布局也会出现变化。碳中和涉及的重要科技问题见图 14-1。

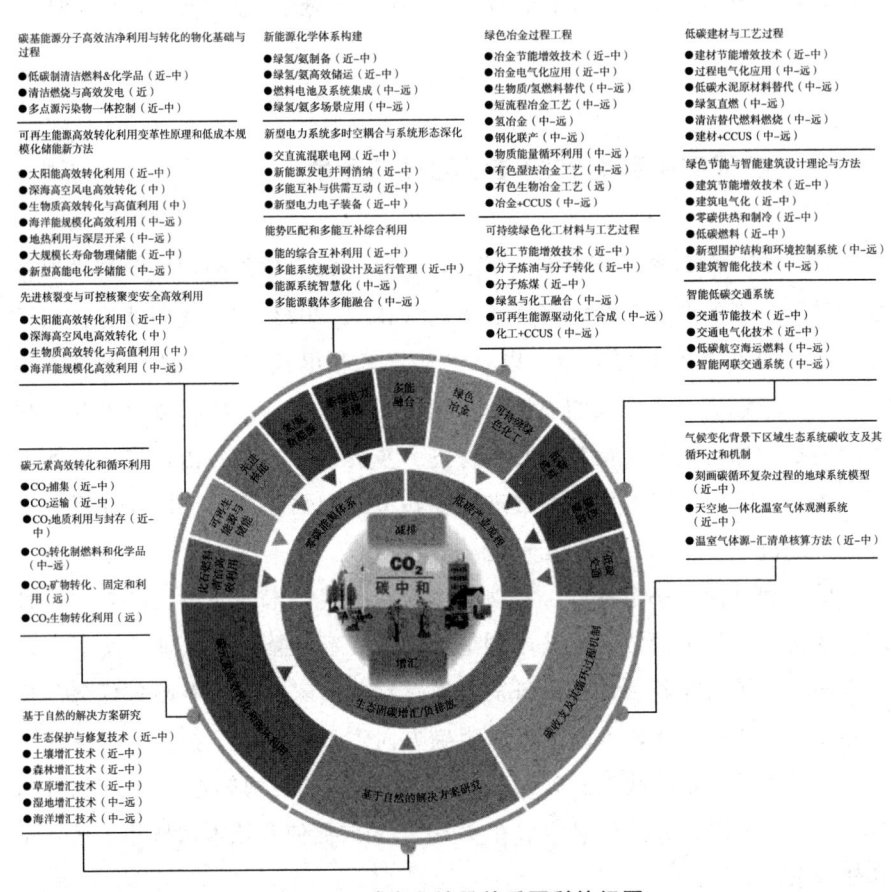

图 14-1　碳中和涉及的重要科技问题

注：每类技术后括号内的"近、中、远"是指预计实现技术成熟和大规模应用的时期。

实现碳中和，需要整个经济体系的深度减排。能源系统、工业、交通、建筑、土地利用等行业都需要实现大力度的革新和转型，才能做到深度减排。到 2050 年前能源系统须达到净零排放水平，到 2060 年前达到碳中和乃至负排放水平。在电力化水平上取得重大突破已成为交通、工业、建筑等领域的紧迫需求，同时，在一些排放难以减少的行业实现具有革命性的创新也是当务之急。这些都对电力系统提出了挑战，而这也正是未来能源系统发展所要解决的关键问题之一。我国在能源领域需要进行重大的技术创新，其中包括提升电网的可靠性，研发低成本、高可靠性的储能技术，以及推进先进的核能技术、开发先进的电解水制氢技术、推动生物质发电并采用 CCS 技术进行碳捕获等措施。其中，最关键的是发展新型清洁可再生能源和氢能技术。在工业领域，我们需要进行氢基工艺和技术的研发，以应对钢铁、化工和有色金属冶炼等领域的挑战。另外，在冶金、石化和煤化工领域也可以利用氢气生产高附加值产品或替代传统燃料。在交通领域，我们需要研发能够实现零排放的飞机，以及采用电动和氢燃料电池技术的船舶、火车和重型卡车等。在农业上，我们需要研究高效节水灌溉技术、农作物秸秆气化利用技术和作物根瘤菌发酵产沼气技术。此外，我们亟须构建全新一代城市零碳排放交通系统，并致力于研发适用于超低能耗建筑的普适技术。这些都是我们未来能源需求增长的重要组成部分，也是我国实现节能减排目标的主要途径。我们需要在材料技术和 CO_2 捕获技术等方面进行创新，以提高我们的研究水平和效率（曲建升等，2022）。

二 绿色低碳的技术创新进展

（一）实现"双碳"目标的主要技术

碳中和是一个广泛应用于多个领域的概念，包括电力、化工等各个行业。实现人为碳汇的增加与碳源排放降低，涉及生态、能源、资源等多个学科的综合研究。同时，这一重大课题将持续数十年，并推动前沿技术和颠覆性技术的多轮迭代和连续发展（姜克隽等，2016；姜克隽等，2021）。

根据对未来全球主要国家和地区的能源转型路径的研究，欧盟、日本和韩国等国家和地区更多依赖氢基产业实现碳中和，由于这些国家和地区零碳电力不足，将更多依赖进口的绿氢。欧盟将从北非进口氢，日本在考虑从澳大利亚进口零碳氢。我国未来低成本氢的潜力会超过 2 亿吨（姜克隽，2022），除供应国内使用之外，也可以考虑出口韩国和日本。

未来的技术研发方向，欧盟、日本和韩国将更多走向氢基经济下的技术创新。而我国和美国未来的能源转型比较类似，因而美国的技术创新路径需要成为我们密切关注的地方。美国将在 2035 年实现电力净零排放的目标，我国的电力行业应该也在零碳电力研发方面加大投入，增加我国新一代零碳电力技术的竞争力。

在能源转型进程中，需要一些重大技术突破，具体如下。

由于大部分《巴黎协定》目标的温升情景都是超越情景，因此 BECCS 技术就必须要出现，并在 2050 年大规模使用。根据 IPAC 模型结果，中国需要到 2060 年前通过 BECCS 技术实现 16 亿吨的 CO_2 捕集封存再利用，这样就需要近 8 亿吨的生物质能进入 BECCS 系统。

直接空气捕获技术（DAC）。近期研究发现，我国实现 16 亿吨的负排放，依赖 BECCS 会存在一些问题。BECCS 需要依赖作为新碳林的速生树木，速生树木需要大量用水，我国能够提供这些条件的地方基本都在南方，但是南方 CO_2 存储库很缺乏，很多 CO_2 需要经过 1000 公里以上的运输才能到达华北的存储库中。这样就会导致能耗更高。这种情况下，如果可再生能源成本足够低的话，在存储库附近利用可再生能源进行空气直接碳捕获并封存会有竞争性。

先进电动汽车。电动汽车需要在低电耗和无人驾驶方面做好技术攻关。

先进核电技术。IPAC 模型也给出了到 2050 年 5.5 亿千瓦的核电的目标，成本在 0.25 元/kWh。核电具有高可靠性、高燃料效率，先进核电技术的基本特征是以第四代核电技术为主，核电设备小型化。

第五代核电技术。核聚变技术正处于研发阶段。由于我国经济实力变强，可以明显加大对第五代核电技术的投入，近 10 年投入 2000 亿元以上进行研究。根据专家预计，在加大投入的情况下，核聚变技术有可能在 2050 年前投入使用。

电动飞机、氢燃料飞机。作为交通部门最难以减排的部门，航空运输减排的主要困难在于新型飞机的研发和使用进程很长，即使目前开始研发氢动力飞机，最为顺利的情况下，也只能在 2045 年进入商业运行，2050 年的时候占机队的比例还不大。因此需要尽快进行研发。目前空客和波音都已经在进行研发。未来中国的商飞也需要尽快启动相关研究。电动支线飞机目前 20~50 座飞机已经在实验飞行，2050 年 600 公里内运距的电动支线飞机可以完全普及。

零碳船舶。采用零碳能源驱动，如氢和氢基能源（合成氨、甲醇），以及生物能源。

先进高效低成本电解水制氢技术。目前的几种电解水制氢技术还有很大的成本压缩与效率提升空间。一个好消息是很多企业和国家研发基金已经投入这个领域。同时，也需要进行海水利用电解制氢技术方面的研发。

工业利用氢参与生产工艺的技术，包括氢还原炼钢，氢作为原料生产合成氨、乙烯、甲醇、甲苯等化工技术，水泥制造利用氢还原技术，其他金属冶炼利用氢还原技术等。

适用于零碳电力技术的电网技术和高可靠性供电系统。电力供应的电网系统在未来1.5℃温升情景中起到至关重要的作用。在大量低质量电力接入的情况下，以及终端部门高比例电力化带来的负荷曲线变率明显加大的情况下，提高高质量高可靠性的电力供应，需要一个设计良好的电网系统。

（二）代表性国家（地区）的绿色低碳技术进展

各国都在努力提高清洁能源供应链的弹性和多样性，同时也在争夺巨大的经济机会。主要经济体正在采取行动，将其气候、能源安全和产业政策结合起来。美国的《通胀削减法案》明确阐述了这一点，欧盟也有"减碳55%"的一揽子立法计划和"欧盟能源重建计划"（REPowerEU），日本发布了绿色转型计划，印度鼓励太阳能光伏和电池制造的生产挂钩激励计划，中国正在努力实现甚至超过其最新五年计划的目标。

1. 欧盟将致力于成为绿氢设备制造以及零碳重工业的全球领导者

2019年欧盟颁布"欧洲绿色协议"，认为氢能将发挥重要作用，因此建议欧盟加强对氢能领域政策规划和产业扶持政策的支持。根据计划，欧盟在各个领域逐步细化和实施政策措施，以符合协议的要求。次年，欧盟发布《欧洲氢能战略》政策文件，并宣布成立欧盟氢能产业联盟。欧盟正在加大对氢能产业的推动力度，计划通过以下途径促进氢能的发展（王文军等，2011）。

首先，策划氢能发展路线图。欧盟计划通过三个阶段推动氢能发展。在2024年前，欧盟应该提高可再生电力电解槽的制氢产能，使其每年达到6吉瓦，总产量达到100万吨。2030年把氢能力提高到40吉瓦，每年的产量将达到1000万吨，使之成为欧洲能源系统不可或缺的一部分。2030年之后，将努力实现可再生能源制氢，并将其广泛应用于那些难以实现脱碳化发展的行业中。其次，建立产业发展联盟。在气候和能源转型政策框架下，设立一个由企业、成员国和地区政府、非政府组织、学术界等多方组成的产业联盟，作为推动相关产业发展的重要平台。例如，欧盟日前提出了设立"氢能联盟"的倡议，旨在与该联盟共同策划一系列"欧洲共同利益重要项目"，以促进产业发展并加强产业链整合。"氢能联盟"计划促进280家企业参与制氢电解槽的相关产业链，以及推动实施1吉瓦规模的电解槽项目。再次，加大政策扶持力度。在欧盟的产业政策中，始终致力于建立一个完善、适合企业正常竞争的统一欧洲市场，促使新技术、新领域转化为新兴产业。在氢能战略中，欧盟还采取了一系列措施来支持相关产业的发展。欧盟计划通过制定规定和推行碳交易配额等市场机制，以减少"绿色氢气"与使用化石能源制氢的成本差异。最后，加大基础设施投入。在推广和应用氢能方面，需要大量增加基础设施投资，包括生产、分配、运输和使用等各个环节，并且要形成一个统一的、融合的网络体系，同时还需要对现有的基础设施进行换代和升级改造。在制造业领域，欧盟建议将电解制氢设施设置在炼油厂、钢铁厂和化工厂附近，以利用可再生能源发电制氢，为这些行业提供燃料和炼化原料，推动它们朝着绿色低碳发展的方向迈进。在交通行业，需要增加氢燃料电池公交汽车和卡车的加氢站数量，并在港口和机场等交通枢纽建设氢能制造和辅助基础设施，以满足需求。除此之外，建设更多的氢气主干管道网络，以促进氢气的长距离传输，以便为氢能贸易提供服务。法国和德国的天然气管网运营商正在商讨在欧洲建设一条首个跨国纯氢气运输管线的计划。德国、奥地利、法国、荷兰、比利时和卢森堡的能源部部长曾联合表示，需要加大对氢气运输基础设施的投资力度（李丽旻，2020）。

欧盟委员会计划成立一家名为"公正转型基金"的机构，旨在筹集500亿欧元的资金，用于协助炼油厂和钢铁厂等重工业降低污染物排放水平。这个基金将专注于所有涉及二氧化碳密集型领域的事项。在这种情况下，欧洲钢铁行业将迎来重大的技术突破，包括彻底改变自身制造工艺的革命性技术突破，以及为下游行业实现碳中和目标提供材料解决方案。欧钢联认为，由于目前的冶金技术已基本达到极限，钢铁行业的碳中和之路，实际上是一场技术革命。欧钢联对《欧洲绿色新政》做出了积极响应，并大力推动"零碳炼钢工艺"和"碳边界"调整。欧盟钢铁行业已着手研究一系列低碳和碳中和的解决方案，并确定了碳减排的两条主要技术路线。

2. 美国通过增加研发资金增强美国在新能源产业领域的竞争优势

美国政府一直高度重视能源技术研发，在国家层面大量投入资金，以保持其在全球能源技术领域的领先地位。2017年，美国联邦政府投入73亿美元用于清洁能源技术研发，并且相较于前一年增长了9%。大量的研发资金被投入到清洁能源技术的研究上，其中包括核能（特别是小型核反应堆）、碳捕集利用与封存（CCUS）以及能源效率等方面。随着可再生能源发电量的不断增加和电动汽车的迅猛发展，以及极端天气和网络攻击的屡次发生，电网现代化也日益成为技术研发的重中之重。

为了推动核能创新，美国在2018年和2019年分别通过了《2017年核能创新能力法》（NEIC）和《核能创新和现代化法》（NEIMA）两项法案。为了推动"核能加速创新门户"计划的实施，美国能源部（DOE）于2019年在爱达荷国家实验室启动了国家反应堆创新中心（NRIC）。该中心旨在整合核技术相关的企业、联邦政府机构、国家实验室和大学，共同开展新概念先进反应堆的设计、研发、测试和示范工作。同时，该中心还提供了充足的条件支持，用于测试、演示和评估新概念反应堆技术的性能，以加速这些先进概念核反应堆技术的商业化部署。在2020财年预算中，联邦政府众议院能源和水资源委员会已决定拨款500万美元给NRIC，计划在未来5年内完成一系列小型模块化反应堆和微型堆的示范工作。美国正在积极推进小型模块化堆和其他先进核动力堆设计的发展，预计其中一部分堆将在2030年之前开始运行。2020年5月，美国能源部开始进行"先进反应堆示范计划"，计划在接下来的5~7年内建造两个先进示范反应堆，并使其投入使用。DOE计划提供1.6亿美元的启动资金，而该笔费用将由工业界与其共同承担。2020年，美国国会还在预算中拨款2.3亿美元，以资助一个全新的先进反应堆示范项目的启动。

在碳捕集利用与封存领域，美国在全球处于领先地位。截至2019年底，美国已经建立了10个规模庞大的CCUS项目，每年可收集超过2500万吨的二氧化碳。2020年4月，美国能源部决定拨款1.31亿美元，用于支持多个碳捕集利用与封存研发项目。用于前端工艺设计，以支持燃煤或燃气电厂二氧化碳捕集技术的资金总额达到了 4600 万美元。被资助的项目主要分为两个类别：一是前端工艺设计研究，专注于工业碳捕集技术；二是燃烧后碳捕集技术测试，专注于工程规模。此外，美国设定了新能源产业的发展目标，并通过产业政策着力推动新能源产业的发展。2021 年，由美国多部门领导的"联邦先进电池联盟"发布《2021—2030 年锂电池国家蓝图》，以促进国内锂电池产业发展，并计划到 2030 年，美国将联合其他国家建立一个稳定可靠的电池材料和技术供应链。2022 年，拜登总统发布了一项总统令，允许美国能源部根据《国防生产法》的规定，加速国内发展包括太阳能在内的五项关键能源技术。[①] 美国能源部宣布提供 5600 万美元资金以支持国内太阳能产业的发展，旨在鼓励太阳能制造和回收的创新，并为实现国内产业发展和降低对外国主导的太阳能产业供应链的依赖创造条件。[②] 2022 年 8 月 16 日，《通胀削减法案》由拜登总统签署成法。该法案力图使美国 2030 年的温室气体排放水平比 2005 年减少约 40%，以实现《巴黎协定》中所规定的目标。通过产业政策的支持，拜登政府试图构建美国在新能源产业领域的竞争优势，并为增加美国对全球电动汽车供应链的控制力创造基础。

3. 日本致力于零碳核心技术研发推广及供应链韧性提升

日本于 2020 年宣布 2050 年实现碳中和目标，时任日本首相菅义伟将数字化和脱碳作为任职期间的两大主要的政策主张，呼吁日本各界转变经济发展思路，不应将应对气候变化与经济增长相对立，而应将其视为经济社会向绿色高质量发展转型的重大机遇。2020 年日本政府发布《2050 年碳中和绿色增长战略》，提出将为促进生态友好型的商业模式及其创新发展投入 2 万亿日元，以便尽快实现 2050 年的碳中和目标，成为环境友好型投资领域的引领者。绿色增长战略为包括海上风力发电、燃料氨工业、氢

[①] U. S. Department of Energy, "President Biden Invokes Defense Production Act to Accelerate Domestic Manufacturing of Clean Energy," https://www.energy.gov/articles/president-biden-invokes-defense-production-act-accelerate-domestic-manufacturing-clean, 2022.

[②] U. S. Department of Energy, "New Investments Will Build on Bipartisan Infrastructure Law Funding to Bolster Clean Energy Supply Chains, Increase Energy Security, and Lower Electricity Bills," https://www.energy.gov/articles/biden-harris-administration-announces-56-million-advance-us-solar-manufacturing-and-lower, 2022.

能、航空业、住宅建筑、资源循环等 14 个重点领域设定了具体目标和完成年限。

2021 年日本新任首相岸田文雄明确表示，将继续履行上一任政府的减排承诺，推动减排目标进一步落实，进一步将绿色转型确立为"新资本主义"的重要内容，并确立了"清洁能源战略"，鼓励全社会向清洁能源投资。日本企业已经意识到，只有绿色转型、吸收世界前沿技术和理论成果、突出日本产业基础与技术优势才能保持国际市场竞争力。日本非常注重通过引领国际减排标准和规则制定，促进新技术在世界范围内的推广应用。近年来，全球供应链受逆全球化、地缘政治和新冠疫情等影响，脆弱性凸显，日本开始出台一系列政策以增强其供应链韧性，保障国家经济安全。一方面，开拓多元生产基地，防止核心技术流失，增强国内生产能力；另一方面，建立供应链的国际互补机制，以此增强全球供应链韧性。

为了应对气候变化和保障能源安全，日本制定了建设"氢能社会"的氢能基本战略目标，并提出了建立全球氢能生产、储存、运输和利用的产业链的计划。同时，大力研发新型制氢技术，如直接燃烧法、电解水法等。此外，积极推进氢燃料的发电，同时加大燃料电池和汽车市场的推广力度。日本政府通过制定《氢能基本战略》，确立了氢能的中长期发展目标。2018 年日本政府公布了《第五次能源基本计划》，其中明确了未来的发展方向，即致力于推进核电事业发展，减少对化石能源的依赖，加速可再生能源的发展，并将氢能作为构建二次能源结构的基石。在政策方面，政府将从税收和补贴等多方面给予支持。借助数字技术，构建一个多元化、灵活的能源供需体系，以达成 2050 年全面脱碳的能源目标。2019 年日本公布了其最新的《氢能与燃料电池战略路线图》，其中详细规划了到 2030 年的技术性能和成本目标，以确保该计划的顺利实施。此外，还提出要通过制定新能源开发相关法律法规，加快推进氢燃料电池等新能源产业的商业化进程。在同一年的 9 月，日本政府公布了《氢能与燃料电池技术开发战略》，其中明确了燃料电池、氢能供应链和电解水制氢这三个技术领域的十个重点研发项目的优先研究方向。从战略层面到执行层面，日本在氢能和燃料电池技术的发展与应用方面不断推进。日本主要是通过加强基础研究与开发，提高技术创新能力，加快先进核能技术研发及产业化等措施，确保其未来能源供应安全。在氢燃料电池领域，研究机构已经建立了长达半个世纪的持续研发体系,其庞大的研发团队在关键技术领域,如极板、膜电极和电子材料等方面,一直在积极参与氢能研究。

三 零碳产业发展展望

《巴黎协定》目标下的能源转型将带来技术和产业的变革,这样的变革对各个国家的发展战略将产生重大影响。零碳相关产业和技术的发展将是未来社会经济产业发展中的关键领域。

(一) 零碳产业转型所需布局的重点技术

技术领先国家已经在很多零碳技术研发方面进行了长期的努力,处于优势地位(见表14-1)。面对碳中和需要的技术创新,以及由此带来的经济转型竞争,我国必须要加快实现碳中和目标下的能源转型与发展方式变革。我国当务之急是在国家研发安排上进行全面转型,针对碳中和目标下的各个领域的技术研发,制定具有方向性的战略规划,并通过国家研发专项安排,引导大学和科研机构进行相应的转型升级。同时政府要对大型企业进行政策支持。明确企业的技术研发方向,以推动其在创新零碳技术方面在国际竞争中保持领先地位。以政府政策支持鼓励大型国有企业和民营企业加快低碳技术创新步伐。我国的大型企业已开始探索各自的碳中和路径,其中技术研发是实现碳中和目标的重要组成部分。目前国内大型国有企业都已经有了自己的自主低碳技术,但是仍然没有形成一个完整的碳中和体系。在国资委的要求下,央企和大型国企正在积极行动,但仍需要尽快明确国家零碳技术研发战略的方向和目标。

表14-1 主要发达国家和地区碳中和战略布局重点技术

国家/地区	重点技术
美国	小型模块化反应堆、核聚变、绿氢、CCUS、电池储能、下一代低碳建筑、可再生能源、先进核能、可持续航空燃料、生物燃料、电动汽车、气候智能型农业等
欧盟	可再生能源、氢能、综合能源系统、智能电网、储能、CCUS、工业脱碳和数字化转型、绿色建筑、可持续和智能交通、精准农业、有机农业生态系统、生物经济、合成低碳燃料等

续表

国家/地区	重点技术
德国	绿氢、储能、电动汽车、智能电网、交通网络电气化、生物燃料、燃料电池、低排放工业生产技术、气候与环境友好型建筑、数字化能源系统、热电联产现代化、生态农业等
法国	可再生能源、核能、绿氢、能源网络、生态城市、工业脱碳、CCUS、绿色交通基础设施、电动汽车、生物基产品和可持续燃料、可持续农业系统等
英国	储能、氢能、海上风电、先进核能、电动汽车、交通网络电气化、零排放飞机、可持续交通燃料、清洁航运、绿色建筑、工业燃料转型、生物能源、直接空气碳捕集和先进CCUS、环境保护、能源领域人工智能等
韩国	可再生能源、零能耗建筑、智能电网、电动汽车、氢能与燃料电池、资源回收再利用、氢还原炼铁、低碳燃料、智慧工厂、低碳半导体、生物能源、CCUS、智慧能源管理系统、智慧农业渔业、碳汇等
日本	可再生能源、氢能与氨燃料、供热脱碳、先进核能、核聚变、电动汽车、储能、零排放船舶、智慧农林渔业、低碳半导体、航空电气化、碳资源化利用、净零排放建筑、资源回收再利用等

资料来源：曲建升等（2022）。

我国需要在零碳相关技术方面即刻进行战略安排，加大投入力度。主要的研发领域包括多领域的可再生能源开发技术（包括生物航空煤油、深层地热能、海洋能、大规模新碳林开发）、高安全度供电的新型电网系统、先进核电技术、碳捕集与封存（CCS）技术、低成本高安全度新型动力和储能电池技术、基于全面无人驾驶的交通系统、电动飞机、氢动力飞机、氢动力船舶、超低能耗建筑相关技术、新型供热系统、氢基钢铁冶炼技术、氢基化工工艺和生产技术、先进制氢技术、金属冶炼和陶瓷等行业电力化技术等。对于一些至关重要的技术，如先进的氢气制备技术和核能技术，国家需要制定重大的项目计划。因此，我们必须要加快实现碳中和目标下我国的能源转型与发展方式变革。为了确保我国未来在能源领域，特别是在核电领域处于全球领先地位，我们需要加速推进第四代核电和核聚变的研究，并在未来数年内投入超过千亿元的研发资金。长期来看，核电在全球竞争中的作用会越来越大，也是未来人类文明走向的一个技术支撑，我国需要在这样的重大技术研发方面走在前列，支持人类命运共同体的构建。

氢能战略。主要发达国家或地区高度重视氢能发展战略，近期密集发布清洁能源相关战略，加快推进新兴产业发展，同时它们对氢能在制备、储运和应用方面的发展路径有着不同的侧重（见表14-2）。

表 14-2 主要国家和地区氢能战略比较

国家/地区	战略名称	发布年份	主要目标	主要路径（制氢）
欧盟	《欧洲氢能战略》	2020	开发主要利用风能和太阳能生产的可再生氢能	2020~2024年，安装至少6 GW的可再生氢能电解槽，可再生能源制氢年产量达1 Mt；2024~2030年，安装至少40 GW的可再生氢能电解槽，可再生能源制氢年产量达10 Mt，电解槽投资为240亿~420亿欧元；2030~2050年，可再生氢能技术逐渐成熟并大规模部署，生产投资达到1800亿~4700亿欧元
英国	《英国氢能战略》	2021	到2030年拥有5 GW的低碳氢生产能力	2022~2024年，小规模电解生产；2025~2027年，至少一个地点进行大规模CCUS项目，电解生产规模不断扩大，2025年拥有1 GW的生产能力；2028~2030年，多个大规模CCUS项目，多个大规模电解生产项目；2035年以后，扩大生产规模与范围（如核能、生物质能）
日本	《氢能基本战略》	2017	2030年左右实现氢能发电商用化，氢能与其他燃料的成本平价	2020年，以化石燃料制氢为主，正在进行氢能供应链的开发及量产示范；2030年，开拓国外氢能供应链，开发国内电制气；2050年以后，可再生能源制氢
美国	《氢能计划规划》	2020	致力于氢能全产业链的技术研发，实现产业规模化	近期和中期，配备CCUS的煤炭、生物质和废弃物气化制氢技术，先进的化石燃料和生物质重整/转化技术，电解制氢技术；中远期，先进生物/微生物制氢，先进热/光电化学水解制氢
韩国	《韩国氢能经济路线图》	2019	到2040年生产620万辆氢燃料电池汽车，建成1200座加氢站	近期和中期，以化石燃料制氢为主；中远期，氢气主要来源于可再生能源电解制氢

资料来源：曲建升等（2022）。

（二）产业再布局

根据课题组成员姜克隽团队IPAC模型研究，实现2050年碳中和，对中国的一些行业影响巨大。这些潜在被影响的部门包括能源供应、钢铁、合成氨、乙烯、甲醇、甲苯等化工和石化业、交通业等。对于高排放、难

第十四章 碳技术：绿色低碳科技创新与零碳产业

减排的钢铁和石化行业，主要采用低碳或零碳技术实现减排。目前，钢铁和石化行业减碳除了 CCS 技术，有潜力的零碳技术都是氢基的，如 DRI 技术。氢是很好的还原剂和原料，可用于工业领域中一些难以减排的部门来实现减排，如粗钢、合成氨、乙烯、苯、甲醇等石化化工产业。

目前的零碳制氢方法包括可再生能源电解水制氢和生物质制氢。由于中国生物质制氢原料分散、转化率低且会产生酸性大气污染物等，该研究不考虑生物质制氢技术。由于既有生产工艺也可以通过 CCS 技术实现近零排放，该研究在计算时考虑了既有工艺引入 CCS 的技术路线。根据文献研究结果，未来 CCS 技术封存 CO_2 的成本即使能降到 200~400 元/吨，其使用还将受限于当地 CO_2 存储条件，如果没有适合的存储条件，就需要更长距离的运输，导致更高的成本。该研究基于中国经济发展、产业结构调整以及居民物质需求，使用 IPAC 模型对这些产品进行了实物量的投入产出分析，具体未来需求量见表 14-3。其中，对二甲苯（PX）未来将主要基于乙烯和甲醇工艺生产。

表 14-3 中国主要氢基产业产品需求量

产品	单位	2015 年	2020 年	2030 年	2040 年	2050 年
粗钢	亿吨	8.04	10.6	8.1	6	4.9
乙烯	万吨	1714.6	2160	2300	2300	2300
合成氨	万吨	5791	5040	5300	7900	12000
苯	万吨	780	1200	1350	1450	1375
甲醇	万吨	4720	4900	5600	8300	9900
对二甲苯	万吨	916	1300	3200	4800	4965

根据 IPAC 模型的研究结果，到 2050 年，在考虑原材料供应（如铁矿石、废钢等）、运输成本、采用 CCS 技术时的 CO_2 存储条件等综合成本后，中国要实现钢铁、合成氨、乙烯、甲醇、苯的零碳生产，需要绿氢 2670 万吨。

氢基减排技术的商业化发展需要合理的成本，其中氢供应成本在氢基减排技术成本中占主导地位，进而决定了未来氢基产业的布局。研究设定氢的生产和使用都在本地进行，因而氢供应成本主要取决于制氢成本，包括电解水制氢设备成本与电力成本。在实现 1.5℃ 温升目标下，中国的可再生能源电力、核电等零碳电力将成为主导能源，其中除水电外的其他发电类型成本将显著下降。

因此，在碳中和目标下，钢铁和化工产业的布局将与低成本的零碳电力紧密关联。经过 IPAC 模型分析，如果可再生能源电力的价格低于 0.15 元/kWh，氢基产业生产技术与既有生产工艺相比将有很大的竞争力。因而，本章的分析选择 0.15 元/kWh 作为标准评估未来零碳电力供应潜力和布局。

未来低成本零碳电力主要包括光伏发电、风电、水电以及核电。在这些发电方式中，目前光伏发电成本最低，在 2020 年 7 月的国际新项目中，上网电价已经达到 0.1 元/kWh 左右，资源丰富地区光伏发电有望低至 0.1 元/kWh 以下。风电目前最低成本也已经可以接近 0.2 元/kWh，未来还将进一步下降。核电在第三代技术规模化建设以后，成本有可能下降到 0.25 元/kWh。考虑到核电发展地区的不确定性，同时水电的成本已经没有多少下降空间，且水电的布局也和目前的产业布局不相匹配，而风电成本下降潜力有限，光伏发电成为大规模制氢最具成本优势和可能性的零碳电源。同时，从电力系统运行角度，大规模的光伏制氢和当地氢基产业，也可以看作一种电力系统的安全保障，在电网出现问题的时候，可以为电网提供紧急电力供应。

图 14-2 到图 14-8 给出了 IPAC 模型的计算结果，展示了中国主要氢基产业 2018 年和 2050 年布局的变化情况。模型计算时考虑了产品成本、运输成本等以及 CCS 技术，未考虑生物质制氢技术。

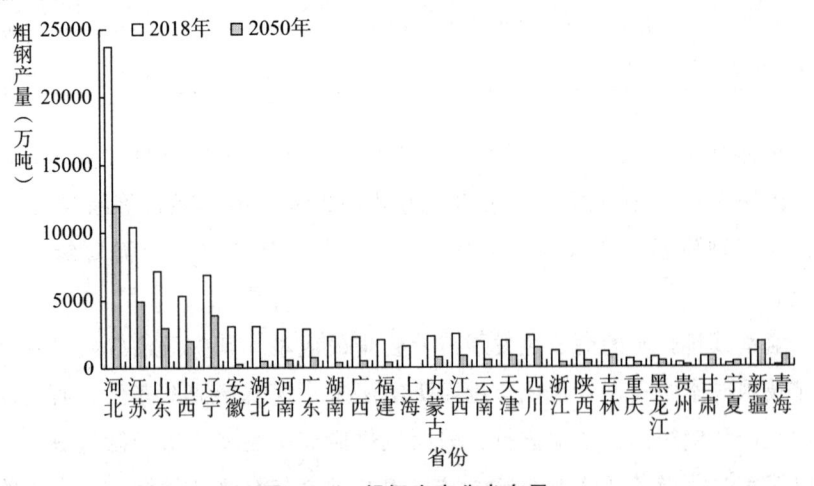

图 14-2 粗钢生产分省布局

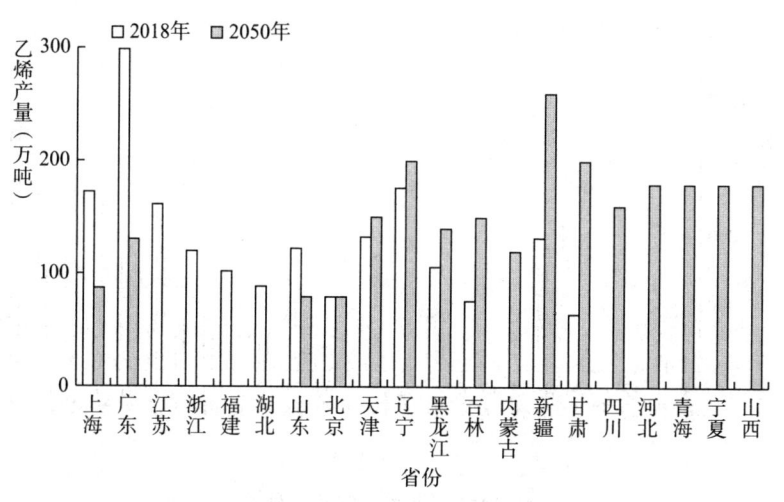

第十四章 碳技术：绿色低碳科技创新与零碳产业 • 303

图 14-3 乙烯生产分省布局

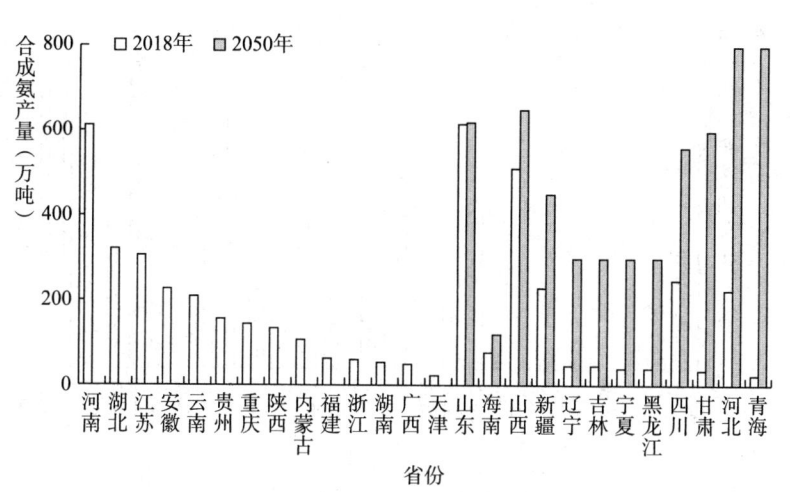

图 14-4 合成氨生产分省布局

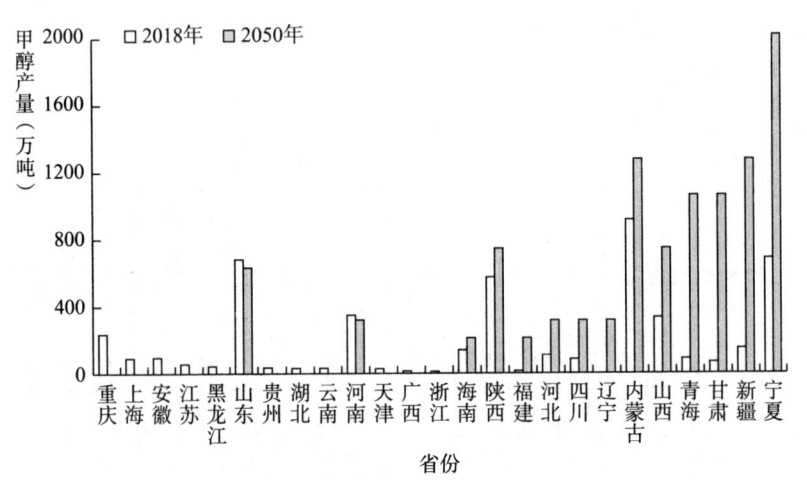

图 14-5　甲醇生产分省布局

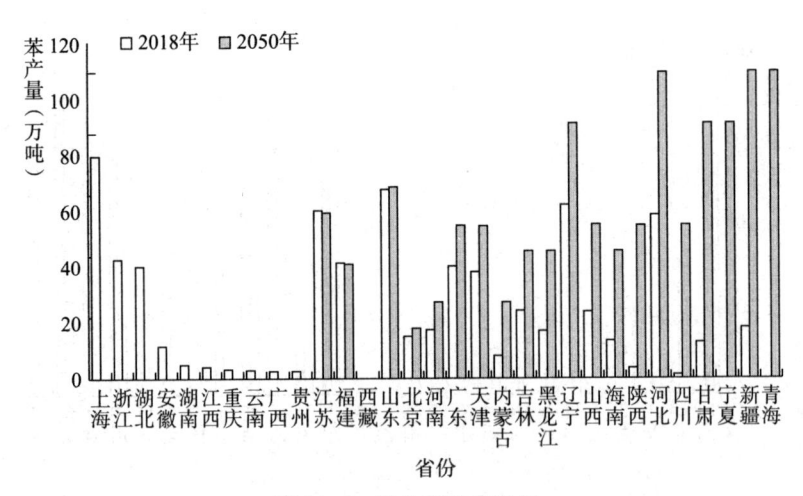

图 14-6　苯生产分省布局

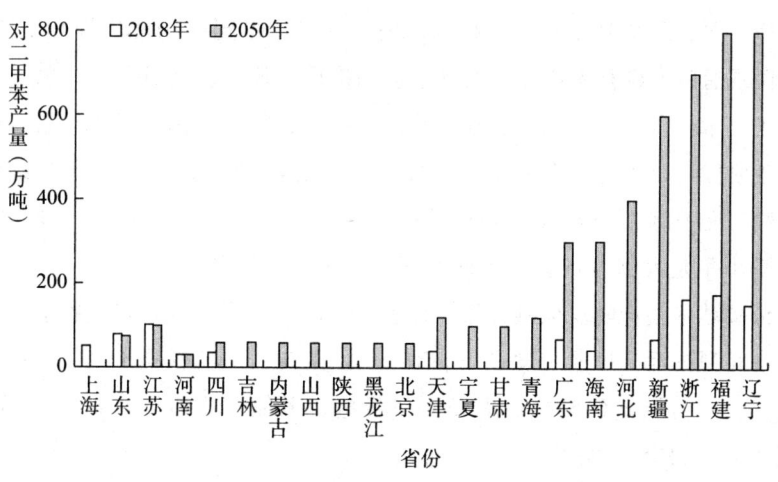

图 14-7　对二甲苯（PX）生产分省布局

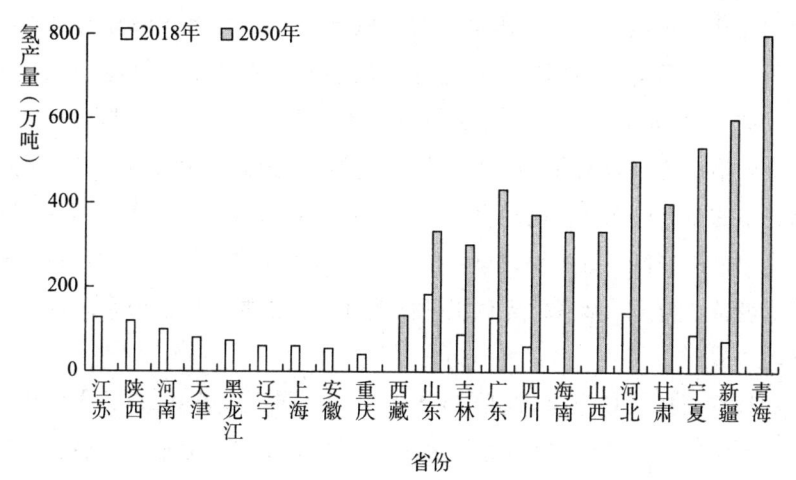

图 14-8　氢生产分省布局

可以看出，这些基础工业的布局出现了明显的变化。在实现深度减排情景中，可以利用氢作为原料的产业明显出现了转向可再生能源富集地区的趋势，而在没有良好的可再生能源资源同时又缺乏 CCS 技术应用基础的地区，原有以石油天然气为基础的产业就会出现明显的萎缩。

四　我国零碳产业的国际竞争力

技术的价值需要通过产业的发展来体现，技术质量是产业持续发展的基础。作为现代技术的一种类型，低碳技术的创新也遵循一般技术生命周期规律，要经历从基础研究、技术研发、项目示范到市场推广等几个阶段。在我国现有的低碳技术中，有的处于产品推广阶段，已初具产业规模；有的尚处于技术研发阶段，需要资金和政策支持；有的处于国际领先地位，正进入示范阶段，可以建立专利池予以保护；有的已经具备一定技术基础但层次不高，处在国际低碳技术转移的中低端。总体上看，缺乏核心技术和研发力量不足是大部分低碳技术的共同特点和发展瓶颈。

低碳技术是伴随着低碳经济、绿色革命的兴起提出的技术新概念，属于环境友好型技术，目前还没有一个比较权威的定义。低碳技术主要有提高能效技术、太阳能光伏发电、太阳能热发电、风能、碳捕集与封存（CCS）、绿色照明（LED）等。

我国在一些零碳技术方面已经具有优势，产品出口很有竞争力。目前我国的光伏、风电、核电、水电装备、电动汽车等方面在国际市场上已经具有很大的竞争力。中国是当今全球清洁能源技术的主要供应国，也是许多技术的净出口国。全球大规模制造技术中至少60%的制造能力来自中国，电解槽制造能力也有40%来自中国。除了风力涡轮机部件，欧洲是清洁能源技术的净进口地区，电动汽车和电池约1/4依赖进口，光伏组件和燃料电池完全依赖进口，且主要进口自中国。中国直接向除了北美的所有市场供应光伏设备。美国约2/3的光伏组件依赖进口，主要进口地为东南亚（IEA，2023）。

2021年全国出口发电机组915.6万千瓦，同比增长0.1%，占发电设备产量的6.8%，主要出口到印尼、柬埔寨、巴基斯坦、尼泊尔、越南、巴西等国。其中出口水电机组181.2万千瓦，同比增长27.7%；火电机组633.5万千瓦，同比下降8.1%；风电机组100.9万千瓦，同比增长20.0%；可再生能源设备出口产量占比提高6.1个百分点。2021年国内企业新接发电机组出口订单1095.5万千瓦。

在海外光伏应用市场快速增长拉动下，我国光伏组件出口规模已连续三年大幅增长，平均增速超45%。2019年光伏组件出口至全球224个国家及地区，总出口额173.1亿美元，占光伏产品（硅片、电池片、组件）出口总额的83.3%，同比增长2.7个百分点；出口量约为66.6吉瓦，同比增长60.1%，占全球出口市场的70%左右。

近几年我国的电动汽车出口也呈现快速增长趋势。中国作为电动汽车出口国的影响力日益增长。2021年中国电动汽车出口量比上年增加2倍多，达到50万辆左右，超过德国和美国，居世界首位，占世界出口市场的30%左右。根据英国艾尔西汽车市场咨询公司的数据进行推算，2021年全世界电动汽车产量为399万辆，其中中国产量为229万辆，占全球产量的57.4%；欧洲占22%，美国占12%，日本仅占0.9%。

由于未来能源转型将走向以零碳电力为主的格局，因而我国的可再生能源电力、核电有很大的发展空间。一些研究预计未来中国的光伏出口会达到1.2亿千瓦以上，风电出口会达到5000万千瓦以上。零碳技术出口将成为我国出口的一个重要拉动因素。

五 产业零碳转型助力经济高质量发展

（一）"双碳"目标为经济高质量发展提供转型机会

"双碳"目标下的能源转型将更多依赖间歇性的可再生能源，因而高可靠度的电力供应将构成能源安全的核心。高度安全的能源供应，是经济高质量发展的关键。

中国实现"双碳"目标所需投资在100万亿到170万亿元，这意味着未来中国每年将在"双碳"领域平均投资2.6万亿~4.2万亿元（按2022年GDP折算，为当前GDP水平的2%~3.5%），公共财政仅能承担其中的一小部分，大部分资金缺口需由社会资金填补。[①] 未来，中国的循环经济和可再生能源电力、可再生能源建筑供能、清洁能源交通工具迎来投资机遇（见表14-4）。工业领域，为加快消费向低碳、零碳能源转变，政策支持企业通过电力市场购买绿电等方式提高可再生能源电力消费占比，可再生能源电力项目的需求将进一步提高；建筑领域，在企业和用户供热设施智能化转型背景下，利用太阳能、地热能、生物质能等可再生能源为建筑供能的条件进一步成熟，光伏建筑一体化等可再生能源建筑供能项目也迎来新机遇；在交通领域，能源清洁替代政策背景下，大容量电气化公共交

---

① U. S. Department of Energy, 2022, "President Biden Invokes Defense Production Act to Accelerate Domestic Manufacturing of Clean Energy," https://www.energy.gov/articles/president-biden-invokes-defense-production-act-accelerate-domestic-manufacturing-clean.

通和清洁能源交通工具的市场规模将扩大，与之配套的充换电、加氢、加气站点布局及服务设施也有较为广阔的投资市场。

表 14-4 中国"双碳"投资地图确定的投资机会领域

"双碳"有关领域	SASB 行业分类	子产业	投资机会领域
循环经济	基础设施	供水服务	污水处理
			自来水生产供应
			智慧水务
		垃圾管理	工业危废无害化与资源化处理
			新能源环卫设备供应
可再生能源	可再生与替代能源	电力设备与发电机	智能电表与用电信息采集系统建设
			特高压建设
			电动汽车充电基础设施
		生物燃料	废油脂制生物质柴油
		太阳能技术与项目开发	N 型光伏电池
			分布式光伏电站
			光伏建筑一体化（BIPV）
		风能技术与项目开发	海上风电
			大型风机制造
			风机轴承制造
			叶片碳纤维材料
		燃料电池和工业电池	废旧动力电池回收和利用
			换电站建设和运营

资料来源：兴业证券和联合国开发计划署发布的《中国"双碳"投资地图 2022》。

与其他发达国家的发展经历不同，我国的制造业在经济发展过程中起到重要作用，目前我国拥有联合国产业分类中全部工业门类，很多工业产品产量在全球的占比超过 50%。经过 20 多年的建设，我国的基础设施规模也已经很大，从人均来讲也开始处于较高水平。大部分高耗能工业产品产量和技术水平在全球已经领先，未来增长空间有限，一些高耗能产品产量已经开始处于下降通道。因而经济一定会开始转型，从依赖工业，特别是重工业的经济发展模式，转为以服务业、轻工业为主的经济发展模式。我国尚属于发展中国家，在经济转型阶段，实现经济高质量发展是我们面临的重要任务。推动高质量发展，是保持经济持续健康发展的必然要求，是适应我国社会主要矛盾变化和全面建设社会主义现代化国家的必然要求，是遵循经济规律发展的必然要求。

(二) 能源工业是我国经济发展的核心支撑产业

社会经济运行离不开能源。所有行业和社会活动都依赖能源的供给支撑。能源供应一旦出现问题，就会给社会经济带来重大影响。各国都对本国的能源工业发展和能源供应给予高度重视。

同时能源工业也是经济发展的重要部门。2019年我国能源工业的增加值占GDP的5.8%左右，占工业的15%左右。目前每年煤炭供应40多亿吨，石油7亿多吨，天然气近3600亿立方米。从产品总量上看，能源量占全部工业产品产量的50%以上，占我国交通货运量的35%以上。

能源技术装备也是全国重要的引领行业，是国家科技研发的重点领域之一。我国在特高压输电、第三代核电、大型水电、先进燃煤发电、光伏发电、风电等关键能源技术领域处于世界领先行列。能源工业也是国内拥有专业高等教育学校最多的行业。

(三) "双碳"目标下的中国经济发展和工业投资

2020年我国固定资产投资52.7万亿元，占GDP的51.9%。长期以来我国的固定资产投资占GDP的比重都在52%以上。近年来我国能源工业的固定资产投资都在4万亿元以上，占全国固定资产投资的7%左右，占工业投资的25%以上。实现"双碳"目标下的能源转型，需要明确未来的投资方向。根据相关研究，实现"双碳"目标下的能源转型，能源部门的投资将超过125万亿元，终端能源消费部门的投资将超过110万亿元。

表14-5给出了碳中和路径下明显转型的部门2017年的固定资产投资和行业未来的转型方向，以及根据IPAC模型计算的2035年的投资需求。表14-6则给出了碳中和路径下新兴行业的发展展望和投资需求。总的来讲，碳中和路径下转型行业的固定资产投资并没有超出既有投资需求太多，而且和当年的GDP相比投资规模也并不大，因而是可以实现的。重要的是要支撑我国经济高质量发展，就需要从目前开始确保投资的有效性，需要从长期视角来辨识投资的领域。

表14-5 碳中和路径下部门的固定资产投资、未来转型方向和投资需求

部门	2017年固定资产投资（亿元）	未来转型方向	2035年投资需求（亿元）
电力、热力	22055	实现零碳电力供应，以可再生能源、核电为主，加上化石能源发电和碳捕获，以及生物质发电和碳捕获	35000
能源开采	5300	从煤炭、油气转向核原料开采	1000
天然气供应	2230	以国内供应为主	2000
石化、炼焦和核燃料加工	2677	以绿氢为工艺路线的石化产业，大规模核燃料加工	4500
交通	54030	完全电力化和氢基交通	65000
建筑	143300	超低能耗建筑和相关基础设施	120000
煤化工	1240	实现基于煤炭和绿氢的无直接CO_2排放的工业流程	2300
黑色金属冶炼	3804	氢基冶炼和碳捕获工艺	3200
有色金属冶炼	5038	氢基冶炼和零碳电力使用	5100
非金属矿物制品业	16953	基于电力、回收材料和可再生能源的生产工艺	12000
汽车制造业	13100	电动汽车和燃料电池汽车	16000
铁路、船舶、航空制造业	2986	非电力化铁路利用氢动力，船舶零碳排放，飞机氢动力和可再生能源燃料	6300
电气机械制造业	13347	为其他制造业提供适用于零碳工艺的设备	15000
废弃物资源综合利用业	1695	建立一个高度循环的经济体系，垃圾发电、污水处理发电	4500

表14-6 碳中和路径下新兴行业的发展展望和投资需求

行业	发展展望	2035年投资需求（亿元）
绿氢生产	基于可再生能源和核能制氢，未来会达到5500万~7500万吨，同时会出口2000万~5000万吨	2600
储能	适用于大规模零碳电力接入的储能需求会达到5亿~8亿千瓦	1900
智能能源	全社会高度电力化情况下需要大规模的能源智能化	1800
碳捕获	到2050年需要捕获10亿吨以上	850
电力供应服务	电力供应将高度市场化，将产生大规模的电力供应服务需求，由电力服务公司供电	1200

| 第十五章 |

碳市场：充分发挥碳市场的定价和调节作用

碳排放空间是一种公共产品，具有消费的非排他性、供给的非竞争性、受益的不可阻止性特点。当全球气候变化逐渐成为威胁地球可持续发展的一项重要影响因素，越来越多的国家开始控制温室气体排放，碳排放空间随之成为稀缺资源，碳市场应运而生，成为管理碳排放空间这种稀缺资源的重要定价工具。

一 碳市场在碳达峰碳中和政策体系中的定位

碳达峰碳中和是全球应对气候变化的战略目标，实现这个目标需要科技、工程、政策、教育等多个领域的共同变革。碳市场属于碳达峰碳中和政策体系中的经济激励机制，是政府运用市场化手段促进减排目标低成本完成的政策工具。

(一) 碳市场的理论基础与价格形成机理

碳市场作为一种数量型财税工具，其理论基础是科斯定理。在碳排放空间限定的条件下，政府作为公共资源（碳排放空间）的管理者，根据一定的规则将碳排放空间以碳排放权配额（以下简称配额）的形式分配给加入碳市场的市场主体，市场主体根据所获得的配额，结合自身生产计划和对产品市场的判断，做出生产决策，包括：是否进行工艺流程改进、开展能源管理（比如，采用电力替代）、建立碳排放管理制度等。当市场主体实际产生的碳排放量超过配额时，可以选择从碳市场中购买政府认可的减排量产品或其他市场主体出售的配额予以弥补，以实现碳排放量与配额量的对等；当市场主体实际产生的碳排放量少于配额时，可以选择在碳市场中出售多余的配额，或者将配额储存起来，为未来的超配额排放埋单。在碳市场运行过程中，有两个环节涉及碳定价。第一，在碳排放权配额的分配环节，出现了免费分配和配额拍卖两种模式。在配额免费分配模式中，所有的配额都无偿发放给市场主体，在这个过程中，没有出现价格，碳市场的定价功能静默；在配额拍卖模式中，市场主体不能无偿获得全部配额，而是需要根据自身碳排放需求、配额价格的高低、减碳技术潜力等进行综合预判后，做出购买决策，大量而分散的市场主体的购买决策组合在一起形成了市场需求，政府提供的待分配配额总量是市场供给，在供求关系的作用下碳价自然形成，碳市场的定价功能通过这种方式在分配环节发挥作用。第二，在碳市场交易环节。在配额交易过程中由市场参与者共同形成的碳价，体现的是当期社会平均减排成本，即：当市场主体的边际减排成本高于碳市场配额价格时，交易就会发生；当市场主体的边际减排成本低于碳市场配额价格时，市场主体会选择加大减排努力，通过自身减排削减碳排放量而非从碳市场中购买配额。如果一个地区实行了配额拍卖制度，在一级市场中的碳价水平将会成为二级交易市场中的一种信号，对二级交易市场中的碳价水平造成一定影响。

碳市场作为实现碳达峰碳中和目标的重要政策工具，通过经济手段促进全社会朝着低碳发展方向演进，在这个过程中通过市场调节资源配置，降低全社会减排成本，给予低碳生产和产品以正向激励。碳定价是碳市场一项重要的功能，通过价格信号的作用发挥市场调节作用，体现碳排放空间的稀缺程度、对低碳技术的需求、碳排放的经济代价。在碳定价的作用下，外部成本内部化才能够得以实现（刘奇超等，2021）。

从目前碳市场的价格形成方式看，主要有一级市场（配额分配市场）碳定价和二级市场（配额交易市场）碳定价两种类型（详见图15-1）。在存在一级市场的情况下，一级市场的碳价将对二级市场碳价的形成产生一定示范作用，二级市场碳价变化对一级市场配额定价也会造成影响，经过两个市场信号的不断调整反馈，最终两个碳市场的碳价将保持在合理梯级水平。在不存在一级市场的情况下，碳市场的定价功能主要体现在二级市场中。

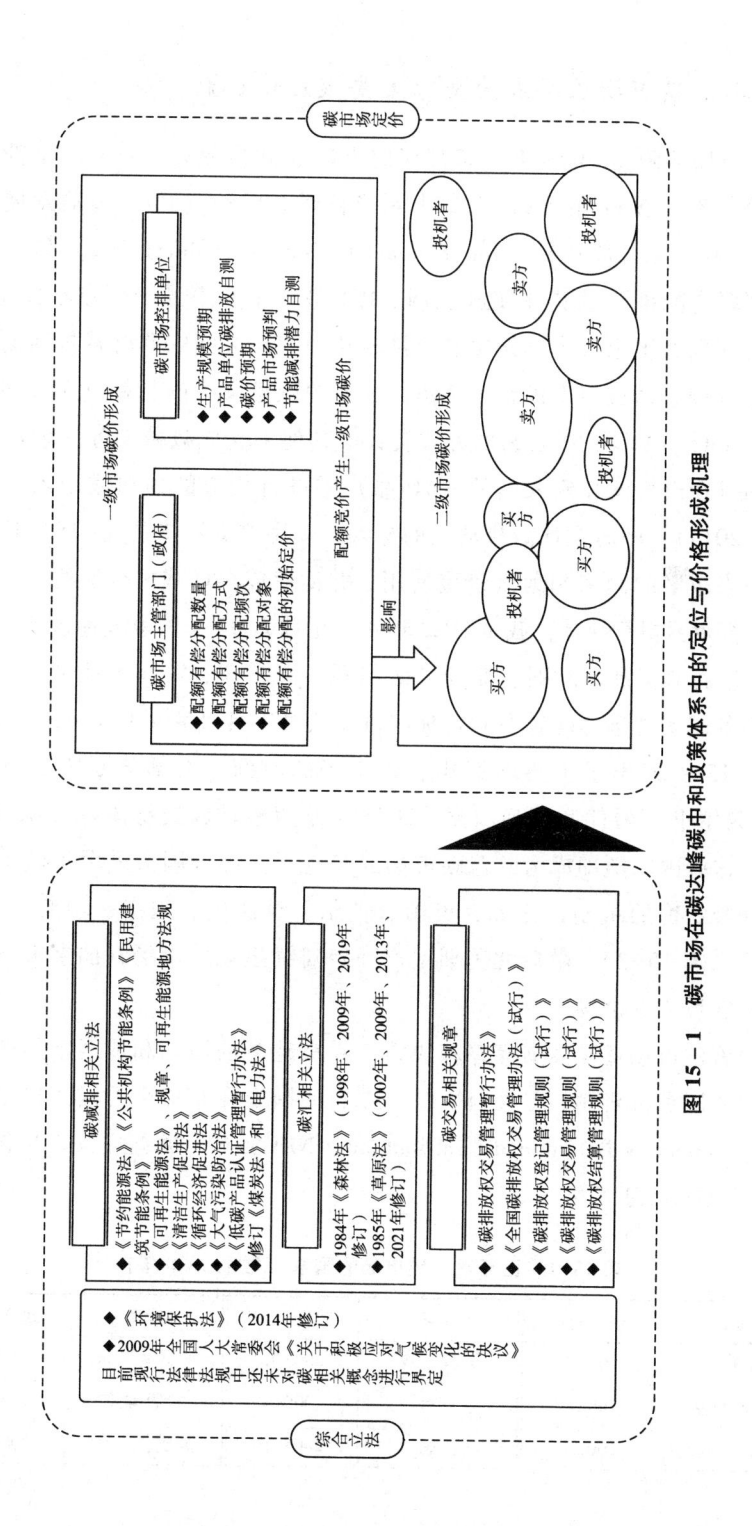

第十五章 碳市场：充分发挥碳市场的定价和调节作用 • 313

图 15−1 碳市场在碳达峰碳中和政策体系中的定位与价格形成机理

(二) 碳市场已经成为全球主要碳定价机制

碳市场伴随着 2005 年《京都议定书》正式生效而启动。《京都议定书》第 6 条、第 12 条和第 17 条中明确将联合履约（JI）、清洁发展机制（CDM）和国际排放贸易（International Emissions Trading，IET）作为各国开展"联合减排"的具体实施机制。IET 最初主要服务于《京都议定书》附件 B 所列的国家（发达国家和经济转轨国家）之间的联合减排活动，允许附件 B 国家通过 IET 机制将其超额完成的减排义务的指标（Assigned Amount Unit，AAU），以贸易的方式转让给其他未完成减排义务的附件 B 国家，同时在出售国和购入国的 AAU 账户中进行相应的划扣或划入（王金南等，2014）。随着全球减排活动的深入，碳排放交易体系（ETS）这种机制被越来越多的国家和地区借鉴使用，并演变成全球减排行动的重要市场工具。据世界银行统计，截至 2022 年 4 月全球有 37 个国家或地区实施 ETS 机制，遍布北美洲、欧洲、非洲、南美洲、大洋洲、亚洲等地区，ETS 已经成为各国实现碳达峰碳中和目标的重要政策工具（World Bank，2022）。

表 15-1 列出了主要国家建立碳市场的时间。大部分欧盟成员国是《京都议定书》附件 B 所列国家，2005 年欧盟碳排放交易体系（EU ETS）建立，这些国家随即成为欧盟碳市场的参与者。部分国家采用了碳市场和碳税联合定价的机制，比如，英国、爱尔兰、法国、瑞士、瑞典、波兰、丹麦等（表 15-2）。随后北美洲国家开始陆续建立碳市场，加拿大不同省采取了碳税或碳市场。

随着碳市场逐步发展完善和成熟，越来越多的国家和地区采用碳市场作为主要碳定价机制，已经有 120 个左右的国家在其提交的国家自主贡献方案（Nationally Determined Contributions，NDC）中，将建立碳市场作为实现 NDC 的重要手段之一。

表 15-1 已经建立碳市场的国家（截至 2020 年）

国家	建立时间	国家	建立时间	国家	建立时间
比利时	2005 年	爱沙尼亚	2005 年	哈萨克斯坦	2013 年
保加利亚	2005 年	芬兰	2005 年	拉脱维亚	2005 年
加拿大（省级）	2007 年	法国	2005 年	列支敦士登	2009 年

续表

国家	建立时间	国家	建立时间	国家	建立时间
中国（省级）	2013 年	希腊	2005 年	立陶宛	2005 年
克罗地亚	2013 年	匈牙利	2006 年	卢森堡	2005 年
捷克共和国	2005 年	冰岛	2009 年	马耳他	2005 年
塞浦路斯	2005 年	爱尔兰	2005 年	荷兰	2005 年
新西兰	2008 年	挪威	2009 年	波兰	2005 年
葡萄牙	2005 年	斯洛文尼亚	2005 年	韩国	2015 年
罗马尼亚	2005 年	斯洛伐克	2005 年	西班牙	2005 年
瑞士	2005 年	瑞典	2005 年	英国	2005 年
美国（州层面）	2010 年	德国	2005 年	奥地利	2005 年
丹麦	2005 年	意大利	2005 年		

数据来源：https://ourworldindata.org/carbon-pricing。

表 15-2 实施碳税的国家（截至 2020 年）

国家	实施时间	国家	实施时间	国家	实施时间
英国	2013 年	南非	2019 年	丹麦	1992 年
爱尔兰	2010 年	斯洛文尼亚	1996 年	哥伦比亚	2017 年
法国	2014 年	新加坡	2019 年	智利	2017 年
瑞士	2008 年	葡萄牙	2018 年	冰岛	2010 年
瑞典	1991 年	挪威	1991 年	列支敦士登	2008 年
波兰	1989 年	墨西哥	2014 年	爱沙尼亚	2000 年
加拿大（部分省）	2011 年	拉脱维亚	2004 年	日本	2012 年
阿根廷	2018 年	芬兰	1989 年	乌克兰	2011 年
澳大利亚	2012~2014 年				

数据来源：https://ourworldindata.org/carbon-pricing。

从碳税和碳市场下的碳价水平看，2020 年全球主要国家碳市场平均价格为 1.63 美元/吨碳当量，碳税平均为 0.78 美元/吨碳当量，碳市场对减排努力的经济激励略高于碳税；从减排资源优化配置效率来看，碳市场充分发挥了"无形之手"的作用，不同减排潜力和排放需求的市场主体，在价格信号的指引下经过不断的市场交换最终形成均衡价格，在这个价格水平上交易双方均可获得生产者剩余和消费者剩余。由表 15-3 和表 15-4 可见，在欧盟碳市场中，欧盟成员国的碳价水平相差无几，碳税的税率是由各国政府制定，即使同为欧盟成员国，国家之间的碳税水平差异也较大（葛杨，2021）。可见，碳市场机制更有利于形成全球统一的碳排放定价体系。

表 15-3　全球主要国家碳市场价格（2020 年）

国家	碳价（美元/吨碳当量）	国家	碳价（美元/吨碳当量）	国家	碳价（美元/吨碳当量）
韩国	16.43	葡萄牙	11.71	法国	7.67
保加利亚	15.92	西班牙	11.57	拉脱维亚	7.20
希腊	15.72	罗马尼亚	11.39	立陶宛	6.63
新西兰	15.68	斯洛文尼亚	10.83	冰岛	4.16
芬兰	15.18	丹麦	10.62	瑞士	2.84
捷克	15.10	意大利	10.01	卢森堡	2.74
塞浦路斯	14.36	比利时	9.95	加拿大	2.64
荷兰	13.01	爱尔兰	9.51	爱沙尼亚	2.16
德国	12.55	匈牙利	9.47	美国	1.01
波兰	12.44	克罗地亚	8.81	哈萨克斯坦	0.53
马耳他	12.42	英国	8.10	中国	0.37
挪威	11.99	瑞典	7.76	全球平均	1.63
斯洛伐克	11.99	奥地利	7.69		

注：Average price on emissions covered by an ETS, weighted by the share of the country's CO_2 emissions 2019 US\$ per tonne.

数据来源：https://ourworldindata.org/carbon-pricing。

表 15-4　全球主要国家碳税（2020 年）

国家	碳税（美元/吨碳当量）	国家	碳税（美元/吨碳当量）	国家	碳税（美元/吨碳当量）
瑞典	48.81	加拿大	8.54	墨西哥	1.37
芬兰	36.76	南非	7.02	阿根廷	0.95
法国	30.13	斯洛文尼亚	4.44	哥伦比亚	0.56
瑞士	19.88	挪威	3.76	立陶宛	0.29
丹麦	15.12	英国	3.30	乌克兰	0.26
爱尔兰	13.98	新加坡	2.39	爱沙尼亚	0.02
葡萄牙	12.82	智利	2.34	全球平均	0.78

续表

国家	碳税（美元/吨碳当量）	国家	碳税（美元/吨碳当量）	国家	碳税（美元/吨碳当量）
冰岛	12.71	日本	1.79		

注：Average price on emissions covered by an ETS, weighted by the share of the country's CO_2 emissions 2019 US$ per tonne.

数据来源：https://ourworldindata.org/carbon-pricing。

（三）碳市场通过配额分配机制发挥定价和资源调节作用

碳市场配额拍卖机制（以下简称配额拍卖机制）具有碳价发现、稳定市场预期、优化碳资源配置等作用。配额拍卖机制最早被 EU ETS 使用，随着越来越多的国家建立碳市场，配额拍卖机制逐渐成为碳市场的"标配"。本小节将简要介绍欧盟碳市场配额拍卖机制是如何发挥碳定价和资源调节作用的。

1. 配额拍卖比例设定

在早期阶段，EU ETS 配额分配基本是免费的，在第 1 阶段（2005~2007 年）的拍卖比例在 5%以内，在第 2 阶段（2008~2010 年）的拍卖比例在 10%以内。从第 3 阶段（2013~2020 年）开始，拍卖成为欧盟排放交易机制中的"默认"分配方法，受碳泄漏影响的行业除外。拍卖会至少每周举行一次，由欧洲能源交易所（EEX）组织拍卖（庄贵阳和周宏春，2021）。

出于流动性考虑，欧盟体系选择了更频繁、规模更小的拍卖，因为它们鼓励小型竞买者参与拍卖，有利于促进价格形成，且不会导致价格大幅波动。在高比例拍卖配额机制中，拍卖次数少虽然可以降低拍卖管理成本，但存在市场风险，比如，少数大公司可能会通过购买大量配额，垄断并推高配额价格，也对流动性产生不利影响。出于同样的原因，欧盟体系中没有使用价格下限（或保留价）。

2. 配额拍卖收入的使用

EU ETS 对拍卖的监管主要集中在二级立法中，即 2010 年颁布并此后多次修订的拍卖条例。该条例规定了拍卖的时间、管理和其他方面（包括拍卖准入）的内容，确保拍卖以"公开、透明、协调和非歧视的方式"进行。该条例规定了有资格参加拍卖的参与者的类别，并要求在获得准入之前必须满足某些准入标准。买方的主要类型是具有履约义务的控排行业、金融中介机构（如银行），它们也代表较小的公司和排放者。拍卖会上提供的产品有欧盟配额（EUA）和航空配额（EUAA）。

根据 ETS 的指令，拍卖收入在成员国之间不按同等比例分配，以反映各国国情的差异。在第三阶段，拍卖收入的分配机制如下：

- 88%的拍卖收入是根据 2005 年欧盟 ETS 核算的成员国排放量份额，或 2002~2007 年平均排放量占欧盟总排放量的比例分配给成员国；
- 10%分配给最不富裕的成员国，作为额外的收入来源，帮助它们降低经济的碳强度和适应气候变化；
- 剩下的 2%作为"京都红利"发放给 9 个成员国，这些成员国到 2005 年时排放量至少减少了 20%。

在第四阶段，"京都红利"将不适用，计划将拍卖收入的 90%根据已核实排放量的份额进行分配，剩余的 10%分配给较不富裕的成员国，"用于团结、增长和相互联系"。

2012 年至 2018 年 6 月 30 日，EU ETS 总拍卖收入超过 260 亿欧元。欧盟排放指令规定，成员国至少应将拍卖收入的 50%用于气候和能源相关用途。

EU ETS 中的配额分为 EUA 和 EUAA，也是履约产品。京都机制下的碳信用在 2020 年前也可以用来履约，但有一定的数量和来源限制。EU ETS 允许从第二阶段起多余的配额可以不受限制地储存下去。2008 年的经济危机导致对 EUA 的需求大大降低，供应严重过剩，再加上很多企业使用价格很低的抵消信用来履约（因为在第三阶段，部分抵消信用会失效），加剧了配额过剩。总的来说，第三阶段开始时的 EU ETS 大约超发了 20 亿吨配额，相当于年度碳排放总量。

3. 对超发配额的处理

作为短期措施，2014 年推出了所谓的"回收"程序，将拟拍卖配额的 9 亿吨配额从 2014~2016 年推迟到 2019~2020 年。作为一个长期的解决方案，所谓的市场稳定储备（MSR）于 2019 年 1 月开始运作：如果欧盟碳市场中流通的配额总量超过 8.33 亿吨，那么就减少配额拍卖，将配额投入 MSR；相反，如果流通的配额下降到 4 亿吨以下，MSR 将向市场注入配额。这些触发是自动的，不需要任何进一步的政治决策。在最新修订的指令中,决定将9亿吨回收的配额转移到MSR(而不是在2019~2020年推迟拍卖)。第三阶段的未分配配额(例如,新进入者的储备)也将转移到MSR。作为ETS指令修订的一部分,MSR设计也得到了进一步加强:2019~2023年,一旦超过阈值,将投入MSR的配额的吸收率从12%提高至24%。此外,自2023年起,MSR中高于上一年拍卖额的免税额将不再有效,即永久退出市场。再加上第四阶段碳排放上限的进一步收紧,这是导致EUA价格大幅上涨的主要因素(庄贵阳和周宏春,2021)。

(四)政府、控排企业、投资者在碳市场定价机制中的角色

政府、控排企业、投资者在碳市场的不同环节发挥着各自的作用。控排企业的单位产品碳排放水平、产能规模、生产决策、节能减碳潜力等对碳市场的配额需求造成最直接的影响,与政府根据减碳目标释放给市场的配额总量多寡共同作用于碳价水平,投资者在碳市场中主要发挥活跃市场的作用。以下将以碳市场的定价机制为例,对政府、控排企业和投资者在碳市场中的作用进行说明。

(1)政府在碳定价机制中的作用。政府在碳定价机制中发挥着不可替代的作用,区别在于不同定价机制中政府这只"有形之手"的力量强弱和作用方式(直接作用或间接作用)。一般而言,在碳市场形成初期,政府制定碳价可以为市场参与者提供价格指导,发挥灯塔作用;当市场参与者足够多时,在市场的作用下形成均衡价格,反映社会边际减排成本,此时,市场成为碳定价的主体。

(2)控排企业的边际减排成本是碳市场定价的核心,受供求关系的影响。以边际减排成本或碳排放造成的社会成本对碳进行定价反映了决策者两种不同的管理思路。前者关注的是碳排放即时成本——从控排企业减排1吨二氧化碳需要支付的成本角度对碳进行定价,在这种定价思路下,管理者通过获得所有控排企业的边际减排成本数据制定出科学的碳价。后者关注的是碳排放给社会造成的近远期成本——排放1吨二氧化碳会给社会带来多大的损失,这个损失包括近期和远期损失,在这种定价思路下,管理者需要借助综合性的影响评估模型进行损失模拟。这两种碳定价思路都是合理的,主要看数据的支持程度。

(3)投资者对未来的预期。在碳市场中,除了获得配额的控排企业

外，还有一支不可忽视的力量——碳市场投资者，不同的投资者对市场未来发展趋势有不同的预期和判断，并据此做出投资决策：出售或购入配额，当大部分投资者对未来碳价走势看衰时，可能导致碳价低于配额实际价值；当大部分投资者对未来碳价走势看涨时，可能导致碳价高于配额实际价值。投资者作为碳市场重要的参与者，对市场交易产生鲶鱼效应。

二 我国碳市场发展现状及定价调节功能

碳市场是落实我国二氧化碳排放 2030 年前达峰、2060 年实现碳中和目标的重要抓手：通过价格机制的作用提高市场主体排放二氧化碳的成本，促使市场主体自动减少碳排放，使碳排放与经济增长逐渐脱钩、近零排放，最终实现碳中和。

按照党中央、国务院相关决策部署，自 2011 年起我国在 7 个省、市开展了碳市场试点工作，在管理制度、数据收集、平台建设、市场运行等方面为全国碳市场建设积累了宝贵经验。2021 年 7 月 16 日，全国碳市场正式启动上线交易，全国碳市场第一个履约期，成交额 76.61 亿元，成交均价 42.85 元/吨，电力行业单位火电发电量碳排放强度相对 2018 年下降 1.07%。通过抵消机制，全国碳市场第一个履约周期为风电、光伏、林业碳汇等 189 个自愿减排项目的项目业主或相关市场主体带来月收益 9.8 亿元，我国碳市场的定价与调节作用已初见成效。[1]

（一）全国碳市场发展概况[2]

在全国碳市场第一个履约周期（2019～2020 年度），以发电行业为首个重点行业，将年碳排放量超过 2.6 万吨的 2162 家发电企业作为重点排放单位纳入，第一个履约期覆盖二氧化碳排放量约 45 亿吨，根据以强度控制为基本思路的行业基准法实施配额分配，与我国 2030 年前实现碳达峰的阶段目标要求相适应。

---

[1] 中华人民共和国生态环境部：《全国碳排放权交易市场第一个履约周期报告》，https://www.mee.gov.cn/ywgz/ydqhbh/wsqtkz/202212/P020221230799532329594.pdf，2022 年 12 月。
[2] 中华人民共和国生态环境部：《全国碳排放权交易市场第一个履约周期报告》，https://www.mee.gov.cn/ywgz/ydqhbh/wsqtkz/202212/P020221230799532329594.pdf，2022 年 12 月。

第十五章 碳市场：充分发挥碳市场的定价和调节作用 • 321

截至 2021 年 12 月 31 日，全国碳排放权交易市场第一个履约周期顺利结束，发电行业的重点排放单位间开展了配额现货交易，共有 847 家重点排放单位存在配额缺口，缺口总量约为 1.88 亿吨，碳排放配额累计成交量 1.79 亿吨，累计使用国家核证自愿减排量（CCER）0.3273 亿吨抵消配额清缴，市场处于基本出清状态。按履约量计，履约完成率为 99.5%。总的来看，经过第一个履约周期的建设和运行，全国碳市场已经建立起基本的运行机制框架（见图 15-2），打通了各关键流程环节，初步发挥了碳价发现作用，有效提升了企业减排温室气体和加快绿色低碳转型的意识和能力。

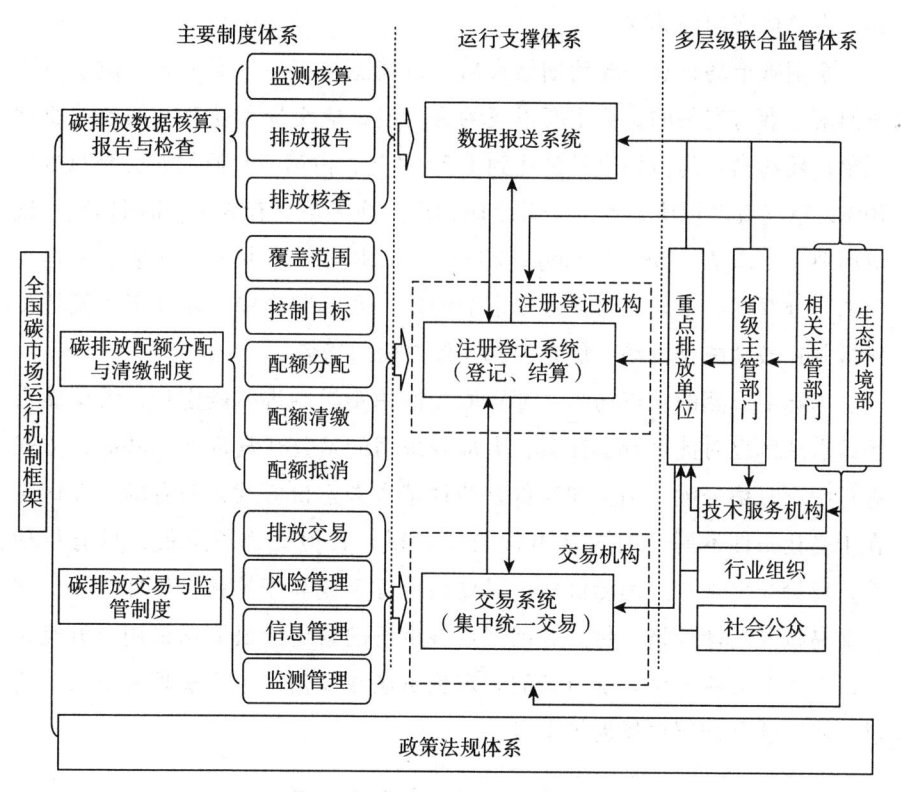

图 15-2　全国碳市场运行机制框架

资料来源：《全国碳排放权交易市场第一个履约周期报告》，https://www.mee.gov.cn/ywgz/ydqhbh/wsqtkz/202212/P020221230799532329594.pdf。

（二）全国碳市场的定价和调节功能有待优化

全国碳市场主要通过市场供求状态来确定碳价，没有一级定价市场。

2021年7月16日至2022年7月15日，全国碳市场共运行52周、242个交易日，碳市场启动以来，每个交易日均有交易发生，交易量随履约周期变化明显。启动当天以48.00元/吨的价格开盘，成交量超410万吨，挂牌协议交易单笔成交价在38.50~62.29元/吨CO_2，每日收盘价在41.46~61.38元/吨CO_2（Zhang，2022）。2022年7月15日收盘价为58.24元/吨CO_2，较启动首日开盘价上涨21.33%。全国碳市场开市以来，碳排放配额（CEA）累计成交量1.94亿吨CO_2，累计成交金额84.92亿元，其中挂牌协议交易成交额15.56亿元，占总成交额的18%；大宗协议交易总成交额69.36亿元，占总成交额的82%。

全国碳市场自首个履约期结束后，市场总体交易意愿下降，成交量明显回落。参与交易的企业主要以履约为目的，成交量存在显著的履约驱动现象，履约当月的市场交易量达到1.36亿吨，占第一年履约期交易总量的70%，市场流动性明显不足，首个履约周期换手率只有2%，而同期欧盟碳市场换手率高达758%（Zhang，2022）。说明全国碳市场的价格信号作用尚未充分发挥，未来需要强化碳市场的定价及调节功能，才能真正发挥市场机制在激励减排行动、优化资源配置方面的优势。

国际上成熟的碳市场基本都采取配额拍卖机制进行碳定价，我国碳市场试点地区也对此进行了探索，大部分采用的是公开竞价（bidding）方式进行配额有偿分配。拍卖和竞价是两种基本碳定价方式，两者的主要区别在于受让条件不同，拍卖是出价最高者得，其他人都不可得，具有排他性；竞价会出现一个均衡价格，只要出价等于或高于均衡价格即可得，并且交易按照均衡价格支付。我国试点碳市场的碳定价机制均采用公开竞价方式。下面对我国试点碳市场的碳定价机制建设情况进行梳理和分析，为进一步完善全国碳市场提供参考。

（三）试点碳市场的碳定价机制建设经验与启示

自2011年我国启动碳交易试点机制以来，已经有8个地区建设了碳排放权交易市场，包括广东、湖北、福建、北京、天津、上海、重庆七省（直辖市）以及深圳计划单列市。试点市场覆盖了电力、钢铁、水泥20多个行业近3000家重点排放单位，到2021年6月，试点市场累计配额成交量达4.8亿吨二氧化碳当量，成交额约114亿元，其中，广东、湖北、深圳、上海、天津这五个地区在配额分配机制中采取了公开竞价的方式进行配额有偿分配①，其配额拍卖活动见表15-5。截至2019年底，五个地区碳市场总共拍卖了2437万吨，成交总额约为9.2亿元，其中，广东碳市场拍卖机制最具代表性，拍卖配额约1580万吨，成交金额7.2亿元，约占所有地区碳市场拍卖的80%②（Wang et al., 2022）。这五个地区在拍卖方式、拍卖规模、参与主体、定价方式、拍卖频次等方面存在较大差异，主要有以下几点不同：

第一，配额拍卖机制在碳市场中发挥的功能不同，有的试点地区将配额拍卖作为有偿发放的方式，有的试点地区将配额拍卖作为保障本地控排企业履约的工具；

第二，拍卖的配额来源不同，除广东外，其他地区拍卖的配额来源于政府储备配额，造成实际上的配额增发；

第三，配额拍卖的对象有差异，有的配额有偿分配机制的设计目的主要是支撑企业完成履约，所以对参与配额拍卖的竞价者有严格的规定，即存在履约缺口的控排企业才能参与配额拍卖（如上海、天津）；有的配额有偿分配机制的设计目的在于服务配额分配和促进市场交易，因而对参与配额拍卖的市场主体没有严格的限制，控排企业、投资机构等均可参与配额竞价（如广东、湖北）。

总体上，在碳市场拍卖机制中，拍卖配额的来源关系着拍卖机制在碳市场中发挥的功能，但很容易被忽视。碳市场配额的总量一般由"拟分配给控排企业的配额""给新建项目业主的配额""预留给政府调节市场的储备配额"几部分组成。从预留配额中划拨出一定比例的配额用于拍卖，这样拍卖的配额具有"额外性"，不能反映控排企业边际减排成本，碳价信号较弱，这种拍卖机制主要发挥碳市场调节作用；如果从拟分配的配额中拨付一定比例用于拍卖，其拍卖的配额具有"约束性"，相当于减少了控排企业和新建项目业主潜在的免费配额，具有激励减少碳排放的作用，在这种情况下，拍卖机制才具有发现碳价的功能。

---

① 重庆试点碳市场2021年11月首次拍卖，不在本研究范围内。
② 由于引用的数据来源不同，所以具体分析时可能存在不一致的情况。

表 15-5 我国碳市场试点地区实施的配额拍卖活动

地区	方式	时间	底价（元/吨）	成交价（元/吨）	拍卖量（万吨）	成交量（万吨）	参与主体	拍卖功能
广东	封闭式统一价成交；至少购买配额总量的3%	2013.12~2014.4（每月）	60	60	1906	976		
	静态封闭式统一价成交，自愿参与拍卖	2014.9~2015.6（每季度）	25；30；35；40	26；30；35；41	800	343	控排企业和新建项目业主	分配手段发现碳价
		2015.9~2016.6（每季度）	以竞价前三个月配额市场成交平均价的80%	16.1；15；12.69	200	110		
		2016.9~2017.6（每季度）	9.88；15；16.5	200	150		
		2020.4.27	25.84（以竞价前三个月配额市场成交平均价的80%）	28.20	40	40		
湖北	静态封闭式统一价成交	2014.3	20	20	200	200	发现碳价	
		2018.11.29	24.48	24.48~24.56	351	351	控排企业、机构投资者	
		2018.11.27	24.48	24.48~25.70	200	149		服务履约
		2019.11	24.48	24.48~25.7	200	149		
		2019.12.9	27.56	27.56~27.72	200	111.8		
上海	静态封闭式统一价成交；竞买量不得超过配额的实际短缺量	2014.6	竞买日前30个交易日市场加权平均价的1.2倍，且不低于46元/吨	48	58	0.7229	配额不足的控排企业	保障履约基于2013年度清缴期市场调控方案

第十五章 碳市场：充分发挥碳市场的定价和调节作用 • 325

续表

地区	方式	时间	底价（元/吨）	成交价（元/吨）	拍卖量（万吨）	成交量（万吨）	参与主体	拍卖功能
上海	静态封闭式统一价成交；竞买量不得超过配额的实际短缺量	2017.6	上一年度市场加权平均价的1.2倍，且不高于42元/吨	38.77	200	4.1855	配额不足的控排企业	保障履约
		2018.7	上两年度的市场加权平均价的1.2倍，且不高于42元/吨	41.54	200	30.5237	配额不足的控排企业	基于2013年度清缴期市场调整方案
		2019.11	上一年度市场加权平均价的1.2倍，且不高于48元/吨	48	200	7.3421		
深圳	静态封闭式统一价成交，投标量不超过配额缺口的15%	2014.6	拍卖日前市场平均价格的一半	35.43	20	7.4974	配额不足的控排企业	服务履约
天津	静态封闭式统一价成交；竞买量不超过其年度配额缺口量（含历史结余配额）	2019.6	上一年半年度所有交易日市场加权平均价的1.2倍	14.63	200	107.6539	配额不足的控排企业	服务履约

资料来源：张小平（2019）及作者整理。

(四) 多种碳定价方式下的碳市场交易状态比较

广东碳市场拍卖机制在 2013 年度（2013~2014 年）采取了强制参与拍卖的政策，旨在使企业认识到碳排放有成本、碳配额有价值，同时约束了通过虚报碳排放量以获得更多碳排放配额的行为，有效地规范了控排企业碳排放数据上报行为，提高了数据质量、降低了监管成本，为后期实施市场化拍卖制度奠定了基础，使市场快速适应了有偿分配方式和拍卖形式。行政化的拍卖方式能在短期快速建立价格信号，但无法在长期为二级市场建立均衡的有效价格指导体系。由图 15-3 可见，第一个履约期广东一级市场的配额交易量巨大，挤压了二级市场，导致二级市场配额成交量仅为一级市场的 18% 左右。

但"配额门票制"的拍卖制度在完成"市场启蒙"使命后，广东碳市场拍卖制度逐渐向市场化方向发展，在"政府主导"向"市场主导"演进过程中，广东一、二级市场交易状态出现了较大波动。由于第一个履约期拍卖的巨量配额尚未被市场完全消化，在配额可储存的管理制度下，大部分控排企业处于配额盈余的状态，因此在 2014 年履约期内，广东配额交易在一级市场上出现了量价齐跌的现象（见图 15-3），计划拍卖 700 万吨配额，实际上 4 次竞价拍卖成交配额总量 343.854 万吨，拍卖成交价由 2014 年度的最高 40 元/吨骤降到 12.69 元/吨。

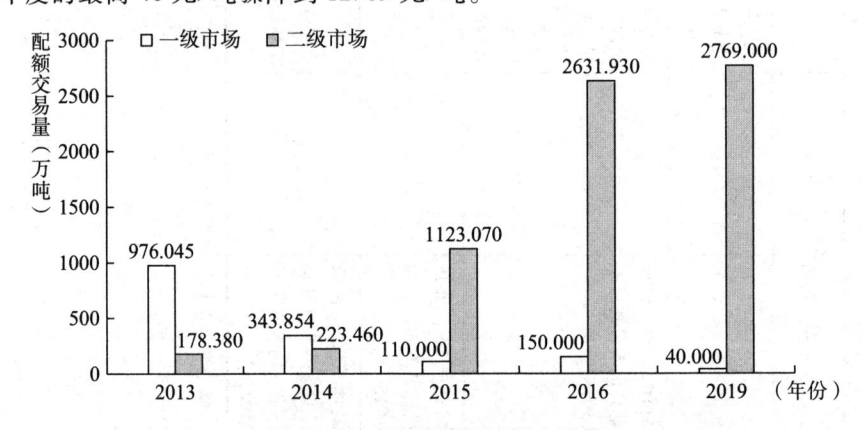

图 15-3 广东碳市场配额交易量

注：因 2017 年和 2018 年流拍，这两年的数据缺失，故图中未展示。
数据来源：作者从广州市碳排放权交易所网站收集数据绘制。

面对碳市场异常波动，主管部门及时调整政策，在不设拍卖底价的同时设定了拍卖政策保留价并实施流拍机制，实行一、二级市场碳价联动机制，拍卖机制在碳市场中的角色从碳价主导转换为市场辅助，企业市场意识增强，一级市场拍卖需求降低，二级市场交易活动增强（Wang et al., 2022）。

三 强化全国碳市场对碳达峰碳中和行动的支撑作用

强有力的价格信号可为碳达峰碳中和行动提供明确的经济激励。碳市场和碳税通过价格信号的作用驱动经济主体减少排放二氧化碳，引导生产、消费和投资向低碳方向转型，实现经济增长与碳排放脱钩。我国已经实施了碳市场机制，但价格信号偏弱，同时碳市场覆盖范围有限，还有60%左右的碳排放量没有受到碳排放管理的约束，需要在现有碳市场基础上进一步完善，从而为碳达峰碳中和目标的实现提供强有力的支撑。

（一）尽快在国家碳市场开展有偿配额分配工作，强化碳市场的定价功能

习近平主席在2020年9月22日第七十五届联合国大会一般性辩论上的讲话中提出了中国"双碳"目标，同时强调了"中国将采取更加有力的政策和措施"来实现这些目标。2021年7月启动的国家碳市场是对习近平讲话精神的回应和落实，与其他国家碳市场类似，我国碳市场在起步阶段采取了免费分配制度，只有二级交易市场存在，随着碳市场逐步发展完善，有偿分配将成为配额分配制度的一项重要内容，在"双碳"行动中发挥越来越重要的作用。国际碳市场经验表明，成熟的碳市场具有发育完善的一级市场和二级市场两个主体，分别承担着配额分配和交易的角色，其中一级市场在建设初期具有碳价发现的作用，后期主要是政府干预市场的工具；二级市场主要通过配额交换降低社会减排成本，通过市场奖励减排力度大的企业，两个市场相辅相成构成完整的碳市场体系，碳市场拍卖机制具有市场交易不可替代的激励作用。比如，早期阶段（2005~2007年）EU ETS分配基本上是免费的，第2阶段（2008~2010年）实施了部分拍卖制度，直到第3阶段（2013~2020年），拍卖才成为EU ETS的"默认"分配方法。可以预见，我国碳市场有可能在"十五五"时期从部分行业入

手实施配额拍卖机制。

从外部局势看，碳壁垒正在成为国际贸易壁垒的新要素，2020年7月欧盟委员会通过了被称为Fit-for-55的一揽子立法建议，其中"碳边境调节机制"（carbon border adjustment mechanism，CBAM）于2021年3月高票通过，2023年5月16日，欧盟碳边境调节机制（CBAM）的内容被正式发布在《欧盟官方公报》（Official Journal of the European Union）上，标志着CBAM正式走完所有立法程序，成为欧盟法律。欧盟碳边境调节机制于2023年10月1日起试运行，2026年正式实施。这就意味着，如果本国不实施碳定价机制，出口到实施了碳关税国家的产品将被强制征税。继CBAM后，美国、加拿大正在准备加入碳关税联盟。在这种形势下，以CBAM为首的碳关税联盟将精准打压那些尚未实行碳定价机制的国家或地区。我国尽快实行碳定价机制，一方面可以促进高碳企业大幅降低碳排放，早日实现碳达峰；另一方面，也有利于打破国际碳关税壁垒。

（二）全国碳市场在实施配额有偿分配过程中需要注意的几个关键问题

在新冠疫情、贸易摩擦加剧、全球经济低迷、气候变化等多重经济社会因素的影响下，实施碳市场定价机制需要关注的莫过于碳定价带来的企业碳成本。这个问题也是试点期间部分地区没有采取碳定价机制的最大原因。目前，我国面临复杂多变的国际局势和经济增速下滑等问题，碳定价何时实施？采取什么方式实施？对哪些对象实施？等等，都是需要关注的问题。对这些问题不同的处理方式，产生的效果大相径庭，如果把握好碳定价机制的实施节奏，可以吸引社会对清洁创新的投资并加速产生新的产业，使清洁低碳的产业成为新经济增长点，继而全面取代高碳产业，实现经济赛道平稳切换。在国家碳市场实施定价机制前，需要对以下几个关键问题进行研究。

第一，在什么行业率先实施配额拍卖机制是合适的？既可以减少配额拍卖带来的经济负面影响，又能够发挥碳定价的诸多功能。

第二，拍卖比例如何设置是合理的？所有行业采取统一免费比例，还是分行业设置不同的比例？既要考虑分配的公平公正，同时也要兼顾不同行业的减碳潜力和产业政策。

第三，拍卖时间窗口如何设定？不同的竞价时间有不同的功能，需要制度设计者根据拍卖机制的功能定位选择时间窗口：

（1）二级市场启动之前进行竞价，有助于建立市场的价格预期，是市场价格信号形成的导入阶段，一般用于新一轮履约期的开始阶段；

（2）碳市场运行期间，此时的配额竞价作为一种市场调控机制对市场供求关系进行干预和调整，主要用于调节市场；

（3）碳市场运行末期（如履约期最后一天），为控排企业提供最后一次获得配额的机会，主要用于帮助超排企业完成履约任务。

第四，现有的碳市场拍卖收入管理机制如何创新？从我国碳市场试点地区看，配额拍卖收入的资金收支方式均为"配额有偿分配收入，实行收支两条线，纳入财政管理"。这种方式会导致拍卖收入进入财政后难以用于低碳相关专项开支，而碳市场建设需要专项资金用于管理，如：（1）碳市场配额回购，主管部门通过回购配额等方式稳定市场价格，以维护市场稳定和安全运行；（2）反馈社会的低碳发展行为，用于控排企业节能改造项目；（3）支持碳市场发展的能力建设和支撑性研究活动；（4）成立气候变化资金池，撬动更多社会游资进入形成碳金融产品。由于碳市场试点工作在省、市级层面开展，在碳市场先行而立法滞后的情况下，一些配套政策没有及时补位，配额有偿分配收入难以专款专用。在国家碳市场拍卖机制建设过程中建议关注这个问题，生态环境部与财政部应及时对接，就碳市场拍卖资金管理进行协商。

（三）面向碳达峰碳中和目标的碳市场拍卖机制建议

我国碳市场拍卖机制已经积累了充分的试点经验，经过机制的设计、调整、运行，取得了良好的效果，在碳市场中形成了稳定的配额拍卖预期，说明碳市场拍卖机制在我国具有可行性。但全国碳市场不同于试点碳市场，覆盖面更广，区域差异更大，面临着国内国际两个产品市场和碳市场，需要从试点经验中借鉴、提升、拓展。围绕"双碳"目标和国家碳市场建设，对上述需要解决的重要问题提出以下建议（Wang et al.，2022）。

1. "十五五"期间在部分行业率先开展碳市场拍卖机制

我国碳市场已经于2021年7月16日正式上线启动，发电行业中年度温室气体排放量达到2.6万吨二氧化碳当量的企业已经纳入国家碳市场，未来碳市场覆盖范围将扩大到更多的高排放行业、更丰富的交易品种和交易方式。①但《碳排放权交易管理办法（试行）》没有明确其他高排放行业进入国家碳市场的时间表。欧盟碳边境调节机制将在2026年实施，届时将对我国的国际贸易产生一定影响。中国是世界上最大的产品出口国并已成为欧盟最大的贸易伙伴。2020年，中国对欧盟的出口总额为3835亿欧元，约占中国出口总额的15.1%和欧盟进口总额的22.4%，2021年以来，EU ETS的配额价格大幅攀升到50欧元，我国碳市场的配额现货价格在50元左右，两个市场存在巨大的价差。有学者评估了欧盟CBAM对中国的影响，发现当CBAM覆盖14个制造业部门且在25欧元/吨的碳边境调节税率下，中国的出口价值损失在6.8%~11.6%（段茂盛等，2021）。我国自2013年起已经陆续发布了24个行业企业的温室气体排放核算与报告指南，2016年起开展了8个行业②的温室气体排放核算与报告行动，为扩大国家碳市场覆盖范围奠定了数据基础。建议国家碳市场在"十五五"期间尽快将钢铁、水泥、电解铝、化肥等行业纳入，并实施碳市场拍卖机制以打破国际碳壁垒。

2. 设计"时空两分法"的拍卖模式，兼顾国内国际两个碳市场

我国正处于工业文明向生态文明转型过程中，区域发展不平衡，未来发展还需要碳排放空间，碳市场不适合"一刀切"地设置拍卖比例，应根据具体行业的减排潜力、发展前景、贸易模式（国内市场还是国际市场）等综合考虑，从时间和空间两个维度设计差异化的配额拍卖比例。第一，采取分阶段设置不同拍卖比例的模式。在拍卖机制启动初期，拍卖比例为拟分配的配额总量的5%~10%，随着拍卖机制的推进逐渐提高拍卖比例。第二，采取分行业设计拍卖比例（免费配额比例）的模式。对面临碳关税的行业企业实施较大幅度的配额拍卖比例提升，帮助企业更快适应国际贸易新局面。第三，不同行业在不同阶段的拍卖比例差异将随着时间推移逐渐减小，最终稳定在一个较高的拍卖比例上，使碳市场成为碳达峰碳中和的有力支撑。

---

① 《关于做好2023—2025年发电行业企业温室气体排放报告管理有关工作的通知》，中华人民共和国生态环境部网站，https://www.mee.gov.cn/xxgk2018/xxgk/xxgk06/202302/t20230207_1015569.html，2023年2月7日。

② 8个行业：石化、化工、电力、建材、钢铁、造纸、有色、航空。

3. 构建"拍卖底价+触发碳价+流拍机制"的价格管理体系

拍卖底价是为市场设定的一个最低碳价（例如，实现碳达峰目标的碳价区间），当竞价低于拍卖底价时启动流拍机制，同时政府从市场中回购配额；当竞价高于触发碳价（例如，碳关税为触发价格）时，政府向市场投放配额，平抑市场。拍卖底价是非常强烈的价格信号，当市场上没有可参照的基准碳价时，可以帮助碳市场快速建立价格信号。短期内拍卖底价是政府建立市场预期的辅助工具，是在二级市场供求关系尚未建立时的一种过渡手段。"触发碳价机制"有助于将碳价控制在合理范围内，避免给碳市场参与者带来难以承受的碳成本压力。以拍卖底价和触发碳价为核心的碳市场价格管理体系可以建立一个确定的价格预期，对二级市场的价格平稳性有很强的支撑作用。

4. 采取寄售方式拍卖配额，实现资金与项目协同管理

拍卖机制的管理主体通常是一个国家或地区的政府主管部门，执行主体是政府主管部门指定的有资质的机构，采取"政府管理，机构执行"的拍卖模式。但管理方式各国差异较大，一种是"政府全过程管理"，比如，我国碳市场试点机制、EU ETS 等；一种是"政府代理管理"，如美国加利福尼亚州碳市场。这两种管理方式的最大区别在于，在政府主管部门和执行机构之间是否存在一个"代理机构"：在政府授权下代替政府管理碳市场拍卖活动。在"政府代理管理"方式下，代理机构负责组织配额拍卖、干预市场波动、收取和管理代理费用等活动，并向政府主管部门定期报告代理工作情况等。我国碳市场试点拍卖机制整体发展不充分不活跃，其中有两个重要原因：一是拍卖收支管理关系不顺畅，财政统收统支的资金管理方式使来自碳市场的资金难以回馈和调节市场，抑制了市场参与者的积极性，增加了政府主管部门的管理难度；二是政府主管部门实施配额拍卖的主动性不强，因为配额拍卖本质上增加了市场参与者的生产成本，削弱了本地企业竞争力，又无法从碳市场拍卖收入中获得一定的资金用于低碳转型，不利于本地财政和地方经济发展。建议国家碳市场未来实施拍卖机制时，参照美国加利福尼亚州碳市场的寄售模式，通过代理机构进行碳市场拍卖活动的项目与资金管理，保障拍卖收入专款专用。政府主管部门应采取多种手段管理碳市场，将专业且繁杂的事务性活动交由专业机构负责，这样更有利于政府做好顶层设计工作。

（四）扩大全国碳市场覆盖范围，助力能耗"双控"向碳排放"双控"转变

2021年3月13日，《中华人民共和国国民经济和社会发展第十四个五年规划和2035年远景目标纲要》提出实施以碳强度控制为主、碳排放总量控制为辅的制度。这就意味着全国碳市场外的碳排放源也将受总量和强度"双控"。碳排放总量管理制度与碳市场紧密相关。

目前全国碳市场现有分配制度中，仍然给予了控排企业一定的免费碳排放额度，控排企业只有在碳排放量超过了免费额度后才需要为碳排放支付费用。可以预见，随着全国碳市场范围逐步扩大以及控排行业类型和市场参与者的增加，实施有偿分配指日可待，这不仅是国内全面推进经济绿色低碳循环发展的内在要求，也是融入国际大市场的必然趋势。在碳市场试点阶段，关于配额有偿分配的流程和实践已经取得了较为充分的经验，已为我国碳市场全面实施碳定价奠定了坚实的基础。

第十六章

碳金融：绿色金融助力碳达峰碳中和

一 绿色金融与"双碳"目标

全球气候变化对人类社会和生态环境的影响越来越大，而减缓气候变化和应对其影响已成为全球共同的挑战。在这个背景下，绿色金融成为应对气候变化和实现可持续发展的重要工具。绿色金融不仅可以提供资金支持，还可以推动企业和地区向低碳经济转型，促进经济可持续发展。在全球范围内，越来越多的国家、地区和企业积极投身绿色金融领域，推出了一系列创新的绿色金融产品，提供了更加多样和灵活的可持续融资工具，同时也为实现全球气候变化目标注入了新的动力，助力全球碳达峰碳中和目标的实现。

中国已经制定了"30·60"目标，即在2030年前实现碳排放达峰，2060年前实现碳中和，这一进程将带来广泛和深远的经济体制改革。绿色金融是中国实现"双碳"战略目标的重要组成部分，具有广阔的发展空间。金融机构要积极推动绿色金融创新，根据党中央提出的碳中和相关战略规划，制定投资政策，全面、深入地推动绿色金融的改革。包括引导投资者和公众践行碳中和目标，制定各行业实现碳达峰和碳中和的时间表和长效机制，加快绿色金融助力绿色低碳发展等。我国目前正在进行历史性的经济转型，以实现"双碳"目标为核心的绿色革命需要大量资金投入。根据相关部门估计，从2020年到2060年，我国的电力、钢铁、交通、建筑和房地产行业将需要大约140万亿元的绿色融资，平均每年需要的绿色融资超过3.5万亿元，如果按照当前的融资政策，每年的资金缺口超过1.1万亿元。尽管我国已经建立了全球最大的绿色金融市场，但目前绿色经济活动仅占全部经济活动的10%，很多高碳行业的低碳转型活动由于无法满足"纯绿"标准而无法获得绿色金融资金支持。本章通过对绿色金融助力碳达峰碳中和目标做出系统性阐述，并列举绿色金融发展面临的挑战以及对此提出的政策建议，为实现以绿色发展为导向的高质量发展提供理论参考。

二 绿色金融为"双碳"目标提供保障

金融作为经济的血液，是推动经济绿色转型的重要抓手。自2016年起，中国开始构建绿色金融体系，如今已成为全球首个建立比较完善的绿色金融政策体系的经济体。为实现"30·60"目标，央行等部门进一步推动绿色金融体系建设。在此背景下，中国积极构建绿色金融标准等五大支柱，旨在为绿色金融体系的发展提供有力支持，助力全球应对气候变化和实现可持续发展目标。

绿色金融在推动"1+N"政策体系落地、服务"双碳"目标过程中发挥着重要作用。一是发挥"服务员"作用。绿色金融通过干预资金流转配置来引导资金流向绿色项目，优化全社会投融资结构，进而支持绿色经济的发展和转型。二是发挥"审核员"作用。金融机构在投融资项目中自觉开展环境审核，确保减少对高碳项目的投资。这有助于降低社会碳排放水平，为实现"双碳"目标贡献力量。金融机构若忽略绿色发展的要求，进行不当投资导致环境风险，将面临法律和经济赔偿责任。三是发挥"引导员"作用。通过绿色金融机制设计给予积极推动减碳的金融机构正向激励，引导金融机构开发绿色金融产品。此外，绿色金融还倡导客户选择绿色金融业务，培育全社会绿色消费和绿色投资理念，从而促进绿色经济的发展。通过这些作用，绿色金融为实现绿色转型和"双碳"目标提供了有力保障，推动了可持续发展和环境保护。

各部门和地区也纷纷采取措施，保障"双碳"目标的实现。2021年11月8日，中国人民银行推出碳减排支持工具，为清洁能源、节能环保和碳减排技术等重点领域内具有显著减排效应的项目提供优惠利率融资。截至2022年7月，碳减排支持工具累计发放1827亿元，支持银行发放碳减排领域贷款3045亿元，带动减少碳排放超过6000万吨。2021年11月17

日,人民银行推出煤炭清洁高效利用再贷款,防止出现资金撤出非绿色产业的"一刀切"现象,助力高碳行业转型升级。2021年12月,国家开发银行发布《实施绿色低碳金融战略支持碳达峰碳中和行动方案》,明确开发银行支持碳达峰碳中和的时间表、路线图和施工图,强调开发银行要提高政治站位,实施绿色低碳金融战略,主动发挥好绿色金融作用,助力我国如期实现碳达峰碳中和目标。2022年6月,广东省政府办公厅印发《广东省发展绿色金融支持碳达峰行动的实施方案》,通过统筹规划全省绿色金融发展、完善绿色金融体系建设、推动绿色金融服务产业结构优化升级等措施,支持广东省如期实现碳达峰目标。总体而言,发展绿色金融具有重要意义,我们需要绿色金融为"双碳"目标的实现提供激励和动力。

(一)绿色金融保障投资需求的实现

预计未来30年,碳中和的实现将带来近500万亿元的绿色投资需求。这一趋势将为金融机构带来业务增长机遇,其中包括绿色贷款、绿色债券、绿色私募股权投资、绿色企业上市融资、绿色保险、绿色金融科技、碳核算、碳交易以及碳衍生工具等。这些金融服务的目的是支持碳中和,减少碳排放,以及推动环境可持续发展和应对气候变化。这些服务的发展将有助于金融机构的利润增长和业务多元化,并为投资者提供更多的绿色投资选择。

实现"双碳"目标需要大量的资金,而公共资本只能满足一小部分的需求,绝大部分资金需依赖社会资本。这就意味着,一方面,我们应该把资金投向低碳计划领域,限制高能耗项目,从而吸引更多的社会资本参与绿色低碳建设;另一方面,财政资金对实体经济的绿色发展起到的支撑作用有限,所以必须通过市场化的模式引导资金流向低碳领域。绿色金融正是通过市场的运作,不断扩大绿色金融规模,为低碳行业提供资金支持,保障其投资需求的实现。截至2021年,中国有着全球最大的绿色贷款余额存量,绿色金融也将持续关注低碳行业和低碳转型企业。到2021年底,绿色信贷依然是绿色金融产品的主要部分,中国绿色信贷总量已达到90%左右。除了增加绿色信贷的投资,《绿色债券支持项目目录》也得到了积极的修改,在2016~2020年的5年中,国内平均发行了2000亿元以上的绿色债券,为绿色债券乃至绿色金融体系的健康发展奠定了良好的基础。另外，中国政府于2020年设立了国家绿色发展基金，这意味着，绿色金融和绿色基金的推进工作正在有条不紊地进行，为"双碳"目标的实现做出了贡献。中国各个银行及金融组织也积极参与到绿色金融的国际化中，加入国际通行的自愿性金融行业基准——赤道原则（Equator Principles），启动了"一带一路"银行间合作机制，并组建了绿色金融工作小组，为中国在绿色金融领域的建设打下了基础，也为中国在绿色金融方面的发展提供了一个初步的尝试。

2021年，中国人民银行推出了碳减排支持工具，旨在为清洁能源、节能环保和碳减排技术三个领域的企业提供优惠利率贷款。中国人民银行以1.75%的低利率向金融机构提供资金，以使这些金融机构能够将低成本资金贷给需要的企业。然而，接受低利率资金的金融机构需要披露碳减排贷款的相关信息，这有助于提高市场透明度，让投资者和监管部门更好地了解金融机构在绿色金融方面的表现，还能确保资金真正用于支持绿色产业和低碳项目。这一要求也有利于提升企业对碳排放和环境问题的重视，推动整个社会形成绿色、低碳的发展理念。

绿色金融使农村金融的融资渠道得到保障。我国农业资本长期面临投资渠道狭窄、总量小等问题，很难适应绿色产业的不断发展。这就需要金融资本向农业领域注入资金，以支持农村的投资，带动农民收入的增长。发展绿色金融可以为我国农村金融尤其是绿色产业融资拓宽渠道，解决农业投资的短缺问题，为我国农村经济的发展提供有力保障。此外，绿色金融还能保障企业融资需求的实现。在企业的视角下，多种形式的绿色债券和绿色信贷，可以拓宽企业的融资渠道，进而扩大企业的产能和规模，提高企业盈利水平，增强企业自身发展能力，从而降低企业的投资风险和融资成本，减少企业的不良资产规模。

（二）绿色金融保障传统行业绿色转型

金融是促进高耗能企业实现绿色、低碳转型的重要工具。实现"双碳"目标需要企业降低二氧化碳排放量，特别是火电、钢铁和石油化工等领域。然而，这需要庞大的资金支撑，高能耗企业的绿色、低碳转型离不开金融的支持。一方面，高能耗行业的绿色、低碳转型，需要多元化的产品和服务以匹配高能耗行业的融资需求。许多高能耗、高排放的企业，除传统的信贷业务之外，还必须借助金融市场来拓宽融资渠道。例如，碳金融的创新，为企业提供了多种融资渠道，并吸引更多的外资、民营资本等积极投入，从而为企业实现低碳转型提供了资金支持。同时，通过发展金融产品和创新来吸引更多的金融机构加入，促进碳资产的利用率，避免碳资产的闲置。另一方面，借助金融的力量，既可以将大量的信贷资源投入到绿色、低碳行业中，还能推动企业减少碳排放，从而减少企业的碳排放成本，促进高耗能企业节能减排，规避高碳产业过度淘汰导致的信用违约、资产减值等金融风险。

中国作为工业强国，在传统工业生产方面居世界首位，然而，这与绿色企业的发展并不匹配。为实现传统行业如电力、煤炭等能源行业的转型和现代化，必须依靠科技发展，这需要大量资金支持技术革新并将其应用于实体企业。绿色金融在这一过程中发挥着关键作用，不仅能支持诸如绿色交通、清洁能源、绿色建筑等绿色工程，还能对企业的发展方向进行引导。为了让绿色金融更好地保障传统行业绿色转型，一是要吸取别国经验，发展绿色金融新产品，如设立转型基金、转型债券、新能源汽车贷款、绿色资产支持债券、节能环保保险等；二是结合中国地域辽阔、经济发展与生态环境条件差异较大的特点，各级政府要根据当地情况，采取不同的方式，在生产发展与环保之间取得平衡；三是鼓励有关部门积极宣传绿色金融产品，增加相关企业的环境保护意识，提高绿色金融产品的政策覆盖面；四是为绿色金融产品的经营管理提供技术、人才等方面的支持，为绿色转型企业的发展创造条件；五是对企业的环境风险进行评估，帮助企业全面落实环保主体责任，推动企业改进生产方式，提高资源利用效率。

（三）绿色金融保障碳金融的发展

金融政策向绿色产业倾斜，催生了碳金融。碳金融是指涉及碳排放权交易、碳税、碳基准等领域的金融活动，旨在推动碳减排和碳中和。在实践中，绿色金融和碳金融之间具有密切的联系，两者的结合可以推动碳减排、能源转型等领域的可持续发展。当前，碳金融作为一种新兴的金融工具，可以有效地满足碳排放企业和金融机构的投资和融资需要。

碳金融服务可以按照企业的交易需求细分为碳融资、碳支持和碳交易三大类业务模式。碳融资模式主要集中于绿色信贷和绿色债券；碳支持指的是金融市场的支持活动；碳交易制度是指政府对二氧化碳的总量进行调控，碳定价由市场来确定，通过碳交易市场的价格机制，鼓励低排放企业减少排放，将过剩的碳信贷出售给无法达到碳排放标准的公司，以帮助其实现减排目标。这样既降低了社会的整体碳成本，又激励企业大力发展和推广低碳技术。我国碳金融市场格局已经形成并正在蓬勃发展，成为推动可持续发展和应对气候变化的重要组成部分。

2021年，中国正式上线全国碳市场，推动污染成本定价的进一步明晰，为各行业提供更多市场交易渠道。首日碳交易以51.23元/吨的价格收盘，成交金额达2.1亿元。相对于以往的指令性政策，各监管机构需逐一核查企业碳排放量并依据相关标准进行针对性处罚，但无法全面统计各企业的排污成本。碳市场使生产商得以参与交易并改进碳排放定价，合理的碳定价能有效补偿排放方排放的成本，使低排放企业获得资金支持，从而鼓励它们参与碳交易，实现低碳经济转型。所以，为充分促进经济活动低碳转型，必须将有关部门的监督功能与发展有效市场相结合。短期而言，应鼓励企业与金融机构关注环保与能源节约，有效平衡生产与碳排放之间的关系。中长期来看，绿色金融政策将引导投资，为节能潜力有限、技术手段不足的能源企业及其他企业提供解决方案。政府机关要积极推行绿色金融的相关标准，引导企业进行绿色金融产品的开发，缩短投资周期，促进市场资源的合理配置。金融机构在为低碳项目提供资金时必须公开有关的信息，了解项目的碳足迹、碳排放，建立起碳核算标准体系。

在个人碳金融业务方面，多家银行正在尝试建立个人碳账户，以激励公众进行低碳生活。个人碳账户可以将客户消费过程中产生的碳减排量换算为银行账户积分，进而换取一定权益。通过这种方式，银行鼓励客户更加关注自身的碳足迹，从而在日常生活中做出更加环保的选择。随着绿色金融对碳金融产品市场化进程的推进，个人碳账户还有望参与碳减排交易市场，进一步推动低碳经济的发展和碳排放的减少。

在"双碳"目标的引领下，我国将持续推进市场化机制建设，推动碳定价与金融市场有效结合，为企业提供经济激励，实现碳减排与经济效益提升的双重目标。当前我国碳金融发展呈现交易量和交易额增长平稳的趋好特征，虽然存在交易方式较为单一、交易价格偏低等不足之处，但展望未来，面对"双碳"目标带来的机遇，碳金融定会蓬勃发展。

三 我国绿色金融发展现状

（一）绿色金融政策体系

2007年，中国人民银行、银监会等部门联合印发《关于落实环保政策法规防范信贷风险的意见》，明确指出要降低对高污染行业的信贷投放力度，加大对节能环保项目的支持力度，对绿色环保项目给予政策优惠，并将绿色信贷作为一项重要的政策制度。从2012年到2014年，银监会先后颁布了《绿色信贷指引》《绿色信贷实施情况关键评价指标》，并在此基础上提出了鼓励和指导金融机构开展绿色信贷业务的措施，以推动绿色、循环经济的发展。2015年，为了加强系统性、整体性和协同性，国务院出台了《生态文明体制改革总体方案》，首次将绿色金融写入国家战略，提出了新的要求和制度。2016年，中国人民银行、财政部、环境保护部共同颁布了《关于构建绿色金融体系的指导意见》，这成为世界上第一个中央政府部门制定的绿色金融政策框架。2017年，国务院决定在浙江和江西等5省建立"绿色金融"改革和创新试验区，以期在体制上进行创新，发挥市场在资源配置中的作用，并根据各省的区别，进行差异化试点。2020年，生态环境部、国家发改委、中国人民银行共同制定《关于促进应对气候变化投融资的指导意见》，旨在进一步完善我国金融监管政策，以调动各类金融机构开展绿色金融业务的积极性。2021年，国务院印发《关于加快建立健全绿色低碳循环发展经济体系的指导意见》，提出建立健全绿色、低碳、循环经济发展体制，构建绿色低碳循环发展的经济体系，推动经济和社会全面实现绿色转型。2021年，为了落实十九届五中全会和2020年底中央经济工作会议精神，央行经过一系列的细致调研，初步确定了"三大功能""五大支柱"，强调了绿色金融在整体金融发展的比重。"三大功能"实质上就是要全面实现金融支持绿色发展的三大职能，即市场定价、资源配置和风险管理。"五大支柱"是指加快建立绿色金融标准体系、优化金融机构监管与披露制度、健全激励与约束机制、完善绿色金融产品与市场体系、积极参与国际绿色金融合作。

近年来，中国绿色金融政策体系不断完善。"十四五"规划中，明确提出"加快建立绿色、低碳、循环的经济发展体系和生态文明体系,建立市场化、多元化的绿色投资体制"。随着污染治理、生态破坏等问题的出现,绿色发展必将成为建设绿色金融体系的重要议题,同时也将对我国经济的发展起到越来越重要的作用。党的二十大报告对于绿色发展的全局性部署,为中国经济绿色发展奠定了基础,旨在实现人与自然和谐共生的现代化。与此同时,中国的绿色金融政策不断出台与完善,绿色信贷、绿色债券、碳排放权交易市场、绿色权益工具和绿色保险相关的政策已陆续推出,逐步构建起多层次、全方位的绿色金融监管体系,以保障绿色金融市场的健康发展。

在监管部门层面,中国人民银行提出了构建"绿色信贷体系"的建议。中国人民银行要求金融机构每年新的投资规模要高于上一年,还鼓励银行在环境风险管理、气候投融资和绿色资产证券化等方面进行创新;银保监会将督促银行业、保险业设立金融监管体系,以扶持重要工程和重要领域;中国证券监督管理委员会将督促各金融组织进行融资,要求其通过投资并购、并购重组等方式发展业务。2021年7月,中国人民银行发布首批绿色金融标准,包括《金融机构环境信息披露指南》和《环境权益融资工具》两项行业标准。这些标准明确了三个方面的要求和时间规划:上市公司环境信息披露标准、绿色债券发行人环境信息披露标准和金融机构环境信息披露标准。首批绿色金融标准的发布为中国绿色金融发展奠定了基础,并对相关信息披露提出了明确要求和时间规划。随着监管层对治理风险的关注度不断提高,银行能够更全面地评估客户的非财务表现。这使得银行能够根据客户的环境、社会和治理等方面的指标,为投资和融资决策提供更有力的依据。

(二)绿色金融市场进展

据清华大学气候变化和可持续发展研究院估算,要达到1.5℃温升目标,需要投入138万亿元。中国金融学会绿色金融专业委员会课题组(2021)预计,在《绿色产业指导目录》所列的211个领域中,中国今后30年将需要487万亿元的绿色和低碳投资,这就意味着中国在未来30年内每年将有超过16万亿元用于投资,其中90%以上的资金来自金融市场,10%的资金由国家财政提供。我国目前正在建设气候投融资体系,但在促进低碳投资实现"双碳"目标方面面临巨大的资金缺口。2021年，我国在节能环保方面的财政支出达到了5536亿元，但仍无法满足低碳转型所需的全部资金。当前我国的绿色信用产品还远不能满足庞大的投资需求。

绿色信贷是一种重要的绿色融资资源，在所有的绿色金融产品中，绿色信贷占比超过90%，处于较高水平。2019~2022年中国绿色贷款余额见图16-1。绿色信贷资金的运用一般包括三个方面：一是清洁能源，二是绿色交通运输，三是可再生能源。从2018年至2022年末，绿色信贷的余额每年都在增长，其增速也相当可观。截至2022年末，中国绿色信贷规模达到22.03万亿元，较上年同期增长38.6%，我国在全球范围内拥有最大的绿色信贷规模。此外，我国绿色信贷资产整体质量良好，具有较强的风控能力，相较于国内商业银行的不良贷款率，绿色信贷的不良贷款率更低。

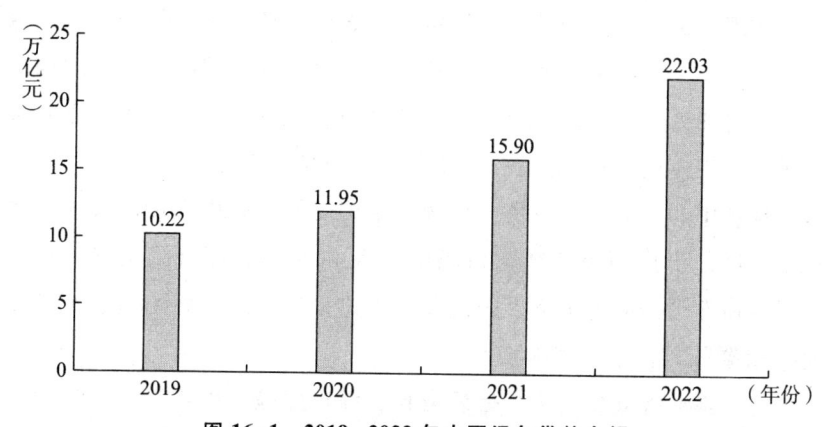

图16-1 2019~2022年中国绿色贷款余额

数据来源：中国人民银行。

自2021年7月起，《银行业金融机构绿色金融评价方案》正式实施。该方案将绿色信贷、绿色债券等绿色金融业务纳入考核范围，以衡量金融机构在绿色金融领域的表现。评价结果将纳入央行金融机构评级等政策和审慎管理工具，促使金融机构更加重视绿色金融业务的开展。目前，我国各大商业银行绿色信贷业务发展迅速，实现了明显的增长。中国银行业的绿色信贷占到了全部对公贷款的10%，其中工商银行在绿色信贷领域居于行业前列。截至2021年末，工商银行在节能、环境保护和其他绿色产业的绿色贷款余额达2.48万亿元。

绿色债券是继绿色信贷之后的另一个重要绿色金融产品。它是一种直接融资手段，公司可以通过发行债券为自身环保和减排项目筹集资金。绿色债券发行成本低且支持领域广泛，募集资金主要集中在绿色服务、节能环保、绿色基础设施和清洁能源等领域。自2015年上市以来，绿色债券迅速成为中国绿色经济发展的重要融资渠道，为社会实现绿色转型提供了强有力的支持。2021年中国是全球第二大绿色债券市场，中国绿债市场将继续成为全球绿债市场快速发展的重要引擎之一（气候债券倡议组织，2022）。截至2021年末，中国在国内和国际市场上共发行了3270亿美元的绿色债券，其中仅2021年就发行了1095亿美元。尽管中国的绿色债券市场起步较晚，但发展速度很快，这得益于企业对绿色发展的高需求。企业通过发行绿色债券，将募集的资金主要用于绿色低碳领域，这不仅为经济发展注入新的动力，还为环境保护做出了巨大贡献。

为实现"30·60"目标，我国推出了碳中和债。这种债券与传统绿色债券的区别在于，碳中和债募集的资金专门用于具有碳减排效益的绿色项目，从而更加聚焦于低碳发展。2021年2月，我国成功发行了首批6只碳中和债，总规模达到64亿元。预计每年可减排二氧化碳约4165万吨，为我国实现碳中和目标贡献力量。得益于政策支持，碳中和债的规模有望持续扩张，进一步推动绿色金融市场的繁荣和国家的可持续发展。总体而言，绿色债券已经取得了巨大的进展，无论是现在还是将来，它都将成为实现"双碳"目标的关键因素。

绿色保险业务规模近年来持续增长，绿色保险类型也呈现多样化的态势。保险机构充分利用保险资金的长期限和社会属性，不断在碳中和背景下探索绿色投融资领域的创新。2018年至2020年，保险业累计为全社会提供了45.03万亿元保额的绿色保障，支付533.77亿元赔款。在应对气候变化和推动绿色发展方面，保险机构扮演了重要角色。2021年，中国银保监会颁布的《保险资产管理公司监管评级暂行办法》中提出将逐步建立并实施保险资产管理公司的监管评级制度，并根据评级结果采取差异化监管措施，加强风险管理和合规经营。同时，对那些积极响应国家政策，在环境保护领域开展绿色投资，并对行业做出突出贡献的企业，给予适当的奖励。许多国内领先的保险机构积极响应政策，将环境和气候相关因素纳入投资原则、投资策略和整个投资周期的评估中。针对那些不符合环保标准的公司，保险机构采取了严格的措施，如不投资或撤资，以促使这些公司改善环境表现，体现了其在绿色金融领域的责任与担当。

(三) 绿色金融国际合作成效

绿色金融国际合作是绿色金融"五大支柱"之一，旨在利用多（双）边平台和合作机制推动绿色金融合作和国际交流。中国在绿色金融方面积极参与国际绿色金融政策制定和标准协商，推动绿色金融政策理论与实践相结合，与全球各国分享绿色金融发展方面的经验和实践。这种合作有助于提高国际社会对中国绿色金融政策、标准、产品和市场的认可度，从而推动全球绿色金融发展和应对气候变化等环境挑战。

中国近年来在全球范围内积极应对气候变化，并在国际上建立了一套行之有效的合作方式，为促进国际绿色金融合作提供了有力的支持，显示出了重要的影响力和领导力。2016年，中国作为G20主席国，成立了G20绿色金融研究团队并发布《G20绿色金融综合报告》，对绿色金融认定标准、发展机制、市场需求、发展模式、产品体系等进行了深入的探讨。2017年12月，中国人民银行联合法国、英国等8个国家的中央银行成立了央行与监管机构绿色金融网络（NGFS），以支持绿色金融发展和产业结构转型。到2021年7月，NGFS共有89家成员和13家观察员。2018年，中国金融学会绿色金融专业委员会与"伦敦金融城绿色金融倡议"共同发布了《"一带一路"绿色投资原则》，以加强环境和社会风险管理，推动绿色投资。2021年，中国人民银行牵头制定了二十国集团首个可持续金融框架性文件——《G20可持续金融路线图》，推动中欧绿色分类标准趋向一致，促进了绿色金融国际合作。此外，中国人民银行积极参与多边危机防范救助和债务协调工作，应对全球经济风险。在《区域全面经济伙伴关系协定》（RCEP）生效实施方面，中国人民银行也全面参与，推动区域经济一体化和贸易自由化。

2022年，我国担任G20可持续金融工作组联席主席，发挥重要领导作用。在此背景下，我国牵头制定了《G20转型金融框架》，其在2022年11月的G20领导人巴厘岛峰会上通过。《G20转型金融框架》中提出了各国发展转型金融的一套高级别原则，这套原则包含五大支柱——转型活动和转型投资的界定标准、转型活动和转型投资的信息披露、转型金融工具、激励政策、公正转型，这成为各国发展绿色金融、促进低碳转型的指引。

为了使全球对绿色内涵的理解得到统一，我国与欧盟委员会共同发布了绿色目录。过去两年里，双方致力于推动绿色目录的趋同工作。目前，最新一版绿色目录与欧洲的趋同率已达80%，有助于促进全球绿色金融合作。

总体而言，2021年以来绿色金融国际合作进入新的发展阶段，面临新的发展机遇。绿色金融国际标准不断完善，转型金融和生物多样性议题得到进一步关注，多边和双边合作继续推进绿色金融发展，中国在绿色金融领域的国际领导力不断攀升。

四 绿色金融在"双碳"目标下的挑战

（一）绿色金融的政策标准与"双碳"目标的要求仍有差距

绿色金融标准是绿色金融业务的基本规范，中国人民银行、银保监会、国家发改委等机构先后制定了绿色项目认定标准，但是在实际运用过程中，部分标准存在矛盾和模棱两可之处。比如，我国现行的《绿色债券发行指引》（国家发改委）与《绿色债券支持项目目录（2021年）》（中国人民银行）两个绿色债券的标准体系，它们在确定绿色项目方面存在着一定的差别；《绿色信贷指引》、《绿色产业指导目录（2019年版）》和《绿色债券支持项目目录（2021年版）》也有标准上的不同。中国人民银行《绿色贷款专项统计制度（2019）》与银保监会《绿色融资统计制度（2020）》关于绿色贷款统计口径并不一致。2016年中国就是全球最大的绿色债券发行国，但是到目前为止，还没有一种以绿色国债为基准的人民币绿色基准债券，这就使得金融机构常常需要参照以往的绿色债券或者其他种类的国债定价来进行投资。除了绿色贷款和绿色债券，绿色基金与绿色保险也尚未形成统一的界定标准。同时，由于国际和国内的标准有很大的不同，所以国际绿色资金流动的交易费用也随之增加，加大了国际资金流动的成本。

在立法层面，中国目前仅在部分领域发布了关于绿色金融的零星通知和建议，重点关注环境污染防治，而有关新能源、绿色企业的法规寥寥无几，很难形成较为完善的法律制度。另外，我国的绿色金融法规在可操作性方面还有待完善，相关部门发布的绿色金融政策大多是政府主导的政策文件、部门规章，而相关法规的有效性并不强。比如《绿色产业指导目录（2019年版）》将绿色节能建筑列入了绿色产业，但仅仅列出了一个绿色项目的名称，并没有具体的法律相关文件，这就造成了对污染企业的约束不强，没有明确的奖励和惩罚机制，使其运作效率低下。

随着绿色金融的重要性日益提升，相关服务体系的标准变得至关重要。然而，当前中国绿色金融的律师事务所、会计师事务所、咨询公司、评估公司、绿色银行、环境风险评估、环境损害评估等机构的绿色金融服务体系仍存在诸多不足。比如，在对环保工程进行贷款前的审查时，需要提供二氧化硫、二氧化碳的排放量，而目前第三方评估机构不能提供相应的资料，因此，只能根据企业自身的情况，由企业提供相应的污染指标，这就导致该指标的准确性无法得到保障。以上困难都表明绿色金融的政策标准与"双碳"目标的要求仍有差距。

（二）绿色金融在区域和机构间发展不均衡

绿色金融在中国的发展面临区域和机构间的不均衡问题，这不仅影响了市场规模的扩大和发展速度的提高，还对中国绿色金融市场的竞争力和服务质量产生负面影响。地区经济发展水平的差异，导致了区域经济的绿色转型在各个地区的不均衡。东部地区已经投入大量资金用于绿色和低碳转型，取得了显著成效，很多公司都开始使用低碳技术，走上了可持续发展的道路，带动了区域经济的整体发展。然而，中西部地区经济发展水平较低，绿色金融发展程度不高，限制了企业信贷资源，进而制约了这些落后地区的经济发展。以中国建设银行为例，在2021年末的1.82万亿元绿色信贷总额中，65%的贷款余额集中于东南沿海地区。此外，绿色金融改革创新试验区的发展程度明显高于其他区域，这得益于政府出台的一系列绿色金融政策，吸引了更多绿色金融机构进驻，推动了当地绿色金融的发展。

金融机构中绿色金融业务的发展也存在一定程度的不平衡，尤其是在国有银行和区域性银行之间，绿色金融业务的规模和增长速度有明显差异。根据《中国上市银行可持续发展分析（2020）》，国有银行在绿色贷款领域的规模和增长速度远大于区域性银行，而且绿色贷款业务在金融机构中的分布严重失衡，大部分金融资源都集中在国有银行，一些区域性银行则由于缺乏专业人才和对绿色金融的认识不足等原因，绿色贷款业务较为落后。在产品创新方面，一些金融机构的绿色金融产品创新能力较强，能够满足客户多元化的需求，而一些金融机构缺乏产品创新能力，产品类型较为单一。金融机构间绿色金融业务的发展不平衡可能会导致绿色金融市场出现垄断现象。当某些金融机构在绿色金融领域占据主导地位时，可能会阻碍市场的竞争，进而降低绿色金融服务促进实体经济转型的效率。这将不利于金融市场的稳定健康，甚至会造成资源错配，危及实体经济的发展。为了促进中国绿色金融的可持续发展，需要政府出台更多支持绿色金融发展的政策和措施，特别是将中小银行和中小企业纳入绿色金融市场，促进各地区和机构之间的合作与创新，如分享成功案例、交流绿色金融政策和经验，进一步推动我国绿色金融事业的繁荣与发展。

（三）金融机构发展绿色项目动力不足

绿色金融的发展受到多方面因素的制约，包括金融机构的客观发展条件有限，对绿色金融发展基本规律认识不足，以及内部支撑环境不完善。这些问题导致金融机构创新能力下降，金融服务供需不匹配，以及金融机构发展绿色金融的意愿降低。第一，金融机构对绿色金融风险成因和规律的认识不够全面和客观以及环境责任意识的欠缺，导致金融行为失误和偏离。第二，绿色投资具有较高的公益性质，投资周期长，回报率低，且缺少健全的激励机制，使融资积极性受到制约。第三，某些地区或金融机构中，政策执行力度可能不够，导致金融机构在发展绿色项目方面缺乏足够的动力。目前，开展绿色金融业务的金融机构多为大型金融机构，而中小金融机构规模小、参与程度低。在地域层面，中国21家大型国有商业银行中，开展绿色金融业务的银行主要集中在省会及以上城市，地方银行中开展绿色金融业务的比重不到5%。第四，绿色项目的风险评估和管理标准尚不完善，金融机构在对绿色项目进行风险评估时可能面临一定的困难，从而对绿色项目的投资持谨慎态度。第五，发展绿色金融所需的技术含量较高，但金融机构尤其是中小金融机构缺乏开发绿色识别、智能评级定价和自动预警处理等相关技术的科创人才。随着绿色金融的快速发展，其对金融技术的应用需求越来越大。然而，缺乏规范和标准导致绿色金融技术实际运用中存在不确定性和风险。国际交流和合作中仍存在绿色金融相关案例、技术和产品方面的问题，进一步削弱了金融机构对绿色项目的积极性。

银行作为金融机构的核心，是社会融资的中转站，它通过现代信息技术为企业提供金融服务。根据"双碳"目标，商业银行现在把重点放在绿色债券、绿色贷款和其他绿色信贷方面。但是，由于绿色工程的开发周期太长，技术成熟程度和市场空间有限，因此商业银行在环保领域的投资收益普遍偏低，面临绿色、可持续发展转型的压力，制约了绿色金融的发展。为了引导银行业保险业发展绿色金融，银保监会在2022年6月发布《银行业保险业绿色金融指引》，要求银行业保险业从战略层面推动绿色金融，实现资产组合和运营的碳中和。银行机构需要结合自身职能定位和经营实际，在政策执行过程中实事求是、因地制宜开展绿色金融管理工作，确保公司整体的绿色金融战略和ESG治理取得良好效果，实现经济价值和社会价值的共同提升。

（四）发展绿色金融要警惕"洗绿"行为

"洗绿"是在绿色金融领域中出现的一种不良行为，也称为"绿色浪费"。它指的是企业或机构通过虚假、夸大或误导性的手段，将并非真正环保或可持续的项目包装成绿色项目。在绿色金融发展初期，由于缺乏标准化和监管机制，一些企业和机构可能会故意误导投资人，将不符合环保标准的项目包装成绿色项目，以获取更多的绿色金融资助。这些所谓的"绿色项目"并未带来实质性的环保和可持续发展效益，反而可能对环境和社会带来负面影响。在理想模型下，绿色资金支持系统将引导社会深入实现"双碳"变革。然而，随着气候投融资规模迅速增长，资金的流向仍不够透明。虽然我国在绿色金融方面取得了较大的进展，但真实的"含绿量"还只是不透明的"绿匣子"。

"洗绿"乱象是绿色金融助力实现"双碳"目标的一大挑战。第一，这种行为会误导投资者，使得他们无法准确地识别真正符合环保和可持续发展标准的项目，同时也可能导致投资资金流失和市场规模的萎缩，降低了投资者和金融机构对绿色金融市场的信任。第二，"洗绿"行为让真正符合标准的绿色项目难以获得资金支持，导致大量资金流向虚假的绿色项目，需要资助的企业得不到资金支持，有效的绿色金融业务难以开展。这不仅会导致资源的浪费，而且会降低可持续发展的效益，影响中国碳减排目标的实现。第三，为了保证绿色项目的真实性和有效性，需要依赖相关技术和专业知识进行审核和评估，"洗绿"行为使审核和评估的难度增加，为相关机构带来了更大的技术难题，加大了技术壁垒，限制了绿色金融市场的进一步发展和壮大。因此，"洗绿"行为是对中国"双碳"目标实现的一个重要挑战。需要各方共同努力，加强对绿色金融市场的监管，建立有效的风险管理机制，提高市场透明度和公众的认知水平，从而推动绿色金融市场的健康发展，为实现碳达峰碳中和目标提供有力的支持。

五　国外绿色金融发展经验

（一）通过立法保障绿色金融的发展

2008年，英国颁布了《气候变化法》，成为全球首个制定碳中和法律的国家。英国率先制定碳中和法规，通过搭建碳税、碳捕集与封存的法律框架，制定了"净碳排放账户"，推动了绿色低碳发展。从2008年起，韩国就把低碳和环保技术列为新的发展目标，而《碳汇管理和改进法》则对其具体的分配和交易模式做出了详细的规定，强化了二级交易市场的有效监督，同时对不能完全、及时履约的排放者进行罚款。2012年，俄罗斯政府为了促进绿色低碳经济发展，出台了多项政策措施与法律法规。在拉丁美洲，巴西率先推行了碳税，向企业征收温室气体排放税。所征收的碳税是根据排放国或其附属公司每年的温室气体排放量来确定的，也就是碳税额度＝排放量×税率。《巴西气候变化和能源法》规定，到2030年，巴西的温室气体排放量要降低30%，这一比例与欧洲的碳交易系统所设定的减排目标相吻合。欧盟于2020年6月出台了《欧盟分类法》（EU Taxonomy），该法规定义了企业活动必须满足的环境绩效，帮助企业从环境角度认识可持续发展。此外，该法还要求一些公司报告其业务活动，以确保它们符合可持续发展的定义。2021年3月10日，欧盟正式公布了《欧盟可持续金融披露规定》（SFDR），要求从2022年1月1日起，欧盟所有金融市场参与者和财务顾问必须公开披露与环境、社会和治理（ESG）相关的信息。这是欧盟在可持续金融领域的一项重要举措，旨在推动金融机构更好地理解和管理 ESG 风险,促进可持续发展和实现全球气候目标。

(二) 通过激励方式为绿色产业的发展提供支持

绿色低碳公司最大的资产是技术和经营模式,而非实体经济。由于存在信息不对称,金融机构难以对低碳技术及产品进行经济价值评估。在这种情况下,中小型企业难以得到金融机构的贷款,常常需要提供担保。要想实现低碳、绿色发展的目标,就必须通过构建合适的市场和融资机制来促进绿色企业的发展,从而提高企业的市场竞争力。在此背景下,德国金融机构加大了对实体经济尤其是中小企业的扶持力度。德国复兴信贷银行成立了"KFW 能源效率项目""KFW 能源资金中转计划""KFW 环保贷款项目",以支持绿色产业的发展。这些贷款大多来自联邦政府,它们在为中小企业提供绿色金融服务的过程中起到了很大的作用。韩国政府积极开辟融资渠道,设立"绿色中小企业"专项资金,建立"绿色技术"与"绿色产品"认证制度,为绿色增长的投资者提供充分的税收激励,帮助企业快速筹集资金。美国康涅狄格州的绿色银行推出了一项住宅太阳能投资计划,为信用良好的客户提供零首付的太阳能设备租赁。银行要求客户的信用评分要在 640 分以上,且客户在长达 20 年的时间里需要按月还款。英国信贷保证计划向绿色企业提供担保和低利率贷款,而绿色投资银行则为绿色基建项目融资,以促进低碳经济的发展。这一举措有效地推广了绿色低碳概念,扩大了绿色金融服务的覆盖面,并对英国绿色低碳行业的发展起到了积极的作用。

(三) 创新绿色金融产品及服务机构

1974 年,德国创立了全球第一家政策性环保银行——生态银行,其宗旨是为低耗能、环保类项目以及其他银行不愿接受的环境项目提供贷款或优惠贷款,帮助这些项目解决融资困难,从而推动"绿色信贷"业务的发展。2008 年,欧盟发起了"欧洲经济复苏计划",并提出了具体措施,如绿色债券、投资担保、污染信贷、绿色保险、可持续金融产品和可持续消费与生产,以及相应的绿色金融服务体系。2009 年 9 月,澳大利亚知名承保机构斯蒂伍斯·艾格纽(Steeves Agnew)推出了一项新的保险产品——碳损失保险,这种保险旨在保障企业和个人面临的因无法实现已核证减排量而带来的风险。碳损失保险针对的风险包括森林大火、雷击、冰雹、飞机坠毁和暴风雨等自然灾害,这些灾害有可能导致企业和个人在碳排放方面的减排计划受到严重影响,从而无法达到预期的减排目标。

英国财政部和伦敦证券交易所推出了一项绿色债券认证计划,旨在通过向银行和企业发行绿色债券,刺激资本流向绿色产业。英国的巴克莱银行与摩根士丹利资本国际公司推出了一个绿色债券指数,为投资者和发行人提供绿色债券、气候相关债券价格走势的参考指标。日本的瑞穗银行推出了可再生资源和碳排放量期货交易产品和服务,为客户提供一系列的融资服务。

近年来,发达国家的银行业金融机构积极推动绿色金融产品创新。在公司业务领域,推出了绿色贷款、可持续贷款、能效贷款、可持续表现挂钩贷款、转型债券、蓝色债券、社会债券、绿色供应链金融产品、绿色资产支持证券、绿色基础设施领域房地产投资信托基金等产品。同时,为个人提供绿色购车贷款、绿色住房抵押贷款、绿色信用卡和绿色借记卡等金融产品。这些创新产品有助于实现可持续发展和环境保护目标。

六 绿色金融在"双碳"背景下的发展对策

(一) 加大金融机构对绿色金融的投入力度

大量的投资对于实现碳达峰碳中和至关重要,而在今后,碳排放的投入将达百万亿元级别,对金融市场的影响将是深远的。这意味着在实现碳达峰碳中和过程中,绿色金融发挥着重要的作用,且不能仅依靠政府的财政支持,而应由以市场为核心的金融机构提供服务。要支持提高能效和减少碳排放,首先要做的就是加大对绿色金融的服务投入。

金融机构要发挥自身的综合服务优势,把绿色信贷产品与保理、融资租赁等金融产品有效地结合在一起,以满足绿色产业的融资需求,构建绿色金融综合服务能力。首先,大力发展绿色租赁。绿色租赁是一种将融物和融资相结合的新型绿色信贷产品。它既能在一定程度上保障有关的基础设施和设备,又能为绿色产业发展提供直接的资金支持。同时,在清洁能源领域,如核电、太阳能光伏发电、风电等,其需求特性也与融资租赁的风险管理功能高度吻合。其次，丰富绿色供应链产品。在今后数年，国家将持续支持新能源与清洁能源产业链的发展，而"双碳"的相关指标将使未来的绿色经济由龙头企业延伸至全产业链。因此，丰富绿色供应链产品，既能拓展绿色信贷的覆盖面，又能吸引更多的社会资金进入绿色产业，为金融机构提供更多的优质客户。这就要求金融机构必须关注和发展绿色产业中的金融产品，以满足产业链中各个交易环节参与者的需求，构建具有鲜明特征的绿色供应链生态圈。

在"双碳"目标下，国内各家银行也积极响应政策号召，增加对绿色金融领域的投入力度，未来还应继续加大投入力度。具体举措包括：第一，加大绿色产业信贷投放支持力度，银行应进一步提高绿色产业信贷投放的比重，通过优惠政策和信贷支持，助力绿色产业发展和转型；第二，加强绿色债券投资力度，推动绿色债券市场的发展，确保资金专用于支持绿色产业项目融资；第三，加强对碳排放权相关金融服务的系统性研究，通过深入研究和探索，全方位提升绿色金融服务水平，推动碳排放权交易市场的健康成长。

此外，随着金融技术的进步，商业银行需要不断研发金融科技来完善金融模式。一方面，商业银行可以运用金融科技手段，如大数据分析、人工智能等，来优化风险评估和管理。同时，利用金融科技推出线上线下融合的智能服务，如智能客服、移动银行、在线理财等，让客户随时随地享受到便捷、高效的金融服务。另一方面，金融科技在具体的绿色业务发展中也扮演了重要角色。通过对绿色信贷的研究，借鉴国外发展经验，构建基于绿色贷款的绿色项目识别模型、绿色客户评级模型和绿色贷款违约预警模型。商业银行可以利用基于 Devops 的低代码技术，快速地开发信息系统，提高对绿色业务的响应速度，进而强化绿色金融的科技支撑，最终使整体的绿色金融服务水平提高。

（二）完善绿色金融标准体系

必须进一步完善绿色金融标准，以更好地满足"双碳"目标的要求。第一，健全绿色金融法制，建立绿色金融的实施方式和制度。中国应该尽快制定专门的绿色金融法律，对其分类、权利、义务等进行界定。同时，由于绿色信贷在中国的绿色金融体系中举足轻重，因此，要把它纳入宏观审慎评价体系。此外，要加快产业政策的调整，引进绿色要素，推动企业的绿色转型，重视绿色融资制度与产业政策的衔接。第二，完善我国的绿色金融法规体系和管理体系。在此过程中，应充分发挥央行的协调作用，明确各主体的监管范围，建立政府与行业的综合监管机制。第三，健全绿色金融评估与激励机制。在进行风险管理时，应加强环保、发展改革等方面的执法力度，以达到减少环境污染和降低能耗的目的。在这一背景下，应该建立健全的评价指标和激励机制，并对有关方实行责任追究。充分发挥政府机构在行业和企业低碳转型中的引导作用，对前景广阔、减排潜力大的绿色项目给予税收优惠和专项奖励。第四，推动国际绿色资金流动。鼓励中国的绿色金融机构与世界银行、国际金融公司、气候债券倡议组织等国际组织进行合作，促进绿色金融体系的相互认可，加速国际绿色资金流通，拓宽绿色投资渠道。这一过程应遵循国际通行原则，以实现国内外标准的协调统一。第五，加强对绿色金融的信息披露。在气候风险加大的背景下，企业的ESG信息披露成为市场关注的问题。与此同时，由于信息不对称，各利益相关者将面临逆向选择，加大投资风险。国家应该构建绿色金融信息交换平台，促进绿色金融信息处理；针对不同的市场主体，逐步引进环境信息公开制度；拓宽环境保护企业的覆盖面，对各类主体的行为进行规定；扩大企业投资、融资经营活动对环境影响的动态信息覆盖范围，并通过调整环境信息披露的时间限制来降低其滞后效应。以上措施可以让投资者对投资公司的总体状况有一个全面的认识，便于投资者做出投资决策。

（三）推进绿色金融工具创新

目前，我国绿色金融产品种类单一、缺乏创新，这限制了市场的拓展，也降低了绿色金融在支持经济绿色转型中的作用。银行需要提升绿色金融产品和服务创新能力。然而，创新型绿色金融产品往往具有较长的投资周期，这使得资金需求和投资回报之间存在一定的时间差。为解决这一问题，有必要进一步加大政策扶持力度，引导更多的长期资金投入金融市场，推动绿色金融产品和服务的创新。

首先，鼓励股份制银行、证券、保险等金融机构组建绿色金融部门，针对不同区域的特征和行业特点，开发不同类型的绿色金融产品，并针对个人推出绿色消费金融产品，增强公众对绿色金融的认识。其次，积极支持非金融组织的绿色融资活动。通过第三方评估机构，为行业提供法律、财务、尽职调查等方面的专业服务，提高整个行业的专业化程度。针对各种低碳、环境友好型公司，银行可以引进一些创新产品和服务模式，如个性化和特定抵押品融资、引进第三方信贷评级机构、多家金融公司建立风险承担融资方式。通过将绿色信贷产品推向企业，创建一种低回报、高稳定性的绿色融资经营业务。最后，为了更好地推动绿色金融发展，需要在细分领域不断推动产品创新。这包括参与碳排放权交易市场以及探索碳期货等新兴碳金融业务。

在绿色保险方面，中国保险行业应加强对绿色行业的扶持。要大力发展和应用绿色保险，推动有关行业的现代化，加快气候变化保险的创新发展。同时，进一步完善巨灾保险、环境责任保险、碳保险、环境保险、森林保险等绿色保险，构建一套完整的绿色保险制度，促进传统能源、建筑、交通行业的转型和绿色发展，并为其提供有效的风险保障。在处理气候变化影响的同时，规避系统性金融风险。绿色保险作为一种投资、融资、防范风险的工具，在绿色能源的清洁利用、可再生能源应用、节能减排等方面，为绿色交通、建筑行业的绿色转型提供了强有力的支撑，同时为实现碳达峰碳中和起到积极的推动作用。

绿色低碳全民行动也是"碳达峰十大行动之一"，探索"绿色+普惠"产品创新，建立面向消费端的碳普惠平台正是这一行动的实现路径。在面向消费端的碳普惠平台方面，政府出台了碳普惠政策，所以要加强对大数据的开发和利用，让它符合绿色金融发展的需要。第一，加强对人工智能、大数据的应用，由于低碳数据具有数据量大、分布广的特点，减少收集和处理数据的成本是重中之重。第二，加强对数据的管理和约束，既要给企业更多的空间去获得用户数据，又要保护好用户的隐私。政府应该制定政策，区分数据的边界，对互联网公司收集个人碳排放数据的权限做出严格规定，健全低碳数据共享体系。第三，国家要与企业进行合作，推行一个统一的碳普惠平台。国家离不开互联网企业的数据支撑和维护，企业也离不开国家的规则约束和制度保障，二者相辅相成。除了现有的互联网企业建立起自己的碳普惠平台，银行正积极开展个人碳账户业务，帮助客户记录和管理自身的碳排放情况。银行还为个人碳账户提供积分兑换服务，将碳排放的减少转换为积分奖励，激励客户参与绿色消费。通过个人碳账户业务，银行有助于提高公众对碳减排和绿色发展的关注度，推动全社会共同参与到碳中和的进程中。

(四) 向转型金融方向迈进

转型金融是对绿色金融的补充和拓展，它为高碳"棕色产业"提供融资，使之逐渐成为低碳或零碳产业。相对于绿色金融，转型金融更具目的性，侧重于高碳领域，而该领域是绿色金融难以提供支持的方面。传统的绿色金融模式主要为"纯绿"或"接近纯绿"的项目提供支持。比如，在气候变化方面，一些典型的绿色金融项目主要用于支持清洁能源、电动汽车和电池等重要项目。同时，现行体制未能为高碳行业的低碳化经济活动提供充足的金融支撑。对这些行业的金融支持可能导致风险，因此绿色金融目录中并未对这些转型经济活动给予充分的关注。

而转型金融恰好能解决绿色金融所不能解决的问题。传统的高碳行业相对于新兴的绿色行业来说有着悠久的发展历史，在商业银行拥有更多的存量贷款。根据"双碳"目标，转型金融能够有效地解决传统高碳行业在低碳转型过程中所面临的融资难题，并对其保持资产质量和盈利水平发挥着积极的作用。同时，金融机构还可以通过开发新的金融工具来解决高碳行业在低碳经济转型中的新的融资需求，从而发展新的金融服务方式。而随着绿色债券的不断发展，国际上也推出了针对温室气体排放量高的行业的转型债券，这些债券与绿色债券不同，绿色债券仅针对"绿色产业"而设计，转型债券则是帮助"棕色产业"筹集资金。

尽管转型金融在国内外快速发展，各方积极参与，但也遇到了一些问题。第一，全球缺少界定转型活动的权威性标准，这很容易造成"洗绿"（假转型），金融机构可能会担心其中的风险而不愿参与。第二，当前中国没有清晰的转型金融概念，也没有明确的行业转型行为标准，从而使金融机构难以准确地辨别出哪些是转型行业，哪些不是转型行业。第三，金融机构开发的转型金融产品种类相对较少，其碳减排产品的属性也不明显。对于中国来说，由于区域和行业的巨大差别，发展转型金融的形势更为复杂。而发达国家的标准或国际组织的做法，与我国的国情和发展需求不符。目前，虽然转型金融的发展面临诸多困难，但也要积极推动转型金融，弥补我国绿色金融的不足。金融领域要建立一个新的投融资框架，强化政策实施标准，推动理论和实际相结合，促进高碳行业和企业设定切实可行的减排目标及实现路径。此外，还可以建立高碳行业转型信息平台和实施激励政策，创建转型金融的风险防范机制，鼓励高碳行业转型。

第十七章

碳考核：推动能耗"双控"向碳排放"双控"转变

一 "双控"考核转变是推进碳达峰碳中和的必然要求

（一）能耗"双控"政策内涵

能耗"双控"是指对国家或地区一定时期内的能源消费总量和单位国内生产总值能耗（以下简称能耗强度）提出的约束性目标。能源消费总量指一定地域内国民经济各行业和居民家庭在一定时间消费的各种能源的总和，能耗强度指单位国内生产总值能耗，一般以万元国内生产总值能耗作为计算指标，在对比不同年份单位国内生产总值能耗时需使用不变价计算单位国内生产总值。

从历史沿革来看，能耗"双控"政策经历了由控制单位GDP能耗的"单控"到能源消耗总量和单位GDP能耗的"双控"过程。进入21世纪以来，尤其是2001年12月加入WTO以来，我国开始深度参与经济全球化进程，改革开放进入历史新阶段，经济建设和城镇化的进程都在提速，随着国民经济加快发展，城乡居民消费结构升级，能源消费继续保持增长趋势，但能源效率与国际先进水平比较还有很大差距，资源约束矛盾更加突出，而且以煤为主的能源消费结构和粗放的经济增长方式也带来许多环境污染问题。在此背景下，2006年3月，《中华人民共和国国民经济和社会发展第十一个五年规划纲要》首次提出了2010年我国能耗强度比2005年降低20%左右的约束性目标，同年9月，国务院批复的《"十一五"期间各地区单位生产总值能源消耗降低指标计划》要求将目标落实分解到各市

（地）、县及有关行业和重点企业，确保完成本地区单位GDP能耗降低指标。

能耗强度约束性目标以及分解考核机制，推动了我国各行各业的节能减排行动。"十一五"期间，全国单位GDP能耗下降19.1%，完成了"十一五"规划纲要确定的目标任务。2011年3月，《中华人民共和国国民经济和社会发展第十二个五年规划纲要》提出了单位GDP能耗降低16%的约束性目标，并首次提出我国能源消费总量40亿吨标准煤的预期性目标。"十二五"时期是我国加快产业升级、实现经济结构战略性转型的关键时期，如果盲目追求增长速度而不考虑发展的代价，将难以真正把经济工作的重心转移到优化结构、提高效益、降低消耗、改善民生上来，也不利于经济发展方式的根本改变。因而，对能源消费总量的合理控制，有利于形成"倒逼"机制，有效抑制盲目追求过高经济增长速度的冲动，更加突出和强调转变经济发展方式的政策导向。同时，在全球应对气候变化的国际背景下，合理控制能源消费总量也是我国主动顺应国际主流、有力减少温室气体排放的现实需要。

经过"十一五"时期和"十二五"时期的发展，"十三五"时期，我国能耗"双控"制度正式实施。2017年1月，国务院印发《"十三五"节能减排综合工作方案》，明确全国的能耗"双控"目标，即2020年，全国万元国内生产总值能耗比2015年下降15%，能源消费总量控制在50亿吨标准煤以内。同年，国家发改委印发《"十三五"省级人民政府能源消费总量和强度"双控"考核实施方案》，将目标分解到了省、自治区、直辖市，开始对省级政府实施能源消费"双控"考核，考核结果作为各省级政府领导班子和领导干部综合考核评价的重要依据。实施能源消费总量和强度"双控"行动，是推进生态文明建设、缓解能源资源约束、治理环境污染的一项重要措施，既能节约能源资源，从源头上减少污染物和温室气体排放，也能倒逼经济发展方式转变，提高我国经济发展绿色水平。在各地区各部门的共同推动下，"十三五"期间全国能耗强度继续大幅下降，能源消费总量增速较"十一五"时期和"十二五"时期明显回落，为促进经济发展、保障能源安全、改善生态环境质量发挥了重要作用。

2019年8月，习近平总书记在中央财经委员会第五次会议上，对完善能耗"双控"制度做出重要指示，要求对于能耗强度达标而发展较快的地区，能源消费总量控制要有适当弹性。2020年底，中央经济工作会议提出要完善能源消费"双控"制度。立足新发展阶段，完整、准确、全面贯彻新发展理念，构建新发展格局，推动高质量发展，我国不仅要大幅提高能源利用效率，更要持续提升能源产出效率，以尽可能少的能源消耗创造尽可能多的经济效益、社会效益、环境效益。2021年9月，经国务院同意，国家发改委印发了《完善能源消费强度和总量双控制度方案》，明确提出要以能源产出率为重要依据，优化能耗"双控"指标分解落实。能耗双控制度更多聚焦于能源消费总量和强度的控制，在引导碳减排、发展可再生能源和优化能源结构方面存在局限，而以碳排放总量和强度控制为实现碳达峰和碳中和的核心制度抓手，能够更加精准地引导传统能源清洁化改造，加速新能源和可再生能源的规模化发展，同时加强对能源生产、流通和消费全过程的精细化管理。这不仅有助于提升能源体系的韧性与安全性，还体现了我国应对气候变化的务实作为和行动力，为我国在全球能源竞争中争取更多主动权。不同时期全国的能耗"双控"目标见表17-1。

表17-1 不同时期全国的能耗"双控"目标

项目	"十一五"时期	"十二五"时期	"十三五"时期	"十四五"时期
比较年份	2010年比2005年	2015年比2010年	2020年比2015年	2025年比2020年
能耗强度下降目标	降低20%左右	降低16%	降低15%	降低13.5%
能耗总量控制目标	—	40亿tce（预期性）	50亿tce以内	合理控制，引导性指标

（二）碳排放"双控"政策内涵

碳排放"双控"控制的是碳排放总量和强度。碳排放总量是一定时期区域内所产生的二氧化碳总量。二氧化碳最大的排放源来自化石能源转化和消费的能源活动，2020年我国二氧化碳排放总量为116亿吨，其中，能源活动排放的二氧化碳约101亿吨（伊文婧和白泉，2021），在二氧化碳排放总量中的占比为87%，其余的二氧化碳排放主要来自工业生产过程，如水泥、钢铁生产等非能源活动。目前二氧化碳排放总量核算常用的是生态环境部发布的核算方法，仅包括能源活动产生的二氧化碳（即化石能源消费产生的排放和电力调入蕴含的排放）。碳排放强度是指单位生产总值所产生的二氧化碳排放。

"十二五"时期，在继续设定能耗强度下降目标（比2020年降低16%）的基础上，我国首次提出了碳排放强度下降目标，即到2015年全国单位国内生产总值二氧化碳排放要比2010年降低17%。2016年国务院印发的《"十三五"控制温室气体排放工作方案》中提出到2020年碳强度比2015年下降18%，碳排放总量要得到有效控制。2020年9月22日，习近平主席在第七十五届联合国大会一般性辩论上宣布，中国二氧化碳排放力争于2030年前达到峰值，努力争取2060年前实现碳中和。至此，我国确立了参与全球气候治理的两个里程碑目标。2021年10月国务院发布的《2030年前碳达峰行动方案》中明确提出，"十四五"期间，产业结构和能源结构调整优化取得明显进展，重点行业能源利用效率大幅提升，煤炭消费增长得到严格控制，新型电力系统加快构建，绿色低碳技术研发和推广应用取得新进展，绿色生产生活方式得到普遍推行，有利于绿色低碳循环发展的政策体系进一步完善。到2025年，非化石能源消费比重达到20%左右，单位国内生产总值能源消耗比2020年下降13.5%，单位国内生产总值二氧化碳排放比2020年下降18%，为实现碳达峰奠定坚实基础。到2030年，非化石能源消费比重达到25%左右，单位国内生产总值二氧化碳排放比2005年下降65%以上，顺利实现2030年前碳达峰目标。《2030年前碳达峰行动方案》中还提出要实施以碳强度控制为主、碳排放总量控制为辅的制度，对能源消费和碳排放指标实行协同管理、协同分解、协同考核，逐步建立系统完善的碳达峰碳中和综合评价考核制度。

2024年8月，国务院印发《加快构建碳排放双控制度体系工作方案》，要求建立能耗双控向碳排放双控全面转型新机制，加快构建碳排放总量和强度双控制度体系，积极稳妥推进碳达峰碳中和、加快发展方式绿色转型，并明确"十五五"时期，实施以强度控制为主、总量控制为辅的碳排放双控制度；碳达峰后，实施以总量控制为主、强度控制为辅的碳排放双控制度。

（三）能耗"双控"和碳强度下降目标的落实情况及面临的问题

1. 能耗"双控"和碳强度下降目标的落实情况

我国自"十一五"时期开始将单位GDP能耗降低作为经济社会发展

的重要约束性指标之一，三个五年规划期以来，在该指标的引领和倒逼下，我国大力推进产业结构调整，淘汰落后工艺设备，实施重点节能工程，推广节能技术产品，能源利用效率持续提升，碳排放强度不断降低，单位 GDP 能耗强度累计下降 42% 以上，单位 GDP 碳排放强度累计下降 48% 以上，以能源消费年均 4.3% 的增速支撑了国民经济年均 8.3% 的增长，能源消费弹性系数从"十五"时期的 1.25 下降到"十三五"时期的 0.49，经济社会发展对能源和碳排放增长的依赖大幅降低，发展质量显著提升（孙颖和谷立静，2021）。

在能耗"双控"制度落实方面，主要采用将全国目标分解到地方，建立考核机制，压实地方责任的行政命令型目标考核制度。在我国要以大幅减少能源浪费、提高能源利用效率为主要手段来支撑经济高速增长的发展阶段，能源"双控"目标以及分解落实制度对于推动能源转型、扭转粗放的发展方式发挥了重要引领作用。

"十二五"和"十三五"期间，碳强度下降目标也被分解到地方层面，有不少省份把国家下达的目标再分解到了地市，建立了碳强度下降目标完成考核机制。"十二五"期间，国家开展了低碳试点示范建设、温室气体清单编制以及碳排放权交易机制试点等一系列重大低碳行动，碳减排的理念在全社会逐渐普及。因而，在省级层面以及一些率先探索的地区和城市，碳强度下降目标发挥了引领绿色发展、优化能源结构、促进新能源与可再生能源大规模发展的重大作用。"十三五"期间由于主管部门职能转变，以及在碳减排和环境污染治理协同管控的一些新的探索，碳强度下降目标的约束力度没有得到进一步加大，但是，能源结构绿色转型、大幅减少二氧化碳排放、走绿色发展道路的碳排放约束任务已经融入各地的国民经济发展规划之中。

2. 能耗"双控"目标约束机制面临的问题

首先，经过三个五年计划期间的持续努力，我国的能源利用效率显著提升，能耗强度完成了比 2005 年降低 40%~45% 的目标，碳强度下降的百分比超过了能耗强度，能源消耗总量和碳排放总量的增速已经放缓，社会经济进入高质量、可持续发展的新阶段，提高全体人民的幸福感和获得感成为奋斗的追求。因此，关乎经济发展物质基础的能源体系建设，除了依赖节能降耗增效、保障能源安全这一依然重要的举措外，以尽可能小的环境负荷和可持续的非化石能源为支撑的能源战略成为重中之重，碳强度下降的约束性目标需要成为强有力的行政手段。

其次，能耗"双控"目标采用分解机制将责任压实到了地方层面，虽然分解方案考虑了地方的经济发展水平、资源禀赋、产业结构布局、生态功能区划等因素，但是发展的不均衡、不充分仍是我国现在存在的突出问题，如何打好能耗"双控"的组合拳，解决好促进发展、均衡发展和节能减碳的协同问题，是当前需要重点关注的。例如，2020年广东的能耗强度和碳排放强度都位于全国第二的低位，为0.310吨标准煤/万元和0.486吨CO_2/万元，仅高于北京，但是广东的能耗强度下降目标分解都在全国第一梯队。我们分析了全国各地的能耗总量、能耗强度以及"十三五"新增能源消费总量的地方分解方案，从西向东、从北到南，各地分配到的新增能源消费总量依次降低，与能耗强度的分布相反，即经济发展势头好的地区，并没有获得更多的资源空间。

最后，能源活动是二氧化碳排放最大的排放源，节能减碳工作很大程度上由于同根同源而密切关联，在我国还未实现碳达峰、经济增长还没有摆脱对化石能源消费依赖的阶段，对能耗强度和能源消费总量的管控依然是不可废弃的政策工具。同时，面向碳达峰碳中和的中长期目标，提高碳生产力、控制碳排放的艰巨任务需要强有力的政策工具来推进落实。因此，能耗"双控"向碳排放"双控"转变，需要综合考虑目的性、阶段性、时空衔接以及政策效力，包括目标实现考核制度建立需要的碳排放计量、统计和报告的技术体系和工作体系，这些准备目前看还是不充分的。

（四）能耗"双控"转向碳排放"双控"的必要性[①]

1. 促进能源结构优化

能耗"双控"已不能完全适应当前经济社会的发展要求，能耗"双控"对能源消费总量进行了控制，不仅包含传统化石能源，也包含了核能、可再生能源等非化石能源，而非化石能源是零碳可再生的绿色能源，是未来能源体系的主力，应该给予空间鼓励发展。此外，原料用能也被计入能源消费总量与能耗"双控"考核挂钩也是存在问题的。原料用能指石

---

① 参见伊文婧和白泉（2021）。

油、煤炭、天然气等能源产品不作为燃料、动力使用，而作为生产产品的原材料使用，这部分化石能源一般只有20%的碳形成了二氧化碳排放至大气中。碳排放总量控制明确指向化石能源消费总量控制，可以有效避免能源总量控制的局限性，在控制化石能源消费的同时鼓励可再生能源发展，强化绿色低碳科技创新，推动相关绿色优势产业集聚发展。

2. 有利于保障能源安全

一般而言，能源安全主要指能源供应安全，但在能源体系绿色低碳转型、多元化能源技术创新发展、构建以新能源为主的新一代电力系统以及能源资源国际纷争迭起的背景下，能源安全的影响因素包括能源技术安全、能源材料安全、能源环境安全、能源生态安全等多个方面。以碳排放"双控"为牵引目标，势必要求我国社会和经济发展的能源需求更多依赖本土可再生能源，这样的改变将要更多依靠自主可控的科学技术创新来发展我国的低碳/零碳能源、低碳/零碳新兴产业。较之能耗"双控"目标，碳排放"双控"目标的落实可以多方位保障我国的能源安全，乃至发展的安全。

3. 促进区域协调发展

由于不同地区的区域经济发展特征、自然条件有较大差异，且减排成本、产业竞争度、排放数据获取难易度等也不相同，单纯依靠能耗"双控"可能无法支持欠发达地区实现产业转型升级。在一些经济不发达却拥有大量碳汇资源的地区，碳排放"双控"将成为带动碳汇投资的契机，从而带动区域发展。

4. 推动绿色技术的创新发展

碳排放总量和强度控制，有助于促进低碳/零碳/负碳技术的进步及其在相关产业的应用。随着可再生能源、储能、氢能的发展，尤其是碳捕集、利用与封存（CCUS）技术和生物质能碳捕集与封存（BECCS）技术的应用，化石能源消耗带来的碳排放将显著降低，能源消耗与碳排放之间的耦合关系将进一步削弱。实施碳排放"双控"有助于推动清洁能源技术发展，促进绿色交通、低碳建筑、新型材料等领域的科技创新，带动相关产业上下游共同发展。

二 "双控"考核方式转变需解决的重要问题

(一) 碳排放统计核算体系现状及问题

1. 碳排放统计核算的现状

碳排放统计核算体系的构建从服务目的性看有以下几个层面。宏观层面，编制国家和不同地方层级的温室气体清单，用于国家和行政区划的碳排放控制目标完成情况的评估和考核；中观层面，碳交易机制和碳市场的建立，需要准确把握控排企业的碳排放信息，用于确定碳市场的配额总量、碳配额分配以及碳排放限额的履约；微观层面，产品碳足迹已成为绿色产品量化的品质体现，关乎产品的市场推广和占有率，减少碳足迹成为出口贸易国应对碳关税、打破绿色贸易壁垒的重要举措，因此，产品碳足迹的核算办法和标准是不可或缺的技术支撑。

在宏观层面，联合国政府间气候变化专门委员会（IPCC）针对国家层面的核算，于 1995 年至 2019 年发布了一系列 IPCC 国家温室气体清单指南，为世界各国编制温室气体清单提供方法和规则。我国已初步构建了国家温室气体清单编制体系，并分别于 2004 年、2012 年和 2019 年向 UNFCCC 秘书处提交中华人民共和国气候变化国家信息通报，详细分析了我国 1994 年、2005 年和 2010 年温室气体排放情况；2017 年和 2019 年分别提交了中华人民共和国气候变化两年更新报告，报告分别披露了 2012 年和 2014 年国家温室气体排放信息。我国已基本确立国家温室气体清单编制工作机制，现阶段是在国家应对气候变化及节能减排工作领导小组指导下，生态环境部总体负责国家温室气体清单编制和发布工作。目前，我国清单编制采用《2006 年 IPCC 国家温室气体清单指南》，核算的温室气体种类包括二氧化碳、甲烷和氧化亚氮等 6 种，我国坚持遵循 IPCC 方法，并根据中国国情加以改进，已从采用 IPCC 缺省排放因子的低阶方法演变成更多排放源采用本国化参数的高阶方法。

国家发改委于 2010 年组织有关部门和研究单位以 IPCC 清单指南基础，编制了《省级温室气体排放清单编制指南（试行）》，该指南被广泛地应用于省级和地方层面温室气体排放量的计算。城市是社会和经济活动高度聚集的区域，是减排二氧化碳的主要阵地，因而许多城市都建立温室气体清单编制制度，但是，目前还没有国家层面正式的编制指南，城市温室气体清单编制规范分别来自地方政府、国内外研究机构和非政府组织。城市在物理边界上有明确的行政区划，但是，能源基础设施、交通基础设施都是开放和协同的，跨界的电力、热力、运输流如何界定和核算所含碳排放的归属，是城市碳排放核算最大的难点。不同的城市对温室气体清单编制指南进行了探索，如广东省生态环境厅2020年6月发布了《广东省市县（区）温室气体清单编制指南（试行）》，指导地方规范开展温室气体清单编制工作（张金梦，2022）。

在行业和企业这一中观层面，碳排放信息核算和报告机制的建立主要是伴随我国开展碳排放权交易机制试点工作起步的。七个碳交易试点省市都针对控排行业制定了不同行业的企业碳排放信息核算和报告指南，建立了碳排放信息的监测、报告和核证制度（MRV）和工作体系，这是最早的自下而上的碳排放信息统计体系。从试点碳市场的探索和实践，到启动建设全国碳市场，国家发改委自2013年起，陆续发布一批行业企业的温室气体排放核算方法与报告指南、《工业企业温室气体排放核算和报告通则》，以及发电、钢铁、民航、化工、水泥、电解铝、陶瓷等重点行业温室气体排放管理的国家标准，对各行业碳排放核算工作程序进行了系统梳理，明确各报告的适用范围、碳排放核算边界、排放源以及相关过程排放核算要求等内容。迄今，围绕国家碳市场建设的需求，对于重点耗能行业和企业的碳排放管理规范和工作机制已经建立，并且覆盖范围和精细化程度都在不断扩大和提升。

在产品以及产业链微观层面，评估一个产品或者一项服务在全生命周期所产生的碳排放，并获得认证的碳足迹标签，属于自下而上的碳核算体系，是国际上通行的企业披露减碳行为和成效的方式。在我国公布碳达峰碳中和目标之后，越来越多的企业开始关注产品的低碳化，重视企业绿色低碳创新的社会形象，自觉开展产品和服务的全生命周期碳排放评估，以期减少碳足迹、提升产品的市场竞争力，同时在全社会鼓励消费者选择低碳的商品和服务。碳足迹普遍采用生命周期评价方法作为评价工具，依据ISO颁布的《环境管理——生命周期评价——原则与框架》（ISO14040）评价和核算产品或服务"从摇篮到坟墓"的能源消耗、碳排放和环境影响。目前碳足迹评价的标准有很多，如英国标准协会（BSI）于2008年发布的《PAS2050：2008商品和服务在生命周期内的温室气体排放评价规范》，这是全球首个产品碳足迹评价标准。2024年5月，生态环境部等十五部门联合印发《关于建立碳足迹管理体系的实施方案》，明确我国产品碳足迹管理工作目标和实现路径，强化任务分工和政策协同，提出建立碳足迹管理体系的总体要求、主要目标、主要任务和保障措施，旨在加快建立我国碳足迹管理体系，促进生产生活方式绿色低碳转型，增进碳足迹工作国际交流互信，助力新质生产力发展和双碳目标实现。《关于建立碳足迹管理体系的实施方案》分阶段明确碳足迹管理体系的建设目标。到2027年，碳足迹管理体系初步建立，制定发布与国际接轨的国家产品碳足迹核算通则标准，制定出台100个左右重点产品碳足迹核算规则标准，产品碳足迹因子数据库初步构建，产品碳足迹标识认证和分级管理制度初步建立，重点产品碳足迹规则国际衔接取得积极进展。到2030年，碳足迹管理体系更加完善，应用场景更加丰富，制定出台200个左右重点产品碳足迹核算规则标准，覆盖范围广、数据质量高、国际影响力强的产品碳足迹因子数据库基本建成，产品碳足迹标识认证和分级管理制度全面建立，产品碳足迹应用环境持续优化拓展。产品碳足迹核算规则、因子数据库与碳标识认证制度逐步与国际接轨，实质性参与产品碳足迹国际规则制定。2024年7月国家发布的《加快构建碳排放双控制度体系工作方案》中明确要求加快建立产品碳足迹管理体系：一是要制定产品碳足迹核算规则标准，制定发布产品碳足迹量化要求通则等国家标准，对产品碳足迹核算原则、核算方法、数据质量等明确统一要求；二是要加强碳足迹背景数据库建设，加快建设全国温室气体排放因子数据库，建立定期更新发布机制；三是要建立产品碳标识认证制度，制定产品碳标识认证管理办法，研制碳标识相关国家标准，组织有条件的城市聚焦重点产品开展先行先试，鼓励企业按照市场化原则开展产品碳标识认证。2024年11月，工业和信息化部办公厅印发《重点工业产品碳足迹核算规则标准编制指南》，提出加快提升重点工业产品碳足迹管理水平，到2027年，制定出台200项重点工业产品碳足迹核算规则标准，应用场景得到显著拓展。

2. 碳排放统计核算存在的问题和挑战

2022年8月，国家发改委、国家统计局与生态环境部联合印发了《关于加快建立统一规范的碳排放统计核算体系实施方案》（以下简称《方案》）。《方案》提出要加快建立统一规范的碳排放统计核算体系，完善工作机制，建立科学核算方法，系统掌握我国碳排放总体情况，为统筹有序做好碳达峰碳中和工作提供坚实的数据支撑与基础。2024年10月，国家发改委等部门发布《完善碳排放统计核算体系工作方案》，着眼于服务地方碳考核、行业碳管控、企业碳管理、项目碳评价、产品碳足迹等工作，重点推动完善区域、行业、企业、项目、产品等层级碳排放统计核算制度和标准。

经过十多年的探索和努力，我国自上而下、自下而上相结合，面向不同层级、不同对象和不同用途的碳排放统计核算体系基本框架、运行机制和核算方法已经基本成形，但处于边探索、边实践、边完善的进程之中，与规范、统一和通达的要求还存在差距。这个问题并不是一个很新的问题，但在推进碳达峰行动方案实施过程中，这又是一个非常基础且迫切的问题。尽管各级政府都在抓能源和碳排放的统计体系建设，但是，越深入到基层，越感觉到数据来源分散、采集和统计不成体系。

碳排放空间是一种稀缺资源，在没有建立碳市场的情况下，碳排放空间的价值还无法与经济活动的成本核算直接挂钩，但随着碳交易市场的建设和运行，碳排放空间的商品属性会更加凸显，这些机制的实现都高度依赖不同边界和尺度上的碳排放信息，如果碳排放信息统计和核算工作跟不上，那么后续的机制设计、目标考核、任务分解与推动都没有扎实的数据基础。

之所以强调数据的问题，是因为国家已经提出节能减碳、提质增效的考核机制将从能耗"双控"向碳排放"双控"转变。考核机制的转变，体现了国家在协同绿色高质量发展和"双碳"目标实现的制度设计上的智慧和远见。要完成约束考核机制的转变，需要尽快、有序、科学地建立一套支撑体系。从实际情况看，不少地方的碳达峰方案研究面临目标设立的量化分析不足的问题，各级政府关心的转型成本、组织资金等，都需要量化的研究，没有强大的数据系统支撑是很难做到的。

目前，构建碳排放统计核算体系存在如下的问题和挑战。其一，碳排放核算的边界需不需要因碳排放信息使用的目的不同而有所不同？作为行政区划的节能减碳考核，区划的层级越低，由于能源和电力供应的调入调出越普遍，而且产业链越不可能完整，隐含碳的问题越突出，碳排放核算的属地原则实行起来就越困难,需要有明确的核算原则。其二,碳排放因子的时空精细化程度需要与核算目的相符合。例如,随着可再生能源发电在电力结构中的比例不断提高,可再生能源的间歇性就意味着电网的碳排放因子也不会是一个常数,像目前这种一张电网一年甚至几年才发布一个碳排放因子的核算办法,显然会带来碳排放核算在时间和空间上的不准确和不合理。其三,现在的碳排放核算和监管对象大部分都是常年运行中的排放源,基础设施建设带来的大量碳排放由于没有纳入控排企业核算范围,而且投入运行后这部分碳排放就没有了,因此,从监管的角度看,这部分碳排放的监测和核算工作是没有建立起来的。最后是核算标准的统一问题,由于我国对于能源和碳排放的目标管理一直采用目标分解、责任分担的行政化机制,因而,地方政府迫切需要建立可视、动态的能源和碳排放管理数字化平台,这就需要提供有序、统一、标准化的碳排放统计核算体系建设指引和采取数字质量管控手段。

3. 碳排放"双控"制度建设面临的新问题

我国要在本世纪中下叶实现碳中和的目标,除了大幅度节能减排,减少温室气体排放,另一个必不可少的路径是提升碳吸收能力,包括森林碳汇、林业碳汇、海洋碳汇以及碳捕集和碳封存、二氧化碳再利用等。我国发布的《关于完整准确全面贯彻新发展理念做好碳达峰碳中和工作的意见》中明确指出,要提升生态系统碳汇能力,到2030年我国森林覆盖率要提升到25%,森林蓄积量要达到90亿立方米。由于我国的碳达峰目标是指能源活动造成的二氧化碳排放,目前碳强度目标考核中,还没有考虑碳汇的贡献。在我国温室气体清单编制中,是依据森林具有吸收二氧化碳的科学属性统计森林碳汇,基于植树造林和森林管理而提升的新增森林固碳可以通过中国自愿减排核证减排量(CCER)的机制进入碳市场交易,虽然两个渠道都涉及碳减排量的监测和核算,但是核算着眼点和方法不同。为了评估和考核碳中和进程,碳排放统计核算体系和考核机制还有许多需要完善的地方。

随着全国碳市场覆盖范围的不断扩大,低碳发展一定要与促进乡村振兴和建设生态文明融合和协同,碳汇CCER势必成为重要的交易品种,不仅是林业碳汇,海洋碳汇以及CCS也是今后潜在的碳交易产品,因此,碳排放统计核算体系必须尽快针对不同的碳汇(包括碳移除)分类建立科学、规范的监测和核算体系。另外,碳中和与碳交易的不同之处在于,前者是针对一个地区在一定时间内碳排放和碳移除共同贡献的净碳排放,后者的碳汇 CCER 交易是对碳排放配额交易的一种补充机制,在每年的履约季超额排放的企业如果想避免处罚,除了可以向拥有多余配额的企业购买碳排放权以外,还可以购买一定比例的 CCER 进行履约,这种行为只发生在两个交易主体(控排企业或其他交易主体)之间,如果两个主体都在一个碳排放"双控"考核的行政区划内,这个交易并不影响区域的碳排放总量核算,但如果两个主体分属于不同的行政区域,这个碳减排量的转移就影响到了区域的碳排放总量核算。为了建立碳排放"双控"机制,这些核算和统计方面的规则和方法都需要科学制定。

(二)阶段性推进能耗"双控"向碳排放"双控"转变

1. 完善能耗"双控"制度

能源是经济社会发展的重要物质支撑,能源活动也是二氧化碳最大的排放来源。我国正处于现代化建设过程中,虽然能源消费总量年增长速度已经趋缓,但短期内还难以实现社会经济发展和能源消费增长的脱钩,我国的人均能源消费与发达国家相比有差距,能源消费在今后较长一段时间内还将进一步增长,以满足经济社会发展的用能需求。然而,我国政府已经明确了 2030 年前实现碳达峰、2060 年前力争实现碳中和的目标,这就意味着我国能源发展战略必须坚持清洁、低碳、安全、高效并举的方向,提高能源效率、优化能源结构的压力在今后较长一段时间内会十分明显,降低能耗强度、控制能源消费总量的目标管理制度还不能迅速、简单地切换到碳排放"双控"制度上来。

我国自"十一五"时期开始将单位 GDP 能耗降低作为经济社会发展的重要约束性指标之一,以单位 GDP 能耗下降为主的能耗"双控"制度对于我国能源转型发挥了巨大的作用,为向碳排放"双控"制度过渡打下了坚实的基础。目前,我国处在碳达峰的关键窗口期,"十四五"期间,既要积极推进经济复苏,又要坚持新的发展理念,探索与自然共生的高质量发展道路,优化调整能源结构、产业结构、交通结构以及空间结构,以减少对化石能源的依赖,提高低碳和零碳能源的应用占比,把节能和能源效率提高摆到同等的战略高度,以两个车轮来驱动社会主义现代化的建设。

在目前的发展阶段，能耗"双控"制度需要与时俱进进行完善。首先，能源消费总量控制应该转为严格控制化石能源消费总量，明确引导全社会大力开发可再生能源以满足社会经济发展的新增能源需求，调动地方发展可再生能源的积极性，使得部分新增项目能够通过绿色低碳的解决方案找到落地空间。其次，各地通过投资项目来拉动经济增长的意愿非常强烈，尤其是一些经济后发地区，并没有从长远的可持续发展角度来审视和选择项目，因此，作为严格控制"双高"项目最有力的手段，能耗强度约束的门槛仍然必须筑牢，而且应该和碳强度约束制度共同发力。回望"十三五"期间我国的新增能源消费总量区域分配方案，我们发现，越是能耗强度高、碳生产力高的经济发达省份，分配到的新增能源总量越少，这种主要从节能减排成本的承受能力角度来分配增量的方法是不全面、效率不高的。

2. 阶段性完成两种制度的过渡和更迭

不同国家的发展进程不一样，虽然各国都在朝碳中和的目标努力，但是各国所处的阶段不一样。大部分发达国家已经实现碳达峰，能源消费总量已经明显放缓，减排和发展已经基本解耦，它们可以全力应对深度脱碳的问题。中国目前是直面增长和减排的协调和平衡问题。在此形势下，我国提出的一些重大制度改革、推出的新考核机制，一定会对地方政府未来的发展战略产生明显的引导作用，因此需要精细深入地做好前期准备，开展一些示范或者试点工作。比如，这种能源消耗和碳排放的考核制度，是不是可以从并行转为逐渐实施，这是我国约束性管控制度的递进式转变，应该不断探索（宣晓伟，2022）。

能源消耗和碳排放管控目标制定的目的是以最有效和低成本的制度设计来引导高质量发展，所以，可以考虑一定时期内两种制度的并行，在实现碳达峰阶段，对于新上项目（或者是新增 GDP）要实行能耗强度和碳排放强度两个约束性目标，对于存量产能以考核能耗强度目标为主。同时，对化石能源消费总量提出下降目标，并为建立碳排放总量考核机制做好数据核算和责任分担主体的方案准备。到碳排放总量过了峰值进入稳中有降阶段，能耗"双控"目标已基本完成，可以过渡到碳排放"双控"，重在提高碳生产力，并且做好碳排放总量控制。

我们认为，在国家准备启动一些重大机制创新和行动计划之前，可以在一些合适的城市或者省份，做好前期的试点或研究工作。广东具有能源结构相对多元化的特点，工业现代化进程跑在全国前列，新兴产业占比较高。同时，广东也面临着一个问题，即能耗强度和碳排放强度在国内都处于比较领先的水平，特别是像深圳、广州这样的城市，需要考核机制引导地方持续开拓绿色高质量发展的空间。所以我们建议在广东这样的地区，开展碳排放"双控"制度的前期研究和试点。

3. 碳排放"双控"制度需要与碳预算机制联动

我国发布"30·60"目标以来，大部分地区都对碳达峰的峰值、时间和路径做了深入研究和测算，制定了碳达峰行动方案，目前正处于落实方案的关键时期。

从国内看，部分地方政府没有处理好短期和长期关系、能源转型的破立顺序、新型电力系统产输储供的协同耦合问题，存在把"双碳"目标和能源安全对立起来的片面观点；从国际看，俄乌冲突引发的局部地区能源危机和全球石油天然气价格大幅上涨，扰乱了既有的全球能源格局，也暴露了能源绿色转型中的一些风险点，如清洁能源占比提高的速度问题。这些影响使得无论是中国还是世界，都会更为理性和客观地选择气候治理路径和举措。我们注意到，在俄乌冲突影响下欧盟一些国家虽然采取恢复部分煤电等临时应对举措，但是低碳/零碳能源开发和利用的脚步并没有放缓，而是进一步加快了。

党的二十大报告提出"积极稳妥推进碳达峰碳中和"，已经为我国建设生态文明"举旗定向"，由于"双碳"目标是针对碳排放总量下降的量化目标，对于碳排放约束就一定需要进行量化管理，就如同碳排放权交易机制，一定要通过不同利益相关方的对话、磋商和论证，对今后不同时间段的碳排放总量控制做出预算并向全社会公开，而且需要由省级、地市级乃至区县级政府部门做出碳预算。尤其重要的是碳预算的目的不在于事后考核，而在于在碳预算框架下规划和指导社会和经济的发展，建立市场化的资源配置和交易机制，促进行政区划之间社会经济的协同发展。

减碳、降污、扩绿、增长是高质量发展面临的重要问题，碳预算是把握好这一重要问题，有序实现经济绿色低碳转型的重要支撑。《加快构建碳排放双控制度体系工作方案》明确部署"推动省市两级建立碳排放预算管理制度"工作，要求2025年底前指导各地区开展碳排放预算试编制工作；"十五五"时期，指导各地区根据碳排放强度降低目标编制碳排放预算并动态调整；"十六五"时期及以后，推动各地区建立碳排放总量控制刚性约束机制，实行五年规划期和年度碳排放预算全流程管理。目前，广东、浙江、新疆、内蒙古、安徽等地已积极开展以碳预算制度为抓手的碳排放"双控"工作部署和制度探索。

三 多措并举推动能耗"双控"向碳排放"双控"转变

（一）完善碳交易机制，协同管控碳排放总量

碳市场发挥引导全社会节能减碳、降低全社会减排成本、发现碳价的作用，需要对碳市场的覆盖范围、配额总量、配额分配方法、交易规则和主体这几个重要因素进行合理的设置，其中覆盖范围、配额总量和碳排放"双控"制度联系最为紧密。我国虽然从2013年就开始了七个省市的试点碳市场建设，碳交易机制的建立确实对减少碳排放发挥了重要作用，但是局部地区的试点碳交易机制设计和碳市场运行主要着力于探索和积累碳减排市场的建设经验，当时并没有过多考虑与能耗"双控"和碳排放"双控"制度的对接和融合。

目前，我国已经建立了全国碳市场，第一个履约周期从2021年1月1日开始至当年12月31日。全国碳市场第一个履约周期纳入的重点排放单位为发电行业2013~2019年任一年排放达到2.6万吨二氧化碳当量及以上的企业或者其他经济组织，年度覆盖二氧化碳排放量约45亿吨，在2021年我国碳排放总量中的占比接近50%，碳排放体量庞大。因此，全国碳市场的配额分配办法以及配额总量设定，就必须与我国控制二氧化碳排放的分行业愿景目标高度契合，也可以理解为电力行业控制二氧化碳排放的约束性目标，可以交由碳交易机制这个市场化的强制减排手段来监督和保证其完成。

今后，全国碳市场的覆盖范围将不断扩大至石化、化工、建材、钢铁、有色金属、造纸和国内民用航空，纳入碳市场管控的碳排放量在全国碳排放总量中的占比会进一步提高，碳排放"双控"制度和碳交易机制的建设，必须以碳达峰碳中和的目标设置为共同的前置条件。

（二）行政命令型和市场激励型机制结合的碳排放"双控"机制

欧盟自1997年起就如何通过市场和行政手段"双轮驱动"控制碳排放总量进行不断探索，并逐步建立了较为成熟的碳排放交易体系及减排责任分担机制。碳排放交易体系是欧盟通过市场手段控制温室气体排放的一种政策工具，主要涉及碳交易体系管控行业的温室气体排放；减排责任分担机制是欧盟通过行政手段控制温室气体排放的一种政策工具，主要涉及碳排放交易系统以外行业（非ETS部门）的温室气体排放，这些行业的温室气体排放通常具有排放源分散、管理成本较高的特点。这种政策组合已经取得了良好的全社会减排效果。

2007年3月，欧洲理事会提议设定"到2020年欧盟整体温室气体排放较1990年至少减少20%"的整体目标，并就分配标准进行讨论；2008年欧盟碳排放交易体系（EU ETS）正式运行；2009年4月，欧盟委员会正式发布温室气体《责任分担决议》（Effort Sharing Decision，Decision No 406/2009/EC，以下称ESD），明确以人均国内生产总值为主要依据，将2013~2020年ETS未涉及部门（如建筑、交通、农业等）的排放目标分配到27个成员国。ESD作为《责任分担条例》的前身，与ETS指令相互配合，确保欧盟"2020气候目标"的顺利实现（刘季熠等，2022）。

我国目前减排温室气体的形势和公共政策设置与欧盟当时的情况类似，面临控制温室气体排放的严峻形势，而且还处于社会经济发展与碳排放尚未脱钩的阶段，且全国各省份的经济发展和单位GDP碳排放的水平存在很大差异。通过设定碳排放"双控"的约束性目标，明确要求转变发展方式，通过节能减耗、发展可再生能源、研发推广零（脱）碳技术等实现碳排放的大幅降低。同时，我国也可以借鉴欧盟的经验，充分利用碳排放权交易机制强制且灵活的特点，由其监督碳排放总量占比超过一半的排放源的限排、减排责任的落实情况。

（三）探索碳排放"双控"目标约束下的区域碳排放总量控制与交易制度

1. 区域碳排放总量控制与交易制度建立的需求

随着我国推进能耗"双控"向碳排放"双控"转变，碳排放总量控制

第十七章 碳考核：推动能耗"双控"向碳排放"双控"转变 • 373

制度必须建立，即碳排放总量控制的目标要和"双碳"目标相呼应。按照我国迄今为止能耗"双控"和碳排放强度下降管控制度的实施方式，国家目标会分解到省市，以分解减排压力、落实减排任务，这种分解考核制度也取得了成效。但是，从项目组统计的若干国家和经济体的碳生产力水平看，发达国家碳生产力水平自1990年以来持续走高，到2019年英国碳生产力水平达到了6.52万元/吨CO_2，全球平均水平是2.73万元/吨CO_2，中国碳生产力虽然也不断提高，但平均水平为1.51万元/吨CO_2，与全球和发达国家相比仍然存在不小的差距（见图17-1）。从国内比较看，三个经济发达地区之间也存在差距，珠三角的碳生产力是京津冀的约4倍。深圳已经接近英国碳生产力水平，但广东省非珠江三角洲地区（粤东、粤西、粤北地区）的碳生产力低于全国平均水平。因此，我国发布的《2030年前碳达峰行动方案》中明确提出各地区要准确把握自身发展定位，结合本地区经济社会发展实际和资源环境禀赋，坚持分类施策、因地制宜、上下联动，梯次有序推进碳达峰。这也意味着在碳排放"双控"制度下，不同省份的任务分解也将是有差异的。

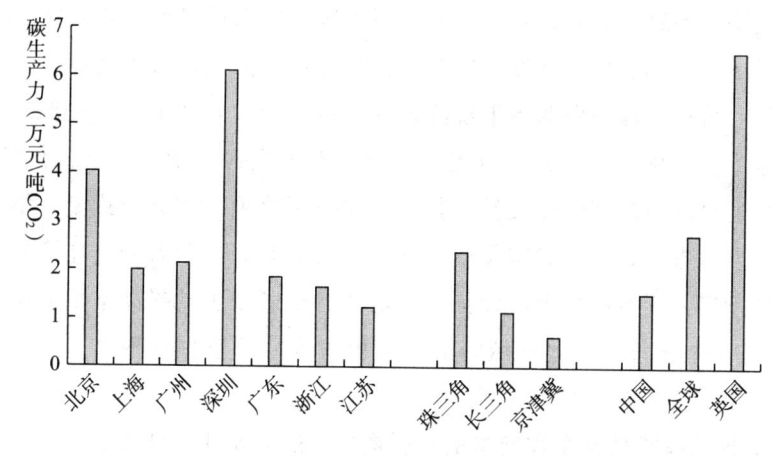

图17-1 2019年区域碳生产力水平

数据来源：中国和全球碳生产力数据来源于世界银行数据库；城市碳排放数据来自Shan等（2022）；城市和区域宏观经济数据来自《中国统计年鉴》和《广东统计年鉴》。

1997年在日本京都召开的《联合国气候变化框架公约》第三次缔约方大会上通过的《京都议定书》除了对发达国家明确了相对于1990年的温

室气体排放总量削减的量化目标,也规定了三种有助于完成减排任务并且支持发展中国家应对气候变化行动的市场化国际合作机制:国际排放贸易机制(IET)、用于发达国家与发达国家之间的联合履约机制(JI)和用于发达国家与发展中国家的清洁发展机制(CDM)。联合履约机制是指发达国家之间通过项目级的合作,其所实现的减排单位(ERU),可以转让给另一发达国家缔约方,但是同时必须在转让方的"分配数量"(AAU)配额上扣减相应的额度。

2. 区域碳排放总量控制与交易制度建立的基本思路

试想在我国建立碳预算机制的前提下,建立以行政区划为主体的碳排放总量预算交易机制,可以有两种交易模式来发挥市场作用,一是促进零碳能源和碳汇资源有差异的地区间交易,二是促进经济发展阶段和技术创新实力有差异的地区间交易。可再生能源资源丰富、碳汇资源丰富的地区可以在完成国家下达的能耗"双控"目标之外,利用碳排放总量预算交易机制可以获得的减排收益,制定更为积极的减碳促进政策和更为有力的碳金融机制,引导本地区的可再生能源产业发展和生态碳汇产业的发展,从而为经济发展助力;而碳减排潜力有限地区,可以通过市场化机制有效降低减排成本。同时,经济发展速度快、实力强,但人口密集度高、土地资源稀缺、可再生能源资源不丰富的地区,可以和欠发达地区在资源、资金和技术上实现优势互补,支持欠发达地区开发资源、加快经济发展速度,同时也通过区域之间的碳交易,获得共建或援建项目的碳减排量。沿海经济相对发达省份,在技术密集型、高附加值的新兴产业布局、能源转型和交通转型等方面具有显著的优势,当地政府也可以主动提高本地的碳排放"双控"目标要求,通过区域间交易出售碳排放总量预算额度,并将获得的利益用来反哺低碳产业发展。

3. 区域碳排放总量控制与交易制度建立的必要性和可行性

建立碳排放"双控"制度有利于各级政府在实现碳达峰碳中和进程中分阶段、分地区有力管控全社会的碳排放总量和碳排放强度,但还需要其他有力有效的政策和机制来帮助各地落实好减排任务。我国已经启动的碳排放权交易市场制度,通过给控排企业发放排放配额,强制性地给企业设置了每个履约期的排放上限,同时碳排放权交易机制通过市场化的手段为企业低成本如期完成减排任务提供了灵活性,还可以通过碳金融手段,为节能减碳的优秀企业提供更多的投融资机会。这一套机制实际上是政府行政指令和市场化金融手段的组合，对碳市场覆盖的控排企业发挥政策影响力和制约力。

然而，碳排放权交易市场不可能覆盖全社会所有的排放主体和排放源。例如，广东碳市场已经走过了9个履约年，目前覆盖了钢铁、石化、电力、水泥、航空、造纸6个行业，所辖碳排放总量占全省碳排放总量的60%以上。余下的碳排放主要来自建筑、交通和居民生活这些分散、主体复杂的排放源，还有一些基础设施建设中的阶段性排放。对于这部分排放，政府通常采用节能减碳技改项目补贴、产品购置用户补贴等方式来支持减排，理论上单个项目的减排量也可以通过核证减排量交易的途径获益，但是分散、单个项目的减排量少或减排主体小的特点，制约了现行碳市场机制在这些部门的应用。如果政府在对照国家下达的碳排放"双控"目标制定碳预算时，能够对本地区控排主体外的排放源减排潜力做出评估，并制定合理的减排目标，那么在进行年度全社会碳排放总量核算时，这部分非控排企业的减排量就可以以地区政府为主体进入碳市场进行区域间交易，其获利可通过奖惩制度来支持非控排行业下一轮的节能减碳行动，从而使得政府行政命令和碳市场机制协同发力，对全社会碳排放总量和碳排放强度管控发挥作用。

（四）建立有助于区域均衡和高质量发展的目标考核机制

1. 促进经济高质量发展

自"十一五"时期我国提出能耗强度下降目标以及陆续提出能源消费总量控制和排放碳强度下降目标以来，其完成情况的考核一直是采用从省分解到地市、地市再分解到区县的逐级分解和考核机制，取得了一定成效。但是这种分解和考核机制存在的问题也逐渐暴露，突出表现在不分能源属性的总量刚性控制，无法调动地方发展低碳和零碳能源的积极性，地方在招商引资中也无法为高附加值、能源密集型的绿色低碳项目提供落地空间，也使得能源转型的控总量和调结构好像在两个赛道上奔跑，不能形成合力。例如，巴斯夫化工集团的广东省湛江市的一体化基地项目，积极探索能源密集型产业的能源消费绿色低碳转型途径，通过参与国内绿电交易，建立多元化的可再生能源基地，到2025年可为整个湛江一体化基地提供100%可再生能源电力。这种发展经济和发展可再生能源高度融合的模式，地方政府无疑需要突破现有的能源总量控制制度予以支持。

能耗"双控"转向碳排放"双控"的最大特点，就是鼓励经济发展高比例使用清洁能源，并逐步转用零碳能源，摆脱对化石能源的依赖，并且把能源安全和经济发展以及应对气候变化有机统一起来。2021年9月，国家发改委印发《完善能源消费强度和总量双控制度方案》，部署能耗"双控"工作：以增效为抓手，围绕弹性与刚性、普遍化及差别化、计划与市场、激励与约束这四组关键词，确保结合地方实际，差别化分解能耗"双控"指标。在两种考核制度转变的过程中，这些制度设计的基本原则仍然是需要坚持的。

2. 促进区域经济协同发展

关于能耗"双控"约束性指标分解方案有许多研究，认为指标分配需要体现公平、合理和激励效应，综合各地区经济社会发展水平、发展定位、产业结构和布局、能源消费现状、节能潜力、能源资源禀赋、环境质量、能源基础设施建设规划布局、上一个五年规划完成情况等因素。然而，无论如何增加指标数量或调整指标权重，都很难拿出一个让利益相关方都满意的结果，因为在约束性目标面前，各方都会为争取更大的资源空间而努力。为此，有以下几点建议。

第一，目标分解要立足于全国经济发展和实现"双碳"目标一盘棋的实际。这不是一个五年期的问题，而是关系未来几十年的发展，所以要依据全国和各省份的碳达峰碳中和情景研究和目标设定，起码做到2035年两个五年期的目标设定和分解，保证制度设计连续、长效、精准发力。

第二，有专家提出，建立碳排放"双控"指标地区分解的结构性调整机制，以适应国家经济结构布局重大调整、不平衡不充分问题新变化、区域协同发展战略新需求等大局要求，考虑产业转移与升级需要较长时期和稳定信号预期，动态调整需要间隔一定周期。我们认为，除上述内容外，还需要建立"双控"目标完成情况的评估和预警机制，支持碳排放"双控"制度和"双碳"目标的高度匹配。

第三，行政命令型制度设计一定要给市场机制留出空间，或者说需要两种机制的相互助力。在考虑碳排放"双控"目标分解时，把影响各地"双碳"进程的方方面面因素都考虑进来，看似做到了公平合理，实则压制了地方政府的主动性和创造性。如果能将一些社会公认、在国际上也有共识的经济指标和社会福利指标作为分解依据,且把其中可能会出现的一些不公平因素交由市场机制来调整,则有可能通过稀缺性碳排放总量空间的价值发现作用形成驱动力,引导和促进地区之间通过发展要素的合作、互换或交易,促进地区产业转移与升级,解决发展的不平衡不充分问题,因地制宜地促进各地区的协调发展。

第十八章

碳核算：建立统一规范的碳排放统计核算体系

随着"双碳"目标的提出，碳排放核算数据的需求大幅提升，对数据质量和及时性的要求也变得更高。然而，我国碳排放统计核算体系存在数据更新慢、核算口径不统一、基础碳排放因子滞后等问题，这在一定程度上影响了"双碳"工作的推进。我国发布的《关于加快建立统一规范的碳排放统计核算体系实施方案》提出要建成统一规范的碳排放统计核算体系，这标志着我国碳排放统计核算体系进入了一个新的阶段，将有力推动碳达峰碳中和工作的顺利实施。

一 统计核算体系的作用

碳排放统计核算是实现碳中和目标的重要基石，其建立和健全对于我国的"双碳"政策体系具有决定性的作用。该体系的完善有助于我国更好地落实并推进各项"双碳"政策落地，同时也有利于我国更好地遵守并履行《巴黎协定》的国际承诺。

（一）有助于落实"1+N"政策体系

我国出台的"1+N"政策体系涵盖了顶层设计到各行业领域、各地区的碳达峰实施方案，落实"1+N"政策体系的重要前提是碳排放核算数据的统一规范。碳排放统计核算体系的建立，将进一步提升国家、区域、行业和企业的碳核算能力，从源头和入口有效控制碳排放，确保"1+N"政策落地。目前碳排放核算方法、规定不统一，核算边界（包括核算组织的地理边界和设施边界）不清晰。在电力碳排放因子规定方面，国家和地方碳排放核算中的电力碳排放因子规定尚未保持一致，给行业企业的碳排放核算带来了困惑。从行业企业来看，碳排放核算的方法选用、核算边界、活动水平数据来源以及碳排放因子取用，均影响数据测算的结果。准确可比的数据是判断国家、各行业领域、各地区的碳排放的基础，因此加强碳排放核算能力建设，保证碳排放数据的真实性、准确性，有利于保证"1+N"政策的落地。

碳排放统计核算体系的统一规范可以为各级政府开展"1+N"政策考核提供重要依据。对于"1+N"政策的效果评价，缺乏足够具备可比性的数据和方法支撑。当前我国正推动能源"双控"向碳排放"双控"转变，地方政府的考核制度和方法需要重新梳理和制定。碳排放统计核算体系为碳排放"双控"提供了重要支撑和实现基础。通过碳排放统计核算体系的完善，合理利用各级各类碳排放核算成果，为"1+N"政策体系的推进和监督考核等工作提供数据支撑。

（二）有助于落实《巴黎协定》

为应对气候变化，2015年12月12日在巴黎召开的缔约方会议第二十一届会议上通过了《巴黎协定》，为2020年后全球合作应对气候变化问题指明了方向和目标，确立了以"自下而上"国家自主贡献的方式参与全球应对气候变化行动的承诺模式。作为《巴黎协定》的缔约方，我国明确提出2030年前实现碳达峰、2060年前实现碳中和，这是中国向世界做出的重要承诺。构建统一规范的碳排放统计核算体系是落实我国《巴黎协定》承诺的重要保证和有效工具。

当前碳排放核算的国际规则还在不断更新完善，我国现有核算体系已经越来越难以适应新的形势、支撑相关科学决策，亟须加快调整完善。2019年5月，IPCC通过了《2006年IPCC国家温室气体清单编制指南2019修订版》，该指南已成为世界各国编制温室气体清单的最新方法和规则。相较于已有方法，新方法体系更加科学合理，排放因子更为精细，排放因子与活动水平的分类更加科学合理。此外，新版指南首次完整提出了一种基于大气浓度反演温室气体排放量的方法，这将成为全球和区域尺度下检验和校准温室气体排放量的重要手段。

当前我国碳排放统计核算体系存在的不一致、不规范等问题影响了国家发布的温室气体排放清单核算数据的权威性，继而影响了我国在《巴黎协定》中承诺的兑现。随着《巴黎协定》在各国和地区落实进度的推进，我国在国际气候谈判和国内碳减排工作上都将面临越来越大的压力，统一规范的碳排放统计核算体系成为落实我国承诺的重要保证。

二　我国碳排放统计核算体系现状

（一）初步建立三级温室气体排放核算体系

自2000年以来，中国已初步建成了针对温室气体排放的国家温室气体清单编制工作体系和技术方法体系。作为《联合国气候变化框架公约》（以下简称《公约》）的非附件一缔约方，中国高度重视温室气体排放控制和应对气候变化等国际义务。为了履行相关国际协议，中国政府还定期更新温室气体清单。经国务院批准，自2004年至2022年，中国已向《公约》提交了五份国家履约报告，其中包括1994年、2005年、2010年、2012年和2014年国家温室气体清单。这些清单的编制严格遵循国际通行的规则和标准，并充分考虑了《公约》相关决议的要求。同时，清单中的基础参数主要来源于官方统计数据或通过专项调研和实地测量等科学手段获取。值得一提的是，中国的履约报告清单多次接受过《公约》秘书处的严格审核，这充分表明中国清单的质量得到了国际认可。未来，中国仍将继续积极应对气候变化，加强温室气体排放的核算、监测和管理，为推动全球应对气候变化做出更大贡献。

2013年以来，国内已基于国际标准 ISO14064 建立了24个行业的企业碳排放核算方法体系，分三批印发了24个行业企业温室气体排放核算方法与报告指南，涉及行业覆盖我国碳排放总量的70%以上，逐步建立起行业企业碳排放统计核算体系。针对发电、石化、化工、建材、钢铁、有色金属、造纸和民航等行业企业，建立了一整套碳排放数据核算报告核查体系。其中，发电行业企业依托碳市场建立的数据核算体系，形成月度设施层级碳排放数据更新机制。

（二）初步建立人才队伍和支撑平台

我国持续提高应对气候变化的能力，在历次国家温室气体清单编制过程中，不断完善由主管部门和有关研究机构人员构成的清单编制工作团队，以承担应对气候变化国内履约、清单编制等方面的研究和技术支持工作，进而形成稳定的国家温室气体清单、国家信息通报和两年更新报告编制队伍。

为增强地方温室气体排放的核算能力，我国已经开展了一系列的省级清单编制和联审工作，并且按照计划在接下来的几年里开展更进一步的活动，旨在培养更多地方清单编制管理和技术人员。同时，通过组织开展重点排放单位碳排放数据核算报告核查，提升了企业碳核算能力以及配套的核查和监管水平。

此外，我国还通过实施《京都议定书》清洁发展机制（CDM）以及温室气体自愿减排交易机制，积极推动减排项目的碳核算咨询工作，已经取得了一些显著的成果。同时，我国还建立了企业碳排放数据报送系统和国家温室气体清单数据库，通过信息化手段来支持碳排放数据的报送、核算、审核以及分析管理等工作，进而增强应对气候变化的能力。

三 我国碳排放统计核算体系的问题

我国地域辽阔，各个地区资源禀赋、发展水平差异较大，核算体系的统一规范有待实现，碳排放历史数据的统计和电力碳排放因子的计算也因为历史数据缺失及区域差异面临一定难度。总体来看，我国碳排放体系面临三级温室气体排放核算体系不完善、电网碳排放因子不完善、元素碳含量高限值、碳排放测算方法有待完善等问题。

（一）三级温室气体排放核算体系不完善

国家层面碳排放核算历史数据尚不完善。当前我国国家层面的碳排放核算数据主要面临历史数据缺失且不连续的问题。虽然我国充分利用 IPCC 提供的核算方法，分别完成了 1994 年、2005 年、2010 年、2012 年和 2014 年的国家层面碳排放核算工作，且这些年度的碳排放数据同国际机构公布的数据一致性较高，但最大的问题是不连续、不完整，无法从中看出我国碳排放的发展趋势，也就无法预测碳排放的达峰点。同时，针对我国一直坚持的共同但有区别的责任原则，需要准确的、令人信服的历史碳排放累积量、人均碳排放累积量等关键数据，以此同发达国家划分排放责任。这些关键数据的缺失，严重影响了我国在气候谈判中的战略空间。

国家层面缺乏权威性。我国现有碳排放统计核算体系在国家核算结果方面存在权威性不强的问题，主要原因有三个。首先，国外碳排放核算方法与我国年度碳排放核算方法不一致，这导致国外机构依靠简单推算得出的碳排放数据成为国内外研究推崇的"准确数据"。这些国外机构的碳排放核算往往高估了我国的碳排放量（李青青等，2018），削弱了我国在国际气候谈判中的话语权（李继峰等，2020）。其次，当前国家层面的碳排放统计核算体系缺乏足够的检验证明，主要因为缺乏足够完善的制度和规范的核算方法。这导致碳排放数据的可靠性和准确性存在一定问题，无法为政策制定和决策提供可靠依据。最后，国家层面的核算结果统一性较差，不同机构提供的结果相差很大，导致权威性受到质疑。这需要加强国内碳排放统计核算体系的规范化和标准化，建立统一的碳排放核算平台，提高数据的可比性和可重复性，增强我国在国际气候谈判中的代表性和话语权。

省级层面同国家层面不一致。我国现有的碳排放统计核算体系在国家层面存在权威性问题，其中之一是省级层面的碳排放核算与国家层面的核算一致性不足。在"十二五"时期，各省份根据自身情况建立了碳排放统计核算方法体系，但各省份核算的方法学存在不一致，也同国家层面碳排放数据和计算方法未能完全一致，同时缺乏规范化、有效的运行制度。因此，无法准确验证并支持国家层面的核算结果，这造成省级层面的碳排放核算结果与国家层面的核算结果的不一致性较大，影响了我国整体碳排放核算的准确性和权威性。因此，需要加强省级层面的碳排放统计核算体系建设和规范化管理，建立完善的制度和规范的核算方法，并加强与国家层面的一致性检验和数据支持，以提高我国整体碳排放核算的准确性和权威性。

行业数据协调困难。部门间的协调工作是统计核算中的一大挑战。要想有效地控制各行业的碳排放总量，必须准确地获取各行业各部门的能源消费碳排放数据。但是，我国各部门未建立直接有效的碳排放核算协调机制，也缺乏常态化的碳排放核算制度，导致碳排放数据散落在各部门之间。面向"30·60"目标，需要大量的、准确的、一致性强的碳排放数据来构建碳达峰和碳中和温室气体清单。而部门间协调的不足，进一步增加了温室气体清单编制的难度。关于行业数据协调的难点，一是在于能源及相关数据的质量较差，突出表现在化石能源碳排放因子统计基础偏差大、化石能源高限值问题。能源及相关数据是碳达峰碳中和领域最重要的基础数据，数据偏差直接动摇整个碳排放统计核算体系。二是在于行业碳排放核算数据的计算方法差异性大。目前我国很多行业企业构建了自己行业的碳排放核算的方法学，但行业间碳排放核算方法体系存在差异性。

企业碳排放统计核算体系未有效建立。企业层面的碳排放核算是行业、省级、国家层面碳排放核算的基础，同时也是我国碳市场运行的基础。但全国性企业碳排放核算工作至今没有有效开展，各种碳排放实测技术的研发应用工作也进展缓慢。同时我国企业层面尚未建立有效完善的信息披露制度，信息披露的内容、方式也存在诸多不规范不统一的地方，这导致企业碳排放数据的可信性受到一定质疑。

（二）电网碳排放因子不完善

电力碳排放在整个碳排放核算中居于重要地位。电网碳排放因子是电力消耗与碳排放之间的关键媒介，其合理的应用和正确的取值对温室气体排放量的估算具有深远的影响。它对于精确计算各地区、各个企业以及项目的碳排放量或者碳减排量至关重要，同时，对于推动各地区碳补偿机制的建立和经济的高质量发展具有重大意义。此外，它在制定公平且合理的碳达峰碳中和实施方案过程中占据重要的地位。当前我国在电网碳排放因子方面存在的主要问题如下。

一是电网碳排放因子测算结果更新滞后。电网碳排放因子的测算结果存在更新滞后现象，这导致国内无法及时了解电力行业推进碳减排工作的最新进展。测算电网平均碳排放因子的任务由国家气候中心承担，但这项工作并未按计划进行更新。目前可得到的区域和省级电网平均碳排放因子仍是2016年的数值，这些过时的数据无法反映当前的碳减排情况。为了提升碳减排工作评估的及时性和准确性，及时更新碳排放因子至关重要。

二是未能及时考虑新能源对电网碳排放因子的影响。随着新能源机组的激增，电网碳排放计量的误差同样显著增加。电网碳排放因子，代表电网单位电量碳排放的水平，无法反映新能源机组在不同时间段的发电比例。因此，随着我国新型电力系统逐渐过渡为以新能源为主体，以电网碳排放因子为基础计算的方法得出的碳排放量误差将越来越大。此外，电力碳排放因子保持不变，各方无法准确衡量自身的减碳效果，也就不利于鼓励政府、企业、最终用户等主体产生足够的低碳行为，进而无法有效地引导和调节各方的低碳行动，难以形成激励相容的局面。这最终导致社会各界对减碳的信心受到打击。

三是跨省区调入调出的电力蕴含的环境价值没有得到准确体现。跨境电力交易的环境价值没有得到精准评估。当前，我国在计算电网碳排放因子时，采用将电力相关碳排放的源头（燃煤发电及外购电力对应的碳排放量）平均分摊至全部电量（全社会用电量与外送电量之和）的方法。这种方法无法精确区分不同类型电力输送的环境效益，如低估了云南向广东输送的清洁电力所含的碳排放量，导致电力消费所含碳排放的估算结果出现严重偏差。

四是无法为消费端提供有效的电网碳排放因子。电网碳排放因子无法为消费者提供实用数据。在企业日常温室气体排放核算中，根据购入电量乘以电网碳排放因子来估算二氧化碳排放量。然而，这种方法无法跟踪不同时间、不同地点的电力碳排放情况，也无法识别不同行业、企业的用电特征。因此，它不能有效地协调碳市场和电力市场，也不利于指导企业调整用电策略以实现绿色发展。

总之，针对当前电网碳排放因子存在的一系列问题，包括更新缓慢、无法准确反映时空变化、缺乏绿色价值体现、无法引导企业主动调整用电策略等，建立一个全新的客观、精准、实时的电网碳排放因子体系，对于监测碳排放动态、推进减碳行动具有重要意义。

（三）元素碳含量高限值问题

当前我国对于元素碳含量实行"高限值"政策，该政策在 2019 年 12 月底才明确并下发，导致不少煤电企业缺乏预期，并未做好实测准备。这一政策在一定程度上高估了企业实际碳排放量，作为一种缺省值，其简单易行，但未充分考虑地区、行业及企业排放差异，全国范围内使用高限值缺乏足够依据。此外，高限值的使用也导致企业碳排放数据高于实际值，不仅无法准确测量企业实际碳排放，还会导致企业承担较高的碳排放成本，不利于企业及时有效调整碳排放行为，甚至会激励某些企业走向数据造假的错误道路。

因此，在国家碳排放权交易市场的碳核算中，对于未实测碳元素含量的燃煤发电机组采用惩罚性高限值这一做法的科学性有待验证。未来应根据我国煤种特点，通过广泛抽样调查、统计归纳，提出更加科学合理的、更具代表性的单位热值含碳量等排放因子数据。在此基础上，逐步完善碳排放统计核算体系，提高数据的准确性和公信力，推动企业积极调整碳排放行为，促进我国碳达峰和碳中和目标的实现（招景明等，2023）。

（四）碳排放测算方法有待完善

国内碳核算工作多数借鉴 IPCC 核算方法与准则，但各地的实际条件不同造成其针对性和精确性较差。

一是测算方法的选用难以兼顾全面性与时效性。虽然编制温室气体排放清单计算碳排放量的方法可以全面且精确地评估碳排放情况，但是其数据取得及编制过程较复杂且测算周期长。因此，需要探索其他简单快捷、时效性强且能够全面评估碳排放数据的方法，使其能够满足"双碳"目标的定期监测要求，如采用能源平衡表获取相关活动的数据，这种方法的主要缺陷是部门测算范围的划分原则不清晰，很难获取全部碳排放数据。

此外，国家和地方对于每年分能源品种的消费数据和能源平衡表数据的整理和公布时效性不足，通常需要数月时间，这种低效的信息更新频率难以支持及时、准确的决策制定，导致一些地区在完成节能减排目标方面出现了行动上的偏差。

二是国内碳排放核算高度依赖碳排放因子。碳排放因子法操作简便，可以较快获取碳排放数据，但碳排放因子计算和使用不规范。以能源活动和工业生产过程的碳排放核算为例，主要采用部门法，通过统计燃料消耗和碳排放因子参数计算碳排放量，加总得到总碳排放量。但不同能源品质有差异，碳排放因子测度易受样本选取、权重设置、动态特性识别影响，导致测度结果有差异。这导致依赖碳排放因子计算出来的碳排放数据存在一定的不准确性。

同时，碳排放因子的更新速度相对较慢，难以满足实际需求。特别是在电力领域，随着光伏发电、风电、水电等可再生能源电力的增长，电力供应结构发生了显著变化。当前电网碳排放因子更新不及时，无法及时跟踪电力结构的低碳化带来的减排效果。此外，计算电力跨区转移产生的净排放量，所需要的电网碳排放因子是全年各地区碳排放因子的平均值，如果没有精确的电网碳排放因子，计算得到的跨区产生的净排放量会出现较大误差。

三是现有的碳排放监测方法过于粗糙，无法满足精细化管理要求。我国目前的能源统计主要是针对行政区层面，尤其是省级行政区。对于更加精细化的能源消耗和碳排放监测涉及较少。尽管针对一些重点用能单位、公共机构、碳交易管控企业等特定对象已经实施了一定程度的碳排放监测与管控，但这种管控措施的范围相对整个国家而言仍然较有限。因此，难以满足能源和碳排放管理在精细化程度和空间布局优化方面的更高要求。

四 主要建议

（一）完善国家、省和企业三级的温室气体排放核算体系

1. 推动实现国家温室气体清单常态化编制和定期更新

为了编制符合国际公约要求和国内实际的温室气体排放量核算指南，需要进行顶层设计、统筹协作。特别需要强化与 IPCC 指南的衔接，确保核算的国家总量与基于 IPCC 指南计算的国家清单不存在较大差异。夯实历史数据基础，根据基础数据渐进式实现国家层面碳排放清单的编制，并回顾往年清单及碳排放数据，确保碳排放数据的一致性和可比性。为满足部分行业的碳达峰需求，可探索并更新行业清单编制指南。同时鼓励地区参照国家做法编制省级清单，确保清单与国家和地区碳核算数据的有效衔接，并扩大企业和设施排放数据的应用范围。

省级层面，需要修订《省级温室气体清单编制指南》，充分衔接 IPCC 指南的最新成果，结合中国实际情况修订和完善省级清单指南。同时，需要抓紧制定和出台重点行业的温室气体核算方法和报告指南，为地方和企

业制定减排路径和减排政策提供基础。

企业层面，首先需要解决碳排放核算边界模糊的问题。统一核算边界和数据来源，建立明确统一的核算规则。其次，需要尽快解决企业关注的高限值问题，以更好地指导企业在用电侧参与绿电交易。

2. 完善全国碳排放统计核算体系的工作机制

一是要建立协调一致的碳排放统计核算机制。在国家层面，需要完善碳排放统计核算工作组的有效运作，推动行业、企业、政府共同参与碳排放标准制定，碳排放管理制度的制定，准确统计各层面的碳排放总量、强度。以地方为例，要积极参照国家层面的碳排放统计核算体系建设，完善本地区碳排放核算制度。此外，加强政府间碳排放统计核算体系和数据的协调，确保同级地区总量和行业总量之和能够与上一级保持一致。为碳达峰碳中和政策目标的实现和减排措施的制定提供充分的科学依据。

二是明确碳排放统计核算体系的统计制度框架。根据碳排放减排政策要求，确定统计的基础数据口径、统计内容、统计频率、统计对象（应包括各行业领域的能源品种消费）。

三是要建立规范的碳排放数据监测与管理体系，确保数据的准确性和可靠性。

四是要加强碳排放统计核算的宣传教育和培训工作，提升各方对碳排放统计核算工作的重视程度，推动全社会积极参与碳排放减排工作。各部门对其职能范围内的数据统计负责，建立数据库，选择适用于各地区、各行业的参数，确保碳排放数据的真实性、准确性、可追溯性，为制定碳减排目标和政策提供依据。

3. 加强碳核算方面的法律法规制度建设

应当加强碳核算法律法规制度建设，制定科学合理的数据核查和数据管理制度，积极构建并完善碳排放的监测、报告和核查体系，采用更加精确的实测值计算方法，确保第三方核查机构的公正性，严厉打击数据造假行为，确保统计数据的公平公正。

通过不断提升信息披露质量，确保管理、监管和监督机制的不断完善，让造假者"不能假"。鼓励重点排放单位发布绿色低碳发展报告，鼓励非温室气体重点排放单位开展碳排放核算，并在监管部门指定环境信息披露平台集中公布企业碳排放信息或低碳发展报告。同时，建立碳排放信息共享、联动机制,将碳排放指标或能源管理体系认证纳入环境诚信等级、企业信用等级、绿色工厂和绿色制造评价体系,从而增强企业开展碳排放核算及披露的积极性。

(二) 将电力行业作为碳排放统计核算体系建设的重点

电网企业应积极发挥其在碳排放核算中的微观基础作用。电网企业应通过追踪企业用电来源,帮助企业核算用电碳排放因子,了解企业用电特性,指导企业参与绿色电力交易,以减少碳排放。同时,电网企业应依据电网平均碳排放因子测算结果,基于电力流科学监测碳排放量,定期编制碳排放监测报告,为地方政府提供数据支持,帮助地方政府制定碳减排目标、监控碳减排进度等。

构建区域电网平均碳排放因子,建立新型电力系统的碳排放统计核算体系。省级政府是我国实现"双碳"目标的责任主体,省际电力调入调出所产生的碳排放核算是构建公平合理的省际碳排放责任分担机制的重要基础。目前主要使用碳排放因子对电力相关的碳排放进行统计与核算。《省级温室气体清单编制指南》指出,调入调出电力的间接碳排放量使用区域电网平均碳排放因子计算,且进一步区分煤电、气电及非化石能源电力,并根据对应的碳排放因子计算电力蕴含的碳排放量。未来可以利用电网企业的实时电力数据和潮流分布数据,委托电网企业进行数据分析,以现有电力交易体系为基础,区分各省份外送电力和碳排放量。通过区分碳排放量的来源和去处,准确计算出省级电网碳排放因子,再消除区域电网内部电力流动,即可测算出区域电网与外部交互的电力流所蕴含的碳排放量。这样,就可以构建新型电力系统的碳排放统计核算体系。这种核算体系可以更加准确地核算电力系统中不同环节的碳排放量,为政府和企业提供参考数据。

研究全生命周期的电力碳排放因子。产品碳足迹的核算可借助电网平均碳排放因子来进行。在整个生命周期中,产品产生的碳排放被详细记录并分析,即所谓的碳足迹。在生产过程中,电力消耗所产生的碳排放是碳足迹的重要组成部分。欧盟提出的"碳边境调节机制"将针对碳足迹设置碳关税壁垒,这可能会对我国电池等主要出口产品的未来发展带来一定的影响。目前我国产品碳足迹的测算和认证工作尚缺乏国家统一标准,并且与国际碳认证体系之间缺乏有效的对接，这将影响我国产品未来的出口和市场竞争力。因此，应当加强我国产品碳足迹的测算和认证工作，制定统一的标准和规范，并加强与国际碳认证体系的对接，以提高我国产品的碳足迹水平和市场竞争力。电力数据可以作为关键连接因素，低成本、大规模、高准确度地测算产品碳足迹。我们强烈建议进一步深入研究基于产品全生命周期的电力碳排放因子算法，以推动构建产品碳足迹测算及碳认证体系，从而为我国外贸企业成功应对新型贸易壁垒提供帮助。

做好电网碳排放因子的动态预测。为了使用户能根据碳排放因子及时调节自身行为，需提供动态且具有前瞻性的碳排放因子。我国缺乏正式的电力碳排放因子计量标准，建议完善动态碳计量标准，完善碳排放因子选择标准，建立碳排放计量数据验算系统，以便自我校核与接受第三方监督（招景明等，2023）。

（三）适当修正燃煤元素碳含量高限值

以欧盟碳排放交易体系（EU ETS）为典型代表的国际碳市场并未采用燃煤元素碳含量"高限值"政策。EU ETS规定按照控排设施排放量的大小，从低到高分成四个层级，低层级的控排设施燃煤元素碳含量无须实测，直接采用一个国际上或者国内核算温室气体清单指南上通用的缺省值即可，层级比较高的控排设施必须使用实测值。但对于应实测却没实测或者实测数据不满足要求的高层级控排设施，EU ETS并未采用燃煤元素碳含量"高限值"的政策，而是按照适度保守的原则，针对不同品种的燃煤类型，从统计学意义上取其元素碳含量平均值在95%置信区间的上限值作为估算值，这样就既保证了适度保守的原则，又确保估算值和实测值的差异不至于过大。欧盟碳市场对燃煤元素碳含量的管理遵循了分类管理、循序渐进、适度保守的基本原则，也是更加精细化的管理方式，值得借鉴（郭伟等，2022）。

对燃煤元素碳含量鼓励实测，从源头上消除碳排放数据造假的隐患。把实测和选用缺省值的选择权利交给企业，对没有实测或者不具备实测条件的企业，允许其使用《省级温室气体清单编制指南》中分煤种元素碳含量缺省值；如果企业有燃煤掺烧情况，则按照各煤种掺烧比例进行加权平均，或者根据IPCC对燃煤的相关分类准则来确定掺烧之后应使用的煤种的元素碳含量。对"高限值"的精细化管理有助于提高企业减排的积极性，同时也有助于促进全国碳市场更好地发展。

（四）完善碳排放计算方法

1. 采用信息化、数字化技术实施高效的碳排放管理和监测

打造碳排放基础数据库。碳排放基础数据库是有序开展碳排放核算和管理工作，提升数据质量，促进碳排放信息共享和跨部门合作的重要保障。研究建立产品碳排放核算基础数据库，会同相关部门联合开展信息共享平台建设，强化跨部门、行业、企业碳排放数据共享机制，着力提高数据可靠性、关联性和科学性，提升碳排放数据质量，进一步完善碳排放统计核算体系。加强各类先进技术手段运用，通过区块链、大数据等信息技术的运用，不断提升碳排放数据信息化水平。探索卫星遥感等大尺度高精度监测手段的应用，支持开展大气温室气体浓度反演排放量模式等的研究（马翠梅和苏明山，2022）。

建设全国碳市场一体化管理平台。明确政府、行业和企业的碳排放需求，制定碳排放核算的技术指南。开发统一的碳排放管理平台，推动全国碳排放核算的标准化、规范化、制度化（卞勇和刘宇，2021）。该平台应具备数据溯源、责任人追踪、异常排查、总量和强度分析、排放量预测预警等功能，满足数据质量、责任落实、决策辅助等管理要求。同时，对重点用能单位等节能减碳政策的管控对象，平台应具备数据集成功能，实现各项节能减碳工作的统一管理。

完善碳排放信息公开和共享机制。加强碳排放信息主动披露，为全国碳市场建设提供有力支撑，提升碳排放数据的日常管理能力和信息化水平。加强企业、园区、政府对相关碳排放信息的公开。

2. 建设碳排放因子库

优化碳排放计量方法的首要步骤是统一碳排放因子的选择标准，并建立特定碳排放数据库。应制定相关制度，重视各地区重点排放领域关于碳排放因子的计算，并充分研究和收集数据。建立具有权威性和科学性的官方碳排放因子数据库后，应定期监测关键碳源，动态调整碳排放因子库，建立统一标准的技术参数，提高核算的准确性和可比性。

3. 以参考法为主要的校验手段

参考法相对粗略，但基于参考法的核算工作比较方便快捷，可以在当前编制国家碳排放清单过程中用于从宏观趋势上校验部门法的计算结果。在构建碳排放因子库的基础上，可以利用参考法方便有效快速地开展校验工作。

第十九章

碳安全：多措并举践行安全降碳

2030年前碳达峰、2060年前碳中和是党中央统筹国内国际两个大局做出的重大战略决策，事关中华民族永续发展和人类命运共同体构建。"双碳"目标表面上强调的是二氧化碳排放增速降为零过渡至温室气体增量降为零的物理过程，实质上是二氧化碳排放与经济发展的关系问题，亟待在新发展理念的指导下，以经济发展模式绿色低碳转型带动广泛而深刻的经济社会系统性变革。面对工业化城镇化尚未完成、主体能源变更、全球经济低迷以及单边主义和保护主义思潮涌动等多重内生压力与外生冲击，中国以经济社会发展模式转型重塑的方式推动构建"零碳社会"，在尊重自然界客观规律、人类社会文明发展规律的基础上，及时防范化解绿色低碳转型可能伴随的风险。

2021年10月，国务院印发《2030年前碳达峰行动方案》（以下简称《方案》），将"稳妥有序、安全降碳"作为工作原则之一，明确提出"切实保障国家能源安全、产业链供应链安全、粮食安全和群众正常生产生活，着力化解各类风险隐患，防止过度反应，稳妥有序、循序渐进推进碳达峰行动，确保安全降碳"。落实"稳妥有序、安全降碳"的工作原则，必须处理好减排与安全、发展的关系，既要用能源资源节约型模式的发展成果夯实国家安全的经济基础，又要以思路、体制、手段创新营造有利于经济社会低碳发展的安全环境。这既是统筹协调能源安全、经济安全、气候安全，稳住国内基本盘、切实保障和改善民生的重要支撑；也是打造经济持续健康发展的新增长点，增强我国生存力、竞争力、发展力、持续力的关键手段。

一 安全降碳的政策内涵

当前国际政治经济环境错综复杂，在高度不确定性的环境中，安全降碳应坚持统筹安全和发展两件大事，既不盲目提级降碳相对于发展和安全的优先性，也不强行提升各阶段降碳目标，务实推进、有序转型。

（一）立足国情，做好能源转型的加减法

能源转型是"双碳"目标实现的基础和决定性因素，在结构与系统形态经历巨大变革的过程中，能源安全稳定供应关系国计民生和国家安全。能源绿色低碳转型立足于"富煤贫油少气"的中国国情，依托于能源安全，促进多种能源品种的融合与互补。

做好能源转型的减法，关键在于立足国情、控制总量、兜住底线，有序减量替代，推进煤炭消费转型升级（徐涵等，2022）。中国是煤炭大国，煤炭长期以来在我国能源资源占主体地位，是我国能源安全稳定供应的"压舱石"。然而，在以化石能源为主体的能源系统中，二氧化碳排放与能源消费存在显著的相关关系；且由于煤炭的转换效率偏低，要实现"双碳"目标导向的能源绿色低碳转型首先需要控制化石能源消费，尤其是严格合理控制煤炭消费增长。必须清楚地认识到，能源绿色低碳转型不能忽略能源系统的基础和条件，"一刀切"禁止化石能源消费也是不切实际的。受限于能源资源禀赋和结构，短期内煤炭的"压舱石"地位很难改变。2021年我国国内大宗商品价格上涨和多地经历的由缺煤导致的用电荒，印证了煤炭在能源系统中的主体地位。传统能源有序退出也需保障合理用煤需求，主要有以下两条思路。一是煤电灵活性改造、节能降碳改造和供热改造"三改联动"。在降低度电耗煤和二氧化碳排放的同时，既提供基础保障性和系统调节性电源，挖掘调峰能力服务于新能源消纳，帮助电网安全稳定运行；也让煤电机组承担更多的供热负荷，实现对低效率、高排放的分散小锅炉的替代。二是辩证看待煤炭等化石能源的能源和资源双重属性，"乌金赋能"，做好化石能源清洁高效开发利用。

做好能源转型的加法，先立后破，将传统能源有序退出建立在新能源安全可靠替代的基础上。尽管依靠节能和提升能源利用效率就能摘取"碳

达峰"这一"低悬的果实",但碳中和目标则把促进新能源和清洁能源发展放在更加突出的位置,必须经过以新能源、可再生能源"替能"解耦能源消费与二氧化碳排放的过程。一方面,新能源安全可靠替代的基础在于保量、保质。一是稳定保供。明确可再生能源电力国内生产自给的战略底线,同步提升清洁能源装机量和发电量以增强国内能源生产的保障能力。二是提升供给质量,从发电端尽量弱化太阳能、风能、潮汐能和生物质能等可再生能源天然具有的间歇性、随机性和波动性特征。另一方面,新能源安全稳定供应依赖多种能源品种的融合与互补。化石能源占比逐步降低与非化石能源占比逐步提高,并不是简单的此消彼长,而是优化组合、深度融合。克服可再生能源电力的间歇性、随机性和波动性特征,既需要多能互补提高供电稳定性,也需要发展储能技术解决调峰问题(庄贵阳和窦晓铭,2021)。要建立健全煤、油、气、电、核、新能源和可再生能源多轮驱动的能源生产体系,发挥传统能源和新能源各自的优势,确保减污降碳、经济社会发展和民生用能需求均得到有效保障。

(二) 应对碳壁垒,确保产业链供应链安全

发展战略性新兴产业、优化产业结构布局、提升中国在全球产业链供应链中的位置,既顺应了提升碳生产力、培育经济发展新动能的历史任务,也是遵循"稳字当头、稳中求进"的经济工作方针,未雨绸缪应对碳边境调节机制等绿色贸易壁垒的客观需要。

从产业链供应链的角度去考虑减污降碳,低碳产业发展与高碳产业退出联动。我国工业万元产值能耗强度约为第三产业的4倍,钢铁、有色金属、建材、石化和化工五大产业能耗占制造业总能耗的80%以上,实现产业结构优化升级、提高效能不可能一蹴而就。且我国工业化、城镇化尚未完成,基础设施建设、住房建设仍将持续。在处理减污降碳和产业链供应链的关系时,一味强调产业完备性,放任上马或保留"两高"项目,或者盲目采取比较激进的措施,彻底否定传统产业在产业链供应链、经济发展中的作用都是不切实际、与安全降碳原则相悖的。低碳政策盲目简单化、一刀切和层层加码,以及低碳产业的无序发展、对存在产业链生态效率提升潜力的高碳产业的挤出,都将严厉打击高碳产业。我国处于从工业化向经济服务化阶段过渡的时期,部分产业本就呈现外迁和分流趋势,一旦过分行动可能会对国

内经济安全造成较大的负面冲击，特别是被外资控制或主导、已经深度嵌入国内重点产业的产业链供应链体系的部分。

我国作为世界工厂、全球产业链中最重要的一环，安全降碳还意味着防范其他国家和地区的低碳政策对于经济安全的影响。欧盟委员会2019年12月公布应对气候变化的《欧洲绿色协议》，计划实施碳边境调节机制。从减污降碳角度出发，这将倒逼外国企业加快创新、应用绿色低碳技术（庄贵阳和朱仙丽，2021）。但从经济贸易的角度出发，碳关税本质上是一种绿色贸易壁垒，通过全球产业链供应链传递减排压力和生产成本，削弱其他国家的产品竞争力。我国出口欧盟的产品中大部分碳排放来自金属、化学品和非金属矿物，如机电产品、纺织品、金属制品、化学品等，均属于欧盟碳关税产品征收范围。且我国的制造环节仍处于加工阶段，我国仍是许多国际企业的代工厂，在以生产端碳排放核算为主流的贸易碳排放核算中处于劣势。国际、国内多重碳排放标准叠加可能加速我国制造业向外转移的趋势，加大产业外移及其导致的产业"空心化"风险，影响我国产业的完备性。且对产业链供应链的冲击，由于溢出效应和传导效应，有被放大和扩散的风险。

（三）以人为本，构建包容性绿色低碳经济

作为可持续发展的阶段性目标，"双碳"目标以较高水平的物质积累和社会福利为前提，其内涵是提升居民生活质量。安全降碳意味着以人为本，提高减污降碳一揽子政策的公平性和包容性，避免"劫贫济富"。

能源、经济绿色低碳转型的差异化影响催生出以人为本、围绕体面的工作和高质量就业展开的公正转型议题。转型并非在未来40年内匀速变化的过程，投资布局绿色清洁低碳产业和高碳产业退出的压力主要集中在短中期，且伴随着就业的创造与破坏。随着产业发展所需资源禀赋的变化，工作岗位的空间分布也随之发生变动。国际劳工组织的数据显示，到2030年，强有力的气候行动将带来2400万个新的就业机会，但煤矿、石油和天然气等相关行业将损失600万个就业机会（ILO，2018）。短期内除了资产搁浅、生产能力闲置、经济发展速度放缓等风险，高碳产业退出过程中工作岗位消失导致转型成本主要由对加剧气候变化贡献很小的群体不成比例地承担，且该群体被排除在相关的决策过程之外。尤其集中于生计严重依

赖碳密集型产业且工作环境与居住条件受环境污染影响比较大的低技能工人、家庭和社区。这导致部分社会成员不能平等享受经济社会转型带来的社会福利，甚至扩大已有的经济社会差距，既形成社会不稳定因素，也阻碍了"双碳"进程。要确保群众的正常生活，便不能回避减污降碳的潜在就业影响和衍生的其他社会公正问题（张莹等，2021）。必须将劳动力的公正转型这一议题纳入气候行动，并根据国家确定的发展优先事项提供体面的工作和高质量就业。

妥善处理好降碳与群众正常生活的关系，为转型中处于不利地位的工人、家庭和社区提供及时的帮助和支持。"环境与就业"紧张关系的核心在于在转型中面临工作岗位消失或转型的劳动力质量满足不了低碳工作岗位的技能偏向性。就业是社会成员参与社会生产和分配、获得稳定收入的主要途径。为确保生计高度依赖高碳行业的低收入、低技能群体实质参与转型过程并获得平等的对待，提高经济发展的包容性，关键在于保障社会成员在经济绿色低碳转型的过程中再就业的能力和机会，而不是以补贴、救济维系所有在转型中处于不利地位的社会成员的生存需求。一是创造绿色就业机会。体面的工作和高质量就业指具有公平的收入、优良安全的工作环境，与工作相关的权利被尊重，以及具备儿童保育、就业保险和退休计划等保障措施的工作岗位，既满足工人身体和精神健康的基本要求，也满足个人发展前景和社会融合的进阶要求。二是提供长期可持续的替代工作。同样处于碳密集产业中的替代工作可能在短期内满足受转型消极、不对称影响的工人再就业的需求，但在长期此类工作仍将随着转型而逐步被淘汰。为了提高工人的再就业能力，促进工人技能与工作岗位的匹配，积极的劳动力市场政策、再教育和再培训政策不可或缺。三是可及的、可支付的、可靠的持续生活供给。为了"不让任何一个人掉队"，除了提供可负担的清洁能源和低碳产品，还要积极制定职工安置机制和退休计划等社会保障方面的预案，降低对公共领域的不利影响同样是提高包容性的关键。

二 安全降碳的中国实践及挑战

在经济增长面临需求收缩、供给冲击、预期转弱三重压力的情况下，

"一刀切"关停式降碳在危害经济持续健康发展的同时,也限制了节能减污降碳技术和产业的潜力。中国坚持底线思维,以政策引导先立后破,在有序有力有效推进安全降碳,特别是做好能源转型和产业转型的加减法方面积累了一定的经验。

(一) 安全降碳的中国思路及实践

在碳达峰碳中和"1+N"政策体系持续完善、细化方案陆续出台的同时,中央持续对"双碳"行动进行纠偏以保障经济稳定增长,要求先立后破,不搞"齐步走""一刀切"限电限产或"运动式"减碳。

1. 政策引导安全降碳

一是在重要政策文件、会议中增加"安全""科学""稳妥""有序"等安全降碳相关表述。作为"1+N"政策体系中的"1",《关于完整准确全面贯彻新发展理念做好碳达峰碳中和工作的意见》提出防范风险的工作原则。作为"N"中首要的政策文件,《方案》将工作原则进一步提炼为"稳妥有序、安全降碳":坚持先立后破,稳妥有序、循序渐进推进碳达峰行动,确保安全降碳。此外,中央经济工作会议、《"十四五"现代能源体系规划》以及党的二十大报告等重要政策文件、会议中均出现"防范风险""清洁低碳""安全高效""积极稳妥"等安全降碳相关表述(如图19-1所示)。

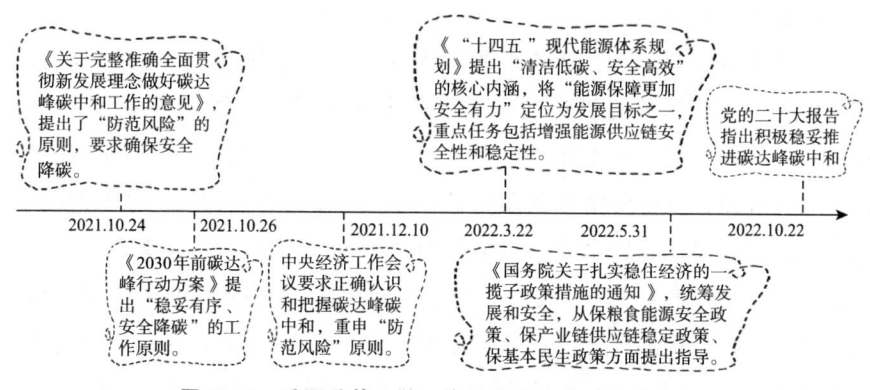

图 19-1 重要政策文件、会议中安全降碳相关表述

二是行业、地区指导意见中层层加码现象得到纠正。例如,工信部、国家发改委、生态环境部联合对外发布《关于促进钢铁工业高质量发展的指导意见》。相较于 2020 年 12 月底的征求意见稿，正式文件将钢铁行业的碳达峰口径从"力争到 2025 年率先实现碳达峰"，改为"确保 2030 年前碳达峰"。在黑龙江、吉林、陕西、浙江等多省（区、市）的政府工作报告中，出现"有序推进""科学稳妥""把握节奏"等类似表述，多地强调先立后破、防范风险，兜底保障与降碳同等重要。

三是创新"赛马机制"，防止"一刀切""齐步走"。2021 年以来我国采取"赛马机制"，即能效高的企业能够获得更高的能源供给，生产更多产品；而能效低的企业则会受到诸多限制。这被看作防止"一刀切"的有效方式，环保绩效好的企业可以不错峰或者自主减排，绩效差的企业要多错峰，不允许地方不分环保绩效水平，所有企业都搞平均主义。

2. 传统能源向新能源安全平稳过渡

一是发展新能源、可再生能源，实现安全稳定替代。截至 2022 年 9 月底，我国可再生能源发电装机达 11.46 亿千瓦。其中，水电装机 4.06 亿千瓦（其中抽水蓄能 0.43 亿千瓦）、风电装机 3.48 亿千瓦、光伏发电装机 3.58 亿千瓦、生物质发电装机 4060 万千瓦。可再生能源发电量稳步增长，可再生能源持续保持高利用率水平。2022 年前三季度，全国可再生能源发电量达 1.94 万亿千瓦时。其中，规模以上水电 9507 亿千瓦时，全国主要流域水能利用率约为 98.6%；风电 5441 亿千瓦时，平均利用率为 96.5%；光伏发电 3286 亿千瓦时，平均利用率为 98.2%；生物质发电 1129 亿千瓦时，同比增长 0.1%。

二是化石能源退出、低碳改造及清洁利用，提高能源利用效率。通过淘汰落后产能和释放先进产能，2021 年我国平均煤矿的单井规模比 2012 年提高 1 倍以上，年产 120 万吨及以上的大型煤矿产量占比超 80%。煤电机组改造升级，发挥传统能源在调峰、应急方面的兜底作用。截至 2020 年底，我国达到超低排放水平的煤电机组约为 9.5 亿千瓦，节能改造规模超过 8 亿千瓦。CCUS 等负排放技术的部署应用为持续降碳提效提供了新思路。例如，神华国能锦界二氧化碳捕集示范工程年产 15 万吨，设备利用复合胺技术解析二氧化碳用于油田驱油，且结合当地实际情况进行能源化资源化利用。

三是发展天然气、核能等作为过渡能源，多能源综合保供。中国石油长庆油田日产气量攀升至 1.3 亿立方米，中国海油加快江苏、浙江、珠海等3座液化天然气接收站扩建，我国中东部地区最大储气库"文23"储气库超额完成年度注气任务，有效工作气量达27.7亿立方米。国家电投"暖核一号"在山东海阳市投运，核能供暖范围覆盖海阳全城区，惠及20万居民。2022年以来，我国煤炭产量较快增长，煤矿先进产能加快建设，电厂存煤大幅提升。前三季度全国规模以上企业煤炭产量33.2亿吨，晋陕蒙充分发挥了产煤大省的作用。全国统调电厂存煤保持在1.7亿吨以上，有效保障了发电供热用煤需求。

3. 技术创新推动产业结构优化

一是提高绿色低碳产业比例。推动产业结构向中高端迈进，大力发展战略性新兴产业，加快推动现代服务业、高新技术产业和先进制造业发展。只要产业升级速度足够快，就能既符合降碳要求，也能有效应对产业外迁风险。例如，中国新能源汽车产业快速发展，新能源汽车在汽车销量中的占比已超过11%，产销量连续7年位居世界第一（截至2022年）。2022年前三个季度新能源汽车产、销量分别达471.7万辆、456.7万辆，同比增长120%、110%，市场占有率达23.5%。同期，中国新能源汽车出口38.9万辆，同比增长超过1倍。严格控制钢铁、化工、水泥、有色金属等行业新增产能，提升产业集中度。严格限制"两高"行业仍是各省方案关注的重点，如浙江、成渝等强调"两高"行业的节能降碳改造，吉林、河北等严控新增。

二是加快关键核心技术和关键零部件的自主研发，协调减污降碳与产业链供应链安全的关系。主要集中在关键设备、关键零配件和元器件、关键材料、关键工艺和工业设计软件系统等领域。例如，芯片、集成电路，操作系统和工业软件，特别是EDI设计软件等。目前，已经完成了国家能源研发创新平台考核评价，组织开展了两批首台（套）重大技术装备的评定工作，扎实推动了核电、可再生能源、煤炭清洁高效利用，以及关键信息基础设施、燃气轮机等领域的科技攻关和示范应用，全球首个商用高温气冷堆核电站已经并网发电，国核一号示范工程建设取得重大进展。

三是稳定能源、大宗商品、原材料价格，保障重要原材料供给。中央企业发挥"资源池"优势，国产气和进口管道气、进口LNG长协气等稳价资源占比提高，降低天然气采购成本。主要供气企业管道气平均供气价格多在每立方米2~3元，部分尖峰增量气源价格也控制在每立方米4~5

元,远低于国际市场价格。煤炭价格总体保持平稳。2022年10月秦皇岛5500大卡动力煤年度长协价格719元/吨,较年初下降6元/吨,比长协最高限价770元/吨低51元/吨,电厂煤炭综合到厂价明显低于国际水平。释放国家储备,从源头抑制大宗商品价格上涨。2021年7月,国家粮食和物资储备局一月两次向市场投放了国家储备物资。第一批投放储备铜2万吨、铝5万吨、锌3万吨,成交价格分别较当日国内期货价格低3%至9%不等,第二批国家共投放17万吨的储备铜铝锌。

4. 财政金融手段支持

一是碳金融、绿色金融提升有效投资。我国已初步形成多层次绿色金融产品和市场体系。根据中国人民银行数据,2022年第二季度末,基础设施绿色升级产业、清洁能源产业和节能环保产业贷款余额分别为8.82万亿元、5.04万亿元和2.63万亿元,同比分别增长32.2%、40.8%和62.8%。2022年以来,中央企业以有效投资加快产业链强基础、补短板,保障产业链安全稳定发展。2022年前三季度,中央企业围绕新一代信息技术、高端装备制造、粮食安全等产业链领域的卡点堵点,明确重点投资项目近300项,完成投资超过5000亿元(俞昭君,2022)。

二是财政资金为碳密集产业工人及低收入群体适应低碳转型提供支持。为居民安装可再生能源基础设施提供补贴。例如,浙江海宁补助企业投资运维,户用光伏补助1.2元/W,以居民自愿选择为前提;对于居民自建、代建联排住房,采取一户并网或多户集中并网模式安装建设。健全和完善社会保障制度,优化救助服务、公共就业服务供给,做好农民工工资支付、退休养老等保障。2020年底我国企业职工养老保险实现了省内统筹,解决了省内地区间基金负担不均衡的问题;2022年开启全国统筹工作。

三是为攻克"卡脖子"关键核心技术提供优质平台。2021年政府加大了对企业研发费用的税收优惠力度。国家税务总局数据显示,2021年有32万户企业提前享受研发费用加计扣除政策优惠,减免税额达到3333亿元,进一步降低了企业研发成本,并带动全国重点税源制造业企业研发投入同比增长22.6%,有效激发了企业创新动能。

(二)安全降碳面临的主要挑战

"双碳"目标为经济社会低碳转型施加了时间约束,要求低碳转型不能过慢；安全降碳则在某种意义上要求转型不能过快，平衡转型速度与转型质量的关系。为给安全降碳"查缺补漏"，本小节讨论安全降碳原则贯彻落实的难点，或平衡降碳与能源安全、产业链供应链安全和群众正常生活的政策与行动可能产生的非预期影响。

1. 能源转型衍生风险多元化

即使在能源转型遵循"先立后破，传统能源有序退出建立在新能源安全可靠替代的基础上"，仍可能存在以下衍生风险。

第一，绿氢产业和风电、光伏发电等可再生能源产业若过快发展将挤出当地传统化石能源产业。可再生能源，特别是绿氢实现了"资源—电力—储能—供能"的形式转换，发展可再生能源是提升可再生能源利用水平与实现净零排放的双环保路线（庄贵阳和窦晓铭，2021）。长期以来，各省份在以煤炭等化石能源为主体的区域电网内基本实现电力自足，甚至出现产能过剩的情况。尽管可再生能源替代仍需爬坡迈坎，但对区域化石能源的挤出是显而易见的。

第二，邻避效应（Not-In-My-Back-Yard，NIMBY）在核电建设和选址问题上尤为突出。核能是碳中和目标导向下我国能源转型的过渡能源、保供能源。截至2022年6月底，中国在运核电机组54台，总装机容量5578万千瓦，在建及核准核电机组23台。但关于核安全的争议一直存在，尤其是切尔诺贝利事故和福岛电站核安全事故之后，弃核的呼声在全球多个国家蔓延。即使核电的应用产生了综合的经济社会效益，但因居民担心核电项目对身体健康、环境质量和资产价值等带来诸多负面影响，可能抵消稳定、清洁电源所带来的效用。

第三，保障传统化石能源有序退出的手段可能带来企业退出动力下降等非预期影响，推迟传统化石能源退出进程。例如，德国反向竞拍机制可能导致老煤电厂在电力系统中的经济价值提高，延长了某些本已没有财务生存能力煤电厂的运行时间，甚至刺激一些经营者继续运营本已亏损的老煤电厂以在拍卖中获得补偿，这实际上减缓了煤炭退出过程中的减排速度。

2. 地区之间发展不均衡

现阶段，推进"双碳"目标更多是站在国家整体的角度，全国一盘棋，统筹考虑能源转型、产业升级，以应对降碳与能源安全、经济安全、社会安全之间的潜在矛盾。如前文所述,讨论仍停留于"传统能源有序退出建立在新能源安全可靠替代的基础上",或是"只要产业升级速度足够快,就足以应对降碳与产业链供应链安全双重要求"。诚然,安全降碳忌讳各自为政,但停留于此而忽视社会内部结构,则存在加剧地区之间发展不平衡的风险。

地区经济社会发展水平在很大程度上由产业决定。产业结构升级涉及新产业的兴起和部分传统产业的退出两个方面,两者在时间、空间上并不必然具有一致性。两类地区在降碳过程中具有优势:一是经济发展水平本就处于领先水平,资金、人力资源占优的东部地区,二是碳汇、可再生能源等资源禀赋相对较高的地区。而曾经依托关键自然资源、廉价劳动力建立起经济支柱产业,且支柱产业在转型过程中处于衰退阶段的地区则恰好处于不利地位,特别是以煤炭等化石能源为主的资源型城市。污染治理成本高、经济结构单一、发展机会有限等问题,在没有"先立后破"建立替代产业,或包括人力资源在内的资源禀赋在未来产业升级中不占优势时,可能导致区域间经济收益和成本分配不对称,区域经济发展进一步失衡。

3. 财政资金使用的优先性权衡

"双碳"目标涉及电力、制造业、消费、交通等经济生产生活的方方面面,有序转型不仅要组织资源去支持供给侧的转变,还需要提供强有力的激励机制来使消费者有所选择。转型成本持续增高使得财政支持能源、经济、民生领域的优先性争议凸显。

能源方面,新型电力系统建设和煤电转型、退出成本高昂。与新能源和可再生能源配套的储能、调峰技术仍存在短板,全国电网和电力体制机制也有待进行与不稳定的可再生能源电力相适应的改革,这均意味着额外的经济成本。而能源转型所纳入的煤电提前退役与灵活性改造等转型路径,也将造成成本上升。就全国整体情况而言,煤电提前退役使成本提高10%左右,灵活性改造使成本提高约30%,所致煤电搁浅资产总规模分别为1.90万亿元和3.98万亿元(中国人民大学双碳研究院,2021)。

经济方面,绿色低碳转型的投资压力主要集中于中短期,但由于绿色领域投资回报率较低、回报周期偏长的特点,压力集中于政府公共资金。财政政策"缺位"可能削弱安全降碳的政策效果,也可能抑制私人投资与消费的风险偏好。

民生方面，加强社会保障、提供就业激励等举措也需要公共财政的倾斜。为缓解因转型成本转嫁给最终使用者而导致部分工人失业、居民生活成本增加、实际收入降低，尤其是低收入群体在低碳转型中对"气候溢价"方面的支付意愿与能力更低的问题，政府采取发放优惠券、提供公共服务等方式。但如果全国性的系统性刺激举措的资金来源只依靠中央财政，也将带来一定的财政资金压力。

三 安全降碳的国际经验

国际上多以"公正转型"概念倡导采取措施防范气候治理过程中潜在的消极、非对称影响，特别是煤炭经济可持续转型过程中经济成本社会化的问题，与安全降碳以人为本应对转型风险的内在思想一致。联合国秘书长古特雷斯呼吁政府、电力企业、工会和投资者共同参与，确保实现公正转型，为每一个人提供体面工作，创造更清洁、更健康的环境以及富有弹性的未来。

（一）德国"煤炭委员会"：利益相关者实质参与退煤进程

德国是欧洲第一大经济体及能源消耗国，也是世界上煤炭和褐煤储量最大的国家之一。自2011年退核之后，电力缺口的主要部分由煤炭机组承担。到2022年上半年，德国燃煤发电厂所占的供电份额仍达到31.4%，且呈同比上升4.3%的状态。作为事实上的煤炭大国，德国退煤进程显示：地方和多个利益相关方充分的实质参与可以有效推动工作进程，这也是地区受影响人群和社区获得足够支持的基础。这一经验具有借鉴意义。

德国政府成立了包含多类别利益主体的"产业成长、结构变革与就业委员会"（简称煤炭委员会）。煤炭委员会由来自政府、产业、工会、采矿区代表、研究机构、环境组织、周边受影响地区社区等28~31位代表组成。政府赋予委员会以重任，要求其在短期内形成一份行动方案，以助力德国达成多项气候目标。煤炭委员会对未来关停的矿区和燃煤电厂进行逐一评估和讨论，考虑能源安全、电价和煤炭产区经济等因素；在受影响地区确定新的就业和投资机会；制定一系列工具，支持经济发展、结构变革和气候行动，同时注重提升社会凝聚力。

有组织的利益集团的聚集有助于在关于煤炭的两极分化讨论中建立共识。煤炭委员会中，负责的委员参加全体会议，但不能投票，有助于确保委员会能够做出独立的决策。在短期内协调各方利益并就退煤日期达成一致，显示出在面对复杂而有争议的问题上保证多利益相关方参与过程的公正透明、将委员会建议转化为政策并同公众充分沟通的重要性。达成成果如下：工会、企业和政府共同参与，达成社会可接受的集体协议，工人的权利和补偿明确写入了工厂经营者与国家之间的正式合同中；州政府与矿区居民之间进行对话，以调整露天采矿计划；等等。

（二）乌拉圭：可再生能源创造绿色就业

长期以来，乌拉圭清洁电力供应比例较高，主要来自水力发电。乌拉圭化石能源发电于2013、2014年达到顶峰，随后进入化石燃料电厂退役阶段。乌拉圭决心发展可再生能源，到2019年，水电、生物质发电、风电和太阳能发电等可再生能源发电份额上升至98%。尽管乌拉圭可再生能源部门的快速扩张主要集中于组装和物流，但乌拉圭政府和国际劳工组织对2016年绿色就业进行的评估指出，可再生能源部门拥有8400多个工作岗位，约占该国44108个绿色工作岗位总数的19%。这使得当地工人具备了实现绿色就业的机会和可能性。

2016年，乌拉圭作为试点国家，通过国际劳工组织绿色倡议（ILO Green Initiative）实行国际劳工组织新的公正转型指导方针，旨在创造新的就业机会，同时确保社会福祉和保护自然资源。[①] 除了在可再生能源部门创造绿色工作岗位，乌拉圭关注劳动力培训以使工人满足技术和专业层面的新要求，使得当地工人有能力参与乌拉圭和区域可再生能源项目的开发、建设和运营。一方面，保障在转型中处于不利地位的群体的生存条件和合法权益。2015年，乌拉圭与国际劳工组织通过了一项全经济的体面工作国家计划，主要通过提前退休规避对工人的负面影响。另一方面，为绿色工作岗位制定技能发展战略，通过培训使工人符合可再生能源工作的要求。2017年，乌拉圭劳动和社会保障部与国际劳工组织举办了全国绿色就

[①] https://www.wri.org/update/uruguay-leveraging-partnerships-create-green-jobs-and-ensure-just-transition.

业研讨会，旨在提高利益相关者对绿色就业战略的理解。

（三）欧洲绿色协议：设立基金提供资金支持

欧盟出台纲领性文件《欧洲绿色协议》，应对气候政策的短期冲击，帮助高度依赖化石能源的地区实现平稳过渡，公平地分摊应对和适应气候变化的成本。为了不使任何一个成员国在转型中掉队，欧盟推出公正转型机制，创建公正转型基金（Just Transition Fund，JTF）和社会气候基金（Social Climate Fund，SCF），提升应对气候变化的努力的社会合法性（Anna Kyriazi and Joan Miró，2022）。

包括公正转型基金在内的公正转型机制是"可持续欧洲投资计划"的一部分，侧重于绿色就业。《欧洲绿色协议》意识到深度脱碳只有在创造共享和包容性繁荣的机会的情况下才是可行的，因此重点发展依靠化石燃料或碳密集工艺、受转型影响最大的地区和行业。公正转型基金预计将吸引 1000 亿欧元的公共和私人部门投资，用于帮助高度依赖化石能源的地区转型；帮助工人学习适应未来工作要求的新技能，为他们提供就业再培训和节能住房；支持企业在新经济行业创造新的就业机会，以及投资清洁能源和改善住房隔热等间接降低能耗、增加工作岗位的领域。"技能议程"和"青年人保障计划"将再次更新，以提高绿色经济环境下民众的就业能力（钱立华等，2020），帮助欧洲劳动力获取从夕阳产业转向朝阳产业所必备的技能。

欧洲议会通过了欧盟法律草案设立社会气候基金，侧重为个人提供收入支持的补偿机制，帮助弱势公民应对能源转型增加的成本。该基金属于欧盟"减碳55"（Fit for 55）一揽子气候计划的12项积极举措之一，将使特别容易受到碳中和过程负面影响的家庭、小型企业受益。预计 2025～2032 年，该基金将为社会公正转型筹集 1444 亿欧元（许林玉，2021），其中 722 亿欧元由欧盟预算支出。该基金将在两个方向补充欧盟成员国的财政资源：一是临时的直接补贴措施（如降低能源税费），以应对公路运输和供暖燃料价格上涨；二是长期的结构性投资，如翻新建筑物、投资可再生能源、引导人们转向公共交通等。

四 对策建议

"双碳"目标作为综合目标，本身即具有可持续发展的丰富政策内涵，且其实现需要与2035年远景目标和社会主义现代化建设等目标相互支持。这既是对经济发展、社会稳定、国家安全的重大挑战，也是重要的发展机遇，必须处理好发展和减排、短期和中长期的关系，切实做到稳妥有序、安全降碳。

第一，支持"卡脖子"的关键核心技术和零部件自主创新研发。无论是加速构建以可再生能源为主体的能源电力系统，还是大力发展战略性新兴产业、延链补链、向全球价值链上游发展，技术创新都是践行安全降碳的根本与关键。一是提升从"0"到"1"的技术创新基础能力，资助和支持颠覆性、革命性技术创新研究。"卡脖子"的关键核心技术创新问题主要集中在高端芯片、集成电路、操作系统等关键设备、关键零配件和元器件、关键材料、关键工艺和工业设计软件系统领域。二是提升从"1"到"N"的应用开发研究、中间试验研究、工程化产业化研究方面的自主能力。提升技术合作的广度和深度，实现不同领域、不同层级、多种方式的合作共赢。技术创新应以广泛应用为最终目的。只有实现广泛应用、批量生产乃至产业化，技术创新才能形成企业核心竞争力、产能和效益，真正实现创新驱动（庄贵阳等，2022）。三是降低具有绿色低碳特征的"卡脖子"的关键核心技术和零部件的经济成本，包括技术研发本身和传统生产设施设备替代的双重成本，帮助技术创新顺利完成从科学研究、实验开发到推广应用"三级跳"。

第二，推动有效市场和有为政府更好结合。发挥政府引导、市场主导作用，既要防止政府长期过度干预经济发展，在实际经济工作中越位、缺位、错位；也要有效应对商品生产者和消费者决策结构的分散化问题。一是科学定位政府职能，逐步完善"双碳"目标顶层设计，把握"十四五"这一碳达峰的关键期、窗口期，既严控"两高"项目，也避免"一刀切""齐步走"等"运动式"减碳。二是妥善运用政府调动财政资金的能力。绿色低碳领域、公正转型领域的投资和基础设施建设，以及"卡脖子"关键核心技术创新都需要巨额投入，这离不开政府财政的支持（张杰和陈容，2022）；就业激励、社会保障等具有公共物品和准公共物品属性，均需要公共资金引导、带动私人投资。除了"两新一重"重点领域（即新型基础设施建设，新型城镇化建设，交通、水利等重大工程建设），生物医药、高端装备制造也需要持续性巨额投入。三是加强营商环境建设。除了采取补贴等激励方式，还要扫清技术先进、高能效、低排放、附加值高的企业和产业发展的体制机制障碍。四是引入碳定价机制，以经济杠杆激励企业落实污染者付费原则，提高具有绿色低碳可持续特征的关键核心技术、产品及商业模式的市场竞争力。全国碳交易市场是重要的市场化举措，也是应对碳边境调节税的重要手段。可在电力行业先行的基础上尽快扩大行业范围，并探索与碳排放权市场协同发展的路径，在必要的情况下适时引入碳税。

第三，以能力建设实现"双碳"行动成本收益的公平分配。安全降碳在社会维度上聚焦于解决生计严重依赖碳密集型行业的工人、家庭和社区的再就业与权益保障问题，因此应以就业能力建设为主、补贴保障为辅。一是关注劳动力供给与碳中和发展需求的结构性匹配，推动劳动者知识技能的不断更新。通过提供再教育再培训项目、就业安排服务、公共就业计划等，在促进就职于高耗能、高排放、处于衰退阶段的产业的工人知识技能更新的同时，提高其与新创造就业岗位的匹配度，至少保障其再就业的选择范围、议价能力不至于大幅下降，控制现有工作与下一份工作的收入差距。二是消费端精准补贴，以改善低收入、低技能群体处境为重点，提高社会整体的低碳消费意愿与能力，使消费者能以等同传统商品的价格购买符合碳中和发展路径的低碳商品。应谨慎考虑补贴对象与补贴额度，考虑不同收入群体的消费特点，促进补贴标准多样化，使补贴发放至最需要的人手中，将增量更多惠及收入和生计受到气候行动负面影响的社会边缘群体。三是完善社会保障制度，进一步完善养老、医疗、失业等各项社会保障制度，确保对社会公平建设的支持力度。积极应对由转型所带来的特定群体失业及提前退休问题，特别是为山西、内蒙古等煤炭资源富集地区因长期积累的历史问题而面临的转型挑战设置预案。

| 第五篇 |
案例篇

第二十章
北京：以碳中和为目标，引领高质量发展

我国正处于向第二个百年奋斗目标进军的关键时期，经济已由高速增长阶段转向高质量发展阶段，积极稳妥推进碳达峰碳中和是实现经济高质量发展的内在要求和重要支撑。北京作为首都，地位重要、特殊，拥有国内一流的创新资源、技术条件和政策优势，在低碳建设方面已取得了令人瞩目的成绩，在全国低碳城市试点建设评估中名列前茅，被评为优等，应对气候变化工作走在全国前列。新时代首都发展，标准就是首善，面向碳中和目标，有条件、有责任发挥"效率引领""科技支撑""机制创新"的先行先试作用，打造"绿色北京"的样板。

一 北京市低碳发展成效与发展定位

（一）北京市低碳发展成效与挑战

北京低碳水平在全国名列前茅，按可比价计算，2021年全市万元GDP能耗为0.182吨标准煤，10年下降38%，万元GDP碳排放量处于全国省级地区最优水平。具体来看，全面落实首都城市战略定位取得突破，累计疏解不符合首都功能定位的污染企业2154家，城乡建设用地减量120平方公里。以绿色低碳、科技创新为驱动，2021年全市GDP突破4万亿元，人均GDP约18.4万元①，已达到发达经济体中等水平，居各省区市首位。能源清洁利用水平明显提高，煤炭消费总量从2015年的1165万吨减少到

---

① 《北京市2021年国民经济和社会发展统计公报》，https://www.beijing.gov.cn/gongkai/shuju/tjgb/202203/t20220301_2618806.html。

2020年的135万吨,平原地区基本实现无煤化。重点领域节能降碳效果显现,大力发展低碳交通,5年累计开通16条段地铁新线,总里程达797公里,新增市郊铁路运营里程183公里;截至2021年已建成绿色建筑1.66亿平方米,装配式建筑发展在全国处于领先水平;生态环境持续好转,$PM_{2.5}$年均浓度降至30ug/m³、森林覆盖率达到44.8%、污水处理率提高到97%。

北京正在建设国际一流的和谐宜居之都,对标党中央、国务院关于碳达峰碳中和重大战略决策,立足更高水平服务,保障首都"四个中心"(政治中心、文化中心、国际交往中心、科技创新中心)功能建设和经济社会高质量发展,面临更高的要求和更大的挑战。一是能耗水平、经济水平和国际大都市相比还有较大差距,万元 GDP 能耗为0.182吨标准煤,高于纽约(0.14吨标准煤)、旧金山(0.15吨标准煤)、东京(0.09吨标准煤)[①],但2021年全市人均 GDP 为18.4万元,远低于旧金山(88.7万元)、纽约(67.0万元)、东京(46.9万元)。同时,能源结构偏化石能源的本质没有改变,新能源占比低于全国平均水平,能源需求对外依存度高,外调电力也以化石能源电力为主,而能源总量刚性增长的趋势短期不会改变,能源安全存在一定风险。二是低碳、零碳技术发展受到诸多负面因素影响。例如,技术突破难度大。据国际能源署统计,全球2050年实现净零碳排放的关键技术中,目前50%尚未成熟,北京在零碳电力能源、零碳非电能源、燃料/原料与过程替代等大类中的分支技术未有显著突破。三是全市产业结构逐步"高精尖"化,但仍存在资源环境效率不高,部分新兴行业的能耗偏高,以科技与金融撬动绿色低碳产业发展的融合度不够、应用到重点领域的场景不足。四是政策、标准体系等不够完善,面向碳中和的很多立法工作正处于起步阶段,系统化的碳排放监测管理体系尚未建立。

(二)面向碳中和北京市的发展定位

党的二十大报告提出,积极稳妥推进碳达峰碳中和,协同推进降碳、减污、扩绿、增长,推进生态优先、节约集约、绿色低碳发展。2022年中

---

① 纽约、旧金山、东京能耗为2016年数据,北京为2021年数据。

央经济工作会议把"双碳"工作任务融入产业政策、科技政策、能源政策等一揽子计划中,强调狠抓传统产业改造升级和战略性新兴产业培育壮大,在落实碳达峰碳中和目标任务过程中锻造新的产业竞争优势;支持住房改善、新能源汽车、养老服务等消费;推动传统产业改造升级,加快新能源、绿色低碳等前沿技术的研发和应用推广。

自2014年习近平总书记视察北京之后,全市以减量发展为主线,深入实施绿色北京战略,取得一系列丰硕成果。存量上,持续疏解整治促提升,退出污染产能,推进生产方式低碳化;增量上,大力发展高精尖产业,引导新增产业和功能发展更加绿色低碳。

"十四五"规划乃至更长的时期,北京在迈向碳中和过程中具有多方面优势和条件。党的二十大和全市第十三次党代会对经济社会发展做了重要部署,为首都绿色低碳高质量发展提供了指引。全市的碳达峰实施方案,以降碳为重点战略方向,推动减污降碳协同增效,促进经济社会发展全面绿色转型,为全市提供了降碳的行动指南。"五子"联动[①]为提升首都低碳转型的深度和广度提供了新的动力。未来,北京将自觉站在"国之大者"高度,坚持首善标准,瞄准国际一流,为全国"双碳"目标完成提供引领和示范。

(三) 面向碳中和北京市的阶段性目标

北京市把绿色北京战略融入各项规划当中,引领高质量发展。综合来看,现阶段全市把实现碳中和分解为近期和中远期的阶段性目标。

①近期目标("十四五"至"十五五"时期)。碳排放稳中有降,较峰值下降10%以上(不含航空客货运输碳排放,下同),单位GDP碳排放下降18%左右,碳中和迈出坚实步伐。经济社会发展全面绿色低碳转型率先取得显著成效;绿色低碳的生产生活方式成为社会广泛自觉。安全韧性低碳的能源体系建设取得阶段性进展,部分重点行业能源利用效率达到国际先进水平;绿色低碳技术研发和推广应用取得明显进展,具有国际影响力和区域辐射力的绿色技术创新中心基本建成;具有首都特点的绿色低碳

[①] "五子"联动是指建设国际科技创新中心、"两区"建设、发展数字经济、以供给侧结构性改革引领和创造新需求、深入推动京津冀协同发展。

循环发展的经济体系基本形成；碳达峰碳中和的政策体系和工作机制进一步完善；到 2025 年，可再生能源消费比重达到 14.4% 以上，到 2030 年，可再生能源消费比重达到 25% 左右。

②中远期目标（"十六五"时期）。碳排放率先达峰后持续下降，碳中和实现明显进展，天蓝、水清、森林环绕的生态城市基本建成。碳达峰碳中和的法规政策标准体系全面健全；美丽北京率先基本建成。

二 面向碳中和北京市的主要举措

北京作为全国首个减量发展的城市，需要在减量的过程中完成一系列低碳转型任务，难度大、要求高，面对许多开创性工作，"重创新、强能力、提质效"是贯穿整个转型过程的关键。全市从顶层设计上已经形成了"1+N"的体系，1 个综合性方案《北京市碳达峰实施方案》和 20 个分领域层面（包括行业层面、区域层面、企业层面和社会层面等）和 10 个保障层面的细分方案。在原有相关规划的持续发力和"1+N"配套政策带来的新活力的作用下，全市基本形成了几个特色鲜明的重要举措。

（一）构建差异化绿色低碳发展格局

结合北京市国土空间规划，全市可划分为中心城区、城市副中心、平原新城、生态涵养区四个功能区。从全市各区 2021 年能源消费分布情况看，中心城区 2786.80 万 tce、平原新城 2722.30 万 tce、生态涵养区 456.90 万 tce、城市副中心 311.10 万 tce（见表 20-1），重点碳排放单位占比，中心城区占到 60.87%、平原新城占到 26.17%，这意味着控制好中心城区和平原新城的碳排放总量和强度是重中之重。另外，从经济结构的区域分布来看，地区生产总值，中心城区达到 26268.00 亿元，其次为平原新城，达到 6759.30 亿元；第三产业增加值占地区生产总值的比重，中心城区达到 68.41%，平原新城达到 11.07%；工业增加值占地区生产总值的比重，平原新城达到 7.04%。城市副中心能源消费总量最小，为 311.1 万 tce，地区生产总值为 1103.00 亿元，但人均能耗和万元 GDP 能耗较低，是集约式发展最好的地区。生态涵养区没有高耗能产业，但万元 GDP 能耗和人均能耗在功能区中并非最低，仍有较大节能提效的空间（见表 20-2）。

根据不同功能区定位和碳排放的特征,每个功能区都有自身减碳的战略重心,各功能区之间又具有差异性。中心城区是首都"四个"中心的集中承载地,也是持续疏解非首都功能的主要阵地,该区域的主要举措就是以低碳化为导向推动城市更新。其中,东城区和西城区保留了大量历史文化遗产,因此主要进行老旧小区综合整治,疏解腾退空间优先用于保障中央政务功能,"留白增绿"用于增加绿地和公共空间。朝阳区以金融业、信息服务业为主,海淀区科技、信息服务业发达,石景山区和丰台区以工业互联网、高端制造业等为主。这些地区以疏解存量和严控增量相结合,严禁再发展高端制造的生产加工环节,重点推进战略性前沿技术和高端服务业的创新发展。

城市副中心从建设开始就坚持了世界眼光、中国特色、高点定位,强化绿色理念引领城市建设、着力构建低碳高效的能源体系、积极探索建设国家绿色发展示范区,现已在张家湾、宋庄、台湖等特色小镇打造一批绿色低碳样板,逐步实现新建公共建筑光伏应用全覆盖。

平原新城是承接中心城区适宜功能,又面向区域协同发展的重点地区。该区域创新链、产业链、供应链"三链"融合性强,高端制造业集聚,主要举措是加强低碳技术示范应用,探索实施碳排放总量和强度"双控",实现低碳发展转型升级。顺义区、大兴区积极打造绿色低碳的国际机场临空经济区,大兴区更是用生态赋能,强化数字经济和绿色产业,"高精尖"的产业带正在形成。北京经济技术开发区、昌平区和房山区都布置了具有全球影响力的创新型产业集群和科技创新中心,区内很多企业都在进行"碳中和"园区的建设,智能微网、节能模块、节能技术等都在区域内得到共享,正在形成可复制、可推广的经验。

生态涵养区是首都重要生态屏障,也是城乡一体化的关键地区,该区域主要举措是以可再生能源规模化利用为抓手,探索碳达峰碳中和路径。各区依托资源特色,推动产业差异化、特色化、品牌化,以第一、第二、第三产业融合为特征的都市现代农业和乡村高品质旅游业发展迅速,冰雪体育、田园风光、山地赛事、品牌音乐节、生态康养、亲子研学等新业态不断出现,生态优势赋能产业转型的效果明显。以科技助力生态涵养区建设也是一大特征，以中关村科技园（五园）[①]为依托加速打造新能源和能源互联网、高端仪器装备等产业链科研成果的转化平台，促进众多科创企业在园区快速发展。

表20-1 2021年北京市各区能源消费情况

功能划分	各区名称	能源消费总量（万tce）	万元GDP能耗下降率（%）	重点碳排放单位占比（%）
中心城区	东城区	300.90	3.53	7.90
	西城区	363.00	3.61	10.00
	朝阳区	856.00	3.93	19.63
	丰台区	444.00	5.31	5.93
	石景山区	121.60	6.54	2.47
	海淀区	701.30	7.39	14.94
城市副中心	通州区	311.10	3.58	5.06
生态涵养区	门头沟区	57.90	5.68	0.62
	怀柔区	113.60	1.83	2.22
	平谷区	108.40	11.37	1.98
	密云区	116.70	7	2.47
	延庆区	60.30	8.48	0.62
平原新城	顺义区	995.20	20.88	6.91
	昌平区	344.00	5.41	7.04
	大兴区	305.10	9.44	4.69
	北京经济技术开发区	252.60	1.93	3.83
	房山区	825.40	-2.92	3.7

数据来源：《北京区域统计年鉴2022》。

表20-2 2021年不同功能区经济与能源消费情况

中心城区	中心城区	城市副中心	平原新城	生态涵养区
常住人口（万人）	1098.50	184.00	690.00	216.50
地区生产总值（亿元）	26268.00	1103.00	6759.30	1464.70
第二产业增加值占地区生产总值的比重（%）	5.37	1.15	7.78	1.20

---

① 门头沟园、怀柔园、密云园、延庆园、平谷园。

续表

中心城区	中心城区	城市副中心	平原新城	生态涵养区
工业增加值占地区生产总值的比重（%）	3.29	0.58	7.04	0.80
第三产业增加值占地区生产总值的比重（%）	68.41	1.91	11.07	2.81
规模以上工业总产值（亿元）	4825.50	585.60	9122.00	1258.70
能源消费总量（万 tce）	2786.80	311.10	2722.30	456.90
万元 GDP 能耗（tce）	0.11	0.28	0.40	0.31
人均能耗（tce）	2.54	1.69	3.95	2.11
重点碳排放单位占比（%）	60.87	5.06	26.17	7.91

数据来源：根据《北京区域统计年鉴2022》计算。

（二）推动"科技-产业-金融"绿色低碳良性循环

科学研究服务业是北京领先全国的绝对优势产业，北京在原始创新、颠覆性技术创新、关键核心技术创新、关键共性技术创新等领域拥有全球领先的自主优势，面临很多发展机遇。从充分挖掘和激发、培育产业的潜力来看，信息传输、软件和信息技术服务业以及金融业仍然是支撑全市经济发展最大规模的产业；集成电路、新能源汽车、智能制造等高端制造业在全国具有局部领先优势。在迈向碳中和的过程中，以绿色金融赋能高技术服务业和高技术制造业，形成良性互动，是全市高质量发展的重要途径之一。

一是吸引更多资金向科技服务业、高技术服务业和高技术制造业集聚。北京在全国率先发布了《关于支持首都金融科技创新发展的指导意见》《北京市促进金融科技发展规划（2018年—2022年）》，以金融助力科技产业规模发展壮大，在数字金融、信息科技等领域初步形成千亿级的产业集群。截至2022年6月，北京的绿色信贷规模超过1.58万亿元，非金融企业发行绿色债券超1000亿元，居全国首位；全市节能环保领域上市公司数量居全国首位。未来，全市已明确发挥"科创+产业+金融"的叠加优势，发挥政府对资金的引导作用，带动社会资本参与绿色科技的投资，加大对新能源智能汽车、集成电路、新材料、绿色能源与节能环保等战略性新兴产业的支持力度。同时，全市已经设立了绿色发展基金，重点向生态涵养区环境整治、绿色低碳产业倾斜。

二是鼓励绿色金融产品创新。根据全市的碳达峰碳中和目标、实施路径和时间点，对创新型绿色技术推荐目录所涉及的行业提供更多的绿色金融产品供给，搭建起涵盖绿色贷款、绿色债券、绿色供应链、绿色金融生态圈在内的"点、线、面"相结合的立体化服务体系。鼓励银行等金融机构开辟授信审批等快速通道，鼓励保险机构推行环境污染责任保险产品，鼓励相关企业依托科技领先优势开展风险评估。

三是打造绿色金融不同能级的示范样本。在低碳城市、低碳建筑、低碳行业、低碳场景等不同维度进行金融赋能示范，打造全国性样板。城市副中心通州区是北京发展的重要一翼，近年来积极通过资源整合，不断优化绿色金融功能，打造国家绿色金融改革创新示范区。目前，很多金融机构和标志性项目已经落地城市副中心，如北京银行已专门设立第一家绿色支行——北京银行通州绿色支行，未来将以"碳中和"网点建设为契机，探索打造"零碳银行"；设立国际绿色投资集团，发挥改革创新的试点示范作用，全市首单碳排放配额质押贷款、首单碳中和支持贷款、首单绿色碳中和CMBS业务等为全国的绿色金融发展提供了经验借鉴。城市副中心正在利用金融工具进行智慧城市建设和建筑节能改造，新建建筑全面执行绿色建筑二星级以上标准。以绿色资本拓展绿色金融科技应用场景，重点对新能源汽车设计制造、智慧充电桩、智能电网等绿色项目予以支持，率先引领绿色发展方式和生活方式的转变。

四是建设数字化绿色金融基础设施。北京环境交易所更名为北京绿色交易所，承担了全国自愿减排等碳交易中心功能，现正在打造面向全球的国家级绿色交易所。下一步，绿交所将持续提升碳定价、碳量化、碳金融等方面的能力。在碳定价上，截至2022年6月，北京碳市场碳配额平均成交价格稳居全国第一位，成交额达30.37亿元，碳市场起到了较好促进节能减排的作用。碳量化方面，多年来一直在研究开发碳核算账户体系、自愿减排标准与方法学并开发备案了两个国家CCER方法学，开发建设了企业碳账户和绿色项目库系统，实现企业碳排放的自动核算和动态监测，同时引入碳排放表现评价、绿色分类等级评价和ESG评价等多维度绿色评价体系，这些先进的做法为完善全国碳市场起到了"摸排、探路"的作用。在碳金融方面，助力绿色金融标准制定，现已牵头完成"碳金融产品"标准、"环境权益融资工具"标准、《北京市企业（项目）融资绿色认定评价办法（试行）》等标准，下一步将继续推进"金融机构 ESG 信息管理和披露系统"等绿色金融基础设施建设，发挥平台力量加快实体经济绿色复苏，更好地服务企业绿色低碳发展。

（三）重点领域低碳发展

1. 加快高精尖产业发展，构建绿色低碳产业体系

北京的高精尖产业发展坚持以首都发展为统领，主动服务"两个大局"，不断进行产业淘汰和转型，现有高精尖产业基本涉及先进制造业、软件和信息服务业、科技服务业。"十四五"时期至 2035 年，北京基本围绕"2441"的产业结构进行布局和发展。"2"指的是培育新一代信息技术和医药健康两个国际引领支柱产业；两个"4"指的是集成电路、智能网联汽车、智能制造与装备、绿色能源与节能环保 4 个特色优势产业，以及区块链与先进计算、科技服务业、智慧城市和信息内容消费 4 个创新链接产业；"1"指的是未来前沿产业，包括生物技术与生命科学等领域。"2441"的产业结构也按照产业绿色低碳发展与绿色低碳产业发展的原则相互促进、深度融合。

从绿色低碳产业的角度看，北京全力发展的两个支柱型产业分别是汽车（新能源汽车与智能网联汽车）和氢能产业，这两个产业可以形成万亿级的产业链，是绿色经济发展的"新赛道"。

（1）新能源汽车与智能网联汽车

全市正在建设全国最大的新能源汽车研发、设计、试验、试制、验证等环节的产业链集群。一是明确建设全球领先的智能汽车和新能源汽车的"电控"关键组件的研发和制造业基地。二是加强布局，完善创新产业集群。加快北京经济技术开发区建设世界级创新产业集群的步伐，推动高级别自动驾驶示范区建设，对路侧设施、云平台的管理模式进行探索创新，形成相关技术标准复制推广；加快顺义、昌平、大兴各区制造基地的相关建设。三是多措并举支持汽车企业。对北汽新能源、理想汽车、小米汽车、百度和小马智行进行重点扶持，推出多项政策试点，在保障市场公平的前提下，允许企业实行市场化定价机制。

（2）氢能产业

氢能产业由氢气制备和储运的氢能供应业和以燃料电池技术为基础的分布式发电、车载动力技术等终端应用产业两个大体系组成，北京和津冀地区在这两方面都有很好的产业基础，且互补性强，以北京为核心，率先打造氢能创新链和产业链有助于全国氢能技术创新和京津冀整个区域的能源结构转型。

截至 2020 年末，全市氢能相关企业和机构约 150 家，实现产值约 30 亿元。现从京北和京南两个方向布局产业链，京北依托昌平能源谷，进行关键技术研发和科技创新示范区；京南依托大兴、房山、经开区构建全产业链。预期在 2025 年前培育 10~15 家具有国际影响力的龙头企业，实现产业规模 1000 亿元以上，减少碳排放约 200 万吨。

一是支持关键技术创新，突破可再生能源绿电制氢、燃料电池等基础共性技术，对领军企业创建的联合体攻关、国家级和市级创新平台建设给予扶持。二是规划配套京津冀氢能产业链工程，对氢气供应体建设、氢能产业中试及产业化基地建设等项目提高配套率。三是推广氢能全场景示范，在绿色冬奥、大兴氢能示范园、智慧城市建设、京津冀各港口至北京运输路线、重点物流专线等多场景下，分步骤开展氢能产业与智能制造、智能网联车、应急保供、热电联供、分布式供能以及与现代服务业的深度融合。四是提升和创新区域的保障服务，在京津冀区域内建立顶层协调机制，由市委同津冀政府部门以及国家相关部门，统筹三地氢能优势互补、错位发展的跨区域产业链协同；深化央地合作，市一级政府与央企国企签署战略协议，推进重点项目落地。

从产业绿色低碳发展角度看，一是继续坚持一般生产制造环节疏解退出，严格落实《北京市新增产业的禁止和限制目录》中对区域、规模、生产、工艺和产品的限制条件。二是开展重点行业绿色提升工程，严格电子、医药、汽车等重点行业的准入条件，严把新建项目的能效、碳排放的标杆水平；引导产业进行清洁生产，落实生产者责任延伸制度，推动产业链上下游合作共建回收渠道，协同降低污染和碳排放。

2. 交通低碳

交通领域碳排放量占全社会碳排放量的比重较高。截至 2020 年，中心城区绿色出行比例达 73.1%；相较 2016 年，2021 年北京公交集团碳排放减少40万吨。"十四五"时期，全市主要从持续推进移动源污染防治和构建绿色低碳交通体系两个层面实现减污降碳，提出2025年中心城区绿色出行比例达到76.5%、新能源汽车累计保有量力争达到200万辆等目标。

从具体措施来看，一是纵深推进交通领域减污降碳工作。落实国内最为严格的机动车排放污染防治体系，强化源头管理，建立长效机制，明确既有道路噪声污染超标严重点位治理主体，分年度推进实施，逐步减少问题存量；加强城市轨道、机场噪声污染治理；加强对高速公路和普通干线公路扬尘的精细化管控。在首都功能核心区、城市副中心等区域，分阶段实施低排放区、超低排放区、零排放区等管控措施。

二是持续优化运输结构。推进货物运输"公转铁"，扩大绿色运输规模。优化车辆结构，通过提升新车排放标准和地方油品标准，淘汰高排放车辆；制定新能源汽车推广应用实施方案，细化鼓励新能源汽车企业生产和消费者选购新能源汽车的方式方法；在公交、出租、客货运领域推广新能源车应用的基础上，大力推进车辆"油换电"，尽快形成以纯电动为主、混合动力为辅、燃料电池为补充的发展格局。

三是提升公共交通、慢行交通品质。倡导绿色低碳出行理念，统筹利用既有铁路、轨道交通、地面公交，构建快速联系中心城区、平原新城、城市副中心及生态涵养区的轨道网络。基于完整街道理念优化道路空间再分配，减少机动车道数量，推动道路空间向公共交通、自行车、步行等绿色出行方式倾斜。

四是发展碳普惠。2019年北京在国内推出了首个绿色出行一体化服务平台（MaaS平台），"绿动全城"的碳普惠激励取得较好的成效。截至2022年9月MaaS平台用户超3000万人，日均服务绿色出行600余万人次，绿色出行碳普惠减排量20万余吨。下一步，将持续拓展"轨道+""交通+生活"等多场景运用；将拼车、减少私家车出行等低碳方式纳入激励范围；紧密连接交通上下游企业进行资源整合、协同创新，构建互利共赢的MaaS生态圈。

3. 建筑低碳

北京建筑行业碳排放约占全市碳排放的一半（王云霞，2022），因此全市一直致力于从技术提升、单体建筑节能改造转向整体智慧化管理，从而减少建筑碳排放，节能效果在全国一直处于领先位置。北京率先执行 30%、50%、65%、75%设计标准，"十三五"时期实施超低能耗建筑面积 53 万平方米。2021 年又率先实施 80%的设计标准，累计建设城镇节能住宅约 5.5 亿平方米，城镇节能民用建筑 8.02 亿平方米，节能住宅比重居全国省（市）首位。《北京市民用建筑节能降碳工作方案暨"十四五"时期民用建筑绿色发展规划》中也明确提出到 2025 年新建居住建筑全面执行绿色建筑二星级以上标准，累计超低能耗建筑规模达到 500 万平方米，推广绿色建材应用，力争完成 3000 万平方米公共建筑节能绿化改造等具体任务。

从过去的有效经验和未来的实施路径看，主要围绕几个方面进行。一是提高绿电应用比例，深度推进供热系统重构。加强与津冀、内蒙古、山西等地区的能源合作，张北可再生能源柔性直流电网试验示范工程提供了大规模"绿电"输送、并网、消纳的示范，创造了 12 项世界第一。全市以热电联产、燃气供热为主导，多种能源和供热方式并行的"1+4+N"供热体系不断完善，现已完成供热管线改造 5000 多公里，城镇基本实现清洁供热，平原地区基本实现"无煤化"。下一步，要提升可再生能源供热水平和继续热泵改造，包括扩大浅层地源热泵、再生水源热泵、空气热泵、中层地热能、太阳能热水的应用，新建公共建筑优先采用热泵系统或其他可再生能源供热，力争 2025 年可再生能源供热面积占比超过 10%，供热系统改造供暖面积达到 1200 万平方米，推动光伏、光热、热泵在公共建筑、民用建筑和园区的融合利用。

二是组织技术攻关，构建碳中和建筑技术体系。主要围绕绿色建造、智能建造和智慧运维三个方面选择主要的碳中和技术进行攻关，研究提高太阳能光伏、光热系统能源转换效率，研究光储直柔技术，研究建筑内用能系统电气化和推广使用高能效设备的技术路径。开展近零能耗建筑、园区乃至更大范围区域的能源互联网技术应用实践。

三是开展试点示范。选择城市副中心、未来科学城、大兴国际机场临空经济区、冬奥场馆等区域作为建筑试点示范，以太阳能光热为主，协同光伏、地热等新能源技术，探索将可再生能源应用于建筑的实践途径。注重全过程管理，建设城市信息模型基础平台，将建筑从设计、施工、运营、维护一体化过程中需要的材料、执行的标准以及全链条中的建筑能耗和建筑使用者信息纳入大数据平台进行分析，提炼总结并形成完善的政策配套体系。

四是推进既有建筑节能提效。全市实施惠民工程，自2012年以来累计完成300多个老旧小区配电网改造、完成燃气管网更新改造300公里。下一步，结合老旧小区综合整治和低楼宇更新，以外墙、屋顶、门窗等节能改造为重点，在有序推进老旧小区节能改造的同时，实施供热智能化改造，实现用户"按需供热、精准供热"，提升供热运行和服务管理的智能化水平。对既有公共建筑，鼓励采用更为严格的低能耗能效标准，党政机关、事业单位和国企央企率先执行从电耗限额管理到全能耗限额管理。

（四）协同推进降碳、减污、扩绿、增长

北京一直坚持减污降碳协同增效，深入打好污染防治攻坚战，加强生态涵养区保护，培育绿色新动能，这一套"组合拳"不仅使自身在全国取得了亮眼的成绩，也带动了周边地区的低碳高质量发展。自北京发布碳达峰实施方案之后，战略重心转为降碳，协同推进减污、扩绿、增长。

1. 协同推进降碳、减污、扩绿、增长的成效

自从绿色北京战略提出之后，北京不断自我"加码"，在进行污染防治的同时推动新旧动能转换，"天蓝地绿水清"的城市基本形成，经济发展后劲更足，经济结构得到优化。

全市万元GDP能耗从2010年的0.42吨标准煤下降到2021年的0.18吨标准煤，居全国省（市）最优水平；2021年碳排放总量相较于2010年下降了27%（如图20-1所示），碳排放稳中有降。$PM_{2.5}$年均浓度也从2013年的89.5ug/m³下降至2022年的30ug/m³，连续两年达到国家二级标准；SO_2年均浓度下降到3ug/m³（如图20-2所示），全市空气质量持续改善。2010~2021年，森林覆盖率、人均公园绿地面积也分别从37%增加到44.6%、从15平方米增加到16.62平方米（如图20-3所示），城市绿化力度进一步加大，城市绿心森林公园、温榆河公园等城市"绿肺"基本建设完成。污水处理率从81%提升至95.8%，再生水利用量从68014万立方米增加到120314.8万立方米（如图20-4所示），循环利用能力增长了接近一倍。在提高污染治理强度和加大生态保护力度的同时，全市的经济质量有了质的提升，全市GDP从2016年的27041.2亿元增长到2021年的40269.6亿元，增长了49%左右，特别是数字经济、战略性新兴产业和高技术产业增加值占GDP的比重从78.5%提高到92.1%（如图20-5所示），经济韧性足、发展潜力大。

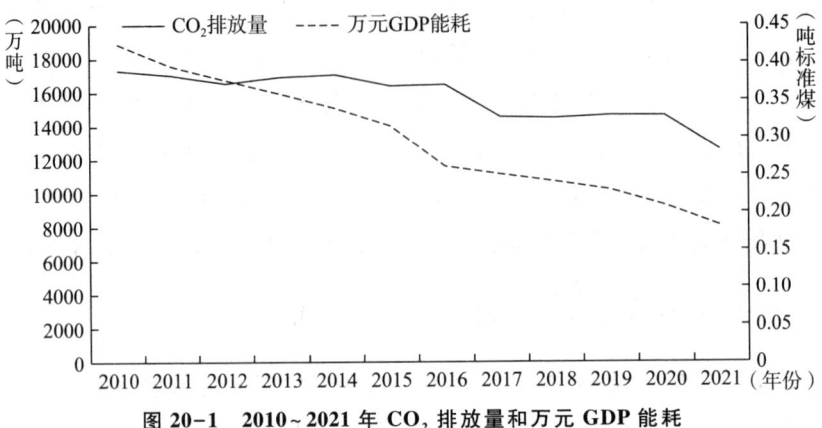

图 20-1　2010~2021 年 CO_2 排放量和万元 GDP 能耗

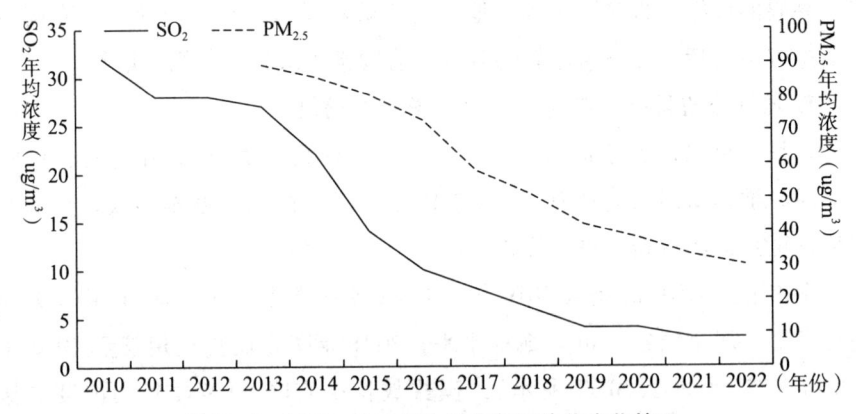

图 20-2　2010~2022 年主要空气污染物变化情况

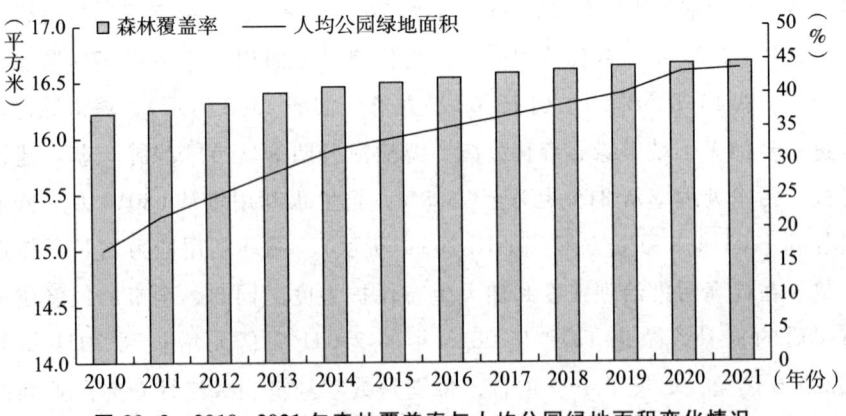

图 20-3　2010~2021 年森林覆盖率与人均公园绿地面积变化情况

图 20-4　2010~2021 年相关水质净化指标变化情况

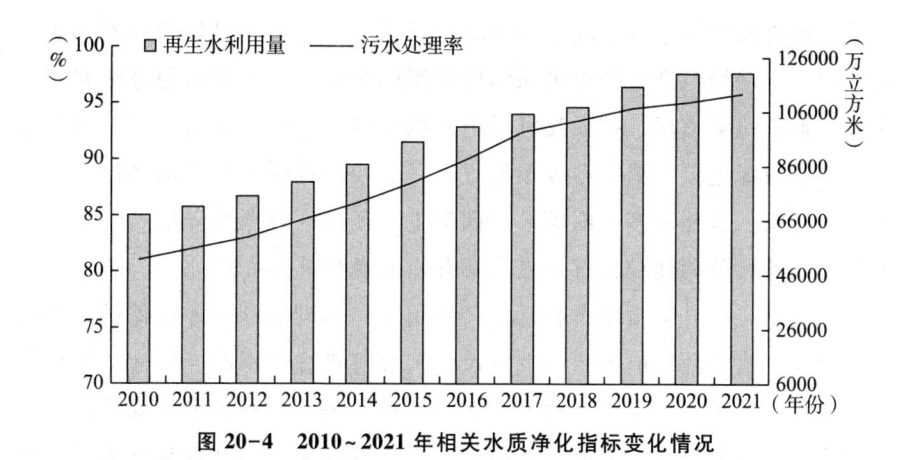

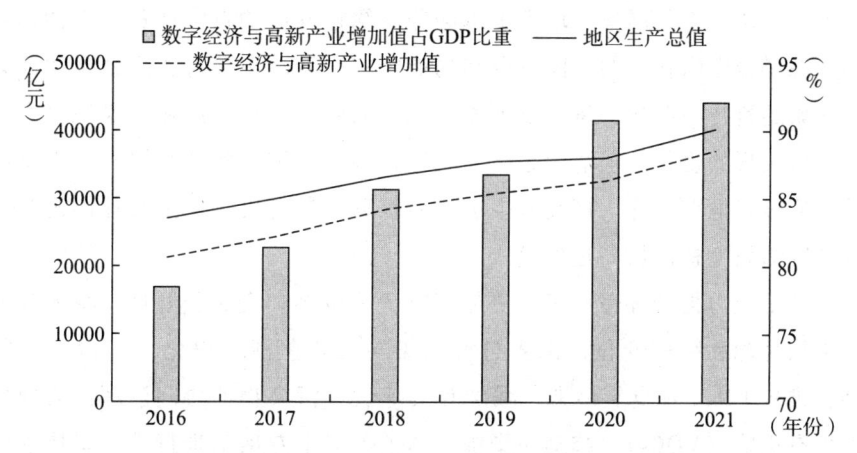

图 20-5　2016~2021 年地区生产总值、数字经济与高新产业增加值变动情况

注：数字经济与高新产业包括数字经济、战略性新兴产业、高技术产业。

2. 深化推进降碳、减污、扩绿、增长协同的主要举措

一是扎实构建绿色低碳循环的经济体系。坚持创新引领、重点突破、市场导向的原则，加快工业、服务业和农业的绿色升级。在防止工业占比下降过快的同时，构建工业绿色低碳转型与工业赋能绿色发展相互促进、相互融合的产业格局，进一步修订清洁生产管理办法，强化生产与生活系统循环的连接，全面完成市级工业园区绿色低碳循环改造。继续挖掘服务业绿色低碳的新动能，借助"两区"建设①的重大机遇，深入推进高水平

---

① "两区"建设指建设国家服务业扩大开放综合示范区、中国（北京）自由贸易试验区。

开放，率先探索绿色金融改革创新的"首都"经验；推动绿色技术和服务的出口，带动绿色产业的输出和辐射能级的扩大；大力提振服务消费，扩大绿色低碳消费市场，扩大政府绿色采购范围，鼓励企业自主开展绿色采购；以发放绿色节能消费券等多种方式，加快释放绿色节能消费潜力，满足用户低碳、智能等多方面需求。推动生态涵养区农业种养结合示范基地和循环农业示范园建设，打造更多具有知名度的绿色品牌。

二是系统提升城市生态容量。坚持山水林田湖草沙一体化保护，推进天蓝地绿、森林环绕的生态城市建设，扩容首善之都承载经济社会发展的生态容量。完善生态空间，划定"三线一单"并严格落实分区管理；实施留白增绿、见缝插绿。提升生态品质，提高森林覆盖率和森林蓄积量，提高生态系统碳汇的增量。培育生态涵养区绿色发展的自觉性和内生性，根据生态涵养区内各区的不同特点和功能定位，借助中关村各区分园和怀柔科学城的科技与孵化力量，发展差异化、品牌化的优势产业。谋划生态产品价值实现的途径，摸清生态产品底数，构建全市及各区级层面的生态产品价值核算框架，深入探究将生态产品核算结果有机融入生态补偿机制以及各区绩效考核的协同运作模式。

三是全力提升环境质量。更加注重源头减排和全过程管理，精准分析污染物来源和结构变化，深入打好污染防治攻坚战。深化"一微克"行动，推进$PM_{2.5}$和臭氧污染、减碳和其他大气污染物的协同治理；实施挥发性有机物（VOCs）、移动污染源、扬尘等多个专项治理行动。坚持水污染防治和水生态保护两手发力，全面提升农村水污染防治水平，补齐城镇污水处理短板，以保护水资源、水环境、水生态为重点，提升河湖水生态品质。推动土壤污染防治法律和标准体系建立，探索开展绿色低碳生态修复，有效管控土壤环境风险。

四是坚持推动区域协同共治、共享。京津冀协同发展是北京"五子"联动中重要的一子，接下来需要纵深发挥北京"一核"的辐射带动作用，强化"两翼"的建设，深化绿色低碳发展，深化生态环境联防联治，共享发展成果。高水平推进首都"通勤圈""功能圈""产业圈"建设，携手津冀共同打造现代化首都都市圈。在产业结构、能源结构、交通运输结构等重点领域推进一体化转型，跨区域布局绿色低碳的产业链、供应链、创新链，打造互利共赢的产业体系，加强低碳能源开发合作和能源基础设施互联互通。强化大气污染联防联控，坚持统一标准、统一监测，强化联合执法、应急联动；强化跨界市（区）县水生态环境领域合作，促进联保共治向基层延伸；实施北方防沙带等京津冀地区重要生态系统保护和修复重大工程，筑牢环首都生态屏障。

（五）评述

整体来看，首都以碳中和为目标引领的发展已经进入增量建设和存量提升的新阶段，重要措施也主要围绕"重创新、强能力、促转型、提质效、增协同"几个方面展开。

重创新，北京作为首个减量发展的城市，创新发展是唯一出路，也是"五子"联动中的"第一子"。在强化低碳、零碳、负碳关键技术攻关，推动碳中和绿色技术应用场景建设，支持高精尖产业升级，推动京津冀新能源全产业链布局，积极培育绿色发展新动能等重点领域，都有科技创新的支撑。

强能力，秉持系统观念，将碳中和目标融入国土空间规划，推动各项实施方案与城市功能融合。基于不同区域功能定位和资源禀赋、发展水平和减排能力，中心城区继续坚持疏解非首都功能，推动城市更新；平原新城以加强技术运用推动高端制造业转型升级；生态涵养区积极探索绿色生态的有效利用，差异化的路径正在形成。

促转型，推动产业结构深度优化，推进一般制造业的退出，加快推进两个国际引领支柱产业和"北京智造""北京服务"的特色优势产业建设，打造具有国际竞争力的绿色产业集群，抢占绿色产业发展制高点。

提质效，持续提升能源利用效率，以灵活多样的方式推动新能源的规模化利用，提高能源智能化、精细化管理水平。重点对绿色低碳交通体系的出行结构、出行方式、交通基础设施建设等方面进行大规模优化。对既有建筑进行节能改造，提高新增建筑和公共建筑节能的约束性标准。统筹建设空间减量和生态空间增量，提升生态系统的碳汇能力。

增协同，从生态环境的联防联控到基础设施的共建共享，到产业的合作互利，区域创新资源开放共享的格局已经形成。新阶段，以北京为中心，强化技术研发，推动零碳技术转移和服务输出；支持头部企业加强资源对接，实现区域产业规模化低碳转型升级；合作扩大生态空间，促进跨地区碳补偿等都是正在探索的重要内容。

三 国家碳达峰的北京贡献

北京在绿色低碳方面积累了大量经验,未来将发挥资源优势,继续实践、再创新,围绕效率引领、科技支撑、机制创新三方面为国家顺利实现"双碳"目标做出贡献。

(一) 效率引领

北京是超大城市,化石能源对外依存度高,非化石能源占比不足,在此前提下,全市能源支撑经济社会高质量发展的关键之一就是提高能源资源利用效率。根据规划,到2035年,全市能源和水资源利用效率将达到国际先进水平。

一是构建坚韧低碳的能源体系。有序推进能源结构调整优化,推动能源系统实现以电气化和脱碳化为主要特征的绿色低碳转型。完善能源消费总量和强度"双控"制度,落实可再生能源优先的理念,将可再生能源相关指标作为各区各重点部门的约束性指标。适应以新能源为主体的新型电力系统发展要求,加快建设智慧电网,提升分布式能源系统保障能力。加强电力需求侧管理,建设虚拟电厂,着力推动可再生能源发电领域的源网荷储用协同的一体化发展范式。完善外受电通道,提升电网"多方向、多来源、多元化"受电能力,保证具备高效的应急和调峰能力,保障城市电网安全运行。

二是提升节能、资源循环高效利用水平。深化交通、建筑、工业等重点领域的节能改造;推动供热系统全面提效;重新布局数据中心,提高新建数据中心新能源使用比例。对标国际先进水平,修订一批涉及多领域的节能标准,并落实到重点用能单位进行考核。持续实施节能减排促消费政策,促进消费与供给双向发力。在提升资源循环利用水平上做足文章,建成再生资源回收三级设施体系,实现生活垃圾分类与再生资源回收体系"两网融合"。对动力电池、电子产品、汽车等重点领域,开展全生命周期管理。

三是加快能源系统数字化升级,采取更严格、智慧、精准的管理措施。全市已告别工程性大规模减排阶段，转为依靠科技数字技术对城市运行开展精细化管理。一方面，推动"云大物移智链"等新技术与能源行业融合发展。截至目前，全市已经完成首个超大城市区块链基础设施建设，80余个部门数据目录、16个区及经开区数据目录以及10余家社会机构数据目录全部上"链"，为全面提升能源行业数字化、智能化发展水平奠定了良好基础，未来智能电力系统、供热智能发展以及多场景的综合智慧能源示范应用将得以提速。另一方面，不同行业的能源使用多样化、排放过程复杂化、生产流程多元化，利用技术优势，可以更有效推广合同能源管理模式，持续开展能源审计、清洁生产审核等工作，构建数据互联共享平台，提升能源运行监测预警、调度指挥、应急保障和决策管理水平。

（二）科技支撑

碳中和背后是一场科学技术的竞争，因此将北京建设成为具有强大国际影响力和区域辐射力的绿色技术创新中心，对全国顺利实现"双碳"目标意义重大。2020年在全国范围内，北京率先在绿色低碳技术的顶层设计上做出安排，先后发布《北京市构建市场导向的绿色技术创新体系实施方案》《北京市关于进一步完善市场导向的绿色技术创新体系若干措施》《北京市创新型绿色技术及示范应用项目征集遴选管理细则（试行）》《关于开展北京市2021年创新型绿色技术及应用场景征集的通知》，形成以市场为导向的绿色低碳技术体系。从实施效果看，基本围绕技术突破、孵化示范、对外辐射三个层面对全国进行支撑。

在技术突破方面，建立了创新型绿色技术推荐目录清单机制，明确了8个重点领域和若干优势环节的绿色技术，针对碳达峰碳中和目标，选出氢能、新能源汽车、风电、光伏、CCUS、近零能耗建筑、低功耗半导体和通信、资源循环利用、低碳家居9个细分领域进行技术攻关。依托北京建设国际科技创新中心契机，发展相关绿色低碳、零碳技术的重点实验室达到115家、工程技术中心51家，绿色技术企业上市的数量达到130余家，居全国之最。

在孵化示范方面,全市主要在"三城一区"①布局,开展相关技术的孵化运用。中关村科学城布局成为绿色前沿技术创新高地的引擎,主要在大气、水、土壤、高效节能、新能源等领域寻求技术突破并培育一批领军企业,形成集群化效应。怀柔科学城打造成为绿色科技原始创新高地,聚焦生态农业,形成市场化、国际化的绿色农业科技创新平台。未来科学城主要布局为现代能源技术的创新高地,围绕能源互联网、新能源、先进储能、能源高效利用等先进技术进行攻关,并支持各创新主体联合研究,建设具有国际影响力的"能源谷"。北京经济技术开发区打造成为绿色技术产业集聚高地,积极吸引各类绿色技术研究机构和企业入驻,并探索建立"无废城市"综合管理制度和技术体系。

在对外辐射方面,一是创新绿色技术环境,鼓励企业积极承担创新主体责任。以财政倾斜、招标等方式支持企业参与,据统计全市重大科技专项支持的绿色技术研发项目由企业承担的比例达到60%。支持企业开展工程技术中心、实验室等创新平台建设,鼓励龙头企业牵头实施绿色低碳发展规划。二是强化标准体系建设,制定、修订能耗限额与节能减排等领域的地方标准、团体标准、行业标准,加强重点行业绿色、低碳、零碳技术的知识产权保护。三是强化政府服务包制度,各区和"三城一区"都设立专门机构与重点绿色低碳企业保持沟通,落实"一企一策",定期了解企业发展困难,按季度、年度汇总各企业的共性优势、困难和差异化特征,反馈至市一级相关部门,以便更好调整和落实第二年的绿色低碳措施。四是搭建产学研平台,强化资源共建、共享。逐步开放绿色技术领域相关的城市运行基础数据、环境监测数据,基本形成京内创新、京外应用的技术溢出模式。全市70%的绿色技术创新成果在京外实施,特别是津冀及周边区域"2+26"城市大气污染联防联控效果明显,部分先进技术甚至流入长三角、珠三角、成渝等地区,对全国的支持力度逐年加大。

(三) 机制创新

北京积极落实首都战略定位,把守正创新摆在突出位置,以先进性、

---

① "三城一区"是国际科技创新中心建设的主平台,分别是中关村科学城、怀柔科学城、未来科学城和北京经济技术开发区。

前瞻性、适用性为原则，完成了多项具有开创性的降碳任务，形成了体系化的建设思路和良好的体制机制，可供全国其他城市参考。

一是率先建立了绿色低碳发展的责任与评价体系，提升了监督能力。北京在全国最早组建碳达峰碳中和领导小组，统筹全局工作，明确各级党委、政府及有关部门主要负责人是第一责任人，"党政同责、一岗双责"，形成逐级管理的格局。强化目标考核，率先探索能耗"双控"向碳排放"双控"转变，把"双碳"相关指标纳入市、区经济社会发展综合指标体系进行考核；现正研究把碳排放控制目标、可再生能源利用目标逐级分解到各区、各行业，以增加权重等方式修订完善考核体系。建立动态评估机制，一方面，将碳排放纳入环境影响评价体系可行性研究；另一方面，根据阶段性任务和技术进步等情况，分阶段开展评估工作，以便调整、优化后续实施的路径和细节。拓展监督范围，强化科技在监督中的应用，除了主动将"双碳"目标落实情况纳入市一级生态环保督察范围，还开展了社会多元监督，充分发挥"接诉即办"的功能与新闻舆论作用；推进云计算、5G、物联网等技术在碳排放监测监管方面的应用。

二是综合运用法律、标准的约束手段和试点政策的激励手段。全市推动了节能减排、应对气候变化、交通建筑等多领域绿色低碳发展的地方性法规制定、修订。发挥标准的约束引领作用，实施了上百项低碳环保标准，在最新发布的《北京市"十四五"时期地方生态环境标准发展规划》中，将应对气候变化作为9个重点领域之一，并设置强制性、推荐性两个层次的标准。新增的标准旨在构建以碳中和为导向的支撑框架，下设碳排放核算评价标准体系，完善行业碳排放限额和先进值，以标准来支撑下一步行业碳排放核算指南研究、配套碳排放权交易试点、碳排放控制管理制度等工作。在试点政策激励方面，建立了以先进低碳技术应用为抓手，以低碳领跑企业为载体，以气候友好型区域为场景，以气候投融资为长效模式的4种低碳试点类型，对效果好的示范给予奖励和相关支持。

三是更好发挥市场机制的作用。北京碳市场作为全国7个试点之一，自2013年成立以来，在激励重点单位节能减排、提升管理效率、开展绿色定价、发展绿色金融方面都为全国提供了案例借鉴和技术支持。碳市场的核心原理是总量与交易，没有总量，会降低市场有效性，而目前的减排是按照强度减排，碳达峰之后需要从总量控制角度减排。在此方面，北京已出台《在严格控制碳排放总量前提下开展碳排放权交易试点工作的决定》，再次率先探索进一步完善碳排放权交易、做好与全国碳市场衔接、推进全国自愿减排交易、推动能源价格改革等方面工作。①在进一步完善碳排放权交易中，扩大碳市场行业覆盖范围、交易主体和交易品种，推动配额有偿分配，构建区域性碳排放权交易市场；积极开展碳期权、碳债券、碳互换、碳基金等金融创新；研究用能权交易机制，推进绿电交易、用能权交易和碳排放权交易的统筹。②做好与全国碳市场衔接，利用数字技术等优势，对已经纳入和即将纳入碳市场的企业进行 MRV 全程精细化管理。③推进全国自愿减排交易，积极打造面向全球的国家级绿色交易所，在完成全国统一的温室气体自愿减排注册登记系统和交易系统的基础上，研究与国际碳交易和抵消机制的衔接。④推动能源价格改革，完善高能耗行业阶梯电价制度、新型储能价格机制、绿色供热价格机制，鼓励更多主体参与电力市场交易。

四是突出生态补偿对绿色低碳的引导作用。开展对森林、草地、湿地、土壤等生态系统碳汇本底的调查和测算以及区域林业碳汇项目的测算，建立符合本市实际情况的生态产品总值核算体系。在此基础上探索生态产品价值的实现途径，让生态产品核算结果与生态保护补偿资金分配挂钩。首先以"结对"的方式在生态涵养区和平原新城之间形成生态产品总值和地区生产总值交换补偿机制，进而扩展到不同功能区之间开展交换补偿，逐步探索新增碳汇抵扣、生态产品总值考核目标等跨区补偿，促进区域优势互补。该方式有利于在全国层面开展东部对西部碳补偿的理论研究和实践。

五是创新区域协同机制。在落实京津冀协同发展战略过程中，已经形成了良好的大气污染联防联控、水污染联保联治等的机制方法，为北京率先实现碳达峰进而引领京津冀低碳转型奠定了基础和经验。下一步，需要从顶层设计方面完善降碳、减污、扩绿、增长的协同体制机制。开展三地的碳排放标准对比分析，特别是在技术规范类标准上寻求突破，力争实现区域标准一体化。继续完善协同会商机制，不定期召开交流会，鼓励三地科研部门和业务部门沟通交流。强化预警预报、应急联动，并逐步向区（市、县）一级下沉。强化跨区域移动污染源的信息共享和联合执法。

第二十一章
山西："双碳"目标引领资源型地区转型升级

一 山西省在全国"双碳"大局中的定位

区域低碳发展是国家低碳发展的一个重要方面，区域低碳发展将为国家整体碳排放目标的实现做出贡献。山西作为以能源输出为主的地区，实现高质量低碳转型发展对于推进全国能源稳步转型、如期实现碳达峰碳中和目标愿景至关重要。全方位推动高质量发展是当前和今后一个时期山西省低碳发展工作的总抓手。山西紧紧抓住"十四五"碳达峰的这个关键期、窗口期，实施碳达峰碳中和山西行动，促进能源革命综合改革试点工作全面提速、持续深化。根据山西省资源禀赋现状，结合多年绿色发展道路经验，山西在国家推进"双碳"战略背景下需要做好如下四个方面的工作。

（一）深化能源革命，积极发展新能源实现能源替代

"双碳"目标需要确保能源安全的同时减少碳排放。通过有序推进绿色低碳能源转型来平衡能源安全和"双碳"目标实现。建立可靠的清洁低碳能源供应体系，促进能源结构转型，加强煤炭清洁高效利用，以及将传统煤电与可再生能源开发相结合，最终目标是用清洁低碳能源逐步取代化石燃料。山西要长期坚持走煤炭清洁高效利用的道路，而不是降低产能，以确保能源安全。鼓励传统煤电与可再生能源的融合发展，在原有大型火电基地的基础上，加强"风光储一体化""源网荷储一体化"项目开发。

（二）加快传统产业升级，因地制宜制定"双碳"目标和政策

山西碳排放总量大、强度高，且碳排放结构问题突出，做好碳达峰碳中和工作面临的形势十分严峻。山西传统高耗能产业容易受到市场需求波动的影响，从而影响山西省的经济可持续性和绿色发展可持续性。传统产业升级对于资源型地区保持竞争力至关重要。传统产业升级的目标是提高生产力、竞争力和盈利能力，并减少对环境的影响。通过采用新技术，使经济多样化，增加资源的价值，并提高可持续性，发挥其在"双碳"目标实现中的积极作用。因地制宜制定"双碳"目标和政策，可以更好地推动经济发展与环境保护的协同发展。

（三）在传统产业升级和能源替代的同时，促进社会公正转型和可持续发展

实现碳达峰碳中和是一个多维、立体、系统的工程，需要协同发力，系统推进。在"双碳"目标的实现过程中要平衡经济发展和公正转型。避免"运动式"减碳对区域经济发展和社会公正转型的不利影响。促进绿色和低碳能源发展，引入市场机制的同时也要发挥政府的调控作用，使利益相关者共享"双碳"目标实现过程中的收益。

（四）高质量发展为全国"双碳"战略目标发挥示范引领作用

资源型地区"双碳"目标的实现对国家整体战略目标的实现具有重要意义。山西作为中国主要的煤炭生产和消费基地之一，应积极践行新时期的使命。推动资源高效综合利用，摆脱对传统能源的过度依赖，加快先进制造业等新兴产业发展，全面构建起山西现代产业体系。优先发展新能源，利用存量常规电源，合理配置储能。加快构建现代能源体系，建设绿色能源供应基地，培育战略性新兴产业，为储能技术与产业高质量发展提供政策支撑。通过合理规划与政策引导，推动传统产业升级与可再生能源领域的创新。构建更加公平、更具活力的经济环境，为社会创造新的发展机遇，促进可持续发展。在能源生产消费、产业技术、体制革命、地区和国际合作等方面，努力以高质量的转型发展树立典范，提升山西在全国的影响力，巩固其作为转型先锋的重要地位（陈俊琦，2019）。

二 山西省能源碳排放特征及原因分析

(一) 能源结构以煤为主,产业结构重型化特征明显

山西作为全国重要的能源基地,基于煤炭产业的发展,形成了以煤为主的产业结构和能源消费结构。近年来,山西努力推动转型发展,但全省经济社会发展与煤炭生产及消费的关联依然密切(秦艳等,2021)。具体来看,2005年山西终端能源消费量合计10117.06万吨标准煤,2021年终端能源消费量合计18785.02万吨标准煤,增长85.68%。从能源品种来看,2021年原煤消费为2849.29万吨标准煤,占15.17%;精洗煤及其他洗煤消费为272.51万吨标准煤,占1.45%;焦炭消费为2699.38万吨标准煤,占14.37%;石油制品消费为1205.29万吨标准煤,占5.46%;电力消费为7690.74万吨标准煤,占40.94%;天然气、煤气及其他消费为4247.82万吨标准煤,占22.61%。按品种能源消费数据详见表21-1。

表21-1 2005~2021年山西分品种能源消费量和总量

单位:万吨标准煤

年份	原煤	洗精煤及其他洗煤	焦炭	石油制品	电力	天然气、煤气及其他	能源消费总量
2005	2714.34	119.07	2078.70	537.46	3194.99	1472.50	10117.06
2006	2848.78	116.68	2347.78	599.03	3574.41	1700.57	11196.06
2007	2776.03	275.14	2454.11	634.74	4278.84	1716.59	12135.45
2008	3393.14	190.86	2291.30	919.76	3974.78	1702.53	12472.37
2009	3639.05	166.11	2368.65	1211.97	3875.82	1624.25	12885.85
2010	3516.01	415.66	2515.17	1103.77	4406.14	1863.71	13820.47
2011	3813.92	531.49	2485.38	1110.50	4981.71	2069.59	14992.59
2012	3903.64	592.39	2854.51	1129.61	5251.76	2071.41	15803.31
2013	4586.66	690.94	2251.86	1212.54	5403.86	2281.22	16427.08
2014	4246.82	615.40	2115.41	1092.99	5358.68	2895.90	16325.19
2015	4073.02	580.18	2023.86	1133.28	5096.18	2906.77	15813.29
2016	4083.13	369.83	2135.23	1188.01	5265.14	2916.96	15958.30
2017	4281.02	362.36	1902.72	1285.70	5788.91	3216.08	16836.79
2018	3083.98	246.29	2274.07	1147.48	6624.80	3435.66	16812.28

续表

年份	原煤	洗精煤及其他洗煤	焦炭	石油制品	电力	天然气、煤气及其他	能源消费总量
2019	3051.86	235.85	2438.58	1205.58	6782.86	3758.38	17473.11
2020	2939.88	259.66	2598.65	1009.44	7054.41	4075.18	17937.22
2021	2849.29	272.51	2699.38	1025.29	7690.74	4247.82	18785.02

资料来源：《山西统计年鉴》。

从产业结构来看，2021年第一产业能源消费占能源消费总量的1.64%。第二产业能源消费占能源消费总量的78.91%。在第二产业中，工业能源消费量最大，为14652.43万吨标准煤，占能源消费总量的78.00%，其中重工业能源消费量达14489.19万吨标准煤，占能源消费总量的77.13%。第三产业能源消费占能源消费总量的10.70%，其中交通运输、仓储和邮政业的能源消费量为1006.30万吨标准煤，占能源消费总量的5.36%。

从能源效率来看，山西的能耗强度近年来逐步降低，已从2005年的2.48吨标准煤/万元GDP，降至2021年的1.45吨标准煤/万元GDP。

（二）二氧化碳排放增加，电力行业占比最高

采用《山西统计年鉴》数据计算二氧化碳历史排放，能源品种包括原煤、洗精煤及其他洗煤、焦炭、石油制品、电力、天然气煤气及其他共计六种。根据这六种能源的实物量乘以IPCC的排放系数缺省值估算出每种能源的碳排放量以及碳排放总量。从总量上看，山西二氧化碳排放量呈波动增加的趋势，从2005年的33955.74万吨增加至2021年的65179.46万吨，增长91.95%。从能源品种上看，2021年电力碳排放比例最高，为60.63%；其次为焦炭，占比12.20%，天然气、煤气及其他占比10.61%。2005~2021年山西分品种碳排放量和碳排放总量详见表21-2。

表21-2 2005~2021年山西分品种碳排放量和碳排放总量

单位：万吨

年份	原煤	洗精煤及其他洗煤	焦炭	石油制品	电力	天然气、煤气及其他	总排放
2005	7598.71	284.55	6121.01	1136.24	16418.19	2397.02	33955.74
2006	7975.07	278.84	6913.36	1266.41	18367.93	2768.29	37569.90

续表

年份	原煤	洗精煤及其他洗煤	焦炭	石油制品	电力	天然气、煤气及其他	总排放
2007	7771.41	657.52	7226.46	1341.90	21987.81	2794.37	41779.47
2008	9498.99	456.11	6747.04	1944.46	20425.32	2771.48	41843.41
2009	10187.41	396.96	6974.82	2562.23	19916.78	2644.05	42682.25
2010	9842.98	993.33	7406.25	2333.49	22641.96	3033.86	46251.87
2011	10676.97	1270.13	7318.52	2347.71	25599.66	3369.00	50582.00
2012	10928.11	1415.67	8405.48	2388.10	26987.37	3371.97	53496.71
2013	12840.22	1651.18	6630.91	2563.42	27768.99	3713.50	55168.23
2014	11888.83	1470.65	6229.11	2310.69	27536.81	4714.11	54150.21
2015	11402.30	1386.49	5959.54	2395.88	26187.89	4731.81	52063.90
2016	11430.59	883.80	6287.49	2511.57	27056.16	4748.40	52917.99
2017	11984.58	865.96	5602.82	2718.10	29747.66	5235.33	56154.45
2018	8633.52	588.56	6696.30	2425.89	34043.06	5592.77	57980.10
2019	8543.58	563.63	7180.72	2548.71	34855.29	6118.12	59810.06
2020	8230.09	620.52	7652.09	2134.05	36250.73	6633.83	61521.31
2021	7976.49	651.22	7948.70	2167.56	39520.62	6914.86	65179.46

资料来源：《山西统计年鉴 2022》。

（三）山西省实现碳达峰碳中和目标的主要挑战

在现有能源消费结构和碳排放结构下，山西实现碳达峰和碳中和目标的主要挑战如下。

1. 化石能源占能源消费比重仍然较高，清洁能源占一次能源比重较低

山西省能源结构以煤为主，碳排放长期居高不下的原因主要是化石能源占能源消费比重仍然较高，呈现"一煤独大"的局面，清洁能源占一次能源比重较低，能耗强度相较全国水平仍然处于高位。山西作为全国重要的能源基地，基于煤炭产业的发展，形成了以煤为主的产业结构和能源消费结构。近年来，山西努力推动转型发展，但全省经济社会发展与煤炭生产及消费的关联依然密切。

2. 高能耗高排放产业占比高，省内省外用电量持续增长

煤炭资源禀赋决定了山西省产业结构呈现明显的重型化特征。区域经济发展严重依赖高能耗产业，如焦炭和钢铁生产等。与这些产业相关的高能耗和高排放也带来了极大的环境挑战，包括空气污染和气候变化。在经济持续增长的同时，能源需求也将持续增长，既要控排放，又要保增长，山西碳达峰工作面临巨大挑战。

三 山西省碳达峰碳中和实施进展

(一)"双碳"目标政策规划落实推进

山西碳排放总量大、强度高，且碳排放结构问题突出，实现分阶段"双碳"目标面临的困难有很多。山西紧紧抓住"十四五"碳达峰的这个关键期、窗口期，实施碳达峰碳中和山西行动，促进能源革命综合改革试点工作全面提速、持续深化，为山西绿色低碳能源体系构建和高质量转型发展提供坚强支撑。《山西省国民经济和社会发展第十四个五年规划和2035年远景目标纲要》提出要基本形成绿色能源供应体系，深化能源革命综合改革。加快用能结构和方式变革，建立完善有利于能源节约使用、绿色能源消费的制度体系，促进形成绿色生产生活方式。此外，从低碳转型、可再生能源发展、技术创新等方面，山西也提出了具体的绿色低碳发展政策方案。2023年1月5日山西省人民政府印发《山西省碳达峰实施方案》，明确了山西碳达峰行动的指导思想和目标定位，提出要把碳达峰碳中和纳入全省生态文明建设整体布局和经济社会发展全局，立足山西能源资源禀赋，有计划分步骤实施山西碳达峰十大行动，推动经济社会发展建立在资源高效利用和绿色低碳发展的基础之上，力争实现碳达峰目标。

(二)《山西省碳达峰实施方案》主要内容

《山西省碳达峰实施方案》提出深化能源革命试点，夯实碳达峰基石；聚焦重点领域突破，打好碳达峰攻坚战；大力推动精准赋能，助力实现碳达峰等具体要求。该方案有机结合了国家"双碳"目标和山西省低碳发展目标，为全国其他资源型地区做出引领和示范。方案主要内容可以概括为以下几点。

第一，保障能源安全，深化能源革命。立足我国能源资源禀赋，煤炭无疑是保障能源安全的"定海神针"。山西是煤炭大省，是全国重要的能源基地,对于保障国家能源安全有着极其重要的作用(曹英、吴晖,2022)。相比国家碳达峰实施方案,山西的方案中强调在保障国家能源安全的前提下力争达峰,因此山西主要目标大多与国家一致,但非化石能源消费比重指标低于国家提出的目标。山西风、光等清洁能源蕴藏丰富,发展清洁能源优势突出。近年来,山西加快规划建设新型能源体系,风光发电装机容量位居全国前列,氢能、地热能、新型储能和能源互联网等加快发展,因此在主要目标中提出了新能源和清洁能源装机占比及发电量目标(胡健、乔栋,2023)。

第二,实施传统能源绿色低碳转型、新能源和清洁能源替代等行动。从重点行动来看,国家碳达峰实施方案与山西的碳达峰实施方案均规划了十项重点行动,涵盖了碳达峰的各个方面。山西的重点行动方案总体上与国家一致,不同之处在于山西作为煤炭大省,立足自身资源禀赋与战略地位,将国家的能源绿色低碳转型行动进一步细化。一是传统能源绿色低碳转型行动,二是新能源和清洁能源替代行动,三是节能降碳增效行动。传统能源绿色低碳转型行动包括夯实国家能源安全基石、推动煤电清洁低碳发展、推动煤炭清洁高效利用、推动煤炭绿色安全开发。新能源和清洁能源替代行动包括全面推进风电光伏高质量发展、建设国家非常规天然气基地、积极发展抽水蓄能和新型储能、打造氢能高地,以及有序推进地热、甲醇等其他可再生能源发展和加快构建新型电力系统。节能降碳增效行动包括全面提升用能管理能力、严格合理控制煤炭消费增长、实施节能降碳重点工程、推进重点用能设备节能增效、促进新型基础设施节能降碳。关于节能降碳增效行动,山西在节能管理、重点工程、用能设备、新型基础设施方面提出的具体要求与国家大致相同,并在新型基础设施节能降碳方面提出了更为严格的标准,将年综合能耗较高的部门纳入在线排放监测系统,同时定期开展能源计量审查。

第三,推进以煤炭为主的高耗能产业结构优化升级,保证经济能源安全的同时重点工业实现有序达峰。关于工业碳达峰,同国家要求一样,山西对钢铁、建材、有色金属、石化等工业领域产业提出了相关碳达峰具体实施方案。山西是全国最大的焦炭生产供应基地,焦化行业是山西传统支柱产业。因此,山西在行动方案中特别指出推动焦化行业碳达峰。此外,山西还把坚决遏制"两高一低"作为工业碳达峰的重点,强化常态化监管。在城乡建设方面，山西提出的要求与国家基本一致，但设定的目标更为具体，例如"到2030年，城市建成区绿地率不低于38.9%，城市建成区公园绿化活动场地服务半径覆盖率达到85%""到2030年，新建建筑能效再提升30%"。同时，山西还强调试点项目的示范作用，提出支持有条件的城市和园区申报建设国家级碳达峰试点、开展零碳建筑试点及重点推进26个国家级整县屋顶分布式光伏开发试点等。在交通运输方面，国家目标中新能源汽车、绿色交通运输结构和绿色交通基础设施建设三方面内容均是山西关注的重点。值得关注的是，山西将继续推进太原、临汾国家"公交都市"建设，鼓励其他有条件的市创建"公交都市"，提升公共交通清洁化水平，并提出深入实施交通强国山西试点，打造黄河流域绿色交通发展高地。结合煤炭大省的特点，山西提出大力提高铁路运输比例。省内煤炭主要产区大型工矿企业中长距离运输的煤炭和焦炭中，铁路运输比例力争达到90%。此外，山西还提出了重点建设沿黄、沿汾绿色交通廊道以及加强自行车专用道和行人步道等城市慢行系统建设。

第四，开展循环经济助力、科技创新赋能、碳汇能力提升、全民参与四大行动，大力推动精准赋能，助力实现碳达峰。在发展循环经济方面，山西聚焦国家重点关注的产业园区循环改造、大宗固体废弃物综合利用、资源循环利用、生活垃圾减量化资源化等方面，并提出了更加具体的行动方案。在产业园区循环改造方面，提出按照"一园一策"原则逐个制定循环化改造方案。在大宗固体废物综合利用方面，提出推动建设一批国家大宗固体废物综合利用示范基地，依托朔州、长治、晋城等国家工业资源综合利用基地建设，推进大宗固废综合利用产业与上游产业协同发展，与下游领域深度融合。在资源循环利用方面，提出构建"社区回收点+分拣中心+综合利用处理"废旧物资回收体系，支持有条件的城市率先打造无废城市。在生活垃圾减量化资源化方面，强调推进垃圾分类回收与再生资源回收"两网融合"，打造生活垃圾协同处置利用产业园区，同时开展农村生活垃圾就地分类源头减量试点。

在科技创新方面，与国家方案一致，山西发挥科技创新的支撑引领作用，完善科技创新体制机制，提升创新能力，加快绿色低碳科技革命。立足煤炭大省的省情，在绿色低碳科技创新能力建设、碳达峰碳中和应用基础研究以及绿色低碳技术的研发应用方面，山西均强调煤炭相关领域的科技研发与应用。同时山西提出大力开展低碳技术推广示范，如实施近零碳排放示范工程，探索应用变温变压吸附法碳捕集工艺，开展二氧化碳捕集利用封存全流程、集成化、规模化示范项目等。

在碳汇能力巩固提升方面，山西的总体目标与国家一致，个别目标因地制宜。在巩固生态系统固碳作用方面，在国家方案的基础上，山西提出全面落实"三区三线""三线一单"，严控生态空间占用，制定林地、草地、湿地使用负面清单、禁止区域、限制区域，落实用途管制和空间管制措施。在提升生态系统碳汇增量方面，提出扎实推进"两山七河一流域"生态修复治理，实施历史遗留矿山生态修复工程，加大采煤沉陷区、工矿废弃地等地质环境治理和生态修复。在农业农村减排固碳方面，山西通过"强化农业面源污染综合治理""加强农作物秸秆综合利用""开展耕地质量提升行动""推进农机、渔机节能减排，加快淘汰能耗高、损失大、污染重、安全性能低的老旧农业机械，引导农民选用低碳节能装备，全面提高农机产品质量和生产效率"等一系列行动来补充国家方案。

在全民参与碳达峰行动方面，山西在国家方案的基础上进行了细化。在加强生态文明宣传教育方面，山西提出建设绿色校园、绿色社区，将绿色低碳理念有机融入日常教育和生活，并且加强绿色低碳舆论宣传。关于推广绿色低碳生活方式，山西提出深化绿色家庭创建行动，充分发挥公共机构示范引领作用。在强化领导干部培训学习方面，山西强调用好"学习强国"山西学习平台、山西干部在线学院、"三晋先锋"等网络学习平台，为广大干部提供碳达峰碳中和相关学习资源。

（三）多领域协同推进山西碳达峰

自2023年1月5日山西省人民政府印发《山西省碳达峰实施方案》以来，山西省各领域积极响应，稳妥推进相关工作。《山西省碳达峰方案》全面开启了山西经济社会绿色低碳转型之旅。

（1）城乡建设领域。2023年2月27日，山西省住建厅、山西省发改委发布《山西省城乡建设领域碳达峰实施方案》，目标是到2030年前基本建立绿色低碳发展政策体系与体制机制，提升建设成效、运行水平、能效水平等，推广绿色建造与绿色生活方式，提高城乡建设绿色低碳发展质量。

（2）工业领域。2023年5月30日，山西省工业和信息化厅等多部门发布《山西省工业领域碳达峰实施方案》，强调坚持系统观念，处理好多方面关系，以转型发展主线，推进产业发展、资源节约和循环利用，构建绿色制造体系等，助力全省如期实现碳达峰目标。

（3）农业农村领域。2023年6月27日，山西省农业农村厅和省发改委联合印发《农业农村减排固碳实施方案》，将碳达峰碳中和纳入总体布局，以保障供给、全面推进乡村振兴等为前提和引领，以农业农村减排固碳十大行动为抓手推进相关工作。

（4）科技支撑方面。2023年7月4日，山西省能源局、山西省科学技术厅等部门印发《山西省科技支撑碳达峰碳中和实施方案（2022—2030年）》，计划在九大重点领域开展科技创新行动，到2030年在多个领域破解难题、攻克关键技术，提升科技创新能力，增强企业创新主体地位，贡献山西科技力量。

（5）非常规天然气行业。2023年10月18日，山西省发改委等部门印发《山西省非常规天然气行业碳达峰实施方案》，立足新阶段贯彻新理念融入新格局，强化科技创新与改革，发挥天然气作用，推动全省如期实现碳达峰，助力能源高质量发展。

（6）太原市试点实施。2024年7月9日，太原市人民政府发布《国家碳达峰试点（太原）实施方案》，积极推进试点城市建设，聚焦高质量发展，力争在多个重点领域取得突破并做好示范，为全省、全国提供经验。

（7）"双控"制度体系。2024年11月1日，山西省人民政府办公厅印发《山西省加快构建碳排放双控制度体系实施方案》，以多方面举措构建制度体系，明确不同阶段碳排放"双控"的侧重点，保障碳达峰碳中和目标实现。先建立健全核算体系，后续按阶段实施相应控制制度并强化管控要求。

（8）碳足迹管理体系。2024年12月6日，山西省生态环境厅等多部门发布《碳足迹管理体系建设工作方案》，要求落实国家"双碳"战略部署，推进碳达峰山西行动，建立统一规范的碳足迹管理体系，持续完善和落实产品碳足迹核算、标识认证、分级管理和信息披露等制度，加强产品碳足迹管理，推动开展碳足迹核算、标识认证、应用场景开发和国际合作交流，提高重点行业、企业和产品的市场竞争力。

综上，山西在碳达峰之路上已迈出坚实的步伐，各领域从政策制定到实践落地，层层推进，以科技创新与制度构建为长远发展赋能，全方位、系统地为山西如期实现碳达峰筑牢根基。

（四）山西"双碳"目标实现的关键问题

1. 统筹规划，系统推进能源替代

山西作为中国主要的煤炭生产和消费基地，减少煤炭使用是一项具有挑战性的任务，也是实现碳达峰和碳中和的必要条件。《山西省碳达峰行动方案》突出强调了新能源和清洁能源替代行动。对于干旱地区的煤炭产地，可再生能源可以成为煤炭的可行替代品。山西关注的可再生能源包括：风电、太阳能、非常规天然气以及氢能等。山西省风、光等清洁能源蕴藏丰富，发展清洁能源优势突出。新能源和清洁能源替代行动需要同时考虑能源安全、经济发展、能源外送和传统能源等重要因素。随着能源结构"去碳化"进程的持续推进，能源供给将越来越多地依赖水力、太阳能和风能等。因为很多新能源供应本身受到各种条件限制具有不稳定性，所以在储能技术实现革命性突破前，传统的火电以及与之相配套的煤炭生产能力必须能满足社会需要。实现"双碳"目标，需要在保障能源安全的前提下有序推进能源绿色低碳转型，先立后破，在加快形成清洁低碳能源可靠供应能力基础上，逐步对化石能源进行安全可靠替代。

总的来说，山西的清洁能源替代行动必须长期坚持走煤炭清洁高效利用的道路。利用绿色技术替代传统技术，减少碳排放而不是减少生产能力，推动能源结构以煤为主向多元化发展转变，提高能源供给保障能力。加强煤炭清洁高效利用，有序减量替代，推动煤电节能降碳改造、灵活性改造。推进大型风光电基地及其配套调节性电源规划建设，提升电网对可再生能源发电的消纳能力。在大力推动非化石能源的开发利用的同时，鼓励传统煤电和可再生能源融合发展，在原有大型火电基地的基础上，加强"风光火储一体化""源网荷储一体化"项目的开发。

新能源和清洁能源替代行动除了要发挥政府的引导作用以外，还要加强发挥市场机制的驱动作用。政府通过提供补贴、减税和监管支持来刺激可再生能源的生产和消费；积极参与全国的碳市场交易，基于市场的机制来激励减排，让排放成本越来越高、减碳收益越来越大。政府持续招商引资，科学统筹规划新能源产业基地的建设，完善新能源产业基地和产业园区的基础设施。促进新能源行业企业之间的沟通,提高企业积极性,激发行业活力。

2. 协同发力,大力推动传统产业升级

传统煤基产业是山西支柱产业,积极探索减污降碳协同增效的管理路径和技术路径,推动产业内部结构优化升级,促进行业的绿色低碳转型,对于"双碳"目标实现和经济社会高质量发展具有重要意义。山西是国家资源型经济转型综合配套改革试验区,发展非煤经济是煤炭资源型地区经济转型的必由之路,同时也是山西推动能源消费结构转型、控制煤炭消费总量增长的关键所在。

山西传统产业升级将重点抓住碳达峰碳中和过程中产业布局和能源结构调整的战略机遇。尊重规律,以实事求是的态度开展相关工作,统筹考虑碳达峰和碳中和的时间节点以及工作节奏,坚决抵制盲目追求快速减碳的做法。突出重点,充分发挥各地区、行业和企业的特色。根据不同区域、行业和企业的特点和实际状况,制定具有针对性的措施。严格实施能耗"双控"行动,坚决遏制"两高"项目盲目发展,有序有力有效推进传统高耗能高排放行业存量项目改造。注重创新引领,推动产业链、价值链从低端向中高端延伸发展。从供给侧和需求侧两端聚合发力,以能耗"双控"激发产业发展新动能,以碳排放总量倒逼能源结构调整,以碳排放强度倒逼产业结构低碳转型,以提升能源利用效率倒逼产能调整,以低碳技术推动新业态、新产品与清洁能源耦合模式创新。对标全国同行业平均水平"生存线"和先进水平"发展线",全面推动煤炭、电力、焦化、钢铁等传统优势产业改造升级、率先转型。同时,培育壮大知识技术密集、物质资源消耗少、综合效益高、成长潜力大的战略性新兴产业、高端制造业以及与制造业相匹配的现代服务业。在新能源汽车、高端装备、新材料、半导体、大数据等新兴产业方面持续发力,精准谋划和实施产业固链、强链、延链、补链措施,增强平台、人才、技术集聚的"虹吸效应",增强新兴产业发展动力。

3. 科学谋划,加速公正转型

山西长期以来依靠煤炭产业发展经济。然而,近年来,由于国内煤炭需求下降和供应过剩,煤炭行业面临重大挑战。这导致了煤炭企业淘汰过剩产能和适应市场变化的艰巨任务和巨大压力。为了解决这一问题,山西实施了供给侧结构性改革,旨在减少过剩产能,提高效率,增强煤炭行业的竞争力。政府在促进去产能方面发挥了关键作用,通过提供政策支持,如税收减免和补贴,鼓励煤炭企业进行技术升级和提高效率。政府还鼓励发展新的产业,如可再生能源和高科技制造业,以实现地方经济的多元化,创造新的就业机会。煤炭企业也积极参与去产能的过程。许多煤炭企业已将生产重点从传统的煤炭产品转向高附加值产品,如煤基化学品和材料,以满足不断变化的市场需求,增强竞争力。地方社区在支持去产能过程中也发挥了重要作用,为下岗工人提供培训和就业安置服务,促进创业和创新,并为新产业创造良好的商业环境。

尽管去产能存在挑战和复杂性,但山西的努力已经取得了积极成果。煤炭行业已经变得更加高效、有竞争力和可持续,新的产业已经出现,地方经济更加多元化,并创造出新的就业机会。然而,去产能是一个持续的过程,需要所有利益相关者的持续合作和创新。将自上而下和自下而上的战略相结合是实现公正转型和高质量发展的关键。以提纲挈领的愿景和清晰的组织结构为强有力的转型提供支撑。国家和地方政府、区域机构、工会、企业和公民等所有利益相关方参与,共同形成创新战略,并创造新的就业机会。利益相关方网络的形成可以减少各方对可持续转型尝试的偏见。

4. 增强创新,发挥区域引领示范作用

作为重要的资源型地区,山西的区域示范作用对于推动资源型地区经济转型非常重要。山西在"双碳"目标实现中的发展经验和模式可以给其他资源型地区发展带来一定的启发,促进其他资源型地区早日科学实现碳达峰和碳中和。山西"双碳"目标实现的示范作用主要体现在经验借鉴上,山西促进地区发展、鼓励地区内部的创新和竞争、提高地区的经济实力和竞争力的最佳实践可以为其他资源型地区提供经验借鉴,帮助它们更好地制定发展战略和政策,提高发展效率和质量。山西可以为其他资源型地区提供煤炭清洁化以及新能源技术支持,帮助其他地区更好地应对低碳发展挑战。山西的"双碳"政策规划也可以帮助其他地区更好地制定发展战略和政策。

山西要有效发挥资源型地区"双碳"战略目标实现的示范作用,需要有明确的增长和发展的愿景和战略。这意味着要明确"双碳"目标实现的优势和转型的关键领域,并利用它们来推动经济进步和社会转型。山西可以发挥低碳示范作用的技术领域包括煤炭绿色安全开发、新建煤矿开展井下煤矸石智能分选系统和不可利用矸石返井工程。推广煤与瓦斯共采技术，持续开展煤矿瓦斯综合利用，有效减少煤炭生产甲烷排放。全面推进风电光伏高质量发展。坚持集中式和分布式并举，统筹风光资源开发和国土空间约束，加快建设大型风电光伏基地。建设国家非常规天然气基地，发挥山西非常规天然气资源和产业优势，加快探明地质储量区块资源增储和产能提升，建设非常规天然气示范基地。提升源网荷储协调互济能力，开展源网荷储一体化和多能互补，实施存量"风光火储一体化"，推进增量"风光水（储）一体化"，探索增量"风光储一体化"。推进地热、甲醇等其他可再生能源发展，开展中深层地热能利用试点示范，支持地热能在城市基础设施、公共机构的应用等。

四 政策建议

（一）积极稳妥设定碳排放目标，加强府际合作

设定碳减排目标。国家已经制定了全国性的碳减排目标，而山西省政府可以制定针对本地区的具体目标。将碳减排和经济发展作为互补的目标，而不是对立的目标，在支持经济增长和为企业和社区创造新机会的同时减少碳排放。国家已经制定政策、法规和激励措施来减少碳排放，山西可以根据其具体需求和特点制定政策。两级政府应共同努力，确保政策的统一性和互补性。实现碳达峰碳中和与可持续的目标协同，把区域协调发展纳入政策设计。在全国一盘棋的工作思路下，以总揽全局的一揽子政策推进全国各地区碳达峰碳中和目标实现。既要有"自上而下"的统一政策，关注能源电力、工业、建筑、交通等重点部门，也要有"自下而上"差异化的行动方案，充分考虑东中西部各地区之间要素禀赋差异，有序分步实现碳达峰碳中和。

（二）开展碳达峰区域协同联动，加强国际低碳交流合作

深入对接国家有关部门，结合区域重大战略和主体功能区战略，完善能源调出地与调入地的联动机制，在做好能源保供的前提下，在全国碳达

峰中主动作为、协同达峰。加强与京津冀、长三角、粤港澳大湾区在可再生能源、节能、储能、氢能、高效光伏、低成本二氧化碳捕集利用封存等领域的深度合作，引进一批低碳零碳负碳产业项目，推动跨区域科技攻关和科研合作，加快绿色低碳科技成果跨区域转化，深化碳达峰领域师资交流和人才培养合作。加强黄河流域、中部地区各省份的碳达峰战略合作，推动协同降碳。强化与发达国家、共建"一带一路"国家、区域全面经济伙伴关系协定（RCEP）国家的绿色低碳合作，推动联合共建科技合作基地和设立联合研发项目，提升绿色低碳技术研发与转移承接能力，重点参与共建"一带一路"国家和 RCEP 国家的绿色基建、绿色能源、绿色金融等领域合作。围绕绿色低碳和可持续发展，加强与世界银行、亚洲开发银行、国际能源署等合作，推动太原能源低碳发展论坛成为能源低碳领域国际高端对话交流平台、科技成果发布平台和国际合作对接平台。

（三）建立健全碳排放统计核算体系，完善地方性法规和标准体系

按照国家碳排放统计核算方法，建立完善山西碳排放统计核算体系。加强碳排放统计能力建设，夯实能源统计基础，强化能源消费数据审核，科学编制能源平衡表。探索建立省级温室气体综合管理平台，建立山西重点领域碳排放核算与跟踪预警体系框架。建设重点行业、企业碳排放监测体系，推动重点企业日常碳排放监控和年度碳排放报告核查，率先开展太原国家级碳监测评估试点。综合运用地面环境二氧化碳浓度监测、卫星遥感反演、模式模拟的二氧化碳浓度分布等数据，科学评估各市碳达峰行动成效。推进全省企业碳账户管理体系建设，提高企业碳资产管理意识和能力。推动清理现行地方性法规中与碳达峰碳中和工作不相适应的内容，推动制定、修订相关地方性法规，增强相关法规的针对性和有效性。落实国家各项绿色标准，支持重点企业和机构积极参与国际、国家、行业能效和低碳标准制定。

（四）完善财税金融及价格政策，建立健全市场化机制

加大财政对高碳行业低碳转型、绿色低碳产业发展和技术研发等支持力度。强化环境保护、节能节水、新能源和清洁能源车船税收优惠政策落

实。持续落实销售自产的利用风力生产的电力产品增值税即征即退50%政策，落实国家关于可再生能源并网消纳等财税支持政策。完善与可再生能源规模化发展相适应的价格机制，全面放开竞争性环节电价，完善分时电价、阶梯电价等绿色电价政策，加大峰谷电价差，全面落实战略性新兴产业电价机制。推动山西能源转型发展基金投资向碳达峰碳中和领域倾斜。鼓励支持企业采取基础设施领域不动产投资信托基金（REITs）等方式盘活存量资产，投资相关项目建设。完善绿色金融激励机制，支持有条件的地区申报国家气候投融资试点。积极参与全国碳排放权交易市场建设，按国家要求逐步扩大交易行业范围，强化数据质量监督管理，探索制定碳普惠、公益性碳交易等激励政策。积极参与国家碳排放权、用能权等市场交易。深化电力市场化改革，推进电力现货交易试点。明确新型储能独立市场主体地位，加快推动储能进入电力市场参与独立调峰。加快建立可再生能源绿色电力证书交易制度，鼓励可再生能源发电企业通过绿电、绿证交易等获得合理收益补偿。

第二十二章

青海：以优质能源输出为全国碳达峰贡献力量

一 青海在全国落实"双碳"目标中的位置

青海是国家清洁能源产业高地。习近平总书记在参加青海代表团审议和在青海考察调研时，对青海工作把脉定向、掌舵领航、寄予厚望，为青海发展擘画美好蓝图、提出重大要求、注入强大动力。特别是习近平总书记对青海提出了"打造国家清洁能源产业高地"等要求。青海清洁能源装机和发电量超过90%，已建成海南、海西千万千瓦级多能互补清洁能源基地，世界首条近100%输送清洁能源的特高压通道建成并投运。凭借发展风电、光伏等新能源产业，截至2022年6月底，全省电力装机4325万千瓦，新能源装机2673万千瓦，占比由2016年的32%提高至61.8%，青海成为全国首个新能源装机过半的行政区，新增电力装机全部为清洁能源，开创全国先例。

青海是我国新型电力系统的重要示范省。以新型电力系统建设为抓手，青海围绕加强省内骨干电网建设、打造西北区域电力调蓄中心、推进跨区电力外送通道建设、推进源网荷储一体化示范、率先打造零碳电力系统、提升需求侧响应水平6个重点开展工作，引领全国以新能源为主体的新型电力系统示范行动。青海创新性实施新建水电站同步配套建设抽蓄的新理念，建设性提出了"新能源+储能"共享储能运行模式，为青海发展清洁能源产业和打造以新能源为主体的新型电力系统提供了丰富的经验，打造了青海样板。

青海是我国绿电消费大省，直接助力全国碳达峰的实现。青海100%

"绿电"运行系统取得重大突破,刷新清洁供电世界纪录。2022年青海"绿电5周"活动,不仅实现了时间维度的延长,而且通过技术、机制、模式全方位创新,各项指标再创历史新高。绿电是青海产业发展的最大优势和竞争力所在,开展绿电交易、实现绿电溯源认证、推动绿电本地消纳和外送,是发挥青海绿电优势的必由之路,是助力"双碳"目标实现的重要举措。

二 《青海省碳达峰实施方案》的评述

2022年12月18日,青海省人民政府印发《青海省碳达峰实施方案》(以下简称《方案》)。《方案》立足青海"三个最大"省情,提出特色发展目标,对清洁能源提质扩能、特色产业转型升级、生态系统固碳增汇、体制机制优化创新等方面提出新的具体要求。《方案》提出总体目标,"十四五"期间,产业结构和能源结构调整优化取得明显进展,重点行业能源利用效率大幅提升,清洁低碳安全高效的能源体系初步建立等。青海省碳达峰实施方案主要有以下特点。

明确在全国落实"双碳"目标的位置,发挥比较优势。青海立足于其在全国"双碳"工作中的位置,基于自身的资源禀赋优势,提出了具有显著青海特色的四个"率先":率先推动经济社会发展全面绿色低碳转型,率先实现能耗"双控"向碳排放总量和强度"双控"转变,率先实现碳达峰目标,率先走出生态友好、绿色低碳、具有高原特色的高质量发展道路。四个"率先"体现了青海的自信,既是青海的主要优势所在,也是青海实现碳达峰的重要目标和路径。

立足青海本土特色,科学设置特色目标。青海立足"三个最大"省情,坚持生态保护优先,推动高质量发展,在清洁能源提质扩能、特色产业转型升级、生态系统固碳增汇、体制机制优化创新等方面探索"青海经验",培育"青海亮点",助力碳达峰工作稳步有序推进。青海的特色目标都有明确的工作抓手和坚实的工作基础。在清洁能源提质扩能方面,通过建设新型电力系统增强对新能源的调节能力,率先打造国家储能先行示范区,探索构建全国首个省域零碳电力系统,加大绿电输出,为全国碳达峰目标实现做出"青海贡献"。在特色产业转型升级方面,将盐湖资源的延链补链强链同新能源产业紧密关联,打造世界级盐湖产业基地。以绿电消费为抓手，加快培育零碳产业体系，打造创新零碳产业园区。在生态系统固碳增汇方面，紧紧抓住国家公园示范省建设的契机，协同推动生态系统的保护与固碳。在体制机制优化创新方面，明确提出建立全省绿电核算体系，推进省域间绿电互换合作，创新探索绿电核算与合作模式。

紧抓青海清洁能源优势，突出清洁能源利用。青海以国家清洁能源产业高地建设为引领，实施能源绿色低碳转型行动。《方案》提出，加快清洁能源产业规模化发展，提升能源供给保障能力，优化新型电力系统资源配置，提升多能互补储能调峰能力，合理调控化石能源消费。《方案》为青海清洁能源的利用指明方向，即充分利用高原太阳能资源、土地资源富集优势，持续推进新能源发电规模化、集约化发展，积极打造国家级光伏发电和风电基地、技术发展高地，引领全国清洁能源发展。通过积极推广"新能源+储能"模式，探索建立共享储能运行模式，为打造以新能源为主的新型电力系统创造有利条件。

推动关键产业低碳循环化发展，助力整体低碳发展。青海以关键产业为突破口，提纲挈领带动全社会整体低碳发展。《方案》提出，青海以世界级盐湖产业基地建设为抓手，实施循环经济助力降碳行动。主要通过强化盐湖资源综合利用，推进产业链供应链低碳化升级，推进园区循环化改造，健全资源循环利用体系，推进不同行业产业融合发展。通过建设世界级盐湖产业，完善"装备制造—清洁能源生产—绿电输送—消纳"循环产业链条，提高清洁能源就地消纳比重。推进盐湖产业与新能源融合发展，鼓励盐湖资源开发企业优先使用太阳能、风能等清洁能源，提升盐湖产业绿色发展水平，形成盐湖化工、油气化工、新材料、新能源等各产业间纵向延伸、横向融合，资源、产品多层联动发展的循环型产业新格局。青海致力于打通产业链、园区、不同行业的低碳循环化改造，以期实现全社会降碳减污扩绿增长协调发展。

三 青海清洁能源利用的优势和挑战

（一）优势

青海地处青藏高原，是长江、黄河、澜沧江的发源地，故被称为"江河源头",又称"三江源",素有"中华水塔"之美誉。青海全省能源资源丰富,能源特别是清洁能源开发具有得天独厚的优越条件,太阳能、水能、风能资源均位居全国前列,可用于清洁能源开发的土地资源达十万平方公里以上。

青海拥有丰富的水力资源,全省380条以上河流的集水面积超过500平方公里,每年径流总量达到611.23亿立方米,水资源总量在全国排名第15,人均占有量是全国平均水平的5.3倍。此外,全省理论水能蕴藏量为2187万千瓦,有108条河流的水能储量超过10000千瓦,可建立241处装机容量500千瓦以上的水电站。

青海的风能和太阳能资源也比较丰富。青海气象风力数据显示,2019年青海的平均风速在1.28米/秒以上。青海的太阳能资源也非常丰富。据统计,青海太阳能资源2019年年均利用小时数在2100小时以上。

青海积极利用自身丰富的新能源资源优势,对接国家能源发展战略部署,制定了青海能源发展战略,强调创建全国清洁能源示范省。通过发挥水电调节作用,稳步建设海南、海西两个千万千瓦级可再生能源基地,统筹规划建设特高压外送通道,推动青海清洁新能源在全国范围内优化配置。截至2021年底,青海的总装机容量为4114万千瓦,其中太阳能发电装机容量为1632万千瓦,风电装机容量为896万千瓦,水电装机容量为1193万千瓦,火电装机容量为393万千瓦。

(二) 挑战

清洁能源电价过低。青海是水电大省,在全省电源装机中,水电装机12.63吉瓦,占比高达30%。2016年开始,青海明确新能源上网电价以水电综合电价结算,0.2277元/千瓦时正式载入青海新能源发展史。在补贴时代,全国根据三类资源区划分固定上网电价,青海光伏电价为0.2277+国家财政补贴(元/千瓦时),尽管水电综合电价较低,但在国家补贴之下,青海的新能源电站收益率仍然较为可观。平价之后,尤其是组件价格持续上涨以及配套储能的要求下,远低于全国基准电价的水电综合电价弊端便凸显出来,0.2277元/千瓦时的电价目前无法支撑光伏电站开工建设。雪上加霜的是,0.2277元/千瓦时已经是青海新能源上网电价的"天花板"了,在高比例的市场化交易下,青海新能源年度平均电价大多不足0.2元/

千瓦时。除了领跑者项目与光伏扶贫之外，青海光伏电站基本以电力市场化交易为主。2021年海西州新能源发电省内市场化交易的均价在0.15元/千瓦时左右。①

清洁能源难消纳。西北地区是我国新能源发展的先行者，但2016年前后，受消纳所限，西北五省几乎一年之内失去新能源发展的头部地位。2018年消纳红色预警转橙之后，西北五省才陆续重新启动了新能源的规划与发展。根据新能源消纳监测预警中心的数据，2021年全国11个省市的风光利用率达到了100%，其中光伏发电的利用率也高达98.2%。青海2021年的光伏电站平均利用率只有87%，其中8~10月的利用率甚至不到80%。除了光伏扶贫和领跑者项目外，青海的其他项目没有保障的小时数，部分光伏电站的限发较为严重，实际利用小时数仅为800小时左右。这表明青海在光伏发电的利用方面还有很大的提升空间。

发展新能源电力带来的电网不稳定。清洁电力内消和外送亟须稳定电源支撑。青海新能源装机比重已超60%，未来青海可再生能源仍将保持快速发展，随着可再生能源发电能力的增强，电力系统中因调峰能力不足而造成的调峰、调频、调相等问题日益突出。电源结构的变化导致青海电力"高买低卖"问题更加突出，经济性问题将成为影响直流电力组织的重要因素。随着新能源占比进一步提高，省内季节性缺电问题不断加剧，亟须稳定电源和多元储能调峰电源支撑。

新能源投资动力不足。随着新能源发展全面进入平价时代，青海0.2277元/千瓦时的平价上网电价属全国最低，新能源项目收益率大幅下降。经测算，在目前新能源项目配套20%、4小时的储能、单位静态投资在4200~4500元、每度电价在0.26~0.28元时才能满足项目收益率，这影响了新能源企业的投资决策。同时，与本省燃煤标杆电价0.3247元/千瓦时存在负价差，没有完全体现"绿电"价值，严重影响企业投资积极性，制约青海新能源发展。

电源项目开发和电网网架建设时序不匹配。现阶段电源建设远超前于电网速度，并网规模、投产时序均不匹配。青海省内网源规划建设不同

---

① 《"风光无限"的背后：青海新能源投资困局》，阳光光伏网，http://www.21spv.com/news/show.php?itemid=120005，2024年4月25日。

步,新能源丰富地区配套电网汇集能力不足,主要骨干网架电网输送能力不足。省外仅靠"青豫直流"一条特高压外送通道,不能满足清洁能源大规模发展需求,急需建设新的外送通道。内部急需加强新能源园区基础设施规范化、标准化建设,完善提升园区基础设施,打造新能源产业集群发展的重点园区,鼓励引导新能源企业向园区集中,增强园区的集聚效应。

科技创新能力薄弱。青海科技创新综合实力基础弱、底子薄,高层次人才缺乏,研发经费投入强度明显低于全国平均水平。在光热、储能、氢能、干热岩等前沿技术领域,科技研发投入普遍不足,产学研结合不够紧密,产业化推广应用仍然面临诸多瓶颈,加之光热、储能没有合理的上网电价,缺乏试验示范支撑,无法满足开发需求。

四 青海清洁能源利用的关键做法

(一)承接中东部产业转移

青海紧紧抓住当前我国产业发展的新特点,利用我国区域比较优势的新变化,大力承接中东部产业转移,发展新能源及相关产业。《中共中央 国务院关于加快建设全国统一大市场的意见》(以下简称《意见》)强调要打破地方保护和市场分割,打通制约经济循环的关键障碍,推动商品要素资源在更大范围内自由流动。全国统一大市场的建设将为跨区域产业转移提供重要保障,破解当前面临的诸多难题,并为青海承接产业转移提供重大机遇。

由于产业链、价值链和供应链体系具有天然的产业关联性和互补性,它们可以有效地推动发达地区和落后地区通过合理的产业链、价值链和供应链分工布局实现经济发展和技术进步。在推进承接产业跨区域转移时,青海以促进产业链、价值链和供应链的分工布局为突破口,积极选择与自身比较优势相匹配的产业链、价值链和供应链环节。这一举措有助于形成具有比较优势的自身的产业链、价值链和供应链体系,同时与其他地区相互配合形成更完善的体系。

2021年12月,工信部、国家发改委、科技部等十部门联合发布的《关于促进制造业有序转移的指导意见》明确提出,在符合产业、能源、碳排放等政策的前提下,将大力支持高载能行业向清洁能源资源丰富的西部地区进行合理转移。同时,根据中共中央、国务院《关于新时代推进西部大开发形成新格局的指导意见》,国家鼓励符合环保和能效标准的行业向西部清洁能源优势区域集中。这些政策的实施,将充分发挥青海在清洁能源领域的独特优势,包括丰富的资源、快速的发展带来的电价降低和碳汇能力提升的可能。

青海正在积极响应国家政策,从省级层面进行统筹规划,引领发展。组织了专门的团队进行政策研究和调研,以承接盐湖化工、大数据、锂电等产业为主要目标,努力打造一批科学设置和合理配套的绿色产业链。通过这种方式,青海希望形成产业承接和绿电消纳相互促进,进而推动新能源发展的良好局面。

以电解铝及相关产业为例,截至目前,青海的电解铝产能已经达到296.5万吨,通过利用本土清洁能源进行消费替代,每年可以减少碳排放超过1000万吨。随着承接东部载能产业转移的持续推进,青海的有色、冶金、光伏等产业规模也将持续扩大。这种能耗的增加并不与实现碳达峰碳中和的目标矛盾。首先,本土绿色清洁能源的就地消纳能力将同步增强。随着有色、冶金、光伏等产业的扩张,对能源的需求也将增加,这将促使青海加大开发和利用本土清洁能源的力度,提高本土清洁能源的就地消纳能力。其次,可溯源绿电原材料产品的输出规模将进一步扩大。随着电解铝等产业的发展,对原材料的需求也将增加,这将促使青海扩大可溯源绿电原材料产品的输出规模,从而进一步促进相关产业的发展。最后,生产、消费等领域的综合减排效应将进一步显现。随着产业规模的扩大,青海在生产、消费等领域也将采取更有效的减排措施,进一步降低碳排放,实现碳达峰碳中和的目标。综上,随着承接东部载能产业转移活动的持续推进,青海有色、冶金、光伏等产业规模将持续扩大,而这种发展对实现碳达峰碳中和目标是有利的。

新能源产业是一种需要大量资本和资源投入的产业,因此大企业在这方面通常具有明显优势,它们的跨区域直接投资常常能带来显著的技术和经济效益。牢牢把握全国统一大市场建设的契机,从引进新能源企业的规模和行业地位看,青海特别关注新能源产业领军者和大企业的作用,注重对头部企业的引进。比如青海阿特斯新能源有限公司海东新能源全产业链项目，涉及光伏组件、光伏电池、单晶硅拉棒、坩埚等 8 个子项目，是海东近年来引进的投资额度最高、规模最大的项目，是海东首个全产业链项目，也是目前阿特斯全球单体投资最大的项目。全球顶级电动汽车电池供应商时代新能源、全球新能源汽车销售冠军比亚迪也在西宁（国家级）经济技术开发区落户。

为了消除跨区域产业转移中的一些障碍，让大企业成为跨区域产业转移的领头羊并真正行动起来，青海正在努力抓住全国统一大市场建设的契机，以优化当地的营商环境。一方面，提高公共服务的效率，并积极组织劳动技能培训。另一方面，加大对产业转移过程中进入本区域的先行者的奖励力度，包括直接财政补贴和优惠的税收政策。

（二）打造新能源产业链

打造新能源零碳产业园区。青海以新能源产业链为主导产业打造了青海零碳产业园。园区规划形成锂电池产业集群、新能源装备产业集群、绿色畜牧产业集群三大主导产业，及相关延伸产业和配套零碳产业发展的生产性服务业，构建促进清洁能源消纳、支撑能源产业发展的产业链供应链。

打造光伏产业集群。充分利用高原太阳能资源、土地资源富集优势，持续推进新能源发电规模化、集约化发展，积极打造国家级光伏发电和风电基地、技术发展高地，引领全国清洁能源发展。青海积极延伸光伏产业集群，推动技术创新实现突破、能源产业实现立体布局。通过加强光伏产业链的系统集成，推动光伏发电市场应用的拓展，带动光伏上游产业的升级，提升光伏产业制造集群的实力，已成功构建起包括电子级多晶硅、硅片、太阳能电池、组件制造，系统设计与集成，以及光伏电站建设和运维等环节的完整光伏研发制造产业链。这进一步打造了光伏全产业链发展的"小高地"，为推动地区经济发展和产业升级提供了强有力的支撑。

加快清洁能源产业规模化发展。青海凭借其资源优势，实现了内需和外送的统筹兼顾，形成了以海南州和海西州两个千万千瓦级的清洁能源基地为支撑，辐射海东市、海北州和黄南州的清洁能源开发格局。

加快新能源消费。以新能源消费为抓手，推进产业链供应链低碳化升级。发挥全省清洁能源优势，完善"装备制造—清洁能源生产—绿电输送—消纳"循环产业链条，提高清洁能源就地消纳比重。推进盐湖产业与新能源融合发展，鼓励盐湖资源开发企业优先使用太阳能、风能等清洁能源，提升盐湖产业绿色发展水平。鼓励电解铝、钢铁、铁合金等行业提高清洁用能占比，加大新技术、新工艺、新装备的应用和推广力度，完成绿色化改造，提升能源利用效率，推动传统产业高端化、智能化、绿色化发展，降低产业碳排放，形成以新能源为驱动的多元循环经济体系。

发挥大企业优势，带动全产业链发展。大企业作为产业链中的领军企业，更容易推动产业链上不同关联企业的协同创新，同时在自发主导产业链重构进而推动当地产业结构转型升级上更具优势。目前，比亚迪已分别在西宁市、海东市、格尔木市投资建设动力及储能电池、电池材料、锂资源开发全产业链项目。截至2022年10月，比亚迪已在西宁累计完成投资105.7亿元，动力电池产能达到22吉瓦时，累计实现产值约200亿元。

（三）多路径提升外送消纳能力

2022年1月，国家发改委和国家能源局发布了《以沙漠、戈壁、荒漠地区为重点的大型风电光伏基地规划布局方案》（发改基础〔2022〕195号），提出了海南州戈壁基地（青海）在"十四五"时期的规划建设目标，其中包括规划建设外送新能源1650万千瓦和新建自基地至中东部地区输电线路1条。这一方案为青海加快建设绿电外送通道提供了重大机遇。为了促进绿电外送消纳，青海主要采取了两个方面的措施：补强省内网架结构和推动坚强电网建设。这些措施有助于提高省内电力系统的稳定性和可靠性，并确保电力能够安全、可靠地输送到中东部地区。青海还积极与其他省份和地区开展合作，共同推进电力外送通道建设和能源合作。这些合作有助于实现资源的优化配置和互利共赢，推动青海的能源转型和经济发展。

补强省内网架结构推动坚强电网建设。青海在促进绿电外送消纳方面，采取了多种措施加强省内网架结构和推动坚强电网建设。其中包括加快推进750千伏德令哈工程，提高海西外送断面容量，研究部署大型调相机可行性，未来新增新能源按比例配置分布式调相机等。此外，推进已停运的燃气电站恢复运行，并关注分布式光伏并网消纳情况，妥善推进电网改造工程。这些措施有助于提升青海电力系统的稳定性和可靠性，促进绿电外送消纳。

区域合作。2022年青海同四川实现了绿电置换、余缺互济。自2022年7月6日起，青海和四川两省电网基于两省最大负荷的时段差异，通过加强区域合作，以每日两次"省间电力置换"的创新举措，实现了资源优势互补、电力余缺互济。2022年7月18日10时—18时，青海利用省内光伏大发时段，将320万千瓦时光伏电量通过德宝直流送到四川省内。而当日0时-8时，两省间的电力输送反转，四川的274万千瓦时清洁水电通过德宝直流被送到青海，实现了两省间电力置换、余缺互济。日间青海光伏送四川，夜间四川水电送青海，双向输送的都是"绿电"，既有效促进了清洁消纳，也缓解了迎峰度夏用电紧张形势。

(四) 以绿电行动为抓手促本地消纳

面对日益严峻的新能源消纳问题，在绿电外送增量不确定的情况下，提升本地用电负荷，既能促进绿电消纳，同时还有助于青海构建具有本省特色的现代化经济体系。

全力推动市场化消纳。在2022年的"绿电5周"活动中，国网青海电力积极推广智慧能源使用，组织开展了可调节负荷与新能源中长期分时段交易。通过市场价格信号引导市场主体合理调整发用电策略，推动电力市场从"源随荷动"向"源网荷储协调互动"转变。这一举措提高了发用电效率，同时也促进了新能源的消纳。

从消费侧推动绿电行动。青海自2017年起连续5年成功实施绿电行动，清洁发电和新能源发电量的增加，减少了燃煤和二氧化碳的排放，实现了多方共赢。2022年，青海以青洽会为契机，连续35天开展"绿电5周"活动，以清洁能源为主题，推动发展理念更新、技术创新和体制机制完善。青海扛起促转型助"双碳"的使命责任，全力推动大送端新型电力系统省级示范区建设，助力实现绿色高质量发展。

技术创新促消纳。青海通过技术创新提高新能源消纳水平。青海通过安装世界上最大的分布式调相机群，释放了350万千瓦新能源发电能力，并提高了特高压电力系统稳定性。在"绿电5周"期间，国网青海电力应用多能互补协调调控技术，增发了9000余万千瓦时新能源电量。此外，国网青海电力还提前对输电线路进行了"动态增容"，以确保大电网在绿电供应期间的安全稳定运行。

以产业链促绿电消费。青海利用清洁能源优势，完善了"装备制造—清洁能源生产—绿电输送—消纳"的循环产业链，支持盐湖产业发展。同时，改进了直供电交易机制，建立了绿色电力碳排放抵消机制，积极推动绿色电力交易和溯源认证。

（五）推动新型电力系统的建设和资源配置的优化

青海在构建新型电力系统时面临调峰能力不足的主要问题，因此需要加快调峰能力建设，具体措施包括推动多能互补发展、优化资源配置和提升多能互补储能调峰能力。为了满足经济社会发展的电力需求，青海需要加快推进新型电力系统建设，同时推进水电资源开发，为新能源规模化开发应用提供调频调峰辅助服务。

提升多能互补储能调峰能力。青海正努力构建新型电力系统，以提升能源安全保障水平。一是通过示范太阳能热发电参与调峰，增加了电力系统的稳定性。二是加快储能产业发展，包括抽水蓄能、氢储能、电化学储能等，优化了能源结构。三是推进火电机组节能减排、灵活性、供热、储能的"四项改造"，提升了电力支撑能力。四是适度新增清洁火电项目，发挥了燃气电站的深度应急调峰和快速启停优势。五是积极依托格库铁路推动疆煤入青，确保青海电网具有足够的调峰能力，并提升了电力系统的稳定性。总体统筹电力供应安全保障，合理控制煤电新增规模，新建机组煤耗标准达到国际先进水平，有序淘汰煤电落后产能，加快现役机组节能升级和灵活性改造，稳妥推进供热改造，推动煤电向基础保障性和系统调节性电源并重转型。

优化新型电力系统资源配置。推动特高压通道建设，扩大绿色电力外送规模，支撑清洁能源发展，实现青海清洁能源优化配置。围绕海西清洁能源基地，推进第二条特高压通道及配套电源前期工作，适时研究后续跨区特高压通道和清洁能源基地。加强交汶骨干网架建设，重点围绕清洁能源基地开发与输送、负荷中心地区电力需求增长、省内大型清洁电源接入需求，建设坚强智能电网。发挥互补优势，加强省际电网互联，扩大资源优化配置范围。提升配电网柔性开放接入能力、灵活控制能力和抗扰动能力，服务多元化负荷接入需求，打造清洁低碳的新型城农网配电系统。

（六）建立绿电交易的市场化机制

清洁能源的利用面对诸多挑战，其中市场化机制的建立和运行就是实现"全绿电"的关键一环。

推动绿电交易机制建设。绿电交易是青海电力市场的创新机制，旨在推动"双碳"目标实现，促进清洁能源产业高地建设。该机制以风电、光伏等绿色电力产品为交易标的，满足发电企业、售电公司、电力用户等市场主体购买绿色电力产品的需求，并提供绿色电力证书。绿电交易机制为市场主体参与交易提供了方便，包括风电及光伏发电企业、电力用户和售电公司。通过参与绿电交易，发电企业可获得经济收益，同时为电力用户提供清洁可靠的电力供应。青海电力交易中心部署了"e-交易"平台，方便市场主体参与交易。该平台采用区块链技术记录绿电生产、交易和消费全生命周期数据，为绿电消费提供可靠证明，并提供"一网通办、三全三免"绿色电力交易服务。总之，绿电交易机制是推动清洁能源发展和实现"双碳"目标的重要举措，同时为市场主体带来诸多好处。

供给侧和需求侧两侧发力。在供给侧，新能源企业应加大投入并配备调节资源以降低功率波动。在需求侧，企业积极追求全清洁能源使用，期待绿电生产推动转型。青海的绿电交易机制是重大创新，可完善新型电力系统并推动供需两侧共赢，促进清洁能源发展和"双碳"目标的实现。

推动绿电价格合理传导。碳价格的有效性主要取决于能否形成顺畅的价格传导机制。这种传导机制的形成，依赖电力价格的自由市场化。然而，目前国内电力价格仍存在一定程度的管制，并没有完全实现市场化定价。这可能导致碳价格信号在电价环节遭到阻滞。为解决这一问题，需要推动绿色电力交易，提高园区绿电供应的占比，持续推进增量电网的建设，并支持一定规模的离网微网建设，以降低生产过程中的碳排放。

加强绿电定价的顶层设计。推动绿电定价的全面规划，将绿证纳入碳交易架构，是实现"双碳"目标的关键步骤。优化碳排放核算机制，并促进绿电交易与碳交易渠道之间的联动发展，有助于市场更便捷地进行交易。这将进一步推动全社会形成绿色电力消费和碳减排的共识，并最终大幅降低社会履约成本。

明确绿电定价的指导思路。青海坚持省内优先原则，省内平价新能源企业优先满足本省电力用户绿电需求，余量通过省间交易实现资源的优化配置，主动参与省内绿电交易的发电企业在绿电外送交易中优先考虑。鼓励省内电力用户与平价新能源企业开展绿色电力，以市场化方式充分激发供需两侧潜力，提升清洁能源消纳空间，推动绿色能源发展。其中，青海绿色电力交易的市场主体包括发电企业、电力用户、售电公司。

制定绿电交易方式。现阶段省内绿电交易以双边协商形式组织开展；本省新建的平价新能源项目，经政府主管部门核定准入后，其所有电量全部进入绿色电力交易市场，并与有绿色电力需求的用户或售电公司自主协商，约定绿色电力电量和价格。购售双方签订绿电双边协议后备案青海电力交易中心汇总，由青海交易中心将汇总需求上报北京交易中心，通过北京交易中心"e-交易"平台，进行申报确认成交，形成交易结果。

形成绿电交易价格。（1）省内价格形成。绿色电力直接交易价格由电能量价格和绿电溢价组成，分别体现绿色电力的生产运营成本、环境属性价值。交易价格由市场主体申报情况通过市场化方式形成。由于绿电具有惠民共享共赢的特点，2022年的市场交易表明，市场主体自愿在电能量价格基础上反映0.03元/千瓦时的环境价值购买绿色电力。这主要是因为得到权威绿电认证让企业产品在市场上更受青睐，更具国际竞争力。

（2）省外价格形成。为推动特高压通道配套调节电源的顺利建设及项目投资企业参与外送的积极性，青海正研究进一步优化和完善特高压项目以及跨省跨区外送电价机制。

（3）适当提高绿电价格。青海与国家电网及相关部门积极沟通，推进清洁能源市场化机制创新。为保障新能源企业合理收益，促进产业发展，青海争取调整电价机会，实现绿电价格与火电标杆电价持平，推动新能源产业快速发展。此外，国家发改委价格司发布政策，新建风电、光伏发电项目延续平价上网政策，青海将积极利用这一政策机遇。

（4）制定公平激励的电价政策。制定、出台可调节电源（如抽水蓄能电站、其他储能电站等）方面具有公平、激励性质的电价政策。推进电价交叉补贴改革，探索建立科学合理的输配电价形成机制。完善峰谷电价差、辅助服务补偿等市场化机制，促进新型储能和抽水蓄能电站健康稳定发展。紧跟行业发展趋势，积极论证、出台可行的光热价格政策和机制。

五 重要启示

（一）准确把握在全国"双碳"大局中的定位和作用

青海积极推动清洁能源发展，将"打造国家清洁能源产业高地"纳入重点战略。根据习近平总书记的指示，青海省委、省政府将其纳入产业"四地"战略。在《2030年前碳达峰行动方案》指导下，青海有序推动高耗能行业向清洁能源优势地区集中，积极培育绿色发展动能。青海注重全局观、大局观，在全国发展大局中寻找机遇，为全国的清洁能源发展贡献力量。

青海在建设新型电力系统的过程中，成为探索者和先行者。从能源和"双碳"工作全国一盘棋的战略思维出发，从青海清洁能源在保障国家发展安全的战略地位出发，从清洁能源需要在国家层面进行统一布局的战略角度出发，在服务全国大局中发挥作用。青海是我国打造全域清洁能源使用的探索区，青海清洁能源装机和发电量超过90%，已建成海南、海西千万千瓦级多能互补清洁能源基地，世界首条近100%输送清洁能源的特高压通道建成并投运，100%"绿电"运行系统取得重大突破，刷新清洁供电世界纪录，创新性实施新建水电站同步配套建设抽蓄的新理念。

青海是清洁能源示范省。在习近平总书记的指示下，青海要打造国家清洁能源产业高地。省部共建清洁能源示范省，加强政府推动和引导，建立科学、高效的组织架构和合作机制，国家部门协调解决特高压外送等关键性问题，省政府牵头统筹，抓好落实，协调网源企业全力协作、通力配合，推动形成土地、生态、价格、金融、技术等全方位支持全省清洁能源发展的良好局面。

总的来说，青海在清洁能源发展方面做出了重大贡献，成为全国清洁能源发展的领军者之一。通过积极推动、科学规划和合理布局，青海在新型电力系统建设和清洁能源示范方面取得了显著成效。这些努力不仅有助于实现全国的"双碳"目标，也有利于促进青海的可持续发展和经济增长。

（二）坚持先立后破，推动新能源平稳替代

根据《2030年前碳达峰行动方案》提出的指导原则，青海在发展新能源过程中需要坚持先立后破、稳住存量、拓展增量。这一原则的落实将有助于保障青海的能源供应，促进新能源产业的发展，推动全国碳达峰目标的实现。

青海在发展新能源过程中面临着许多挑战，其中之一就是随着可再生能源发电能力的增强，电力系统中因调峰能力不足而造成的调峰、调频、调相等问题日益突出。为了解决这一问题，青海需要加强顶层规划，注重电源结构的稳定性，增加调峰调频资源，以避免高买煤电、低卖绿电的问题。青海应该合理安排火电和新能源的装机比例，保证电力系统的稳定性和可靠性。青海还需要增加调峰调频资源。这可以通过建设抽水蓄能电站、压缩空气储能电站等来实现。此外，青海省还可以探索新的储能技术，如超级电容、飞轮储能等，以满足新能源发电的波动性和间歇性需求。

在推动新能源发展的过程中，青海还需要制定具有预见性的顶层规划。因为新能源发电具有波动性和间歇性，需要切实保证电力系统的稳定性和可靠性。在制定顶层规划时，青海应该充分考虑当地资源条件、环境容量、市场需求等因素，合理安排新能源项目的建设时序和规模，以避免出现电源结构变化太快的问题。

（三）发挥比较优势，加强区域合作

区域合作包括产业转移、产业链互补、绿电互输等。

青海的比较优势在于自然资源丰富。随着东部制造业升级，传统制造业的比较优势逐渐转移到中西部地区。青海应紧紧抓住当前我国产业发展的新特点，利用我国区域比较优势的新变化，大力承接不符合中东部比较优势的产业转移，发展新能源及相关产业。新能源产业发展要占用宝贵的土地资源，不符合东部地区的资源禀赋优势。新能源产业又属于资本密集型和资源密集型产业，对资本要求高，大企业技术实力和资金实力相对雄厚，此类产业又是青海所缺乏的。青海应利用产业转移的重大机遇，积极承接新能源产业的转移。

除了利用自身的比较优势，青海还可以通过与其他地区的合作来进一步促进经济发展。通过构建产业链、价值链、供应链体系，促进分工布局，引导选择与自身比较优势相匹配的环节，形成具有比较优势的产业链、价值链、供应链体系。这种合作模式可以有效带动发达区域和落后地区的经济发展与技术进步。

此外，青海还可以通过区域绿电输送合作来促进经济发展。青海和四川通过加强区域合作，实现了资源优势互补、电力余缺互济。这种合作模式可以为全国其他区域的绿电输送提供借鉴。

（四）以产业链促进新能源基地发展

新能源产业在本地得到稳定持续发展，应以产业链发展为前提。新能源产业是庞大的，涉及相当多的链条和细分产业。新能源具有涉及面广、产业链长、行业空间大、产业带动作用和推动作用大等特点。发展产业链不只是促进新能源产业发展，还要带动相关产业发展。相关产业的发展也能够带动新能源产业降低要素成本。以新能源产业为切入点，培育大量相关产业，是推动产业结构转型升级和能源结构调整、降低碳排放强度的重要抓手。青海在构建新能源自身产业链的基础上，积极推动新能源的使用，利用新能源发展其他优势产业。围绕"青海有青海造、青海有青海用、青海造青海用"，以应用市场为牵引，以项目配套为抓手，积极引导绿色高载能行业适当向海西、海南资源富集区集中，做大做强本地产业，推动形成以负荷带动电源、以创新链拉动产业链的循环互促模式。青海将以国家清洁能源产业高地建设为引领，继续支持绿色载能产业发展，推动新能源产业集群化发展，为全省经济社会发展、产业结构绿色转型做出贡献。

（五）进一步完善绿电市场化机制

《2030年前碳达峰行动方案》提出了建立市场化机制的重要措施，其中包括完善全国碳排放权交易市场和用能权交易市场。青海在电力市场方面也有所创新，建立了绿色电力交易机制。然而，这带来了一些问题，其中最突出的是绿电价格过低。造成这种现象的原因主要是清洁能源发电建设速度过快，导致市场价格没有正确反映绿电的环境价值。因此，在未来的清洁能源建设过程中，需要更加稳健地推进，充分考虑市场需求，合理配置资源。为了解决当前绿电供过于求的问题，可以积极拓展外部市场，寻找更多的电力需求。此外，政府可以采取一定的行政手段，如提供补贴等，来提高绿电的市场价格，进而增加绿电的需求量。最终，这些措施的实施可以使绿电市场化机制更好地发挥作用，推动可持续发展。

第二十三章

云南：良好生态禀赋支撑全国碳达峰行动

一 云南在中国"双碳"战略中的定位

碳达峰行动不仅关系全球生态安全，更关系到我国未来能源安全与可持续发展，其最终目的是通过提升全要素生产率、升级产业结构、优化能源结构等方式，促使经济发展与碳排放脱钩，构建并完善现代化经济体系。因此，各地区既要考虑碳减排的气候环境改善作用，也需要考虑其对经济发展的影响，坚持全国统筹部署原则，在省域梯次划分基础上，根据自身实际情况，着手制定差异化碳达峰路径。云南在国家"双碳"战略中需要坚持以下四个定位。

（一）充分挖掘生态资源潜力，为东部地区输出优质清洁能源

云南是我国重要清洁能源基地，全省电力总装机超过1亿千瓦，其中清洁能源装机超过9000万千瓦，全国排名前10位的水电站中云南有7座。目前，云南绿色能源四项指标全国领先，绿色能源装机占比84.9%（约占全国1/10）、绿色能源发电量占比88.7%，分别高出全国平均水平约44个百分点、60个百分点；清洁能源交易电量占比97%；非化石能源占一次能源消费的比重为42%，高出全国平均水平28个百分点以上。云南水能、风能、光能资源蕴藏量也相当可观，绿色能源可开发总量超过2亿千瓦。其中，水能资源蕴藏量1.04亿千瓦，理论可开发量约9795万千瓦。风能资源总储量约为1.23亿千瓦，可推动实施的风电项目装机规模总量约为2000万千瓦；云南光照充沛，全省129个县中，59个县为光伏资源具有较

高开发价值的区域，具备可实施性的光伏发电装机规模总量约为6000万千瓦。全省已投产水电8000万千瓦、风电883万千瓦、光伏438万千瓦。云南已开发绿色能源资源量不到全省资源总量一半，绿色能源在今后一段时期仍是云南的优势，是推动全国碳达峰的重要绿色低碳引擎。十年来，云南西电东送累计送电量超过1.2万亿千瓦时，占全省全部清洁发电量的一半，云南持续为广东、广西等地经济社会发展提供优质的清洁能源，降低了东部地区的碳排放，为全国碳减排做出巨大贡献。

（二）重视发挥清洁能源优势，承接东部地区高载能产业转移

我国清洁能源东西部地区供需错配较为严重，水电、风电、光伏发电等可再生能源电力生产集中于西部地区，但西部地区对电量需求有限。而东部地区电量消耗巨大，但自身缺少可再生能源电力生产基础，导致经济发展更加倚重高碳能源结构与产业结构。可见，加快高载能产业西迁，优化清洁能源供需布局，是中国实现碳达峰目标的必然选择。为此，云南制定《云南省产业强省三年行动（2022—2024年）》，构建"1+7+5"政策体系，明确将绿色铝、光伏、新材料等作为产业发展重点，对高载能产业承接进行布局。通过承接东部高载能产业转移，将清洁水电与高载能产业相结合，不仅可以有效消纳云南富余水电能源，有助于破解电力跨区域消纳的现实难题，推动本地区现代化产业体系构建与可再生能源规模化利用，也能够通过优化全国产用能空间布局，提升区域经济的协调发展水平，提高绿色能源利用效率，在全国一盘棋的统筹谋划下，为全国碳达峰目标实现创造更多的弹性空间。对于东部地区而言，高耗能产业的转移与产业升级，使得煤炭、石油等化石能源消费大量减少，极大降低碳排放水平。对于西部地区而言，承接东部地区高载能产业转移，可促进风电、水电等可再生能源实现就地消纳，能够将新能源优势转化为低碳发展优势，提升经济发展实力和就业水平，促进区域协调发展，使得全国经济资源布局进一步优化。

（三）夯实生态本底，着力促进生态系统扩绿提质增汇

云南通过强化生态保护和培育，林草资源总量、质量稳步提升，林草产业发展基础更加坚实。根据国家林草局2022年发布的《2021中国林草

资源及生态状况》白皮书，云南林地面积 3.75 亿亩，森林面积 3.18 亿亩，均居全国第二位；活立木蓄积量 24.1 亿立方米，居全国第一位；森林蓄积量 21.44 亿立方米，居全国第三位；草原面积 1984.35 万亩，草原综合植被盖度 79.1%。湿地保护率 57.77%，林草生态持续向好。据测算，云南省生态系统生产总值（GEP）为 3.78 万亿元，接近本省 GDP 的 3 倍，远超全国平均值 1.01，排在全国第五位。2022 年，习近平总书记在参加首都义务植树活动时指出，森林是水库、钱库、粮库，现在应该再加上一个"碳库"。相关研究显示 2022 年云南森林固碳储量接近 5.8 亿吨（徐洪振等，2019）。可见，森林资源丰富的云南在减缓气候变化、增加碳汇方面具有显著优势。同时，云南作为国家第一批五省八市低碳试点省市之一，早在 2012 年便开展林业碳汇交易，具有丰富碳市场建设经验。随着碳排放约束趋紧，林业碳汇越来越具备经济价值乃至战略价值，将成为云南发展资源经济重要的组成部分，也将成为云南产业招商、加快发展的重要资本。林业碳汇是促进云南生态环境和森林资源转化为经济效益的重要抓手，助力碳中和目标提前实现。

（四）培育绿色生态产业，促进社会发展的新旧动能转换

云南根据国家相关文件精神，制定出台《云南省建立健全生态产品价值实现机制实施方案》，并围绕九大高原湖泊流域印发《云南省九大高原湖泊流域生态产品价值核算工作方案》，牢固树立和践行绿水青山就是金山银山的理念，紧紧围绕全国生态文明建设排头兵战略目标，坚持试点先行、循序渐进，统筹推进九大高原湖泊流域生态产品价值核算，通过给绿水青山"定价"，算准"生态账"，定好"生态价"，为九大高原湖泊流域高水平保护和高质量发展提供评价依据，为建立健全全省生态产品价值实现机制提供有力支撑。同时，通过建立生态环境保护者受益、使用者付费、破坏者赔偿的利益导向机制，健全生态产品价值实现机制，将生态产品所具有的生态价值、经济价值和社会价值，通过生态保护补偿、市场经营开发等手段体现出来，从源头上推动生态环境领域国家治理体系和治理能力现代化。在此基础上，调动生态产品生产者的积极性，合理分配生态产品生产者、投资者和受益者的权益，为生态产品价值实现打牢基础。云南充分发挥生态禀赋优势，通过加快碳定价机制构建，完善碳市场建设，

发展生态旅游、生态康养、绿色食品等生态产业，助力地区生态优势向经济优势转化，加快经济及社会发展新旧动能转化，推动区域协调发展，夯实共同富裕的区域平衡发展基础，助力碳中和目标提前实现。

二 《云南省碳达峰实施方案》的解读

云南响应国家"双碳"战略，于2022年先后印发《云南省碳达峰实施方案》《中共云南省委、云南省人民政府关于完整准确全面贯彻新发展理念做好碳达峰碳中和工作的实施意见》，明确提出碳达峰碳中和工作分三步走。到2025年，绿色低碳循环发展的经济体系初步形成，清洁低碳安全高效的能源体系初步建立，单位地区生产总值能耗和二氧化碳排放完成国家下达目标，非化石能源消费比重不断提高，全省风电、太阳能发电总装机容量大幅提升。到2030年，经济社会发展全面绿色低碳转型取得显著成效，绿色能源强省建设取得显著成效。单位地区生产总值能耗大幅下降，单位地区生产总值二氧化碳排放持续下降，非化石能源消费比重和风电、太阳能发电总装机容量持续提高。到2060年，绿色低碳循环发展的经济体系和清洁低碳安全高效的能源体系全面建立，非化石能源消费比重大幅提升，碳中和目标顺利实现，生态文明建设取得丰硕成果。具体而言，相关文件主要聚焦于绿色产业、清洁能源、低碳交通、城乡建设、科技研发等方面。

第一，全面构建绿色低碳现代化产业体系。一是通过推动产业优化升级、低碳工艺革新、数字化转型、能源系统清洁化更迭，以及循环经济构建、绿色零碳园区建设等，共同推动传统产业绿色低碳转型。二是通过培育壮大新材料、生物医药、新一代信息技术、高端装备制造、新能源、节能环保等战略性新兴产业，建设绿色制造体系和服务体系，提高绿色低碳产业在经济总量中的比重，将昆明、玉溪、楚雄等建设成为信息技术、新材料、生物产业集聚区。三是严格落实产业结构调整要求，坚决淘汰退出落后、低端低效产能，加强产能过剩分析预警。做好产业布局、结构调整、节能审查、环评审查与碳排放管理的衔接，严把新上项目的能耗关和碳排放关。积极推动能耗"双控"向碳排放总量和强度"双控"转变，坚决遏制高耗能高排放低水平项目盲目发展。

第二,加快构建清洁低碳安全高效能源体系。一是坚持节能优先的能源发展战略,持续深化重点领域节能,加快实施节能降碳改造升级,不断提高重点耗能行业能源利用效率。完善能源管理体系,强化重点用能单位能耗在线监测系统应用。加快碳排放管理平台建设,从而大幅提升能源利用效率。二是把大力发展可再生能源、新能源和清洁能源放在更加突出的位置。建设国家清洁能源基地,加快金沙江、澜沧江等水电开发,加强中小水电有序规范管理,加快发展有规模有效益的风能、太阳能、生物质能、地热能等新能源。三是坚持先立后破,强化风险管控,确保能源安全稳定供应。面对极端气候常态化对清洁能源生产带来的风险,需要积极推动煤电向基础保障性和系统调节性电源转型,保障煤炭供应安全。

第三,推动形成绿色低碳交通运输方式。一是加快发展以铁路、水路为骨干的多式联运,持续提升铁路和水路承运比重,减少重载柴油货车在大宗货物中长距离运输中的比重,加大铁路专用线路建设力度,提高铁路路网密度和复线率,调整优化交通运输结构。二是推进新能源和清洁能源车船规模化发展,提高公共领域新能源车辆比重,推行大容量电气化公共交通和电动、先进生物液体燃料、天然气等清洁能源交通工具。完善充换电、加气(LNG)站点布局及服务设施,构建便利高效、适度超前的充换电网络体系。三是强化"轨道+公交+慢行"网络融合发展,加快推进城市轨道交通、快速公交系统等大容量公共交通基础设施建设,开展绿色出行倡导行动,改善绿色出行环境,提高城市绿色出行比例和品质。

第四,系统提升城乡建设绿色发展质量。一是在国土空间规划、城乡建设和运行管理各环节全面落实绿色低碳要求,优化城乡空间布局,实施工程建设全过程绿色建造。提升城乡人居环境,推进绿色社区建设,推进城乡建设和管理模式绿色低碳转型。二是推进既有居住建筑节能改造,推行建筑能效测评标识,开展建筑领域低碳发展绩效评估。全面推广绿色低碳建材,推动建筑材料循环利用,大力发展绿色低碳建筑。三是深入推进建筑领域可再生能源规模化应用,充分利用建筑本体及周边空间,推进建筑太阳能光伏光热应用,因地制宜推动生物质能、地热能等可再生能源应用和热泵等新技术利用,优化建筑用能结构。

第五,持续加强绿色低碳科技攻关和应用。一是依托科研院校,推动支撑"双碳"目标的科技创新平台建设,提升新型储能材料、智能电网和碳捕集利用与封存技术等低碳零碳负碳领域基础研究水平和攻关能力，强化绿色技术供给。加强气候变化对生物多样性影响、绿色能源开发利用气候风险监测评估、生态系统碳汇监测评估等基础理论及方法研究，加强基础研究和前沿技术攻关。二是推动建立绿色低碳技术评估和交易平台，促进技术成果转化和产业化应用。加快高效节能电机、余热余压利用、大型光伏和风力发电机组等适用技术的规模化应用，支持人工智能、虚拟现实、量子通信、区块链等技术的创新应用。加强农业领域低碳生产技术和农机设备推广应用，加快先进适用技术推广应用。

总体而言，以习近平新时代中国特色社会主义思想为指导，全面贯彻党的二十大精神，深入贯彻习近平生态文明思想，贯彻落实习近平总书记关于"双碳"工作的重要论述和考察云南重要讲话精神，把"双碳"工作纳入生态文明建设整体布局和经济社会发展全局，立足新发展阶段，完整、准确、全面贯彻新发展理念，服务和融入新发展格局，强化系统观念，落实"全国统筹、节约优先、双轮驱动、内外畅通、防范风险"工作原则，处理好发展和减排、整体和局部、长期目标和短期目标、政府和市场的关系，坚定不移走生态优先、绿色低碳的高质量发展道路，以经济社会发展全面绿色转型为引领，以能源绿色低碳发展为关键，以科技创新为动力，加快形成节约资源和保护环境的产业结构、生产方式、生活方式、空间格局。

三　云南生态系统建设与碳达峰工作间的有机衔接

党的二十大报告指出，"中国式现代化是人与自然和谐共生的现代化"，明确了我国新时代生态文明建设的战略任务。云南只有站在人与自然和谐共生的高度谋划发展，加快发展方式绿色转型，深入推进环境污染防治，提升生态系统多样性、稳定性、持续性，协同推进降碳、减污、扩绿、增长，将生态系统建设与碳达峰工作有机衔接，才能超越绿色工业文明的思维模式，打造生态文明发展新范式。

（一）云南兼顾生态系统建设与碳达峰工作的内涵阐释

云南充分发挥生态禀赋优势，协同推进降碳、减污、扩绿、增长，在生态文明发展范式下重构人与自然的关系，坚持将"协同"作为生态文明建设的根本方法论，其本质内涵体现在如下三个方面。

第一，降碳是引领资源节约与污染减排的核心关键。人类生产生活引致的碳排放与污染物排放，因根源相同、过程关联而高度相关，两者的减排和治理路径也高度协同。因此，将降碳作为深入打好污染防治攻坚战的"牛鼻子"与资源节约战略的主要抓手，具有扎实的科学基础与现实条件。只有加快构建降碳减污协同制度体系，提升降碳、减污、资源节约政策的协同效应，并重视优化能源消费结构、降低碳排放强度、促进技术进步等工作，才能不断增强降碳对资源节约与污染物减排的引领作用。

第二，降碳减污与扩绿是提升人与自然和谐共生能力的重要途径。降碳减污强调基于制度、法规等指令性方式减少人类对生态系统的过度或不合理占用，降低污染物排放绝对增量。而扩绿则不仅强调基于宏观大尺度的国土空间规划，统筹山水林田湖草沙，改善修复生态环境，扩大"自然绿色"的质量与面积，从而增强生态系统自净能力，也强调基于政府财政与市场机制等诱致性激励方式，构建完善生态产品价值实现机制，增强民众参与生态产业发展的内生动力，扩大"产业绿色"规模。

第三，协同推进环境保护与经济发展目标是构建环境友好型社会的根本方法。生态文明建设以经济高质量发展为目标导向，其归根结底是发展问题，也是环境问题，更是民生问题。降碳减污与扩绿是增长的一体两翼，无论是降碳减污，还是自然资源利用和保护，都要落脚到高质量绿色发展这一核心目标上来。绿色发展并不排斥经济增长，而是扬弃传统经济增长模式，始终坚持以人民为中心，杜绝"一刀切"式执法、"运动式"减碳等政策扭曲行为。只有通过培育清洁发展方式和绿色生活方式，才能兼顾环境保护目标与经济发展目标。

（二）云南"双碳"战略下的生态系统建设任务

云南坚持将国家所需和云南贡献相结合，先立后破、通盘谋划、持续发力推动碳达峰，加快形成节约资源和保护环境的产业结构、生产方式、生活方式、空间格局，把碳达峰碳中和工作纳入生态文明建设整体布局和经济社会发展全局，努力走出一条生态优先、绿色低碳的高质量发展道路。《中共云南省委、云南省人民政府关于完整准确全面贯彻新发展理念做好碳达峰碳中和工作的实施意见》明确提出，至2025年，城乡扩绿增汇取得显著成效，森林蓄积量稳步提升。到2030年，城乡扩绿增汇水平走在全国前列，森林蓄积量明显提升。至2060年，城乡扩绿增汇领先全国，助力碳中和目标顺利实现。统筹推进山水林田湖草沙一体化保护和修复，开展全域绿化，巩固提升碳汇增量，做好碳汇交易项目储备。

第一，着力促进生态系统扩绿提质增汇。一是巩固生态系统碳汇能力。建设"绿美云南"，持续开展大规模国土绿化，稳步扩大森林面积，持续提高绿地覆盖率、森林覆盖率。强化森林经营，精准提升森林质量，增加森林蓄积量，建设好森林"碳库"。统筹推进山水林田湖草沙一体化保护和修复，实施重要生态系统保护和修复重大工程，加强赤水河流域和高黎贡山生态保护治理。稳定草原、湿地、土壤、冻土、岩溶等固碳能力。做好农业固碳增汇工作。二是提升碳汇低质区碳汇增量。科学绿化金沙江、红河、澜沧江、怒江、南盘江等流域干热河谷，增加河谷植被固碳能力。应用"光伏+生态修复"等模式，提升干热河谷、石漠化地区、废弃矿山等碳汇洼地固碳潜力。加强石漠化地区综合治理，通过保护和恢复植被，提高石漠化地区的林草碳汇。开展废弃矿山生态修复，着力提升生态系统质量和碳汇能力。三是协同推进生物多样性保护和碳汇发展。优化生物多样性保护空间网络，完善生物多样性保护机制，遏制生物多样性下降趋势，守住自然生态安全边界，提高生物多样性保护和管理水平，巩固本省重要的生物多样性宝库优势，实现生物多样性保护与碳汇发展协同增效。

第二，提高绿色低碳发展水平。一是建立健全法规标准和统计监测体系。全面清理修订不适应"双碳"工作要求的地方性法规、政府规章和政策文件。制定统一规范的碳排放核算方案。利用遥感卫星等先进技术，构建天地一体化的长期高精度温室气体监测网，开展森林、草原、湿地、土壤等碳汇本底调查和碳储量监测评估，实施生态保护修复碳汇成效监测评估。建立健全"双碳"标准计量体系和绿色产品认证体系。二是推动市场化机制建设。积极参与全国碳排放权交易，开展碳排放权交易资源储备。建立碳积分、碳账户等碳普惠机制，推动形成具有云南特点的碳汇开发管理运作体系。加强企业、金融机构等碳排放报告和信息披露。深化绿色用电凭证模式，推进绿色电力交易市场发展。开展用能权有偿使用和交易。发展市场化节能方式，推行合同能源管理，推广节能低碳综合服务。三是探索建立生态产品价值转化机制。充分发挥云南绿色能源资源优势，加快构建绿水青山转化为金山银山的政策制度体系，建立生态产品价值评估核算机制、生态环境保护利益导向机制，推进生态产品质量认证标准体系建设，不断增强优质生态产品供给能力，努力将生态资源优势转化为经济发展优势。

四 云南承接高载能产业转移面临的机遇与挑战

"双碳"目标下，碳减排面临着"三高一短"的压力，即高碳能源结构、高碳产业结构、中高速发展伴随着的工业化和城镇化，从实现碳达峰到实现碳中和时间间隔短。由于东西部产业梯度明显以及西部清洁能源基础良好，国家较早便布局东中西部产业梯度转移。在"双碳"目标要求下，我国对高载能产业转移也提出了更高的要求。2022年工业和信息化部、国家发改委等十部门联合发布《关于促进制造业有序转移的指导意见》，明确提出要引导产业合理有序转移，在满足产业、能源、碳排放等政策的条件下，支持符合生态环境分区管控要求和环保、能效、安全生产等标准要求的高载能行业向西部清洁能源优势地区集聚。云南依托劳动力、资源等成本优势，有序推动高耗能产业梯度转移，通过解决能源跨区域消纳难题，促进更多可再生能源的规模发展，为全国碳减排做出重要贡献。但随着气候风险不断增大、市场竞争力不断增强、可再生能源相关技术尚不成熟，云南承接高载能产业转移仍面临诸多风险挑战。

（一）云南承接高载能产业转移面临的战略机遇

推进新时代西部大开发，形成区域协调发展新格局的重点工作之一，就是助推西部地区形成现代化产业体系。助推西部地区形成现代化产业体系既需要立足实际、因地制宜，培育和发展当地特色资源型产业，更需要立足当前国际产业分工布局的形势和要求，积极承接东部地区的产业转移。

云南作为西部清洁能源富集地区，其建设现代化产业体系，本质上是发挥本地区清洁能源优势，承接高载能产业，优化能源供需空间分布，提升用能效率，从而平衡减排和发展的关系。因此，云南建设现代化产业体系与产业有序迁移调整政策密切相关。加之东部地区和西部地区之间存在显著的产业梯度，二者之间存在产业转移的现实基础。并且随着风电、太阳能和水力发电具备平价上网的条件，云南承接和吸纳产业转移的能源优势逐步显现。相关政策也主要聚焦于西部清洁能源地区如何有序承接东部高载能产业并加快建设现代化产业体系等问题。

长期以来，东部产业向中西部地区转移受到国家高度重视，是优化经济结构、稳定增长、平衡区域发展、充分挖掘经济发展潜力的重要措施。2010年，国务院印发《关于中西部地区承接产业转移的指导意见》，鼓励中西部地区依托劳动力、资源等优势有序承接产业转移。党的十八大后，在生态文明建设的指引下，已将节能降耗、应对气候变化等生态保护要求纳入到东部产业有序西迁的相关政策之中，西部清洁能源地区建设现代化产业体系也被赋予了全面建设人与自然和谐共生的现代化的新内涵。2016年，国家能源局印发《2016年能源工作指导意见》，明确提出东中部地区加快高耗能产业转移，支持西部地区实施高耗能产业布局优化工程，提高能源就地消纳比例，降低对远距离能源输送的依赖。可见，这些政策主要基于生产经济的角度，只是对能源生产消费空间布局进行优化，并未对产业本身节能降耗控排提出更多的要求。

2020年"双碳"目标提出后，次年中共中央、国务院相继发布《关于完整准确全面贯彻新发展理念做好碳达峰碳中和工作的意见》《2030年前碳达峰行动方案》，基本建立碳达峰碳中和"1+N"政策体系，并对工业领域碳达峰提出诸多要求，如推动工业领域绿色低碳发展，坚决遏制"两高"项目盲目发展；巩固化解电解铝过剩产能成果，严格执行产能置换，严控新增产能等。在"双碳"目标要求下，相关部门也相应提高西部地区有序承接东部地区产业的环保门槛，《关于促进制造业有序转移的指导意见》明确提出要引导产业合理有序转移，在满足产业、能源、碳排放等政策的条件下，支持符合生态环境分区管控要求和环保、能效、安全生产等标准要求的高载能行业向西部清洁能源优势地区集聚。支持资源型地区发展接续产业和替代产业，促进资源型地区转型升级。可见，目前东部地区产业有序西迁相关政策，不再仅考虑生产经济的要求，也积极响应国家的可持续发展宏观战略，将生态环境保护要求作为上位原则，要求提升节能降耗水平，控制产能过剩，平衡减排责任与发展任务的关系，为经济高质量发展指明方向。

在相关政策指导下,推动西部清洁能源地区有序承接高载能产业并加快建设现代化产业体系,无论是对经济社会发展,还是对应对气候变化均具有重要的战略意义。在资源环境允许条件下,有序推动高载能产业向西部地区集聚,促进能源与产业的协同发展,优化能源供需空间布局,实现新能源就地消纳,既可以避免能源供需错配导致的弃风弃光现象,也可以避免长距离输电造成的资源损耗,有助于破解电力跨区域消纳的现实难题。同时,促进更多可再生能源的规模化发展,为全国碳减排做出重要贡献,从而显著减缓气候变化。对于云南自身发展而言,更应抓住"双碳"机遇,积极优化营商环境,推进新能源基地建设,提升承接高耗能产业转移的软环境和硬实力,将新能源优势转化为区域发展优势,促进东西部能源合作,开辟共同富裕的新局面。

(二)云南承接高载能产业转移面临的风险挑战

近年来,云南以承接东部高载能产业转移为契机,积极采取一系列有效措施,推动现代产业体系建设,取得了显著成效。引进了一批新兴产业的头部企业,初步规划了一批千百亿级重点支柱产业。然而,云南现代化产业体系建设处于起步探索阶段,仍面临诸多风险挑战,亟须通过强链补链,增强经济体系韧性。

第一,产业发展对传统工业发展路径依赖性较强,新兴产业链条尚不完整。首先,支柱型传统产业优势重塑的内生动力不足。现阶段,云南产业发展仍主要依托丰富的矿产资源,对长期形成的传统重化工业发展路径存在较强依赖。囿于传统工业"小散低"的特征,传统产业转型升级的内生动力不足。其次,特色新兴产业的链条有待完善。云南虽然在新能源电池、绿色硅光伏、绿色铝精深加工等产业集群培育方面取得突破性进展,但新兴产业链条集中于原材料生产供给环节,呈现低附加值、低技术水平、高污染排放、高耗能等特征。新兴产业链条尚不完整,品牌建设水平较低、溢价能力较弱,阻碍资源优势向制造优势再向区域发展优势的转化。

第二,国内外碳排放制度约束增强,高载能高排放产业发展要未雨绸缪。首先,国内产业发展碳排放制度约束趋紧。《2030年前碳达峰行动方案》明确要求坚决遏制"两高"项目盲目发展,并提出提高钢铁行业集中度，严控电解铝行业、炼油、传统煤化新增产能。对能效水平低于本行业能耗限额准入值的在建项目按有关规定停工整改。对产能已饱和的行业拟建项目，按照"减量替代"原则压减产能。对产能尚未饱和的行业拟建项目，按照国家布局和审批备案等要求，对标国际先进水平提高准入门槛。对能耗量较大的新兴产业，支持引导企业应用绿色低碳技术，提高能效水平。其次，国际贸易的碳排放约束机制逐渐形成。欧盟碳关税预计2027年正式实施，高碳排放产品的竞争力将受到较大影响。虽然云南电网清洁度较高，对自身产业发展碳排放的约束有一定程度的松绑，但产业布局不得不考虑碳排放制度约束，避免资产因政策规制而闲置。

第三，高载能产业用能快速增长，电力资源较为紧张。首先，能源供应整体形势较为紧张。虽然云南电力资源丰富且清洁度较高，但在"西电东送"的战略要求下，云南近一半的年发电量需要输送至广东、广西等地，加之云南生产生活领域对电力需求激增，电力供应整体形势较为紧张。因此，云南产业发展不仅要考虑减污问题，也要将能耗控制纳入产业规划当中，避免产业布局超出能源供给承载能力，危及地区能源安全。其次，高载能产业用能优化空间较大。清洁能源不是廉价可无限供给的资源，风光水能的生产也要考虑生态的制约。此外，云南工业用能电气化水平和产业能效都还有较大提升空间。最后，不能忽视极端气候常态化对高载能产业西迁可能产生的负面影响。近期清洁能源富集区缺电现象应引发对极端气候常态化下高载能产业向清洁能源优势地区集聚政策的再思考。清洁可再生能源对气候环境依赖性较强，在极端气候环境下其生产过程难以持续，加之高载能产业向清洁能源优势地区集聚必然会再度提升本地区能源安全的风险系数，区域经济平稳发展也将面临严峻挑战。

第四，生产投入要素质量较低，物流成本较高。首先，交通运输基础设施建设难度较大。云南地处云贵高原中部，地形以高原山地为主，交通运输基础设施建设难度较大，物流成本较高。其次，生产投入要素质量较低。云南对优秀高端人才、高技术资本吸引能力较弱，人力资本、固定资产等生产要素质量较低。当地技术研发人员较为缺乏，无法及时解决生产过程中遇到的技术问题，阻碍产业链延伸与升级。云南新兴产业处于起步探索阶段，面对技术的不断变革，相关产业长期保持领先地位仍面临严峻挑战。

五 政策建议

云南应充分发挥良好生态禀赋对全国碳达峰工作的支撑作用,既要脚踏实地,着眼当下社会发展现实诉求,大力发展生产力,也要仰望星空,打破发展思维定式,用动态眼光谋划长远发展,探索现代化产业体系建设新路径。

第一,重视生态系统扩绿提质增汇,促进生态系统建设与碳达峰工作有机衔接。以习近平生态文明思想和习近平经济思想作为根本遵循,探索生态文明发展范式,将系统观念纳入降碳减污扩绿增长的全过程,并处理好经济发展与环境保护、局部与整体、长期目标与短期目标、政府与市场的关系。同时,对标党的二十大"降碳、减污、扩绿、增长"协同要求精神,对现有各类规划和政策进行全面评估,跳出狭隘的部门思维和传统发展理念,站在"人与自然和谐共生"的高度规划部署,使得经济社会发展与生态文明建设相辅相成。科学推动国土生态空间规划,重视开展生态保护修复,持续开展大规模国土绿化,稳步扩大森林面积,巩固生态系统碳汇能力,着力促进生态系统扩绿提质增汇,充分发挥良好生态禀赋对全国碳达峰行动的支撑作用。

第二,贯彻新发展理念,保持生态文明战略定力。云南在新发展阶段,需要贯彻新发展理念,大力构建新发展格局,保持生态文明战略定力。以加强生态环境保护倒逼产业结构调整和发展方式转变,提升生产用能端电气化水平,优化生产工艺,减少污染物的生成与排放。逐步建设集聚发展、互为支撑的循环工业体系,加强资源综合利用,推进生产废弃物协同处置。以生态优先发展为引领,着力建设绿色低碳循环发展的现代化产业体系,严格落实"三线一单"等环保政策,避免破坏生态经济发展的优良本底。

第三,服务国家发展整体布局,推动经济高质量发展。云南在利用清洁能源优势承接东部地区产业转移过程中,要提升新增产业节能低碳的准入门槛。基于国家的宏观战略定位,结合自身客观发展条件,评估产业链条延伸的潜力,把握未来重点产业发展方向。大力发展关乎国家安全战略、国内市场紧缺、产业链条延伸潜力较大的产业,提升其附加值,并推动产业升级与清洁发展。提升焦化产品精深加工水平，支持磷化工产业绿色转型，建设全省现代煤化工和磷化工-新能源电池一体化基地，将煤炭用于发展调峰保供的火电产业。

第四，多措并举延链补链强链，提升现代化产业体系建设水平。云南应保持持久向好的营商环境和政策，重视技术型人才引进，鼓励技术导向型产业投资。围绕头部企业或供应链打造产业集群，多措并举延链补链强链。引导产业链由技术水平低、污染程度高、附加值低的中间原材料生产供给环节向技术水平高、环保节能标准高、附加值高的终端商品生产销售环节转变。注重品牌战略建设，加强营销售后体系建设，不断拓展产业集群规模，延伸补齐产业链条，提升现代化产业体系建设水平。布局建设连片光伏发电项目，建设多能互补的综合能源网，推动经济发展动力系统清洁化、高效化转型，促进资源优势向制造优势再向区域经济发展优势转化。

第五，加快产业配套体系建设，提升承接产业转移的硬实力。云南既要充分利用国家西部大开发的相关政策，又要提升对外开放水平，引进多元投资主体，推进机场、铁路、高速公路、电力等基础设施的规划建设，提高基础设施的便利化水平，提升产业发展的支撑能力。不断提升已有政策的可持续性与吸引力，并针对先进制造业中心建设制定一系列具有针对性的人才引进新政策。高品质建设宜居宜业城市，提升城市吸引人才的内在魅力，建立健全多元化科技人才柔性引进机制。

第六，解放思想勇于探索，用动态发展的眼光看待生态大健康产业。云南既要通过能源结构调整与技术进步等途径发展现代工业，促使经济发展摆脱对矿产资源的强依赖，也要跳出传统工业文明发展思维定式，大力发展新业态、新技术、新产品、新模式。勇于抢抓机遇，"无中生有"地创造特色产业。同时，解放思想，紧扣珠江源头，打造生态品牌优势，充分认识生态经济发展潜力，保护和维系良好的生态本底。以动态发展的眼光看待生态大健康产业，结合地区民俗特色、工业特色、农业特色，推动三产融合，深度挖掘医疗康养、旅居养老、休闲养生、保健食品等生态大健康产业发展潜力。

参考文献

蔡昉，2021，《生产率、新动能与制造业——中国经济如何提高资源重新配置效率》，《中国工业经济》第5期。

蔡昉、都阳、王美艳，2008，《经济发展方式转变与节能减排内在动力》，《经济研究》第6期。

曹静、白重恩，2021，《有序实现能耗"双控"向碳排放总量和强度"双控"转变》，《光明日报》12月28日。

曹英、吴晖，2022，《为能源安全贡献山西力量》，《中国经济时报》11月15日。

柴麒敏，2022，《复杂新形势下全球碳中和与新能源革命刍议》，《阅江学刊》第4期。

柴麒敏、傅莎、郑晓奇等，2017，《中国重点部门和行业碳排放总量控制目标及政策研究》，《中国人口·资源与环境》第12期。

巢清尘，2021，《"碳达峰和碳中和"的科学内涵及我国的政策措施》，《环境与可持续发展》第2期。

陈俊琦，2019，《争当能源革命排头兵，开创转型发展新局面 庆祝新中国成立70周年山西专场新闻发布会在京举行 骆惠宁作主题发布并回答提问 楼阳生回答有关提问》，《前进》第10期。

陈楠、庄贵阳，2018，《中国低碳试点城市成效评估》，《城市发展研究》第10期。

陈迎，2022，《碳中和概念再辨析》，《中国人口·资源与环境》第4期。

陈迎主编，2023，《"双碳"目标与绿色低碳发展十四讲》，人民日报出版社。

陈迎、巢清尘等编著，2021，《碳达峰、碳中和100问》，人民日报出版社。

邓丽君，2021，《碳中和绿色转型、绿色投资与生态环境质量》，《统计与决策》第18期。

邓旭、谢俊、滕飞，2021，《何谓"碳中和"?》，《气候变化研究进展》第1期。

《第二次气候变化国家评估报告》编写委员会，2011，《第二次气候变化国家评估报告》，科学出版社，第12页。

丁丁、蔡蒙、付琳等，2015，《基于指标体系的低碳试点城市评价》，《中国人口·资源与环境》第10期。

丁仲礼，2022，《深入理解碳中和的基本逻辑和技术需求》，《党委中心组学习》第4期。

丁仲礼、段晓男、葛全胜、张志强，2009，《国际温室气体减排方案评估及中国长期排放权讨论》，《中国科学（D辑：地球科学）》第12期。

董一凡，2020，《试析欧盟绿色新政》，《现代国际关系》第9期。

杜祥琬，2013，《气候变化问题的深度：应对气候变化与转型发展》，《中国人口·资源与环境》第9期。

杜祥琬，2021，《试论碳达峰与碳中和》，《人民论坛·学术前沿》第14期。

杜祥琬、冯丽妃，2020，《碳达峰与碳中和引领能源革命》，《中国科学报》12月22日。

范旭强、吴谋远、陈嘉茹等，2021，《美国得州停电事件对我国能源安全的启示》，《国际石油经济》第3期。

方精云，2021，《碳中和的生态学透视》，《植物生态学报》第11期。

冯璐璐、王嘉雯，2022，《"绿色复苏"：中国倡议的理论逻辑与现实抉择》，《中国青年报》9月6日。

凤振华、王雪成、张海颖等，2019，《低碳视角下绿色交通发展路径与政策研究》，《交通运输研究》第4期。

符淙斌、叶笃正，1995，《全球变化和我国未来的生存环境》，《大气科学》第1期。

高世楫、俞敏，2021，《中国提出"双碳"目标的历史背景、重大意义和变革路径》，《新经济导刊》第 2 期。

高玉冰、毛显强、Gabriel Corsetti 等，2014，《城市交通大气污染物与温室气体协同控制效应评价——以乌鲁木齐市为例》，《中国环境科学》第 11 期。

高媛、宁佳钧，2023，《建设新型能源体系的思考建议》，《中国国情国力》第 1 期。

葛杨，2021，《碳税制度的国际实践及启示》，《金融纵横》第 4 期。

耿静、任丙南、吕永龙等，2016，《海南省淘汰落后产能政策的污染物协同减排效应评价》，《环境科学》第 6 期。

谷树忠、杨艳、李维明等，2020，《关于"两山"及其转化模式与工具的辨析》，《环境与可持续发展》第 6 期。

郭芳、王灿、张诗卉，2021，《中国城市碳达峰趋势的聚类分析》，《中国环境管理》第 1 期。

郭胜伟、门秀杰、孙海萍等，2022，《中国绿电、绿证及 CCER 政策现状及趋势比较研究》，《中国能源》第 3 期。

郭士伊、刘文强、赵卫东，2021，《调整产业结构降低碳排放强度的国际比较及经验启示》，《中国工程科学》第 6 期。

郭树华、毕福芳、张俊杰、齐振坤，2022，《"双碳"目标下企业绿色债券发行利率影响因素研究》，《价格理论与实践》第 8 期。

郭伟、唐进、刘俊杰，2022，《全国碳市场排放数据造假主要诱因分析》，《能源》第 5 期。

郭文勇、蔡富裕、赵闯等，2019，《超导储能技术在可再生能源中的应用与展望》，《电力系统自动化》第 8 期。

郭希宇，2022，《绿色金融助推低碳经济转型的影响机制与实证检验》，《南方金融》第 1 期。

韩梦瑶、刘卫东、谢漪甜、姜宛贝，2021，《中国省域碳排放的区域差异及脱钩趋势演变》，《资源科学》第 4 期。

韩耀杰、张雪艳、马欣等，2019，《地质封存 CO_2 泄漏对玉米根系形态的影响》，《生态学报》第 20 期。

韩永文，2022，《贯彻落实好党中央的决策部署 进一步筑牢经济回升向好基础》，《债券》第 9 期。

何建坤，2018，《新时代应对气候变化和低碳发展 长期战略的新思考》，《武汉大学学报》（哲学社会科学版）第 4 期。

何建坤、滕飞、齐晔，2014，《新气候经济学的研究任务和方向探讨》，《中国人口·资源与环境》第 8 期。

何立峰，2021，《完整准确全面贯彻新发展理念 扎实做好碳达峰碳中和工作》，《人民日报》10 月 25 日。

〔德〕赫尔曼·哈肯，1989，《高等协同学》，郭治安译，科学出版社。

〔德〕赫尔曼·哈肯，2005，《协同学：大自然构成的奥秘》，凌复华译，上海译文出版社。

洪大用，2012，《经济增长、环境保护与生态现代化——以环境社会学为视角》，《中国社会科学》第 9 期。

洪竞科、李沅潮、蔡伟光，2021，《多情景视角下的中国碳达峰路径模拟——基于 RICE-LEAP 模型》，《资源科学》第 4 期。

胡鞍钢，2021，《中国实现 2030 年前碳达峰目标及主要途径》，《北京工业大学学报》（社会科学版）第 3 期。

胡健、乔栋，2023，《山西加快推动能源产业高质量发展》，《人民日报》2 月 5 日。

胡久凯、王艺明，2022，《地方政府竞争模式转变与碳排放绩效——来自地级市政府工作报告的经验证据》，《经济学家》第 6 期。

胡玉凤、丁友强，2020，《碳排放权交易机制能否兼顾企业效益与绿色效率？》，《中国人口·资源与环境》第 3 期。

郇庆治，2016，《"碳政治"的生态帝国主义逻辑批判及其超越》，《中国社会科学》第 3 期。

郇庆治，2022，《论习近平生态文明思想的马克思主义生态学基础》，《武汉大学学报》（哲学社会科学版）第 4 期。

黄承梁、杨开忠、高世楫，2022，《党的百年生态文明建设基本历程及其人民观》，《管理世界》第 5 期。

黄茂兴、叶琪，2017，《马克思主义绿色发展观与当代中国的绿色发展——兼评环境与发展不相容论》，《经济研究》第 6 期。

黄晓慧、聂凤英，2023，《数字化驱动农户农业绿色低碳转型的机制研究》，《西北农林科技大学学报》（社会科学版）第 1 期。

基础四国专家组，2012，《公平获取可持续发展：关于应对气候变化科学认知的报告》，知识产权出版社。

江润洲、邱晓燕、陈光堂，2015，《风电场混合储能系统优化配置方法》，《电力系统及其自动化学报》第1期。

姜长云，2022，《保持经济运行在合理区间》，《经济日报》5月26日。

姜华、高健、阳平坚，2021，《推动减污降碳协同增效 建设人与自然和谐共生的美丽中国》，《环境保护》第16期。

姜晶晶，2022，《绿色低碳转型对宏观经济的冲击与中央银行政策应对——理论研究进展及评析》，《南方金融》第12期。

姜克隽，2022，《在碳中和目标下以能源转型促进经济高质量发展》，《可持续发展经济导刊》第5期。

姜克隽、贺晨旻、庄幸等，2016，《我国能源活动CO_2排放在2020—2022年之间达到峰值情景和可行性研究》，《气候变化研究进展》第3期。

姜克隽、向翩翩、贺晨旻等，2021，《零碳电力对中国工业部门布局影响分析》，《全球能源互联网》第1期。

姜子英、潘自强、程建平等，2008，《我国煤电链与核电链的外部成本比较研究》，《中国原子能科学研究院年报》第1期。

蒋含颖、段祎然、张哲等，2021，《基于统计学的中国典型大城市CO_2排放达峰研究》，《气候变化研究进展》第2期。

蒋洪强、程曦，2020，《生态文明治理体系和治理能力现代化的几个核心问题研究》，《中国环境管理》第5期。

蒋俊霞、杨丽薇、李振朝等，2019，《风电场对气候环境的影响研究进展》，《地球科学进展》第10期。

金碚，2019，《试论经济学的域观范式——兼议经济学中国学派研究》，《管理世界》第2期。

荆文娜，2018，《煤炭去产能：保就业还需体现"公正转型"》，《中国经济导报》6月21日。

李汉卿，2014，《协同治理理论探析》，《理论月刊》第1期。

李继峰、郭焦锋、高世楫、顾阿伦，2020，《国家碳排放核算工作的现状、问题及挑战》，《发展研究》第6期。

李金铠、马静静、魏伟，2020，《中国八大综合经济区能源碳排放效率的区域差异研究》，《数量经济技术经济研究》第 6 期。

李丽旻，2020，《欧盟"绿氢"战略面临运输瓶颈》，《中国能源报》7 月 20 日，第 7 版。

李青青、苏颖、尚丽等，2018，《国际典型碳数据库对中国碳排放核算的对比分析》，《气候变化研究进展》第 3 期。

李少林、杨文彤，2022，《碳达峰、碳中和理论研究新进展与推进路径》，《东北财经大学学报》第 2 期。

李晓琼、董战峰、李晓亮，2022，《碳中和立法的国际经验与启示》，《环境污染与防治》第 2 期。

李媛媛、李丽平、姜欢欢等，2021，《碳达峰国家特征及对我国的启示》，《中国环境报》4 月 13 日。

栗战书，2012，《文明激励与制度规范——生态可持续发展理论与实践研究》，社会科学文献出版社，第 146 页。

梁红、魏科、马骄，2021，《我国西北大规模太阳能与风能发电场建设产生的可能气候效应》，《气候与环境研究》第 2 期。

林伯强、刘希颖，2010，《中国城市化阶段的碳排放：影响因素和减排策略》，《经济研究》第 8 期。

林伯强、王锋，2009，《能源价格上涨对中国一般价格水平的影响》，《经济研究》第 12 期。

林伯强、徐斌，2020，《研发投入、碳强度与区域二氧化碳排放》，《厦门大学学报》（哲学社会科学版）第 4 期。

刘明明，2022，《"双碳"目标下可再生能源发展规划实施的用地困境及其纾解》，《中国人口·资源与环境》第 12 期。

刘鹤，2020，《加快构建以国内大循环为主体、国内国际双循环相互促进的新发展格局》，《人民日报》11 月 25 日。

刘鹤，2022，《把实施扩大内需战略同深化供给侧结构性改革有机结合起来》，《人民日报》11 月 4 日。

刘季熠、张旖尘、张东雨等，2022，《欧盟减排〈责任分担条例〉修正案分析与启示》，《气候变化研究进展》第 6 期。

刘俊伶、孙一赫、王克等，2018，《中国交通部门中长期低碳发展路径研究》，《气候变化研究进展》第 5 期。

刘兰翠、曹东、王金南，2010，《碳捕获与封存技术潜在的环境影响及对策建议》，《气候变化研究进展》第4期。

刘敏，2018，《非正式制度视角下我国低碳消费发展探析》，《消费经济》第4期。

刘奇超、许维萱、沈涛，2021，《后疫情时代，全球碳定价机制将迎重要契机》，《中国财经报》2月2日。

路甬祥、牛文元、葛全胜主编，2007，《中国可持续发展总纲：中国气候资源与可持续发展》，科学出版社，第10、246页。

马翠梅、苏明山，2022，《加快建立统一规范的碳排放统计核算体系以高质量数据支撑"双碳"目标实现》，《中国环境监察》第9期。

马骏，2015，《论构建中国绿色金融体系》，《金融论坛》第5期。

马骏、程琳、沙孟维，2022，《〈G20可持续金融路线图〉如何影响全球可持续金融的走势》，《国际金融》第2期。

马丽，2018，《绿色金融发展的国际经验借鉴及发展路径》，《改革与战略》第2期。

毛涛，2022，《"双碳"目标下中国工业低碳转型研究》，《改革》第8期。

毛显强、邢有凯、胡涛等，2012，《中国电力行业硫、氮、碳协同减排的环境经济路径分析》，《中国环境科学》第4期。

毛显强、曾桉、胡涛等，2011，《技术减排措施协同控制效应评价研究》，《中国人口资源与环境》第12期。

毛显强、曾桉、刘胜强等，2012，《钢铁行业技术减排措施硫、氮、碳协同控制效应评价研究》，《环境科学学报》第5期。

毛显强、曾桉、邢有凯等，2021，《从理念到行动：温室气体与局地污染物减排的协同效益与协同控制研究综述》，《气候变化研究进展》第3期。

《欧洲各国积极推进"绿色复苏"》，《人民日报》2020年9月2日。

潘冬阳、陈川祺、Michael Grubb，2021，《金融政策与经济低碳转型——基于增长视角的研究》，《金融研究》第12期。

潘家华，2002，《人文发展分析的概念构架与经验数据——以对碳排放空间的需求为例》，《中国社会科学》第6期。

潘家华，2004，《低碳发展的社会经济与技术分析》，滕藤、郑玉歆主编，《可持续发展的理念、制度与政策》，社会科学文献出版社，第224页。

潘家华，2020，《压缩碳排放峰值 加速迈向净零碳》，《环境经济研究》第4期。

潘家华，2021，《中国碳中和的时间进程与战略路径》，《财经智库》第4期。

潘家华、陈迎，2009，《碳预算方案：一个公平、可持续的国际气候制度框架》，《中国社会科学》第5期。

潘家华、廖茂林、陈素梅，2021，《碳中和：中国能走多快?》，《改革》第7期。

潘开灵、白列湖、程奇，2007，《管理协同倍增效应的系统思考》，《系统科学学报》第1期。

庞明月、张力小、王长波，2015，《基于能值分析的我国小水电生态影响研究》，《生态学报》第8期。

彭国华，2005，《中国地区收入差距、全要素生产率及其收敛分析》，《经济研究》第9期。

蒲志仲、刘新卫、毛程丝，2015，《能源对中国工业化时期经济增长的贡献分析》，《数量经济技术经济研究》第10期。

齐晔、刘天乐、宋祺佼等，2020，《低碳城市试点"十四五"期间需助力碳排放达峰》，《环境保护》第5期。

气候债券倡议组织，2022，《中国绿色债券市场报告2021》。

《强化应对气候变化行动——中国国家自主贡献》，《人民日报》2015年7月1日。

秦艳、王东燕、杨美艳等，2021，《山西省"十四五"煤炭消费总量控制目标与对策研究》，《中国煤炭》第9期，第41~47页。

曲建升、陈伟、曾静静等，2022，《国际碳中和战略行动与科技布局分析及对我国的启示建议》，《中国科学院院刊》第4期。

全球能源互联网发展合作组织，2021，《中国2060年前碳中和研究报告》，中国电力出版社，第51页。

人民银行国际司课题组，2021，《为碳定价：碳税和碳排放权交易》，《第一财经日报》2月22日。

任亚运、傅京燕，2019，《碳交易的减排及绿色发展效应研究》，《中国人口·资源与环境》第5期。

邵帅、范美婷、杨莉莉，2022，《经济结构调整、绿色技术进步与中国低碳转型发展——基于总体技术前沿和空间溢出效应视角的经验考察》，《管理世界》第2期。

邵帅、张曦、赵兴荣，2017，《中国制造业碳排放的经验分解与达峰路径：广义迪氏指数分解和动态情景分析》，《中国工业经济》第3期。

单晨，2022，《促进绿色消费的国际经验》，《中国社会科学报》8月15日。

沈维萍、陈迎，2020，《气候行动之负排放技术：经济评估问题与中国应对建议》，《中国科技论坛》第11期。

史育龙、郭巍，2022，《高质量推进我国城镇化与碳达峰的国际经验镜鉴——基于OECD数据考察》，《生态经济》第4期。

舒印彪、张正陵、汤涌等，2024，《新型电力系统构建的若干基本问题》，《中国电机工程学报》第21期。

孙金山、李钢、汪勇，2021，《中国潜在增长率的估算：人力资本变化的视角》，《中国人口·资源与环境》第7期。

孙秋枫、年综潜，2022，《"双碳"愿景下的绿色金融实践与体系建设》，《福建师范大学学报》（哲学社会科学版）第1期。

孙彦红，2022，《内部市场竞争与国际市场竞争力何以兼得？——欧盟竞争政策与产业政策关系新趋势探析》，《德国研究》第4期。

谭崇台主编，2004，《发展经济学》，山西经济出版社。

唐影，2015，《垃圾焚烧发电过程污染物排放控制研究》，华北电力大学硕士学位论文。

王芳、朱绍岳，2022，《激发绿色低碳发展澎湃动能》，《天津日报》9月28日。

王刚，2022，《"双碳"目标下山西煤炭行业转型发展研究》，《能源与节能》第10期。

王洪臣，2017，《我国城镇污水处理行业碳减排路径及潜力》，《给水排水》第3期。

王建发，2020，《我国绿色金融发展现状与体系构建——基于可持续发展背景》,《技术经济与管理研究》第 5 期。

王金南、董战峰、秦颖等,2014,《中国的排污交易实践:探索与创新》,中国技术经济学会《第十一届中国技术管理(2014MOT)年会论文集》。

王军华,2000,《论金融业的"绿色革命"》,《生态经济》第 10 期。

王鹏、冯相昭、王敏等,2021,《我国省域碳排放特征识别及类型划分》,《环境与可持续发展》第 3 期。

王绍武、罗勇、赵宗慈等,2011,《全球气候变暖原因的争议》,《气候变化研究进展》第 2 期。

王首然、祝福恩,2022,《生态文明建设整体布局下实现"双碳"目标研究》,《理论探讨》第 3 期。

王文军、赵黛青、陈勇,2011,《我国低碳技术的现状、问题与发展模式研究》,《中国软科学》第 12 期。

王遥、张广逍,2021,《"双碳"愿景下的金融转型研究》,《环境保护》第 14 期。

王云霞,2022,《"双碳"背景下北京市公共建筑低碳化新场景研究及推进建议》,《节能与环保》第 8 期。

王展祥、叶宇平,2022,《"双碳"目标引领工业企业绿色转型发展的内在机理与实现路径》,《企业经济》第 12 期。

吴宜灿、王明煌、付雪微等,2018,《核能对全球变暖和人类健康影响初步研究》,《核科学与工程》第 3 期。

武汉大学国家发展战略研究院课题组,2022,《中国实施绿色低碳转型和实现碳中和目标的路径选择》,《中国软科学》第 10 期。

习近平,2007,《理论学习要有三种境界(二〇〇三年七月十三日)》,《之江新语》,浙江人民出版社。

习近平,2016,《从巴黎到杭州,应对气候变化在行动(2016 年 9 月 3 日)》,载中共中央文献研究室编《习近平关于社会主义生态文明建设论述摘编》,中央文献出版社。

习近平,2021,《正确认识和把握中长期经济社会发展重大问题》,《求是》第 2 期。

习近平,2021,《把握新发展阶段,贯彻新发展理念,构建新发展格局》,《求是》第 9 期。

习近平,2022,《努力建设人与自然和谐共生的现代化》,《求是》第 11 期。

夏勇、钟茂初,2016,《经济发展与环境污染脱钩理论及 EKC 假说的关系——兼论中国地级城市的脱钩划分》,《中国人口·资源与环境》第 10 期。

项目综合报告编写组,2020,《〈中国长期低碳发展战略与转型路径研究〉综合报告》,《中国人口·资源与环境》第 11 期。

肖智敏,2018,《国际商业银行发展绿色金融的经验与启示》,《甘肃金融》第 6 期。

谢海燕、程磊磊,2020,《生态文明绩效评价考核和责任追究制度改革进展分析及有关建议》,《中国经贸导刊》第 22 期。

信瑶瑶、唐珏岚,2021,《碳中和目标下的我国绿色金融：政策、实践与挑战》,《当代经济管理》第 10 期。

邢有凯、毛显强、冯相昭等,2020,《城市蓝天保卫战行动协同控制局地大气污染物和温室气体效果评估——以唐山市为例》,《中国环境管理》第 4 期。

熊广勤、石大千、李美娜,2020,《低碳城市试点对企业绿色技术创新的影响》,《科研管理》第 12 期。

熊伟、诸大建,2017,《以可持续发展为导向的 PPP 模式的理论与实践》,《同济大学学报》(社会科学版) 第 1 期。

徐洪振、张吉岗、郑沛,2019,《基于碳交易市场的云南省森林生态固碳价值评估》,《生态经济》第 4 期。

许林玉,2021,《欧洲绿色协议：经济和社会转型,以实现改善气候的雄心》,《世界科学》第 11 期。

宣晓伟,2022,《"能耗双控"到"碳双控"：挑战与对策》,《城市与环境研究》第 3 期。

杨儒浦、冯相昭、赵梦雪等,2021,《欧洲碳中和实现路径探讨及其对中国的启示》,《环境与可持续发展》第 3 期。

叶笃正,1986,《人类活动引起的全球性气候变化及其对我国自然、生态、经济和社会发展的可能影响》,《中国科学院院刊》第 2 期。

叶笃正、季劲钧、严中伟等,2009,《简论人类圈 (Anthroposphere)

在地球系统中的作用》，《大气科学》第 3 期。

尹振涛、夏诗园，2022，《双碳目标与绿色金融：机遇、挑战与启示》，《重庆理工大学学报》（社会科学）第 3 期。

勇平、陈衡、郝俊红等，2024，《"双碳"目标下我国燃煤发电转型升级发展路径》，《中国电机工程学报》第 17 期。

余畅、曾贤刚，2022，《内蒙古"双碳"目标实现的困境与对策》，《北方经济》第 4 期。

余丹，2018，《绿色技术离不开绿色金融的有效支撑》，《人民论坛》第 18 期。

禹湘、陈楠、李曼琪，2020，《中国低碳试点城市的碳排放特征与碳减排路径研究》，《中国人口·资源与环境》第 7 期。

袁佳等，2022，《碳达峰碳中和目标下公正转型对我国就业的挑战与对策》，《金融发展评论》第 1 期。

翟桂英、王树堂、崔永丽等，2021，《全球主要经济体碳中和愿景、实施举措及对我国的启示》，《环境保护》第 11 期。

张冲、王军，2021，《"双碳"目标下商业银行的发展》，《中国金融》第 16 期。

张汉斌，2021，《我国高速铁路的低碳比较优势研究》，《宏观经济研究》第 7 期。

张华，2020，《低碳城市试点政策能够降低碳排放吗？——来自准自然实验的证据》，《经济管理》第 6 期。

张辉、徐越，2022，《坚持和加强党的领导 推动生态文明建设取得历史性转折性全局性变化》，《管理世界》第 8 期。

张建府，2011，《碳捕集与封存技术（CCS）成本及政策分析》，《中外能源》第 3 期。

张杰、陈容，2022，《中国产业链供应链安全的风险研判与维护策略》，《改革》第 4 期。

张军、吴桂英、张吉鹏，2004，《中国省际物质资本存量估算：1952-2000》，《经济研究》第 10 期。

张立、谢紫璇、曹丽斌等，2020，《中国城市碳达峰评估方法初探》，《环境工程》第 11 期。

张平, 2022,《中国经济绿色转型的路径、结构与治理》,《社会科学战线》第 8 期。

张锐、相均泳, 2021,《"碳中和"与世界地缘政治重构》,《国际展望》第 4 期。

张守攻, 2021,《提升生态碳汇能力》,《人民日报》6 月 10 日。

张硕鹏、李锐, 2013,《办公类建筑能耗影响因素与节能潜力》,《北京建筑工程学院学报》第 1 期。

张文华、闫庆友、何钢等, 2021,《气候变化约束下中国电力系统低碳转型路径及策略》,《气候变化研究进展》第 1 期。

张希良、黄晓丹、张达等, 2022,《碳中和目标下的能源经济转型路径与政策研究》,《管理世界》第 1 期。

张小平, 2019,《排放权配额拍卖规则的域外经验与中国模式》,《地方立法研究》第 2 期。

张叶东, 2021,《"双碳"目标背景下碳金融制度建设：现状、问题与建议》,《南方金融》第 11 期。

张莹、姬潇然、王谋, 2021,《国际气候治理中的公正转型议题：概念辨析与治理进展》,《气候变化研究进展》第 2 期。

张永生, 2020,《基于生态文明推进中国绿色城镇化转型——中国环境与发展国际合作委员会专题政策研究报告》,《中国人口·资源与环境》第 10 期。

张永生, 2021,《为什么碳中和必须纳入生态文明建设整体布局——理论解释及其政策含义》,《中国人口·资源与环境》第 9 期。

张雨曼、刘学智、严正、张沛超, 2020,《光伏-储能-热电联产综合能源系统分解协调优化运行研究》,《电工技术学报》第 11 期。

张云飞, 2022,《气候资本主义的实质和超越》,《马克思主义研究》第 1 期。

张振宇、王文倬、王智伟等, 2019,《跨区直流外送模式对新能源消纳的影响分析及应用》,《电力系统自动化》第 11 期。

招景明、李经儒、潘峰等, 2023,《电力碳排放计量技术现状及展望》,《电测与仪表》第 3 期。

郑石明, 2016,《政治周期、五年规划与环境污染——以工业二氧化硫排放为例》,《政治学研究》第 2 期。

郑思伟、唐伟、闫兰玲等,2019,《城镇污水处理厂污染物去除协同控制温室气体的核算及排放特征研究》,《环境污染与防治》第 5 期。

郑馨竺、张雅欣、李晋、王灿,2021,《后疫情时期的经济复苏与绿色发展:对立还是共赢》,《中国人口·资源与环境》第 2 期。

中国 21 世纪议程管理中心可持续发展战略研究组,2013,《全球格局变化中的中国绿色经济发展》,社会科学文献出版社。

中国金融学会绿色金融专业委员会课题组,2021,《碳中和愿景下的绿色金融路线图研究》。

中国金融学会绿色金融专业委员会课题组,2022,《碳中和愿景下机构投资者面临的机遇与挑战》,《金融市场研究》第 1 期。

中国人民大学双碳研究院,2021,《中国煤电转型成本分析与风险评估》。

中国人民大学重阳金融研究院、中国人民大学生态金融研究中心,2021,《"碳中和"中国城市进展报告 2021(春季)》。

中国人民银行研究局课题组,2022,《2021 年我国绿色债券市场发展回顾与展望》,《债券》第 4 期。

《中华人民共和国国民经济和社会发展第十四个五年规划和 2035 年远景目标纲要》,《人民日报》2021 年 3 月 13 日。

中华人民共和国国务院新闻办公室,2021,《中国应对气候变化的政策与行动(2021 年 10 月)》,《人民日报》10 月 28 日。

《中央经济工作会议在北京举行 习近平李克强作重要讲话 栗战书汪洋王沪宁赵乐际韩正出席会议》,《人民日报》2021 年 12 月 11 日。

钟伟、彭文生、管清友,2021,《碳达峰和中国的绿色金融之路》,《中国外汇》第 11 期。

周长波,2022,《统筹推进绿色低碳高质量发展》,《中国环境管理》第 6 期。

周迪、周丰年、王雪芹,2019,《低碳试点政策对城市碳排放绩效的影响评估及机制分析》,《资源科学》第 3 期。

周芳磊,2019,《生活垃圾焚烧发电厂二噁英控制研究与实践》,《环境卫生工程》第 6 期。

周涛、姚亮，2013，《我国工业系统主要污染物总量减排分析》，《生态经济》（学术版）第2期。

朱民、张龙梅、彭道菊，2020，《中国产业结构转型与潜在经济增长率》，《中国社会科学》第11期。

朱沛华、陈林，2020，《工业增加值与全要素生产率估计——基于中国制造业的拟蒙特卡洛实验》，《中国工业经济》第7期。

诸大建，2016，《可持续性科学：基于对象—过程—主体的分析模型》，《中国人口·资源与环境》第7期。

诸大建，2019，《用国际可持续发展研究的新成果和通用语言解读生态文明》，《中国环境管理》第3期。

竺可桢，1972，《中国近五千年来气候变迁的初步研究》，《考古学报》第1期。

庄贵阳，2004，《气候变化与可持续发展》，《世界经济与政治》第4期。

庄贵阳，2020，《中国低碳城市试点的政策设计逻辑》，《中国人口·资源与环境》第3期。

庄贵阳，2021a，《碳达峰目标和碳中和愿景的实现路径》，《上海节能》第6期。

庄贵阳，2021b，《我国实现"双碳"目标面临的挑战及对策》，《人民论坛》第18期。

庄贵阳、窦晓铭，2021，《新发展格局下碳排放达峰的政策内涵与实现路径》，《新疆师范大学学报》（哲学社会科学版）第6期。

庄贵阳、窦晓铭、魏鸣昕，2022，《碳达峰碳中和的学理阐释与路径分析》，《兰州大学学报》（社会科学版）第1期。

庄贵阳、潘家华、朱守先，2011，《低碳经济的内涵及综合评价指标体系构建》，《经济学动态》第1期。

庄贵阳、王思博、窦晓铭、陈寅岚，2022，《生态文明建设与"双碳"行动逻辑》，《青海社会科学》第4期。

庄贵阳、魏鸣昕，2021a，《城市引领碳达峰、碳中和的理论和路径》，《中国人口·资源与环境》第9期。

庄贵阳、魏鸣昕，2021b，《碳中和目标下的中国城市之变》，《可持续发展经济导刊》第 5 期。

庄贵阳、周宏春、郭萍等，2022，《"双碳"目标与区域经济发展》，《区域经济评论》第 1 期。

庄贵阳、周宏春主编，2021，《碳达峰碳中和的中国之道》，中国财政经济出版社。

庄贵阳、周枕戈，2018，《高质量建设低碳城市的理论内涵和实践路径》，《北京工业大学学报》（社会科学版）第 5 期。

庄贵阳、朱仙丽，2021，《〈欧洲绿色协议〉：内涵、影响与借鉴意义》，《国际经济评论》第 1 期。

邹乐乐、王溥、孙翊，2022，《实现碳中和的市场机制与争取国际话语权重点方向》，《中国科学院院刊》第 4 期。

Andrea Ramírez, Corry de Keizer, Jeroen P. Van der Sluijs, et al., 2008, "Monte Carlo analysis of uncertainties in the netherlands greenhouse gas emission inventory for 1990-2004," *Atmospheric Environment*, 42 (35): 8263-8272.

Anna Kyriazi, Joan Miró, 2022, "Towards a socially fair green transition in the EU? An analysis of the just transition fund using the multiple streams framework," *Comparative European Politics*, 21: 112-132.

Carbon Pricing Leadership Coalition, 2017, "Report of the high-level commission on carbon prices," International Bank for Reconstruction and Development and International Development Association, World Bank.

Dong Feng, Wang Ying, Su Bin, et al., 2019, "The process of peak CO_2 emissions in developed economies: A perspective of industrialization and urbanization," *Resources, Conservation and Recycling*, 141: 61-75.

European Commission, 2021, "A hydrogen strategy for a climate-neutral Europe," COM (2020) 301final, Brussels.

European Commission, 2021, "Updating the 2020 new industrial strategy: Building a stronger single market for Europe's recovery," COM (2021) 350final, Brussels.

Fergus Green, Nicholas Stern, 2016, "China's changing economy: Implications for its carbon dioxide emissions," *Climate Policy*, 17 (4): 423-442.

IEA, 2023, "Energy technology perspectives 2023," https://www.iea.

org/reports/energy-technology-perspectives-2023.

ILO, 2018, "24 million jobs to open up in the green economy," https://www.ilo.org/global/about-the-ilo/newsroom/news/WCMS_628644/lang—en/index.htm. 2018-5-14.

Intergovernmental Negotiating Committee for a Framework Convention on Climate Change (INC), 1992, "Report of the Intergovernmental Negotiating Committee for a framework convention on climate change on the work of the second part of its fifth session," held at New York from 30 April to 9 May.

International Renewable Energy Agency, 2020, "Renewable energy and jobs-annual review 2020," https://www.irena.org/publications/2020/Sep/Renewable-Energy-and-Jobs-Annual-Review-2020.

IPCC, 2014, "Climate change 2014: Synthesis report," Contribution of Working Groups I, II and III to the Fifth Assessment Report of the Intergovernmental Panel on Climate Change [Core Writing Team, R. K. Pachauri and L. A. Meyer (eds.)]. IPCC, Geneva, Switzerland.

IPCC, 2015, *Climate change* 2014: *Mitigation of climate change* (Cambridge: Cambridge University Press).

IPCC, 2018, "Summary for policymakers," In: Global warming of 1.5°C. An IPCC special report on the impacts of global warming of 1.5°C above pre-industrial levels and related global greenhouse gas emission pathways, in the context of strengthening the global response to the threat of climate change, sustainable development, and efforts to eradicate poverty [Masson-Delmotte V, Zhai P, Pörtner H-O, et al. (eds.)].

IPCC, 2021, "Climate change 2021: The physical science basis," Contribution of Working Group I to the Sixth Assessment Report of the Intergovernmental Panel on Climate Change [Masson-Delmotte V, Zhai P, Pirani A, et al. (eds.)]. Cambridge University Press, Cambridge, United Kingdom and New York, NY, USA.

IPCC, 2021, "Summary for policymakers," In: Climate change 2021: The physical science basis. Contribution of Working Group I to the Sixth Assessment Report of the Intergovernmental Panel on Climate Change, Cambridge University Press.

IPCC AR6 WGII, 2002, "Climate change 2022: Impacts, adaptation and vulnerability," https://www.ipcc.ch/report/ar6/wg2/.

Kong Yigang, Kong Zhigang, Liu Zhiqi, et al., 2017, "Pumped storage power stations in China: The past, the present, and the future," *Renewable & Sustainable Energy Reviews*, 71: 720-731.

Mao Xianqiang, Yang Shuqian, Liu Qin, et al., 2012, "Achieving CO_2 emission reduction and the co-benefits of local air pollution abatement in the transportation sector of China," *Environmental Science & Policy*, 21: 1-13.

Market Trends, 2019, "Transition bonds: Is sustainable finance about to reach critical mass?" https://cib.bnpparibas/transition-bonds-is-sustainablefinance-about-to-reach-critical-mass/.

McKinsey & Company, 2022, "The net-zero transition: What it would cost and what it could bring," https://www.mckinsey.com/capabilities/sus-tainability/our-insights/the-net-zero-transition-what-it-would-cost-what-it-could-br-ing.

Nicholas Stern, 2006, *The economics of climate change: The stern review* (Cambridge: Cambridge University Press).

Pan Jiahua, 2015, "Ecological civilization: A new development paradigm," *China Economist*, 10 (4): 44-71.

Pan Xunzhang, Wang Hailin, Wang Lining, et al., 2018, "Decarbonization of China's transportation sector: In light of national mitigation toward the Paris Agreement goals," *Energy*, 155: 853-864.

Partha Dasgupta, 2021, "The economics of biodiversity: The Dasgupta review," www.gov.uk/official-documents.

Paul M. Romer, 1990, "Endogenous technological change," *Journal of Political Economy*, 98 (5): 71-102.

Petter Newell, 2019, "Trasformismo or transformation? The global political economy of energy transitions," *Review of International Political Economy*, 26 (1): 25-48.

Pierre Friedlingstein, Michael O'Sullivan, Matthew W. Jones, et al., 2020, "Global carbon budget 2020", *Earth System Science Data*, 12 (4): 3269-3340.

Robert Pollin, Heidi Garrett-Peltier, James Heintz, et al., 2008, "Green recovery-A programe to create good jobs and start building a low-carbon economy," Political Economy Research Institute.

Shan Yuli, Guan Yuru, Hang Ye, et al., 2022, "City-Level emission peak and drivers in China," Science Bulletin, 67 (18): 1910-1920.

Simmon Dalby, 2013, "The geopolitics of climate change," Political Geography, 37 (3): 38-47.

Timothy M. Lenton, Johan Rockström, Owen Gaffney, et al., 2019, "Climate tipping points—Too risky to bet against," Nature, 575: 592-595.

United Nations, 2018, "World urbanization prospects," New York, United Nations.

United Nations Framework Convention on Climate Change, 2021, "Nationally determined contributions under the Paris Agreement," https://unfccc.int/sites/default/files/resource/cma2021_08_adv_1.pdf.

Wang Hailin, Ou Xunmin, Zhang Xiliang, 2017, "Mode, technology, energy consumption, and resulting CO_2 emissions in China's transport sector up to 2050," Energy Policy, 109 (3): 719-733.

Wang Kaihua, Zhao Yanxin, Jiang Cuifeng, et al., 2022, "Does green finance inspire sustainable development? Evidence from a global perspective," Economic Analysis and Policy, 75: 412-426.

Wang Wenjun, et al., 2022, "Auction mechanism design of the Chinese national carbon market for carbon neutralization," Chinese Journal of Population, Resources and Environment, 20 (2): 115-124.

William D. Nordhaus, 1977, "Economic growth and climate: The carbon dioxide problem," The American Economic Review, 67 (1): 341-346.

William D. Nordhaus, 1992, "An optimal transition path for controlling greenhouse gases," Science, 258 (5086): 1315-1319.

William D. Nordhaus, 2018, "Projections and uncertainties about climate change in an era of minimal climate policies," American Economic Journal: Economic Policy, 10 (3): 333-360.

WMO, 2023, "State of the global climate 2022," https://public.wmo.int/

en/our-mandate/climate/wmo-statement-state-of-global-climate.

World Bank, 2022, "State and trends of carbon pricing 2022," Washington, D. C.: World Bank.

Yoichi Kaya, 1989, "Impact of carbon dioxide emission control on GNP growth: Interpretation of proposed scenarios," Paris: IPCC.

Zeng An, Mao Xianqiang, Hu Tao, et al., 2017, "Regional co-control plan for local air pollutants and CO_2 reduction: Method and practice," *Journal of Cleaner Production*, 140: 1226-1235.

Zhang Dongyang, 2022, "Green financial system regulation shock and greenwashing behaviors: Evidence from Chinese firms," *Energy Economics*, 111: 106064.

Zhang Hongjun, Chen Wenying, Huang Weilong, 2016, "TIMES modelling of transport sector in China and USA: Comparisons from a decarbonization perspective," *Applied Energy*, 162: 1505-1514.

Zhang Shu, Chen Wenying, 2022, "China's energy transition pathway in a carbon neutral vision," *Engineering*, 14 (7): 64-76.

Zhang Zhongxiang, 2022, "China's carbon market: Development, evaluation, coordination of local and national carbon markets and common prosperity," *Journal of Climate Finance*, 1: 1-13.

图书在版编目(CIP)数据

解码碳达峰:中国行动的理论基础与政策逻辑/庄贵阳等著.--北京:社会科学文献出版社,2025.5.
ISBN 978-7-5228-4881-5

Ⅰ.F124.5

中国国家版本馆 CIP 数据核字第 20241HB013 号

解码碳达峰:中国行动的理论基础与政策逻辑

著　　者／庄贵阳 等

出 版 人／冀祥德
组稿编辑／陈凤玲
责任编辑／李真巧
责任印制／岳　阳

出　　版／社会科学文献出版社·经济与管理分社 (010) 59367226
　　　　　地址:北京市北三环中路甲29号院华龙大厦　邮编:100029
　　　　　网址:www.ssap.com.cn

发　　行／社会科学文献出版社 (010) 59367028
印　　装／三河市尚艺印装有限公司

规　　格／开　本:787mm×1092mm　1/16
　　　　　印　张:32.25　字　数:522千字
版　　次／2025年5月第1版　2025年5月第1次印刷
书　　号／ISBN 978-7-5228-4881-5
定　　价／128.00元

读者服务电话:4008918866

版权所有 翻印必究